Fabrikgesellschaft

Andreas Fasel

Fabrikgesellschaft

Rationalisierung, Sozialpolitik und Wohnungsbau
in der Schweizer Maschinenindustrie, 1937–1967

Die Druckvorstufe dieser Publikation wurde vom Schweizerischen Nationalfonds zur Förderung der wissenschaftlichen Forschung unterstützt.

Die vorliegende Arbeit wurde von der Philosophischen Fakultät der Universität Zürich im Herbstsemester 2019 auf Antrag von Prof. Dr. Philipp Sarasin und Prof. Dr. Matthieu Leimgruber als Dissertation angenommen.

Informationen zum Verlagsprogramm:
www.chronos-verlag.ch

Umschlagbild: Jakob Tuggener: Maschinenfabrik Oerlikon, Zürich, um 1943, Baugeschichtliches Archiv der Stadt Zürich, BAZ_012068, CC BY-SA 4.0.

Inhalt

6

1 Einleitung

«Unberechtigten ist der Eintritt in das Fabrik-Areal verboten», stand 1967 auf einem Schild beim Werk Oberwinterthur von Gebrüder Sulzer geschrieben.[1] Bis zu Beginn der 1990er-Jahre waren sie kein ungewöhnlicher Anblick, die Fabrik mit ihren Zäunen, Mauern, Toren, Drehkreuzen und Warntafeln, die Schlote, deren Abgase im Umland für den ersten Schnee des Winters sorgten. Was sich hinter dem Zaun verbarg, blieb für viele ein Geheimnis – ein «dunkles Geheimnis hinter verschlossenen Türen», so 1963 das freisinnige *Neue Winterthurer Tagblatt*.[2] Das ist heute nicht anders; die Fabriken sind zwar längst verschwunden, wurden abgerissen, zu Einkaufszentren und teurem Wohnraum umfunktioniert, was aber einst in ihnen und um sie herum geschah, das ging vergessen und bleibt ein Geheimnis. Im Folgenden werde ich das obige Verbot ignorieren und in die Fabrik einsteigen, um mich ein wenig in ihr umzuschauen.

Im Siedlungsdreieck zwischen Baden, Zürich und Winterthur spielten bis vor vierzig Jahren die Fabriken der Maschinenindustrie eine massgebliche wirtschaftliche, politische und soziale Rolle. Zu den wichtigen Unternehmen zählten in Baden seit 1891 Brown Boveri, in Zürich seit 1874 die Maschinenfabrik Oerlikon und in Winterthur seit 1834 Gebrüder Sulzer. Ihre Fabriken bestimmten über ein Jahrhundert nicht nur die Arbeit und das Leben der Beschäftigten; sie übten an ihren Standorten eine durchdringende Hegemonie aus. In ihnen arbeiteten Mitte der 1960er-Jahre über 33 000 Arbeiter/-innen und Angestellte. Heute gibt es die Unternehmen in dieser Form nicht mehr: Die Maschinenfabrik Oerlikon wurde 1967 von Brown Boveri gekauft, die wiederum 1988 in der Asea Brown Boveri aufging. Gebrüder Sulzer wurde Ende der 1980er-Jahre in Einzelteile zerlegt, einige der Reste gingen wenige Jahre später an die heutige Sulzer; auch sie hat mit dem ursprünglichen Unternehmen nur wenig gemein.

1.1 Gegenstand und Aufbau der Untersuchung

Zwischen Ende der 1930er- und Ende der 1960er-Jahre wuchs die Belegschaft der drei genannten Unternehmen innert kurzer Zeit stark an. Die Jahre also der Hochkonjunktur und des sogenannten Arbeitsfriedens: Dank des Verzichts der Gewerkschaften auf Arbeitskämpfe konnten die Betriebe ungestört die Produktionskapazitäten ausbauen und wachsende Profite realisieren. In der Maschinenindustrie lassen sich dabei zwei parallel verlaufende und auf den ersten Blick separate Entwicklungen ausmachen: Einerseits kam es in den 1950er-Jahren zu

---

1 WM 7, 1967, 16.
2 Werkbesichtigung 1963 im Werk Oberwinterthur, in: WM 11, 1963, 2–5, hier 4.

einem Rationalisierungsschub, bei dem die Arbeit in den Fabriken durch eine veränderte Arbeitsorganisation und eine verstärkte Mechanisierung stark verdichtet wurde. Andererseits bauten die Unternehmen ihre Sozialpolitik aus: Die Leistungen von Pensionskassen und Betriebskrankenkassen wurden grosszügiger, man erstellte Wohlfahrtshäuser für die Beschäftigten und baute den betrieblichen Wohnungsbau aus.

Anhand der drei Unternehmen Brown Boveri in Baden, der Maschinenfabrik Oerlikon in Zürich und Gebrüder Sulzer in Winterthur möchte ich diese doppelte Entwicklung für die Zeit zwischen 1937 und 1967 näher untersuchen. Dabei steht die Frage im Zentrum, ob die Verdichtung der Arbeit und der sozialpolitische Ausbau nicht nur in einem zeitlichen, sondern auch in einem inhaltlichen Zusammenhang standen. Sollte das zutreffen, dann wäre die betriebliche Sozialpolitik nicht bloss eine monetäre Kompensation für die verdichtete Arbeit, sondern ebenso ein Versuch gewesen, auf das Verhalten, den Alltag und die Familien der Beschäftigten Einfluss zu nehmen, um Rationalisierungsvorhaben zu stützen. Dafür brauchen wir einen erweiterten Begriff betrieblicher Sozialpolitik, der diese nicht auf Fonds, Versicherungen und Kassen beschränkt, auf Lohnnebenkosten und Zulagen unterschiedlicher Art. Sozialpolitik wird in dieser Arbeit weniger als Entschädigung denn als Sozialtechnik verstanden oder, besser, als ein Bündel vielfältiger Techniken, um die Belegschaft einzubinden und zugleich voneinander zu trennen. Drei Ebenen werden dafür in eigenen Kapiteln analysiert:
- die arbeitsorganisatorischen Veränderungen in der Werkstatt,
- die Querverbindungen zwischen der Arbeit und dem Alltag,
- der betriebliche Wohnungsbau.
Die drei Betriebe in Baden, Zürich und Winterthur wurden nicht gewählt, um ihre Unterschiedlichkeit herauszuarbeiten. Dafür lagen sie politisch und geografisch zu nahe beieinander, wenn es auch, entsprechend der mentalen Kleinteiligkeit der Schweiz, durchaus regionale Unterschiede gab. Darum geht es hier aber nicht. Wichtig sind die Gemeinsamkeiten. Die Betriebe werden in den Zusammenhang der Maschinenindustrie gestellt. Diese war für die Schweiz von immenser Bedeutung. Ab den 1930er-Jahren wurde sie zur zentralen Branche «au cœur du capitalisme helvétique», gerade wenn man die Beschäftigungs- und Ausfuhrzahlen betrachtet.[3] Eine Gemeinsamkeit teilten die Unternehmen zudem, was ihre regionale Wirkung betraf. Brown Boveri oder Gebrüder Sulzer zählten zu ihrer Zeit zu den grössten Fabriken der Schweiz. Sie stehen stellvertretend für die einstige industrielle Dominanz. Von Baden über Zürich bis nach Winterthur: Die Maschinenindustrie war nicht wegzudenken.

Die Untersuchung beschränkt sich auf die dreissig Jahre zwischen 1937 und 1967. Den Beginn dieses Zeitabschnitts markiert die Vereinbarung in der Maschinenindustrie, die im Sommer 1937 von den Gewerkschaften und dem Arbeitgeberverband Schweizerischer Maschinen- und Metallindustrieller unterzeich-

---

3 Ginalski 2015, 66; vgl. ebd., 66–73.

net und später als Friedensabkommen bekannt wurde. Sie stand für das Ende einer kämpferischen Gewerkschaftspolitik und sorgte für eine Befriedung der Betriebe. 1967 wiederum machten sich in der Branche erste Anzeichen einer krisenhaften Entwicklung bemerkbar; ausserdem kam es in den 1960er-Jahren zu einem Konzentrationsprozess (Gebrüder Sulzer kaufte 1961 die Schweizerische Lokomotiv- und Maschinenfabrik und 1969 Escher Wyss, Brown Boveri kaufte 1967 die Maschinenfabrik Oerlikon), durch den sich die Unternehmen stark verändern sollten.

Die dreissig Jahre sind nicht als Anspielung auf den von Jean Fourastié geprägten Begriff der «trente glorieuses» gedacht, den dreissig Jahren rapiden Wirtschaftswachstums in Frankreich.[4] Das hiesse, eine Akkumulationserzählung zu schreiben, wie es Stanley Aronowitz nannte: eine Geschichte des Kapitals statt des Kapitalverhältnisses. In dieser würden die Beschäftigten reduziert auf abstrakte Arbeit, abhängige Variablen und betriebliche Kennziffern.[5] Ebenso wenig ist das Folgende eine Unternehmensgeschichte. Die Unternehmen bilden vielmehr den äusseren Ausgangspunkt, um einen interessierten Blick in die Betriebe hinein werfen zu können. Die vorliegende Untersuchung will einen Beitrag leisten zur Sozialgeschichte der Arbeit und der – breit verstanden – Arbeiter/-innen, die ihre eigene Geschichte machten, wenn auch nicht unter selbst gewählten Umständen. Um diese Umstände, die Arbeits- und Lebensbedingungen der in der Maschinenindustrie Beschäftigten, wird es also gehen und darum, wie diese auf der Mikroebene der Betriebe durch Techniken sozialer Integration und Differenzierung geformt wurden. Dabei muss die analytische Unterscheidung zwischen Produktion (Fabrik) und Reproduktion (Gesellschaft) notwendigerweise aufgegeben werden, denn sie ergibt keinen Sinn; beide Bereiche sind eng miteinander verschränkt.[6]

Obwohl es von der Zeit und dem Untersuchungsgegenstand her gut passen würde, verwende ich den Begriff des Fordismus nicht. Der Begriff ist mittlerweile durch eine geradezu beliebige Verwendung (einschliesslich seiner Postvarianten) abgenutzt und suggeriert durch Verallgemeinerungen mehr, als er tatsächlich zu erklären vermag; besonders wenn es um die Untersuchung konkreter Verhältnisse vor Ort geht.[7] Zumindest bei Brown Boveri und der Maschinenfabrik Oerlikon gab es zwar durchaus Aspekte dessen, was man gemeinhin unter einer fordistischen Massenproduktion versteht, im Grossen und Ganzen war bis in die 1960er-Jahre aber ein hoher Anteil an handwerklicher Facharbeit und die Kleinserienfertigung charakteristisch für die Maschinenindustrie.

Entsprechend den oben genannten drei Untersuchungsebenen ist die Arbeit in drei Kapitel gegliedert. Das Kapitel *Fabrikleben* handelt vom Rationalisierungsschub der 1950er-Jahre. In drei Unterkapiteln werden die betriebspoliti-

---

4 Zur Kritik des Begriffes vgl. Castel 2011, 12.
5 Aronowitz 1990, 171; Herod 2018, 15.
6 Del Re 2013; vgl. Fasel 2018.
7 Vgl. Clarke 1992; Gambino 1996.

schen Voraussetzungen dafür, die Techniken der Arbeitsverdichtung und parallel
dazu Veränderungen in der Zusammensetzung der Belegschaften besprochen.

- Das Unterkapitel *Voraussetzungen* beginnt mit der 1937 unterzeichneten
Vereinbarung, dem Friedensabkommen. Die Umstände, unter denen es zur
Unterzeichnung der Vereinbarung kam, werden ebenso beschrieben wie
die Wirkung, die das Abkommen auf den Metallarbeiterverband hatte, die
massgebliche Gewerkschaft der Maschinenindustrie.

- Ohne die regelmässig erneuerte Vereinbarung wäre die Umsetzung von Rationalisierungsvorhaben in den 1950er-Jahren nicht möglich gewesen: das
wird im Unterkapitel *Verdichtungen* besprochen. Durch die Einführung des
Zeitakkords (einer Leistungslohnform) konnte die Arbeit weiter intensi-
viert werden. Der Übergang zur neuen Lohnform wird beschrieben, ebenso
informelle Arbeitskämpfe, die sich dagegen wehrten. Zum Zeitakkord gehörten Arbeitsplatz- und Persönlichkeitsbewertungen, um den Lohn zu individualisieren; wie gezeigt wird, wurde mit den Bewertungssystemen das
Verhalten zu einem Lohnbestandteil. Gleichzeitig führten die Betriebe die
Möglichkeit ein, Verbesserungsvorschläge einzureichen, ein Mittel, das Arbeitswissen der Beschäftigten einzukaufen. In einem letzten Abschnitt wird
auf die Beteiligung des Metallarbeiterverbands an den Rationalisierungsvorhaben eingegangen.

- Das Unterkapitel *Verschiebungen* handelt davon, dass sich die Belegschaften
seit den 1940er-Jahren im Wandel befanden; sie wurden multinationaler und
weiblicher. Ab 1946 importierte die Maschinenindustrie Arbeitsmigrant/-
innen zunächst aus Italien, später auch aus Spanien, um sie als disponible,
schlecht bezahlte und weitgehend rechtlose Arbeitskräfte einzusetzen. Ihr
Anteil nahm stark zu; ebenso wuchs der Anteil der Frauen in den Werkstätten. Gerade Letztere wurden häufig in durchrationalisierten Arbeitsgängen
eingesetzt, etwa am Fliessband bei der Fertigung von Kleinmotoren. Das
Unterkapitel schliesst damit, dass die neue Zusammensetzung in den Fabriken zu einer Verschiebung der Wahrnehmung führte. Der Staatsschutz
interessierte sich lebhaft für Arbeiter/-innen aus Italien. Schliesslich wird
auf die xenophobe Mobilisierung gegen Arbeitsmigrant/-innen während der
1960er-Jahre eingegangen.

Das Kapitel *Querverbindungen* steht im Zentrum der Untersuchung. In ihm
wird gezeigt, dass die Jahre nach 1937 für einen starken Ausbau der betrieblichen
Sozialpolitik standen – als Kompensation möchte man meinen, vielleicht aber
auch als Versuch, das Verhalten der Belegschaften in gewünschte Bahnen zu lenken. Die Einrichtungen der betrieblichen Sozialpolitik vermittelten zwischen der
Fabrik und dem ausserbetrieblichen Alltag.

- Im Unterkapitel *Ausbau als Einbau* wird der Ausbau der sozialpolitischen
Einrichtungen der Maschinenindustrie als Versuch bewertet, die Belegschaften an den Betrieb zu binden, sie in ihn einzubauen. Anhand der Pensionskassen der drei Betriebe wird gezeigt, dass dieser Einbau zugleich differen-

zierte zwischen Arbeiter/-innen in den Werkstätten und Angestellten in den Büros.

- Das Unterkapitel *Gefühle abschöpfen* versucht, ein erweitertes Verständnis von Sozialpolitik fruchtbar zu machen, und führt Beispiele dafür an, wie durch sie die Emotionalität der Belegschaften zur betrieblichen Ressource werden sollte. Die in den 1950er-Jahren populäre Human-Relations-Ideologie verstand den Betrieb als Sozialraum, auf den die Geschäftsleitung einwirken musste, um die Arbeitsleistung zu erhöhen. Viele der sozialpolitischen Einrichtungen der Maschinenindustrie wurden in dieser Zeit zwar unter dem Schlagwort der Human Relations abgehandelt, bestanden indes schon länger, so die Werkzeitungen, die regelmässig durchgeführten Besuchstage, die Abteilungsabende und Feiern, die Firmenjubiläen. Sie werden als Mittel zur Verständigung beschrieben.
- Zu dieser Verständigung gehörten zwei weitere Aspekte, auf die im Unterkapitel *Befriedung* eingegangen wird. Zum einen wird der Einfluss der Moralischen Aufrüstung diskutiert, einer besonders bei der Maschinenfabrik Oerlikon einflussreichen protestantischen Sekte. Zum anderen wird dargelegt, dass die Unternehmen nicht nur auf Einbindung setzten, sondern auch nach anderen Wegen suchten, um die Fabriken zu befrieden. Hier kommen der Einsatz eines privaten Geheimdienstes, der Aufbau einer verdeckten Streikbrecherorganisation und schliesslich die Unterstützung einer nationalsozialistischen Partei zur Sprache.
- Im Unterkapitel *Vertrauen und Zutrauen* geht es um betriebliche Strategien, das Vertrauen der Belegschaften zu gewinnen und ihre emotionale Zustimmung zu sichern. Wichtig waren die Wohlfahrtshäuser: als Kantinen, aber auch als Aufenthaltsräume und Veranstaltungsorte. Zwei der drei untersuchten Betriebe bauten in den 1950er-Jahren neue, grosse und multifunktionale Wohlfahrtsbauten. Die betriebliche Sozialarbeit griff bei Problemfällen ein, wenn die Arbeitsleistung zu stark sank, die Beschäftigten mit dem Lohn nicht zurechtkamen oder familiäre Probleme hatten. Die Sozialarbeit wird als Versuch gewertet, die proletarische Reproduktion so zu stabilisieren, dass der tagtäglichen Verausgabung des Arbeitsvermögens nichts im Weg stand.

Das Kapitel *Fabrikwohnen* tritt aus der Fabrik heraus und schaut sich ihr Umland an:

- Der betriebliche Wohnungsbau wird im Unterkapitel *Anbinden* mit der hohen Fluktuationsrate in Verbindung gebracht. Der Stellenwechsel erzeugte bei den Betrieben einen beträchtlichen Leerlauf und grosse Unkosten; aus Sicht der Arbeiter/-innen und Angestellten, so wird argumentiert, kann man ihn als verdeckten Lohnkampf verstehen. Der Wohnungsbau der Unternehmen war eine Reaktion auf die Fluktuation: Die Arbeitskräfte sollten im Territorium fixiert werden, sie sollten möglichst lange im Betrieb bleiben.

– Das Unterkapitel *Ansiedeln* zeigt konkrete Siedlungsbauten in Winterthur, Baden (und Umgebung) und Zürich. Dabei wird ebenso auf unterschiedliche Bauformen eingegangen wie auf die Frage der Miethöhe, der Wohnberechtigung und der Vergabe von Hypotheken. Für Winterthur wird die Tätigkeit der Sulzer-nahen Gesellschaft für Erstellung billiger Wohnhäuser besprochen, für Baden der von Brown Boveri in Eigenregie betriebene Wohnungsbau. Anhand der von der Maschinenfabrik Oerlikon unterstützten Baugenossenschaft Arkaheim wird gezeigt, wie das Einfamilienhaus als Mittel zur Befriedung diente. Wichtig ist, dass der Differenzierung nachgegangen wird: Für Angestellte und Facharbeiter baute man Häuser zum Verkauf, für die übrigen Arbeiter/-innen grosse Wohnsiedlungen. Die Arbeitsmigrant/-innen wiederum wurden in Barackenlagern mit klangvollen Namen wie «Villaggio» oder «Castellino» untergebracht, doch unter wenig angenehmen Bedingungen. Erst ab den 1960er-Jahren begannen die Betriebe, auch für sie zu bauen.

– Verbunden mit der Wohnfrage war jene nach der Hauswirtschaft. Im Unterkapitel *Angewöhnen* wird zunächst gezeigt, das es mit der Zeitdisziplin der Belegschaften nicht allzu weit her war. Dem betrieblichen Wohnungsbau ging es nun nicht nur darum, den Stellenwechsel zu dämpfen. Ebenso, wenn auch subtiler, spielte die Vorstellung einer geordneten Hauswirtschaft mit herein, eine, die leistungsfähige, gut erzogene Arbeitskräfte hervorbrachte, welche am Morgen rechtzeitig den Weg in den Betrieb fanden und dort nicht herumtrödelten. Schliesslich wird gezeigt, wie die betriebliche Sozialarbeit über die Ausrichtung von Hauswirtschaftskursen versuchte, den Lebensstil der Belegschaft zu beeinflussen.

1.2 Stand der Forschung

Die Untersuchung verbindet zwei ansonsten häufig getrennt untersuchte Themenfelder: die Rationalisierung der Arbeit und den Ausbau der betrieblichen Sozialpolitik. Einige Arbeiten der letzten Jahre haben diese Verbindung thematisiert, wenn auch nicht direkt.

Timo Luks untersucht in Betrieben der deutschen und britischen Autoindustrie den Zusammenhang zwischen Sozialtechnik und Ordnungsdenken; dabei geht es ihm um einen kulturhistorischen Blick, der sich für die Problematisierung der Arbeiter/-innen in der Fabrik interessiert.[8] Thematisch ähnlich liegt Karsten Uhl, der sich mit der räumlichen Ordnung deutscher Unternehmen befasst und zeigt, dass es bereits in den 1920er-Jahren Bestrebungen gab, die Arbeiter/-innen in den Betrieb zu integrieren, statt bloss über die Rationalisierung zu disziplinieren, dass Letztere also begrenzt war und sozialpolitische Einbindungsstrategien

---

8 Luks 2010; ders. 2012.

nicht erst in der Nachkriegszeit populär wurden.[9] Die Rationalisierung der Industriearbeit in der Schweiz behandeln die grundlegenden Untersuchungen von
Rudolf Jaun und Matthieu Leimgruber für die erste Hälfte des 20. Jahrhunderts.
Sie weisen darauf hin, dass eine durchgreifende Taylorisierung der Fertigung erst
in den 1950er-Jahren einsetzte.[10] Die Beiträge in dem von Brigitta Bernet und
Jakob Tanner herausgegebenen Sammelband *Ausser Betrieb* legen nicht nur nahe,
dass die bisherige Einengung der Geschichte der Arbeit auf den Produktionsbe-
reich problematisch ist, sondern auch, dass die Arbeitsverhältnisse der Nachkriegszeit keineswegs selbstverständlich, sondern – im Rückblick wie im welt-
weiten Vergleich – vielmehr erklärungsbedürftig sind.[11] Andrew Herod betont
zudem, wie wichtig es ist, die räumliche Einbettung der Arbeits- und Lebensbedingungen zu berücksichtigen, etwa die Auswirkungen von Hypotheken auf das
politische Verhalten der Schuldner; die Geografie der Arbeit, der Produktionsstandorte und ihres Umlands bestimmte das Verhalten der Beschäftigten mit.[12]

Die betriebliche Sozialpolitik von Siemens, Volkswagen, dem VEB Sachsenring und Peugeot wird in drei unternehmensgeschichtlichen Arbeiten von Almuth Bartels, Ute Engelen und Rüdiger Gerlach untersucht.[13] Die Autor/-innen
weisen auf die Werbe- und Bindefunktion von betrieblichen Sozialleistungen
hin, aber auch auf die Absicht der Unternehmen, damit indirekt die Arbeitsleistung zu erhöhen. In seiner Arbeit über die Ausrichtung der «corporate governance» von Schweizer Unternehmen zeigt Martin Lüpold für die Zeit bis 1960,
dass neben der Bildung stiller Reserven die Einlage nicht eben unbedeutender
Gewinnanteile in Wohlfahrtsfonds ein wichtiges Element zum Schutz der Unter-
nehmensinteressen bildete.[14] Stéphanie Ginalski analysiert das Management und
die Eigentümerschaft von grossen Unternehmen der Schweizer Maschinenindustrie im 20. Jahrhundert.[15] Für die Einschätzung der Pensionskassen ist die Untersuchung von Matthieu Leimgruber über das komplexe Zusammenspiel zwischen der marginalen öffentlichen und der dominanten privaten Altersvorsorge,
das schliesslich zur Institutionalisierung des Drei-Säulen-Modells führen sollte,
unverzichtbar.[16] Mit den für die Auszahlung von Kinderzulagen und Renten der
öffentlichen Alters- und Hinterlassenenversicherung wichtigen privaten Ausgleichskassen befasst sich Pierre Eichenberger.[17] Die Beiträge des von Matthieu
Leimgruber und Martin Lengwiler herausgegebenen Sammelbands über den
Umbruch an der «inneren Front» diskutieren die wichtige Zeit zwischen 1938

---

9 Uhl 2014.
10 Jaun 1986; Leimgruber 2001.
11 Bernet/Tanner 2015; vgl. Fasel 2015; Lengwiler 2015.
12 Herod 2018; ders. 2003.
13 Bartels 2013; Engelen 2013; Gerlach 2014.
14 Lüpold 2010.
15 Ginalski 2015.
16 Leimgruber 2008.
17 Eichenberger 2016.

und 1948; sie zeichnen über die Entwicklung der öffentlichen Sozialpolitik in der Schweiz ein insgesamt widersprüchliches Bild.[18]

Ein wichtiger Bereich der betrieblichen Sozialpolitik steht im Zentrum von Jakob Tanners Untersuchung über den Zusammenhang von Ernährungswissenschaft und Industriearbeit: das Engagement des Schweizerischen Verbands Volksdienst und seine Firmenkantinen.[19] Sonja Matter zeichnet die Professionalisierung der Sozialarbeit in der Schweiz bis 1960 nach und zeigt, wie sich deren Selbstverständnis und Legitimationsmuster gewandelt haben.[20] Die Arbeiten von Sabine Donauer, Richard Gillespie, Michiel Kompier, Jakob Messerli und Emil Walter befassen sich alle mit der Entwicklung der angewandten Sozialforschung, der Industriepsychologie und den besonders in den 1950er-Jahren populären Human-Relations-Massnahmen.[21] Die Ideologeme dieser Lehren spielten nicht nur für die Gestaltung der Arbeitsverhältnisse eine wichtige Rolle. Sie dienten auch dazu, die Tätigkeit von Personalabteilungen wissenschaftlich zu legitimieren; darauf verweisen die Arbeiten von Bruce Kaufman und Ruth Rosenberger.[22]

Dass sich der Produktions- und der Reproduktionsbereich nicht voneinander trennen lassen (und dass dies auch nicht um der Analyse willen getan werden sollte), darauf wiesen Feministinnen seit den 1960er-Jahren hin. Jüngst haben Nancy Fraser und Alisa Del Re diese Position bekräftigt, unter anderem im Zusammenhang mit der sich abzeichnenden Krise der Sorgearbeit, die sie verallgemeinert als Reproduktionskrise verstehen.[23]

1.3 Grundlagen und Quellen

Zur Hauptsache stützt sich diese Untersuchung auf die Akten und Veröffentlichungen der drei Betriebe. In dem von einem externen Archivdienstleister verwalteten Archiv der Asea Brown Boveri AG in Baden konnte ich ohne Beschränkungen die in Papier und Mikrofilm erhaltenen Verwaltungsrats- und Direktionsprotokolle sowohl von Brown Boveri als auch der Maschinenfabrik Oerlikon durchsehen – wobei die Protokolle nicht vollständig vorhanden waren.[24] Umständlicher war die Sulzer AG in Winterthur. Erst auf hartnäckiges Nachhaken hin erhielt ich einen zeitlich und inhaltlich äusserst beschränkten Zugang; die Protokolle der Geschäftsleitung oder des Verwaltungsrats blieben verschlossen. Die für den Wohnungsbau in Winterthur wichtige, eng mit Gebrüder Sulzer verbundene Aktiengesellschaft für Erstellung billiger Wohnhäu-

---

18 Leimgruber/Lengwiler 2009; vgl. Leimgruber 2009; Schumacher 2009; Zimmermann 2009.
19 Tanner 1999.
20 Matter 2011.
21 Donauer 2013; Gillespie 1991, Kompier 2006; Messerli 1996; Walter 2012; ders. 2006; ders. 1989.
22 Kaufman 2007; Rosenberger 2008.
23 Fraser 2017; Del Re 2013.
24 Bei den Direktionsprotokollen der Maschinenfabrik Oerlikon fehlten die Jahrgänge 1952–1958 und 1965–1968.

ser entsprach einem Gesuch um Akteneinsicht, vor Ort durfte ich aber bloss die Rechenschaftsberichte lesen.[25]

Die von den Betrieben herausgegebenen Werkzeitungen bilden das zweite Standbein der Untersuchung – nicht zuletzt, weil die Zeitungen selbst eine Einrichtung der betrieblichen Sozialpolitik waren und als Verständigungsmittel nicht nur nach innen, sondern auch nach aussen wirkten. Die *Sulzer Werk-Mitteilungen*, *Wir und unser Werk* von Brown Boveri und *Der Gleichrichter* der Maschinenfabrik Oerlikon erschienen in gut 25 der 30 Jahre des Untersuchungszeitraums beinahe durchgängig, bis zwölfmal im Jahr und mit einem Umfang von zehn bis 40 Seiten pro Nummer. Zusätzlich habe ich die *Metallarbeiter-Zeitung* des Schweizerischen Metall- und Uhrenarbeiterverbands (der in der Branche relevanten Gewerkschaft) und die *Werkzeitung der schweizerischen Industrie* des Arbeitgeberverbands Schweizerischer Maschinen- und Metallindustrieller geprüft; Letztere, weil sie sämtlichen Beschäftigten der Maschinenindustrie gratis nach Hause zugestellt wurde.[26] Als Ergänzung wurden die gewerkschaftliche *Zusammenarbeit*, einige patronale oder unternehmensnahe Periodika – die *Schweizerische Arbeitgeber-Zeitung*, die *Zusammenfassung* der Studiengesellschaft für Personalfragen, die *Industrielle Organisation* des Betriebswissenschaftlichen Instituts der ETH Zürich – sowie wichtige Zeitschriften aus dem Bereich des Wohnungsbaus, etwa die *Schweizerische Bauzeitung*, *Das Werk* des Bundes Schweizer Architekten und das *Wohnen* des Verbands für Wohnungswesen, hinzugezogen. Artikel aus den genannten Zeitungen und Zeitschriften werden in den Anmerkungen jeweils vollständig, aber mit einem in der Bibliografie aufgelösten Kürzel zitiert.

In den Akten der Unternehmen und in den Werkzeitungen sprach der Betrieb; und bei der *Metallarbeiter-Zeitung* die Verbandsleitung. Um die gewerkschaftliche Sicht etwas nach unten hin zu weiten, wurden die im Sozialarchiv Zürich und im Stadtarchiv Winterthur zugänglichen Bestände des Metallarbeiterverbands verwendet. Gerade die Firmendossiers der Gewerkschaft, aber auch die Protokolle der Vertrauensleute und Arbeiterkommissionen waren dabei von grossem Nutzen. Doch auch Tonaufnahmen der Gewerkschaft, die über die Datenbank *Bild und Ton* des Sozialarchivs Zürich abrufbar sind, erlauben einen etwas genaueren Blick. Bei bestimmten Fragen, etwa jener nach der Repression gegen Arbeitsmigrant/-innen, bilden amtliche, von den *Documents diplomatiques suisses* veröffentlichte Quellen sowie Amtsdruckschriften die Grundlage der Darstellung. Für die Untersuchung der betrieblichen Sozial-

---

25 Eine Leerstelle darf hier nicht unerwähnt bleiben: Das Archiv des Arbeitgeberverbands Schweizerischer Maschinen- und Metallindustrieller ist mittlerweile im Archiv für Zeitgeschichte der ETH Zürich zugänglich. Für diese Arbeit wurde dieser Bestand nicht verwendet. Der Fokus der Untersuchung liegt auf der Betriebs- und Quartierebene, nicht auf der Branche. Allerdings dürften sich einige der in diesem Text vorgelegten Ergebnisse durch die Dokumente im ASM-Archiv bestätigen und/oder differenzieren lassen.

26 Der Metallarbeiterverband ging 2004 in der UNIA auf. Der Arbeitgeberverband Schweizerischer Maschinen- und Metallindustrieller tritt heute unter dem Namen Swissmem auf.

arbeit habe ich zudem auf den im Sozialarchiv Zürich zugänglichen Bestand des Schweizerischen Berufsverbands Soziale Arbeit zurückgegriffen.

Schliesslich wurde eine Reihe zeitgenössischer Veröffentlichungen hinzugezogen, um die Quellendichte zu erhöhen. Entsprechend der Fragestellung decken sie ein einigermassen weites thematisches Feld ab. Artikel in Zeitschriften und Beiträge in Sammelbänden bilden das Gros der publizierten Quellen. Auch einige Anleitungen (etwa die des Betriebswissenschaftlichen Instituts und des Metallarbeiterverbands), Jubiläumsschriften, Wegleitungen, Vorträge, Diplomarbeiten der Sozialen Frauenschule Zürich und literarische Texte finden sich hier, ausserdem Filme, die von der Maschinenindustrie mitfinanziert wurden. Das den Text begleitende Bildmaterial stammt zum überwiegenden Teil aus den Werkzeitungen.

Zum Schluss vier Anmerkungen zur Sprache:

1. Die Maschinenfabrik Oerlikon befand sich in Zürich; der Kürze halber ist aber von Oerlikon die Rede, auch weil ihre Bedeutung für die Stadt Zürich nicht vergleichbar war mit jener von Gebrüder Sulzer für Winterthur oder Brown Boveri für Baden.

2. Statt «Eigentümer» oder «Manager» verwende ich den Begriff «Patron» und, wo es um Strategien geht, «patronal». Damit wird – anders auch als mit «Unternehmer» oder dem wenig sinnvollen «Arbeitgeber» – die Machtverteilung in den Betrieben klar benannt. Der Begriff wurde im Untersuchungszeitraum auch in der Deutschschweiz häufig verwendet. Und er traf strukturell zu, wie die Untersuchung von Stéphanie Ginalski herausstellt: Eine klare Trennung zwischen Leitung und Eigentümerschaft war in der Schweizer Maschinenindustrie für lange Zeit nicht gegeben.[27]

3. Wo es um die Belegschaften geht, steht häufig «Arbeiter/-innen» und «Angestellte». Das ist eine bis Ende der 1960er-Jahre wichtige Unterscheidung. Sie bezieht sich nicht nur auf die Arbeitsteilung von Hand- und Kopfarbeit, auf die Unterscheidung von planender und ausführender Tätigkeit, oder den Arbeitsort. Ebenso verweisen die Begriffe auf die Art der Anstellung, die Lohnform, seine Höhe und den Zahltag. Arbeiter/-innen bezogen kein monatliches Gehalt, sondern erhielten wöchentlich oder zweiwöchentlich den Lohn ausbezahlt, sie waren im Stundenlohn beschäftigt, arbeiteten aber nicht nur im Zeitlohn, sondern auch im Akkord (Leistungslohn) – und schliesslich war ihr Verdienst in der Regel geringer als jener der technischen und kaufmännischen Angestellten.[28]

4. Eine weitere Differenzierung ist im Fall von Gebrüder Sulzer angebracht. Beim Winterthurer Maschinenbauer ist im Text bis Anfang der 1960er-Jahre ausschliesslich von Arbeitern und erst danach auch von Arbeiter/-innen die Rede. Ich verwende in diesem Fall einen etwas engen Begriff, der jene

---

27 Vgl. Ginalski 2015, Kap. 4–5.
28 Erst ab 1970 wurde den Arbeiter/-innen der Maschinenindustrie auf breiter Basis ein Monatslohn ausbezahlt. Vgl. Autorenkollektiv 1974, 76 f.

bezeichnet, die in den Werkstätten arbeiteten. Im Unterschied zu Brown Boveri und zur Maschinenfabrik Oerlikon, wo Frauen im gesamten Untersuchungszeitraum nicht nur in den Büros, den Küchen, den Wohlfahrtshäusern als Sozialarbeiterinnen oder als Putzkräfte, sondern vor allem auch in den Werkstätten arbeiteten, stellte Gebrüder Sulzer erst in den 1960er-Jahren Frauen für solche Arbeiten ein.

2 Fabrikleben

2.1 Voraussetzungen: die Integration der Gewerkschaften

Arbeitskämpfe verhindern

Der Sommer 1937 war bedeutend für die Schweizer Maschinenindustrie. In Winterthur wurde in der Fabrik von Gebrüder Sulzer ein Streik verhindert – mit Folgen für die gesamte Branche. Seit dem vorangegangenen Jahr streikten die Gewerkschaften wieder für bessere Arbeitsbedingungen, nachdem auf dem Höhepunkt der Massenarbeitslosigkeit 1934/35 kaum mehr offene Arbeitskämpfe geführt worden waren.[1] 1937 zählte das Bundesamt für Industrie, Gewerbe und Arbeit immerhin 37 Streiks von 6043 Arbeiter/-innen in 404 Betrieben. Die Zahl der verlorenen Arbeitstage wurde mit 115 648 beziffert, 27 551, also fast ein Viertel davon, fielen auf die Maschinenindustrie.[2] Einer dieser Streiks hätte im Sommer gut bei Gebrüder Sulzer stattfinden können. Die Zeit dafür war reif.

Im Februar 1937 forderte deren Arbeiterkommission per Eingabe an die Geschäftsleitung die Anhebung der niedrigsten Löhne auf mindestens 1 Franken pro Stunde, die Anpassung der übrigen Löhne an die Teuerung und so viele Ferientage wie zuletzt 1929.[3] Die Ferien waren in den 1930er-Jahren ebenso wie die Löhne mit Verweis auf die Wirtschaftskrise zusammengestrichen worden. Gebrüder Sulzer lehnte sämtliche Forderungen ab. Eine zweite Eingabe vom 20. Mai forderte die Erhöhung aller Arbeiterlöhne um 5 Rappen sowie die Erhöhung der Akkordsätze und der Zulagen der Stundenlohnarbeiter um 7 %.[4] Beide Eingaben standen im Zusammenhang mit den nach der Frankenabwertung von 1936 stark steigenden Lebenskosten und der gleichzeitig anziehenden Rüstungskonjunktur, durch die sich die Lage der Exportindustrie und damit jene von Gebrüder Sulzer verbessert hatte.[5] Und beide Eingaben wollten eine allgemeine Lohnaufbesserung erreichen, die der gesamten Belegschaft zugutekam. Ein Treffen des Arbeitgeberverbands Schweizerischer Maschinen- und Metallindustrieller mit Gebrüder Sulzer, der Maschinenfabrik Rieter und der Lokomotiv- und Maschinenfabrik beschloss, genau dies nicht zuzulassen: Es dürfe keine kollektive, sondern nur individuelle Anpassungen geben. Gebrüder Sulzer

---

1 Degen 2012, 896; vgl. ebd., Abb. 4.2–6.
2 BIGA: Streiks und Aussperrungen im Jahre 1937, in: SAZ 6, 1938, 73 f.
3 Lohnbewegung bei Gebrüder Sulzer in Winterthur, in: SAZ 27, 1937, 183–185. Für folgende Abschnitte ausserdem Buomberger 1984, 243–255. 1937 lag der Durchschnittslohn der Maschinenindustrie bei 1.15 Franken pro Stunde. Archiv ABB, DRP MFO, 24. 2. 1937.
4 Sozialarchiv, Ar SMUV, 04-0004A, Dossier Gebrüder Sulzer, Urteil Schiedsgericht Lohnkonflikt Sulzer, 19. 7. 1937.
5 Billeter 1985, 100.

entschied, bis im Sommer die Löhne von zwei Dritteln der Belegschaft individuell um durchschnittlich 3 Rappen zu erhöhen.[6]

Das Unternehmen verzichtete auf ein weiteres Entgegenkommen. Am 24. Juni erklärte Verwaltungsratspräsident Hans Sulzer der Arbeiterkommission: «Ich bedaure, dass Sie sich auf den Standpunkt stellen, dass wenn man nicht etwas tut, dann die Arbeiterschaft durchbrennt.» Gebrüder Sulzer werde sich «mit aller Energie wehren [...]. Derartige Geschichten, unter dem Druck der Drohung ‹Es gibt irgend einen Radau› geben wir nicht nach.»[7] Zwei Tage später organisierten die Vertrauensleute deshalb auf der Schützenwiese eine Betriebsversammlung mit 2200 Arbeitern – rund zwei Drittel der Werkstätten. Der eilends angereiste Präsident des Metallarbeiterverbands Konrad Ilg und der Winterthurer Sekretär versuchten erfolglos, die versammelten Arbeiter von der Richtigkeit der Position des Unternehmens zu überzeugen. Sie wurden ausgepfiffen.[8] «Ihre Mahnung zur Besinnung», schrieb Gebrüder Sulzer später in der *Arbeitgeber-Zeitung*, «fand aber kein Gehör; die beiden Sekretäre wurden wiederholt durch wenig freundliche Zurufe unterbrochen.»[9] Die Versammlung entschied am Ende mit der grossen Mehrheit von 1560 zu 280 Stimmen (bei einigen Enthaltungen), auf den 5. Juli einen Streik auszurufen.[10] Noch am selben Tag schrieb die Leitung des Metallarbeiterverbands an den Arbeitgeberverband, sie würde sich um den Beschluss der Betriebsversammlung foutieren. Bei einer weiteren Abstimmung drei Tage später stimmten bei 2679 abgegebenen Stimmzetteln 1996 für und 614 gegen einen Streik; die nötige Dreiviertelmehrheit wurde um 13 Stimmen verpasst. Die Vertrauensleute hielten am Streikbeschluss fest, während die Verbandsleitung alles daran setzte, diesen zu durchkreuzen.

Die vom Betrieb unter Druck gesetzte Arbeiterkommission rief auf den 3. Juli nochmals zu einer Betriebsversammlung auf, die diesmal von der Geschäftsleitung geleitet wurde; man werde erneut abstimmen. Die Direktoren Robert Sulzer und Heinrich Wolfer warben für den Gang an ein Schiedsgericht; der Sekretär des Metallarbeiterverbands vertrat dieselbe Meinung.[11] Bei der dritten Abstimmung – die ersten beiden wurden übergangen – änderten sich die Verhältnisse markant: 1114 stimmten diesmal für, aber bereits 1056 gegen den Streik; um dieses Ergebnis ins Eindeutige zu kippen, wurde zusätzlich die loyale Belegschaft der ländlichen Giesserei Bülach befragt. Danach stand das Ergebnis 1138 für und 1150 dagegen – Gebrüder Sulzer hatte sich knapp durchge-

---

6   Sozialarchiv, Ar SMUV, 04-0004A, Dossier Gebrüder Sulzer, Urteil Schiedsgericht Lohnkonflikt Sulzer, 19. 7. 1937.

7   Archiv Sulzer, Schachtel 180, Prot. Arbeiterkommission, 24. 6. 1937.

8   Prot. SMUV-Verbandskongress, 16.–18. 9. 1937, in: Arbeitsgruppe (Hg.) 1980, 279 f. Vgl. Billeter 1985, 98.

9   Lohnbewegung bei Gebrüder Sulzer in Winterthur, in: SAZ 27, 1937, 183–185, hier 185.

10 Streik! Sulzer-Arbeiter wollen nicht länger Krisenlöhne, in: Freiheit, 2. 7. 1937, in: Arbeitsgruppe (Hg.) 1980, 277 f.

11 Sulzerarbeiter ringen um 5 Rappen, in: Freiheit, 5. 7. 1937, zitiert in Arbeitsgruppe (Hg.) 1980, 278 f.

setzt.[12] Die Versammlung fand unter der Drohung statt, bei einem Streik würden sämtliche Arbeiter ausgesperrt; der Metallarbeiterverband seinerseits erklärte, er werde auf keinen Fall die Streikenden unterstützen. Am Ende entschied sich das Schiedsgericht am 19. Juli für eine Kompromisslösung: Die Löhne sollten um 4 Rappen, die Akkordsätze und die Zulagen der Stundenlohnarbeiter um 5 % erhöht werden.[13]

Bei der benachbarten, kleineren Lokomotiv- und Maschinenfabrik, die an der gleichen Strasse lag wie das Hauptwerk von Gebrüder Sulzer, drohte ebenfalls ein Streik. Im Juni forderten hier die Dreher eine Lohnerhöhung von 5 Rappen und eine Erhöhung der Akkordsätze um 10 %. Und auch hier versuchte der Metallarbeiterverband, den Streik zu verhindern, und gelangte deshalb am 15. Juni an das kantonale Einigungsamt. Als Reaktion darauf beschloss eine autonome Versammlung, am nächsten Tag zwar zur Arbeit zu gehen, dort aber nicht zu arbeiten; dem Aufruf folgten immerhin 72 Dreher, die darauf die Werkstatt wieder verliessen, weil die Geschäftsleitung sich weigerte, mit ihnen zu verhandeln. Nach eineinhalb Tagen Streik lenkte das Unternehmen ein und gewährte eine längst zugesagte, jedoch nie umgesetzte Anpassung von 4 Rappen. Die übrigen Dreher erhielten später die vom Einigungsamt beschlossenen 3 Rappen.[14]

Parallel zu den beiden Konflikten in Winterthur (jener bei Gebrüder Sulzer war bei weitem der bedeutendere) verhandelte die Leitung des Metallarbeiterverbands im Geheimen mit dem Arbeitgeberverband. Die Präsidenten beider Verbände – Konrad Ilg und Ernst Dübi – traten im Frühling 1937 miteinander in Verbindung, um einer Zwangsschlichtung durch das Volkswirtschaftsdepartement zuvorzukommen, die durch zwei Bundesratsbeschlüsse vom September und November 1936 bei Lohnstreitigkeiten möglich wurde.[15] Zuvor hatte der Metallarbeiterverband eigentlich einen Tarifvertrag abschliessen wollen, kam damit aber nicht durch. Bei den Verhandlungen zwischen Ilg und Dübi ging es nicht um einen Vertrag, sondern um eine Vereinbarung, welche die Beziehungen zwischen Gewerkschaften und Unternehmen neu regeln sollte. Der Arbeitgeberverband zeigte sich angesichts der anziehenden Konjunktur interessiert an einer Abmachung, mit der eine «ungestörte Abwicklung der Arbeit während einer langen Zeitdauer» möglich werde – nicht zuletzt befürchteten die Patrons Streikbewegungen und Sozialreformen wie in Frankreich unter der Front-populaire-Regierung.[16] Ein erstes Ergebnis lag Ende Mai vor. Doch dann eskalierte der Konflikt in Winterthur.[17] Während die Belegschaft von Gebrüder Sulzer im Juni über einen Streik diskutierte, war die Leitung des Metallarbeiterverbands längst zur

12 Lohnbewegung bei Gebrüder Sulzer in Winterthur, in: SAZ 28, 1937, 190.
13 Sozialarchiv, Ar SMUV, 04-0004A, Dossier Gebrüder Sulzer, Urteil Schiedsgericht Lohnkonflikt Sulzer, 19. 7. 1937.
14 Buomberger 1984, 201.
15 Zimmermann 2009, 57f. Vgl. Auszug Bundesratsbeschluss 27. 9. 1936, in: Humbel (Hg.) 1987, 56f.
16 Auszug Prot. 143. ASM-Ausschuss-Sitzung, 25. 5. 1937, in: Humbel (Hg.) 1987, 66.
17 Degen 1987, 18.

Unterzeichnung eines Abkommens bereit, dass gerade diesen ausschloss.[18] Der Arbeitskampf bei Gebrüder Sulzer diente als Testfall: Die Gewerkschaft musste ihre Bereitschaft beweisen, als Ordnungsmacht gegen den Willen der Belegschaft und der eigenen Vertrauensleute durchzugreifen. Am 19. Juli, als mit dem Urteil des Schiedsgerichts der Konflikt offiziell beigelegt war, unterzeichneten die Gewerkschaftsleitungen – jene des Metallarbeiterverbands, aber auch die der wenig relevanten freisinnigen und religiösen Verbände – mit dem Arbeitgeberverband Schweizerischer Maschinen- und Metallindustrieller eine Vereinbarung, die etwas später unter dem pathetischen Namen Friedensabkommen bekannt wurde. Die Delegierten des Metallarbeiterverbands durften dazu erst im September Stellung beziehen; die Forderung der Sektion Winterthur, eine Urabstimmung abzuhalten, wurde wohlweislich abgelehnt.[19]

Insgesamt betraf die Vereinbarung gut 50000 Arbeiter/-innen in 156 Betrieben.[20] Sie regelte weder Löhne noch Arbeitsbedingungen und war damit kein Tarifvertrag, den die Maschinenindustrie als Beschneidung der patronalen Macht strikt ablehnte. Die schuldrechtliche Vereinbarung regelte vielmehr den Umgang mit betrieblichen Konflikten durch ein vierstufiges Verfahren (Betrieb – Verband – Schlichtungsstelle – Schiedsstelle) einschliesslich Sanktionen, um eine staatliche Schlichtung überflüssig zu machen. Besonders wichtig, da folgenschwer, war die Präambel: Die unterzeichnenden Organisationen verzichteten fortan auf «jegliche Kampfmassnahme, [...] dies auch bei allfälligen Streitigkeiten über Fragen des Arbeitsverhältnisses, die durch die gegenwärtige Vereinbarung nicht berührt werden».[21] Das später Friedensabkommen genannte und häufig als Beginn des sogenannten Arbeitsfriedens der Nachkriegszeit angeführte Dokument enthielt vor allem eines: die absolute Friedenspflicht, also die Bereitschaft der Gewerkschaften, in jedem Fall auf Arbeitskämpfe zu verzichten.

Naheliegenderweise führte gerade das zu Widerspruch an der Basis; nicht nur der Inhalt der Vereinbarung, auch wie sie zustande kam und unter welchen Umständen sie unterschrieben wurde, behagte längst nicht allen.[22] Um den wenig erfreuten Vertrauensleuten von Winterthur das Vorgehen der Verbandsleitung zu erklären, schickte man ihnen den Basler Gewerkschaftssekretär Christoph Bollinger, der ein Referat hielt, in dem er erklärte, Streiken gehöre von nun an der Vergangenheit an. Die Aufgabe des Verbands bestehe nun darin, die prosperierende Maschinenindustrie zu stützen, wo es nur gehe: «Eine Zeitspanne der Ruhe ist für die Industrie unbedingt notwendig.»[23] Nach dem Referat wies ein

---

18 Vgl. Auszug Prot. Sitzung erweiterter Zentralvorstand und Verbandskonferenz SMUV, 4./5. 6. 1937, in: Humbel (Hg.) 1987, 67.

19 Degen 1987, 20; vgl. SMUV-Verbandskongress, 16.–18. 9. 1937, in: Humbel (Hg.) 1987, 80.

20 Degen 2012, 898.

21 Vereinbarung vom 19. Juli 1937, in: Humbel (Hg.) 1987, 69–73, hier 69. Ähnliche Abkommen zur Schlichtung betrieblicher Konflikte wurden 1935 in Norwegen und 1938 in Schweden geschlossen. Degen 2012, 898f.

22 Vgl. Degen 1987, 20f.

23 Stadtarchiv Winterthur, Dep 30/4.3, Prot. Vertrauensmännerversammlung, 10. 8. 1937.

Vertrauensmann das von Ilg angeführte Argument zurück, das Abkommen habe man angesichts der Bedrohung durch Deutschland und Italien unterzeichnen müssen. Die Angst vor der realen Bedrohung werde benutzt, um eine Vereinbarung zu verkaufen, die den Belegschaften keinerlei Vorteile biete. Ausserdem durften sie nichts dazu sagen, weil alles geheim war: «Wir wurden vor die fertigen Tatsachen gestellt.» Die Sache habe gerade unter jungen Gewerkschaftern «viel Staub aufgeworfen»: «Agitatorisch werden wir gehemmt sein.»[24]

Die Verhandlungen mit dem Arbeitgeberverband mochten aus taktischen Überlegungen geheimgehalten worden sein; dass die Gewerkschaft längst im politischen Fahrwasser der Patrons kreuzte, war aber bekannt. Der Kurswechsel wurde mehrfach öffentlich angekündigt. Den 1. Mai 1937 erklärte die *Metallarbeiter-Zeitung* zum «Tag der Besinnung» und forderte «die Verdrängung des Klassenkampfgedankens durch die Idee des Zusammenschlusses aller Schaffenden, die Wiedereingliederung in die Volksgemeinschaft sind weithin sichtbare Etappen des zurückgelegten Weges. [...] Für die Arbeiterschaft kann es sich heute nicht mehr allein um die Durchsetzung ihrer klassen- und berufsmässigen Ansprüche handeln – auch für die Arbeiterschaft muss es sich heute ebensosehr darum handeln, das Schweizerhaus für das ganze Volk wohnlich einzurichten.»[25]

Das Abkommen wurde der Basis im Nachgang auf doppelte Weise erklärt: einmal mit der Notwendigkeit der Zusammenarbeit mit den Unternehmen, um in die bürgerliche Gesellschaft integriert zu werden; und dann mit wirtschaftlichen Gründen. Bei Letzteren stellte die Gewerkschaft heraus, dass die Interessen der Patrons letztlich die ihrigen seien, weil «von deren Gedeihen auch das Wohlergehen der Arbeiterschaft abhängig ist». Lohnverhandlungen dürften deshalb nur noch mit Mitteln geführt werden, «die unserem Gesamtinteresse, nämlich dem Gedeihen unserer Industrie, nicht abträglich ist».[26] Der «Betrieb [wird] für jeden Arbeiter zur Achse seiner Welt. Es ist vielleicht nur gut, wenn wir diese Tatsache einmal offen zugeben.»[27] In der *Arbeitgeber-Zeitung* erklärte die Gewerkschaft, man hoffe, einen Beitrag zu leisten, dass «es in der kurzen Zeit der Rüstungskonjunktur gelingt, der schweizerischen Maschinenindustrie auf dem Weltmarkt neue Absatzgebiete zu erobern [...]. Um dies zu ermöglichen, muss in dieser Industrie ein auf Vernunft und Erkennung der Lage begründeter Arbeitsfrieden herrschen.»[28]

Für diese Untersuchung aber interessanter ist der erste Erklärungsstrang, der das Abkommen als Beitrag zur betrieblichen Zusammenarbeit propagierte, in der Belegschaften und Geschäftsleitungen «einander als Menschen» näherkamen.[29] «Können alle diese Dinge nicht besser in einer freundlichen Atmo-

24 Ebd.
25 Vital Gawer: Ein Tag der Besinnung, in: SMAZ, 1. 5. 1937, 1.
26 Bedenken und Befürchtungen, in: SMAZ, 14. 8. 1937, 1.
27 Ist das Abkommen vom 19. Juli 1937 ein Ziel oder nur eine Stufe?, in: SMAZ, 2. 7. 1938, 4.
28 SMUV: Sinn und Bedeutung des Abkommens über die Regelung der Lohn- und Arbeitsverhältnisse in der schweizerischen Maschinenindustrie, in: SAZ 33, 1937, 224–230, hier 225.
29 Ilg 1949, 84.

sphäre an Hand von Unterlagen besprochen und gelöst werden als in der feindlichen Stimmung zweier durch Kampfmethoden verbitterter und misstrauischer Gegner?», fragte die *Metallarbeiter-Zeitung* und gab zur Antwort: «Wir bejahen die Frage.»[30] Das Abkommen wurde zur «Lösung aus der Verkrampfung»,[31] man habe endlich die «alten abgebrauchten Schablonen» beiseitegelegt.[32] Statt Klassenkampf wollte der Metallarbeiterverband nun «Klassenversöhnung» betreiben, die «gegenseitige Aussprache» fördern, auf ein «Einlenken auf dem Weg der Verständigung und Zusammenarbeit drängen».[33]

Während der Arbeitgeberverband die Vereinbarung als Verkaufsargument begrüsste, «als kostenlose Werbung für die schweizerische Industrie»,[34] sah sich die Gewerkschaft bereits im Wandel. «Auf beiden Seiten müssen die letzten Reste jener Klassenideologie verschwinden, die Arbeitgeber und Arbeitnehmer in zwei verschiedene Lager absondern.»[35] Man wollte mit den Patrons zusammenspannen, zueinanderfinden. Und das tat man dann auch. Die Vereinbarung wurde zunächst nach zwei Jahren, danach alle fünf Jahre erneuert und ergänzt um Verabredungen mit materiellen Regelungen – Teuerungs- und Kinderzulagen, Ferientage, Beiträge an die Krankenversicherung, Arbeitszeitreduktion und Weiteres –, wovon die meisten (ausgenommen diejenigen zur Arbeitszeit) als unverbindliche Empfehlungen formuliert waren. Über Löhne wurde indes keine Verabredung getroffen, weder verbindlich noch unverbindlich, ein Tarifvertrag sollte es ja eben nicht sein – über die Lohnhöhe entschieden alleine die Unternehmen.[36]

«Was innerlich schon reif war, ist heute zur Tat geworden», erklärte der Metallarbeiterverband zwei Wochen nach der Unterzeichnung des Abkommens.[37] Doch dass dieses in den folgenden Jahrzehnten tatsächlich angenommen wurde, nicht nur auf dem Papier, sondern als Teil der inneren, der mentalen Landschaft der Maschinenindustrie, das war nicht einfach gegeben. Dem musste schon nachgeholfen werden.

Arbeiter/-innen umerziehen

«Die schweren Krisenjahre haben auch ihr Gutes gehabt», erklärte der Sekretär des Schweizerischen Arbeitgeberverbands Fritz Bernet kurz nach der Unterzeichnung des Friedensabkommens an einem Vortrag an der Handelshochschule St. Gallen. «In allen Lagern, bei Arbeitnehmern und Arbeitgebern, bei Gewerkschaften und Arbeitgeberverbänden sehen wir starken Willen zum Verstehen und

---

30 Abkommen in der schweizerischen Maschinen- und Metallindustrie, in: SMAZ, 24. 7. 1937, 1.
31 Durchbruch, in: SMAZ, 31. 7. 1937, 1.
32 Die Furcht vor dem «Neuen», in: SMAZ, 31. 7. 1937, 2.
33 Klassenkampf oder Klassenversöhnung, in: SMAZ, 25. 12. 1937, 1 f.
34 Die Friedensvereinbarung als Verkaufsargument, in: SAZ 33, 1937, 230.
35 Ist das Abkommen vom 19. Juli 1937 ein Ziel oder nur eine Stufe?, in: SMAZ, 2. 7. 1938, 4.
36 Wüthrich 1959, 24.
37 Durchbruch, in: SMAZ, 31. 7. 1937, 1.

Zusammenarbeiten, starkes Verantwortungsgefühl gegenüber dem Wirtschafts-
und Volksganzen.»[38] Bernet wollte die Zeit, da noch vom Antagonismus zwischen Kapital und Arbeit die Rede war, schnell hinter sich wissen. Vor der konservativen Neuen Helvetischen Gesellschaft erklärte er 1938, eine grosse Zahl
von Arbeitskämpfen habe es in der Schweiz zwar nicht gegeben. «Und doch ver-
schlang der Streikmoloch bei uns Jahr für Jahr materielle und namentlich geistig-
seelische Werte in erschreckendem Masse.»[39]

Der Wille zur Zusammenarbeit war von der Stimmungslage der Leitung
des Metallarbeiterverbands nicht weit entfernt. 1945 erklärte Verbandspräsident
Konrad Ilg, sie hätten erkannt, «dass es wenig Sinn habe, einem unerreichbaren
Traum nachzujagen».[40] Der Traum, der begraben wurde, war jener des Sozialismus – stattdessen suchte man die Verständigung, und zwar in einem nationalen
Rahmen. Das Friedensabkommen habe «auf unser gesamtes Staats- und Wirtschaftsleben im Sinne vernunftgemässer Verständigung, gerechten Ausgleiches
und solidarischer Zusammenarbeit gewirkt». Die «Geschlossenheit des Volkes
zu erhalten», das sei das Ziel der Gewerkschaft gewesen.[41]

Im Rahmen der ab 1938 propagierten Doktrin der geistigen Landesverteidigung, die den Druck faschistischer Regimes für eine innenpolitische Neuausrichtung nutzen wollte, wurde die Klassenkollaboration in den Betrieben zur
nationalen Aufgabe erhoben.[42] «Die Flamme, die seit Jahrhunderten am schweizerischen Herde brennt, loht in den schweizerischen Herzen zu neuer Glut
empor. Der Wille zur Gemeinschaft äussert sich stärker denn je», deklamierte
der katholisch-konservative Bundesrat Philipp Etter 1938. «Es war und bleibt
ein verhängnisvolles Unterfangen, das Volk in Klassen aufspalten zu wollen.»[43]
Unternehmen und Gewerkschaften erklärten eine innige Zusammenarbeit, ein
Zusammenrücken in stürmischen Zeiten, ihre Interessenharmonie.[44] Die Ideologie der geistigen Landesverteidigung wirkte in den Betrieben wie ein diskursiver Katalysator. Patrons und Belegschaften wurden «zum klassenlosen, schaffi-
gen Schweizertum» umgedeutet,[45] die Ablehnung von Streiks und proletarischer
Autonomie zur patriotischen Pflicht. «Wenn wir unsere Blicke über die Landes-
grenzen hinaus schweifen lassen», erklärte Fritz Bernet, «sehen wir überall in-
tensivstes Streben nach Zusammenarbeit, freiwillig oder erzwungen. Dem wird
sich auf die Dauer niemand verschliessen können.»[46] An der 1.-Mai-Demonstra-
tion in Zürich von 1940 untersagte der Metallarbeiterverband seinen Mitgliedern,
rote Fahnen zu tragen. Man führte nur eine einzige mit, eine grosse Schweizer

---

38 Bernet 1938, 28.
39 Fritz Bernet: Arbeitsfrieden, in: SAZ 4, 1938, 35–37, hier 35.
40 Ilg 1945, 26.
41 Ebd., 31, 32.
42 Vgl. Tanner 2015, 234 f.
43 Philipp Etter: Der Geist ist's, der lebendig macht!, in: WZ 4, 1938, 67–70, hier 67.
44 Vgl. Jaun 1986, 169.
45 Ebd., 72.
46 Fritz Bernet: Arbeitsfrieden, in: SAZ 4, 1938, 35–37; 6, 1938, 67–69; 7, 1938, 81–83, hier 83.

Fahne – der Arbeitgeberverband war ob diesem symbolisch bekräftigten Schulterschluss mit dem Bürgertum begeistert. Darin zeige sich, «dass jene Gewerkschaft die Gegenwart erkannt hat».[47]

Das Ankommen in der neuen Gegenwart wurde auch publizistisch umgesetzt. Die *Metallarbeiter-Zeitung* druckte seither aufbereitete Zahlen und vorbereitete Argumente des Arbeitgeberverbands ab. Bei der Diskussion um die Verteilung von Unternehmensgewinnen etwa führte sie an, es sei eine irreführende Behauptung «gewisser Agitatoren», dass die Betriebe der Maschinenindustrie grosse Profite realisierten. Es stimme nicht, dass deren Sozialisierung eine «nennenswerte wirtschaftliche Besserstellung der Arbeiterschaft» bewirkten, würden doch bereits grosse Beträge in die Einrichtungen der betrieblichen Sozialpolitik investiert.[48] Die Gewerkschaft vertrat nicht nur eine zu den Patrons hin offene Position; in den 1940er-Jahren gab es zeitweise Bestrebungen, sich ganz von der Sozialdemokratie zu lösen.[49] An sich wäre das nur konsequent gewesen. Immerhin liebäugelte die Verbandsleitung zu dieser Zeit mit autoritären Ideen. 1940 war sie am Aufbau des korporatistischen Gotthardbunds beteiligt, der nach der Niederlage Frankreichs gegründet wurde. Und 1944, als reaktionäre Kreise in der Schweiz einen neuen Landesstreik befürchteten, fand man den Verband ebenfalls in diesem Lager, bei der Gerechtigkeitsgruppe, einem Ableger der antikommunistischen Sekte Moralische Aufrüstung.[50]

Das Friedensabkommen signalisierte, dass die Leitung des Metallarbeiterverbands zu weitgehenden Zugeständnissen bereit war.[51] Der Bürgerblock applaudierte und stilisierte die Vereinbarung umgehend zu einem Meilenstein der Geschichte. Kurz nach der Unterzeichnung wandte sich der katholisch-konservative Bundespräsident Giuseppe Motta an «den Schweizer Arbeiter»: «Ich bin der Meinung, dass dieses ‹Stanser Verkommnis› der Maschinenindustrie den Anspruch erheben darf, in unserer Geschichte einen Ehrenplatz einzunehmen. [...] Wenn eine Tatsache feststeht und nicht weiter widersprochen werden kann, so ist es die: die Interessen von Kapital und Arbeit sind nicht gegensätzlich. [...] Die Idee des Klassenkampfes ist daher innerlich unwahr und verwerflich. [...] Der Schaden [eines Streiks, A. F.] ist nicht nur materieller, sondern namentlich auch sittlicher Art. [...] Eintracht ist das feierliche Gebot der Stunde.»[52]

47 Aufschlussreiche Maifeier, in: SAZ 19, 1940, 285. Der Metallarbeiterverband blieb damit alleine. 1942 empörte sich die *Arbeitgeber-Zeitung* über den «Wald blutroter Sturmfahnen», den sie am 1. Mai in Zürich gesehen haben will – nur der Metallarbeiterverband sei vernünftig, weil sein Block mit der Schweizer Fahne aufwartete. Verhetzung der Arbeiterjugend, in: SAZ 19, 1942, 279f., hier 279.

48 Wohin fliessen die Erträgnisse der Maschinen- und Metallindustrie?, in: SMAZ, 4. 10. 1941, 1 f., hier 2.

49 Scheiben 1987, 32–35.

50 Siehe Kap. 3.3.

51 Tanner 2015, 233 f.

52 Giuseppe Motta: Der Bundespräsident an den Schweizer Arbeiter, in: WZ 8, 1937, 147 f. Das Stanser Verkommnis wurde 1481 zwischen den acht Orten der Eidgenossenschaft geschlossen; es regelte einen inneren Konflikt.

In den folgenden Jahren wurde aus der verordneten Eintracht ein nationaler Mythos, der sich unter der Chiffre des Arbeitsfriedens bis in die 1970er-Jahre halten sollte. Das Friedensabkommen erhielt auf der Höhenstrasse der Landesausstellung in Zürich 1939 einen Ehrenplatz.[53] In der Eröffnungsrede betonte Bundesrat Etter: «Was der einzelne Arbeiter […] beiträgt, ist in des Wortes eigentlichstem Sinne Dienst am Ganzen, Dienst an der grossen Werkgemeinschaft. […] Dienst am Land, Dienst an der Ehre und Grösse des Landes!»[54] Wer jetzt streikte, der und die blockierte nicht nur die Fertigung einer Fabrik, sondern verletzte ebenso die Ehre der Nation. Julius Bührer, Generaldirektor von Georg Fischer, erklärte 1942 in der vom Arbeitgeberverband Schweizerischer Maschinen- und Metallindustrieller herausgegebenen *Werkzeitung der schweizerischen Industrie*, der Verzicht auf Arbeitskämpfe sei «altschweizerisches Denken» und ermögliche «die planmässige Einordnung eines jeden Menschen in den Aufgabenkreis des Volkes».[55] Zwanzig Jahre später schrieb der Präsident des Metallarbeiterverbands Ernst Wüthrich in der freisinnigen *Neuen Zürcher Zeitung* über das 25-Jahre-Jubiläum des Friedensabkommens, dieses sei «in seiner Wirkung tatsächlich so etwas wie ein Bundesbrief der schweizerischen Wirtschaft geworden». Bedeutend sei nicht dessen Wortlaut, vielmehr die Gesinnung, die dahinterstehe, dieses «Näherrücken der Sozialpartner», der Wille, «unbedingt den Frieden zu wahren». Man habe vor allem menschliche Fortschritte erzielt; aufseiten der Gewerkschaften stehe nun ein «Kader an Vertrauensleuten» bereit, «auf das die Partner in jeder Situation zählen können».[56]

Bei jeder sich bietenden Gelegenheit wurde seit 1937 das Ende der Arbeitskämpfe beschworen, als sei mit dem Friedensabkommen ein böser Traum zu Ende gegangen. Mit der betrieblichen Realität hatte das bis Anfang der 1950er-Jahre wenig zu tun. Um 1946 beteiligten sich so viele Arbeiter/-innen an Streiks wie seit 1920 nicht mehr.[57] Die Mehrzahl der Kämpfe wurden in der chemischen, der Textil- und der Bauindustrie für höhere Löhne und Gesamtarbeitsverträge geführt – nicht für eine schuldrechtliche Vereinbarung, die auf Treu und Glauben gründete, sondern für einen ordentlichen Tarifvertrag.[58] Tatsächlich kam es auch in der Maschinenindustrie nach 1937 immer wieder mal zu kleineren Streiks, doch wurden diese nach 1948 seltener.[59] Der Metallarbeiterverband sorgte in den nachfolgenden Jahren dafür, dass Ansätze zu autonomen Arbeitskämpfen rasch unterbunden wurden. Die Hochkonjunktur der Nachkriegszeit, ein allmählich ausgetrockneter Arbeitsmarkt und eingespielte Abläufe sorgten ab den 1950er-Jahren für eine vergleichsweise komfortable Verhandlungsposition.[60] Da-

---

53 Degen 1987, 25.
54 Philipp Etter: Mein Gruss an den unbekannten Arbeiter, in: WZ 6, 1939, 95 f., hier 96.
55 Julius Bührer: Mutig geradeaus, in: WZ 10, 1942, 162.
56 Ernst Wüthrich, in: Neue Zürcher Zeitung, 18. 7. 1962, zitiert in Zuppinger 1987, 75 f.
57 Degen 2012, 903; vgl. ebd., 896, Abb. 4.2–6.
58 Zimmermann 2009, 63; Degen 1987, 22. Vgl. die Chronologie in Autorenkollektiv 1974, 8–14.
59 Degen 2012, 901; Tanner 2015, 298. Vgl. Autorenkollektiv 1974, 14, 16, 18 f.
60 Degen 1987, 25.

bei hielt sich die Gewerkschaft mit ihren Forderungen zurück. Kampflos wurden zwar ordentliche und vor allem wachsende Löhne erzielt, doch blieben diese hinter der Entwicklung der Arbeitsproduktivität zurück.[61] Das Friedensabkommen selbst machte den Verzicht auf Arbeitskämpfe zur Voraussetzung für Lohnverhandlungen. Erst 1974 wurden arbeitsvertragliche Bestimmungen aufgenommen, mochte die Vereinbarung auch seit 1956 zumindest technisch als Tarifvertrag durchgehen (durch die Herabsetzung rechtlicher Mindestanforderungen im Rahmen des revidierten Obligationenrechts).[62] Die Verbandsleitung bestand noch 1964 darauf, dass «[d]er Verzicht auf die Aufnahme materieller Regelungen […] sich als dessen grosse Stärke erwiesen» hatte, weil es nur deswegen vom Arbeitgeberverband erneuert wurde – und das wiederum bildete die Grundlage für erfolgreiche Verhandlungen.[63]

Die Gewerkschaft blieb in dieser Logik gefangen; sie konnte gar nicht anders, als in den Werkstätten für Ruhe zu sorgen. Sie übernahm damit die Funktion eines Wellenbrechers, der die Wucht möglicher Kämpfe brach. Ihre Position als betriebliche Ordnungsmacht blieb an das Fortbestehen des Arrangements nach 1937 gebunden. Also verteidigte sie es auf Biegen und Brechen, auch gegen die Kritik der eigenen Basis. In Winterthur etwa gab es um 1941 eine linke Opposition gegen seine Fortführung. Der Verband reagierte mit Repression: ihr Sprecher wurde aus der Gewerkschaft hinausgeworfen und bei der Polizei denunziert, die gleich eine Hausdurchsuchung vornahm.[64] Das schlug hohe Wellen, weshalb im Nachgang in der *Metallarbeiter-Zeitung* erklärt wurde, die Kritik am Abkommen diene einzig dazu, «Misstrauen unter die Arbeiterschaft zu säen».[65] Ähnliches spielte sich im selben Jahr in Zürich ab: Als die Gruppenversammlung bei Maag Zahnräder mit grosser Mehrheit gegen die Erneuerung des Friedensabkommens stimmte, nannte Ilg sie «Querulanten» und «Verbandsschädlinge» – und drohte mit dem Rauswurf.[66] Die Funktionäre des Metallarbeiterverbands versuchten auf jeden Fall, die im Herbst 1944 gebildete Partei der Arbeit (PdA) zurückzudrängen, wo es nur ging, weil man dort den Ursprung der Kritik vermutete. Nicht nur bei der Gewerkschaftsarbeit. Oft wurde im Kleinen versucht, der neuen Partei zu schaden, die bis 1947 als heterogene sozialistische Sammelbewegung vielen als mögliche Alternative zu der nach rechts abgewanderten Sozialdemokratie galt.[67] In Winterthur forderte der Verband im April 1944 intern seine Funktionäre auf, jene zu denunzieren, die in die lokale PdA eintreten wollten.[68] Auch erhielten sie im Volkshaus der

---

61 Eisinger 1996, 63; Tanner 2015, 333; ders. 1999, 554, Anm. 23.
62 Degen 2012, 907.
63 Sozialarchiv, Ar SMUV, 04A-0004, Dossier Gebrüder Sulzer, Ernst Wüthrich: Das Friedensabkommen in der schweizerischen Maschinenindustrie, März 1964, 17.
64 Stadtarchiv Winterthur, Dep 30/4.3, Prot. Vertrauensmännerversammlung, 4. 6. 1941.
65 Winterthur, in: SMAZ, 27. 9. 1941, 6.
66 Jaun 1986, 276.
67 Vgl. Imhof 1996, 242.
68 Stadtarchiv Winterthur, Dep 30/4.3, Prot. Vertrauensmännerversammlung, 25. 4. 1944.

Gewerkschaften Zutrittsverbot, damit sie sich nicht versammeln oder Veranstaltungen abhalten konnten.[69]

Unter den Bedingungen der Blockkonfrontation aktualisierte sich die Rede von der geistigen Landesverteidigung, die nun eine doppelte Ausrichtung erhielt. Zum einen wurden mit den klischierten Vorstellungen des angeblich Schweizerischen offen oder verdeckt Überfremdungsängste geschürt, wo es um die ab 1946 aus Italien und später anderen Ländern importierten Arbeiter/-innen ging, zumal man sie häufig als Linke verdächtigte.[70] Zum anderen, und damit verbunden, war geistige Landesverteidigung kaum mehr als ein feierliches Wort für Antikommunismus. Bedrohungsängste spielten hier ebenfalls eine Rolle, unterstützt durch die mediale Bearbeitung des Machtwechsels in der Tschechoslowakei 1948, des Koreakriegs ab 1950 und vor allem des Einmarschs der sowjetischen Armee in Ungarn 1956.[71] Die Schweiz müsse verteidigt werden in einem «psychologische[n] Krieg [...] des kommunistischen Blockes gegen die gesamte übrige Welt», erklärte 1961 Robert Vögeli, Chef der wiederaufgetauten Militärpropagandastelle Heer und Haus.[72] In diesem Kontext wurde die Abwesenheit von Arbeitskämpfen zur nationalen Eigenschaft erklärt. Wer sich in solchen Zeiten für die Rückkehr zu einer offensiveren Gewerkschaftspolitik aussprach, galt schnell einmal als subversiv. Im Dezember 1956 beschloss der Metallarbeiterverband, einen Entscheid von 1921 zu reaktivieren, wonach sämtliche Kommunist/-innen auszuschliessen seien. Was folgte, war eine Hetzjagd auf Linke – bei den Funktionären, den Sektions- und Gruppenvorständen, bei den Vertrauensleuten. Trotz ihrer erfolgreichen Gewerkschaftsarbeit wurde etwa die Genfer Sektion geopfert, bei der nicht weniger als 26 Vertrauensleute gehen mussten.[73] Ernst Wüthrich rechtfertigte 1961 im Jahrbuch der Neuen Helvetischen Gesellschaft dieses Vorgehen mit dem Hinweis, hinter der Kritik an der Verbandspolitik stehe in letzter Konsequenz die Sowjetunion. Wer sich auf diese Weise verdächtig mache, fliege umgehend aus dem Verband.[74] Die Gewerkschaft, ergänzte er im Jahr darauf in der *Metallarbeiter-Zeitung*, führe beständig «den Kampf gegen die kommunistischen Infiltrationsversuche [...]. Wir bemühen uns seit Jahrzehnten, unsere Mitglieder über die wahren Absichten des Kommunismus aufzuklären und sie damit gegen die verlockenden Einflüsterungen des Ostens zu immunisieren.»[75]

69 Ebd., Prot. Vertrauensmännerversammlung, 24. 9. 1944.
70 Braun 1970, 384; Holenstein/Kury/Schulz 2018, 297. Vgl. Zimmermann 2019, 200f., zur Situation in der Zwischenkriegszeit.
71 Vgl. Imhof 1996, 174; Tanner 1992, 357.
72 Vögeli 1961, 134. Der 1939 gebildete und 1945 wieder aufgelöste Truppenunterhaltungsdienst Heer und Haus wurde 1956 reaktiviert.
73 Eisinger 1996, 56–58.
74 Wüthrich 1961, 162, 167.
75 Ders.: Osthandel. Wir sagen «Nein», Herr Bundesrat, in: SMAZ, 10. 1. 1962, 1. Zu dieser Art von Aufklärung gehörte, dass der Wirtschaftswissenschafter Fritz Marbach 1953 in der *Metallarbeiter-Zeitung* um Verständnis für die Methoden des US-amerikanischen Senators Joseph McCarthy warb. Fritz Marbach: Wir sitzen alle auf dem amerikanischen Ast, in: SMAZ, 9. 9. 1953, 1.

Dafür war man unter anderem am Schweizerischen Aufklärungsdienst beteiligt, der 1947 ursprünglich als ziviler Nachfolger von Heer und Haus gegründet worden war. Der Aufklärungsdienst und seine Ableger Rencontres suisses in der Romandie und Coscienza Svizzera im Tessin betrieb nicht nur antikommunistische Propaganda; die Organisation funktionierte auch als ein privater, eng mit dem Staatsschutz verbundener Geheimdienst gegen Linke.[76]

Für den Metallarbeiterverband wurde die ab 1939 alle fünf Jahre unterzeichnete Vereinbarung zu einem Billet für den Eintritt in die bürgerliche Gesellschaft, das regelmässig entwertet und ab den 1950er-Jahren ohne grosse Debatten immer wieder gelöst wurde. Zugleich funktionierte es für die Patrons als praktisches Mittel einer freiwilligen Produktivitätssteigerung. Dieser Aspekt sollte in den 1950er-Jahren wichtiger denn je werden.[77] Denn in der Maschinenindustrie stand die breit angelegte Durchsetzung von neuen Lohnsystemen, von Persönlichkeitsbewertungen und verdichteter Arbeitsweise an. Vonseiten des Metallarbeiterverbands gab es dagegen keinen Widerstand. Im Gegenteil, die Gewerkschaft half tatkräftig mit bei der Umsetzung der Rationalisierungsvorhaben. 1954 gab es dafür Lob von der Geschäftsleitung von Gebrüder Sulzer in Winterthur. Erfreulich, so hielt diese an ihrer Generalversammlung fest, sei «zweifellos der entschiedene Wille der Gewerkschaft, den alten Klassenkampf, der so viel Unheil angerichtet hat, zum alten Eisen zu werfen und auf Grund positiver Mitarbeit zum Wohle des Ganzen mitzuwirken».[78] Die von den Unternehmen realisierten Profite verstand der Verband als Ausdruck seiner loyalen Haltung gegenüber dem Betrieb. Und Loyalität meinte: Nur nicht das Geschäft stören. Die Aufgabe von Arbeitskämpfen, so Ernst Wüthrich 1964, diene der «Stärkung der Betriebsgemeinschaft». Diese sei «ganz einfach eine natürliche Lebensgemeinschaft, deren Realität sich nicht wegdiskutieren lässt. Das letzte Ziel des Friedensabkommens kann in nichts anderem bestehen als in der Schaffung und Erhaltung harmonischer Beziehungen zwischen Unternehmer und Arbeiter in jedem Betrieb.»[79]

25 Jahre nach der Unterzeichnung des Friedensabkommens zog Hans Schindler, der Präsident des Arbeitgeberverbands Schweizerischer Maschinen- und Metallindustrieller und zuvor langjähriger Generaldirektor der Maschinenfabrik Oerlikon, ein prägnantes Fazit. «Die Umerziehung einer Arbeitergeneration»: das sei das eigentliche Ziel der Patrons gewesen – und das habe man erfolgreich durchgesetzt. Der Metallarbeiterverband sei heute «vom Dogma des Klassenkampfs befreit». Die Gewerkschaft mache es sich zur Aufgabe, die Mitglieder «zu verantwortlichen Gliedern unseres Staates zu erziehen», zu Leuten, «auf die man sich verlassen kann».[80] Die «Lockerung» linker Überzeugungen war

76 Frischknecht et al. 1979, 50–52, 98; vgl. Vögeli 1961, 129.
77 Eisinger 1996, 103 f.
78 Heinrich Wolfer: Referat, Generalversammlung, 5. 5. 1954, in: WM 5, 1954, 66–69, hier 68.
79 Sozialarchiv, Ar SMUV, 04A-0004, Dossier Gebrüder Sulzer, Ernst Wüthrich: Das Friedensabkommen in der schweizerischen Maschinenindustrie, März 1964, 14.
80 Schindler 1962, 350 f.

nicht leicht, erzählte Schindler, als habe er selbst in der Leitung der Gewerkschaft gesessen: «Sie erfolgte durch sachliche Aufklärung in wirtschaftlichen Dingen, in Kursen, Vorträgen und im Gespräch von Mann zu Mann mit Vertrauensleuten.» Ebenso musste «der Kampf gegen Querulanten und Brunnenvergifter» geführt werden.[81] Das Pendant zur Umerziehung der Arbeiter/-innen bestand aufseiten der Unternehmen laut Schindler in einer gewissen «Umstellung» der Auslegeordnung; man nutzte «die Kehrtwendung der Gewerkschaftsführung» und band den Metallarbeiterverband ins eigene Dispositiv ein.[82] «Wir dürfen uns darüber freuen, dass wir eine loyale, nichtmarxistische Gewerkschaft haben. Nicht umsonst beneiden uns unsere Nachbarn um diesen Zustand.»[83]

Auf der Ebene der Betriebe waren sowohl für den Metallarbeiterverband wie für die Unternehmen die Arbeiterkommissionen entscheidend.[84] Mit dem Friedensabkommen bildeten sie einen wichtigen Schnittpunkt zwischen Geschäftsleitung und Belegschaft; ihnen oblag die Vermittlung von Lohnforderungen der Belegschaft. Die Verbandsebene wurde erst eingeschaltet, wenn es auf der betrieblichen Ebene zu keiner Einigung kam. Sollte hier keine Lösung erzielt werden, war der Gang zu einer Schlichtungsstelle und zuletzt zu einer Schiedsstelle möglich. Bei den Verhandlungen waren staatliche Stellen absichtlich nicht involviert.[85] Die regelmässig tagenden Arbeiterkommissionen nahmen vor und nach 1937 die Rolle eines Transmissionsriemens der Geschäftsleitung ein.[86] Das wurde im Rationalisierungsschub der 1950er-Jahre wichtig, bei dessen Durchsetzung die vom Metallarbeiterverband bestimmten Arbeiterkommissionen eine wichtige Rolle spielten.[87]

Die erste dieser Kommissionen gab es in der Schweiz ab den 1870er-Jahren. In zwei der drei hier untersuchten Betrieben wurden sie einigermassen früh eingerichtet: bei Gebrüder Sulzer um 1890, bei Brown Boveri um 1899; bei der Maschinenfabrik Oerlikon kam sie erst etwas später, gegen 1928 (zuvor hatte der Betrieb aber in den 1890er- und nochmals in den 1910er-Jahren versucht, eine zu gründen). Die Entstehungsbedingungen dieser Kommissionen waren unterschiedlich, doch nach 1937 glichen sie sich:

---

81 Ebd., 349.

82 Ebd., 351.

83 Ebd., 353. Schindler, für den linke Politik «so etwas wie eine Gottlosenbewegung» war, meinte 1962, die Sozialdemokratische Partei hänge zu grossen Teilen «immer noch am Marxismus». Ebd., 349, 353. Nach dem Winterthurer Parteitag von 1959, bei dem diese sich als kapitalismusbejahende Volkspartei aufstellte, vielleicht eine etwas gewagte Einschätzung. Vgl. Tanner 1992, 356.

84 Die Arbeiterkommissionen der Maschinenindustrie wurden mit der Erneuerung des Friedensabkommens 1969 in «Betriebskommissionen» umgetauft, weil ab 1970 der Monatslohn auch an Arbeiter/-innen ausbezahlt wurde.

85 Eisinger 1996, 62; Zimmermann 2009, 57f.

86 Buomberger 1984, 223.

87 Der freisinnige Landesverband freier Schweizer Arbeiter, der Christliche Metallarbeiterverband und der Verband evangelischer Arbeitnehmer blieben in den grossen Betrieben der Maschinenindustrie unbedeutend. Wo diese in den Arbeiterkommissionen sassen, waren sie meist von der Geschäftsleitung eingesetzt worden.

– Bei Gebrüder Sulzer ging es in den ersten Jahren darum, mit der Kommission die Gewerkschaften zu bekämpfen. Die Geschäftsleitung ernannte die Mitglieder; später durften zumindest einige von der Belegschaft gewählt werden. Der antigewerkschaftlichen Ausrichtung zum Trotz sass bald einmal der Metallarbeiterverband in der Kommission; um 1909 war er gar in der Mehrheit, weshalb der Betrieb sich überlegte, die Kommission aufzulösen.[88] Sie blieb aber noch weitere zehn Jahre bestehen und wurde 1920 schliesslich geschlossen, weil eine Minderheit sich nicht von der Agitation der Revolutionären Gewerkschaftsopposition distanzieren mochte. 1923 liess sie der Betrieb eine neue Kommission gründen und mit loyalen Gewerkschaftern besetzen.[89] Ab 1937 wurden die 15 Mitglieder von der Belegschaft gewählt; «ein vorbildliches Verhalten» qualifizierte zur Wahl.[90] Zu ihrer Aufgabe zählte, so die Werkzeitung 1951, «unvernünftige Begehren, kleinliche Reklamationen oder eine einsichtslose Haltung» zurückzuweisen.[91] Mitte der 1950er-Jahre war ausschliesslich der Metallarbeiterverband in ihr vertreten.[92]

– Bei Brown Boveri führte ein erfolgreicher Streik für das Koalitionsrecht zur Bildung der Kommission, die fortan dafür sorgen sollte, dass die Belegschaft genau das nicht mehr tat, nämlich streiken. Fabrikdirektor Heinrich Ambühl erklärte an der Delegiertenversammlung des Arbeitgeberverbands im Oktober 1935: «Es kommt natürlich immer wieder vor, dass eifrige Gewerkschafter das erspriessliche Arbeiten der Kommission stören und behindern. Die jährliche Wiederwahl und die Wahl der Hälfte der Mitglieder durch die Firma bieten hinreichende Möglichkeit, störende Einflüsse einzudämmen und zu beseitigen.»[93] Um 1944 sassen in der Kommission elf Mitglieder des Metallarbeiterverbands, zwei des Christlichen Metallarbeiterverbands und ein Unorganisierter. 1964 sollte Ersterer bereits 21 Mitglieder stellen, der zweite drei.[94] Die Geschäftsleitung nahm sich vor, ein bis drei Mitglieder selbst zu bestimmen.[95]

– In Oerlikon bestimmte die Geschäftsleitung seit 1930 vier der sieben Kommissionsmitglieder. Ab 1937 durfte die Kommission auch Lohnforderungen übermitteln.[96] Ihre Eingaben wurden allerdings nicht nur von der Geschäftsleitung, sondern auch von der Kommission selbst eher als Empfehlungen

88 Egli 1965, 22.
89 Ebd., 37f. Vgl. Buomberger 1984, 239–241.
90 Sozialarchiv, Ar SMUV, 04A-0004, Dossier Gebrüder Sulzer, Sulzer: Statuten der Arbeiterkommission, 1937.
91 60 Jahre Arbeiterkommissionen in der Schweiz, in: WM 4, 1951, 27f., hier 28.
92 Archiv Sulzer, Schachtel 180a, Prot. Arbeiterkommission, 7. 12. 1956.
93 Ambühl 1936, 8.
94 Archiv ABB, DRP BBC, 14. 4. 1944, 9. 4. 1964.
95 Sozialarchiv, Ar SMUV, 04A-0004, Dossier Brown Boveri, Statuten für die Arbeiterkommission BBC, 2. 11. 1953.
96 Sozialarchiv, Ar 422.60.5, Geschäftsordnung Arbeiterkommission MFO, 14. 10. 1930; Archiv ABB, DRP MFO, 25. 10. 1944; Von der Arbeiterkommission und ihrer Aufgabe, in: GR 2, 1955, 17f.

denn als Forderungen betrachtet: «Auch die AK darf sich in ihren Wünschen und Begehren den Notwendigkeiten des Unternehmens nicht verschliessen und muss demzufolge oft […] ihre Forderungen reduzieren oder zurückstellen», hiess es 1943.[97] Vier Jahre später stellte der Metallarbeiterverband bereits elf der mittlerweile 13 Kommissionsmitglieder; in den 1950er-Jahren bestimmte die Geschäftsleitung noch zwei Mitglieder.[98] Aus Sicht der Maschinenfabrik Oerlikon bestand die Aufgabe der Arbeiterkommission darin, «die Geschäftsleitung über die Wünsche, Stimmungen und Sorgen des Personals [zu] orientieren», also Lohnforderungen zu kommunizieren. Umgekehrt informierte das Unternehmen über den Geschäftsgang. Dabei ging es allerdings weniger um einen Einblick, wo der Betrieb gerade stand (das blieb Geschäftsgeheimnis), sondern darum bei den Arbeitnehmern «das Gefühl der Mitverantwortung» zu wecken – damit sie den Standpunkt des Unternehmens in die Belegschaft zurücktrügen.[99] Dieser Ende der 1940er-Jahre formulierte Rahmen sollte für die nächsten 20 Jahre gültig bleiben.

Hans Schindler sprach oben von der Umstellung aufseiten der Patrons. Diese betraf etwa den Umgang mit den Arbeiterkommissionen, die nicht mehr als nachgeordnete Beschwerdeinstanzen, sondern als aktive Träger der Betriebspolitik angesehen wurden. Ein Beispiel für diesen Wandel war das 75-Jahre-Jubiläum der Kommission bei Gebrüder Sulzer, das 1965 im Wohlfahrtshaus Oberwinterthur begangen wurde; den Unterbruch zu Beginn der 1920er-Jahre liess man bei der Zählung weg. Herbert Wolfer von der Geschäftsleitung erklärte an diesem Anlass, «aus einem zunächst vielleicht problematischen Gebilde» sei eine «im heutigen Betrieb nicht mehr wegzudenkende Institution» geworden. Problematisch, weil sie sich vor dem Friedensabkommen im «Sichauflehnen gegen die scheinbare Willkür einer im Betrieb absolut herrschenden Hierarchie» geübt habe. Nach 1937 wurde aber alles gut; man setzte nun die «Kräfte möglichst gleichgerichtet in der richtigen Richtung» ein, nämlich jener, welche die Geschäftsleitung vorgebe. «Durch Sympathie für den Mitarbeiter, zu denen ich auch die unmittelbaren Vorgesetzten zähle, und durch Takt», so Wolfer, «kann ein Mitglied der Arbeiterkommission Wesentliches zu einem guten Betriebsklima beitragen, einem Betriebsklima, das einen die Arbeit nicht nur als Last, sondern auch als Freude empfinden lässt.»[100]

Mitte der 1960er-Jahre begann der Metallarbeiterverband im Rahmen der Verhandlungen zur Erneuerung der Vereinbarung verstärkt auf seine Ordnungsfunktion hinzuweisen. Der Verband sichere durch seine Präsenz in den Werkstätten und den Arbeiterkommissionen Ruhe und Ordnung im Betrieb. Er forderte deswegen ohne Erfolg, in den Kommissionen dürften künftig nur noch Mitglieder

97 R. Vontobel, Jakob Brunner: Arbeiterkommission der MFO, in: GR 1, 1943, 4–6, hier 5.
98 Sozialarchiv, Ar 422.60.5, SMUV: Firmen-Rapport, 31. 12. 1947; Archiv ABB, DRP MFO, 7. 2. 1951.
99 Huber 1949, 60.
100 Herbert Wolfer: Die Bedeutung der Arbeiterkommission, in: WM 3, 1965, 10.

einer Gewerkschaft Einsitz nehmen, die das Abkommen unterzeichnet hätten – was aufgrund der Mehrheitsverhältnisse praktisch auf ein Alleinvertretungsrecht des Metallarbeiterverbands hinauslief. Zum anderen wollte er vom Arbeitgeberverband Schweizerischer Maschinen- und Metallindustrieller für die Ordnungsfunktion bezahlt werden, und zwar mit mindestens 4 Millionen Franken.[101]

Die zweite, in ihrer Tragweite bedeutendere Forderung begründete die Verbandsleitung mit der drohenden linken Politisierung der Arbeiter/-innenjugend. «Es bedarf keiner besonderen Aufmerksamkeit, um in den wirtschaftlichen und politischen Auseinandersetzungen eine erhebliche Radikalisierung zu erkennen», erklärte Ernst Wüthrich 1966 an der für die Verlängerung des Abkommens zuständigen Verbandsindustriekonferenz.[102] Die Radikalisierung, so führte er im selben Jahr an einer Tagung von Betriebsfachleuten in Aarau aus, gehe einher mit einem nonkonformistischen Lebensstil, der selber eine verheerende «Konjunkturkrankheit» sei: «Ich erwähne die zunehmende Naturentfremdung der Stadtbevölkerung, den langsamen Zerfall von Kunst und Literatur, die überfüllten Bars, Dancings und Nachtklubs, den steigenden Alkoholkonsum und den Massenverbrauch chemischer und pharmazeutischer Narkotikas aller Art.» Der grassierende «Wohlstandsbazillus», der soziale «Gärungsprozess» diene letztlich nur der Subversion; darum gelte es ihn zu bekämpfen. Der Metallarbeiterverband stehe hier an vorderster Front und sorge für Ordnung. Allerdings würden auch Unorganisierte (damit meinte er nicht zuletzt Arbeitsmigrant/-innen) davon profitieren. Der Verband müsse deshalb Massnahmen «gegen die Privilegierung der Unorganisierten ergreifen. Er erblickt die Lösung in der Honorierung der gewerkschaftlichen Leistung durch den Arbeitgeber.» Denn: «Die Unorganisierten hemmen […] ohne jeden Zweifel den sozialen Fortschritt.»[103]

Noch deutlicher wurde Wüthrich im Verhandlungspapier *Abgeltung der Ordnungsfunktion* vom Februar 1969, das sich an den Arbeitgeberverband richtete: «Sehen Sie eigentlich nicht, was um uns herum geschieht? Sehen Sie die täglichen Streiks, Krawalle und Zerstörungen nicht? Sehen Sie nicht, dass langsam aber sicher alles Etablierte, Stabile und Geordnete niedergeschrien und niedergerissen wird? […] Nein, Sie scheinen das nicht zu sehen, Sie scheinen nicht erfasst zu haben, dass diese Methoden des sogenannten Gesellschaftskampfes auch auf die Schweiz übergegriffen haben. Aufrufe wie ‹Kampf gegen den Arbeitsfrieden›, die notabene in der Presse, auch in der bürgerlichen, mehr Verbreitung finden als das Ringen um vernünftige Lösungen, Schmierereien an Gewerkschaftshäusern zu nächtlicher Stunde und Krawalle gegen die Ordnungskräfte in den Städten, sollten auch für Sie Warnzeichen sein. Glauben Sie, die organisierten Arbeitneh-

---

101 Eisinger 1996, 141–146; Erneuerungsverhandlung SMUV–ASM, 25. 2. 1969, in: Humbel (Hg.) 1987, 137.
102 Ernst Wüthrich, 1. 3. 1966, zitiert in Eisinger 1996, 146.
103 Ders.: Referat Betriebsfachleute-Tagung Aarau, 25. 6. 1966, in: ZA 8, 1966, 158–160, hier 158, 159.

mer lassen sich noch länger als die Prellböcke gegen die Welle der Unruhe und Zerstörung benützen, wenn die Arbeitgeber diese Leistung nicht ganz anders honorieren als heute.»[104]

Eine in Inhalt und Wortlaut ähnliche Rede hielt Wüthrich Anfang März 1969 im Wohlfahrtshaus von Brown Boveri in Baden, in dem der Metallarbeiterverband eine Regionaltagung abhielt.[105] Die Forderung nach Abgeltung lief darauf hinaus, dass die Unternehmen die Gewerkschaft für ihre Wellenbrecherfunktion bezahlten – gewissermassen als eine Art politischer Werkschutz, der Unterbrüchen der Fertigung vorbeugte. Daraus wurde letztlich nichts. Der Arbeitgeberverband lehnte Zahlungen ab; man einigte sich schliesslich auf einen paritätischen Partnerschaftsfonds, aus dem künftig Bildungs- und Informationsangebote finanziert wurden.[106]

Ein Hintergrund der Forderung war, dass der Verband trotz seiner im Rückblick erfolgreichen Politik ab 1962 stetig Mitglieder und damit Mitgliederbeiträge verlor.[107] Der Rückgang hatte strukturelle Gründe. Langfristig kam darin eine Änderung der Beschäftigungsstruktur in der Maschinenindustrie zum Ausdruck, eine Folge der fortgesetzten, von der Gewerkschaft durchaus befürworteten Rationalisierung der Fertigung, die auf eine Dequalifizierung der Tätigkeiten in der Werkstatt hinauslief. In den 1960er-Jahren wuchs der Anteil an- und ungelernter Arbeit – die oft von Arbeitsmigrant/-innen und Arbeiterinnen verrichtet wurde, während die Klientel des Metallarbeiterverbands, die Facharbeiter, durch diese Unterschichtung eher in besser bezahlte Bereiche aufstieg. Mit der Rekrutierung der neuen Arbeitskräfte (die so neu allerdings nicht waren) hatte der Verband seine liebe Mühe.[108] Die Absage an eine kämpferische Gewerkschaftspolitik kam ebenso einer Demobilisierung gleich; zumal es ab und an schwierig war, die Verbandsposition von jener der Patrons zu unterscheiden. Noch bestimmender aber war das besondere Arrangement der Nachkriegszeit. Dieses bewährte sich nicht nur aus Sicht der Verbandsleitung. Individuelle und kollektive Verbesserungen in regelmässigem Abstand und ohne dafür kämpfen zu müssen – weshalb da noch einer Gewerkschaft beitreten?[109] Zur politischen Demobilisierung kam eine weitere, eine individualistische, opportunistische. Der Erfolg der Gewerkschaft sorgte zugleich für ihren Bedeutungsverlust.

104 Ders.: Abgeltung der Ordnungsfunktion, 25. 2. 1969, zitiert in Eisinger 1996, 159.
105 Peter Rinderknecht: Arbeitgeber- und Arbeitnehmer-Probleme, in: Brown Boveri Hauszeitung 4, 1969, 110 f.
106 Eisinger 1996, 161.
107 Ebd., 140; Fluder 1991, 248, Abb. 4.10.
108 Vgl. Fluder 1991, 249; Arbeitsgruppe 1980, 314.
109 Vgl. Zuppinger 1987, 72.

2.2 Verdichtungen: die Rationalisierung der Fabrikarbeit

Ein ewiges Seilziehen

«Rationalisierung und wissenschaftliche Betriebsführung sind dem Arbeiter nicht ohne Grund verdächtige Begriffe», erklärte 1954 der Metallarbeiterverband.[110] Er hielt das Misstrauen für überholt. Was man 20 Jahre zuvor noch als «Schraube ohne Ende» beklagte, die ständige Verdichtung der Arbeit, die Antreiberei, die Beschleunigung: das alles galt als überwunden.[111] In Zeiten befriedeter Betriebe war vom Profitinteresse der Unternehmen keine Rede mehr. Aus der Rationalisierung wurde die Produktivitätssteigerung, die allen zugutekomme, «gleichbedeutend mit dem Streben nach einer gesunden Wirtschaftslage und der Erhaltung der Arbeitsplätze».[112]

Ein Blick in die Werkstätten zeigt: Der Jargon mochte sich ändern, die Methoden blieben dieselben. In der Maschinenindustrie wurden immer noch Teilmengen der wissenschaftlichen Betriebsführung des Unternehmensberaters Frederick Taylor verwendet, um die Leistung der Arbeiter/-innen zu erhöhen und die Fertigung zu verbilligen.[113] Dem Wissen über den Arbeitsprozess galt besondere Aufmerksamkeit. Denn zu verstehen, wie eine Tätigkeit ausgeführt, wie ein Produkt hergestellt wird, bedeutete Macht und Kontrolle.[114] Wo Arbeiter/-innen aufgrund ihrer Qualifikation selbst bestimmen konnten, wie und vor allem wie viel produziert wurde, stiessen Massnahmen zur Leistungssteigerung an eine Grenze. Es war diese Grenze, die Taylor und seine Nachfolger/-innen durch eine konsequente Trennung von Arbeitsvorbereitung und -ausführung zu durchbrechen versuchten.[115] Also stoppten Betriebsfachleute die Zeit, die ein/e Arbeiter/-in für einen konkreten Arbeitsgang benötigte, zerlegten den Ablauf in Einzelteile, untersuchten ihn auf die Möglichkeit der Beschleunigung. Die Arbeit war keine ganze mehr; ihre Teile wurden neu zusammengesetzt und vorgegeben. Die Vorgabe jedes Arbeitsgangs wollte den Einfluss der Arbeiter/-innen auf den Arbeitsprozess möglichst klein halten. Es galt, die offenen Poren des Arbeitstags zu schliessen.[116]

Den Aspekt der Vorgabe begründete Taylor mit seinen um Ende der 1890er-Jahre bei der Bethlehem Iron Company in Pennsylvania durchgeführten Roheisenverlad-Experimenten.[117] Unter anderem, berichtete er, hätten genaue Vorgaben und ein Leistungslohnsystem die Produktivität der Arbeiter um ein Vielfaches gesteigert. Das Problem dabei: Das war frei erfunden – Taylor hatte sich ein Rationalisierungsmärchen ausgedacht, an dem wenig bis gar nichts

---

110 SMUV 1954, 21.
111 Ders.: Die Schraube ohne Ende, 1933, in: Arbeitsgruppe (Hg.) 1980, 252 f.
112 Ders. 1954, 21; vgl. Tanner 1999, 38 f.
113 Vgl. Jaun 1986; zu Taylor vgl. Sarasin 2003.
114 Vgl. Coopey 2010.
115 Bonazzi 2008, 23–42; Braverman 1998; Ebbinghaus 2010; Hull 2003.
116 Alquati 1962/63, 145; vgl. Marx 1962, 361.
117 Vgl. Taylor 1919.

stimmte, das aber immer wieder nacherzählt wurde.[118] Seine Geschichte unter-
mauerte er gerne mit den Gesprächen, die er mit dem arbeitswilligen Eisenschaufler Schmidt geführt haben will, der fortan als dressierter Gorilla durch die
Literatur geisterte.[119] Auch hier: Diese Gespräche waren fingiert. Doch war weniger wichtig, ob Taylor seine Gutenachtgeschichten für das Management erfunden hatte oder nicht. Was zählte, war die Überlieferung einer wundersamen
Leistungssteigerung – und die Verachtung, die er den Arbeiter/-innen gegenüber empfand. Taylor begründete seine Überlegungen mit einer pessimistischen
Anthropologie des Bummelns, die überall Untätigkeit und fehlende Leistungsbereitschaft ausmachte. Er war ein Anhänger der Rabble-Hypothese, die im sich
selbst überlassenen Proletariat eine Horde von Taugenichtsen sah, die nicht recht
arbeiten wollte und deshalb durch Vorgaben und Leistungslohn zu erziehen sei.[120]

50 Jahre später findet man all das in den Fabriken in Baden, Oerlikon und
Winterthur: die Vorgaben, den Leistungslohn, die Vorstellung, man müsse die
Belegschaft zur Leistungsbereitschaft erziehen. Der Metallarbeiterverband setzte
dem nichts entgegen; im Gegenteil, die Vereinbarung von 1937 bildete eine Voraussetzung für den kommenden Rationalisierungsschub der 1950er-Jahre.[121] Eine
entscheidende Rolle spielte die Lohnform, der Akkord. Bis Ende der 1940er-
und manchmal noch Anfang der 1950er-Jahre war der Geldakkord die häufigste
in den Werkstätten der Maschinenindustrie anzutreffende Form des Leistungs-
lohns, wo es sich um serielle, quantifizierbare Arbeiten handelte.[122] Vereinfacht
funktionierte der Geldakkord so, dass das Akkordbüro einen Arbeitsgang – die
Fertigung oder die Bearbeitung von Werkstücken – zu einem bestimmten Geldbetrag vergab. Das Tempo der Arbeiter/-innen bestimmte ihren Lohn: Je schneller sie arbeiteten, je rascher der Arbeitsgang erledigt war, desto höher fiel der
Stundenverdienst aus. Wer zu langsam arbeitete, erlitt empfindliche Einbussen.
Eine Untergrenze, ein Minimalverdienst, um Schwankungen bei Schmerzen,
Unaufmerksamkeit oder technisch bedingten Problemen auszugleichen, wurde
in der Regel garantiert, zumindest für eine bestimmte Zeit.[123] Für die Berechnung
des Geldbetrags hantierte das Akkordbüro mit einer zentralen, wenn auch etwas mysteriösen Grösse: der geschätzten Normalleistung, die das erforderliche
Tempo bezeichnete, um auf einen durchschnittlichen Stundenlohn zu kommen.
Hinzu kamen Variationen in Bezug auf die Schwere und die Anforderungen eines Arbeitsgangs. Der Geldakkord diente dazu, die Arbeiter/-innen zu höheren
Leistungen anzutreiben; zugleich sollte das Angetriebenwerden internalisiert,
der Drang zu höherer Leistung zum normalen Verhalten werden.[124]

---

118 Wrege/Perroni 1974 weisen detailliert Taylors Flunkereien nach.
119 Vgl. Gramsci 2012, 2092. Bei Taylor 1919, 40, hiess es eigentlich «intelligent gorilla».
120 Bonazzi 2008, 32 f.; Ebbinghaus 1984, 49.
121 Vgl. Tanner 1999, 39.
122 Kurt Müller: Stundenlohn, Geldakkord, Zeitakkord?, in: WM 12, 1953, 142 f.; vgl. Jaun 1986,
     254.
123 Vgl. Edwards 1981, 13.
124 Lutz/Willener 1960, 60.

Das führte zu Konflikten. Der Lohn selbst stand für die antagonistischen Verhältnisse in der Werkstatt. Er führe zu «einem ewigen Seilziehen», wie sich der am Institut für Werkzeugmaschinen und Fertigung der ETH Zürich lehrende Erich Bickel 1948 beklagte.[125] Konflikte waren häufig, weil nicht klar war, wie die Geldbeträge zustande kamen, auf welche Weise die Normalleistung festgestellt wurde oder wie hoch die Abzüge und Nachzahlungen ausfielen.[126] Eine Übereinkunft zwischen Akkordbüro und Belegschaft dazu bestand jedenfalls nicht; die Grössen bestimmte allein der Betrieb.

Die Normalleistung wurde spätestens ab den 1930er-Jahren mittels tayloristischer Zeit- und Arbeitsstudien ermittelt, wie sie in der Schweiz vom Betriebswissenschaftlichen Institut (BWI) der ETH Zürich angeboten wurden.[127] Durch sie legte ein Betrieb Leistungsvorgaben fest. Nicht nur die Bedingungen solcher Studien hatten einen grossen Einfluss auf das Ergebnis; welche Methode ihnen zugrunde lag, war in gleicher Weise bestimmend. Für die Unternehmen waren sie ein nützliches, da nicht immer einfach zu durchschauendes Mittel im alltäglichen Seilziehen um den Lohn. Die mit ihnen geschätzte Normalleistung bestimmte letztlich die Geldbeträge; schraubte man an dieser Variable, konnte ein Lohnabbau durchgesetzt werden. Das sorgte nicht nur für Verstimmung, womöglich entstanden daraus offene Arbeitskämpfe. Die Belegschaft müsse deshalb auf anstehende Studien von der Geschäftsleitung vorbereitet werden, forderte Willy Bloch vom Betriebswissenschaftlichen Institut um 1940. Man solle bestimmte Wörter vermeiden, sonst stünden Probleme ins Haus: «Wenn der Zeitstudienmann in den Betrieb geht, ist zu beachten, dass dies eine Störung der psychologischen Massen bedeutet, welche durch die Menschen im selben Arbeitsraum gebildet werden. Ohne massenpsychologische Kenntnisse, die auch durch instinktive Fähigkeiten ergänzt werden können, wird man Misserfolg haben, wenn man Zeitstudien machen will. […] Bei einem schweizerischen Betrieb wurde der Arbeiterschaft in einer Betriebsversammlung die Mitteilung gemacht, dass man beabsichtige, Zeitstudien einzuführen. Beim Nennen des Wortes ‹Stoppuhr› wurde das Begehren der Geschäftsleitung einhellig und spontan abgelehnt. Bei genauerer Kenntnis der Massenseele hätte dieser Misserfolg vermieden werden können; denn mit dem Wort ‹Stoppuhr› sind bei jedem Arbeiter infolge jahrelanger Propaganda so starke gefühlsmässige Abwehrreaktionen verbunden, dass auch der Beweis von der Notwendigkeit von Rationalisierungsmassnahmen nichts hilft.»[128] Ob und inwieweit solche Studien tatsächlich durchgeführt wurden, war eine Frage der Kräfteverhältnisse vor Ort.[129] Die Befriedung der Betriebe nach

125 Erich Bickel: Rationalisierungsaufgaben im schweizerischen Maschinenbau, in: IO 7, 1948, 199–206, hier 202; vgl. Burawoy 1979, 162.
126 Jaun 1986, 255.
127 Arthur Güttinger: Anwendung der Refa-Methoden beim Akkordrechnen, in: IO 2, 1932, 29–32; vgl. Jaun 1986, 263.
128 Willy Bloch: Zeitstudien als Wissenschaft, in: IO 1, 1940, 9–14, hier 11.
129 Vgl. Siegel 1989, 223.

1937 sorgte auf jeden Fall dafür, dass sich innert zehn bis fünfzehn Jahren eine neue Akkordform durchsetzen konnte, bei der die tayloristische Zeitaufnahme eine noch grössere Rolle spielte als zuvor: der Zeitakkord. Auf diesen wechselten viele grosse Unternehmen der Maschinenindustrie ab Ende der 1940er- und dann vor allem in den 1950er-Jahren – Brown Boveri begann mit der Umstellung um 1949, Gebrüder Sulzer und die Maschinenfabrik Oerlikon um 1955. Beim Zeitakkord wurden Arbeitsgänge nicht mehr zu einem Geldbetrag, sondern neu zu einer Vorgabezeit vergeben, innerhalb deren diese erledigt sein mussten: das Tempo wurde vorgegeben. Einen höheren Stundenverdienst erreichte man durch das Unterschreiten dieser Vorgabezeit – das Prinzip blieb dasselbe wie beim Geldakkord, nämlich in kurzer Zeit möglichst schnell zu arbeiten. Der Geldwert des Arbeitsgangs wurde allerdings von einer anderen Stelle und zu einem anderen Zeitpunkt bestimmt: nicht mehr vom Akkordbüro, sondern von der Buchhaltung, die am Ende einer Lohnperiode dafür die Zeiten mit einem individuellen Lohnansatz verrechnete.[130]

Das hiess, dass sich die Wahrnehmung verschob: Es schien nicht mehr so, als ob die Werkstücke bezahlt würden, sondern bloss noch die erbrachte Leistung, das Einhalten oder Unterbieten der Vorgabezeiten, die Beschleunigung. Mittelfristig veränderte sich unter dem Zeitakkord die Beziehung zwischen Arbeitstätigkeit, Arbeitstempo und Zeitverlauf; Letzterer wurde einer strikten Ist-Soll-Logik unterworfen.[131] Der Zeitakkord machte es den Arbeiter/-innen zudem ungemein schwerer, den effektiven Stundenlohn zu ermitteln, zwischen guten und schlechten Akkorden zu unterscheiden.[132] Die Unternehmen stellten den Wechsel zur neuen Lohnform als eine reine Formalität dar: Es sei einerlei, wo das alles berechnet werde, ob im Akkordbüro oder in der Buchhaltung, solange man am Schluss auf den gleichen Verdienst kam.[133]

Das leuchtete ein; tatsächlich hatte es der Wechsel aber in sich. Denn der Zeitakkord diente dazu, die früheren Konflikte zu entschärfen, bei denen die Normalleistung und der Geldbetrag organisatorisch zusammenhingen. Durch ihn konnten diese Grössen voneinander getrennt werden. Die Vorgabezeit ermittelte das Akkordbüro: Vom Geld war hier nicht mehr die Rede, der Lohn wurde ja erst später anhand des individuellen Lohnansatzes ermittelt. Diese Trennung bedeutete, dass die mittels Zeit- und Arbeitsstudien festgelegte Vorgabezeit – sie bezog sich auf einen den ganzen Tag «durchhaltbaren Leistungsgrad», mit dem das Arbeitstempo ebenso wie die Effektivität der Bewegungen und «das überlegte Vorgehen» gemeint war[134] – zu einer Grösse wurde, die ein Unternehmen nach Belieben variieren, an die technischen Gegebenheiten oder die betrieblichen Erfordernisse anpassen konnte. Lohnverhandlungen fanden ausschliesslich auf

---

130 Gerhard Plüss: Die aktuelle Frage: Was ist Zeitakkord?, in: GR 7, 1954, 86; 8, 1954, 101 f.
131 Vgl. zum Zeitverlauf in Fabriken Bauman 2000, 175.
132 Vgl. etwa das nacherzählte Beispiel bei Blatter 1981, 19.
133 Gerhard Plüss: Die aktuelle Frage: Was ist Zeitakkord?, in: GR 7, 1954, 86; 8, 1954, 101 f., hier 86.
134 Paritätische Kommission 1965, 7.

dieser Grundlage statt und betrafen die individuellen Lohnansätze. Fritz Fischbacher vom Betriebswissenschaftlichen Institut nannte das 1959 an einem Vortrag
vor Personalchefs grösserer Schweizer Betriebe den entscheidenden Vorteil, den
die Einführung des Zeitakkords brachte, «dass die Zeit nach objektiven Mass-
stäben gemessen werden kann. Dic lohnpolitischen Gespräche treten erst nach
Vorliegen dieser objektiveren Grundzahlen auf.»[135] Die Behauptung, Arbeits-
und Zeitstudien seien objektiv und wissenschaftlich, zählte zum üblichen Ar-
gumentarium des BWI – mochten ihre Ergebnisse auch stark von der jeweiligen Methode und den Betriebsfachleuten abhängen. Um die für den Zeitakkord
nötigen Vorgabezeiten festzulegen, mussten vor seiner Einführung sämtliche Arbeitsplätze neu untersucht werden. Die Studien erfassten nicht einfach die vorgefundenen Arbeitsgänge; sie veränderten diese zugleich, prüften sie auf eine mögliche Straffung hin. Die Einführung des Zeitakkords selbst sorgte noch vor seiner
Anwendung für eine zusätzliche Verdichtung und Beschleunigung.[136]
    Um den individuellen Lohnansatz zu berechnen, kombinierten die grossen
Unternehmen der Maschinenindustrie den Zeitakkord mit einer Arbeitsplatz-
und Persönlichkeitsbewertung, die eine zusätzliche Differenzierung der Lohngestaltung zuliess – bei einigen Betrieben (etwa der Maschinenfabrik Oerlikon)
waren derartige Bewertungssysteme bereits seit Ende der 1930er-Jahre im Einsatz.[137] Wie beim Akkord, der durch die individuelle Beschleunigung auf das Angewöhnen eines bürgerlichen Egoismus abzielte, bestand der Grundgedanke bei
dieser neuerlichen Differenzierung in der Annahme, sie habe eine antreibende
Wirkung. Die Abgrenzung von und die Uneinheit mit den Arbeitskolleg/-innen
sah man als Anerkennung oder Strafe, je nachdem, wie hoch der Lohn am Schluss
ausfiel.[138] Häufig wurden dafür Vorgaben übernommen, die das BWI erarbeitet
hatte. Um 1944 entwickelte das Institut ein neues Bewertungssystem, das probe-
weise unter anderem bei Georg Fischer, der Maschinenfabrik Oerlikon und
Brown Boveri zur Anwendung kam. An der Ausarbeitung beteiligt war der zeitweilige Leiter des Arbeitswissenschaftlichen Laboratoriums Leonhard Finckh,
später Leiter des Personalbüros für Angestellte der Maschinenfabrik Oerlikon.
In der Hauszeitschrift des BWI, der *Industriellen Organisation*, erzählte Finckh
von seinen Erfahrungen mit Zeitstudien «in einer grossen Maschinenfabrik» und
folgte ganz Taylors Rabble-Hypothese: Er vermisste den Willen von Arbeiter/
-innen, bei stagnierenden Löhnen mehr zu leisten, beklagte deren «Wunsch, sich
auf billige Weise Bequemlichkeiten und Mehrverdienst zu verschaffen», und vermutete in den Werkstätten gar eine kollektiv bestimmte Leistungsbegrenzung
aus Boshaftigkeit, um hinterrücks «schadenfroh triumphieren zu können»[139] –

135 Fritz Fischbacher: Entlöhnungsverfahren, in: ZF 6, 16. 2. 1959.
136 Vgl. Siegel 1989, 237.
137 Bloch 1959, 46.
138 Vgl. Silberer 1947, 24.
139 Leonhard Finckh: Psychologische Schwierigkeiten bei Zeitstudien, in: IO 1, 1944, 32–35, hier
    32 f.

auch wenn ihm die Gründe für ein solches Verhalten durchaus bekannt waren: «Sobald es sich jedoch um die Messung der Zeiten zum Zwecke der Zeitvorgabe für irgend ein Leistungslohnsystem handelt, wird man zufrieden sein müssen, wenn der Arbeiter nur wenigstens in seinem üblichen Tempo weiterarbeitet. Nur allzu oft bremst der Arbeiter, weil er befürchtet, nachher aus irgend einem Grunde mit der vorgegebenen Zeit nicht mehr ‹herauszukommen›.»[140]

In seinen Klagen erkannte Finckh die Werkstatt als einen politischen Raum, in dem Mikrokämpfe ausgetragen wurden, in dem es unterhalb der Verbandsebene immer wieder zu einem Seilziehen zwischen Belegschaft und Geschäftsleitung kam. Damit sich ein Betrieb mit einem Rationalisierungsvorhaben durchsetzen konnte, empfahl er, die Arbeiter/-innen zunächst von den Vorteilen einer Verdichtung ihrer Tätigkeit zu überzeugen. «Der Appell an Sinn für Recht, Zusammenarbeit, Verantwortung und an das Ehrgefühl müssen vor dem Aufzeigen der eventuellen Folgen den Vorrang haben.»[141] Sollte die gewünschte Wirkung ausbleiben, gelte es, bei einem «die Zeitaufnahme störenden Verhalten» zu harten Strafen zu greifen. Zeitnehmer müssten die Möglichkeit der «willkürlichen Zeitreduktion» erhalten (was einer Lohnkürzung gleichkommt). Nötig sei die «Blossstellung des Arbeiters» oder gleich die Denunziation bei der Betriebsleitung mit allen «sich daraus ergebenden Härten».[142]

Im selben Jahr warnte er an der Generalversammlung des BWI vor «Strömungen des Zeitgeistes» und dem «Streben nach sozialer Gerechtigkeit und Wohlfahrt». Die Streuung der Löhne sollte der Lohndynamik einen Riegel vorschieben; Finckh empfahl dafür die Einrichtung eines auf Arbeitsplatz- und Persönlichkeitsbewertung aufbauenden Akkords, schliesslich habe ein solcher seine anthropologische Berechtigung: «Im normalen, günstigen Fall ist der Mensch strebsam, wobei gesunder Ehrgeiz und ein gewisses Geltungsbedürfnis ihn zum Handeln anspornen.»[143] Finckh bezog sich in seinem Vortrag unter anderem auf das Bewertungssystem der nationalsozialistischen Deutschen Arbeitsfront, von dem er sichtlich begeistert war. In der *Industriellen Organisation* referierte er ausführlich die Vorteile dieses Systems, dessen Zweck «die Beseitigung der Mängel des Lohnwesens [war], welche sich als leistungshemmend erwiesen hatten und deshalb die weitere Steigerung der Rüstungsproduktion beeinträchtigen». Und deren Entwicklung sei ja «auch für schweizerische Verhältnisse von Interesse». Die Tarifordnung der «Systemzeit» (notabene ein Begriff der Nazis, der verächtlich die Weimarer Republik meinte), «verunmöglichte eine genügende Differenzierung der Grundlöhne». Mit der Bewertung werde endlich der «Nivellierung der Löhne ein Ende bereitet», und obwohl das in der Schweiz weniger ein Problem sei, da hier «stets eine gesunde Differenzierung der Löhne beibehal-

---

140 Ebd., 32.
141 Ebd., 34.
142 Ebd.
143 Ders.: Bessere Lohngestaltung durch Bewertung der Arbeitsschwierigkeit, in: IO 2, 1944, 53–65, hier 53 f.

ten» wurde, sprach Finckh sich doch dafür aus, das System der Deutschen Arbeitsfront zu übernehmen.[144]

Die durch eine Arbeitsplatz- und Persönlichkeitsbewertung bewirkte «notwendige Differenzierung der Löhne» sei ein geeignetes Mittel, um «zur Lohngerechtigkeit beizutragen», so Finckh.[145] Lohngerechtigkeit darf man hier nicht
falsch verstehen: Gemeint war damit nicht ein (wie auch immer bestimmter) ge-
rechter Lohn im Sinne eines angemessenen Auskommens. Vielmehr verwies der
Begriff auf ein vereinzelndes Bonus-Malus-System, das an die loyale Erfüllung
vorgegebener Leistungsanforderungen gekoppelt war.[146] In den folgenden Jahren sollte die Rede von der Lohngerechtigkeit als Rechtfertigung für die Bewertung von Arbeiter/-innen herhalten. Der Begriff tauchte auch in den 1956 und
1959 vom BWI zusammen mit der Erfahrungsaustausch-Gruppe Betriebsdirektoren des Schweizerischen Arbeitgeberverbands herausgegebenen Anleitungen
zur Durchführung der Arbeitsplatz- und der Persönlichkeitsbewertung auf. Die
beiden Veröffentlichungen repräsentierten den Stand der Dinge. Sie referierten
unter anderem das von Gebrüder Sulzer umgesetzte System, das auf der Beobachtung von Arbeitsgängen anhand von vier Merkmalgruppen aufbaute – Fähigkeiten und Kenntnisse, Anstrengung, Verantwortung und äussere Arbeitsbedingungen –, deren zahlreichen Untermerkmalen die Prüfperson eine Punktzahl von
eins bis fünf zuwies. Aus der Gesamtpunktzahl konnte man den sogenannten
Arbeitswert des individuellen Lohnansatzes ableiten.[147] Die Arbeitsplatzbewertung werde, so die Anleitung, «von der Arbeiterschaft im allgemeinen begrüsst».[148]
Allerdings trauten sich die Verfasser wohl selbst nicht so recht bei dieser Aussage. Weil es immer wieder zu Problemen mit der Belegschaft komme, habe es
sich «[i]n grösseren Betrieben […] als zweckmässig erwiesen, Vertretern der Arbeiterschaft (Arbeiterkommissionen) in diese Arbeit Einsicht zu geben oder sie
zur Mitarbeit heranzuziehen».[149]

Der zweite Aspekt der Bewertung betraf die Persönlichkeit der Arbeiter/
-innen. Als einzustufende Merkmale für den zu bestimmenden Persönlich-
keitswert führte hier das BWI neben der Bereitschaft zu hohem Arbeitstempo
und hoher Qualität die Selbständigkeit, Versetzbarkeit, die Sorgfalt im Umgang mit Maschinen und Material auf. Aber auch der Gehorsam gegenüber
Vorgesetzten, der «Wille zur Zusammenarbeit» und das Einhalten von Diszi-

---

144 Ders.: Das Akkordwesen im Rahmen der deutschen Lohnneuordnung, in: IO 3, 1944, 103–106,
     hier 103, 105. Vgl. zum Jargon Brackmann/Birkenhauer 2001, 182, zur DAF Raehlmann 2005.
     Derlei Sprache dürfte Finckh zumindest aus seiner Familie bekannt gewesen sein. Sein Vater
     Ernst betrieb in Basel neben einer protestantischen Buchhandlung einen Verlag, der deutsch-
     tümelnde Literatur publizierte. Archiv ABB, DRP MFO, 20. 3. 1946; Nekrolog, in: SBZ 47,
     1962, 796f.
145 Leonhard Finckh: Auf dem Wege zu neuen Entlöhnungsmethoden, in: SAZ 13–14, 1944, 229–
     232.
146 Ders.: Aufgaben und Grenzen der Arbeitsbewertung, in: IO 3, 1946, 65–69, hier 66.
147 BWI/Erfa ZVSAO 1956, 17.
148 Ebd., 20.
149 Ebd., 18.

plin sollte bewertet werden.[150] Auf diese Weise wurde gefälliges Verhalten zu einem Lohnbestandteil gemacht, betonte die Anleitung auch mehrmals, dass politische Überzeugungen besser nicht bewertet werden sollten.[151] Die Anleitung des BWI führte mehrere Beispiele aus der Praxis aus. In einer Maschinenfabrik mit Giesserei etwa gab es das Merkmal «Menschliches Verhalten», das umschrieben wurde mit dem Verhalten gegenüber Vorgesetzten und Arbeitskollegen «hinsichtlich des Zusammenwirkens», ausserdem gegenüber «Reglementen, allgemeinen Betriebsvorschriften und Fabrikordnung». Die fünf Stufen von unten nach oben, die je einer Punktzahl (oder Prozentwerten) entsprachen, die später in die Berechnung des Lohnansatzes eingingen, bewerteten nebst anderem:[152]

1. «Leistet Widerstand gegen Neuerungen.»
2. «Hat wenig Sinn für Zusammenarbeit.»
3. «Ist zuverlässig, hält Disziplin [...].»
4. «Hat ausgeprägten Sinn für Zusammenarbeit.»
5. «Ist jederzeit zu Schicht-, Überzeit- und unregelmässiger Arbeit bereit.»

Wie bei der Arbeitsplatzbewertung empfahl das BWI den Einbezug der Arbeiterkommission, welche bei der Persönlichkeitsbewertung mithelfen sollte; damit habe man gute Erfahrungen gemacht. Daneben brauche es eine «gute Vororientierung der ganzen Belegschaft»: «Es kann darauf hingewiesen werden, dass die Neuheit des Systems nicht darin liegt, dass der Lohn des Arbeitenden von seinem Verhalten abhängig gemacht wird. Das war ja immer so [...].»[153]

Wiederholt wurde auf die Arbeiterkommissionen verwiesen, die bei der Durchsetzung der Bewertungsvorhaben helfen sollten. Wie verhielt sich der Metallarbeiterverband dazu? Immerhin diente die Differenzierung der Löhne durchaus der Schwächung der Gewerkschaften, durch die Individualisierung selbst, aber auch weil sie nicht die beabsichtigte Streuung, sondern bloss die Umrechnung der Punkt- und Prozentwerte in Franken und Rappen aushandeln konnten. Das hielt den Verband nicht davon ab, von sich aus und ohne weiteres Zutun begeistert ebenso den Zeitakkord wie die Arbeitsplatz- und Persönlichkeitsbewertung zu propagieren. Als nachahmenswerte Vorlage wählte man das Lohnsystem von Brown Boveri, was deren Geschäftsleitung besonders freute.[154] Die Gewerkschaft kritisierte in den 1950er-Jahren am Geldakkord nicht die Antreiberei, sondern seine angeblich ausgleichende Wirkung. Die individuelle Qualifikation werde nur unzureichend berücksichtigt; es finde «beim reinen Geldakkord keine befriedigende Berücksichtigung der Qualitätsarbeit» statt, obwohl diese doch das Rückgrat der Maschinenindustrie sei.[155] Womöglich könn-

---

150 BWI/Erfa ZVSAO 1959, 9f.
151 Ebd., 8, 10.
152 Ebd., 46.
153 Ebd., 19.
154 SMUV 1954, 28–47; Archiv ABB, DRP BBC, 6. 10. 1954.
155 SMUV 1954, 34.

ten Angelernte unter bestimmten Umständen einen höheren durchschnittlichen Stundenverdienst erzielen – für die sich auf Berufsstolz und Qualitätsarbeit berufende Facharbeitergewerkschaft ein Affront. Ein Lohnmodell, das «allen dieselbe Chance» ungeachtet ihrer individuellen Qualifikation zugestand, lehnte sie entschieden ab.[156] Der spätere Verbandspräsident Ernst Wüthrich hielt denn auch weniger die Einführung des Zeitakkords oder der Bewertung für problematisch als den Unwillen der Belegschaften, die Rationalisierungsvorhaben zu unterstützen. 1953 kritisierte er in der *Metallarbeiter-Zeitung*, wenn die Verbandsleitung «die Änderung bestehender oder die Einführung neuer Lohnsysteme» propagiere, dann «begegnen wir meistens einer ziemlich frostigen Zurückhaltung, um nicht zu sagen Ablehnung». Diese müsse überwunden werden. Die neuen Lohnsysteme sorgten dafür, dass «im Endergebnis der Lohn individuell gerecht ist». Eine Gerechtigkeit für alle: Von dieser Vorstellung hatte man sich längst verabschiedet. Das Einzige, was bei der Einführung des Zeitakkords für den Metallarbeiterverband zählte, war, «die Mitarbeiter zu einer positiven Einstellung zum ganzen Vorhaben zu bringen».[157]

Falsch verbunden in Oerlikon

Die Maschinenfabrik Oerlikon begann Ende der 1930er-Jahre, im Rahmen einer langfristig ausgelegten Umstrukturierung des gesamten Betriebs ihr Akkordwesen neu aufzubauen.[158] Die Umstrukturierung fiel zusammen mit einem Generationenwechsel in der Leitung des durch die Krise angeschlagenen Unternehmens – der langjährige Generaldirektor Dietrich Schindler war 1936 verstorben. Der Zeitpunkt schien günstig, als mit der Frankenabwertung im selben Jahr die Rüstungskonjunktur stark anzog. Auf der Werkstattebene sah die bis 1939 mit dem Betriebswissenschaftlichen Institut, danach mit dem Unternehmensberater Hans Pruppacher durchgeführte Reorganisation vor, den in die Jahre gekommenen Maschinenpark zu erneuern.[159] Dafür wurde der Bereich der Arbeitsvorbereitung neu aufgebaut, neue Stempeluhren angeschafft und die Akkordvorgaben durch Zeitaufnahmen einer neu gebildeten Zeitstudiengruppe festgesetzt, «[z]wecks Schaffung objektiver Grundlagen für Akkordberechnung».[160] Die Neubestimmung der Akkorde wurde ergänzt durch die Einführung eines Arbeitsbewertungssystems. Das baute weitgehend auf einem Schema auf, das der US-Branchenverband National Electrical Manufacturers Association um 1937 veröffentlicht hatte. Demnach sollten die Merkmale Eignung, Anstren-

156 Ebd.
157 Ernst Wüthrich: Schwierigkeiten bei der Änderung bestehender Lohnsysteme, in: SMAZ, 14. 1. 1953, 3.
158 Archiv ABB, DRP MFO, 14. 1. 1937, 16. 3. 1938; Jaun 1986, 288–293, 338–343.
159 Archiv ABB, DRP MFO, 17. 8. 1938; ebd., 30./31. 3. 1939.
160 MFO 1951, 34.

Abb. 1: *Maschinenfabrik Oerlikon, Zürich-Oerlikon, 15. 3. 1967.*

gung, Verantwortung und Arbeitsbedingungen bei der Lohnberechnung berücksichtigt werden.[161]

Die Tätigkeit der neuen Zeitstudiengruppe war von Beginn an umstritten.[162]
Klagen wegen Antreiberei waren an der Tagesordnung. In der Werkzeitung konterte ein «Arbeiter» mit einem Leserbrief (wobei offenbleibt, wer der tatsächliche
Verfasser war): Wer kritisiere, «der ist entschieden falsch verbunden».[163] Der Direktionsadjunkt Eduard Homberger bezeichnete die Klagen in einem ausführ-
lichen Artikel als Produkt einer unglücklichen Verkettung von Fehlinforma-
tionen: «Gelegentliche Äusserungen von unseren Arbeitern zeitigen, dass sich
manche derselben über die Methoden unserer Akkordzeitberechnung nicht im
klaren sind. […] Im Gegensatz zu der oft geäusserten Ansicht handelt es sich bei
der Akkordzeitbestimmung nicht um ein Geheimnis.»[164]

161 Rudolf Huber: Heute brauchen wir die aktive Mitarbeit aller Betriebsangehörigen!, in: SAZ 47,
     1940, 705–707; 48, 1940, 722–725, hier 706; Bloch 1959, 46.
162 Jaun 1986, 367.
163 Falsch verbunden!, in: GR 6, 1942, 11 f., hier 11. Klagen: Sozialarchiv, Ar 422.60.3, Betriebe II
     und III, Prot. Gruppenversammlung, 17. 1. 1939.
164 Eduard Homberger: Unsere Akkordzeitberechnung, in: GR 7, 1942, 2–4, hier 2.

Wie sich Jahre später herausstellen sollte, kam diese «oft geäusserte Ansicht» den Umständen allerdings recht nahe – die in der Maschinenfabrik verwendete Methode war tatsächlich etwas nebulös. Doch zunächst wiegelte der Direktionsadjunkt jegliche Kritik mit dem Hinweis ab, man verlange ja «keine Rekordleistungen». Es stimme nicht, «wie vielfach angenommen wird», dass der Akkordant «in die Werkstätte komme, um mit der Stoppuhr in der Hand den Arbeiter zu stets grösserer Arbeitsleistung anzutreiben». Er müsse aber dafür sorgen, das gemeinsame Interesse von Unternehmen und Belegschaft durchzusetzen, nämlich, «dass die Arbeit des Arbeiters möglichst produktiv ist, d. h. dass der Arbeiter möglichst ungehemmt und ohne unnötige Zeitverluste arbeiten kann». Die von den Betriebsfachleuten dafür gestoppten Arbeitszeiten würden gemäss der jahrelangen Erfahrung des Leiters der Zeitstudiengruppe ausgewertet. «Unsere Akkordzeitberechnung erfolgt nach einer Methode, die sich auf wissenschaftliche Erkenntnisse stützt, aber sie ist so aufgebaut, dass sie jedem Arbeiter verständlich ist.»[165]

Die Frage der Verständlichkeit des Verfahrens (und damit die Rechtfertigung für die Herabsetzung der Zeiten) blieb indes weiter umstritten. Im Mai 1943 erhielt die Geschäftsleitung den Brief einer Wicklerin zugestellt, in dem diese auf «die schmutzigen Machenschaften» des Leiters der Zeitstudiengruppe hinwies: «Punkto Akkord- und Lohndrückerei hat er sein Unwesen jetzt aber auf die Spitze getrieben und der Hass steigert sich immer mehr auf diesen Streber und Nichtskönner. Wir brauchen den Mann nicht mit seinem Chronometer! […] Ich bin mehr als 25 Jahre in der Wicklerei und komme auf einen Stundenlohn von 90 Rp. Stellen Sie einen andern als Kalkulant auf diesen Posten!»[166]

In der Werkzeitung diskutierten Artikel immer wieder die schlechte Stimmung im Betrieb. Gewitterwolken zogen auf. Dunkel wurde eine allgemeine «Fabrikmüdigkeit» beklagt, die sich in einer «Mir-nichts-dir-nichts»-Stimmung der Belegschaft äussere. Deren Ursache wurde aber nicht in arbeitsorganisatorischen Defiziten (oder gar Lohnfragen) verortet, sondern in zwischenmenschlichen Problemen vermutet, auf der psychosozialen Mikroebene unterhalb der formellen Betriebsorganisation.[167]

Nach wiederholten Klagen über zu niedrig und vor allem beliebig aufgenommene Zeiten setzte die Geschäftsleitung eine paritätische Studienkommission ein. Diese kam im Oktober 1945 zu keiner eindeutigen Beurteilung. Während die Gewerkschafter die Methoden der Zeitaufnahme für reichlich dubios hielten, weil sie nirgends in der arbeitswissenschaftlichen Literatur beschrieben war, stützte die Geschäftsleitung das Zeitstudienbüro, das «dank seiner Arbeits- und Leistungsstudien am besten in der Lage [sei], zu beurteilen, welche Verdienste bei normalem Arbeitstempo erreicht werden können».[168] Die Ar-

---

165 Ebd., 3, 4.
166 Sozialarchiv, Ar 422.60.5, Lüthi an MFO, 28. 5. 1943.
167 William B.: Gedanken eines Arbeiters über unsern Betrieb, in: GR 4, 1943, 56f., hier 56; Werksangelegenheiten, in: GR 5, 1943, 69f.
168 Sozialarchiv, Ar 422.60.5, Prot. Studienkommission zur Untersuchung des Bez. 615 W I, 4. 10. 1945.

beiterkommission verlangte darauf, der Betrieb solle das System der deutschen Reichsforschungsstelle für Arbeitszeitermittlung (REFA) einführen, denn dessen Grundlagen könne man wenigstens nachlesen: «Eine vertrauenerweckende Zeitbeurteilung geniesst auch das Vertrauen der Arbeiterschaft.»[169] Nach anfänglichem Zögern gab die Geschäftsleitung dieser Forderung im Februar 1946 nach. Allerdings bleibt unklar, ob das neue System tatsächlich eingeführt oder die bestehende Methode bloss in den von ihr verwendeten Begriffen angepasst wurde.[170]

An einer Betriebsversammlung im Juli 1946 prallten die Ansichten jedenfalls erneut aufeinander. Einmal mehr beklagten sich die Arbeiter/-innen über willkürlich festgelegte Akkordvorgaben. Die anwesenden Direktoren bemühten sich derweil um Schadensbegrenzung. Auf den Vorwurf, die Arbeitsintensität variiere viel zu stark, reagierten sie mit dem Hinweis, die Kalkulation sei nun mal zu guten Teilen eine Ermessensfrage. Sie baten gar um Nachsicht, weil viele Akkorde schlicht falsch berechnet worden waren. Die Verbitterung der Belegschaft zeigte sich in Voten, die direkt auf den Lohnverzicht während der Kriegsjahre verwiesen: «Dringendes Gebot seitens der herrschenden Klasse sei», so äusserte sich ein Gewerkschafter, «dafür besorgt zu sein, den Lebensstandard der unteren Volksschichten zu heben.» Der Sekretär des Metallarbeiterverbands Robert Meyer ergänzte, «dass das Akkordsystem nirgends so krass zum Ausdruck komme wie in der M.F.O.».[171]

Um die Dynamik in diesem Streit unter Kontrolle zu bringen, griff die Maschinenfabrik Oerlikon zu einem ungewöhnlichen Mittel. Das Unternehmen plante, seine Produktionsstruktur an die Anforderungen der Nachkriegszeit anzupassen. Für die kommenden Jahre wurden einschneidende Modernisierungs- und Ausbaumassnahmen aufgegleist. Ein von den Gewerkschaften nicht mehr vermittelbarer Konflikt hätte diese um unbestimmte Zeit verzögert. Die Geschäftsleitung entschied sich daher, die massgeblichen Gewerkschafter auf ihre Seite zu ziehen, und lud sie im September 1946 zu einem Treffen der Moralischen Aufrüstung (MRA) in deren Zentrum nach Caux ob Montreux ein.[172] Die bis 1937 als Oxfordbewegung bekannte protestantische Sekte spielte bei der Geschäftsleitung der Maschinenfabrik zwar schon länger eine wichtige Rolle – immer wieder spendete ihr das Unternehmen grössere Beiträge.[173] Die Lösung betrieblicher Konflikte durch religiöse Beschwichtigung, die auf ideologische Versöhnung statt materielle Zugeständnisse setzte, war dann aber schon ein Wagnis. Erstaunlicherweise ging die Rechnung auf. Nach dem Treffen in

---

169 Ebd., Bericht Studienkommission zur Untersuchung des Bez. 615 W I, 10. 12. 1945, 8. Die Verfahren der 1924 gegründeten REFA wurden in der Schweiz unter anderem vom BWI propagiert. Jaun 1986, 263.

170 Sozialarchiv, Ar 422.60.5, Jakob Brunner: Festsetzung der Vorgabezeit und des Akkordpreises, 4. 2. 1946; Archiv ABB, DRP MFO, 24. 1. 1946. Laut Jaun 1986, 367 f., hatte sich die Methode nicht verändert.

171 Sozialarchiv, Ar 422.60.3, Betriebe II und III, Prot. Betriebsversammlung, 12. 7. 1946.

172 Jaun 1986, 367 f. Ausbaupläne: Archiv ABB, VRP MFO, 27. 3. 1946, 4. 9. 1946.

173 Siehe zur MRA und zu ihrer Finanzierung Kap. 3.3.

Caux galt der Akkordstreit als beigelegt, doch blieben grundlegende Fragen offen. Man einigte sich einzig auf einen Modus, wie Beanstandungen wegen falsch berechneter Akkorde künftig zu behandeln seien; ausserdem sollten einige Vertrauensleute des Metallarbeiterverbands als Hilfskalkulanten ausgebildet werden, um so für bessere Akzeptanz der umstrittenen Methode zu sorgen. «Die beiden Parteien verstanden sich sehr gut», vermerkte die wöchentliche Sitzung der Geschäftsleitung.[174]

Die derart herbeigeführte Wende im Akkordstreit wurde von der Maschinenfabrik Oerlikon als Erfolg des sogenannten Arbeitsfriedens in der Maschinenindustrie ausgewiesen.[175] In der Werkzeitung *Der Gleichrichter* berichtete ein Vertreter der Angestelltenkommission begeistert über das «Industrie-Wochenende». Den zugrunde liegenden Streit nannte er allerdings nicht beim Namen. Vielmehr legte er Wert auf den Aspekt allseitiger Harmonie in Caux. Zur selben Zeit wie die Delegation aus Oerlikon seien walisische Grubenarbeiter anwesend gewesen, die ebenfalls Probleme hatten mit ihrem Patron. Über die stattgefundenen Gespräche «im engern Kreis» erfuhr man leider nichts. Dagegen viel über die äusseren Umstände: Die Grubenarbeiter sangen walisische Volkslieder, ein US-amerikanischer Chor versuchte sich an einem eigens für die Oerliker gedichteten und auf Deutsch vorgetragenen «MFO-Lied». Aufgeschlossenheit war das Ziel. Dort oben gebe es kein Personal, so der Berichterstatter, die nötigen Arbeiten würden von allen Gästen übernommen – das Kochen ausgenommen, «was natürlich die Damen besorgen».[176] Aus Vertretern der Konfliktparteien zusammengesetzte Arbeitsgruppen mussten Ämtchen erledigen, mit der Absicht, dass es dadurch zu versöhnlichen Kontakten zwischen den Kontrahenten kommen würde. Am Abend stand eine Theateraufführung auf dem Programm. Gespielt wurde *The Forgotten Factor*, ein von Alan Thornhill geschriebenes Propagandastück, das industrielle Konflikte mit familiären Problemen verband, sie gleichsam als Krise des häuslichen wie betrieblichen Patriarchats verstand, die es mittels Rückgriff auf Frömmigkeit zu lösen gelte. «Die Bestrebungen von Caux wollen dem Menschen helfen, sich von seiner ich-betonten Einstellung zu lösen, und in ihm aufbauende Kräfte wecken.»[177] Am Ende der Tagung hielten drei Direktoren und Robert Meyer vom Metallarbeiterverband je eine Ansprache. Meyer betonte, die MRA bestärke den von Konrad Ilg begangenen Weg des Friedensabkommens.[178]

Das Vorgehen der Geschäftsleitung war gleichermassen ungewöhnlich, wie das Verhalten der Gewerkschafter erstaunte – allerdings weniger vom Ergebnis her als wegen der eingesetzten Mittel. Tatsächlich hatten beide Seiten kein Inter-

---

174 Archiv ABB, DRP MFO, 6. 11. 1946; Sozialarchiv, Ar 422.60.3, Werkstatt I, Prot. Gruppenversammlung, 9. 10. 1946.

175 In der Folge empfahl die Maschinenfabrik, bei betrieblichen Problemen gleich die MRA aufzusuchen. Archiv ABB, DRP BBC, 14. 5. 1947.

176 Pierre Leyvraz: Eindrücke von Caux, in: GR 7, 1946, 99 f., hier 100.

177 Ebd.

178 Sozialarchiv, Ar 422.60.5, Communiqué an SDA, Caux, 8. 9. 1946.

esse an einem offenen Konflikt. Dem Metallarbeiterverband diente die unter der Oberfläche schwelende Konfliktualität vielmehr als Argument, die eigene Unverzichtbarkeit als Vermittlungsinstanz zu behaupten. Das erhöhte zugleich die Verhandlungsmacht des Verbands; er konnte dieses Gewicht in künftigen Verhandlungen um Lohnaufbesserungen und Arbeitszeitverkürzungen einsetzen. Dass sich die Gewerkschaft auf den Diskurs der MRA-affinen Patrons einliess, war eher ein taktisches Manöver als eine inhaltliche Wende. Die antikommunistische Programmatik der Sekte kam ihr zwar entgegen; insgesamt blieb aber das verbandspolitische Kalkül das bestimmende Moment.[179]

Die Episode von Caux änderte am Akkordwesen in Oerlikon wenig; entsprechend blieb jede Neuberechnung der Akkordsätze umstritten. Denn die Methode war ja dieselbe geblieben. Sie diente weiterhin als vermeintlich objektives Mittel, um das Arbeitstempo zu beschleunigen.[180] Die Zeitstudiengruppe wurde etwas später zum Zeitstudienbüro und dieses 1952 in «Arbeitsstudienbüro» umbenannt, um die Verbindung zu den verhassten Zeitaufnahmen etwas in den Hintergrund zu rücken; die neue Bezeichnung wurde «in psychologischer Hinsicht als günstig angesehen».[181] Erst nach dem Tod des Vorstehers des Arbeitsstudienbüros begann die Geschäftsleitung, die umstrittenen Akkordunterlagen überprüfen zu lassen. Das Resultat verblüffte – und gab letztlich den jahrelangen Klagen der Arbeiter/-innen über die Willkür der Akkordbemessung recht. Niemand konnte sich aus den Unterlagen einen Reim machen, so die Werkstattdirektion 1958. Sie seien schlicht unverständlich. Man habe «ein reines Jammertal vorgefunden». Es habe «verschiedene Fälle von Desavouierung» gegeben. Sämtliche Akkordunterlagen mussten in den folgenden Jahren von Grund auf neu erarbeitet werden.[182] Werkstattdirektor Hans Hofer mahnte im *Gleichrichter*, die neuen Zeitaufnahmen dürften aber nicht als Gelegenheit zur Lohnkorrektur nach oben missverstanden werden: «Es ist ein legitimer Wunsch des Arbeiters, möglichst viel zu verdienen. Langfristig gesehen ist aber ein Geschäft nur dann gut abgeschlossen, wenn beide Partner, der Arbeiter wie der Unternehmer, den Eindruck bekommen, vom andern gerecht behandelt zu werden. […] Es kann nicht erwartet werden, dass der einzelne Akkord immer vollkommen stimmt; über eine längere Zeitperiode betrachtet, stimmen aber die Akkorde im Durchschnitt doch nicht schlecht.»[183]

Hofers Warnung stand in einem grösseren Kontext: Wie Brown Boveri und Gebrüder Sulzer stellte auch die Maschinenfabrik Oerlikon im Laufe der 1950er-Jahre auf den Zeitakkord um. Pläne dazu wurden um 1949 in einer Studienkommission für Entlöhnungsfragen konkret, zu deren Sitzungen die Geschäftsleitung auch Vertreter der Arbeiterkommission bestellte. Massgeblich beteiligt war an der

179 Schmitz 2007, 89, meint hingegen, einige der in Oerlikon aktiven Gewerkschafter seien sehr wohl von der MRA beeinflusst gewesen.
180 Sozialarchiv, Ar 422.60.3, Werkstatt I, Prot. Gruppenversammlung, 30. 11. 1948.
181 Archiv ABB, DRP MFO, 6. 2. 1952.
182 Ebd., 10. 9. 1958, Berichterstattung der WD 1958.
183 Hans Hofer, zitiert in Willi Amsler: Am gleichen Tisch, in: GR 4, 1958, 50.

Entwicklung des neuen Lohnsystems Leonhard Finckh, zuvor beim Betriebswissenschaftlichen Institut, der sich in der Studienkommission nicht nur mit technischen Erläuterungen begnügte, sondern darüber hinaus auch die ideologische Rechtfertigung dafür mitlieferte. Es seien nämlich die «biologischen und sittlichen Gesichtspunkte bei der Wahl von Lohnsystemen», so Finckh, die den Ausschlag gäben für den Zeitakkord.[184] Erste Versuche mit dem neuen Lohnsystem wurden Ende 1952 unternommen; wer nicht einverstanden war, wurde entlassen.[185] Die «Neuerung im Akkordwesen», so Robert Meyer vom Metallarbeiterverband, «können wir nicht ganz verhindern, doch sollten wir immer auf der Hut sein».[186] Der in Oerlikon geplante Zeitakkord orientierte sich weitgehend an dem von Brown Boveri. Die Arbeiterkommission nahm deshalb mit jener von Baden Kontakt auf, um sich nach ihren Erfahrungen zu erkundigen. Auf die Frage, wie das neue System denn so sei, habe man lakonisch geantwortet, «dass sie beim Geldakkord zu wenig Geld und jetzt zu wenig Zeit hätten».[187]

Zeitgleich mit dem Umbau des Lohnsystems begann die Geschäftsleitung mit einer Kampagne zur Hebung der Arbeitsdisziplin, da man hier ein Problem ortete. Arbeiter/-innen, deren Leistung als unzureichend galten, erhielten Warnbriefe, in denen sie auf ihren Rückstand hingewiesen wurden. Wer sich nicht verbessere, der und die werde umgehend entlassen. Die bestehende Vereinbarung, bei vorübergehend niedriger Leistung und schwer kalkulierbarer Arbeit einen Durchschnittslohn zu zahlen, wurde ebenfalls aufgehoben.[188] Und man statuierte Exempel: In der Werkzeitung wurde über die Entlassung einer Vorarbeiterin berichtet, die ihre Arbeitskolleginnen veranlasst haben soll, bei Zeitaufnahmen falsche Angaben über ihre Tätigkeit zu machen und langsamer als üblich zu arbeiten, um kürzere Vorgabezeiten zu verhindern. Man werde künftig «mit aller Härte» gegen solche Arbeiter/-innen vorgehen, grollte der Betrieb.[189]

Nach einer längeren Probephase wurde auf Januar 1955 die stufenweise Einführung des Zeitakkords in einer Abteilung angekündigt; weitere sollten folgen.[190] Doch nach der gut zweijährigen Vorlaufzeit geriet das Projekt ins Stocken. Nicht dass sich die Belegschaft offen gegen den Zeitakkord gestellt hätte: «Die Arbeiterkommission bekämpft dieses neue Akkordsystem nicht», erklärte der Vetrauensmann Willi Amsler. «Richtig angewendet und bei zuverlässigen Vorgabezeiten kann manche Ungerechtigkeit, die den alten Systemen anhaften, ausgemerzt werden.»[191] Die Kommission war allerdings dafür, dass

184 Sozialarchiv, Ar 422.60.6, Prot. Studienkommission für Entlöhnungsfragen, 4. 11. 1949.
185 Ebd., Ar 422.60.3, Prot. Arbeiterkommission MFO, 16. 12. 1952, 30. 12. 1952.
186 Ebd., 18. 3. 1953.
187 Ebd., 9. 4. 1953.
188 Ebd. und 23. 11. 1953.
189 [Ohne Titel], in: GR 7, 1953, 107.
190 Sozialarchiv, Ar 422.60.7, Prot. gemeinsame Sitzung Arbeiterkommission und Direktion MFO, 26. 11. 1954. Der Plan der stufenweisen Einführung wurde mit den Gewerkschaften an einem Treffen in der Evangelischen Heimstätte Boldern bei Männedorf diskutiert.
191 Willi Amsler: Arbeiterkommission, in: GR 1, 1955, 9.

der ganze Betrieb auf das neue System wechsle, weil sie vermutete, dass bei einem stufenweisen Übergang Stück für Stück die Akkordverdienste gekürzt würden.[192] Und sie versuchte, die Einführung an eine aus ihrer Sicht überfällige Lohnerhöhung zu koppeln. Dem Betrieb drohte in einer kritischen Zeit ein offener Lohnkonflikt.[193]

Um 1954 stiegen die Preise für Nahrungsmittel und die Mieten an, wodurch die Leitung des Metallarbeiterverbands, der sich seit langem in Lohnzurückhaltung übte, unter Druck geriet.[194] Die Löhne der Maschinenfabrik Oerlikon lagen zudem unter dem stadtzürcherischen Schnitt; bei normaler Beschäftigung erzielte ein Facharbeiter 650, Angelernte kamen auf 590 und Ungelernte auf 530 Franken im Monat. «Man muss», so der Präsident des Metallarbeiterverbands Ernst Wüthrich, «eigentlich die Kunst dieser Hausfrauen bewundern, die es fertig bringen, mit einem solchen Einkommen durchzukommen, namentlich wenn man weiss, dass im Durchschnitt etwa 100 Franken für die Miete abgehen.»[195] Die stete Arbeitsintensivierung ohne Lohnanpassung sorgte (nicht anders als in den Jahren zuvor) für zusätzlichen Unmut. Das Unternehmen erzielte derweil gute Abschlüsse, wenn auch die ausgewiesenen Gewinne stagnierten. Die veröffentlichte Rechnungslegung des Unternehmens war allerdings nur bedingt aussagekräftig, weil sie der in der Maschinenindustrie üblichen Politik der Bildung stiller Reserven folgte: Gewinne einbehalten, um weniger Steuern zahlen zu müssen.[196]

Die Arbeiterkommission verlangte im Januar 1955 eine allgemeine Lohnerhöhung von 5 % für Ungelernte und 6 % für Angelernte und Gelernte.[197] Insbesondere zielte sie auf eine Erhöhung der erzielten Stundenverdienste von Facharbeitern ab. Die Lohnerhöhung hätte umgerechnet eine Summe von 830 000 Franken ausgemacht; man hielt die Forderung angesichts des guten Geschäftsgangs eher für bescheiden. Ursprünglich wurde eigentlich eine Erhöhung um 7 % diskutiert, mit dem Argument aber wieder verworfen, die Konkurrenz – gemeint war Brown Boveri – zahle noch schlechter.[198] Die Geschäftsleitung stellte maximal 2,5 % in Aussicht – und das nur für ein Fünftel der Belegschaft. Die Angebote verbesserten sich zwar stufenweise, doch blieb die Arbeiterkommission bei ihrer Forderung. Eine Einigung konnte nicht erzielt werden, weshalb der Konflikt vor eine Schlichtungsstelle unter dem Vorsitz des katholisch-konservativen Bundesrichters Joseph Plattner kam.

192 Sozialarchiv, Ar 422.60.3, Prot. Arbeiterkommission MFO, 17. 1. 1955.

193 Diesen untersucht Schmitz 2007, Kap. 6.

194 Ebd., 96.

195 Sozialarchiv, Ar SMUV, 04A-0004, Dossier Maschinenfabrik Oerlikon, Ernst Wüthrich: Notizen, 22. 7. 1955.

196 Lüpold 2010, 154–158; Tanner 2015, 277; Schmitz 2007, 85 f., 96 f.; Sozialarchiv, Ar SMUV, 04A-0004, Dossier Maschinenfabrik Oerlikon, Ernst Wüthrich: Notizen, 22. 7. 1955.

197 Folgende Ausführungen Schmitz 2007, 100–105.

198 Sozialarchiv, Ar 422.60.3, Prot. Arbeiterkommission MFO, 10. 1. 1955. Brown Boveri lag schon in den Jahren zuvor bei den Löhnen unter dem Durchschnitt, vgl. Archiv ABB, DRP BBC, 14. 3. 1951, 21. 3. 1951.

Nach Gesprächen mit der Schlichtungsstelle erklärte Wüthrich, der Metallarbeiterverband gebe sich auch mit 500 000 Franken zufrieden. Damit war die
wichtigste Forderung vom Tisch, die allgemeine Lohnerhöhung; ausserdem sprach
sich Wüthrich für eine Bevorzugung der Facharbeiter aus. Die Schlichtungsstelle
entschied im Oktober, die Maschinenfabrik Oerlikon müsse 400 000 Franken auf-
wenden.[199] In der Praxis hiess das, dass neu eingetretene, teilinvalide und Arbeiter/
-innen mit niedrigem Arbeitstempo keine Lohnerhöhung erhielten, die übrigen
aber mindestens 5 Rappen pro Stunde mehr. Eine generelle Erhöhung wurde so
nicht erreicht. Das Ergebnis lag 100 000 Franken unter dem, was Wüthrich vor-
geschlagen hatte, und war weniger als die Hälfte von dem, was die Arbeiterkommission ursprünglich gefordert hatte. Mit einer Lautsprecheransage an die gesamte
Belegschaft erklärte der Direktionspräsident Rudolf Huber, die Geschäftsleitung
sei mit dem Entscheid der Schlichtungsstelle «nicht befriedigt, weil er uns nicht
erlaubt, die Korrekturen da anzubringen, wo wir diese am zweckmässigsten und
notwendigsten erachten». Trotz wachsendem Bestellungseingang und guter Auslastung müsse man nun «der Tiefhaltung unserer Kosten durch Rationalisierung
und Produktivitätsförderung unsere grösste Aufmerksamkeit schenken».[200]
Nachdem der Lohnstreit beigelegt war, konnte die Maschinenfabrik Oerlikon ohne weitere Probleme den Zeitakkord einführen, der kombiniert wurde
mit einer Arbeitsplatz- und Persönlichkeitsbewertung, um das individuelle
Verhalten in die Lohnbestimmung mit einzubeziehen.[201] Die ausschliesslich bei
Arbeiter/-innen vorgenommene Persönlichkeitsbewertung erfasste Merkmale wie
individuelle Qualität (Menge von Ausschuss, Fehler, Mängel), Gehorsam, Pünktlichkeit, Sorgfalt, Initiative «im Sinne einer aktiven Beteiligung an Rationalisie-
rungs- und Verbesserungsvorschlägen»[202] oder verstanden als «Bereitschaft, im
Betriebsinteresse Überzeit zu leisten»,[203] Einordnung, Versetzbarkeit und «Fir-
matreue». Einmal im Jahr führten Meister zusammen mit der Personalabteilung
die Bewertung durch – pro Arbeiter/-in standen dafür zweieinhalb bis drei Minuten zur Verfügung. Nach zwei Jahren beschloss die Geschäftsleitung, um «das
Vertrauen im Betrieb [zu] festigen, dass alles mit rechten Dingen zugeht», Vertreter der Arbeiterkommission zuzulassen, gewissermassen mit Beobachterstatus.[204]
Über das endgültige Resultat entschieden die Betriebsleitung und die Personalabteilung. Die Bewerteten selbst erhielten darüber keine richtige Auskunft, bloss
Hinweise, mit was man zufrieden oder unzufrieden sei. Die Punktzahlen wurden nicht mitgeteilt, die Bewertungskarte konnte nicht eingesehen werden.[205] Der

199 Kurz davor lud die Geschäftsleitung die Arbeiterkommission zum MRA-Theaterstück *The Va-
    nishing Island* ein, das am Schauspielhaus Zürich aufgeführt wurde. Sozialarchiv, Ar 422.60.3,
    Prot. Arbeiterkommission MFO, 3. 10. 1955.
200 Rudolf Huber: Wo stehen wir heute?, in: GR 8, 1955, 108 f., hier 109.
201 Peter Seeli: Persönliche Bewertung – zweite Runde, in: GR 1, 1958, 6 f., hier 6.
202 Ebd., 6.
203 Seeli 1961, 33.
204 Peter Kläsi: Persönlichkeitsbewertung für Arbeiter in der Industrie, in: ZF 8, 15. 4. 1957, 3.
205 Archiv ABB, DRP BBC, 23. 7. 1958, 6. 8. 1958.

neue Leiter des Arbeitsstudienbüros Gerhard Plüss erklärte 1959, es reiche eigentlich zu wissen, dass man bewertet werde. Denn das allein motiviere schon zu höheren Leistungen. Fehlbewertungen gebe es kaum, die seien «praktisch ausgeschaltet».[206] Die Arbeiter/-innen konnten sich beim Meister, bei der Betriebsleitung oder der Personalabteilung um eine genauere Auskunft bemühen. Bei einem schlechten Resultat drohte die Entlassung.[207]

Beschleunigung in Baden

Bei Brown Boveri wurde der Zeitakkord im Rahmen einer seit Mitte der 1940er-Jahre geplanten Erneuerung und Erweiterung des Produktionsapparats eingeführt. Der Verwaltungsratsdelegierte Max Schiesser erklärte 1946, neue Fabrikgebäude, neue Werkzeugmaschinen und neue Arbeitsabläufe wären nötig, denn die «Verhältnisse sind unbefriedigend und zum Teil unwürdig und vor allem unrationell», die Alliierten «sind uns in dieser Richtung bestimmt beängstigend voraus».[208] 1948 kündigte die Geschäftsleitung an, in der neuen, ein Jahr später eröffneten Motorenfabrik werde der Zeitakkord eingeführt; der zuvor übliche Geldakkord entspreche nicht mehr den betrieblichen Anforderungen. Dem waren jahrelange Klagen der Arbeiter/-innen über «die ewige Experimentiererei» des Akkordbüros vorangegangen. Durch die Manipulation der Akkordpreise, so der Metallarbeiterverband, habe das Büro ständig versucht, seine Fehlkalkulationen zu vertuschen.[209] Es fehlte zudem an einer einheitlichen Methode für Zeitaufnahmen; stattdessen waren «verschiedene und zum Teil komplizierte» Systeme im Einsatz.[210]

Die Geschäftsleitung empfahl den Arbeiter/-innen, den mit der Umstellung auf den Zeitakkord anstehenden, über Jahre dauernden Zeitaufnahmen durch ein «natürliches und normales Verhalten» entgegenzukommen, womit gemeint war, sie dürften während der Studien auf keinen Fall zu langsam arbeiten.[211] Die Arbeiterkommission wurde beteiligt, wenn auch bloss in begleitender Funktion. Sie sollte helfen, dass das Vorhaben besser aufgenommen wurde. Bevor die Geschäftsleitung ihr die Unterlagen zum neuen Lohnsystem weiterleitete,

---

206 Gerhard Plüss: Noch ein Wort zur persönlichen Bewertung, in: GR 4, 1959, 66 f., hier 67. Plüss kam 1945 aus Berlin nach Zürich; 1964 schrieb die Werkzeitung, sein forscher Einsatz für die Rationalisierung in der Maschinenfabrik Oerlikon «lag wohl zu einem grossen Teil in seiner durch Kriegserlebnisse in Berlin früh erworbenen menschlichen Reife begründet». Gerhard Plüss, in: GR 3, 1964, 50 f., hier 51.

207 Peter Kläsi: Persönlichkeitsbewertung für Arbeiter in der Industrie, in: ZF 8, 15. 4. 1957, 7; Peter Seeli: Persönliche Bewertung – Spiegel des Arbeitsverhaltens, in: GR 1, 1959, 5 f.; Persönliche Bewertung – mit andern Augen gesehen, in: GR 2, 1959, 36.

208 Max Schiesser: Die Probleme der Geschäftsleitung, in: WW 6–7, 1946, 86–92, hier 88 f.

209 Sozialarchiv, Ar SMUV, 04A-0004, Dossier Brown Boveri, Poesie und Prosa in einem Grossbetrieb, Juli 1943.

210 Ebd., Sektion Baden an Zentralvorstand SMUV, 26. 6. 1946.

211 Ebd., 04A-0004, Dossier Brown Boveri, Martin Geissbühler: Orientierung über das Lohnwesen der BF 1, 25. 6. 1948.

musste sie aber bei einem Betriebspsychologen einen Kurs belegen – so wie rund 300 untere und unterste Kader der Werkstätten auch.[212] «Da die Verkürzungs-möglichkeit der Zeiten infolge Einübung durch den Arbeiter gerne unterschätzt wird», erläuterte Martin Geissbühler vom Fabrikstudienbüro 1948 der Arbeiterkommission, «werden die Vorgabezeiten anfänglich als sehr knapp bemessen erscheinen.»[213] Im Rückblick erzählte der mit der Ausarbeitung des Zeitakkords beauftragte Richard Nadig, der Betrieb habe «infolge Änderung des Maschinenparks» manchmal einer ganzen Abteilung die Vorgabezeit um 50 % gekürzt und trotzdem seien die Arbeiter/-innen danach auf den gleichen Verdienst gekommen wie davor.[214] Die für die Einführung des neuen Lohnsystems durchgeführten Zeitaufnahmen dienten dazu, die Arbeitsgänge zu beschleunigen.

Den Zeitakkord ergänzte eine Arbeitsplatz- und Persönlichkeitsbewertung. Mit dieser baute der Akkordverdienst neu auf fünf Grössen auf:[215]

1. dem garantierten, in der Regel 20 % unter dem durchschnittlichen Stundenlohn liegenden Mindestverdienst, um temporär Schwankungen auszugleichen;

2. dem Arbeitswertanteil, bei dem die Merkmale Eignung, Anstrengung, Verantwortung und Arbeitsbedingungen bewertet wurden;

3. dem Persönlichkeitsanteil (bestes Ergebnis für: «[u]nterstützt aktiv die Anordnung des Vorgesetzten»);

4. dem pro Arbeitsgang je nach Unter- oder Überschreiten der Vorgabezeit erzielten Verdienst; und schliesslich

5. dem Sozialanteil, womit Kinder-, Teuerungs-, Alterszulagen und Beiträge an die Krankenkasse gemeint waren.

Die Persönlichkeitsbewertung nahm eine aus Betriebsleitern, Leitern der Kalkulation, Meistern, Kontrolleuren und Vertretern der Arbeiterkommission zusammengesetzte Kommission vor; in den 1950er-Jahren bewertete diese pro Tag 80 Arbeiter/-innen. Sie musste aber aufpassen, so Nadig, keine «Schulzeugnisse für erwachsene Männer» auszustellen. Das komme nicht gut an.[216] Das jährlich durchgeführte Prozedere diente nicht nur dazu, die Löhne zu streuen, um die Belegschaft zusätzlich zur Qualifikation zu differenzieren. Der Betrieb gebrauchte sie ebenso als Mittel, die Lohnsumme dehnbar zu machen, sie der jeweiligen Geschäftslage anzupassen: «[W]ir sahen uns auch schon gezwungen», berichtete Nadig über dieses Vorgehen, «für eine Gruppe von 20 bis 30 % der Belegschaft einer Abteilung den Ansatz zu senken».[217]

212 Fritz Streiff: Mensch und Produktivität, in: WW 2, 1953, 22–25, hier 25.

213 Sozialarchiv, Ar SMUV, 04A-0004, Dossier Brown Boveri, Martin Geissbühler: Orientierung über das Lohnwesen der BF 1, 25. 6. 1948.

214 Nadig o. J., 50.

215 So wird dein Lohn berechnet, in: WW 11, 1960, 325–328; Sozialarchiv, Ar SMUV, 04A-0004, Dossier Brown Boveri, Richard Nadig: Orientierung der Arbeiterkommission über das neue Lohnsystem, 13. 3. 1950.

216 Nadig o. J., 45.

217 Ebd., 48.

Weshalb das frühere Akkordsystem nicht mehr den Anforderungen entsprochen hatte, erklärte der Fabrikdirektor Fritz Streiff im März 1950 der Arbeiterkommission. Da war einmal der technische Wandel: Die Arbeit an den neuen
Werkzeugmaschinen gestalte sich anders und müsse deshalb neu erfasst werden.
Andererseits bestehe aber ebenso das Problem, «dass in nicht zu vernachlässigen-
dem Masse Unkorrektheiten von Seite[n] der Arbeiter in der Handhabung der
Akkorde vorkommen».[218]

Seit Jahren beschäftigte Fabrikdirektor Streiff die Frage des Kontrollverlus-
tes. Im Juli 1947 referierte er vor der Geschäftsleitung über die mangelnde «Zuverlässigkeit der Arbeiter», weshalb der Betrieb umgehend Massnahmen treffen
müsse, «damit die Disziplin auf der ganzen Linie verschärft wird». Streiff vermutete den Beginn einer allgemeinen Insubordination: «Nun ist es nötig, mit der Er-
ziehungsarbeit wieder stärker einzusetzen. Vor allem muss das Kader Kompeten-
zen erhalten und gestärkt werden, damit es seine Autorität zurückgewinnt.» Ein
wichtiges Mittel, den Kontrollverlust zu vermeiden, war für ihn die Ausweitung
des Zeitakkords auf möglichst weite Teile der Fertigung, um «Nachlässigkeiten»
aufdecken zu können.[219] Der Übergang zum Zeitakkord diente nicht nur dazu,
Lohnhöhen individuell variieren zu können; die Lohnform selbst wurde als Mittel zur Kontrolle des Arbeiter/-innenverhaltens eingesetzt.

Das Lohnsystem von Baden fand weithin Beachtung. Das mochte damit zusammenhängen, dass Brown Boveri der erste wirklich grosse (genauer gesagt: der
grösste) Betrieb der Maschinenindustrie war, der mit der Einführung des Zeitakkords begann. Die hier gemachten Erfahrungen dienten den Unternehmen als
Referenz. So studierte etwa im Frühling 1954 eine Abordnung von Gebrüder
Sulzer das Badener System.[220] Auch der Metallarbeiterverband interessierte sich
dafür: über die Arbeiterkommissionen, etwa jene der Maschinenfabrik Oerlikon, die wissen wollte, wie die konkreten Auswirkungen für die Belegschaft aus-
sahen.[221] Zudem veröffentlichte die Verbandsleitung 1954 eine Streitschrift zugunsten der flächendeckenden Einführung des Zeitakkords und orientierte sich
dabei, ohne es zu sagen, an dem von Brown Boveri.[222]

Ein Aspekt des Badener Zeitakkords hatte eine längere Vorgeschichte. Mit
der Persönlichkeitsbewertung hatte Brown Boveri bereits Erfahrungen gesammelt. Allerdings ging es nicht um die Bewertung der Arbeiter/-innen in den Werkstätten, sondern um die der Angestellten im Stunden- und Monatslohn. Das ist
insofern von Bedeutung, weil hier die per Arbeitsteilung, Status und Lohnform
durchgesetzte (fiktive) Trennung von Kopf- und Handarbeit durchlässig war.[223]

218 Sozialarchiv, Ar SMUV, 04A-0004, Fritz Streiff: Warum führen wir ein neues Lohnsystem ein?,
      13. 3. 1950.
219 Archiv ABB, DRP BBC, 3. 7. 1947.
220 Ebd., 3. 3. 1954.
221 Sozialarchiv, Ar 422.60.3, Prot. Arbeiterkommission MFO, 9. 4. 1953.
222 Archiv ABB, DRP BBC, 6. 10. 1954.
223 Bei der Maschinenfabrik Oerlikon wurden Angestellte nicht bewertet, bei Gebrüder Sulzer erst
      Ende der 1950er-Jahre. Archiv Sulzer, Schachtel 180a, Prot. Arbeiterkommission, 14. 7. 1955;

Die Konzepte, mit denen die Angestellten bewertet wurden, fanden später bei jener der Arbeiter/-innen Verwendung. Ende 1941 gab die Geschäftsleitung von Brown Boveri ein Verfahren in Auftrag, um das Büropersonal und die Ingenieure «beobachten und bewerten» zu können. Der stellvertretende Generalsekretär Alfred Naville sollte ein geeignetes Bewertungsschema entwickeln, das «Charaktereigenschaften, Intelligenz, Fachkenntnisse, Leistungen, Korpsgeist und [den] Einfluss auf die Mitarbeiter» berücksichtigte. Damit sollte «ein ausgezeichneter Korpsgeist und der Wille zur Zusammenarbeit» sowie ein «gewisses Zugehörigkeits- und Ehrgefühl zur Firma» gefördert werden.[224]

Naville holte sich dafür die Unterstützung des am Psychotechnischen Institut Zürich tätigen Unternehmensberaters Paul Silberer. Ab Herbst 1942 erhielt jede/r Angestellte eine Bewertungskarte zugewiesen. Sie musste in regelmässigen Abständen von den Vorgesetzten ausgefüllt werden: vor Beendigung der Probezeit, vor Abschluss des ersten Arbeitsjahres, vor einer Versetzung in eine andere Abteilung, bei Beförderungen, beim Übertritt vom Stunden- in den Monatslohn sowie bei einer ausserordentlichen Lohnrevision. Die Karte diente zwar in erster Linie der Lohneinstufung; man legte allerdings Wert darauf, sie zur zwischenmenschlichen Erziehung der Angestellten einzusetzen, indem in Gesprächen auf die Bedeutung der richtigen «Charaktereigenschaften» hingewiesen wurde.[225] Letztere erläuterte Naville 1945 in der *Schweizerischen Arbeitgeber-Zeitung*: «In erster Linie denken wir dabei an eine feste innere Haltung, die dazu beitragen kann, in einem Unternehmen unnötige Reibungen zu verhindern und eine gute Zusammenarbeit auf der Grundlage eines gesunden Gemeinschaftsgeistes zu fördern. Es braucht dazu: Absolute Zuverlässigkeit der Gesinnung; einen gesunden Optimismus und den Glauben an seine Arbeit; den starken Willen, sich durch Selbstkritik und Weiterbildung zu verbessern; den Mut, immer weitere Aufgaben mit Verantwortungsfreude anzupacken und bis in die letzten Konsequenzen zu Ende zu führen; die Einsicht, aus begangenen Fehlern die nützlichen Folgerungen zu ziehen.»[226]

Die Bewertungskarte für die Angestellten baute auf einem ähnlichen Schema auf, wie es einige Jahre später bei der Persönlichkeitsbewertung der Arbeiter/-innen zum Einsatz kam. Sie zeigte in sechs Bewertungsstufen von A bis F, was Brown Boveri bei seinen Angestellten gerne und weniger gerne sah. Unter der Rubrik «Allgemeinverhalten» fand sich neben den Umgangsformen, dem «Persönlichkeitsgrad» (Initiative bei der Arbeit), dem Verhalten gegenüber

Peter Kläsi: Persönlichkeitsbewertung für Arbeiter in der Industrie, in: ZF 8, 15. 4. 1957, 6. Vgl. zur Trennung in Arbeiter/-innen und Angestellte Wompel 2018, 157.

224   Archiv ABB, DRP BBC, 9. 11. 1941, Beilage, Alfred Naville: Über die Einführung und Bedeutung Neueingetretener, 5. 12. 1941.

225   Ebd., BBC, Mitteilungen A, 843, 29. 9. 1942, 2; Emil Klingelfuss: BBC-Bulletin, in: WW 11, 1947, 137–139, hier 137.

226   Alfred Naville: Die Förderung von Berufs- und Charakter-Eigenschaften in der Industrie, in: SAZ 17, 1945, 337–340, hier 338. Naville verwies hier auf «weitere Unterlagen in diese Richtung», etwa die Zeitschrift *Stahl und Eisen* des Vereins Deutscher Eisenhüttenleute im Nationalsozialistischen Bund Deutscher Techniker.

Arbeitskolleg/-innen, Unterstellten und Vorgesetzten das Merkmal «Korps-geist», womit man die Unterwürfigkeit meinte. Kritisieren kam nicht gut an – die tiefste Einstufung lautete: «[z]ersetzend – kritisierend».[227]

Die Bewertungskarte durchlief in den folgenden Jahren mehrere Anpas-sungen. Das erste Mal 1944, zu einer Zeit, da die Geschäftsleitung wegen der be-fürchteten Nachkriegskrise vorsorglich die Entlassung von 5–15 % der damals gut 6700 Beschäftigten vorbereitete – respektive, wie es Verwaltungsratspräsi-dent Walter Boveri formulierte, die Möglichkeit ins Auge fasste, «untaugliche Elemente auszuschalten».[228] Ein anderes Mal wurde die Karte 1947 verändert. Brown Boveri forderte in einer betriebsweiten Kampagne zur Produktivitäts-steigerung die striktere Einhaltung der Arbeitszeiten und eine Reduktion der Absenzen. Da sich die Angestelltentätigkeit nicht einfach messen liess, setzte der Betrieb auf die Erhöhung der Zeitdisziplin «im Interesse der Produktions-steigerung und zur Förderung des Gemeinschaftssinnes».[229] Das eigentliche Vorhaben, nämlich Stempelkarten für Angestellte einzuführen, wurde vorerst auf Eis gelegt. Man beliess es bei entsprechenden Drohungen in der Werkzei-tung. Immerhin zählt das Fehlen einer mechanisierten Arbeitszeitkontrolle zu den Privilegien der Angestelltentätigkeit und diente als Abgrenzungsmerkmal gegenüber den Arbeiter/-innen. Loyalität zum Betrieb wurde nicht einfach durch einen höheren Geldbetrag erkauft, sondern bis zu einem gewissen Grad durch symbolische Vorteile abgegolten. Die Geschäftsleitung liess aber die Be-wertungskarte neu gestalten, um das individuelle Verhalten über einen länge-ren Zeitraum stärker gewichten zu können. Neu galten statt sechs nur noch vier Bewertungsstufen, von A = «ausserordentlich gut» bis D = «ungenügend». Die Kriterien wurden in die Gruppen «Charakter und Verhalten» sowie «In-telligenz und Arbeitsweise» eingeordnet. Die Merkmale der beiden Gruppen ähnelten jener der Persönlichkeitsbewertung der Arbeiter/-innen – womit sich der Kreis wieder schloss.[230]

Strube Zeit in Winterthur

In den Werkstätten und der Giesserei von Gebrüder Sulzer wurde bis Anfang der 1950er-Jahre vor allem im Geldakkord gearbeitet (im Stundenlohn nur ver-einzelt), nach einem eigenen System, bei dem die Geldbeträge vom Akkordbüro nach Erfahrung kalkuliert wurden. Die Belegschaft hatte keine Einsicht in die Umrechnungstabellen; das wenig durchsichtige System kennzeichnete zudem, dass die Meister einen grossen Einfluss auf den erzielten Stundenverdienst hat-

227 Baumgarten 1946, 290.
228 Archiv ABB, DRP BBC, Walter Boveri an Leo Bodmer, 31. 5. 1944; ebd., a. o. Direktions-
     sitzung, 26. 5. 1944; ebd., 13. 9. 1944.
229 Geschäftsleitung: BBC-Bulletin, in: WW 2, 1947, 17.
230 Archiv ABB, BBC, Mitteilungen A, 925, 22. 10. 1947.

ten. Wer das durchschnittliche Leistungsniveau aufgrund von Materialfehlern oder Werkzeug- und Maschinenproblemen nicht halten konnte, hatte zwar für gewisse Zeit Anspruch auf einen garantierten Stundenverdienst – Ende 1945 lag dieser für Facharbeiter zwischen 1.15 und 1.67 Franken pro Stunde. Um ihn zu erhalten, musste man allerdings zuerst den Meister davon überzeugen, sich rechtfertigen und beweisen, dass kein Eigenverschulden vorlag.[231]

Wie in Oerlikon und Baden wurde auch in Winterthur seit der Unterzeichnung des Friedensabkommens die Erneuerung des Produktionsapparates vorbereitet und nach 1945 stufenweise umgesetzt.[232] Zum Neujahr 1952 erklärte der Delegierte des Verwaltungsrats Heinrich Wolfer der Belegschaft, Gebrüder Sulzer habe im vergangenen Jahr grosse Summen in künftige Rationalisierungsmassnahmen investiert, weil das Unternehmen nach Meinung des Verwaltungsrats zu geringe Gewinne abwerfe. Man sei deshalb bestrebt, «durch Verbesserung der Organisation und der Arbeitsmethoden den Wirkungsgrad unserer täglichen Anstrengungen zu verbessern».[233] Dazu zählte die Umstellung auf ein neues Lohnsystem, um kürzere Liefertermine zu erreichen; denn lange Durchlaufzeiten seien die Folge einer mangelnden persönlichen Leistungsbereitschaft. Ende 1951 warnte die Werkzeitung, es habe in Winterthur die «Unsitte […] in bezug auf Termine in übler Weise eingerissen. Niemand glaubt einem mehr, wenn man einen bestimmten Termin als dringend bezeichnet. […] Wer ist an solchen Zuständen schuld? Die beste Antwort ist wohl die: wir sind alle schuld.»[234]

Im Herbst 1953 kündigte die Geschäftsleitung an, der bisherige Geldakkord werde in absehbarer Zeit von einem Zeitakkord mit Arbeitsplatz- und Persönlichkeitsbewertung abgelöst. Damit begann, wie rückblickend der spätere Präsident der Arbeiterkommission Hans Egli sagen würde, die «strube Zeit», eine «Epoche der Reorganisation und Neuplanung des gesamten Betriebs».[235] Der Ankündigung wurde von der Belegschaft mit Misstrauen begegnet: Sie sei eben verunsichert, erklärte die Kommission der Geschäftsleitung. Und das aus gutem Grund; man befürchtete, dass das neue Lohnsystem benutzt werde, um die Löhne zu senken. Mit dem neuen System war eine Kontrolle über den effektiven Stundenverdienst zudem schwierig, weil die dafür nötigen und gewohnten Angaben nicht mehr bekannt waren: Auf den Akkordzetteln waren nur noch

231 Sozialarchiv, Ar SMUV, 04A-0004, Dossier Gebrüder Sulzer, Schilderung der Akkordsysteme der Schweizerischen Maschinen- und Metallindustrie, November 1945.
232 Neue Werkzeugmaschinen wurden 1950, 1956 und 1961 angeschafft (Letztere zum Teil lochbandgesteuert), ab Mitte der 1950er-Jahre ein gross angelegtes Programm zur Modernisierung der Giessereien und Werkstätten aufgegleist. Heinrich Wolfer: Referat, Generalversammlung, 2. 5. 1951, in: WM 5, 1951, 33–36; Archiv Sulzer, Schachtel 180a, Prot. Arbeiterkommission, 20. 6. 1956; Georg Sulzer: Referat, 42. Generalversammlung, 2. 5. 1956, in: WM 5, 1956, 78–80; K. Schjold: Lochbandgesteuerte Werkzeugmaschinen, in: WM 9, 1961, 10–13; 11, 1961, 12–14.
233 Heinrich Wolfer: Neujahr 1952, in: WM 12, 1952, 90f., hier 90.
234 Sorgen eines Werkstattkontrollurs, in: WM 12, 1951, 92. Planung: Archiv ABB, DRP BBC, 17. 12. 1952.
235 Egli 1965, 53.

Abb. 2: *Gebrüder Sulzer, Winterthur, um 1950.*

Zeiten, aber keine Beträge mehr notiert.[236] Schliesslich dämpfte die Art, wie der Zeitakkord eingeführt wurde, bei der sonst wenig kämpferischen Arbeiterkommission die Begeisterung. Obwohl sich der Metallarbeiterverband im Rahmen der Verhandlungen über die Verlängerung des Friedensabkommens anerboten hatte, bei der Umstellung bereitwillig zu helfen, lehnte die Geschäftsleitung von Gebrüder Sulzer dies ab.[237] Man setzte lieber auf die Arbeiterkommission. Die wurde zwar von der Gewerkschaft bestimmt, doch waren ihre Mitglieder als im Betrieb Beschäftigte weisungsgebunden. Aus Sicht der Kommission führte die Zusammenarbeit nicht zum erhofften Ergebnis. Um Konflikten in den Werkstätten vorzubeugen, hatte sie einen Ausschuss für Produktivitätssteigerung gebildet, der den Arbeitern Rationalisierungsvorhaben erklären sollte. Auf die Frage, warum dieser Ausschuss, der ja das Unternehmensinteresse nach unten vertrat, keinerlei Einsicht in die Unterlagen der Persönlichkeitsbewertung bekomme, antwortete die Geschäftsleitung, diese sei ausschliesslich Sache der Vorgesetzten. Eine Einsichtnahme oder gar ein Mitspracherecht würde bloss die Autorität des Managements untergraben. Dem vorsichtig geäusserten Wunsch des

---

236 Archiv Sulzer, Schachtel 180a, Prot. Arbeiterkommission Sulzer, 22. 10. 1953, 20. 10. 1954, 16. 12. 1954, 7. 12. 1956; ebd., Schachtel 181, Prot. Arbeiterkommission Sulzer, 8. 5. 1959.
237 Archiv ABB, DRP BBC, 17. 12. 1952.

Kommissionspräsidenten nach einer beschränkten Mitsprache – man sei doch eine «Schicksalsgemeinschaft» – schenkte der Betrieb keine weitere Beachtung.[238]

Diese ansonsten gerne beschworene Schicksalsgemeinschaft – «[o]b Stift, ob Chef, ob arm, ob reich, hier drinnen sind wir alle gleich»[239] – wurde in Winterthur in diesem Fall nicht von ungefähr ausgeblendet. Sie verlor mit dem Rationalisierungsschub in den 1950er-Jahren schlicht an Überzeugungskraft. Auf der betrieblichen Seite wurde sie vom Versprechen individueller Lohnsteigerungen durch Produktivitätsfortschritte abgelöst. Auf der sozialen Seite gewannen Ansätze an Bedeutung, die stärker auf Kompensation durch sozialpolitische Einrichtungen setzten. Allerdings bildete die behauptete Interessenharmonie zwischen Geschäftsleitung und Belegschaft weiterhin den ideologischen Bodensatz, auf dem Neuerungen ausgehandelt wurden.[240] Die *Sulzer Werk-Mitteilungen* stellten den Zeitakkord nicht nur als eine für beide Seiten leichter verständliche Lösung dar. Es sei auch ein gerechteres System, weil es eine «bessere Einstufung der einzelnen Löhne in das ganze Lohngebäude» erlaube und von «Lohnpolitik usw.» (gemeint waren Lohnverhandlungen mit den Gewerkschaften) unabhängig sei.[241]

Die Umstellung wurde zum Anlass genommen, die Zeiten aller Arbeitsgänge von Grund auf neu zu berechnen. Nicht nur wurden künftig die Akkorde zu Vorgabezeiten statt Geldbeträgen vergeben und eine Arbeitsplatz- und Persönlichkeitsbewertung vorgenommen. Man veränderte die rund 30 Jahre alten, in der Zwischenzeit allerdings immer wieder abgeänderten und ergänzten Berechnungsgrundlagen. Die Zeitaufnahmen dienten der Verdichtung der Arbeitsgänge, wobei die Angleichung an höhere Maschinentakte eine wichtige Rolle spielte: «Hierzu eignet sich die Zeitstudie ausserordentlich gut», so Erich Soom vom Büro für Akkordwesen, «weil sie uns zwingt, die einzelnen Details eingehend zu studieren.»[242]

In den Grundzügen entsprach der zwischen 1955 und 1958 stufenweise eingeführte Zeitakkord jenen in Baden und Oerlikon; die Arbeitsplatz- und Persönlichkeitsbewertung war vergleichbar.[243] Die Umstellung auf das neue System war allerdings eine komplexere Aufgabe – von der Struktur her war Gebrüder Sulzer ein seit den 1830er-Jahren historisch gewachsenes Konglomerat aus mehreren Werkstätten

238 Archiv Sulzer, Schachtel 180a, Prot. Arbeiterkommission Sulzer, 9. 6. 1953, 14. 7. 1954. Vgl. Egli 1965, 54. Zum Motiv der Schicksalsgemeinschaft vgl. Bauman 2000, 176.

239 A. Hausheer: Gedanken über die Zusammenarbeit, in: WM 1, 1951, 3. Das war eigentlich das um 1930 formulierte Motto des *Gleichrichters* der Maschinenfabrik Oerlikon, das Gebrüder Sulzer unverändert übernommen hatte.

240 Vgl. Burawoy 1979, 67.

241 Max Ziegler: Einführung der Arbeitsplatz- und Persönlichkeitsbewertung sowie des Zeitakkordes (SLM), in: WM 5, 1963, 19f., hier 19. Nach dem Kauf der benachbarten Lokomotiv- und Maschinenfabrik 1961 wurde dort ab Mitte 1964 dasselbe Lohnsystem wie zuvor bei Gebrüder Sulzer eingeführt.

242 Erich Soom: Zeitstudien und Arbeitszeitermittlung, in: WM 2, 1954, 24f., hier 25.

243 Vgl. ebd.; Kurt Müller: Stundenlohn, Geldakkord, Zeitakkord?, in: WM 12, 1953, 142f.; Giuseppe Kaiser: Das neue Sulzer-Lohnsystem, in: GR 9, 1955, 141f.

mit einer je verschiedenen Abteilungskultur. Die Geschäftsleitung übertrug diese Aufgabe dem 1954 eingestellten Werkdirektor Eberhard Schmidt, der bis 1957 an der Umsetzung des Zeitakkords arbeitete, um danach als freiberuflicher Unternehmensberater seine Erfahrung mit der Umsetzung von Rationalisierungsvorhaben anzubieten.[244] Bevor Schmidt als Werkdirektor bei Gebrüder Sulzer anfing, war er von 1947 bis 1950 als Assistent der Fabrikdirektion bei Brown Boveri tätig und hier besonders für «Rationalisierungs-Massnahmen zur Verbesserung und Verbilligung der Produktion» zuständig.[245] Danach übernahm er bis 1954 als Professor für Betriebswirtschaft und Produktionstechnik die Leitung des Betriebswissenschaftlichen Instituts der ETH Zürich – zu dieser Zeit die bedeutendste Schweizer Einrichtung zur Vermittlung von Rationalisierungswissen.

Der in Halle geborene und in der Schweiz aufgewachsene Schmidt galt als ausgewiesener Rationalisierungsexperte mit praktischen Erfahrungen. Diese hatte er sich allerdings nicht erst in der Nachkriegszeit erworben.[246] Nach der Ausbildung als Maschineningenieur an der Technischen Hochschule München war Schmidt bis 1934 in Deutschland, in England und der Schweiz (etwa als Betriebsleiter der Orion Automobilwerke in Zürich) tätig, bevor er sich endgültig in Deutschland niederliess. Bis 1937 arbeitete er als Direktionsassistent bei den Deutschen Waffen- und Munitionsfabriken in Berlin; danach trat er der NSDAP bei und ging nach Augsburg zum Flugzeugbauer Messerschmitt.

Schmidt stieg bei dem für die deutsche Rüstungsindustrie zentralen Unternehmen rasch zum technischen Direktor der Serienfertigung auf. «Während seiner dortigen Tätigkeit vervielfachten sich Umfang und Produktion dieses Werkes, woraus erhellt, in welch bedeutendem Masse E. Schmidt sich in seiner damaligen Stellung mit baulichen Erweiterungen und betrieblichen Problemen zu befassen hatte», sollte die Werkzeitung von Brown Boveri 1950 voller Bewunderung berichten.[247] Was unerwähnt blieb: Die Fertigung bei Messerschmitt beruhte massgeblich auf der Sklavenarbeit von Zwangsarbeiter/-innen; im Herbst 1943 mussten bis zu 3600 Häftlinge aus Konzentrationslagern für den Betrieb arbeiten. Ein weitverzweigtes Lagersystem rund um die Produktionsstandorte organisierte den mörderischen Einsatz für Bauarbeiten und den Flugzeugbau.[248]

---

244 Ernennungen, in: WM 4, 1954, 62. Schmidt sass 1960–1966 im Management von Nestlé, später im Vorstand von Brown Boveri Mannheim und bis 1975 im Verwaltungsrat von Brown Boveri. Beförderungen und Mutationen, in: WW 5, 1967, 149f.; Zwei neue Verwaltungsräte, Brown Boveri Hauszeitung 7–8, 1969, 209f.; Catrina 1991, 312.

245 Direktionsassistent E. Schmidt zum Professor der ETH gewählt, in: WW 2, 1950, 14.

246 Folgende Abschnitte: ETH-Bibliothek, SR2, 8. 10. 1949, 5. 11. 1949; Direktionsassistent E. Schmidt zum Professor der ETH gewählt, in: WW 2, 1950, 141; Das Beispiel der Familie Schmidt: Beantragung der Anklageerhebung gegen die Familien der Brüder Schmidt durch den Oberstaatsanwalt beim Volksgerichtshof (27. Februar 1945) / Mitteilung von Eberhard Schmidt an Justizrat Schäfer über den Tod seiner Angehörigen im Webicht (10. Mai 1945), in: Gräfe/Post/Schneider (Hg.) 2005, 482–502; die hier nur unvollständig enthaltene Anklageschrift des Amtsgerichts Eisenach ist mit Vorsicht zu geniessen.

247 Direktionsassistent E. Schmidt zum Professor der ETH gewählt, in: WW 2, 1950, 14.

248 Hachtmann 2008, 28–31.

Über seine Zeit bei Messerschmitt erzählte Schmidt 1948 an einem Vortrag vor der Vereinigung schweizerischer Betriebsingenieure das Folgende: «Was ich während des Krieges in der Leitung hochrationalisierter Grossunternehmen sah und lernte, kann nicht mit dem Hinweis abgetan werden, dass die hemmungslose, ohne Rücksicht auf Kosten vorwärtsstürmende Industrietätigkeit kriegführender Staaten nicht geeignet erscheint zum Vergleich mit der nach gesunden wirtschaftspolitischen Prinzipien arbeitenden Industrie dieses Landes. In sachlicher und produktionstechnischer Beziehung wurde dort Grosses geleistet und es gab zwei alles beherrschende Faktoren – Menschen- und Materialknappheit – die zur Rationalisierung und durchdachten Organisation zwangen, wie sie der Wunsch nach höchsten Gewinnen und ein mörderischer Konkurrenzkampf nicht schärfer erzeugen kann.»[249]

Die Zeit zwischen 1944 und 1946 bleibt etwas unklar; zumindest bis zur Einreise von Schmidt in die Schweiz um 1946. Im Sommer 1944 verlor er seinen Direktorenposten und wechselte «auf Anregung des Rüstungsstabes» als technischer Berater zur Reimahg.[250] Aus den Unterlagen des Schweizerischen Schulrats geht hervor, Schmidt habe sich Ende 1944 mit seinem ebenfalls als Rüstungsfunktionär tätigen Bruder Kurt in die Schweiz absetzen wollen. Er habe bei Messerschmitt «wegen persönlichen und politischen Meinungsverschiedenheiten» seinen Rücktritt eingereicht. Seine nachfolgende Tätigkeit bei Reimahg fand dagegen keine Erwähnung. Die Brown-Boveri-Werkzeitung erklärte ihn später gar zum Dissidenten mit Beziehungen zu den glücklosen Monarchisten des 20. Juli.[251] Indes scheiterte die Einreise in die Schweiz, weil die Grenzbehörden die Erwachsenen zurückwiesen; nur die minderjährigen Kinder durften weiter. Zwei Monate später standen Schmidt, sein Bruder, ihre Ehefrauen und ein Sohn wegen Hochverrats vor dem Amtsgericht Eisenach. Unter nicht näher geklärten Umständen gelang Schmidt später die Flucht aus der Untersuchungshaft in Weimar. Wenige Tage später rückte die 3. US-Armee in Weimar ein.

Die Berufung eines ehemaligen Vertreters der deutschen Rüstungsindustrie an die ETH Zürich, der bei Brown Boveri als «sehr deutsch» und «bis zur Unlässigkeit resolut» galt, war im Schulrat 1949 zumindest der Form nach umstritten.[252] Den Posten erhielt Schmidt dennoch, denn er war «erklärter Kandidat» der von Gebrüder Sulzer, Georg Fischer und Brown Boveri bestellten ETH-Kommission

249 Eberhard Schmidt: Industrielle Betriebsführung und Fabrikationstechnik. Probleme und Entwicklungstendenzen, in: IO 11, 1949, 365–377, hier 365.

250 Das Beispiel der Familie Schmidt: Beantragung der Anklageerhebung gegen die Familien der Brüder Schmidt durch den Oberstaatsanwalt beim Volksgerichtshof (27. Februar 1945) / Mitteilung von Eberhard Schmidt an Justizrat Schäfer über den Tod seiner Angehörigen im Webicht (10. Mai 1945), in: Gräfe/Post/Schneider (Hg.) 2005, 482–502, hier 488. Die Reimahg betrieb ein von Zwangsarbeiter/-innen erbautes, unterirdisches Rüstungswerk bei Kahla in Thüringen zur Fertigung von Kriegsflugzeugen.

251 ETH-Bibliothek, SR2, 17. 12. 1949; Direktionsassistent E. Schmidt zum Professor der ETH gewählt, in: WW 2, 1950, 14.

252 ETH-Bibliothek, SR2, 5. 11. 1949, 340.

des Verbandes Schweizerischer Maschinenindustrieller.[253] Sein als unproblematisch erachtetes Fachwissen überwog die Bedenken betreffend seine Vergangenheit – obwohl sich gerade das kaum voneinander trennen liess. Der einzige Gegenkandidat, der am Ende des Auswahlverfahrens übrig blieb, kam als Vertreter des umstrittenen Bedaux-Systems nicht infrage.[254] Man wollte die Gewerkschaften nicht durch die Wahl eines Professors vor den Kopf stossen, der offen ein seit Jahren verhasstes Lohnsystem propagierte. So was wirke «bei den Arbeitern wie ein rotes Tuch», erklärte Claude Seippel von Brown Boveri. Bundesrat Philipp Etter wies darauf hin, er sei von «rechtsgerichteten Gewerkschaftskreisen» ersucht worden, man solle doch jemanden nehmen, der Verständnis habe für die Lage der Industriearbeiterschaft.[255]

Als Leiter des Betriebswissenschaftlichen Instituts verband Schmidt in mehreren Veröffentlichungen und Vorträgen hergebrachte Rationalisierungspostulate mit neueren ideologischen Versatzstücken der Blockkonfrontation. So sollte die Verwirklichung des «naturgebundenen Gesetz[es] des wirtschaftlichen Optimums» etwa «den Fortbestand der kulturellen, sittlichen und nationalen Errungenschaften des westlichen Lebenskreises» sichern.[256] Allfällige Rückbezüge auf seine Zeit im Nationalsozialismus lassen sich nur indirekt feststellen, etwa im Umstand, dass er nicht wenige seiner betriebspolitischen Ideen von dem in den 1940er-Jahren führenden REFA-Funktionär Erich Kupke übernommen hatte. Die unkritische Bezugnahme auf die nationalsozialistischen Arbeitswissenschaften war aufgrund ihrer ungebrochenen Kontinuität allerdings keine Seltenheit.[257]

In Winterthur sah man keinen Anlass, sich an Schmidts Vergangenheit zu stören. «Herr Dir. Schmidt hat bei uns in manchen Belangen Pionierarbeit geleistet, und wir hoffen, dass das gesteckte Ziel einer erhöhten Rationalisierung und damit grösserer Produktivität erreicht wird», erklärten 1958 die *Werk-Mitteilungen*.[258] Nach seinem Rücktritt blieb er als Berater für Gebrüder Sulzer tätig.

253 Ebd., 17. 12. 1949, 411.
254 Beim Bedaux-System handelte es sich um ein von der US-amerikanischen Unternehmensberatung Charles Bedaux Co. verkauftes Akkordsystem, das in der Schweiz während der 1930er-Jahre bei einigen Betrieben der Maschinenindustrie zur Anwendung kam und als Synonym galt für eine «gnadenlose […] Beschleunigung des Arbeitstempos». Jaun 1986, 197. Vgl. Erker 1996.
255 ETH-Bibliothek, SR2, 5. 11. 1949, 414.
256 Eberhard Schmidt: Wesen der Arbeitstechnik und ihre Aufgaben in der Schweiz, in: IO 5, 1951, 121–128, hier 121.
257 Ebd., 123. Zu Kupke vgl. Siegel 1989, 240.
258 Rücktritte und Ernennungen, in: WM 1, 1958, 24 f., hier 25.

Vorschlagswesen: sinngemässe Mitarbeit

Zeitgleich zur Ankündigung, mit dem Zeitakkord ein neues Lohnsystem einführen zu wollen, schuf Gebrüder Sulzer ab Oktober 1954 mit dem Vorschlagswesen eine Möglichkeit, die Beschäftigten stärker in die Rationalisierungsbemühungen des Betriebs einzubinden. Diese Einrichtung zielte auf das informelle Arbeitswissen der Belegschaft ab. Für die Verrichtung einer Arbeit braucht es mehr, als sprachlich vermittel- und formalisierbar wäre, was man aufschreiben könnte. Es brauchte etwas, was sich der Beobachtung immer wieder entzog: Intuition und Erfahrung, das Gespür für die konkreten Bedingungen sind für die Verrichtung einer Arbeitsaufgabe ebenso entscheidend wie die formale Qualifikation.[259] Die Trennung von Ausführung und Planung, wie es der Taylorismus postulierte, funktionierte eben nur bis zu einem gewissen Grad. Das betriebliche Vorschlagswesen anerkannte diese Grenze, versuchte sie aber zu umgehen, indem man den Arbeiter/-innen das der Arbeitsvorbereitung nicht zugängliche Wissen einfach abkaufen wollte. Für einen als gut befundenen Vorschlag versprach Gebrüder Sulzer eine einmalige, nach seinem betriebswirtschaftlichen Nutzen abgestufte Geldprämie.

Das Vorschlagswesen diente zweierlei: einmal wollte der Betrieb der seit 1950 laufenden Produktivitätskampagne des Metallarbeiterverbands einen Riegel vorschieben (die Kampagne wird weiter unten näher besprochen), die nicht nur als Versuch der Mitbestimmung, sondern auch als Gefahr für einen Abfluss betrieblicher Informationen gesehen wurde. Wichtiger aber war, dass das Wissen um eine mögliche Verbesserung der Arbeitsprozesse den in den Büros tätigen Betriebsingenieuren nicht per se zugänglich war. Arbeits- und Zeitstudien blieben teure, langwierige und oftmals ungenaue Angelegenheiten, das mit ihnen gesammelte Wissen musste begrenzt bleiben. Und die Arbeiter/-innen waren aus gutem Grund zurückhaltend mit der Weitergabe ihres Wissens – gefährdete man doch die verbliebenen Reste an Autonomie in der Werkstatt. Das Vorschlagswesen versprach dem Management, eine kostengünstige Lösung dieses Problems zu sein. Man setzte einfach auf die Käuflichkeit, auf die entsolidarisierende Wirkung der Prämien.[260]

Der Direktor der Personalabteilung Frédéric Comtesse versprach sich mit dem Vorschlagswesen mehr als nur einen zusätzlichen betriebswirtschaftlichen Nutzen. Dieser war zentral; doch interessierte ihn vor allem die einbindende Wirkung. Comtesse wollte eine höhere Leistungsbereitschaft in den Werkstätten und den Büros. Die Beschäftigten sollten sich stärker im Interesse des Unternehmens einbringen und nicht nur Anweisungen befolgen. Diese würden sowieso nie richtig umgesetzt: «Dabei bleiben wir uns bewusst, dass der Befehl allein noch nicht genügt. […] Was den Ausführenden für den Auftraggeber aber

---

259 Wood 1987, 8. Vgl. die Beschreibung bei Navel 1946, 207, der das Arbeitswissen als «intelligence ouvrière» beschreibt.

260 Vgl. zum Vorschlagswesen in Westdeutschland und Frankreich Engelen 2013, 111–115.

erst besonders wertvoll macht, ist seine Initiative, seine sinngemässe Mitarbeit, sind eigener Antrieb und Aktivität […].»[261] Das Vorschlagswesen erhielt eine zusätzliche Aufgabe: Zunächst sollte es dem Management Wissen, Kenntnisse und Erfahrungen zugänglich machen, um die bestehenden Arbeitsprozesse zu rationalisieren. In einem zweiten Schritt sah man in ihm ein Erziehungsmittel, um die Arbeiter/-innen und Angestellten zur Zusammenarbeit im Sinne der Unternehmensziele zu bewegen.

Der Leiter des Vorschlagswesens erläuterte den Leser/-innen der *Werk-Mitteilungen*, welche Art von Vorschlägen der Geschäftsleitung vorschwebte: Man solle nicht nur beschreiben, was nötig wäre, um die Arbeit zu beschleunigen und den Ausstoss zu steigern. Wer einen Vorschlag abgebe, müsse gleich einen Plan für die konkrete Umsetzung mitliefern, zeigen, welche der Handgriffe wie vereinfacht werden können, wie Wartezeiten vermieden werden, in denen die Verausgabung der Arbeitskraft stockte und die Arbeitsmittel brachlagen, welche Veränderungen der Organisation ein flüssigeres Arbeiten erlauben. Nicht Hinweise wollte man, sondern umsetzbare Rezepte. Zu weit durften diese aber nicht gehen: Vorschläge, die auf kapitalintensive Investitionen hinausliefen (etwa die Anschaffung neuer Maschinen oder den Bau neuer Anlagen), mochte man nicht lesen. Bloss «einfache Ideen, da sie sich meist besser und rascher verwirklichen lassen», waren erwünscht; sie waren kostengünstiger.[262] Die mit Namen unterzeichneten Vorschläge prüfte eine von Werkdirektor Eberhard Schmidt geleitete, aus Vertretern der Betriebsleitung, der Arbeiterkommission, der Buchhaltung und einigen Meistern zusammengesetzte Prüfkommission auf ihre Umsetzbarkeit. Das letzte Wort lag beim Vorsteher der jeweiligen Abteilung.[263]

Anfangs holperte die Sache etwas. In den ersten Monaten wurde gut die Hälfte der abgegebenen Vorschläge gleich zurückgewiesen. Im ersten Jahr kamen trotzdem 489 Vorschläge zusammen – bei einer Belegschaft von 8028 Personen. Etwas mehr als ein Drittel der Vorschläge zeichnete die Prüfkommission aus; die Höhe der Prämie richtete sich nach den durch sie erwarteten jährlichen Einsparungen. Für interessante, aber nicht umsetzbare Vorschläge gab es eine Anerkennungsprämie von 20 Franken, so viel, wie ein durchschnittlicher Facharbeiter in sechs Stunden verdiente.[264] Im Vergleich zu anderen Betrieben der Maschinenindustrie lag die Beteiligung im oberen Bereich, der Anteil prämierter Vorschläge blieb hingegen gering. Insgesamt wurden im ersten Jahr 85 der 489 eingereichten Vorschläge

261 Frédéric Comtesse: Das Vorschlagswesen im Rahmen unserer Organisation, in: WM 4, 1962, 3; vgl. Erfahrungen bei Gebrüder Sulzer mit dem betrieblichen Vorschlagswesen, in: ZA 1, 1963, 13–16.

262 W. Richner: Das Sulzer-Vorschlagswesen, in: WM 9, 1954, 135 f., hier 135; ders.: Vorschlagswesen, in: WM 2, 1955, 21.

263 Ders.: Vorschlagswesen, in: WM 1, 1955, 7 f.

264 W. Richner: Vorschlagswesen, in: WM 12, 1955, 217–219; Otto Huber: Ein paar bemerkenswerte Zahlen über unsern Personalbestand und die Einwohner von Winterthur, in: WM 4, 1954, 53 f.; Sozialarchiv, Ar SMUV, 04A-0004, Dossier Gebrüder Sulzer, Durchschnittslöhne der Firma Gebr. Sulzer AG, 1. 1. 1955.

umgesetzt. Ihr tatsächlicher wirtschaftlicher Nutzen liess sich kaum einschätzen. Man ging davon aus, dass die erzielten Einsparungen etwa «doppelt so hoch» lagen «wie die durch die Tätigkeit des Vorschlagswesens verursachten Kosten».[265]

Betrachtet man die Herkunft der Einsendungen, zeigt sich folgendes Bild: Die grosse Mehrheit stammte von den in Winterthur mit dem hohen Anteil an Einzel- und Kleinserienfertigung zentralen Facharbeitern. Mit einigem Abstand folgten An- und Ungelernte. Das Schlusslicht bildeten Frauen, über deren Qualifikation oder Tätigkeit keine Angaben gemacht wurden: Sie reichten im ersten Jahr gerade mal drei Vorschläge ein. Ob sich auch die zahlreichen Arbeitsmigranten beteiligten – 1954 immerhin 16 % der Belegschaft –, geht aus den Quellen nicht hervor.[266] Im Verhältnis zur Grösse der Abteilung stammten besonders viele Anregungen aus der noch jungen Webmaschinenproduktion (fast dreimal so viel wie aus der Giesserei, den übrigen Werkstätten oder den Konstruktionsbüros), was insofern nahelag, als hier die Arbeitsorganisation noch nicht auf langjährige Erfahrungen zurückgreifen konnte. Das Vorschlagswesen nahm hier somit eher den von der Geschäftsleitung erwünschten Beteiligungscharakter an als in anderen Bereichen der Fertigung.

Thematisch deckte das Gros der Vorschläge drei Gebiete ab: die Zeiteinsparung, die Materialeinsparung sowie die Unfallverhütung. Gerade Letztere war in der Maschinenindustrie von besonderer Bedeutung. Nicht nur weil die Einführung neuer Werkzeugmaschinen oft von technisch bedingten Unfällen begleitet wurde. Ebenso war die Arbeit in den Werkstätten schlicht gefährlich. Allein 1953 zählte man bei Gebrüder Sulzer nicht weniger als 21 000 Verletzungen durch Unfälle, die auf dem Sanitätsposten behandelt wurden – das entsprach rund 57 Arbeitsunfällen pro Tag.[267] Das Problem bestand ebenso in Baden: Zehn Jahre zuvor zählte das Unfallbüro von Brown Boveri 13 700 Verletzungen infolge von Unfällen. Allerdings behauptete das Büro, dahinter stehe sicher eine grosse Zahl von Selbstverletzungen, «um wesentliche Rentenleistungen und Invaliditätsentschädigungen zu erhalten von der SUVA [Betriebsunfallversicherung, A. F.] und den stark verbreiteten Heftli-Versicherungen».[268]

Neben der Unfallverhütung war die prompte Behandlung von grippalen Infekten ein in der Maschinenindustrie immer wieder von neuem diskutiertes Thema – diese standen in der kalten Jahreszeit im Verdacht, als Entschuldigung herzuhalten fürs Krankfeiern. Beide Themen, die Unfallverhütung und die Be-

265 W. Richner: Vorschlagswesen, in: WM 5, 1955, 77–80; ders.: Vorschlagswesen, in: WM 8, 1955, 131 f.; ders.: Vorschlagswesen, in: WM 12, 1955, 217–219, hier 219.

266 Anteil Migranten: Archiv ABB, DRP BBC, 13. 3. 1957. Bei der niedrigen Beteiligung von Frauen sollte es bis Ende der 1960-Jahre bleiben. Otto Zumsteg: Das Vorschlagswesen im Jahre 1966, in: WM 3, 1967, 6 f.

267 Kampf den Unfällen, in: WM 9, 1954, 143 f.; Müssen wir soviele Unfälle haben, in: WM 10, 1954, 159.

268 Jb. Lienberger: Was wissen wir über …?, in: WW 2, 1944, 18–20, hier 19. Versicherungsangebote von Zeitschriftverlagen waren insbesondere in der Zwischenkriegszeit ein Thema; sie spielten etwa in Friedrich Glausers *Wachtmeister Studer* (1936) eine wichtige Rolle.

handlung von Krankheiten, griffen ineinander über, sie betrafen ebenso die Frage der Versicherungsprämien und -leistungen wie Überlegungen, die Leistungsfähigkeit und Verfügbarkeit der Arbeiter/-innen möglichst hoch zu halten. Um Letztere zu fördern, gaben die Sanitätsposten, der Fabrikarzt oder die Betriebskrankenkasse präventiv Medikamente ab. In den Quellen finden sich zudem mindestens zwei Fälle von Medikamentenversuchen. In einem davon bleibt offen, ob die Proband/-innen diesem zustimmten oder nicht. Laut einer Sitzung der Geschäftsleitung der Maschinenfabrik Oerlikon vom Januar 1948 verabreichte der Betrieb einer ausgewählten Gruppe von Arbeiter/-innen und Angestellten während zwölf Tagen ein Grippemedikament namens Hexodon. Zweck des Versuches war, herauszufinden, ob das Medikament helfen könnte, das Krankfeiern zu bekämpfen.[269] Das fand nicht in einem luftleeren Raum statt. Die Geschäftsleitung ging zu dieser Zeit gegen eine ihrer Meinung nach zu laxe Arbeitsmoral vor – oder, von einem anderen Standpunkt aus gesehen: Sie ging gegen einen verdeckten Arbeitskampf vor, der unterhalb der gewerkschaftlichen Wahrnehmungsschwelle stattfand. Dieser äusserte sich nicht nur im individuellen (und, da der Medikamentenversuch gestartet wurde, offensichtlich im kollektiven) Fernbleiben. Der Direktor der Werkstätten Jakob Brunner beschwerte sich im selben Jahr, ebenso habe die Arbeitsdisziplin in der Fabrik stark nachgelassen, die Arbeiter/-innen wehrten sich gegen den aus ihrer Sicht schleichenden Lohnabbau, «reklamieren sehr heftig», wenn sie den Akkordlohn «nicht in der Höhe erhalten, die sie für richtig halten».[270] Brunner meinte, die ständigen Lohnnachforderungen seien «sicherlich oft nicht gerechtfertigt», das seien alles bloss Lügen und «Ausreden». Auch bei den Lehrlingen sah er nur Probleme: «Die Lehrbuben sind frech geworden, schwatzen und promenieren sich häufig in den Werkstätten.» Als Disziplinierungsmassnahme plante er, ein bis drei Dutzend Arbeiter/-innen zu entlassen.[271]

Gebrüder Sulzer gab im Januar 1950 ihrer Belegschaft gratis eine Packung des Schnupfenmedikaments Antistin ab, sofern sie das wollten. Ein freiwilliger Versuch: «Um die Wirkung des neuen Mittels auf breiter Grundlage feststellen zu können, wird mit jeder Packung ein Fragebogen abgegeben, der später ausgefüllt wieder abzugeben ist.»[272] Das von der Ciba gefertigte Antistin enthielt das Antihistaminikum Antazolin, das noch heute von deren Nachfolgegesellschaft Novartis verkauft wird. Dieser Versuch dürfte nicht nur stattgefunden haben, weil Vertreter von Gebrüder Sulzer im Verwaltungsrat der Ciba sassen; wahrscheinlich ist ebenso, dass es darum ging, Fehlzeiten mittels Medikamentieren abzubauen.

Charles Schaer, bis 1944 Leiter der Lehrlingsabteilung von Gebrüder Sulzer, hatte hier eine eigene Methode. Er verabreichte erkrankten Lehrlingen jeweils

269 Archiv ABB, DRP MFO, 21. 1. 1948.
270 Ebd., 28. 4. 1948.
271 Ebd.
272 Beilage WM 1, 1950.

ein Abführmittel. Er verstand das als vorbeugende Strafe gegen ein womöglich beabsichtigtes Blaumachen: «Wenn so ein ‹Heiri› zu mir kam und über Kopfweh und Unwohlsein klagte und sagte, er möchte heimgehen, liess ich ihn ein Glas Wasser holen und verabfolgte im eine Dosis Brustpulver», damit dieser den Rest des Tages auf der Toilette verbrachte.[273] Nach derselben Logik führte Schaer die häufigen Unfälle nicht auf die gefährliche Arbeit, sondern auf die Absicht zurück, nicht arbeiten zu wollen. Die Verletzten «benützen gerne die Unfallzeit zum Bummeln, es gefällt ihnen ganz gut, eine zeitlang nicht in die Bude gehen zu müssen».[274]

Das Vorschlagswesen würde sich in den folgenden Jahren eingehender mit der Frage einer sinnvollen Unfallverhütung beschäftigen.[275] In der ersten Zeit verlief aber nicht alles wie vorgesehen – trotz der vergleichsweise guten Beteiligung von 489 Vorschlägen im ersten Jahr. Denn viele Arbeiter/-innen und Angestellte nutzten die neue Einrichtung, um den Herren der Prüfkommission unter Umgehung des Dienstwegs mal ihre Meinung zu sagen. Gut ein Drittel der abgelehnten Vorschläge wurden denn als Überlegungsfehler und «unsachliche Kritik» abqualifiziert, wie die *Werk-Mitteilungen* etwas konsterniert mitteilten.[276] Wie die nachfolgenden Abschnitte zur Lage in Baden und Oerlikon zeigen werden, war das kein Einzelfall: Auch bei der Maschinenfabrik Oerlikon und bei Brown Boveri wurde das Vorschlagswesen häufig dafür verwendet, die Zustände im Betrieb zu kritisieren.

Nach dem zwar nicht berauschenden, aber doch gelungenen Start von 1954 nahm die Beteiligung in den folgenden Jahren wieder ab. Die Zahl der eingereichten Vorschläge blieb in etwa konstant, doch bei einer stark wachsenden Belegschaft – 1959 bereits 10 400 Arbeiter und Angestellte[277] – hiess das vor allem eines: dass diese Art der Einbindung nur einen geringen Anteil der Beschäftigten interessierte. Auch änderte sich allmählich die Zusammensetzung der Einsendenden. Der Anteil der Angelernten, vor allem aber jener der Büroangestellten legte stark zu, jener der Facharbeiter, deren Autonomie am ehesten durch Rationalisierungsmassnahmen bedroht wurde, ging zurück. Um dem abnehmenden Interesse entgegenzuwirken, wurden der Anteil prämierter Vorschläge und der Betrag der Prämie über die Jahre stetig erhöht: um 1959 wurden im Schnitt bereits 78 Franken ausbezahlt. In den ersten fünf Jahren, in denen das Vorschlagswesen bestand, zeichnete die Prüfkommission 42 % der rund 2000 eingereichten Vorschläge aus.[278]

---

273 Schaer 1953, 214.
274 Ebd., 227.
275 1963 zählte der Betrieb bereits 45 000 Verletzungen durch Arbeitsunfälle. Aus meiner Tätigkeit als Fabrikarzt, in: WM 7, 1963, 17–19. Ende 1965 wurde deshalb die Prämie für Vorschläge zur Unfallprävention verdoppelt. Beilageblatt WM 12, 1965.
276 W. Richner: Vorschlagswesen, in: WM 8, 1955, 131 f.
277 Buomberger 2011, 201.
278 Otto Zumsteg: Unser Vorschlagswesen im Jahre 1957, in: WM 3, 1958, 70; ders.: Ein erfolgreiches Jahr in unserem Vorschlagswesen, in: WM 3, 1959, o. S.

Ende 1959 liess die Geschäftsleitung das Reglement des Vorschlagswesens abändern.[279] Die neuen Regeln wirkten als eine Art Filter, um die Prüfkommission in Zeiten der nicht enden wollenden Ausweitung der Produktion zu entlasten. Die Arbeit der Rationalisierer selbst sollte rationalisiert werden. Um die Zahl der nicht umsetzbaren Einsendungen zu reduzieren, durften diese nur noch das eigene Arbeitsgebiet betreffen; ausserdem waren Vorschläge nur noch dann zugelassen, wenn man sich vergeblich beim unmittelbaren Vorgesetzten um eine Verbesserung bemüht hatte. Damit betonte das neue Reglement die einbindende, auf die bessere Zusammenarbeit mit den Vorgesetzten abzielende Funktion des Vorschlagswesens. Die Höhe der Prämien regelte ein neuer Plan. Dieser fiel markant grosszügiger aus als die vorangegangene Regelung – und, ein Novum, er war öffentlich. Auf einer einsehbaren Richtwerttabelle konnte man die von der ersten Bruttojahreseinsparung, der Anwendung, Dringlichkeit, dem Wirkungsgrad und den Einführungskosten abhängigen Prämien ablesen. Die neue Offenheit war inszeniert. Wie diese Kennzahlen genau zustande kamen, war der Belegschaft nicht bekannt (das gehörte zum Betriebsgeheimnis). Die stärkere Betonung der Einbindungsfunktion bedeutete nicht, dass dem Rationalisierungsaspekt weniger Beachtung geschenkt worden wäre; im Gegenteil, das neue Reglement sah für «Vorschläge, die eine Reduktion der Vorgabezeit des Einsenders zur Folge haben», also das Arbeitstempo im Akkord beschleunigten, neben der normalen Prämie «noch eine zusätzliche Sonderprämie» vor.[280] So erhielt etwa ein Arbeiter im Frühling 1961 nicht nur eine Prämie für eine Erfindung, wie man bestimmte Sicherheitsventile kostengünstiger herstellen konnte, sondern zusätzlich die Sonderprämie, weil sein Vorschlag zudem noch seine Vorgabezeit und die aller anderen in der Werkstatt reduzierte – alle mussten künftig schneller arbeiten, um auf denselben Verdienst zu kommen.[281]

Die Änderung des Reglements bewirkte letzten Endes vor allem eines: Im Vergleich zum Vorjahr verdoppelten sich die ausbezahlten Prämien, weil diese grosszügiger gewährt wurden als zuvor. Man setzte nicht nur stärker auf eine personalpolitische Einbindung der Beschäftigten, sondern vor allem vermehrt auf die ökonomische Kompensation der Zusammenarbeit.[282] Die Erhöhung der Prämiensumme weise, so der Leiter des Vorschlagswesens, «darauf hin, wie sehr die Firma bereit ist, den Mitarbeiter in vermehrtem Masse am wirtschaftlichen Erfolg des Vorschlagswesens teilnehmen zu lassen».[283] Von 1955 bis 1963 zahlte der Betrieb etwas mehr als 227 000 Franken an solchen Prämien aus; mit den gut 4260 Einsendungen seien Einsparungen in der Höhe von 2,7 Millionen Franken erzielt worden.[284]

---

279 Geschäftsleitung Gebrüder Sulzer: Fünf Jahre Sulzer-Vorschlagswesen, in: WM 10, 1959, 10 f.
280 Ebd., 11; Reglement des Sulzer-Vorschlagswesens, in: WM 4, 1962, 6 f.
281 Am gleichen Stricke ziehen, in: WM 3, 1961, 26 f.
282 Vgl. Bartels 2013, 20, 24 f.
283 Otto Zumsteg: Vorschlagswesen. Rückblick auf das Jahr 1960, in: WM 4, 1961, 24.
284 Ders.: 10 Jahre Sulzer-Vorschlagswesen, in: WM 10, 1964, 18–20, hier 19.

Das Vorschlagswesen machte aus personalpolitischen Überlegungen nicht nur nach innen Sinn, als Massnahme, die Motivation der Belegschaft zu verbessern. Die Einrichtung wurde als Ausdruck einer grosszügigen betrieblichen Sozialpolitik verkauft, mit der man in Zeiten eines zunehmend ausgetrockneten Arbeitsmarktes das Unternehmen bewerben konnte.[285] 1967 reiste der Vorsteher des Vorschlagswesens dafür mit Vertretern von Brown Boveri, Landis und Gyr, Geigy, Swissair und der Schweizerischen Rückversicherungs-Gesellschaft nach Frankfurt, um an der vom Deutschen Institut für Betriebswirtschaft organisierten Ausstellung *100 Jahre betriebliches Vorschlagswesen* in der Jahrhunderthalle der Farbwerke Hoechst teilzunehmen. Gebrüder Sulzer wurde an dieser Veranstaltung für ihren einsehbaren (aber letztlich unverständlichen) Prämienplan ausgezeichnet. Wie die *Werk-Mitteilungen* berichteten, sei die Gewerkschaft IG Metall derart begeistert gewesen, dass sie das Vorschlagswesen aus Winterthur gleich allen westdeutschen Industriebetrieben zur Nachahmung empfahl.[286]

Emsige Arbeitsbienen

Die Maschinenfabrik Oerlikon führte ein Vorschlagswesen 1944 ein, gut zehn Jahre vor Gebrüder Sulzer. In Oerlikon nahm man damit eine Pionierrolle ein. Erste Versuche begannen bereits Ende der 1930er-Jahre. Im Rahmen einer Gesamtreorganisation wurde im Juni 1939 – zu einem Zeitpunkt, da die Rüstungskonjunktur kräftig anzog – ein Wettbewerb für Verbesserungsvorschläge veranstaltet. Der erhoffte Erfolg blieb mit gerade mal 33 Teilnehmenden aus. Dennoch beschloss die Geschäftsleitung, es sei eine Stelle zur Bearbeitung von Vorschlägen einzurichten. Es bleibt unklar, ob diese je ernsthaft betrieben wurde. Nach aussen behauptete die Maschinenfabrik unentwegt, über eine solche Stelle zu verfügen, sich für die Meinung ihrer Belegschaft zu interessieren. Intern lehnte die Direktion die Stelle mit Verweis auf die negativen Erfahrungen anderer Betriebe aber ab.[287]

1944 schien das vergessen. Man wagte einen Neuanfang: die Werkzeitung wies nun auf die «vorzügliche[n] Ergebnisse» hin, die andere Unternehmen mit einer solchen Einrichtung angeblich erzielt hätten. Der betriebswirtschaftliche Nutzen war weniger gemeint; es ging der Geschäftsleitung in erster Linie darum, das Betriebsklima etwas zu verbessern, das während der Kriegsjahre gelitten hatte – daran war nicht zuletzt eine etwas willkürliche Lohnpolitik schuld. Das

285 Sulzer 1967, 76.
286 Vorschlagswesen, in: WM 7, 1967, 28. Gebrüder Sulzer war Mitglied in der westdeutschen Arbeitsgemeinschaft für betriebliches Vorschlagswesen, die im Mai 1962 in Winterthur eine Tagung abhielt. Vorschlagswesen und Produktivität, in: SMAZ, 2. 5. 1962, 2.
287 Rudolf Huber: Heute brauchen wir die aktive Mitarbeit aller Betriebsangehörigen!, in: SAZ 47, 1940, 705–707; 48, 1940, 722–725, hier 723; Erfahrungen beim MFO-Preisausschreiben für Verbesserungsvorschläge, in: SAZ 34, 1941, 541–545; Archiv ABB, DRP MFO, 6. 11. 1940, 27. 11. 1940, 19. 4. 1944.

Vorschlagswesen war eine Massnahme unter vielen, um die Arbeiter/-innen und Angestellten stärker an den Betrieb zu binden. Man versprach sich viel davon: «Schon das Bewusstsein, dass es jedem Werkangehörigen – vom jüngsten Arbeiter bis zum Ingenieur – möglich ist, durch seine Ideen und Vorschläge an der Entwicklung und Verbesserung seines Betriebes mitzuwirken, erfüllt jeden mit Genugtuung und steigert seine Arbeitsfreude.»[288]

Prämiert wurden Vorschläge mit bis zu 100 Franken. Bei einem durchschnittlichen Facharbeiterlohn von knapp 1.70 Franken pro Stunde (ohne Teuerungszulage) ein ordentlicher Betrag.[289] Eine aus Mitgliedern der Angestellten- und der Arbeiterkommission besetzte Prüfkommission leitete die für gut befundene Anregung an die Geschäftsleitung weiter, die über die Höhe der Prämie und die allfällige Umsetzung des Vorschlags entschied. Ein besonderes Interesse zeigte die Maschinenfabrik ab 1948 an Methoden, wie man die vor kurzem aufgenommene Serienfertigung von Kleinmotoren beschleunigen könnte. Die am Band stehenden Arbeiterinnen, die meisten davon aus Italien, sollten es «wie die Amerikaner» halten, dem neuen Vorbild in Sachen Massproduktion, «die sich – jeder an seinem Platz – trotz ihrer harten Arbeit einen Sport daraus machen, erfinderisch zu wirken», wie die Prüfkommission zu berichten wusste.[290]

Der Betrieb liess für die Vorschläge an den Ausgängen der Fabrik vier Briefkästen in Form nachgeahmter Bienenkörbe aufstellen. Der Bienenkorb diente als Symbol freudiger und unterwürfiger Wissensweitergabe. Die Werkzeitung *Der Gleichrichter* widmete ihm eine Artikelreihe, die mit einer gehörigen Portion Pathos das emsige Treiben der Oerliker Arbeitsbienen besang: «Unscheinbar ist das Werk einer einzelnen Biene», stand etwa auf einer Titelseite, «doch der unermüdliche Fleiss eines ganzen Bienenvolkes bringt uns reichen Ertrag [...].»[291] Oder: «Mitten in einem kriegszerrissenen Kontinent gibt es ein kleines Land, in welchem die fleissigen Bienen noch friedlich arbeiten können. Ungestört duften da die Blumen, und die eifrigen Sammlerinnen haben sehr viel Arbeit. [...] [U]nd in einem der grossen [Bienenhäuser] – denkt Euch – da haben die Bienen sogar das Vorrecht, frei zu kritisieren und die Meinung zu äussern und allerhand Verbesserungsvorschläge zu machen [...].»[292]

Wer aber war die Bienenkönigin? Wer der Imker? Und an wen verkaufte er den produzierten Honig? Solche Fragen standen nicht zur Diskussion. Von ähnlichen Einrichtungen in anderen Betrieben der Maschinenindustrie unterschied sich das Oerliker Vorschlagswesen vor allem durch seinen paternalistischen Ton. Der und die Wunschbeschäftigte als emsige Arbeitsbiene, die dem

---

288 Vorschläge-Prüfungsgruppe: Unser Vorschlagswesen, in: GR 1, 1945, 2; vgl. Prüfungsgruppe «Bienenkorb», in: GR 8, 1952, 143.

289 Archiv ABB, DRP MFO, 4. 4. 1945.

290 Vorschläge-Prüfungsgruppe: Weisst Du, lieber Mitarbeiter, Juni 1948, Beiblatt, GR 4, 1948. Zur Fliessfertigung vgl. Oerlikon-Erzeugnisse – vom Kraftwerk bis zum Energieverbraucher, in: GR 2, 1949, 23–27, hier 23.

291 Unscheinbar ..., in: GR 4, 1944, 46.

292 Aus unserm Bienenhaus, in: GR 4, 1944, 48.

einzigen Zweck der als Gemeinschaft erträumten Fabrik treu ergeben war: der unbehinderten Veräusserung von Mehrarbeit zugunsten des Patrons. Die mit den Arbeitsbienen nicht gerade subtil symbolisierte Herabwürdigung der Arbeiter/-innen und Angestellten zu Arbeitsvieh entsprach noch nicht der später üblichen Rede von den menschlichen Beziehungen im Betrieb, die es zu pflegen gelte.[293] In Oerlikon war man noch ganz der aus der Zwischenkriegszeit herübergeretteten autoritären Betriebsgemeinschaftsideologie verpflichtet, die gesellschaftliche Widersprüche durch eine strikte Zuweisung zu entschärfen suchte: jede/r an den Platz, der ihr und ihm zustand. Aber nicht nur. Die Vorstellung war ebenso von der Programmatik der antikommunistischen Sekte Moralische Aufrüstung beeinflusst, unter deren Bann die Geschäftsleitung der Maschinenfabrik lange Zeit stand. Die religiöse Aufladung betrieblicher Autorität war in Oerlikon für die Wahrnehmung der Fabrik als Sozialraum von entscheidender Bedeutung (die Geschäftsleitung wurde zuweilen zum Hirten, die Belegschaft zur Herde stilisiert).

Wie in Winterthur wurde auch in Oerlikon das Vorschlagswesen von den Beschäftigten als willkommene Gelegenheit genutzt, die Meinung zu äussern. Sie befolgten eigentlich nur die in der Werkzeitung abgedruckte Weisung: «MFO-Arbeiter und Angestellte! Schreibt alle Eure Ideen und Vorschläge nieder, gerade wie sie Euch in den Sinn kommen. In die Sammelkasten damit!»[294] Die Prüfkommission bedachte die Folgen einer solchen Aufforderung wohl nicht. Gut ein Jahr nach der Einführung des Bienenkorbs beklagte sie, die Vorschläge seien viel zu kritisch und wiesen immer wieder auf betriebliche Missstände hin. Um die Rationalisierung der Arbeit gehe es kaum.[295] In der Folgezeit wurde der intendierte Gebrauch des Vorschlagswesens umso intensiver beworben.

Bei dem im November 1945 für die Betriebsangehörigen und ihre Familien ausgerichteten Besuchstag erhielt das Vorschlagswesen eine eigene Ausstellung mit Informationsmaterial und einem Wettbewerb.[296] Dieser stellte Fragen wie: «Was hindert Sie, sich ebenfalls als fleissige MFO-Biene zu betätigen und dem Bienenkorb einzureichen?» oder «Was kann an Ihrem Arbeitsplatz noch verbessert werden?» Jeder Vorschlag, «der nicht nur Kritik ist, sondern einen praktischen Vorschlag zu einer Verbesserung enthält», werde eingehend geprüft.[297] Wer am Wettbewerb teilnahm, erhielt als Auszeichnung eine goldene Biene angesteckt. Die Werbeaktion wurde nicht bloss durchgeführt, weil die Einrichtung aus Sicht der Geschäftsleitung bisher falsch, das heisst unter Umgehung des Dienstweges zur internen Kritik, genutzt wurde. Es ging darum, die allgemeine Zurückhaltung der Belegschaft zu durchbrechen, das Wissen über den Arbeitsprozess weiterzugeben – Prämien hin oder her. In einer Nachlese des Wettbewerbs erklärte

---

293 Siehe Kap. 3.2.
294 Aus unserm Bienenhaus, in: GR 4, 1944, 48.
295 Wegenstein: Beobachtungen und Anregungen eines Bienenkorb-Bearbeiters, in: GR 5, 1945, 59.
296 Zu den Besuchstagen in der Maschinenindustrie siehe Kap. 3.2.
297 Besuchstag-Wettbewerb, in: GR 8, 1945, 95 f.

daher der *Gleichrichter* allfällige Bedenken kurzerhand für irrational: «Ich kann von jetzt an frisch zur Feder greifen und die Verbesserungsvorschläge unbedenklich dem Bienenkorb anvertrauen.»[298]

Spätestens ab Beginn der 1950er-Jahre galt der Bienenkorb als eingeschlafen. Der Grund dafür bleibt unklar. Wurden 1945 noch 165 Vorschläge eingereicht, nahm die Zahl danach stark ab. 1947 waren es noch 41 Vorschläge, drei Jahre später immerhin 74. Gut die Hälfte der Einsendungen zwischen 1944 und 1950 stammte aus den Werkstätten – viele davon allerdings nur von einer einzigen Person, «eine hervorragende Biene» –, ein Fünftel aus der Verkaufsabteilung.[299] An der tiefen Beteiligung änderte sich wenig, als die Geschäftsleitung im Februar 1951 entschied, statt der bis dahin üblichen Entschädigung von 5 Franken sollten künftig bei Nichtannahme oder -behandlung eines Vorschlags nur noch Büchergutscheine ausgestellt werden.[300]

Im Jahr darauf fasste die Geschäftsleitung den Plan, den Bienenkorb zu reaktivieren. Über das Einsparpotenzial des Vorschlagswesens machte man sich zwar keine Illusionen (der wirtschaftliche Nutzen galt als bescheiden), «doch darf», wie es an einer der wöchentlichen Sitzungen der Direktoren hiess, «dessen psychologischer Wert nicht unterschätzt werden».[301] Ein darauf im *Gleichrichter* ausgeschriebener Bienenkorbwettbewerb lockte mit Geldpreisen und erfreute sich deshalb einer regen Beteiligung, eine wahre «Vorschläge-Invasion» sei eingetroffen, jubelte die Prüfungskommission, wenn sie auch fast die Hälfte der Einsendungen umgehend disqualifizierte.[302] In diesem Jahr wurden 215 Vorschläge gezählt; so viel wie noch nie. Bis zum 25-Jahre-Jubiläum 1969 sollte diese Zahl trotz einer stark wachsenden Beschäftigung nie mehr erreicht werden.[303] In den Werkstätten galt das Vorschlagswesen als problematisch. Die Arbeiterkommission hielt die Einrichtung für nicht vertrauenswürdig, «da dort nicht alles mit rechten Dingen zugeht».[304] Die Beteiligung der Arbeiter/-innen blieb deshalb niedrig.

Nach zehn Jahren Betrieb zog die Prüfkommission Bilanz: Von insgesamt über 1000 eingereichten Vorschlägen wurden 460 mit einer Summe von gut 10 000 Franken entschädigt. Ungefähr die Hälfte betraf die Verbesserung des Arbeitsprozesses in den Werkstätten; mehrheitlich stammten die Vorschläge aber nicht von den hier beschäftigten Arbeiter/-innen, sondern von den Angestellten in den Büros.[305] Fest eingerichtet und damit Teil der betrieblichen Organisation wurde der Bienenkorb erst nach 13 Jahren: Ein hauptamtlicher Sacharbeiter kümmerte sich ab 1957 um die Bearbeitung der Einsendungen. Ein Jahr später wurde zudem die Prämienberechnung nach oben angepasst, wodurch die

---

298 Die Besuchstag-Ausstellung «MFO-Bienenkorb», in: GR 1, 1946, 13 f., hier 14.
299 H. Bucher: Was ist mit dem Bienenkorb los?, in: GR 1, 1951, 15 f., hier 16.
300 Archiv ABB, DRP MFO, 14. 2. 1951.
301 Ebd., DRP MFO, 4. 6. 1952.
302 Prüfungsgruppe «Bienenkorb», in: GR 7, 1952, 128.
303 R. Weber: Die Bienen jubilieren, in: GR 4, 1969, 63 f., hier 64.
304 Sozialarchiv, Ar 422.60.3, Prot. Arbeiterkommission, 28. 4. 1953.
305 M. Mersiovsky: Prüfungsgruppe «Bienenkorb», GR 2, 1954, 21.

Zahl der Vorschläge kurzzeitig noch einmal anstieg – zum letzten Mal, denn in den 1960er-Jahren gab es bloss noch eine Tendenz: nach unten. Dem konnte ein neuerlicher, diesmal markanter Anstieg der Prämiensumme ab 1961 nichts entgegensetzen, ebenso wenig die Vervierfachung der ausbezahlten Prämien bis 1965.[306] Mochte die Beteiligung hinter den Erwartungen zurückliegen, wurde der Bienenkorb zumindest von der Geschäftsleitung doch als Erziehungsmittel geschätzt: Das Vorschlagswesen sei aus ihrer Sicht «zu einem nicht mehr wegzudenkenden Instrument der dauernden, freiwilligen Rationalisierung geworden», erklärte 1964 der zuständige Sachbearbeiter Rudolf Graf.[307]

Faule Witze und Zigarettenstummel

Einen ersten Schritt für die Einrichtung eines betrieblichen Vorschlagswesens unternahm Brown Boveri 1944 – als man bei der Maschinenfabrik Oerlikon bereits mit dem zweiten Versuch beschäftigt war. Um die neue Einrichtung bekannt zu machen, erhielten sämtliche Beschäftigte zusammen mit der Werkzeitung einen Fragebogen mit dem Titel «Was lässt sich vereinfachen?» nach Hause zugestellt. Die Umfrage war als Wettbewerb aufgemacht; es lockte ein Hauptpreis von 80 Franken, gut das Doppelte der zuletzt den Arbeiter/-innen ausbezahlten Jahresgratifikation.[308] Eine aus Fabrikdirektor Fritz Streiff, dem Präsidenten der Arbeiterkommission und jenem der Angestelltenvereinigung zusammengesetzte Jury war mit dem Ergebnis des Wettbewerbs aber alles andere als zufrieden. Nicht nur blieb die Beteiligung mit gerade mal 124 Einsendungen (bei einer Belegschaft von gut 6700) weit hinter den Erwartungen. Auch sei «das Niveau der Vorschläge nicht von besonders überragender Bedeutung» gewesen, tadelten sie.[309] Gut zwei Drittel der Einsendungen bezeichnete das mit Rationalisierungsaufgaben betraute Fabrikstudienbüro als «von vornherein […] unbrauchbar»: «Der erste Eindruck ist der, dass Ideen von Bedeutung […] nirgends zu Tage getreten sind. Im Vergleich zum Aufwand des Wettbewerbs nimmt sich das Nutzbringende ziemlich bescheiden aus.» Der Versuch, ein Vorschlagswesen einzurichten, galt vorerst als gescheitert. Aber nicht alles war verloren: Die geringe Beteiligung an der Umfrage stehe doch für die guten betrieblichen Verhältnisse, so die Jury. «Es zeigt sich, dass unser Betrieb nicht so viele grosse, leicht zu behebende Mängel aufweist, wie dies mitunter von oberflächlichen Kritikern leichthin behauptet wird.»[310]

306 R. Weber: Die Bienen jubilieren, in: GR 4, 1969, 63 f., hier 64.
307 Rudolf Graf: 20 Jahre, in: GR 4, 1964, 57–59, hier 59.
308 Archiv ABB, DRP MFO, 23. 2. 1944.
309 Fritz Streiff, Ernst Beier, Arnold Spoerli: Wettbewerb «Was lässt sich vereinfachen?» Bericht der Jury, in: WW 4, 1945, 66 f., hier 66; Beiblatt, WW 11, 1944; Leo Bodmer: Generalversammlung der A.-G. Brown, Boveri & Cie., 14. Juli 1944, Referat, in: WW 8, 1944, 100–103, hier 102.
310 Schlussbetrachtung zum Wettbewerb «Was lässt sich vereinfachen?», in: WW 12, 1945, 179.

Abb. 3: *Brown, Boveri & Cie., Baden, 4. 6. 1964.*

Der nächste Anlauf folgte drei Jahre später im Rahmen einer betriebsweiten Initiative zur Produktivitätssteigerung.[311] Den grösseren Rahmen bildete
(ähnlich wie später bei Gebrüder Sulzer) die auf 1948/49 geplante Einführung
des Zeitakkords. Auch der zweite Versuch scheiterte; die Zahl der eingetroffe-
nen Vorschläge sei «sehr bescheiden» gewesen, hiess es dazu später.[312] Im August
1951 kündigten Fabrikdirektor Streiff und der Delegierte des Verwaltungsrats
Emil Zaugg deshalb die Reorganisation des Vorschlagswesens an – der dritte Versuch. Trotz der bisher eher lauen Ergebnisse hielt die Geschäftsleitung daran fest.
Man war überzeugt, auf diese Weise die Arbeitsproduktivität heben zu können:
«Wir glauben […], dass es nicht die Belohnung ist, was den initiativen Mitarbeiter am meisten freut. Sicher schätzt er es noch viel höher, dass er die Genugtuung
haben kann, seine Arbeit interessanter zu gestalten, in sein Tagwerk etwas von
seinem eigenen Ich gelegt zu haben, etwas, das nicht ihm allein, sondern auch einem weiteren Kreise zugute kommt. Das ist die praktische Betätigung des so not-
wendigen Gemeinschaftsgeistes.»[313]

311 Geschäftsleitung: BBC-Bulletin, in: WW 2, 1947, 17.
312 Geschäftsleitung und Direktion: Verbesserungen im Vorschlagswesen, in: WW 9, 1951, 126.
313 Zentralstelle für Vorschlagswesen: Vorschlagswesen, in: WW 1, 1952, 3 f., hier 3.

Das reorganisierte Vorschlagswesen erhielt eine eigene, dem Fabrikstudienbüro unterstellte Zentralstelle. In jeder Abteilung wurden Briefkästen mit vorgedruckten Formularen zum Ausfüllen aufgestellt. Je nach betriebswirtschaftlichem Nutzen sollte ein für gut befundener Vorschlag mit einer Prämie oder einem Geschenk ausgezeichnet werden.[314] Anders als bei Gebrüder Sulzer oder der Maschinenfabrik Oerlikon blieb bei Brown Boveri die Frage der monetären Entschädigung eher nachrangig. Ein eigentlicher Prämienplan fehlte. Die Höhe der Prämie wurde willkürlich von Fall zu Fall bestimmt; als massgeblich galt ein inhaltlich nicht näher bestimmter, geschätzter «subjektive[r] Wert» des Vorschlags.[315] Nicht alle Beschäftigtenkategorien wurden gleich behandelt. Lehrlinge etwa oder junge Arbeiter/-innen erhielten als Entschädigung kein Geld, sondern das Buch *Die Schweiz* von Werner Reist überreicht, dem früheren Direktor des Elektrizitätswerks Grindelwald, der in seinen technikaffinen Texten einen dezidierten Unternehmerstandpunkt mit antikommunistischer Dogmatik verband. Eine Position, die der Geschäftsleitung von Brown Boveri sehr zusprach.[316]

Wie in Oerlikon und Winterthur finden sich in Baden Hinweise, dass die Briefkästen von den Beschäftigten als Gelegenheit wahrgenommen wurden, die Meinung zu äussern, Dampf abzulassen. Wenigstens bei den ersten zwei Versuchen wurde auf diese Weise Kritik an den Zumutungen des Fabrikalltags geäussert. Bei der Einrichtung der neuen Zentralstelle erklärte die Geschäftsleitung von Brown Boveri, sie würde sich diesmal «[g]anz besonders» freuen, «wenn von jenen Werkangehörigen, die auf unsere vorliegende Aktion bereits etwas eigenartig reagiert haben, neben den faulen Witzen, Zigarren- und Zigarettenstummeln auch gelegentlich einmal interessante Vorschläge in die Briefkasten eingelegt würden».[317]

Auch der dritte Versuch stiess, zumindest zu Beginn, auf wenig Gegenliebe. Im Frühling 1952 beklagte sich die Zentralstelle, von gut 1000 den Briefkästen entnommenen Formularen seien gerade mal 40 ausgefüllt zurückgekommen. Der Rest diente der Belegschaft als «billige Papierquelle».[318] Die Beteiligung hielt sich entsprechend in einem überschaubaren Rahmen. Bis 1955 waren erst 854 Vorschläge eingetroffen, von denen gegen 40 % mit 30–300 Franken prämiert wur-

---

314 Archiv ABB, DRP BBC, 16. 5. 1951; Sozialarchiv, Ar SMUV, 04A-0004, Dossier Brown Boveri, Betrifft: Vorschlagswesen, 6. 8. 1951.

315 Sozialarchiv, Ar SMUV, 04A-0004, Dossier Brown Boveri, Richard Nadig: Das Vorschlagswesen bei BBC, 1956.

316 Archiv ABB, DRP BBC, 9. 4. 1952. 1938 schrieb Reist in der *Werkzeitung der schweizerischen Industrie*: «Das kapitalistische Wirtschaftssystem beruht grundsätzlich auf der natürlichen Fruchtbarkeit aller Lebenserscheinungen. [...] Besonders für den Menschen, der zu unterst auf der Erwerbsleiter anfängt, bedeutet die aufbauende Kraft des Kapitalismus eine unschätzbare Hilfe für den wirtschaftlichen Aufstieg.» Werner Reist: Der Arbeiter als Kapitalist, in: WZ 11, 1938, 193.

317 Geschäftsleitung und Direktion: Verbesserungen im Vorschlagswesen, in: WW 9, 1951, 126.

318 Zentralstelle für Vorschlagswesen: Vorschlagswesen, in: WW 5, 1952, 70.

den.[319] Die in *Wir und unser Werk* mehrfach wiederholte Aufforderung, man solle doch endlich sein Wissen über den Arbeitsprozess zum «Wohlergehen der grossen BBC-Gemeinschaft» mit dem Management teilen, insbesondere dasjenige über «die einzelnen Tücken und auch die kleinen Kniffe», half da wenig.[320]

Wieso diese Zurückhaltung der Arbeiter/-innen und Angestellten? Es wäre zu einfach, Erfolg und Scheitern der Vorschlagswesen von der Höhe versprochener Prämien abhängig zu machen. Wo die Prämiensumme stark angehoben wurde (etwa bei Gebrüder Sulzer oder der Maschinenfabrik Oerlikon in den 1960er-Jahren), gab es keinen parallel verlaufenden Anstieg der relativen Beteiligung. Die Frage nach der Dynamik der Beteiligung wäre eher bei der Stärke oder Schwäche des sozialen Zusammenhalts der Werkstatt zu suchen. Wer sein und ihr Arbeitswissen dem Management gegen eine individuelle Entschädigung weitergab, konnte sich kollektiven Ärger einhandeln. Denn das Wissen um die kleineren und grösseren Rationalisierungsmöglichkeiten betraf ja die Tätigkeit aller in einem Arbeitsabschnitt, der so geschlossener, schneller, verdichteter wurde. In einem betrieblichen Arrangement, das nach der Durchsetzung des Friedensabkommens offene Auseinandersetzungen ausschloss, blieb die Frage nach den offenen Poren des Arbeitstages, nach den kleinen Unterbrechungen des Fertigungsflusses durch Arbeits-, Werkzeug- und Bewegungswechsel, ein wichtiges Terrain verdeckter Kämpfe. Als ein, wie es Giuseppe Bonazzi nennt, «demokratischer Taylorismus» sollte das Vorschlagswesen letztlich helfen, diese Poren zu schliessen.[321]

Die Frage nach der Beteiligung am Vorschlagswesen ist Gegenstand eines 1972 im Erzählband *Schaltfehler* erschienenen Textes von Silvio Blatter, der um 1970 in einem nicht genannten Betrieb der Aargauer Maschinenindustrie arbeitete – es handelte sich wohl um Brown Boveri – und seine Erfahrungen und Beobachtungen in kurzen dokumentarischen Erzählungen über den Alltag in der Werkstatt verarbeitete. In einer davon hatte die Arbeiterin Margrit B. ein Verfahren erfunden, um das in der Turbinenfertigung in mühsamer Handarbeit verrichtete Einziehen des Dämpferdrahts bei der Einschlauferei durch eine einfache Vorrichtung zu beschleunigen.[322] Für den Vorschlag hatte sie 120 Franken erhalten und ihr Bild sei in der Werkzeitung abgedruckt worden. Blatter erzählt: «Das erspart Zeit, Arbeitsaufwand und fördert den raschen Ablauf und die Produktion. Margrit B. hatte darum Mühe zu verstehen, dass bald darauf die Vorgabezeit für diese Wellen herabgesetzt wurde. Das verschlechterte ihr natürlich wiederum den Akkord. Dank ihrer Neuerung bearbeitete sie mehr Wellen als früher, verdiente aber weniger. Damals stand in der Hauszeitung unter ihrem Bild geschrie-

---

319 Sozialarchiv, Ar SMUV, 04A-0004, Dossier Brown Boveri, Richard Nadig: Das Vorschlagswesen bei BBC, 1956.

320 FSB-Vorschlagswesen: Wenn ich hier etwas zu sagen hätte …, in: WW 10, 1955, 166 f., hier 167; AP-Vorschlagswesen: Die Qualität der Vorschläge ist gestiegen, in: WW 11–12, 1956, 183.

321 Bonazzi 2008, 24; Panzieri 1961, 61. Vgl. Uhl 2014, 216.

322 Der Draht wird gebraucht, um in Turbinen die Schwingungen von frei stehenden Schaufeln oder von Schaufelpaketen zu dämpfen.

ben: ‹Mitdenken lohnt sich.› Nun schimpfte sie, und die Herabsetzung des Akkordes bot Gesprächsstoff für manche Schichtpause.»[323]

1956 wurde das Brown-Boveri-Vorschlagswesen der neu gebildeten Arbeiterpersonalabteilung unterstellt. Das reflektierte den veränderten Stellenwert der
Einrichtung. Wie in anderen Betrieben der Maschinenindustrie stand nun der
Aspekt der Erziehung zur Zusammenarbeit im Vordergrund.[324] Erstmals gab es
nun Richtlinien für die Bemessung der Prämie: sie enthielten nicht nur eine Abstufung je nach der durch die Umsetzung des Vorschlags im ersten Jahr erzielten Bruttoeinsparung, wobei der Anteil mit steigender Einsparung abnahm, damit nicht nur grössere Verbesserungsvorschläge eingereicht werden. Man begann
zudem, gering Qualifizierte wie Lehrlinge, Un- und Angelernte bei der Bemessung etwas zu bevorzugen, was bei einem Unternehmen mit einem ernst zu neh-
menden Anteil an Serienfertigung durchaus Sinn machte.[325] In den Jahren danach stieg die ausgeschüttete Prämiensumme stark an – auch hier tat es Brown
Boveri der Konkurrenz gleich. Diese Summe vervielfachte sich nochmals in den
1960er-Jahren. Alleine im Zeitraum von Dezember 1964 bis März 1965 wurden
65 Vorschläge mit über 8000 Franken belohnt. Der im Vergleich zu den Beschäf-
tigungszahlen geringen Beteiligung stand damit eine ungleich höhere monetäre
Kompensation als zuvor gegenüber.[326]

Produktivitätskampagne des Metallarbeiterverbands

1953 freute sich der Generaldirektor der Maschinenfabrik Oerlikon Hans Schindler: Der Metallarbeiterverband sei ja ganz vernünftig geworden. «Die Gewerkschaft», erklärte er an der Generalversammlung vor den Aktionären des Unternehmens, «will ihre Mitglieder dazu bringen, an ihrem Arbeitsplatz so produktiv
wie möglich zu arbeiten und Leerläufe und unnütze Kosten zu vermeiden.» Sie
verfolge dasselbe Ziel wie die Geschäftsleitung. Man sehe «heute ein, dass man
diese Ziele gemeinsam anstreben muss, anstatt einander als Gegner zu betrachten».[327] Tatsächlich wäre ohne die Mitarbeit des Metallarbeiterverbands die Umstellung auf den Zeitakkord, die Einführung der Arbeitsplatz- und Persönlichkeitsbewertung oder die Einrichtung des betrieblichen Vorschlagswesens in der
Maschinenindustrie kaum möglich gewesen. Über die Mitarbeit an Rationalisie-

323 Blatter 1981, 9. Unter der Rubrik «Mitdenken lohnt sich» wurden in *Wir und unser Werk* und
     der späteren *Brown Boveri Hauszeitung* prämierte Vorschläge vorgestellt.
324 Beförderungen, in: WW 4, 1956, 59 f. Die Leitung der Arbeiterpersonalabteilung übernahm der
     bisherige Leiter der Zentralstelle für das Vorschlagswesens Richard Nadig. Die Abteilung be-
     stand bis 1967, als sie in eine neue Personalstabsabteilung aufgelöst wurde.
325 Werner Vollenweider: Vorschlagswesen, in: WW 4, 1958, 80 f.
326 Ernst Beier: Vorschlagswesen, in: WW 7, 1965, 142.
327 Hans Schindler: Rückblick auf unsere Arbeit im Geschäftsjahr 1952/53. Referat GV 1. 10. 1953,
     in: WM 7, 1953, 102 f., hier 103.

rungsvorhaben versprach sich die Gewerkschaft eine Stärkung ihrer betrieblichen Ordnungsfunktion ebenso wie ihrer pragmatischen Verhandlungspolitik.[328]

Der Metallarbeiterverband schaltete sich bereits Ende der 1940er-Jahre in die vom Arbeitgeberverband Schweizerischer Maschinen- und Metallindustrieller seit Ende des Zweiten Weltkriegs intensiv geführte Diskussion um die Verringerung betrieblicher Gestehungskosten ein.[329] Während die Patrons auf Lohnkürzungen und Preissenkungen bestanden, um in der kurzfristigen Nachkriegsflaute um 1948/49 die internationale Konkurrenzfähigkeit zu erhalten, formulierte die Gewerkschaft mit derselben Zielsetzung eine Alternative: Sie stellte die Mitarbeit bei der Durchsetzung kostensenkender Rationalisierungsvorhaben in Aussicht und verlangte im Gegenzug dafür ein Mitspracherecht bei der Ausgestaltung der Arbeitsprozesse.[330] Inhaltlich knüpfte sie an die in Westeuropa im Rahmen der Marshallplanhilfe der USA propagierte Produktivitätssteigerung an.[331] Der Begriff der Produktivität verwies sowohl auf betriebliche Rationalisierung wie auf ein antikommunistisches politisches Bündnis, die zusammen eine Steigerung der Realeinkommen, die Verkürzung der Arbeitszeit, die Anhebung des Lebensstandards durch eine neue «Management-Labor Cooperation» versprachen.[332] Hier setzte der Metallarbeiterverband an; er lancierte ab 1950 seine Produktivitätskampagne, denn «[g]emeinsame Anstrengungen der Arbeitgeber und der Gewerkschaft sichern bessere Erfolge».[333]

Den Anstoss zur Kampagne gaben einerseits die Klagen über einen Lohnabbau durch die Kürzung von Akkordsätzen; andererseits graute der Verbandsleitung vor sozialen Konflikten, da herbe Einschnitte befürchtet wurden, sollte die Nachkriegsflaute länger anhalten.[334] Im Januar 1950 unterbreitete die Gewerkschaftsleitung dem Arbeitgeberverband den Vorschlag, zusammen eine paritätische Kommission zu bilden, die sich mit der Ausarbeitung eines einheitlichen, branchenweiten Lohnsystems befasst. Das kam nicht von ungefähr, stand doch in vielen Betrieben die Umstellung von Geld- auf Zeitakkordmodelle auf der Tagesordnung. Deren konkrete Gestalt war für künftige Lohnbewegungen von entscheidender Bedeutung. Eine durch betriebliche Rationalisierung erzielte höhere Arbeitsproduktivität, so die Überlegung, ermöglichte eher die erfolgreiche Aushandlung von Lohnerhöhungen und Arbeitszeitverkürzungen. Die durch Verabredungen mit dem Arbeitgeberverband erzielten Verbesserungen

---

328 SMUV 1954, 9–15.
329 1946 kündigte etwa der Brown-Boveri-Präsident Walter Boveri an der Generalversammlung weitreichende Einsparungen an. Dabei sei «ohne weiteres klar, dass diese in erster Linie bei [...] den Personalkosten [...] gesucht werden müssten». Walter Boveri: Generalversammlung der A.-G. Brown, Boveri & Cie., 16. Juli 1946, Bericht, in: WW 8, 1946, 109–113, hier 109.
330 Folgende Abschnitte: Eisinger 1996, 99–110.
331 Maier 1984, 158.
332 Hugo von Haan: Von der Rationalisierung zur Produktivität, in: IO 4, 1952, 95–98, hier 98. Vgl. Maier 1984, 157; Tanner 1994, 26 f.
333 SMUV 1954, 9.
334 Eisinger 1996, 103 f.; Jaun 1986, 73–75, 178, 182.

der Arbeitsbedingungen spielten eine wesentliche Rolle, um womöglich auf die Maschinenindustrie überschwappende Arbeitskämpfe nicht nur mit Argumenten, sondern mit vorweisbaren Ergebnissen einzudämmen. Nach dem Ende des Zweiten Weltkriegs hatte die Arbeiter/-innenmilitanz im Kampfzyklus in der Textil-, Chemie und Bauindustrie ebenso wie mit dem Aufbau der Partei der Arbeit eine gewisse Neubelebung erfahren – zumindest bis 1947, als mit dem sogenannten Stabilisierungsabkommen die Löhne für rund zwei Jahre eingefroren wurden.[335] Die Mitarbeit an der Ausgestaltung der Arbeitsverhältnisse sollte dem Verband daneben eine aktive Rolle bei der Erziehung zur Produktivität einräumen und dadurch seine Präsenz als betriebliche Ordnungsmacht absichern.

Erste Gespräche über die Einrichtung der paritätischen Kommission führten 1952 zunächst zu keiner Einigung. Der Arbeitgeberverband war an einer derartigen Verfestigung der betrieblichen Beziehungen wenig interessiert; auch wurde der Anspruch des Metallarbeiterverbands auf ein Alleinvertretungsrecht abgelehnt.[336] Schliesslich gingen die Ansichten zur Rolle einer solchen Kommission stark auseinander. Der Arbeitgeberverband sah ihre Aufgabe in wenig wichtigen Bereichen; sie sollte etwa unverbindliche Empfehlungen für das Vorschlagswesen ausarbeiten. Der Metallarbeiterverband wünschte sich dagegen die Kommission als feste betriebliche Einrichtung neben den Arbeiterkommissionen. Obwohl die Standpunkte recht weit auseinanderlagen, einigte man sich im Laufe des Jahres darauf, in zehn ausgewählten Betrieben (darunter Brown Boveri, der Maschinenfabrik Oerlikon und Gebrüder Sulzer) versuchsweise paritätische Kommissionen einzurichten. Die Bedingungen diktierte der Arbeitgeberverband, den eine disziplinierende Wirkung der Kommissionen interessierte. Ihre Organisation war Sache der Betriebe; ein Mitspracherecht bei der Arbeitsorganisation – mithin die entscheidende Forderung der Gewerkschaft – bestand nicht.[337] Sichtlich zufrieden bemerkte 1954 Heinrich Wolfer von der Geschäftsleitung von Gebrüder Sulzer, der Metallarbeiterverband habe «gesunderweise anerkannt, dass die hierarchische Gliederung der Geschäftsleitung und die ungeteilte Verantwortung für die Geschäftsführung bei der Fabrikleitung auch im Interesse der Gewerkschaft beibehalten werden müssen».[338]

Mitbestimmungsvorstellungen, wie sie dem Metallarbeiterverband noch 1950 vorschwebten, waren vom Tisch. Die Umorientierung hin zu einer an den Bedürfnissen der Unternehmen ausgerichteten Produktivitätssteigerung blieb allerdings nicht unumstritten. Das von der Verbandsleitung vorangetriebene Rationalisierungsprojekt gefährdete immerhin auf lange Frist die Qualifikationsstruktur der Betriebe und damit die eigene Facharbeiterbasis. In einer Eingabe an den Arbeitgeberverband vom August 1952 erklärte die Gewerkschaft, «dass,

335 Zimmermann 2009, 68. Das bis 1949 verlängerte Abkommen zwischen den Spitzenverbänden wollte die Teuerung dämpfen. Vgl. Autorenkollektiv 1974, 5–25.
336 Archiv ABB, DRP BBC, 3. 12. 1952.
337 Eisinger 1996, 102 f., 105 f.; Jaun 1986, 185.
338 Heinrich Wolfer: Referat, Generalversammlung, 5. 5. 1954, in: WM 5, 1954, 66–69, hier 68.

wenn sich unser Verband bei seinen Mitgliedern für die Förderung der Produktivität einsetzt, wir damit eine schwere Aufgabe und Verantwortung übernehmen, auf die unsere Mitglieder nicht vorbereitet sind. Dies umsoweniger, weil die Frage der Steigerung der Produktivität früher von den Gewerkschaften positiv nicht berührt wurde. Im Gegenteil!»[339]

Der spätere Verbandspräsident Ernst Wüthrich ergänzte: «Wie bei allem Neuen, das sich nicht direkt auf das Materielle bezieht, stossen wir auch hier bei unseren Mitgliedern auf eine etwas frostige Reaktion. Die Arbeiter denken ganz instinktiv an Mehrleistung, Akkordarbeit, etc. Sie fragen sich: genügt es nicht, dass der Meister hinter uns her ist; muss nun auch noch die Gewerkschaft ein Gleiches tun?»[340]

Um der Kritik entgegenzuwirken – gegen eine «Mentalität, die inbezug auf die Produktivität zu unsern heutigen Bestrebungen vollständig im Widerspruch steht»[341] –, liess die Gewerkschaft ihre Funktionäre vom Betriebswissenschaftlichen Institut der ETH in Fragen der Produktivitätssteigerung schulen. Zunächst nur mit mässigem Erfolg.[342] Mittelfristig führten die Schulungen dennoch zu einem eigentlichen Verlust des «eigenen Orientierungshorizontes».[343] Die bereitwillige Mitarbeit an der Verdichtung und Beschleunigung der eigenen Arbeit wurde zur Bewährungsprobe. So diskutierte man in der Arbeiterkommission der Maschinenfabrik Oerlikon im Sommer 1953 die Bildung einer ausschliesslich aus Vertrauensleuten gebildeten Produktivitätskommission, «um der Dir[ektion] zeigen zu können, für was wir fähig sind».[344] Es ging nicht darum, die bestehende patronale Autorität durch eine Form der Mitsprache herauszufordern; man wollte vielmehr zeigen, dass auch die Arbeiter/-innen in der Lage waren, bestehende Abläufe zu verbessern. Das Problem, befand die Arbeiterkommission, bestehe in Oerlikon vor allem darin, dass das «Werkstätte-Studienbureau» zu wenig genau arbeite, da «dort vieles verdreht und frisiert werde zu ihren Gunsten». Deshalb brauche es die gewerkschaftliche Produktivitätskommission, denn sie würde einen neuen Kommunikationskanal zur Geschäftsleitung öffnen.[345]

Mit der Erneuerung des Friedensabkommens im Juli 1954 wurde die vom Metallarbeiterverband vier Jahre zuvor ins Spiel gebrachte paritätische Kommission schliesslich unter Einbezug aller beteiligten Gewerkschaften vereinbart. Mit der Umsetzung liess sich der Arbeitgeberverband Zeit; das Vorhaben stand sichtlich nicht zuoberst auf seiner Prioritätenliste. Einberufen wurde die Paritätische Kommission für Fragen der Produktivitätsförderung erst im März 1956. Mit dem

339 Eingabe an ASM vom 12. 8. 1952, zitiert in Eisinger 1996, 104, Anm. 3.
340 Ernst Wüthrich, 1952, zitiert in Eisinger 1996, 108, Anm. 1.
341 Eingabe an ASM vom 12. 8. 1952, zitiert in Eisinger 1996, 104, Anm. 3.
342 Archiv ABB, DRP BBC, 5. 7. 1950.
343 Jaun 1986, 186.
344 Sozialarchiv, Ar 422.60.3, Prot. erweiterte Arbeiterkommission, 17. 8. 1953.
345 Ebd., Prot. Arbeiterkommission, 28. 4. 1953. Die Geschäftsleitung, mit der man so gerne zusammenarbeiten wollte, versuchte unterdessen, den Metallarbeiterverband auszumanövrieren, siehe Kap. 3.3.

ursprünglichen Plan des Metallarbeiterverbands, der eine Verständigung über wesentliche Aspekte betrieblicher Rationalisierung auf Augenhöhe vorsah, hatte sie wenig zu tun. Ihr Arbeitsbereich sollte sich auf nachgeordnete Aspekte der Arbeitsorganisation beschränken; inhaltlich gaben die Patrons den Ton an.[346]

In den Jahren bis 1965, als sie ihre Tätigkeit wieder einstellte, befasste sich die Kommission mit drei Themenbereichen: einmal dem Vorschlagswesen, dann der Hebung der Arbeitsdisziplin und schliesslich dem Akkordwesen.[347] 1956 hatte der Arbeitgeberverband eine Erhebung zu den betrieblichen Vorschlagswesen durchgeführt, die eine Vielzahl von Systemen erfasste, die nur wenig miteinander zu tun hatten – zu unterschiedlich waren Reglemente, Beteiligung und Prämienausschüttung. Die paritätische Kommission veröffentlichte deshalb 1959 einen unverbindlichen Leitfaden, um zu einer Vereinheitlichung in diesem Bereich beizutragen. Vom Konzept her wurde das Vorschlagswesen als Massnahme zur Hebung der Arbeitsproduktivität und Steigerung der Konkurrenzfähigkeit angepriesen. Ebenso wichtig, wenn nicht sogar wichtiger sei aber seine Funktion als Erziehungsmittel: die Belohnung von Verbesserungsvorschlägen sollte bei der Belegschaft den «Sinn für überlegtes Arbeiten» wecken, das aktive Einbringen in den Betrieb fördern und die Motivation steigern.[348] Das Zusammentreffen selbstinduzierter Produktivitätssteigerung und Belohnungsfunktion sollte helfen, betriebliche Konflikte zu glätten; diese Aussicht kam den Gewerkschaften durchaus entgegen. Das Vorschlagswesen stelle das «gemeinsame Ziel» von Arbeiter/-innen und Patrons «deutlich heraus, überbrückt Gegensätze und fördert das gute Einvernehmen unter den Betriebsangehörigen».[349]

Nach der Veröffentlichung des Leitfadens beschäftigte sich die Kommission mit Fragen der Arbeitsdisziplin, die, so die Klage des Arbeitgeberverbands, nachgelassen hatte.[350] Im Zentrum dieser Diskussion standen weniger die Auswirkungen taylorisierter Arbeitsprozesse auf den Fabrikalltag als vielmehr die Verhinderung von Verhaltensweisen, die als mögliche Reibungspunkte den Produktionsfluss stören könnten.[351] Aufbauend auf diesen Überlegungen machte man sich ab 1960 an die Ausarbeitung eines branchenweiten Lohnsystems – und erfüllte damit eine der ursprünglichen Forderungen des Metallarbeiterverbands –, weil die bestehenden Systeme bei den Belegschaften insgesamt zu wenig akzeptiert würden. Die Diskussion bewegte sich in einem sehr engen inhaltlichen Rahmen, der die in den Grossbetrieben gebräuchlichen Lohnordnungen bestätigte.

Eine Broschüre dazu wurde 1965 veröffentlicht; verfasst hatte sie zu grossen Teilen ein Direktor des Lastwagen- und Motorenbaubetriebs Adolph Saurer.[352]

---

346 Sozialarchiv, Ar 72.25.15, ASM an die beteiligten Gewerkschaften, 27. 1. 1956: «Das Direktionsrecht der Unternehmung muss gewahrt bleiben.»
347 Eisinger 1996, 109–115.
348 Paritätische Kommission 1959, 7.
349 Ebd.
350 Vgl. Wüthrich 1959, 32.
351 Vgl. Clarke 1992, 19f.
352 Eisinger 1996, 114.

Sie empfahl (wenig überraschend) die Einführung des Zeitakkords in Kombination mit einer individuellen Arbeitsplatz- und Persönlichkeitsbewertung, weil «dadurch eine weit höhere Lohngerechtigkeit» erzielt werde.[353] Erklärungen, wie so ein Leistungslohnsystem auszusehen habe, wurden mit Anweisungen versehen, wie sich die Belegschaft dazu verhalten solle. Längere Passagen legten den Unternehmerstandpunkt dar: «Es ist verständlich, wenn der Arbeiter die Beurteilung seiner Arbeit und ihres Tempos nicht als angenehm empfindet. […] Am besten ist der Sache und damit auch dem Arbeiter selbst gedient, wenn er bei der Aufnahme normal arbeitet und auf vorhandene Behinderungen sachlich hinweist. Bei gegenseitig positiver Einstellung zu diesem Grundsatz halten sich die Streuungen der Zeitvorgaben in engen Grenzen. Versuche, den Zeitnehmer durch langsames Arbeiten oder gespielte Geschäftigkeit zu täuschen, oder Versuche, den Arbeiter umgekehrt durch versteckte Zeitmessungen zu kontrollieren, bezeugen lediglich das völlige Unverständnis der Betreffenden für den Sinn des Akkordes.»[354]

Nur auf den ersten Blick irritiert die Empfehlung, dass, «[u]m Reibungen zu verhindern», die wesentlichen Grundlagen und Vorschriften zur Handhabung den Arbeiter/-innen zwar bekannt gemacht werden müssen, aber «[n]icht die Technik des Akkordsystems».[355] Immerhin bildete das Wissen darum, wie im Konkreten die jeweiligen Akkordrichtsätze zustande kamen oder wie eine bestimmte Arbeit bewertet wurde, oft den Ausgangspunkt von Akkordstreitigkeiten. Dass Differenzen bestanden, erkannte die Kommission durchaus an, vermutete aber zugleich dahinter eine falsche Einstellung. «Der Arbeiter selbst […] muss bereit sein, sich persönlich sowohl geistig wie körperlich voll einzusetzen und die mit der Akkordarbeit untrennbar verbundenen Massnahmen anzuerkennen.»[356] Nach der Veröffentlichung der Broschüre trat die Kommission nicht mehr zusammen; ab 1968 existierte sie nicht mehr, ohne sich offiziell aufgelöst zu haben.

Die Erfolge des Metallarbeiterverbands, im Rahmen seiner Produktivitätskampagne Einfluss auf die Ausgestaltung der Arbeitsprozesse nehmen zu können, blieben insgesamt bescheiden. Dass erst Mitte der 1950er-Jahre eine eher harmlose paritätische Kommission gebildet wurde – von den betrieblichen Kommissionen abgesehen, deren Einfluss unklar bleibt –, entsprach den Kräfteverhältnissen nach 1937.[357] Während der 1960er-Jahre versuchte man deshalb, über

353 Paritätische Kommission 1965, 7.
354 Ebd., 10. Man könnte umgekehrt argumentieren, dass der «Sinn des Akkordes» sehr gut verstanden wurde.
355 Ebd., 30 f.
356 Ebd., 31 f.
357 Spätestens seit 1959 war die paritätische Kommission stark vom Widerspruch zwischen dem Metallarbeiterverband und dem Christlichen Metallarbeiterverband geprägt. Sozialarchiv, Ar 72.25.15, F. Malzbacher an Zentralsekretär LFSA, 28. 4. 1959. Zu den betrieblichen Produktivitätskommissionen vgl. etwa die Anfrage der Arbeiterkommission der Maschinenfabrik Oerlikon von 1955, ob diese überhaupt noch bestehe; man habe den Eindruck, «es sei um diese Produktivität ziemlich ruhig geworden». Ebd., Ar 422.60.3, Prot. Arbeiterkommission, 10. 1. 1955.

die Betriebsfachleute Einfluss auf den Arbeitsprozess zu nehmen. Dahinter stand der Gedanke, der technologische Fortschritt (womit im Kontext der Maschinenindustrie in erster Linie die künftige Einführung teilautomatisierter Fertigungsanlagen und rechnergesteuerter Werkzeugmaschinen gemeint war) würde über kurz oder lang die hergebrachte Facharbeiterqualifikation umwälzen. Die Strategie der Gewerkschaft bestand nun darin, die Requalifizierung ihrer Basis einzuleiten, um sie auf künftige Anforderungen des Arbeitsmarktes vorzubereiten.

Die Frage einer bevorstehenden technologischen Umwälzung der Arbeitsprozesse wurde in den 1960er-Jahren in Westeuropa und, etwas früher, den USA intensiv unter dem Schlagwort der Automatisierung diskutiert.[358] Für den Metallarbeiterverband hing alles davon ab, ob er diese Entwicklung mitbestimmen konnte. Eine alternative Entwicklung stand bei ihm nicht zur Debatte. Vielmehr bot sich die Gewerkschaft mit einem 1960 veröffentlichten Diskussionsbeitrag an, «Störungen aus der Automation zu verhindern».[359] Die Automatisierung könnte zwar, so erläutert der Verband in seinem Beitrag, «[r]ein theoretisch betrachtet» zu Massenarbeitslosigkeit führen; doch bestehe das Problem hier nicht, denn: «Die Schweiz kennt glücklicherweise kein Proletariat mehr im eigentlichen Sinne des Wortes.»[360] Die Vollbeschäftigung sei hier garantiert, solange eine liberale Wirtschaftspolitik um jeden Preis die Exportindustrie stütze. Überlegungen zu sozialpolitischen Eingriffen wie Arbeitsbeschaffungs- oder Umschulungsmassnahmen kamen erst an zweiter Stelle. Vom bürgerlichen Mainstream unterschied man sich eigentlich nur durch die Forderung, «im Rhythmus der Produktivitätssteigerung» sei die Arbeitszeit zu verkürzen, sowie, im Sinne der Teilhabe, die Löhne anzupassen.[361]

1961 lancierte der Metallarbeiterverband eine neue Zeitschrift mit dem Titel *Zusammenarbeit*, die sich an das aus seiner Sicht entscheidende Segment der künftigen, requalifizierten Facharbeit richtete, die Betriebsfachleute – «Vorarbeiter, Arbeitsvorbereiter, Zeitnehmer, Kalkulatoren» stand auf dem Zeitschriftenkopf. In der Zeitschrift setzte man die Produktivitätskampagne fort, die mit der paritätischen Produktivitätskommission versandet war, und richtete sich explizit nicht nur an aufstiegswillige Facharbeiter, sondern neu auch an technische Angestellte: «Gute Löhne können nur gutorganisierte Betriebe bezahlen. Es sind Beispiele bekannt, wo Versager der Organisation, der Arbeitsvorbereitung und in der Gestaltung der Betriebsabläufe die Unternehmung gefährdeten und damit auch den Arbeitsplatz des Arbeiters in Frage stellten. Wir erkennen daraus, dass Arbeiter und Betriebsfachmann im gleichen Boot sitzen; sie haben letztlich gleiche Zielsetzungen, welche sind: rationelle Betriebsgestaltung, Konkurrenzfähigkeit und damit Erhaltung der Arbeitsplätze.»[362]

358 Vgl. Luks 2012, 257–260.
359 SMUV 1964, 55.
360 Ebd., 52.
361 Ebd., 56.
362 Arnold Meyer: Der Betriebsfachmann und seine Aufgaben, in: ZA 4, 1962, 62 f., hier 62.

Die Annäherung an jene, die traditionell in der Werkstatt nicht gern gesehen wurden, weil sie die Rationalisierung der konkreten Arbeit, das Lohnregime und zugleich das betriebliche Kommando nach unten durchsetzten, zeigte zweierlei: einerseits die Überzeugung, die Automatisierung werde für eine soziale Mobilität nach oben sorgen – zudem sorgte der wachsende Anteil an- und ungelernter Arbeitsmigrant/-innen für eine Unterschichtung, welche den innerbetrieblichen Aufstieg förderte.[363] Andererseits stellte es den Versuch dar, über die Organisierung des unteren Fabrikkaders die Verhandlungsmacht der Gewerkschaft zu stärken.

Die bis 1989 herausgegebene Zeitschrift blieb in den 1960er-Jahren eine eigenartige, mit Zitaten von Jeremias Gotthelf und Arthur Steiner (dem 1958 verstorbenen Nachfolger von Konrad Ilg im Präsidium des Metallarbeiterverbands) garnierte Mischung aus Gewerkschaftsorgan und technischer Zeitschrift. Programmatische Aufsätze der Verbandsleitung und Hinweise der Betriebsfachleute-Gruppen standen neben Artikeln zu neuartigen Rationalisierungsmethoden. Auch Betriebe – darunter Brown Boveri – schrieben für die *Zusammenarbeit*.[364] Die Zeitschrift thematisierte wiederholt die Frage, wie der Widerstand gegen Rationalisierungsmassnahmen zu verstehen und einzudämmen sei. Darin kam nicht nur eine unkritische Offenheit gegenüber gängigen Managementideologien zum Ausdruck, sondern auch die Absicht, sich künftig noch stärker als betrieblichen Ordnungsfaktor positionieren zu wollen.

Das Wissen dafür holte man sich beim Zolliker Unternehmensberater Franz Rauch, der für die *Zusammenarbeit* mehrere Aufsätze über dieses Thema schrieb. Eine zentrale Frage von Rauch war, wie mögliche Störungen des Produktionsflusses ausgemacht und frühzeitig eingedämmt werden können. Widerstand gegen Umstrukturierungen äussere sich laut Rauch als «Leistungsverminderung, Murren, Nichtverstehen der Anweisungen, Ausschussproduktion, steigende Absenzen, Versetzungsgesuche, Kündigungen, Streitereien und Reibereien usw.». Argumentieren helfe da nicht, man müsse verstehen, «dass der Widerstand irrational ist» und nur durch eine Anpassung der «Gefühle der betroffenen Arbeitnehmer» gebrochen werden könne. Das gelte zumindest für Männer. Bei Frauen sei das Problem weniger vorhanden: «Da ihre Interessen meistens persönlicher Natur sind, interessiert es sie weniger, warum eine Änderung durchgeführt wird. […] Sie wird aber eine Änderung vornehmlich dann ohne Widerstand annehmen, wenn sie weiss, dass sie damit ihrem Chef einen Dienst erweisen kann und von ihm geschätzt wird.»[365]

Eine Möglichkeit, die Gefühle der Arbeiter/-innen entsprechend den Bedürfnissen des Unternehmens umzubilden, sah Rauch im Einwirken auf die «familiären, persönlichen und Umgebungsverhältnisse», weil Unstimmigkeiten

---

363 Siehe Kap. 2.3.
364 Archiv ABB, DRP BBC, 9. 2. 1961; Sozialarchiv, Ar SMUV, 04A-0004, Dossier Brown Boveri, Ernst Wüthrich an Theodor Boveri, 26. 10. 1961.
365 Franz Rauch: Der Widerstand gegen Änderungen, in: ZA 1, 1964, 3 f.

hier letztlich in den «Ungehorsam in allen seinen Erscheinungsformen» mün-
deten.[366] Nicht die Lohnhöhe oder das Lohnsystem, sondern die rechte Einstellung zur Arbeit sei entscheidend, erklärte der Unternehmensberater. Und für
diese brauche es «nicht nur Harmonie am Arbeitsplatz, die richtige Gestaltung
aller betrieblichen Faktoren […], sondern vor allem ein richtiges Familienleben,
ein gegenseitiges Sichverstehen zu Hause». Die Wiederherstellung des Arbeitsvermögens rückte in den Blick der Rationalisierer. Wie in der Fabrik müssten im
Haushalt mögliche Reibungspunkte beseitigt werden; das Ziel sei «die Ausschal-
tung aller persönlichen Schwierigkeiten und Zwistigkeiten». Denn «[v]or allem
die Frau» habe «hier einen ungeheuren Einfluss auf die Arbeitsfreude und innere Zufriedenheit des Mannes, nur diese beiden seelischen Faktoren gewährleis-
ten aber auf die Dauer konstante Verdienstmöglichkeiten und die Voraussetzung
für Vorwärtskommen».[367] Wo stabile Reproduktionsverhältnisse fehlten, wo die
Hausfrau den Arbeiter nicht recht umsorge, da drohe, warnte Rauch, den Betrieben «Drückebergerei, Arbeitsunlust, Nörgelei».[368] Die Familie wurde zur Quelle
der Dysfunktionalität der Arbeitskräfte, sollte sie deren Wünschen und Ansprü-
chen nicht genügen.[369] Hier setzten Einrichtungen der betrieblichen Sozialpolitik
an, um die Wiederherstellung des Arbeitsvermögens zu stützen; von ihnen wird
im dritten und vierten Kapitel die Rede sein.[370]

2.3 Verschiebungen: die Veränderung der Belegschaften

Multinationaler und weiblicher

Auf der Ebene der Werkstatt war die Zeit nach 1937 eine des Umbaus. Zeitakkord, Persönlichkeitsbewertung und Vorschlagswesen waren Ausdruck einer
Veränderung der Arbeitsorganisation, die einherging mit der Modernisierung des
Maschinenparks und neuen Arbeitsweisen. Sie brachten das Gefüge der Fabrik
durcheinander und ordneten es neu: eine «strube Zeit», so der langjährige Präsident der Arbeiterkommission bei Gebrüder Sulzer.[371] Die Zeit bis 1967 stand
aber ebenso für einen weiteren Wandel: Die Belegschaften erfuhren eine tief grei-
fende Veränderung, zunächst nur langsam, dann, Mitte der 1950er-Jahre, immer
rascher. Die Ende der 1940er-Jahre eingeschlagene Strategie der Produktionsausweitung – möglich geworden durch eine gute Ausgangslage (die Fabriken
waren intakt geblieben, durch die Spezialisierung blieb die Konkurrenz gering)

366 Ders.: Voraussetzungen und Probleme der betrieblichen Zusammenarbeit, in: ZA 2, 1962, 70–
74, hier 73 f.
367 Ders.: Arbeitsfreude, in: ZA 12, 1965, 210–212, hier 211.
368 Ebd., 210.
369 Vgl. Dalla Costa/James 1975; Brückner 1982, 20.
370 Siehe Kap. 3.4 und 4.3.
371 Egli 1965, 52.

und den expandierenden Weltmarkt – verlangte nach mehr Arbeitskräften.[372] Ab 1946 importierte die Maschinenindustrie Arbeitsmigrant/-innen aus Südeuropa, zunächst vor allem aus Italien, später auch aus Spanien. In der gleichen Zeit, oft als Teil dieser Dynamik, beschäftigten die Betriebe immer mehr Frauen. Die Zusammensetzung der Belegschaften änderte sich, es kam zu einer Verschiebung in den Werkstätten: weg von der Dominanz einheimischer Facharbeiter. Sie wurden vielfältiger, multinationaler und, obwohl das weniger in Betracht gezogen wurde, weiblicher.

Der Anteil der Arbeitsmigrant/-innen an den Belegschaften der Maschinenindustrie lag um 1950 bei 4,7 %; innert zehn Jahren wuchs er auf 22,4 %, in 20 Jahren auf 34,4 % an.[373] Bei Gebrüder Sulzer, Brown Boveri und der Maschinenfabrik Oerlikon lag der Anteil noch einmal deutlich höher. Die Quote betrug in Winterthur 1954 16 % und 1962 30,3 %; in Baden wuchs sie von 22,8 % 1954 auf 42,2 % 1965 (1967 sollten es über 55 % werden); in Oerlikon schliesslich lag sie 1958 bei 29,3 % und 1964 bei 46,2 %.[374] In allen drei Betrieben zusammengezählt arbeiteten in den 1960er-Jahren gegen 10000 Arbeitsmigrant/-innen. 1968 erklärte der Sekretär des Schweizerischen Arbeitgeberverbands Ernst Schwarb deren Funktion zu der eines kurzfristig Konjunkturpuffers.[375] Die Ausweitung der Fertigung verlange nach disponiblen und billigen Arbeitskräften. Und das waren sie in der Tat: Ihr Aufenthalt war an befristete Arbeitsverträge gebunden, ihre rechtliche Situation insgesamt blamabel, der Lohn entsprach in der Maschinenindustrie der tiefstmöglichen Kategorie; die Migrant/-innen wurden ungeachtet ihrer Qualifikation zu Handlangern und Ungelernten erklärt. So wies etwa Gebrüder Sulzer Arbeitsmigranten auch nach Jahren qualifizierter Tätigkeit in den Arbeitszeugnissen als Hilfsarbeiter aus.[376] Die Verknüpfung von Arbeitsvertrag und Aufenthalt blieb von Beginn an prekär. Bereits 1949 bat der für die Schweiz zuständige italienische Minister Egidio Reale deshalb den Brown-Boveri-Fabrikdirektor Fritz Streiff, er solle doch nicht ständig Arbeiter/-innen aus Italien zurückschicken, denn diese blieben oft arbeitslos. Streiff wies die Bitte zurück mit der Bemerkung, Reale solle sich besser Rat bei den Schweizer Gewerkschaften holen, die würden ihm schon sagen, wie man sich hier zu verhalten habe: «Bei uns sind die Arbeiter vernünftig», jene aus Italien aber nicht.[377]

372 Lorenzetti 2012, 245; Castles/Kosack 1985, 422 f.
373 Ernst Schwarb: Arbeitsmarkt und Fremdarbeiterpolitik, 1968, in: Arbeitsgruppe (Hg.) 1980, 348 f., hier 349. Vgl. für die 1970er-Jahre Castelnuovo Frigessi 1977, xlvii.
374 Archiv ABB, DRP BBC, 13. 3. 1957, 2. 3. 1967; ebd., VRP BBC, 13. 12. 1965; Archiv Sulzer, Schachtel 161a, Bericht der Geschäftsleitung an den Verwaltungsrat über das Geschäftsjahr 1962; Sozialarchiv, Ar 422.60.7, SMUV Oerlikon: Angaben für die Bewegungsstatistik, [1958]; ebd., Ar 422.60.8, August Zaun: Jahresbericht der Gruppe MFO 1964, 9. 3. 1965.
375 Ernst Schwarb: Arbeitsmarkt und Fremdarbeiterpolitik, 1968, in: Arbeitsgruppe (Hg.) 1980, 348 f., hier 348.
376 Archiv Sulzer, Schachtel 181, Prot. Arbeiterkommission, 3. 6. 1966.
377 Archiv ABB, DRP BBC, 6. 4. 1949.

Die kurzfristige Rekrutierung erleichterte ein Anwerbeabkommen mit Italien von 1948; ein weiteres mit Spanien sollte 1962 folgen. Mit der Teilrevision des Bundesgesetzes über Aufenthalt und Niederlassung der Ausländer waren die Kantone für den vorübergehenden Aufenthalt zuständig, während der Bund (sehr restriktiv) die dauerhafte Niederlassung regelte. Die Idee des Konjunkturpuffers stand im Zentrum, die Koppelung von Arbeitsvertrag und Aufenthalt, die rasche Rückkehr; auch damit die Migrant/-innen gar nicht in der Lage waren, eine dauerhafte Niederlassung zu beantragen. Aufgrund der hohen Fluktuation und der steigenden Anlernkosten wurden das Anwerbeabkommen 1964 revidiert und die Aufenthaltsbedingungen etwas verbessert, um eine höhere Verfügbarkeit zu garantieren.[378] Die Revision fiel in eine Zeit mit einer doppelten Entwicklung: Einerseits sammelte sich unter dem Schlagwort der Überfremdung ab Ende der 1950er-Jahre ein xenophobes Lager, dass zunehmend an Einfluss gewann und mit den sozialdemokratischen Gewerkschaften eine unheilige Allianz schloss; dazu unten mehr.[379] Andererseits beschloss der Bund ab 1963 mehrere Plafonds, um den Anteil der Arbeitsmigrant/-innen an den Belegschaften schrittweise zunächst zu beschränken und dann herabzusetzen.[380] Sicher diente das einmal als Beruhigungspille gegen Überfremdungsängste, die erfolgreich von Reaktionären bewirtschaftet wurden. Begründet wurden die Massnahmen aber auch mit der Annahme, auf lange Sicht habe eine ungehinderte Rekrutierung von Arbeitsmigrant/-innen eine preistreibende Wirkung und führe zu einer krisenhaften Entwicklung. Zudem verfolgte die Deckelung der Arbeitsmigration die Absicht, der hohen Fluktuation entgegenzuwirken.[381]

1965 thematisierten die *Werk-Mitteilungen* von Gebrüder Sulzer die Frage der Arbeitsmigration im Zusammenhang mit den Arbeitsbedingungen der Kernbelegschaft. In den 1960er-Jahren musste die Maschinenindustrie mehr Migrant/-innen als zuvor beschäftigen, argumentierte die Werkzeitung, sonst hätte die vom Metallarbeiterverband zwischen 1956 und 1963 ausgehandelte Arbeitszeitreduktion von 48 auf 44 Wochenstunden bei den Einheimischen zu Lohneinbussen geführt. Zumal die Unterschichtung, «die Abwanderung von Schweizern aus sogenannten ‹schmutzigen› Berufen» hin in besser bezahlte Positionen ebenso wie die hohe Fluktuation den Betrieben keinen anderen Weg lasse.[382] Tatsächlich setzte Gebrüder Sulzer Arbeitsmigranten bevorzugt bei schweren Tätigkeiten ein, etwa in den Giessereien (um 1965 60 % der Arbeitskräfte) oder als Ersatz bei der wenig beliebten Schichtarbeit, die oft als Kündigungsgrund ge-

378 Holenstein/Kury/Schulz 2018, 312f.
379 Degen 2012, 909.
380 Mülli 2016.
381 Hirt 2009, 54f.; Castles/Godula 1985, 37–39, 385–389. Fluktuation: Autorenkollektiv 1974, 54–57; Castelnuovo Frigessi 1977, xxviii.
382 Bruno Knobel: Gedanken zur Fremdarbeiterfrage, in: WM 1, 1965, 25f., hier 26. Vgl. zur Unterschichtung Degen 2012, 909.

nannt wurde.[383] Der Beitrag in der Werkzeitung war aber nicht einfach der Versuch, eine emotional geführte Debatte zu versachlichen; sie sollte vielmehr so gedreht werden, dass am Ende die Bereitschaft resultierte, eine Rücknahme der Arbeitszeitverkürzung hinzunehmen. Die eigentlichen Ziele der Plafonds, so die *Werk-Mitteilungen*, liessen sich nur durchsetzen mit der «systematischeren Auswertung der einheimischen Arbeitskraft».[384] In dieselbe Richtung, wenn auch etwas deutlicher, zielte im Jahr zuvor eine bei der Winterthurer Maschinenfabrik Rieter durchgeführte Umfrage. Rieter wollte herausfinden, ob und wie sich die 44-Stunden-Woche wieder rückgängig machen liesse. Die Beschäftigten wurden also gefragt, ob sie bereit wären, länger zu arbeiten, wenn es im Gegenzug weniger Ausländer/-innen im Betrieb gebe. Gemäss Rieter hatten zwei Drittel der Belegschaft an der Umfrage teilgenommen. 83 % hätten dem Vorschlag zugestimmt, pro Woche dafür vier bis fünf Stunden länger zu arbeiten.[385]

Eine im Zusammenhang der Produktionsausweitung der Nachkriegszeit häufig diskutierte Frage drehte sich darum, ob die Produktionsausweitung mittels Arbeitsmigrant/-innen dazu geführt hatte, dass Letztere nicht nur als Konjunktur-, sondern ebenso als eine Art Rationalisierungspuffer benutzt wurden. Dass also so lange als möglich einfach mehr Arbeiter/-innen importiert wurden, anstatt veraltete Produktionsanlagen zu erneuern, was den Arbeitskräftebedarf reduziert hätte.[386] Das mochte für kleinere Betriebe und Branchen mit einer tiefen technischen Zusammensetzung (etwa das Baugewerbe, die Textilindustrie) zutreffen. Bei den grossen Unternehmen der Maschinenindustrie findet sich beides zugleich: die kapitalintensive Erneuerung im Rahmen von Betriebserweiterungen mit neuer Arbeitsorganisation ebenso wie das arbeitsintensive Festhalten an bestehenden Arbeitsmethoden und veralteter Maschinerie. Je nach Fertigungsstufe bestand ein Nebeneinander verdichteter und arbeitsintensiver Arbeitsprozesse, die sich nicht einfach wegrationalisieren liessen, etwa beim Bau grosser Dieselmotoren. In anderen Bereichen wiederum kam alles zusammen: die Rekrutierung von Arbeitsmigrant/-innen, die Erneuerung der Anlagen und die wachsende Beschäftigung von Arbeiterinnen, so in Baden und Oerlikon bei der Herstellung von Elektromotoren.

Bei Brown Boveri arbeiteten Frauen seit mindestens 1910 nicht nur in den Büros, sondern ebenso in den Werkstätten.[387] Die Werkzeitung *Wir und unser Werk* musste diesen Umstand 1943 geradezu entschuldigen, weil «die zwei Begriffe ‹Frau und Fabrik› sich schon von Natur aus widersprechen. [...] [D]enn nach ihrer Berufung gehört die Frau in erster Linie ins Heim, in die Familie.»[388] Es

383 Archiv Sulzer, Schachtel 181, Prot. Arbeiterkommission, 1. 6. 1965; Abgrenzung der Tätigkeitsgebiete der Giessereien von Sulzer und SLM, in: WM 6, 1965, 18.
384 Bruno Knobel: Gedanken zur Fremdarbeiterfrage, in: WM 1, 1965, 25 f., hier 26.
385 Castles/Godula 1985, 167 f.
386 Nydegger 1963; vgl. Gilg/Hablützel 2004, 840.
387 Pechlaner Gut 2006, 14.
388 Otto Eberle: Frauen in der Fabrik, in: WW 9, 1943, 154 f., hier 155.

gebe allerdings berechtigte Ausnahmen: etwa die Lohnarbeit vor der Heirat, der Militärdienst des Ehemannes oder Beschäftigungen, die als Frauenarbeit gelten, «die durch Frauen viel zweckmässiger erledigt werden können als durch Männer», etwa untergeordnete Büroarbeiten und allerlei «Kleinarbeit» in der Fabrik.[389] Frauen arbeiteten also in den Werkstätten, und zwar nicht wenige, was den gängigen Vorstellungen widersprach. Ihr Anteil blieb zunächst noch tief, doch war er stets vorhanden. In bestimmten Abschnitten der Fertigung war er sehr hoch: bei der Montage von Einzelteilen etwa, beim Verdrahten elektrischer Apparate oder beim Wickeln von Transformatoren und Motoren, zumeist im Akkord.[390] «[E]ine Menge von Arbeiten, die kein so langes Studium erfordern und die aus diesem Grunde die Mehrzahl der weiblichen Arbeiten ausmachen.»[391]

Das heisst: Frauen leisteten in den Werkstätten unqualifizierte Arbeit; bei den Löhnen rangierten sie entweder als eigene Kategorie oder als Hilfsarbeiterinnen und später Ungelernte – ab 1950 wurde in der Maschinenindustrie nicht mehr zwischen Berufs- und Hilfsarbeiter, sondern neu zwischen Gelernten, An- und Ungelernten unterschieden.[392] Trotz ihrer Einteilung in die Kategorie Ungelernte erhielten sie bis mindestens Ende der 1950er-Jahre nicht deren Lohn: sie erzielten bloss 65–85 % der tiefsten Kategorie. Die Arbeiterinnen in den Werkstätten machten in der Schweiz ab den 1940er-Jahren den Kern dessen aus, was später in den Diskussionen der 1960er- und 1970er-Jahre als Massenarbeit bekannt wurde: die durch Rationalisierung dequalifizierte, massenhafte Arbeit an Werkzeugmaschinen und Bändern, schlecht bezahlt, mit niedrigen Anlernkosten und hoher Fluktuation, ohne die für die Facharbeit typische Identifikation mit der verrichteten Arbeit und dem Betrieb.[393] Bei diesen wenig abwechslungsreichen Arbeiten wurden oft Arbeitsmigrant/-innen eingesetzt, und je nach Art der Fertigung besonders Migrantinnen, etwa bei Brown Boveri oder der Maschinenfabrik Oerlikon. Die Fabrik als Männerraum, die Fabrikarbeit als Männerarbeit: Dieses immer wieder nacherzählte Klischee stimmte schon in den 1940er-Jahren und mit Sicherheit in den 1950er-Jahren so nicht. Die Belegschaften der Maschinenindustrie waren vielfältiger, als ihre Darstellung glauben machte – und damit auch die Konfliktualität jenseits der gewerkschaftlichen Vermittlung. Die Fertigungsweise und der Versuch, Lohnkosten niedrig zu halten, bestimmte aus Sicht der Unternehmen die Zusammensetzung der Belegschaft und weniger die Vorstellung, was sich gehörte und was nicht.[394] Natürlich spielte in diese Überlegungen die patriarchale Diskriminierung von Frauen hinein: Man konnte ihnen

---

389 Ebd., 155.
390 Archiv ABB, DRP BBC, 3. 7. 1947.
391 Otto Eberle: Frauen in der Fabrik, in: WW 9, 1943, 154f., hier 155.
392 Archiv ABB, DRP MFO, 19. 4. 1950.
393 Vgl. Balestrini/Moroni 2013, Kap. 6; Bologna 1989/90; ders. 1973; Lüscher 1987, 127f.
394 Mochten die Betriebe auch nach aussen ein konservatives Familienmodell propagieren, wie etwa die Maschinenfabrik Oerlikon, und gleichzeitig Frauen in der Werkstatt zu Tiefstlöhnen arbeiten lassen. «[S]ie stehen sozuagen im ‹zweiten Glied›», rechtfertigte das Unternehmen 1956 die schlechte Bezahlung für «Verrichtungen, die der Frau viel besser ‹liegen› und die

nicht nur anstrengende Arbeiten auf der niedrigsten Qualifikationsstufe zuweisen. Ebenso blieb ihr Lohn auf dem tiefsten Niveau; zumal der Metallarbeiterverband sich um die Belange der Facharbeiter kümmerte, nicht aber um jene der ungelernten Arbeiterinnen.[395] Deren Anteil war dort hoch, wo die Arbeit durch ihre Zerlegung und Neuzusammensetzung weitgehend rationalisiert und mittels Fliessfertigung beschleunigt werden konnte. So bei der Wicklung von Elektromotoren, einer in sich komplexen, anstrengenden und für die Funktion der gefertigten Maschinen entscheidenden Handarbeit. Diese wurde in den 1940er-Jahren durch die Umgestaltung der Wicklungsart, durch ihre Zerlegung in Teilarbeiten und durch die Einführung der Fliessfertigung beschleunigt, damit sie mit den gleichfalls beschleunigten Arbeitsabschnitten vorgelagerter Werkstätten besser mithalten konnte.[396]

Die Arbeit von Frauen in den Werkstätten sorgte vor allem in den 1940er-Jahren für Diskussionen. Bei Brown Boveri machte sich die Werkzeitung 1943 Sorgen, die Frauen könnten das Betriebsklima in den Werkstätten stören. «Es muss dafür gesorgt werden, dass sich die Zusammenarbeit zwischen den Frauen und Männern im Betrieb harmonisch gestaltet.»[397] Gemeint war damit allerdings weniger der sich daraus ergebende zwischenmenschliche Kontakt als vielmehr der Umstand, dass es kaum Vorarbeiterinnen oder Meisterinnen gab. Auch in Oerlikon gab der Frauenanteil in der Wicklerei zu reden, aber anders. Im Frühling 1944 protestierte der Metallarbeiterverband, «dass der Wicklerberuf weiter falle, indem immer mehr neue Operationen durch Frauen ausgeführt würden». Dem Protest lag weniger, wie man vielleicht oberflächlich annehmen könnte, ein Unbehagen daran zugrunde, dass Frauen in der Fabrik arbeiteten. Vielmehr ging es darum, dass diese im Rahmen von betrieblichen Rationalisierungsmassnahmen vom Betrieb bewusst als Lohndrückerinnen benutzt wurden: Der Beruf sank in Bezug auf die Lohnhöhe. Die Maschinenfabrik Oerlikon hatte den Versuch gestartet, «ob die Arbeit durch Frauen billiger und qualitativ gleichwertig ausgeführt werden könne», so ein Vertreter der Geschäftsleitung. Dagegen wandte sich die Arbeiterkommission: Sie sei für die Gleichberechtigung von Frauen auch in der Fabrik; das aber heisse, dass diese auch den gleichen Lohn erhielten wie die Männer. Bei den tiefen Frauenlöhnen – die ja gut 30 % unter jenen von Hilfsarbeitern lagen –, sei es doch eher so, «dass gegenwärtig direkt eine Sucht für Frauenarbeit in der Fabrik bestehe».[398]

Sowohl Brown Boveri wie die Maschinenfabrik Oerlikon begannen ab Mitte der 1940er-Jahre, Kleinmotoren in Fliessfertigung herzustellen. An den Bän-

---

sie mit Abstand vor dem Mann besser, schneller und damit wirtschaftlicher ausführen kann». Sozialsekretariat: Das zweite Glied, in: WM 5, 1956, 64–66, hier 64.

395 Vgl. Sutter 2005, 61–68.
396 Vgl. Homburg 1991, 490–492.
397 Otto Eberle: Frauen in der Fabrik, in: WW 9, 1943, 154f., hier 155.
398 Sozialarchiv, Ar 422.60.5, Prot. Besprechung über die Wicklerei W.I zwischen Direktion und Vertretern der Arbeiterkommission und der Wicklerei, 24. 4. 1944.

dern arbeiteten überwiegend Frauen; die meisten von ihnen, eigens dafür rekrutiert, stammten aus Italien.[399] In Baden eröffnete Brown Boveri 1949 im Rahmen eines gross angelegten Ausbau- und Modernisierungsplans eine neue Motorenfabrik, die auf die Serienproduktion von Elektromotoren ausgelegt war.[400] Neben der Erneuerung des Maschinenparks achtete man besonders auf die grösstmögliche Beschleunigung der Arbeit. Die Fertigung der Kleinmotoren erfolgte mit Fliessbändern, allerdings ohne einen einheitlichen Takt, sondern je nach Bauteil mit eigenen, aber eng aufeinander abgestimmten Taktzeiten. Die Wickelarbeit am Band verrichteten ausschliesslich Frauen (in der Regel Migrantinnen) in dem 1948 bei Brown Boveri eingeführten Zeitakkord. In den vorgelagerten Werkstätten kam zudem ein Gruppenakkord zum Einsatz, bei dem der individuelle Grundlohn vom berechneten Leistungsgrad der Arbeitsgruppe abhängig war, eine Massnahme, damit man sich gegenseitig zur schnelleren Arbeit antrieb.[401]

Die lückenhaften Quellen lassen wenigstens ungefähre Rückschlüsse auf das Lohnniveau der Arbeiterinnen und ihren Anteil an der Belegschaft zu. Zumindest was den hohen Anteil an Frauenarbeit betraf, ähnelten sich die Fertigung von Kleinmotoren in Baden und Oerlikon – nicht aber im Umfang oder in der Bedeutung, die sie für den gesamten Betrieb einnahm. Bei der Maschinenfabrik Oerlikon lag der durchschnittliche Arbeiterinnenlohn um 1942 bei 93,1 Rappen pro Stunde. Das entsprach 71,2 % eines Handlanger- und fast der Hälfte eines Facharbeiterlohns.[402] Bei diesem Verhältnis sollte es für die nächsten zehn Jahre bleiben; erst nach 1952 begann ein langsamer Wandel. 1955 erhielten Arbeiterinnen mit 2.01 Franken rund drei Viertel eines Ungelernten- und knapp zwei Drittel eines Facharbeiterlohns.[403]

In Baden verdienten Frauen während der 1940er-Jahre im Vergleich zu den Handlangern noch schlechter als in Oerlikon. 1946 lag der Arbeiterinnenlohn einschliesslich der Teuerungszulage bei 1.45 Franken pro Stunde oder 66,8 % des tiefsten Arbeiterlohns.[404] Im Laufe der 1950er-Jahre legten sie aber auf ungefähr 80 % zu. Als das Lohnniveau in Westdeutschland allmählich anstieg, kamen deutlich weniger Grenzgänger nach Baden. Die Geschäftsleitung reagierte mit der vermehrten Rekrutierung einheimischer Arbeiterinnen und beschloss im Sommer 1957, ihnen statt wie bisher 80 nun 85 % des tiefsten Männerlohns zu zahlen.[405] Für 1960 hiesse das, die in der Wicklerei im Akkord beschäftigten Arbeiterinnen erzielten im Schnitt einen Stundenverdienst von 2.71 Franken – bei-

399 Paul Maier: Rückblick auf den vierten MFO-Besuchstag, in: GR 3, 1949, 41–44; vgl. Jaun 1986, 347.

400 Walter Boveri: Ausführungen, Generalversammlung der A.-G. Brown, Boveri & Cie., 5. Juli 1949, in: WW 6–7, 1949, 85–90.

401 Martin Geissbühler, Willy Knecht, Hans-Rudolf Rüegger: Der Ausbau einer Elektromotorenfabrik, in: IO 10, 1950, 501–524; 11, 1950, 564–566, insbesondere 512–519.

402 Archiv ABB, DRP MFO, 13. 7. 1943.

403 Sozialarchiv, Ar 422.60.7, ASM an Joseph Plattner, 14. 7. 1955.

404 Ebd., Ar SMUV, 04A-0004, Dossier Brown Boveri, SMUV: Lohnerhebung BBC, 23. 9. 1947.

405 Archiv ABB, DRP BBC, 5. 6. 1957.

nahe 70 % eines Facharbeiterlohns.[406] Im Grossen und Ganzen also ein ähnliches Bild in Oerlikon und Baden: Zum einen bildeten Frauen die am schlechtesten bezahlte Arbeiter/-innenkategorie mit Löhnen, die von den 1940er- bis in die 1960er-Jahre 15–33 % unter den tiefsten (und damit keineswegs durchschnittlichen) Männerlöhnen lagen. Andererseits verminderte sich die Lohnstaffelung ab Ende der 1950er-Jahre ein Stück weit – sie sollte zwar bestehen bleiben, aber deutlich weniger ausgeprägt als zuvor.

Etwas anders sah es bei der Beschäftigung aus; hier überwogen die Differenzen aufgrund der Produktionsstruktur. Bei der viel kleineren Maschinenfabrik Oerlikon pendelte der Frauenanteil in der Werkstatt in den zwanzig Jahren von 1947 bis 1967 zwischen 7,8 und 10 %; die Anzahl Arbeiterinnen lag irgendwo zwischen 159 1947 und 215 1967 mit einem Höchstand von 233–236 1960/61.[407] Aufgrund ihrer prekären Beschäftigungslage schwankte die Zahl der Arbeitsmigrantinnen in dieser Zeit ungleich stärker. Ihr Anteil an allen in der Werkstatt arbeitenden Migrant/-innen blieb aber in einem ähnlichen Bereich: zwischen 8,6 und 11,8 % – oder, soweit Zahlen in den Quellen genannt werden, zwischen jeweils 84 und 154 Frauen. Die meistens aus Italien stammenden Arbeitsmigrant/-innen stellten ab Ende der 1950er-Jahre den Grossteil der Arbeiterinnen in der Werkstatt: von 42,1 % 1958 nahm ihr Anteil bis 1964 auf 67,2 % zu; danach sank er bis 1967 wieder auf 46 %.[408]

Bei Brown Boveri war der Frauenanteil in den Werkstätten Ende 1949 zunächst ähnlich wie in Oerlikon: mit 635 Arbeiterinnen bei gut 10 %; 157, etwa ein Viertel, stammten aus Italien.[409] Bis Mitte 1957 wuchs der Anteil der Arbeiterinnen aber auf 23,5 % an und sollte in den nächsten drei Jahren bei etwas über 20 % bleiben. Der Bestand schwankte zwischen 2047 1957, 1494 1959 und 1605 1960 und war damit mehr als zehnmal so hoch wie jener in Oerlikon.[410] Die beträchtlichen Unterschiede dürften auf den je nach Bestellungseingang verschieden hohen Anteil der Arbeitsmigrantinnen zurückzuführen sein. Diese entliess man je nach Bedarf oder holte sie kurzfristig wieder nach Baden, hatte man einen grösseren Auftrag gesichert, wie etwa 1959/60 in Baden, als mit einem Mal 500 zusätzliche Arbeiter/-innen in Italien rekrutiert wurden, um Lieferfristen einzuhalten.[411] Entsprechend ihrem wachsenden Anteil erhielten die Arbeiterinnen ab 1953 das Recht, bei den Arbeiterkommissionswahlen teilzunehmen. Bei einer ih-

---

406 Sozialarchiv, Ar SMUV, 04A-0004, Salaires BBC Baden, 16. 3. 1960.

407 Archiv ABB, VRP MFO, 11. 6. 1948; Sozialarchiv, Ar 422.60.7, SMUV Oerlikon: Angaben für die Bewegungsstatistik für das Jahr 1960; ebd., 422.60.8, Max Toggenweiler: Jahresbericht der Gruppe M. F. O., 14. 3. 1968.

408 Sozialarchiv, Ar 422.60.7, SMUV Oerlikon: Angaben für die Jahresstatistik [1958], 1959, 1960; ebd., Ar 422.60.8, August Zaun: Jahresbericht der Gruppe MFO 1964, 9. 3. 1965; ebd., Max Toggenweiler: Jahresbericht der Gruppe M. F. O., 14. 3. 1968.

409 Ebd., Ar SMUV, 04A-0004, Dossier Brown Boveri, Brown Boveri an kantonales Arbeitsamt Aargau, 5. 12. 1949.

410 Archiv ABB, DRP BBC, 13. 4. 1960.

411 Ebd., 2. 9. 1959.

rer Sitzungen erklärte die Geschäftsleitung, das alles sei bloss eine symbolische
Geste und werde keine weiteren Folgen haben: «Dabei besteht keine Gefahr, dass
sie [die Arbeiterinnen, A. F.] in die Kommission gewählt werden könnten, weil
sie zu schwach vertreten sind.»[412]

Anders als Brown Boveri und die Maschinenfabrik Oerlikon beschäftigte
Gebrüder Sulzer Frauen in den Büros, als technische Zeichnerinnen, in den Kantinen, als Sozialarbeiterinnen oder als Putzkräfte, nicht aber in den Werkstätten.
Das hatte zum einen mit dem hohen Anteil an qualifizierter Einzelfertigung zu
tun, die traditionell Arbeiterinnen vorenthalten blieb. Zum anderen war das die
Folge der für den Winterthurer Betrieb spezifischen Personalpolitik, die Frauen
aussen vor liess. Angesichts der Plafonds und des ausgetrockneten Arbeitsmarktes erfuhr diese eine Neuausrichtung; der Betrieb begann, gezielt nach Arbeiterinnen für die Werkstätten und Giessereien – zuvor eine absolute Männer-
domäne – zu suchen.

Seit mindestens 1962 (und wahrscheinlich schon etwas früher) beschäftigte
Gebrüder Sulzer Arbeiterinnen in diesen Bereichen. Ihre Tätigkeiten im Werk
Winterthur galten nicht als typische Frauenarbeiten, sondern waren dieselben,
die auch Männer verrichteten. Sie arbeiteten etwa als Magazinerinnen, Stapler-
fahrerinnen oder Kranführerinnen.[413] Ab 1966 berichtete die Werkzeitung regelmässig in einer neuen Rubrik über die Arbeiterinnen und ihre Arbeit etwa in der
Präzisionsgiesserei, der Kernmacherei, dem Sandlabor oder der Grossputzerei
der Giesserei Bülach.[414] Sie wurden Mitte der 1960er-Jahre zum ersten Mal sichtbar gemacht: Bis anhin fehlten Fotografien mit Arbeiterinnen. Eine Reihe von
Artikeln besprach Arbeitsplätze und -bereiche und stellte die Überlegungen des
Betriebs vor, wie die künftigen Arbeitsbedingungen für Frauen aussehen könnten, etwa Teilzeitarbeit, eigene Garderoben und Sitzgelegenheiten am Arbeitsplatz. Gebrüder Sulzer, das zeigte sich gerade an der Garderobenfrage, fehlte
sichtlich die Erfahrung – 1966 arbeiteten gerade mal 35 Frauen in den Winterthurer Werkstätten.[415] Entsprechend blieb ein etwas paternalistischer Ton am
Versuch haften, die Leserinnen der *Werk-Mitteilungen* von den Vorteilen der Fabrikarbeit zu überzeugen, die durch eine weitgehende Rationalisierung nun auch
«die Frau wesensmässig ansprechen kann».[416]

Spezifisch wollte der Betrieb Frauen um die 40 Jahre ansprechen, «die nun-
mehr eine kleinere oder keine Aufgabe mehr hat in der eigenen Familie» und
«etwas Nützliches» tun möchte. In der Werkstatt würde sie nicht nur einen
eigenen Lohn verdienen, sondern auch Leute kennenlernen.[417] Die verdichtete
Arbeit galt als Vorteil gegenüber der früheren Arbeitsweise, die Arbeitsschritte

---

412 Archiv ABB, DRP BBC, 23. 3. 1953.
413 Kranführerinnen, in: WM 11, 1962, 15; vgl. Stellenanzeigen Beilageblatt, WM 11, 1965.
414 Frauen in unseren Werkstätten und Giessereien, in: WM 11, 1966, 18 f.
415 Frauen in unseren Werkstätten und Giessereien, in: WM 12, 1966, 22 f.
416 Frauen in der Probeweberei, in: WM 2, 1967, 8 f., hier 8.
417 Ebd.

seien dadurch «weniger ermüdend» und «zeitlich kürzer» geworden. Was das in der Konsequenz hiess, nämlich mehr Arbeitsschritte pro Zeiteinheit verrichten zu müssen, liess man besser unerwähnt. «Die Rationalisierung und die damit verbundene Arbeitsteilung führen zu völlig neuen Verrichtungen und Arbeitsbereichen, die auch für Frauen geeignet sind.»[418] Fotoreportagen zeigten Arbeiterinnen in den Werkstätten des Werks Zuchwil an Werkzeugmaschinen, beim Bohren, Fräsen und Gewindeschneiden, an Pressmaschinen oder in der Spritzlackierung. Allesamt Tätigkeiten, die weder neue Verrichtungen waren noch neue Arbeitsbereiche darstellten und die zudem nicht als spezifisch weiblich galten.[419]

Repression und fehlende Solidarität

Ein wichtiger Aspekt der wachsenden Arbeitsmigration war die durch sie bewirkte Verschiebung der Belegschaften weg von der einheimischen Facharbeit. Diese Verschiebung bewirkte eine zweite, eine der Wahrnehmung: Die Betriebe befürchteten, mit den Italiener/-innen werde nicht nur deren zu verausgabende Arbeitskraft, sondern womöglich eine kämpferische Tradition importiert, etwa das Wissen darum, wie man einen Arbeitskampf organisiert. Das passte nun wirklich schlecht zum Arrangement, das hier nach 1937 galt, bei dem es gerade darum ging, genau darüber nichts zu wissen (oder nichts wissen zu wollen). Die Arbeitsmigrant/-innen wurden verdächtigt und überwacht – von den Patrons und den Behörden ebenso wie von den Gewerkschaften.[420]

Anfang 1956 erklärten die *Werk-Mitteilungen* von Gebrüder Sulzer, während der Arbeit dürfe nicht über Politik geredet werden. «Wir bemühen uns […], die Diskussion über diese Probleme dem Betrieb fernzuhalten.» Das gelte insbesondere für Italiener. Diese sollten während und nach der Arbeit politische Diskussionen sein lassen: «Es liegt daher im Interesse des Betriebs, wenn dort [im Barackenlager, A. F.] auch nach dem Feierabend in der Diskussion politischer und konfessioneller Fragen Zurückhaltung geübt wird. Agitatoren […] können nicht geduldet werden.»[421] Der Grund dieser Erklärung in der Werkzeitung waren Razzien am 1. Juni 1955, welche die Bundespolizei zusammen mit Kantons- und Stadtpolizeien in sechs Kantonen – in Winterthur, Zürich, Schaffhausen, Frauenfeld, Baden, Zofingen, Brugg, Basel und Binningen – durchgeführt hatte und die gegen Mitglieder der italienischsprachigen Sektion der Partei der Arbeit (PdA) gerichtet waren.[422] Seit mindestens Anfang 1955 überwachte der Staatsschutz bei Gebrüder

---

418 Frauen in den Werkstätten, in: WM 3, 1967, 14 f., hier 14.
419 Frauen in unseren Werkstätten, in: WM 4, 1967, 12 f.
420 Tanner 2015, 338 f.
421 Entlassung von italienischen Arbeitnehmern, in: WM 1, 1956, 11.
422 EJPD: Bericht und Antrag über die Polizeiaktion im Zusammenhang mit kommunistischen Umtrieben italienischer Staatsangehöriger in der Schweiz; Ausweisungen gemäss Art. 70 BV, 15. 6. 1955, DoDiS-10880. Die Razzien wurden begründet mit dem Verdacht auf politischen

Sulzer vermeintliche Kommunisten, dies in enger Zusammenarbeit mit dem stell-
vertretenden Direktor der Personalabteilung Frédéric Comtesse, der bereitwillig
Beschäftigte bei der Bundespolizei denunzierte.[423] Diese verhaftete am 1. Juni 1955
insgesamt 26 Männer und zwei Frauen, darunter 26 Italiener/-innen; 20 wurden
ausgewiesen und erhielten eine Einreisesperre. In Winterthur glaubte man, damit
eine Zelle des Partito Comunista Italiano (PCI) ausgehoben zu haben.[424]

Nach den Razzien schrieb Gebrüder Sulzer die bei ihr beschäftigten Italiener an mit der Drohung, bei politischer Betätigung würden sie sogleich entlassen.
Anfang Dezember 1955 schritt man zur Tat: neun Arbeiter verloren aus politischen Gründen ihre Stelle, «nachdem bekannt geworden war», so die Werkzeitung, dass sie Mitglieder der PdA waren – sie verloren damit die Arbeits- und
die Aufenthaltsbewilligung. Die nötigen Informationen hatte der Betrieb von
der Bundespolizei erhalten. «Vielen unserer Mitarbeiter war nicht bekannt, dass
diese Ausländer aktive Kommunisten waren, deren Aktivität sich gegen unser
Unternehmen und gegen unser Land richtet.»[425] Zwar hatten sich die Arbeiter
nichts zuschulden kommen lassen und konnten eine gute Arbeitsleistung vor-
weisen. Dennoch wurden sie kurz vor der Auszahlung der Weihnachtsgratifika-
tion entlassen. Weitere Arbeiter verloren bei der Maschinenfabrik Rieter und der
Lokomotiv- und Maschinenfabrik ihre Stelle.[426] «Die Firmen hätten erklärt, dass
den Arbeitern keine Beeinträchtigung ihres Betriebes […] während den Arbeits-
stunden vorgeworfen werde», schrieb der Schweizer Botschafter in Rom Alfred
Escher ans Politische Departement. «Die Entlassung soll ausdrücklich mit der
Begründung wegen politischer Tätigkeit erfolgt sein.»[427] Der Zürcher Regierungsrat wies im Januar 1956 den Rekurs gegen die Ausweisungen ab, was die
Werk-Mitteilungen von Gebrüder Sulzer als Beweis dafür auffassten, «dass diese
Leute nicht harmlos waren und dass sie auch keine Gratifikation verdienten».[428]
Darauf intervenierte der Botschafter Italiens Maurilio Coppini, nicht zuletzt, da
(wie ihn der Generalsekretär des Politischen Departements Alfred Zehnder zusammenfasste), «[c]es enquêtes […] créent chez les Italiens un sentiment d'incer-
titude et même de persécution».[429] Die italienischen Behörden verhängten 1956
ein vorläufiges Embargo gegen die drei Winterthurer Unternehmen – eine symbolische Geste. Im April des Jahres wurde es bereits wieder aufgehoben.[430]

Nachrichtendienst (Art. 272 StGB; Verfahren eingestellt), die Ausweisungen erfolgten mit Verweis auf die Gefährdung der inneren Sicherheit (Art. 70 aBV).

423 Cerutti 1995, 224.

424 EJPD: Bericht und Antrag über die Polizeiaktion im Zusammenhang mit kommunistischen
Umtrieben italienischer Staatsangehöriger in der Schweiz; Ausweisungen gemäss Art. 70 BV,
15. 6. 1955, DoDiS-10880.

425 Entlassung von italienischen Arbeitnehmern, in: WM 1, 1956, 11.

426 Cerutti 1995, 225.

427 Alfred Escher an Alfred Zehnder, 17. 12. 1955, DoDiS-11535.

428 Entlassung von italienischen Arbeitnehmern, in: WM 1, 1956, 11.

429 Alfred Zehnder: Visite de l'ambassadeur Coppini du 17. 1. 1956, 19. 1. 1956, DoDiS-11536. Das
Politische Departement nennt sich seit 1979 Departement des Äusseren.

430 Cerutti 1995, 226–228.

Gebrüder Sulzer versuchte zu verhindern, dass linke Arbeiter nach Winterthur kamen. Im Dezember 1955 – mitten in der Affäre um die politisch motivierten Entlassungen kurz zuvor – reiste der stellvertretende Direktor Comtesse nach Genua und verlangte vom Schweizer Konsulat Hilfe bei der Abklärung, ob es unter den 60 vom Betrieb neu rekrutierten Arbeitern Kommunisten habe. Das Konsulat zog die Polizei zurate.[431] Das Winterthurer Unternehmen besass demnach genug Einfluss, nicht nur ein Konsulat für sich arbeiten zu lassen, sondern auch noch die italienische Polizei. Später würde Gebrüder Sulzer in Italien eine private Detektei anstellen, um Arbeiter auf ihre politischen Ansichten hin zu prüfen.[432] An einer Tagung des Metallarbeiterverbands im November 1955 rechtfertigte Brown-Boveri-Direktor Ernst Speiser dieses bei der Maschinenindustrie übliche Vorgehen so: «Wenn deet e grossi Arbeitslosigkeit isch und e schwyzerischi Firma schickt ihre Verträter deet aane go Arbeiter sueche, da […] het er naturgemäss e grossi Uuswahl. […] Woby me natürligg au luege muess, dass er nid grad sonigi nimmt, wo d'Absicht händ, in dr Schwyz e kommunistische Zälle zbilde, das will mer ja natürligg au nid.»[433]

Die Ausweisung von Arbeiter/-innen, die man der Mitgliedschaft in der PdA, dem PCI oder einfach als Linke verdächtigte, hatte in der Nachkriegszeit System.[434] 1952 entliess Brown Boveri sechs Arbeiter aus politischen Gründen und liess sie ausweisen. Fabrikdirektor Fritz Streiff erklärte an der Sitzung der Geschäftsleitung, die einheimische Belegschaft sei verärgert, dass man nicht noch härter gegen Linke vorgehe.[435] In der zweiten Hälfte von 1955 wurden in Winterthur, Bülach, Zürich, Baden, Brugg, Zofingen, Basel, Birsfelden, Schaffhausen, Kreuzlingen und Neuhausen mindestens 80 Personen aus politischen Gründen ausgewiesen.[436] Razzien führte die Bundespolizei auch vor den italienischen Parlamentswahlen vom Mai 1958 durch, wobei es darum ging, Wahlunterlagen des PCI (damals immerhin zweitstärkste Partei) zu beschlagnahmen, die für die Arbeiter/-innen bei Brown Boveri bestimmt waren.[437] Nach dem Wahlerfolg des PCI bei den Parlamentswahlen vom April 1963 ordnete der Bundesrat für Ende Juli bis Ende August in den Kantonen Bern, Basel, Zürich, in der Waadt und in Genf erneut Razzien bei politisch aktiven Italiener/-innen an. In der Folge wurden acht Personen ausgewiesen und zehn weitere erhielten Einreisesperren. Die Verhöre liefen ruppig ab; der in Bern verhaftete Dreher Franco Pesce wurde von der Polizei unter Schlägen gezwungen, ein falsches Aussageprotokoll zu unterschreiben.[438] Im Nationalrat wiegelte der katholisch-konservative Bundesrat Ludwig von Moos bei der Beantwortung einer diesbezüglichen Interpel-

---

431 Jean Piffaretti an EPD, 27. 1. 1956, DoDiS-11757.
432 Cerutti 1995, 227.
433 Speiser 1955, Tonband 8, 12:26–12:56.
434 Vgl. Holenstein/Kury/Schulz 2018, 297.
435 Archiv ABB, DRP BBC, 13. 8. 1952.
436 Schmid 1976, 40.
437 Hirt 2009, 472.
438 Schmid 1976, 251.

lation des Sozialdemokraten Georges Borel ab, es sei nur «in ganz wenigen Fällen dazu gekommen, [...] dass zuverlässige Polizeiorgane sich im Eifer zu einer Überschreitung der auch ihnen gesetzten Grenzen hinreissen liessen».[439] Moos erklärte, «der Ausländer darf Kommunist sein», er dürfe aber nicht danach handeln. «Die Grenzen der politischen Tätigkeit von Ausländern ist durch die innere und äussere Sicherheit unseres Landes gezogen.»[440]

Eine Möglichkeit der Bundespolizei, an Informationen über politisch aktive Arbeiter/-innen heranzukommen, bestand in der Zusammenarbeit mit den Gewerkschaften. 1948 nahm das Justiz- und Polizeidepartement in dieser Sache Kontakt mit «zuverlässigen Gewerkschaftsfunktionären» in Bern, Zürich, Winterthur, Basel und Schaffhausen auf.[441] Unklar bleibt, ob die Kontakte im Vorfeld der Razzien vom Juni 1955 benutzt wurden. Zumindest der Metallarbeiterverband hielt 1956 vorerst eine engere Zusammenarbeit nicht für nötig.[442] Im August 1962 vereinbarten der spätere Chef der Bundespolizei André Amstein und der Präsident des Metallarbeiterverbands Ernst Wüthrich schliesslich doch noch eine ständige Kooperation, um Informationen über linke Migrant/-innen auszutauschen.[443] Es machte keinen Unterschied, dass der PCI im Italien der Nachkriegszeit einen alles andere als revolutionären Kurs verfolgte.[444] Auf seinem Programm stand die Machtteilhabe, nicht deren Übernahme; wirtschaftspolitisch orientierte er sich an einem nachfrageorientierten Entwicklungsmodell, ähnlich dem, was die hiesige Sozialdemokratie in den 1930er-Jahren gefordert hatte, wenn auch etwas konsequenter. Politische Realitäten waren nicht von Belang – es ging vielmehr um das Gerücht. Für die Gewerkschaften war eine toxische Verknüpfung von links (unter der Chiffre Kommunismus) und ausländisch (unter der Chiffre Überfremdung) wichtiger, die liess sich gut als Rechtfertigung für ihre Ablehnung der Migrant/-innen gebrauchen.[445] Über die Razzien von 1963 äusserte die Leitung des Metallarbeiterverbands ihre Genugtuung. Sie begrüsste «die behördlichen Massnahmen, denn so beginnt immer die kommunistische Wühlarbeit in den Gewerkschaften. Der SMUV ist nicht gewillt, dieser vom Ausland gesteuerten Abbrucharbeit untätig zuzusehen.»[446] Im Anschluss an die Razzien forderte der kleine freisinnige Landesverband freier Schweizer Arbeiter seine Mitglieder auf, Linke zu überwachen. Auf der Suche nach subversiver Literatur filzten daraufhin Mitglieder des Landesverbands bei Von Roll in Gerlafingen und bei Gebrüder Sulzer in Zuchwil die Kleiderschränke von Arbeitsmigranten.[447]

439 Nationalrat 1963, 331.
440 Ebd., 337.
441 EJPD: Zur Frage der politischen Tätigkeit italienischer Fremdarbeiter, 2. 4. 1948, DoDiS-4183.
442 Prot. Sitzung Regierungsrat Zürich mit Bundesanwaltschaft, 8. 2. 1956, DoDiS-12074.
443 Hirt 2009, 447.
444 Vgl. Balestrini/Moroni 2013.
445 Allmen/Steinauer 2000, Bd. 1, 203.
446 Ernst Wüthrich: Jubiläumskongress des SMUV in Zürich, in: SMAZ, 2. 10. 1963, 1–8, hier 4.
447 Schmid 1976, 251.

Ein solches Vorgehen kam nicht von ungefähr. Den Gewerkschaften diente der Antikommunismus in der Nachkriegszeit ebenso der Rechtfertigung ihrer Vertragspolitik wie als Mittel, oppositionellen Strömungen den Wind aus den Segeln zu nehmen.[448] Allerdings erhielt er durch die Verknüpfung mit ihrer Ablehnung der Arbeitsmigrant/-innen eine chauvinistische Qualität. Der Begriff der Überfremdung war in den 1960er-Jahren zum «Schlüsselwort xenophober Grundströmungen» geworden, das sich der eingeübten Denkschablonen der geistigen Landesverteidigung bediente, um sie rassistisch aufzuladen, wie Rudolf Braun 1970 in seiner Untersuchung zur Lage von Arbeitsmigrant/-innen im Kanton Zürich, Solothurn und Aargau schrieb.[449] Die Fortschrittlichen Arbeiter, Schüler und Studenten (FASS) ergänzten im selben Jahr – und das scheint hier wichtig –, mit diesem Begriff würden «die bestehenden Verhältnisse zu nationalen Eigenarten» erklärt.[450] Diese Liebe zu bestehenden Über- und Unterordnungsverhältnissen diente als Grundlage für die Überfremdungsinitiativen, sei es bei der Demokratischen Partei oder bei der Nationalen Aktion gegen die Überfremdung von Volk und Heimat um den ehemaligen Fröntler James Schwarzenbach; eine hinreichend bekannte Geschichte, mit dem einen oder anderen Wurmfortsatz bis heute.[451] Sie waren aber nicht alleine. In Branchen mit einem hohen Anteil an Arbeitsmigrant/-innen halfen Gewerkschaften mit, allerdings aus anderen Gründen.[452] Tatsächlich «[e]in trauriges Kapitel der Arbeitergeschichte»:[453] In den von den Unternehmen importierten Arbeitskräften sah man nicht Arbeitskolleg/-innen, sondern eine gleich wieder zurück ins Herkunftsland zu spedierende Konkurrenz, eine, die nur die gewerkschaftlich repräsentierte Lohn- und Qualifikationsstruktur der Betriebe bedrohte und einem die Sozialleistungen und den Wohnraum streitig machte – Migrant/-innen galten als «Störenfriede des sozialen Friedens».[454] Statt auf Solidarität setzten die Gewerkschaften auf Spaltung und Selbstethnisierung.[455] Gefordert wurden die Bevorzugung von Einheimischen, eine möglichst rasche Rückkehr der Ausländer/-innen und, etwas später, ihre strikte Beschränkung mittels Plafonds.

Der Metallarbeiterverband warnte seit Mitte der 1950er-Jahre davor, der Import von Arbeitskräften sei ein Problem, «das uns allen auf den Fingern brennt», denn er führe zu «einer Überfremdung unseres Landes [...] wie vor dem Ersten Weltkrieg. Die Leidtragenden werden, wie damals, die einheimischen Arbeits-

448 Arbeitsgruppe 1980, 307.
449 Braun 1970, 379, 384.
450 FASS 1970, 11.
451 Vgl. Holenstein/Kury/Schulz 2018, 320–322. Die Demokratische Partei schloss sich in Zürich 1971 der Freisinnigen Partei an, in anderen Kantonen der heutigen Schweizerischen Volkspartei (SVP). Die Nationale Aktion nennt sich seit 1990 «Schweizer Demokraten», ihre Klientel ist zum Grossteil von der SVP absorbiert worden.
452 Vgl. Romano 1999, 79.
453 Zuppinger 1987, 73.
454 Ebd., 75.
455 Vgl. Balibar 1990.

kräfte sein.» Der Verband sprach dunkel von einer «Beunruhigung unter der Arbeiterschaft»; die Gefahr drohe, «alle Schleusen zu öffnen, ohne Klarsicht über
die daraus entstehenden Überschwemmungsschäden».[456] Intern benutzte man
seit längerem solche Metaphern: Im Juni 1951 sprach etwa die Sektion Baden
von den «Gefahren der Überflutung von Fremdarbeitern».[457] Mit Rücksicht auf
die Patrons lavierte man einige Jahre aber zwischen dem Grundsatz der Gleichbehandlung aller Arbeiter/-innen (wenn auch nur für jene, die eine Niederlassungsbewilligung erhielten) und der Forderung, die Grenzen zu schliessen: «Wir
haben», erklärte Verbandspräsident Arthur Steiner 1957, «aber die Auffassung,
dieser Zustrom verursache Durchzug in der eidgenössischen Stube, und wenn
Durchzug ist, schliesst man die Fenster oder die Türe.»[458] Praktischerweise vertraten Steiner und die Verbandsleitung gleich beide Positionen – die differenzierende Gleichbehandlung ebenso wie die Forderung nach Begrenzung. Diese
wurde in den 1960er-Jahren indes immer lauter. Der Präsident des Gewerkschaftsbunds Hermann Leuenberger erklärte im März 1961 an den Schweizerischen Kursen für Unternehmensführung: «Vor allem darf nicht verschwiegen
werden, dass die Gemüter in den Kreisen der Arbeiterschaft über das bedenk-
liche Anwachsen der Zahl ausländischer Arbeitskräfte sich zusehends erhitzen,
die Diskussionen in Betrieben und die Auseinandersetzungen in Versammlungen
immer heftigere Formen annehmen.»[459]

Die Zahl der Ausländer/-innen werde «ständig grösser und grösser», die Einheimischen mit ihrer «schweizerischen Eigenart» fühlten sich von den Unternehmen «vernachlässigt», beklagte sich Leuenberger.[460] Der Metallarbeiterverband
versuchte allenthalben, die mit solchen Äusserungen verbundenen Ressentiments
durch den Verweis auf die Konjunkturpolitik zu kaschieren. Man fordere eine Beschränkung, «keineswegs aus Abneigung gegen die ausländischen Arbeitskräfte
und deren Familien, sondern aus der tiefen Sorge um die Zukunft unserer Wirtschaft».[461] Der Verband verknüpfte nicht nur seine antikommunistische Haltung
mit der Ablehnung der Migrant/-innen, sondern gleichermassen sein unkritisches
Eintreten für die Rationalisierung der Arbeitsprozesse. Die unqualifizierten oder
anstrengenden Tätigkeiten, die Arbeitsmigrant/-innen verrichteten (bei Gebrüder
Sulzer etwa im Bereich der Gussputzerei), müssten umgehend mechanisiert und
dadurch wegrationalisiert werden – dann bräuchte es keine zusätzlichen Arbeitskräfte mehr.[462] Manchmal, wenn auch seltener, wurde gefordert, man solle statt der
Ausländer/-innen lieber einheimische Frauen beschäftigen.[463] Als im Juni 1962 der

456 Zum Problem der ausländischen Arbeitskräfte, in: SMAZ, 23. 11. 1955, 1 f.
457 Sozialarchiv, Ar SMUV, 07A-0008, SMUV Sektion Baden an Zentralvorstand, 20. 6. 1951.
458 Arthur Steiner: «Sie arbeiten doch für uns!», in: SMAZ, 7. 8. 1957, 1.
459 Leuenberger 1961, 186.
460 Ebd., 189, 190.
461 Ernst Wüthrich: Verbandskongress des SMUV in Lugano, in: SMAZ, 26. 10. 1960, 1–4, hier 2.
462 Sozialarchiv, Ar SMUV, 04A-0004, Dossier Gebrüder Sulzer, Ernst Wüthrich an Walter Huber,
     28. 2. 1967.
463 SGB 1960.

Vertreter des Bau- und Holzarbeiterverbands und spätere sozialdemokratische Bundesrat Willi Ritschard im Nationalrat die Reduktion ausländischer Arbeitskräfte forderte, erweiterte die *Metallarbeiter-Zeitung* unter dem programmatischen Titel «Es sind zuviel!» ihre Begründung. Überfremdung, das sei nicht bloss eine Sache von Ziffern oder betrieblicher Strukturen, sondern eben ein Gefühl: «Besonders beim einheimischen Arbeiter hängt das Urteil, ob wir überfremdet sind oder nicht, von den Verhältnissen auf seinem Arbeitsplatz ab. Und hier ist mehr und mehr nach einem ‹Halt!› zu rufen. Es gibt immer mehr Betriebe, in denen der Schweizer Arbeiter zur Minderheit wird. Hier entstehen dann die innern Spannungen. […] Weil es Firmen und Betriebe gibt, die zu stark auf die Ausländer angewiesen sind, fangen sie an, sich an die Arbeitsweise der ausländischen Arbeiter anzupassen. Es werden ihre Sitten und Gebräuche übernommen […].»[464]

Ihre Arbeitsweise, Sitten und Gebräuche: Damit war die angebliche Schludrigkeit der Migrant/-innen gemeint. Der Fabrikarzt von Brown Boveri Hans Wyss erklärte 1963 an einer Tagung der Schweizerischen Gesellschaft für Präventivmedizin über die «Assimilation ausländischer Arbeitskräfte» in Zürich, die Personalabteilung müsse wissen, dass, «wer streitsüchtig, stets unzufrieden und rechthaberisch war, wer unstet, ohne zwingenden Gründe immer wieder den Arbeitsplatz wechselt», diese «Charaktermängel» in die Schweiz importiere. Eine strenge Auslese sei nötig, um die fernzuhalten, die «keine Arbeitslust zeigen, jedoch oft arrogant, aggressiv und unzufrieden diskutieren». Hier müssten die Fabrikärzte eingreifen und beim Eintritt in die Fabrik neben dem medizinischen ein psychopolitisches Screening durchführen, um «Menschen, von denen wir annehmen müssen, dass sie wegen der erwähnten Mängel […] versagen würden, von diesem Versagen fernzuhalten».[465]

Bei den Arbeiterkommissionen war die Gegenüberstellung von ausländischer Pfuscherei und einheimischer Qualität ein Dauerbrenner. Wo die rationalisierten Arbeitsprozesse stockten, die Vorgabezeiten nicht eingehalten wurden, die Qualität der Werkstücke nicht den Anforderungen entsprach: Stets waren daran die Migrant/-innen schuld, die man zudem besser behandle als die einheimische Belegschaft. Bei Gebrüder Sulzer behauptete die Arbeiterkommission wiederholt, den Ausländern gebe man gut bezahlte Akkordarbeiten, während die Einheimischen immer weniger verdienten – mochte das aufgrund der segregierten Lohnstruktur auch kaum möglich sein.[466] Immer wieder bat man die Geschäftsleitung, keine Arbeiter aus Italien mehr zu rekrutieren, denn «ihre Einstellung zum Betrieb und ihr anmassendes Verhalten» führe zu Zeitverlusten, sie arbeiteten nicht schnell genug – sprich: Sie seien für die Fertigung in Winterthur zu faul.[467]

464 Es sind zuviel!, in: SMAZ, 19. 12. 1962, 7.

465 Wyss 1963, 384, 387; vgl. Castles/Kosack 1985, 322 f.

466 Archiv Sulzer, Schachtel 180, Prot. Arbeiterkommission, 24. 11. 1950. Dasselbe in Oerlikon: Sozialarchiv, Ar 422.60.3, Prot. Gruppenversammlung, 28. 11. 1947. Vgl. zu diesen Klagen Braun 1970, 152.

467 Archiv Sulzer, Schachtel 181, Prot. Arbeiterkommission, 5. 10. 1961.

Grundsätzlich stellten sich die vom Metallarbeiterverband bestimmten Arbeiterkommissionen seit 1946 gegen die Rekrutierung von Arbeitsmigrant/-innen.[468] Da sie über keinerlei Macht verfügten – im Rahmen des Friedensabkommens wurden sie von den Geschäftsleitungen vielmehr als Transmissionsriemen gebraucht –, diente das vor allem der Selbstverortung. Bei jeder Aufstockung der ausländischen Arbeitskräfte wurde protestiert und ihr Abbau gefordert; die Einheimischen wollte man bessergestellt sehen.[469] Und manchmal ging es bloss darum, alle rauszuwerfen: «[E]s wäre nun an der Zeit, die Ausländer wieder abzuschieben», hiess es etwa bei der Arbeiterkommission der Maschinenfabrik Oerlikon im April 1953.[470] Die unsolidarische Verbandsposition wurde auf der lokalen Ebene, in den Arbeiterkommissionen, mitgetragen.

Gleichzeitig – und im Widerspruch zur obigen Haltung – gab es durchaus Versuche, Arbeitsmigrant/-innen in die Gewerkschaftsstrukturen einzubinden. Bei Brown Boveri waren im Herbst 1948 immerhin 158 Arbeiter/-innen aus Italien Mitglied des Metallarbeiterverbands geworden. Allerdings seien sie keine guten Beitragszahler, es gebe grosse Rückstände, wohl aus politischen Gründen, schrieb die Sektion Baden an den Zentralvorstand. Dieser empfahl, kurzerhand alle rauszuwerfen.[471] Ende der 1950er-Jahre forderte die Geschäftsleitung von Brown Boveri den Verband auf, er möge sich der Arbeitsmigrant/-innen wieder vermehrt annehmen. Deren gewerkschaftliche Betreuung (gemeint war ihre Kontrolle) sei «auch für den Betrieb von Nutzen», so Dario Marioli, der für den Aufbau von Betriebsgruppen mit Italiener/-innen verantwortlich war. Dem stand die Haltung der lokalen Sektionen entgegen. «Es macht sich […] bemerkbar, dass unsere einheimischen Kollegen nicht immer den richtigen Umgang mit den ausländischen Kollegen pflegen», erklärte die Aargauer Kommission 1960.[472] Zu diesem Umgang zählte, dass man lange gar nicht vorhatte, Migrant/-innen aufzunehmen. Auf dem Höhepunkt der antikommunistischen Mobilisierung von 1956 sahen die Vertrauensleute der Maschinenfabrik Oerlikon in jedem Arbeiter, jeder Arbeiterin aus Italien potenzielle Subversive, die sich zudem nicht zu benehmen wüssten.[473] Zwei Jahre später änderte der Metallarbeiterverband seine Haltung: Er entschloss sich, in der Maschinenfabrik eine eigene Gruppe von Italienern zu bilden, wenn auch viele der Vertrauensmännerversammlung weiterhin dagegen waren; diese Gruppe sollte zudem in der Arbeiterkommission Einsitz erhalten.[474]

468 Archiv ABB, DRP BBC, 9. 10. 1946; Archiv Sulzer, Schachtel 180, Prot. Arbeiterkommission, 12. 12. 1946.
469 Sozialarchiv, Ar 422.60.3., Prot. Arbeiterkommission, 1. 2. 1954; ebd., Ar SMUV, 04A-0004, Dossier Gebrüder Sulzer, Arbeiterkommission an Geschäftsleitung Sulzer, 25. 8. 1961.
470 Ebd., Ar 422.60.3, Prot. Arbeiterkommission, 9. 4. 1953.
471 Sozialarchiv, Ar SMUV, 07A-0008, Sektion Baden an Zentralvorstand SMUV, 23. 9. 1948; ebd., Zentralvorstand SMUV an Sektion Baden, 24. 9. 1948.
472 Ebd., Prot. Kommission SMUV Aargau, 5. 3. 1959; ebd., Kantonale Kommission SMUV Aargau an Zentralvorstand SMUV Bern, 7. 7. 1960.
473 Ebd., Ar 422.60.3, Prot. Vertrauensmännerversammlung, 21. 11. 1956.
474 Ebd., Prot. Vertrauensmännerversammlung, 26. 5. 1958.

Die Sache zog sich indessen hin. Erst 1961 wurde diese Gruppe tatsächlich gegründet; die Verbandsfunktionäre forderte man bei dieser Gelegenheit auf, sich
solidarisch zu verhalten.[475] Dem vorangegangen war die öffentliche Kritik eines
Arbeiters im *Gleichrichter*, der die Arbeiterkommission dafür kritisierte, die
Anliegen der Italiener/-innen trotz ihres hohen Anteils in den Werkstätten nur
schlecht zu vertreten, zumal in der Kommission ausschliesslich Einheimische
sässen: «[S]iamo circa 600 operai italiani in fabbrica, quindi formiamo un buon
quinto del totale della mano d'opera. Fatta questa premessa mi chiedo se è pos-
sibile tenere costantemente questa parte rilevante di lavoratori senza rappresen-
tanza in seno alla Commissione Interna di fabrica, la quale è formata di soli lavoratori svizzeri.»[476]

Der Präsident der Arbeiterkommission Hans Hauser war wenig erfreut
über diese Kritik. Man habe in den letzten Jahren ein paar «Italienerversamm-
lungen» abgehalten, aber «zum Teil bei sehr schwacher Beteiligung». Zum Vorschlag Riccettis, dass die Italiener/-innen einen Sitz in der Kommission erhalten
sollen, «möchte ich weder ja noch nein sagen», weil das Reglement der Kommission nur von Arbeitern, nicht aber von Nationalitäten spreche. Er sei gleichwohl
überzeugt, es hätte «keine grosse konstruktive Auswirkung». Viel wichtiger sei
der gute Geschäftsgang des Betriebs, alles andere habe man hintanzustellen.[477]
Hauser befand sich im Abseits. Der Entscheid, Arbeiter/-innen aus Italien zu
organisieren und längerfristig in die Arbeiterkommission aufzunehmen, war bereits gefallen. Mit der neuen Offenheit musste der Verband eine neue Ordnungsfunktion übernehmen – noch im November 1960 wurde er von der Geschäftsleitung beauftragt, unter den Arbeiter/-innen aus Italien Handzettel zu verteilen,
auf denen stand, sie müssten sich jeglicher politischer Betätigung enthalten.[478]

In den meisten grossen Betrieben der Maschinenindustrie wurden in den
1950er- und verstärkt in den 1960er-Jahren eigene Vertretungsstrukturen für Ar-
beitsmigrant/-innen gebildet oder die bestehenden Arbeiterkommissionen geöffnet. Bei Brown Boveri gab es für Verhandlungen mindestens seit 1953 eine
separate Kommission für Arbeiter/-innen aus Italien.[479] In Winterthur wurde um
1961 die bestehende Arbeiterkommission für Arbeiter aus Italien und Spanien
geöffnet: «Die ausländischen Arbeiter können eine von Fall zu Fall zwischen Geschäftsleitung und Arbeiterkommission zu vereinbarenden angemessene Vertre-
tung erhalten», erklärten dazu die *Werk-Mitteilungen*.[480]

Der Metallarbeiterverband verschärfte zur selben Zeit den Ton – nach dem
Abschluss des erweiterten Rekrutierungsabkommens mit Italien von 1964 kam

475 Ebd., Ar 422.60.7, Invito generale alle maestranze della ditta MFO organizzate o no all'impor-
 tante convegno, 1961; ebd., August Zuan: Jahresbericht Gruppe M.F.O. 1961.

476 E. Riccetti: La MFO e gli operai italiani, in: GR 7, 1960, 101.

477 Hans Hauser: [Antwort], in: GR 7, 1960, 101 f., hier 102.

478 Ebd., Ar 422.60.3, Prot. Vertrauensmännerversammlung, 24. 11. 1960.

479 Archiv ABB, DRP BBC, 23. 3. 1953.

480 Arbeiterkommission Gebrüder Sulzer, in: WM 3, 1962, 30.

die Überfremdungsdiskussion in Fahrt.[481] Von der Nationalen Aktion mochte man sich distanzieren; doch vertrat der Verband zusammen mit dem Gewerkschaftsbund unter dem Slogan «500000 und nicht mehr!» ein ähnliches Ziel: die strikte Beschränkung der Zahl von Ausländer/-innen.[482] Und das mit Argumenten, die sich kaum noch von denen der reaktionären Rechten unterschieden: «Es gibt [...] für jedes Volk eine Grenze, über die hinaus es eine Überfremdung nicht mehr erträgt, weil es sich in seiner Lebensart, seinen Gewohnheiten, seinen Anschauungen und Sitten und in seiner Bewegungsfreiheit bedroht sieht. Dieser Punkt ist heute vielerorts erreicht. In vielen Betrieben kann sich der Schweizer Arbeiter nicht mehr wohl fühlen, weil er sich nicht mehr in seiner eigenen Sprache verständigen kann, weil er auf eine Einstellung zur Arbeit und zur Zusammenarbeit trifft, die er nicht teilen kann, weil sie an seine Selbstachtung rührt. Wenn er dann noch sehen muss, wie der Arbeitgeber die Ausländer hätschelt und päppelt, während er, wenn er eine Vergünstigung verlangt, auf Ausflüchte und Harthörigkeit stösst, dann muss man sich nicht wundern, wenn das Betriebsklima schlechter und schlechter wird. Auf die Dauer sind solche Spannungen unerträglich. Sie gleichen einem Geschwür, das fortwährend Giftstoffe in die Blutbahnen des Volkskörpers bringt. [...] [W]ir [wollen] unsere politische und soziale Eigenart erhalten und unser Land vor einer zersetzenden Überfremdung bewahren [...].»[483]

Hier sprachen Sozialdemokraten, nicht etwa Fröntler der 1930er-Jahre, wie man bei den Gift-, Blut-, Körper- und Zersetzungsmetaphern vielleicht annehmen könnte. Die xenophobe Mobilisierung der 1960er-Jahre machte eine solche Rede wieder salonfähig. Auf der bürgerlichen Seite verband diese sich oft mit einem kulturkonservativen Gesellschaftsjammer. 1964 schrieb etwa der Arzt Josef Weber in den heimatkundlichen *Badener Neujahrsblättern* über die Lage der Arbeitsmigrant/-innen in der Region Baden. Ein naheliegendes Thema, arbeiteten doch viele bei Brown Boveri. Weber, ganz Arzt, erklärte sich die Notwendigkeit, ausländische Arbeitskräfte zu rekrutieren, mit dem besseren Zugang zu Verhütungsmitteln und der damit verbundenen «Geburtenverhinderung»: Die Frauen weigerten sich, mehr Kinder auf die Welt zu stellen.[484] Die Folge seien Nachschubprobleme: «Es verbleiben noch die Menschenreserven in Asien und Afrika. Heute schon haben wir unter den Fremdarbeitern Türken, Neger und Mongolen (Tibetaner). Es ist ein Naturgesetz, dass sich diese Fremdrassigen mit den Einheimischen mischen werden. Eine Mischung von Europäern mit fremden Rassen ruft aber schwerste Bedenken [hervor].» Dem Arzt Weber graute vor der Zukunft – überall Menschen, die «uns volks- oder gar rassenmässig fremd sind».[485]

481 Vgl. Romano 1999, 55.
482 Der Wahrheit ins Auge blicken!, in: SMAZ, 2. 9. 1964, 3 f.; Die Ausländerfrage vor dem Ausschuss des Gewerkschaftsbundes, in: SMAZ, 27. 1. 1965, 2; Ziel 500000, in: SMAZ, 27. 1. 1965, 2 f.
483 500000 und nicht mehr!, in: SMAZ, 10. 2. 1965, 1 f.
484 Dieselbe Position (aber ohne rassistische Paranoia) vertraten die *Werk-Mitteilungen* von Gebrüder Sulzer, die auf geburtenreiche Jahrgänge hofften, damit die Plafonds «ohne allzu schädigende Wirkungen» blieben. Bruno Knobel: Gedanken zur Fremdarbeiterfrage, in: WM 1, 1965, 25 f.
485 Weber 1964, 34 f.

2.4 Fazit: Neuausrichtung, Verdichtung und Abschottung

Dieses Kapitel handelte vom Rationalisierungsschub der Schweizer Maschinenindustrie in den 1950er-Jahren. Anhand der drei untersuchten Betriebe wurden Techniken aufgezeigt, die Arbeit neu zu organisieren und zu verdichten. Nun kamen diese Techniken nicht in einem luftleeren Raum zur Anwendung. Am Anfang des Kapitels wurde deshalb das Friedensabkommen von 1937 als betriebspolitische Voraussetzung für nachfolgende Rationalisierungsvorhaben besprochen. Der Schluss wiederum zeigte, dass ab Ende der 1940er-Jahre sich die Zusammensetzung der Belegschaften grundlegend änderte – parallel zur und als Folge der Verdichtung der Arbeit.

Der 1937 verhinderte Streik bei Gebrüder Sulzer war für den Metallarbeiterverband eine erste grosse Bewährungsprobe, bei der er die Bereitschaft beweisen konnte, sich als Ordnungsmacht auch gegen den Willen der Belegschaft und der eigenen Vertrauensleute durchzusetzen. Das im Nachgang unterzeichnete Friedensabkommen setzte den Verzicht auf Arbeitskämpfe in der ganzen Branche durch und ebnete damit den Weg für die Rationalisierungsvorhaben der Nachkriegszeit. Dazu brauchte es ein Umdenken, eine politische Neuausrichtung oder, wie es der zeitweilige Präsident des Arbeitgeberverbands Schweizerischer Metall- und Maschinenindustrieller Hans Schindler formulierte: die «Umerziehung einer Arbeitergeneration».[486]

Der Blick in die Werkstätten zeigt, dass es unterschiedliche Wege gab, die Arbeitsproduktivität zu erhöhen. Die Lohnform spielte dabei eine entscheidende Rolle; die Einführung des Zeitakkords wurde verbunden mit vorgängigen Arbeits- und Zeitstudien, die über die Zerlegung und Neuzusammensetzung von Arbeitsgängen eine zusätzliche Verdichtung bewirkten. Lohnmodelle müssen stets im Kontext betrieblicher Konfliktualität betrachtet werden – sie können diese verschärfen, aber ebenso abschwächen. Das gilt besonders für den Übergang vom Geld- zum Zeitakkord, bei dem der Zeitverlauf der Arbeit ungleich stärker als zuvor einer strikten Ist-Soll-Logik unterworfen wurde. Für die Unternehmen besass der neue Zeitakkord eigentlich nur Vorteile: Neben der vereinfachten Lohnbuchhaltung versprach er, Verhandlungen zu entpolitisieren. Die jeweilige Berechnungsmethode der Löhne – so opak sie im Einzelfall auch sein mochte – wurde als wissenschaftlich und damit als politisch neutral ausgegeben. Dennoch: Die Methoden, mit denen die Akkorde berechnet wurden, waren und blieben umstritten. Mit Ausnahme der Maschinenfabrik Oerlikon kam es zwar nicht zu offenen Arbeitskämpfen. Das heisst aber nicht, dass es in den Betrieben keinerlei Widerstand gegeben hätte. Doch äusserte sich dieser indirekt, informell, unter der Oberfläche. Dazu zählte das Umfunktionieren von Informationskanälen wie dem Vorschlagswesen, bei dem die Beschäftigten eigene Rationalisierungsvorschläge einreichen sollten. «Schreibt alle Eure Ideen und Vorschläge nieder,

---

486 Schindler 1962.

gerade wie sie Euch in den Sinn kommen!», hiess es etwa bei der Maschinenfabrik Oerlikon.[487] Dem kamen die Arbeiter/-innen nach, wenn auch anders als vorgesehen. Das Vorschlagswesen wurde immer wieder als Möglichkeit gebraucht, der Betriebsleitung unter Umgehung des Dienstwegs die Meinung zu sagen.

Mit dem Zeitakkord kamen Arbeitsplatz- und Persönlichkeitsbewertungen zum Einsatz, um die jeweilige Schwere der Arbeit, ihre äusseren Umstände, aber auch die persönlichen Voraussetzungen und das Verhalten der Arbeiter/-innen in die Lohnbestimmung einfliessen zu lassen. Die in den drei Unternehmen je unterschiedlichen, doch in ihrer Absicht ähnlichen Bewertungssysteme zielten darauf ab, die Löhne zusätzlich zu differenzieren. Kombinierte Leistungslohn- und Bewertungssysteme bezweckten eine umfassende Individualisierung. Letztlich um kollektive Lohnverhandlungen zu unterlaufen oder wenigstens deren Reichweite zu begrenzen.

Im letzten Teil des Kapitels wurde darauf hingewiesen, dass die Maschinenindustrie ab Ende der 1940-Jahre auf die Ausweitung der Produktion setzte. Für arbeitsintensive Tätigkeiten warb man bevorzugt billige, an- und ungelernte Arbeitsmigrant/-innen aus Südeuropa an. Ihr Anteil wuchs bei den drei untersuchten Betrieben bis Ende der 1960er-Jahre merklich an. Die Belegschaften wurden damit allmählich multinationaler, aber zugleich auch weiblicher: Bestimmte niedrig qualifizierte und verdichtete Arbeiten erledigten schlecht entlohnte Arbeiterinnen.

Der wachsende Anteil an Arbeitsmigrant/-innen erweiterte die Vielfalt in den Betrieben – und wurde begleitet von einer Verengung der einheimischen Gemüter. In Zusammenarbeit mit den Unternehmen und den Gewerkschaften überwachte der Staatsschutz die importieren Niedriglohnarbeiter/-innen, weil er unter ihnen Linke vermutete. Als Objekt einer xenophoben Mobilisierung wurden sie politisch bewirtschaftet. Die bis heute nachwirkende Überfremdungsdiskussion der 1960er-Jahre lässt sich nicht einfach der reaktionären Rechten zuweisen. Die Gewerkschaften hatten Anteil am zusehends schrilleren Diskurs. Statt auf Solidarität setzten sie auf abschottende Selbstethnisierung, zuweilen verbunden mit einer unkritischen Rationalisierungsutopie: Die von Arbeitsmigrant/-innen verrichteten Tätigkeiten sollten mechanisiert werden. Dann könnte man sie wieder zurückschicken.

---

487 Aus unserm Bienenhaus, in: GR 4, 1944, 48.

3 Querverbindungen

3.1 Ausbau als Einbau: die Funktion betrieblicher Sozialpolitik

Die Jahre nach 1937 waren in der Schweizer Maschinenindustrie nicht nur die Zeit des sogenannten Arbeitsfriedens, dank dem umfassende Rationalisierungsvorhaben durchgesetzt werden konnten, ohne dass sich der geringste gewerkschaftliche Widerstand bemerkbar machte. Wie im zweiten Kapitel gezeigt wurde, spielte der Metallarbeiterverband sogar eine wichtige Rolle, um auf der Ebene der Werkstatt – für das Management lange Zeit eine Art Black Box, eine Gemengelage unverständlicher Verhaltensweisen, die es zu kontrollieren und zu formen galt – für Ruhe zu sorgen. Die Jahre des Arbeitsfriedens, der gewerkschaftlichen Unterordnung unter die Patrons, die Jahre der Preisgabe eines alternativen Gesellschaftsprojekts: Das waren zugleich die Jahre des Ausbaus sozialpolitischer Einrichtungen der Maschinenindustrie. Der Ausbau muss in Bezug gesetzt werden zur öffentlichen Sozialpolitik, die es in der Schweiz seit je schwer hatte; er galt geradezu als Ausdruck erfolgreicher unternehmerischer Autonomie, als wirtschaftsliberaler Gegenentwurf zu öffentlicher Versorgung oder zaghaften sozialdemokratischen Umverteilungsbegehren.[1] «Wenn die Schweiz punkto staatlichen Aufwendungen [für die Sozialpolitik, A. F.] nicht an der Spitze steht, so ist das unseres Erachtens […] ein Ehrentitel», so Heinrich Spoerry von der einflussreichen Wirtschaftslobby Redressement national im Mai 1957 an der Hauptversammlung des Verbands für privatwirtschaftliche Personalvorsorge.[2]

Geht man eine Ebene hinunter und betrachtet die Betriebe, dann funktionierte der Ausbau nach 1937 zugleich als Einbau: Über paritätische Pensionskassen oder gemeinsam verwaltete Betriebskrankenkassen wurden die Belegschaften geradezu in den Strudel des Betriebs hineingezogen. Die Altersvorsorge war vom Erhalt der Arbeitsstelle und der Profitabilität des Unternehmens abhängig; die Darlehen an unqualifizierte, in Not geratene Arbeiter/-innen, die Hypotheken für Facharbeiter oder Angestellte taten ihr Übriges. Pensionskassen, aber auch die vielen patronalen Unterstützungsfonds, bei denen man keine Rechtsansprüche geltend machen konnte, waren mit ein Vehikel, das proletarische Verhalten in kontrollierbare Bahnen zu lenken. «Jeder richtige Arbeitgeber, jeder richtige Vorgesetzte», so erklärte 1938 Fritz Bernet vom Schweizerischen Arbeitgeberverband den tieferen Sinn betrieblicher Sozialpolitik, «ist ein Erzieher. Er kann auf Dauer den Betriebszweck nur erreichen, wenn er seine erzieherische Aufgabe erfüllt.» Es sei «eine der schönsten Befriedigungen», wenn das

---

1 Vgl. Studer 2012, 938.
2 Spoerry 1957, 23.

Unternehmen es schaffe, die Arbeiter/-innen «auf rechte Bahn zu bringen und auf rechter Bahn zu halten».[3]

Der Ausbau der sozialpolitischen Einrichtungen lässt sich als monetäre Kompensation für die anhaltende Verdichtung der Arbeit und damit als Lohnnebenkosten verstehen, die Teile der gegenwärtigen und künftigen Reproduktionskosten abdeckten.[4] Die Gewerkschaften betrachteten die Lohnhöhe nie unabhängig von diesen Kosten und unterstützten daher einen Ausbau, mochte er auch gelegentlich auf Kritik stossen.[5] Der Zusammenhang leuchtet auch zeitlich ein: Der Ausbau fand gerade in den Jahren statt, als die Maschinenindustrie auf den Zeitakkord umstellte. Mit der Umstellung der Arbeitsorganisation in den Werkstätten, die eine ungleich stärkere Kontrolle des Arbeitsprozesses durch das Management erlaubte, wurden aus patronalen Fonds also paritätische Pensionskassen.

Nicht nur das: Auch die grossen Wohlfahrtsbauten in Baden oder in Winterthur errichtete man in dieser Zeit. Es war ein Ausbau, der den Einbau der Belegschaft in den Betrieb beabsichtigte. Doch war dieser Einbau nicht mehr jener der von oben nach unten mandatierten Betriebsgemeinschaft der Zwischenkriegszeit. Natürlich überlebte die Betriebsgemeinschaftsideologie hier und da noch lange Jahre, wenigstens rhetorisch; wo es nötig schien, passte man sie dem neuen Jargon an. Für den Einbau der Nachkriegszeit, der auf Parität setzte – auch in Kommissionen, die sich mit der Durchsetzung neuer Rationalisierungsvorhaben beschäftigten –, eignete sich der hergebrachte patronale Herr-im-Haus-Standpunkt aber wenig. Man hielt ihn, wie es der Leiter des Zürcher Instituts für angewandte Psychologie Hans Biäsch 1955 formulierte, nun für «etwas sehr unrentables».[6] Michael Burawoy spricht in diesem Zusammenhang von der langfristigen Ablösung der alten Fabrikdespotie durch ein hegemoniales Betriebsregime: «Workers must be persuaded to cooperate with management. Their interests must be coordinated with those of capital.»[7] Betriebliche Massnahmen bedurften der Zustimmung durch die Belegschaft. Die Anfang der 1950er-Jahre aus den USA importierte Human-Relations-Ideologie passte hier gut; wenigstens Teile davon, die man nach Bedarf aufkochen oder verdünnen konnte.[8] Das Kernstück dieser Ideologie, ihr Fokus auf den widersprüchlichen Beziehungen in der Werkstatt und im Büro, wollte mittels Einspannen, Fräsen und Abschleifen alltäglich erlebter Emotionen ein Verhalten züchten, das den Unternehmenszielen entgegenkam. Die Beziehungen in der Fabrik wurden geradezu bewirtschaftet. Der Begriff der Human Relations meinte eine Sozialtechnik, die das Getriebe der Fabrik von Hindernissen freiräumen wollte. An-

---

3 Bernet 1938, 7, 14. Vgl. Harvey 2011, 102.
4 Vgl. Bartels 2013; Engelen 2013.
5 Wompel 2018, 160.
6 Biäsch 1955, 5, 9:36–9:45.
7 Burawoy 1985, 123.
8 Siehe Kap. 3.2.

ders als bei der Psychotechnik ging es weniger um die Wahl des Arbeitsplatzes, um Anlernfragen oder psychologische Eignungstests.[9] Die Human-Relations-Ideologie zielte auf die Stimmungslage ab, auf das Betriebsklima, auf die in den Werkhallen aufziehenden Gewitterfronten. Massnahmen zur Verbesserung der menschlichen Beziehungen muteten zuweilen an wie Wetterballone, die man aufsteigen liess, um die unterschiedlichen Schichten der sozialen Fabrik-atmosphäre zu messen.

Eine Stadt in der Stadt

Das betraf nicht nur den unmittelbaren Arbeitsprozess in der Werkstatt oder dem Büro. Der Ausbau der betrieblichen Sozialpolitik nach 1937 stand ebenso für den Versuch, durch gezielte Investitionen die Wiederherstellung des Arbeits-vermögens zu beeinflussen.[10] Sozialpolitische Einrichtungen wie Vorsorgekas-sen, Unterstützungsfonds, Werkzeitungen, Abteilungsabende, Jubilarenfeiern, Wohlfahrtshäuser, Sozialarbeit, Hauswirtschaftskurse, Werkwohnungsbau, sie alle waren nicht bloss als Kompensation gedacht für die verdichtete, durchratio-nalisierte Arbeit. Das sicher auch, doch sie waren viel mehr: Sie waren ein Mit-tel für eine soziale Rationalisierung, eine Rationalisierung der Arbeits- wie der Lebensbedingungen, um die Belegschaft der verdichteten Arbeit anzupassen.[11] Der Ausbau als Einbau bedeutete, mit den Unternehmenszielen konform ge-hende Verhaltensweisen zu fördern. Der Präsident des Arbeitgeberverbands Schweizerischer Maschinen- und Metallindustrieller und vormaliger General-direktor der Maschinenfabrik Oerlikon formulierte es 1962 treffend: Am Ende stand die «Umerziehung einer Arbeitergeneration». Und seiner Meinung kamen die Patrons damit durch.[12]

Bei Gebrüder Sulzer erhielten neue Arbeiter/-innen und Angestellte vom Betrieb eine Wegleitung, eine Informationsbroschüre – auch bei Brown Broveri wurde eine solche verteilt.[13] Die Broschüren geben einen Hinweis auf das un-gefähre Ausmass der betrieblichen Sozialwesen. Sie erklärten grob die Struktur des Unternehmens, nannten die Geschäftsleitung beim Namen (manchmal auch den Verwaltungsrat), zählten die Abteilungen mit ihren nicht immer einsichtigen Kürzeln auf, ihre Leiter, ihre Unterabteilungen und ihre Arbeitsgebiete. Auch internationale Tochter- und Verkaufsunternehmen wurden erwähnt. Dann folgte meist eine detaillierte Übersicht über die Produkte des Betriebs sowie Möglich-keiten der Ausbildung und Weiterbildung. Ein Abschnitt der Wegleitungen war

9 Vgl. beispielsweise Rudolf Huber: Die Psychotechnik in der Auswahl und Anlernung unseres Personals, in: GR 1, 1944, 7–9.

10 Studer 2012, 940.

11 Aulenbacher/Siegel 1993, 77f.

12 Schindler 1962.

13 Vgl. BBC 1957; Sulzer 1953; dies. 1967.

den sozialpolitischen Einrichtungen gewidmet. Dieser Abschnitt interessiert hier natürlich besonders. 1967 erwähnte man bei Gebrüder Sulzer:[14]
- die Betriebsunfallversicherung (bei der SUVA)
- die Nichtbetriebsunfallversicherung (ebenfalls SUVA)
- die zusätzliche Betriebs- und Nichtbetriebsunfallversicherung für Angestellte im Monatslohn (bei der Winterthur Unfallversicherungs-Gesellschaft)
- die zusätzliche Abredeversicherung (ebenfalls Winterthur)
- den Unfallverhütungsdienst
- den Sanitätsdienst und den Fabrikarzt
- die Betriebskrankenkasse[15]
- die zusätzliche freiwillige Krankenkasse
- die kostenlose Röntgenuntersuchung
- die Sozialarbeiterin
- die Hauswirtschaftskurse
- die Arbeitslosenversicherung
- die Pensionskasse für die Angestellten
- die Pensionskasse für die Arbeiter/-innen[16]
- die Auszahlung von AHV-Renten durch den Betrieb
- die vom Betrieb verwalteten Sparhefte
- die kostenlose Rechtsberatung
- die Gewährung von Darlehen bei Notlagen
- die Vergabe von Hypotheken (über die Pensionskasse)
- die Zimmervermittlung
- den werksnahen Wohnungsbau[17]
- das Wohnhaus «für alleinstehende Mitarbeiter» (gemeint waren damit Arbeitsmigranten)
- die Lehrlingsheime
- die Wohlfahrtshäuser mit Kantine, Freizeitmöglichkeiten, Dusch- und Badeanlagen
- die Freizeiträume für Frauen im Monatslohn[18]
- die vielen Freizeitgruppen: Handball, Fussball, Orientierungslauf, Skifahren, Bergwandern, Werkmusik, Pensioniertenchor, Bastelklub, Skatspielen, Schach
- die Freizeitwerkstätten
- die verbilligte Abgabe von Material und Gebrauchsartikeln
- die Möglichkeit, einfache Werkstücke zur Bearbeitung abzugeben
- die Ferienheime

14 Sulzer 1967, 66–76.
15 Heute Provita Holding AG.
16 1953 erwähnte man zudem die Möglichkeit, eine zusätzliche Lebensversicherung abzuschliessen. Sulzer 1953, 57.
17 Siehe Kap. 4.2.
18 Die Ausgabe von 1953 erwähnt auch Freizeiträume für Männer im Monatslohn. Sulzer 1953, 64.

- den Sulzer-Imhoof-Fonds für Stipendien
- den Stipendienfonds des Arbeitgeberverbands
- die Finanzierung des Studiums «bei geeigneter Charakteranlage und Intelligenz»[19]
- die Armband- oder Taschenuhr, die der Betrieb nach 25 Jahren ununterbrochener Beschäftigung schenkt
- die Gratifikationen nach 30, 40 und 50 Arbeitsjahren
- die Ausflüge mit der Geschäftsleitung nach 40 und 50 Arbeitsjahren
- die regelmässigen Besuchstage, bei denen die Fabrik besichtigt werden konnte
- die technische Bibliothek, die Werkbibliothek (Belletristik) und die Bibliothek für Lehrlinge
- die Kundenzeitschrift *Technische Rundschau Sulzer*
- die Werkzeitung *Sulzer Werk-Mitteilungen*, die der gesamten Belegschaft kostenlos zugestellt wurde, «zur Förderung der Werkverbundenheit zwischen Leitung und Personal und dessen Familien»[20]
- die Zeitung des Arbeitgeberverbands, die *Werkzeitung der schweizerischen Industrie*, die ebenfalls kostenlos zugestellt wurde

Das sind nicht wenige Angebote und Einrichtungen – dabei wurden nicht mal alle aufgezählt. So fehlte etwa der Hinweis auf die Pflanzgärten auf den Landreserven des Unternehmens, die verbilligte Abgabe von Dünger, Torfmull und Saatgut, die verbilligte Abgabe von Kartoffeln im Herbst, die Zusammenarbeit mit der Winterhilfe, die Lebensmittel- und Wäschepakete an jene, deren Lohn oder Rente sehr niedrig ausfiel. Oder, wo es um die Freizeitgestaltung ging: der eigene Sportplatz in Oberwinterthur, das alljährliche Firmen-Kleinkaliberwettschiessen, die Rettungsschwimmkurse, der Tennisklub, das Jodlerchörli, die Musiziergruppen, die Reisegesellschaft der Angestellten, die an sechs Orten in Winterthur eigens aufgestellten Informationskästen mit Hinweisen auf kulturelle Veranstaltungen, der Bridgeklub, die Abendveranstaltungen für Lehrlinge, die Abteilungsabende, die Vorträge, Stubeten und Filme für Pensionierte, die Modellfluggruppe, die Briefmarkensammlergruppe, die regelmässigen Ausstellungen von Bastelarbeiten, für italienische Arbeitsmigrant/-innen die Bar mit Musikbox, Fernsehapparat und italienischen Zeitungen (in der Barackensiedlung beim Werk Oberwinterthur), der Billardraum, die italienischsprachige Bibliothek, die Boccia-Anlage, der Gruppo Aziendale Italiano Sulzer, das Klublokal für spanische Arbeiter/-innen an der Neuwiesenstrasse … die Aufzählung nimmt kein Ende.[21]

Eine ähnliche Wegleitung von Brown Boveri von 1957 enthielt neben der Aufzählung ihrer Leistungen auch einige Verhaltensanweisungen an die Belegschaft. Die Grundlagen der Arbeit bei Brown Boveri sei «die wirksame und freu-

---

19 Sulzer 1967, 70.
20 Ebd., 73.
21 Sinnvolles Freizeittum. Einrichtungen und Vereinigungen innerhalb der Firma, in: WM 10, 1962, 18–22.

Abb. 4: *Gebrüder Sulzer, Winterthur, 1960.*

dige Zusammenarbeit, getragen von gegenseitigem Vertrauen».[22] «Durch den Einsatz unserer ganzen Persönlichkeit und die Ausnützung der vollen Arbeitszeit haben wir das Interesse unseres Werkes nach bestem Wissen und Gewissen zu wahren.» Alle Beschäftigten «arbeiten zusammen zum gemeinsamen Wohl. Freude und Begeisterung für das gemeinsame Ziel und gegenseitiges Vertrauen und Unterstützen sind die beste Garantie für den Erfolg.»[23] Brown Boveri stellte die sozialpolitischen Einrichtungen explizit in den Zusammenhang einer geordneten Reproduktion: «Glückliche Familienverhältnisse sind nicht nur im Privatleben von grösster Wichtigkeit, sondern sie üben auch einen günstigen Einfluss auf eine erspriessliche Zusammenarbeit in der Werkgemeinschaft aus.» Familienprobleme mussten gelöst werden (dafür sorgte die betriebliche Sozialarbeit), damit der «Mitarbeiter […] während der Arbeit seiner Aufgabe die volle Aufmerksamkeit schenken kann».[24] Gebrüder Sulzer hingegen wollte die sozialpolitische Einkreisung der Belegschaft als Lohnnebenkosten verstanden haben: «Bei allen Betrachtungen über die Verdiensthöhe sind auch die Sozialleistungen der Firma in Rechnung zu stellen.»[25]

22 BBC 1957, 23. Zum Wunsch nach Vertrauen siehe auch Kap. 3.4.
23 Ebd.
24 Ebd., 27.
25 Sulzer 1967, 76.

Eine weniger buchhalterische als vielmehr gefühlsbetonte Sicht auf die Dinge verlangte die Maschinenfabrik Oerlikon von ihren Arbeiter/-innen und Angestellten, als sie 1952 die *Grundsätze für unsere Tätigkeit* verteilte – ein Unternehmensleitbild, wie es heute gang und gäbe ist. Auf die Idee war der Direktor der Personalabteilung Rudolf Huber bei einer seiner Reisen in die USA gekommen, als er gehört habe, dass die US Army ihren Soldaten gedruckte Verhaltensanweisungen verteile.[26] Die Fabrik wurde zu «unserer grossen Arbeitsgemeinschaft» erklärt, die den Beschäftigten emotionalen Halt gab (also mehr als die Begeisterung in Baden, die Arbeitskraft gegen Lohn veräussern zu dürfen): «Sie gibt seinem Leben einen weitern Sinn und vermittelt ihm die Kameradschaft all jener, die mit ihm das gleiche Ziel verfolgen.» Die Fabrik verlange dafür «die Bereitschaft, sich in die betriebliche Gemeinschaft einzuordnen», womit nicht zuletzt «die Bereitschaft zur Zurückstellung unwesentlicher Sonderwünsche» gemeint war. Mehr Gefühl als Verstand durchzog die Oerliker Grundsätze: Die Belegschaft wolle im Grau der Fabrik «Befriedigung finden», ihre Familien «mit einem Gefühl der Sicherheit in die Zukunft blicken können», durch den Verkauf von Produkten werde man «unserer Heimat helfen». «Und schliesslich wollen wir durch das Beispiel unserer Zusammenarbeit mitwirken am Aufbau einer besseren Welt.»[27]

Gebrüder Sulzer in Winterthur, Brown Boveri in Baden und die Maschinenfabrik Oerlikon waren mehr als Fabriken: Sie bildeten ein eigenes Sozialwesen heraus, einen eigenen Sozialstaat, den allein die Geschäftsleitung kontrollierte – Parität hin oder her. Zum Bezug der Sozialleistungen berechtigte das Arbeitsverhältnis; in vielen Fällen wurde ebenso ein konformes Verhalten vorausgesetzt, bei den patronalen Unterstützungsfonds explizit. Die Fabrik glich tatsächlich einer Stadt in der Stadt (in Oerlikon vielleicht eher einem Städtchen), architektonisch und politisch.[28] In der Propaganda der Patrons wogen die ab den 1940er-Jahren in steuerbegünstigte Sozialfonds und Kassen geleiteten Gelder schwer: Man erklärte sie zum Ausdruck «der Verbundenheit mit unsern Arbeitnehmern», wie der Generaldirektor von Von Roll Ernst Dübi 1943 in der *Werkzeitung der schweizerischen Industrie* zitiert wurde.[29] Die Werkzeitungen bezifferten regelmässig die jährlichen Aufwendungen für die betrieblichen Sozialwesen: die Beträge wuchsen in den 1950er-Jahren rasch an, aus Hunderttausenden wurden Millionen von Franken. Die genannten Zahlen liessen indes wenig bis gar keine Rückschlüsse zu und konnten sowieso nicht überprüft werden. Das war auch nicht der Zweck der Übung; die eigentlichen Verhältnisse galten als Geschäftsgeheimnis.[30] Es ging bloss um die Darlegung, dass man jedes Jahr Unmengen von Geld auf die Seite

---

26 Archiv ABB, VRP MFO, 11. 10. 1952.
27 MFO 1954, 2, 8, 12, 14. Der «Aufbau einer besseren Welt» war eine Chiffre der antikommunistischen Sekte Moralische Aufrüstung, mit der die Geschäftsleitung verbandelt war. Werner Jegher: Welt im Aufbau, in: SBZ 12, 1951, 153–155; siehe Kap. 3.3.
28 Vgl. Bärtschi 2002.
29 Ernst Dübi: Soziales Verantwortungsbewusstsein, in: WZ 9, 1943, 139 f., hier 139.
30 Lüpold 2010, 632.

lege für die Belegschaft – und daher jegliche Kritik per se unmoralisch sei. Gerne nutzte man dafür Diagramme, um das parallele Anwachsen von betrieblichen Sozialleistungen und Lohnkosten zu verdeutlichen. An diesen Fieberkurven, sich auftürmenden Balken und in Stücke geteilten Kuchen liess sich kaum mehr als die ungefähre Höhe ablesen. Der Trend, den sie anzeigen sollten, war hingegen klar verständlich – und dieser Trend bildete die eigentliche Botschaft: steigende Umsätze, höhere Ausgaben für das betriebliche Sozialwesen, allgemeine Harmonie. 1966 erklärte der Delegierte von Gebrüder Sulzer Herbert Wolfer zufrieden, die sozialpolitische Lage sei durch eine «ausgesprochen flache Druckverteilung charakterisiert».[31]

Differenzierung der Leistungen

Die Kehrseite der betrieblichen Sozialpolitik bildete der Zustand der öffentlichen. In der Schweiz blieb der Ausbau sozialstaatlicher Sicherungssysteme zwischen 1938 und 1960 zögerlich, «beschränkt und wohldosiert».[32] Nach einer kurzen Ausbauphase während der Kriegsjahre (etwa durch die Einführung einer Lohnausfallentschädigung für Militärdienstleistende) folgte ein eigentlicher Abbau: Zwischen dem Kriegsende und 1948 fielen die Ausgaben der öffentlichen Sozialversicherungen auf das Vorkriegsniveau zurück. Die Einführung der über 20 Jahre vom Bürgerblock blockierten Alters- und Hinterlassenenversicherung (AHV) änderte daran erst mal wenig. Zwar stieg die Sozialquote im Schneckentempo allmählich an, erreichte aber das Niveau von 1944 erst Ende der 1950er-Jahre.[33] Die Einführung der umlagenfinanzierten AHV stand für den institutionalisierten Klassenkompromiss der Nachkriegsjahre: Man erfüllte eine seit Jahrzehnten bestehende sozialpolitische Forderung der Arbeiter/-innenbewegung, die sich nach 1937 politisch selbst verabschiedet hatte, und stellte zugleich das komfortable Fortbestehen privater Kapitalversicherungen sicher. Die ausbezahlten AHV-Renten blieben bis zur sechsten Revision 1963 und der Auszahlung der Ergänzungsleistungen ab 1966 zu bescheiden, als dass man auf eine private – und das hiess in der Maschinenindustrie: auf die betriebliche – Vorsorge verzichten konnte.[34]

Die öffentliche Sozialpolitik der Nachkriegszeit zielte, so Bernard Degen, nicht auf die soziale Besserstellung ab, «sondern auf die generelle Korrektur der

---

31 Herbert Wolfer, zitiert in Ernst Horat: «... ausgesprochen flache Druckverteilung» – «... unserer Köpfe und Hände Arbeit», in: WZ 7, 1966, 144.
32 Leimgruber/Lengwiler 2009, 22; vgl. Studer 2012, 941.
33 Leimgruber/Lengwiler 2009, 11–13; vgl. Tanner 2015, 314.
34 Vgl. Degen 2006, 35. Die AHV finanziert sich über Lohnprozente; anders als in Britannien oder Skandinavien wurde in der Schweiz nicht erwogen, steuerfinanzierte Sozialversicherungen einzurichten. Tanner 2015, 311. Vgl. Eichenberger 2016 zu den für die AHV zentralen Ausgleichskassen. Den beschränkten Zugang von Arbeitsmigrant/-innen zur AHV regelte eine Reihe von Abkommen, etwa jene mit Italien von 1949, 1951 und 1962. Lengwiler 2015, 83 f.

Folgen der ungleichen Einkommensverteilung».[35] Das allerdings nur bei den Männern; die AHV – als Aushängeschild dieser Politik – wollte das hergebrachte Reproduktionsarrangement absichern. Ein Aspekt des Klassenkompromisses war seine geschlechtsspezifische Wirkung: Das System der öffentlichen Altersvorsorge zwang Frauen zur Ehe mit Männern. Die AHV diskriminierte von Beginn weg Frauen. Die Ausrichtung an einer Normbiografie verheirateter Männer führte dazu, dass Frauen, die aufgrund der Kinderbetreuung aus der Lohnarbeit ausschieden, Teilzeitarbeit leisteten und/oder sich scheiden liessen, mit tieferen Renten bestraft wurden.[36] Spätere Versuche, die AHV unter dem Schlagwort der Volkspension wenigstens zu einer existenzsichernden Versicherung auszubauen, die nach 1948 enttäuschten Erwartungen also doch noch zu erfüllen, scheiterten allesamt.[37] Das ab 1972 durchgesetzte Drei-Säulen-Modell aus öffentlicher Alters- und Invalidenversicherung, privater Pensionskasse (obligatorisch ab 1985) und privater Lebensversicherung zementiert bis heute sowohl den untergeordneten Status der öffentlichen Altersvorsorge wie sie die ungebremste Anhäufung von Pensionskassengeldern fördert.[38]

Die untergeordnete Stellung der AHV stärkte jene der betrieblichen Pensionskassen; zwischen 1941 und 1970 wuchs deren Anlagevermögen von 1,3 auf 19,9 Milliarden Franken (und bis 2004 auf 484,2 Milliarden Franken).[39] Von patronalen Unterstützungsfonds ohne Rechtsanspruch und Mitbestimmung bis zu paritätischen Versicherungen, die in Stiftungen ausgelagert wurden (wobei das Stiftungsvermögen immer noch im Betrieb verblieb, weil es aus einer Forderung bestehen konnte und damit nur buchhalterisch ausgeschieden wurde) – den Patrons dienten sie seit je der günstigen Selbstfinanzierung, als private Kreditanstalt also, wie auch als Massnahme, die Steuerausgaben möglichst tief zu halten.[40] In der Maschinenindustrie nahmen ihre Anzahl und der Abdeckungsgrad ab den 1940er-Jahren stark zu. 1930 waren 26,6 % der Beschäftigten der Branche einer betrieblichen Kasse angeschlossen, 1941 29,8 % und 1955 bereits 40,9 %.[41] Das mit ihnen akkumulierte Kapital war wichtig für Investitionen in den Betrieb und den Immobilienbereich. Der mit Pensionskassengeldern der Belegschaft finanzierte Wohnungsbau oder die Vergabe von Hypotheken an Fach-

35 Ebd., 37.

36 Lengwiler 2015, 82 f.; Luchsinger 1994, 61–68. Vgl. Degen 2006, 32.

37 Zur Mobilisierung Anfang der 1970er-Jahre gegen betriebliche Pensionskassen – unter anderem bei der Maschinenfabrik Oerlikon (Brown Boveri) oder Escher Wyss (Gebrüder Sulzer) – vgl. Autorenkollektiv 1974, 72–74.

38 Leimgruber 2008, 257 f.; Tanner 2015, 412–414. Mit der seit einigen Jahren bestehenden Verwertungskrise werden überakkumulierte Pensionskassengelder mit Vorliebe wieder in den Immobiliensektor gepumpt, wie schon in den 1980er-Jahren – in der Hoffnung auf eine aufschiebende Wirkung und, etwa bei Sanierungen, unterstützt durch staatliche Subventionen. Enorme Mietpreisaufschläge, soziale Vertreibung und Spekulationsbauten en masse sind die (durchaus beabsichtigten) Folgen. Vgl. zur Dynamik Harvey 2006, insbesondere 408.

39 Leimgruber 2008, 303–305, Tab. A.7.

40 Ebd., 71; Lüpold 2010, 203, 635, Tab. 55.

41 Leimgruber 2008, 299, Tab. A.5; vgl. Studer 2012, 939.

arbeiter und Angestellte band diese per Verschuldung und Begünstigung an die Betriebe: ein Mittel gegen die Fluktuation.[42] Pensionskassen dienten neben der Vorsorge der Versicherten und der Selbstfinanzierung der Betriebe bis zu einem gewissen Grad dazu, die Belegschaft zu disziplinieren, sie unter Kontrolle zu halten. Betriebsbindung war kein sinnbildlicher Begriff, sondern wörtlich zu verstehen. Zumal bis zur Revision des Obligationenrechts 1936 beim Stellenwechsel sämtliche an die Kasse geleisteten Beiträge verloren gingen. Danach erhielt man nur die eigenen ausbezahlt, verlor also nicht nur die Firmenbeiträge, sondern auch den Versicherungsschutz. 1967 empfahl ein Abkommen zwischen dem Gewerkschaftsbund, den Angestelltenverbänden und dem Arbeitgeberverband eine erweiterte Freizügigkeit; beim Stellenwechsel sollten die Beiträge direkt an die neue Kasse überwiesen werden.[43] In der Maschinenindustrie folgte 1969 eine branchenweite Verabredung; die Pensionskassen von Gebrüder Sulzer und Brown Boveri passten 1970 ihre Reglemente entsprechend an.[44] Die volle Freizügigkeit wurde indes erst in den 1990er-Jahren möglich.[45]

Bei Gebrüder Sulzer bestand ab 1871 die Möglichkeit, bei der Schweizerischen Lebensversicherungs- und Rentenanstalt eine Versicherung gegen Invalidität durch Betriebsunfall oder Krankheit abzuschliessen. Die Prämien schoss der Betrieb vor, um sie danach in Raten vom Lohn wieder abzuziehen. In den 1950er-Jahren übernahm man, abgestuft nach Beschäftigungsjahren, zwischen ein und zwei Drittel der Prämien; bei einem Stellenwechsel gingen diese Beiträge allerdings verloren.[46] 1892 kam ein Altersfonds hinzu: Ab 60 Jahren, bei fehlendem Vermögen und mindestens 20 Jahren durchgehender Beschäftigung bestand die Möglichkeit, unterstützt zu werden.[47] Ab 1920 richtete Gebrüder Sulzer für die Angestellten im Monatslohn die Angestelltenversicherung und für die Arbeiter die Arbeiterfürsorge ein; um 1942 wurden beide in Stiftungen ausgelagert; ihr Anlagevermögen stieg daraufhin rasch an, von 14 Millionen Franken 1942 auf 37 Millionen 1952.[48] Ab 1948 besorgte der Betrieb zudem die Auszahlung der AHV-Renten.[49]

Die unterschiedliche Benennung – Versicherung und Fürsorge – verwies nicht bloss auf die unterschiedliche Organisationsform. Sie markierte semantisch die soziale Trennung von Kopf- und Handarbeit; ein mentales Abgrenzungsmuster, dass bis in die 1970er-Jahre in der Maschinenindustrie Bestand haben sollte. Die Differenz war eine der Hierarchie, der Arbeit, des Lohns – und eine

42 Leimgruber 2008, 243 f.
43 Maurer 1968; Leimgruber 2008, 242. Arbeitsmigrant/-innen ohne Niederlassungsbewilligung blieben in der Regel von den Pensionskassen ausgeschlossen. Ebd., 207 f.
44 Sozialarchiv, Ar SMUV, 04A-0004, Dossier Gebrüder Sulzer, Gebrüder Sulzer: Freizügigkeits-Regulativ der Werk-Pensionskasse, 6. 3. 1970; Eugen Braun: Freizügigkeit bei den Pensionskassen, in: Brown Boveri Hauszeitung 7–8, 1970, 224 f.
45 Steiner 2008, 42; Studer 2012, 940.
46 Beilageblatt, WM 11, 1957.
47 Bütler 1989, 17.
48 Archiv Sulzer, Schachtel 153b, Prot. Besprechung mit Roland Riethmann, 31. 12. 1952.
49 Bálint 2015, 440; Bütler 1989, 24 f.

der Renten: 1955 zahlte Gebrüder Sulzer ihren pensionierten Angestellten eine maximale (also theoretische) monatliche Altersrente von 455 Franken aus, Witwen erhielten bis zu 227.50 Franken. Der Maximalbetrag der Arbeiterfürsorge lag hingegen bei 167 Franken; Witwen von Arbeitern erhielten keine Rente, nur eine einmalige Abfindung.[50]

1948 wurde die Angestelltenversicherung reorganisiert und auf eine neue, paritätische Grundlage gestellt. Frauen durften nur beitreten, wenn sie ledig waren; bei der Heirat mussten sie austreten. Die selber einbezahlten Beiträge wurden bei einem Stellenwechsel unverzinst ausbezahlt. Wer ein Gebrechen hatte (Kranke wurden nicht aufgenommen) oder zu alt war, für die und den bestand die Möglichkeit, eine separate Lebensversicherung abzuschliessen.[51] 1952 zahlte die Angestelltenpensionskasse eine monatliche Altersrente von maximal 254 Franken aus, bei Invalidität 194.80 Franken, die Witwenrenten betrugen höchstens 73.40 Franken – das konnte man nicht gerade als üppig bezeichnen.[52] Die Leistungen wurden in den folgenden Jahren deshalb stufenweise ausgebaut. 1953 hielt man es für nötig, festzustellen, dass die Zuwendungen des Betriebs, die der Aufbesserung der Renten dienten, nicht eingeklagt werden konnten: «Sie erfolgen in Erfüllung einer sozialen Aufgabe, soweit sie die Firma als wirtschaftlich tragbar hält; der Entscheid darüber steht dem Verwaltungsrat zu.»[53] Ein Vergleich mit den Angestelltenpensionskassen der Maschinenfabrik Oerlikon und Brown Boveri zeigte 1962, dass die maximalen Altersrenten bei allen drei Betrieben praktisch auf derselben Höhe lag: man glich die Leistungen aufeinander ab.[54]

Während die Kasse der Angestellten 1948 auf eine paritätische Grundlage gestellt wurde, mussten die Arbeiter von Gebrüder Sulzer auf diesen Wechsel lange warten. Erst 1960 wurde die Arbeiterfürsorge in die paritätische Werkpensionskasse umgewandelt, bei der die Prämien neben der Renten- zusätzlich eine Sparkapitalversicherung finanzierte; durch Letztere erhielt man bei der Pensionierung eine einmalige Abfindung ausbezahlt. Zuvor gab es keinerlei Rechtsansprüche. Die Arbeiterfürsorge finanzierte sich ausschliesslich über den Betrieb, die Renten legte der Verwaltungsrat nach Belieben fest.[55] Die Leistungen der neuen paritätischen Kasse blieben in den ersten Jahren gleichwohl auf bescheidenem Niveau. 1962 wurde die maximale Rente bei 40 und mehr Arbeitsjahren auf monatlich 175 Franken angehoben, Witwen erhielten höchstens 110 Franken.[56] Eine Angleichung der Leistungen an jene der Angestelltenpensionskasse wurde erst Ende der 1960er-Jahre ins Auge gefasst.[57]

---

50 Archiv Sulzer, Schachtel 153b, Prot. Besprechung mit Roland Riethmann, 31. 12. 1952; ebd., Antrag für Zulagen an pensionierte Angestellte, Arbeiter und deren Hinterlassene für das Jahr 1956.
51 Ebd., Reglement Angestelltenpensionskasse 1948.
52 Ebd., Roland Riethmann an Geschäftsleitung, 9. 7. 1952.
53 Ebd., Reglement Angestelltenpensionskasse 1953.
54 Ebd., Aktennotiz, 6. 8. 1962.
55 Ausbau unserer Werkpensionskasse, in: WM 6, 1968, 9.
56 Archiv Sulzer, Schachtel 153b, Auszug Prot. Verwaltungsrat, 29. 8. 1962.
57 Schiess: Neuregelung der Werkpensionskasse, in: WM 7, 1968, 10f.

Neben den Pensionskassen und Lebensversicherungen bestand bei Gebrüder Sulzer mindestens ab 1949 zudem die Möglichkeit, einen Teil des Lohns direkt
auf ein Sparheft bei einer Bank zu überweisen. Die Verwaltung des Kontos übernahm der Betrieb.[58] Das Angebot richtete sich vor allem an junge Arbeiter. Einerseits sollten sie so zu einem genügsamen Lohngebrauch und zum Sparen angehalten werden; andererseits sprach man jene an, die heiraten wollten, denen aber das
Geld dafür fehlte. Das Sparheft wurde ihnen als ein persönlicher «Ehefonds» vorgestellt, den sie mit ihrem Lohn äufnen könnten.[59]

Bei Brown Boveri ähnelte die Entwicklung der Pensionskassen derjenigen
bei Gebrüder Sulzer. Um 1900 bestanden zwei Fonds für die Auszahlung von
Altersrenten; und wie in Winterthur waren sie nach Status getrennt: ein Beamten-
pensionsfonds für die Angestellten und ein Arbeiterunterstützungsfonds für die
Arbeiter/-innen.[60] Aus dem Pensionsfonds entstand 1917 die Beamtenpensions-
kasse, die 1924 in eine Stiftung überführt wurde. Nach mehreren gescheiterten
Versuchen der Angestellten, daraus eine paritätische Kasse zu machen, willigte
1941 der Verwaltungsrat schliesslich ein. In diesem Jahr verfügte die Kasse über
ein Anlagevermögen von 14,36 Millionen Franken; 1955 kam man auf 60 Millionen Franken.[61] Nach mehreren kleineren Anpassungen wurden die Leistungen
der Kasse erst 1966 massgeblich ausgebaut. Und das nicht freiwillig, sondern erst
auf Druck, als «Ergebnis langer und zeitweise zäher Verhandlungen mit unserem
Hausverband». Besonders störte die Geschäftsleitung, dass das Wesen einer Pensionskasse «von den Versicherten nicht immer verstanden» werde.[62]

Der ältere Arbeiterunterstützungsfonds wurde 1923 als Arbeiterhilfsfonds
in eine Stiftung überführt. Auch hier legte Brown Boveri die Rente fest; um 1948
lag der maximal ausbezahlte Betrag bei 120 Franken im Monat.[63] Obwohl der
Fonds keine paritätische Kasse war, sassen mindestens in den 1940er-Jahren zwei
von der Geschäftsleitung ernannte Arbeiter im Stiftungsrat – eine symbolische
Geste. Der Grossteil des Anlagevermögens von 1944 rund 5,9 Millionen Franken habe man, so Brown Boveri, nicht im Betrieb selbst, sondern beim Bund,
bei Kantonen, Städten, den Bundesbahnen, in Hypotheken und in Kraftwerken
angelegt.[64] 1955 war das Anlagevermögen auf 20 Millionen Franken angewachsen; 1956 wurde schliesslich eine seit langem bestehende Forderung erfüllt und
der Fonds in eine paritätische Kasse mit einer Renten- und einer Sparkapitalversicherung umgewandelt. Dass das möglich wurde, hatte auch damit zu tun, dass

58 Vgl. Archiv Sulzer, Schachtel 156f, Abt. 24: Quartalsbericht IV 1950, 1. 3. 1951.
59 Karl Ketterer, Ernst Zehnder: Ein Wort an Jung und Alt!, in: WM 3, 1945, 17–19, hier 18; Ernst
    Zehnder: Vom Sparen und Schuldenmachen, in: WM 11, 1949, 84f.
60 BBC 1957, 61f.
61 Emil Blum: Die Entstehung und Entwicklung der Beamten-Pensionskasse, in: WW 9, 1944,
    115–117; Boveri 1957, 10.
62 Theodor Boveri, Eugen Braun: Die revidierte Beamten-Pensionskasse, in: WW 3–4, 1966, 66f.,
    hier 66.
63 Archiv ABB, VRP BBC, 9. 12. 1948.
64 Emil Zaugg: Die Stiftung Arbeiter-Hilfsfonds, in: WW 2, 1944, 71f.

der Metallarbeiterverband 1955 im Gegenzug auf Lohnforderungen verzichtet
hatte – ein «schöner Erfolg» sei das, so der Fabrikdirektor Fritz Streiff an der Sitzung der Direktoren, weil sich die Gewerkschaft in Zurückhaltung übte.[65] Der
Betrieb konnte so die anstehende Lohnrevision auf das nächste Jahr verschieben.
Im Rückblick seien Versicherungsleistungen «von Anfang an bescheiden» gewesen, erklärte 1965 die Werkzeitung.[66] Eine Verbesserung der Leistungen stand seit
längerem zur Debatte; im selben Jahr wurde die Obergrenze der Renten bei 40
und mehr Jahren durchgehender Beschäftigung von monatlich 150 Franken auf
250 Franken angehoben.[67] Die über lange Jahre dürftige Leistung der Arbeiter-
pensionskasse legitimierte man nachträglich damit, dass «die Arbeiter erst an eine
Beitragserhebung ‹gewöhnt› werden mussten».[68]

Beide Pensionskassen kontrollierten um 1969 zusammen ein Vermögen von
immerhin 307 Millionen Franken. Die Kassen, so erklärte die Werkzeitung, seien
aber nicht dazu da, «billiges Geld» dem Unternehmen zuzuführen – das sei ein
Vorurteil von Unwissenden, ebenjenen, über die Theodor Boveri oben sagte, sie
wollten es nicht immer verstehen. Man habe nämlich ein Gutteil des Kapitals in
Hypotheken und Liegenschaften angelegt.[69] Welche Liegenschaften das in etwa
sein könnten – vielleicht waren es ja die eigenen –, darüber las man in der Zeitung nichts.

Eine andere Organisationsform als in Winterthur und Baden wählte man
bei der Maschinenfabrik Oerlikon. Seit 1899 bestanden hier für die patronale Altersvorsorge ein Beamten- und ein Arbeiterfonds. Die Forderung nach der Einführung einer richtigen Pensionskasse bestand seit mindestens 1917; sie wurde
aber immer wieder von der Geschäftsleitung abgelehnt, zuletzt 1937, als die Angestelltenvereinigung verlangte, (nur) für die Angestellten eine Kasse einzurichten.[70] Zwei Jahre später entschied sich das Unternehmen, doch eine Pensionskasse
einzuführen, und zwar für sämtliche Beschäftigte, also Angestellte wie Arbeiter/
-innen, wenn auch die Bedingungen für Letztere deutlich schlechter ausfielen.[71] Die Kasse organisierte man nicht selbst, sondern wählte dafür eine externe
Gruppenversicherung – je zur Hälfte bei der Winterthur-Lebensversicherung
und bei der Schweizerischen Lebensversicherungs- und Rentenanstalt (in deren Aufsichtsrat sass Generaldirektor Hans Schindler).[72] In den ersten zehn Jahren bestand die neue Pensionskasse aus einer Sparkapitalversicherung. In diese

65 Archiv ABB, DRP BBC, 29. 6. 1955; Fritz Streiff: Ein neues Sozialwerk im Entstehen: Die Pensionskasse für unsere Arbeiter und Arbeiterinnen, in: WW 11, 1955, 185–188.
66 Die Arbeiter-Pensionskasse wird ausgebaut, WW 1–2, 1965, 8.
67 Archiv ABB, VRP BBC, 13. 1. 1965; Sozialarchiv, Ar 422.60.8, Reglement der Arbeiter-Pensionskasse BBC Baden, 1965.
68 Peter Rinderknecht: Die ‹zweite Säule› bei Brown Boveri, in: Brown Boveri Hauszeitung 3,
   1969, 75.
69 Ebd.
70 Archiv ABB, DRP MFO, 31. 3. 1937.
71 Rudolf Huber: Ausbau unserer Personalversicherung, in: GR 3, 1949, 45.
72 Pollux 1945b, 62 f.

zahlten die Arbeiter/-innen und Angestellten unterschiedlich hohe, aber jeweils viel höhere Lohnprozente als der Betrieb ein; ihr Anteil wurde in den folgenden Jahren zusätzlich angehoben. Erst 1946 zog das Unternehmen nach: die Versicherung wurde damit paritätisch. Zumindest formell, denn ein Teil der Firmenbeiträge wurde tatsächlich in andere Fonds umgeleitet. Ausserdem blieb die Besserstellung der Angestellten gegenüber der Arbeiter/-innen bestehen.[73] Die Gruppenversicherung wurde 1950 fortgeführt, nun aber als eine Kombination aus Renten- und Sparkapitalversicherung.[74] Die Maschinenfabrik Oerlikon benutzte die Personalversicherung mitunter für andere Zwecke als für die Vorsorge und Betriebsbindung. Sie belohnte Frauen, die eine Familie gründeten und deswegen ihre Lohnarbeit aufgaben; das entsprach der Haltung der Geschäftsleitung, Fertigungskosten durch schlecht bezahlte Frauenlohnarbeit tief zu halten und gleichzeitig ein traditionelles Familienmodell zu predigen. Kündigten Frauen ihre Arbeitsstelle wegen «Erfüllung von Familienpflichten», dann zahlte man ihnen Mitte der 1950er-Jahre nicht nur ihre eigenen Beiträge zurück, sondern auch jene des Betriebs, gewährte also die volle Freizügigkeit, ein zu der Zeit unübliches Vorgehen.[75]

Die Organisation der Personalversicherung wurde 1960 grundlegend verändert, nachdem die Angestellten- und die Arbeiterkommission seit über zehn Jahren gefordert hatten, statt der Gruppenversicherung eine eigene Kasse zu führen. Die Maschinenfabrik führte eine solche schliesslich ein, zunächst mit einem Anlagevermögen von 10,5 Millionen Franken.[76] Mit einem Teil der Gelder wurden Liegenschaften gekauft. Dieser Teil wurde immer wichtiger. Vier Jahre später waren bereits 37 % des auf 20,2 Millionen Franken angewachsenen Vermögens in Häusern angelegt, unter anderem solchen, in denen die eigene Belegschaft wohnte, die damit die Miete an die eigene Pensionskasse zahlte.[77] Die Wohnung wie die Beiträge an die Kasse (bis zur vollen Freizügigkeit würden Jahre verstreichen) waren von der Arbeitsstelle abhängig. Da überlegte man es sich zweimal, diese zu wechseln oder durch das eigene, womöglich politische Verhalten zu gefährden.

---

73 Archiv ABB, DRP MFO, 10. 11. 1948; Albert Brunner: Die sozialen Massnahmen der MFO bis zur Gegenwart, in: GR 4, 1951, 56–59; Sozialarchiv, Ar 422.60.3, Prot. Arbeiterkommission, 11. 1. 1954.

74 Stiftungsrat Personalversicherung: Die neue Personalversicherung, in: GR 4, 1950, 53–55.

75 Die finanzielle Lage unserer Sozialfonds, in: GR 8, 1956, 125 f. Die Maschinenfabrik Oerlikon betrieb zudem seit 1920 einen patronalen Wöchnerinnenfonds, um Familien finanziell zu unterstützen. Wöchnerinnenfonds, in: GR 7, 1955, 92.

76 Stiftungsrat des Fürsorgefonds: Ein neues Kapitel hat begonnen, in: GR 1, 1960, 5 f.

77 Versicherungs-Kasse, Beilage, GR 8, 1964; vgl. zu den Wohnhäusern MFO-Notizen, in: GR 4, 1962, 38; MFO-Notizen, in: GR 7, 1963, 62.

3.2 Gefühle abschöpfen:
Human Relations, Werkzeitungen, Firmenanlässe

1953 erklärte der Direktor der Brown-Boveri-Verkaufsabteilungen Emil Klingelfuss: «Die rauhe Wirklichkeit des Lebens zwingt uns oft, hart, manchmal sehr hart zu sein.» Denn: «Weichheit wäre Schwäche und unmännlich; sie würde auch von vielen nur ausgenützt.» Dann allerdings änderte Klingelfuss unverhofft die Tonart, um über die Beziehungen im Betrieb zu schreiben: «Aber was ich meine, ist: Wir müssen bei allem unserem Tun den menschlichen Gefühlen unserer Mitmenschen mehr Rechnung tragen [...]. Jeder ist ein Baustein im Gewölbe unserer Werksgemeinschaft, in dem sich jeder wohl und geborgen fühlen muss.»[78]

Klingelfuss' Appell, den Gefühlen mehr Rechnung zu tragen, war zwar als sentimentale Neujahrsbotschaft verfasst, nicht aber dem Inhalt nach. In der Maschinenindustrie würde immer häufiger von individuellen Gefühlen und Beziehungen die Rede sein. Wo zuvor ein patriarchalischer Paternalismus und korporative Betriebsgemeinschaftsideale einzig vertikale Beziehungen zuliessen, mit nach oben gerichteten gemeinsamen Gefühlsäusserungen wie bedingungslose Verehrung des Patrons (weit weniger häufig war der umgekehrte Fall), gerieten nun individuelle Gefühlslagen in den Blick, und zwar auch horizontale. Dahinter stand ein sozialpolitischer Paradigmenwechsel durch die Übernahme der aus der USA stammenden Human-Relations-Ideologie. Diese kam in den 1950er- und 1960er-Jahren insbesondere bei Personalchefs in Mode, die der Praxis ihrer Abteilung eine sozialwissenschaftliche Legitimation verschaffen wollten.[79] Die Human-Relations-Ideologie nahm, was den Höhepunkt ihrer Rezeption betrifft (nicht jedoch ihre Entstehung), eine zeitliche Zwischenstellung ein zwischen der früheren Psychotechnik und den späteren Bedürfnistheorien, die in den 1970er-Jahren zusehends populärer wurden.[80] Ihnen allen war gemein, dass sie eine möglichst reibungslose Einpassung der Beschäftigten in die Abläufe des Unternehmens zum Ziel hatten.

Die Grundlage der Human-Relations-Ideologie bildeten mehrere, sich zeitlich und inhaltlich überschneidende arbeitspsychologische Untersuchungen, die in den 1920er- und 1930er-Jahren in den Hawthorne-Werken der Western Electric Company in Chicago und Cicero durchgeführt wurden, einem im Apparatebau tätigen Tochterunternehmen der American Telephone and Telegraph Company.[81] Vier Untersuchungsvorhaben zwischen 1924 und 1932 wollten Faktoren ausfindig machen, die sich in einer taylorisierten Werkstatt positiv auf die Arbeitsleistung auswirkten. Die erste wurde vom National Research Council finanziert und begann 1924, wurde drei Jahre später allerdings eingestellt; ihre

---

78 Emil Klingelfuss: Ein Wunsch besonderer Art am Beginn des neuen Jahres, in: WW 1, 1953, 3.
79 Vgl. Kaufman 2007, 28 f.; Rosenberger 2008, 319–321.
80 Bernet 2016, 289; Bonazzi 2008, 79–96. Vgl. Donauer 2013, Kap. 4; Maier 1984.
81 Die Hawthorne-Werke wurden 1983 geschlossen. Folgende Ausführungen: Bonazzi 2008, 49–56; Gillespie 1991; Kompier 2009; Walter 1989; Wren/Bedeian 2009, 283–293.

Ergebnisse vermochten nicht zu überzeugen.[82] Sie untersuchte den Einfluss der
Beleuchtung auf das Wickeln von Spulen und fand zunächst die Annahme bestätigt, bei besseren Lichtverhältnissen werde mehr geleistet. Allerdings stellte
sich heraus, dass die Kontrollgruppe ebenfalls mehr leistete und die Leistung
auch dann nicht abfiel, wenn die Beleuchtung reduziert wurde. Daraus schloss
man, die Arbeitsleistung sei nicht so sehr von der Gestaltung der Arbeitsumge-
bung abhängig (an sich eine der Grundannahmen der Arbeitswissenschaften);
vielmehr hätten sich die Arbeiter/-innen in der Untersuchung beweisen wollen.
Hier liege ein schwer zu fassender «menschlicher Faktor» brach, den ein Unternehmen als produktive Ressource abschöpfen könne.[83]

Dieses brachliegenden Faktors nahmen sich drei weitere Untersuchungen
der Harvard School of Business Administration an: Den menschlichen Beziehungen in der Werkstatt, die das Arbeitsergebnis positiv oder negativ beeinflussten,
wollte man auf den Grund gehen. Zwischen 1927 und 1932 wurden die Auswirkungen verschiedener Umwelteinflüsse auf die Arbeitsleistung von fünf Arbeiterinnen untersucht, die pro Tag in repetitiver Arbeit mindestens 500 Telefonrelais
(in über 150 Ausführungen) zusammenbauen mussten, die aus 26 bis 52 Teilen
bestanden.[84] Durch eine gezielte Modellierung der Testumgebung glaubte man,
eine Reihe erwünschter psychologischer Effekte zu erzielen.[85] Mehrere Testrei-
hen kamen zum Schluss, dass insbesondere ein kollegialer Leitungsstil leistungs-
fördernd sei, weil sich dadurch das Betriebsklima verbessere und die Arbeitszufriedenheit entsprechend zunehme; Ruhepausen oder die Lohnhöhe hingegen
seien wenig relevant. Die Ergebnisse überraschten einigermassen – und beru-
higten Western Electric zugleich. Denn nun besass man eine wissenschaftliche
Legitimation, Investitionen in die Verbesserung der Arbeitsbedingungen oder
gar Lohnerhöhungen zugunsten eines menschlicheren Umgangs im Betrieb auf-
zuschieben.

Nachuntersuchungen des gesammelten Datenmaterials ergaben in den
1960er-Jahren nicht nur eine methodisch fehlerhafte, sondern vor allem eine auf
willkürliche Vorannahmen gestützte Dateninterpretation. Entgegen der Überlieferung, wie wichtig der freundliche Umgang der Meister für die Leistung der
Arbeiterinnen sei, wurde die in den Untersuchungen festgestellte Leistungssteigerung einfach durch herkömmliche Antreiberei erzielt. Wer sich wehrte, wurde
aus der Testumgebung entfernt oder gleich entlassen.[86] Ähnlich wie bei Taylor,
dessen Geschichte vom Eisenschaufler Schmidt gleichermassen ins Reich der Er-

---

82 Roethlisberger/Dickson 1950, 14–18. Fritz Roethlisberger, der von der Harvard University aus
an den Untersuchungen beteiligt war, sowie der Personalchef der Hawthorne-Werke William
Dickson verfassten 1939 den 1950 in Neuauflage erschienenen, für die Rezeption der Human-
Relations-Ideologie zentralen Bericht, der die Untersuchungsreihe zur Entdeckungsreise stilisiert und Widersprüche in den Ergebnissen einfach wegdeutet. Gillespie 1991, 198f.
83 Noble 1977, 319. Vgl. Rabinbach 1990, 276–278.
84 Kompier 2009, 403.
85 Roethlisberger/Dickson 1950, 48f.
86 Kompier 2009, 404; Walter 1989, 180f.

findungen (respektive der gelungenen Werbung) gehört, waren es, bei allem Anspruch der Wissenschaftlichkeit, nicht so sehr die nachprüfbaren Daten als vielmehr die Überzeugungen, die zählten.[87] Insofern führt es zu nichts, wie Richard Gillespie in seiner kritischen Studie über die Hawthorne-Untersuchungen betont, nach einer vermeintlichen Wahrheit hinter den gesammelten Daten zu fragen. Bestimmend war die alles durchdringende Annahme, dass die angenommene Zufriedenheit und die beobachtete Leistung einfach positiv korrelieren mussten. Etwas anderes war schlicht undenkbar. Arbeiterinnen, die sich anders verhielten, etwa langsamer arbeiteten, widersprachen dem Forschungsdesign und waren so gesehen für die Tests nicht geeignet. Sie wurden einfach ersetzt.[88]

Eine Folgeuntersuchung zwischen 1928 und 1932 hatte zum Ziel, in über 21 000 Gesprächen mit Arbeiter/-innen die Gründe für Beschwerden herauszufinden, um daraus Massnahmen zur Hebung der Arbeitszufriedenheit abzuleiten. Der später häufig zitierte Arbeitspsychologe Elton Mayo war massgeblich an der Ausarbeitung einer Befragungsweise beteiligt, die den Befragten Offenheit und Interesse vorspielte, damit diese ihre Gefühle offenlegten. Auch bei dieser Untersuchung waren getroffene Vorannahmen entscheidend; sie wirkten als Filter, um kritische Äusserungen von vornherein als irrational einzustufen.[89] So galten etwa nur solche Beschwerden als sachlich, bei denen die Subjektivität der Befragten keine Rolle spielten. Angesichts des Untersuchungsgegenstandes eigentlich ein Paradox, weshalb eine «Vulgärfassung der Psychoanalyse»[90] zum Einsatz kam, welche die bestehenden sozialen Spannungen im Betrieb als Folge einer Fehlanpassung wegpsychologisierte (man könnte hier auch sagen: wegrationalisierte). Klagen über Meister oder Arbeitsbedingungen wurden als solche nicht behandelt, sondern als Ausdruck individueller Einstellungen und Gefühlslagen beiseitegeschoben.[91]

Eine letzte, 1931/32 durchgeführte Untersuchung dürfte nachträglich die wichtigste gewesen sein. Denn sie wollte die Sozialstrukturen der Werkstatt und ihren Einfluss auf die Arbeitsleistung verstehen, um dem Management einen Bereich zu erschliessen, der bis anhin als Black Box galt.[92] Die Taylorisierung der Fertigung mochte das Arbeitswissen den Planungsbüros zugänglich gemacht haben, und die als Schranke für einen grösseren Produktivitätszuwachs aufgefassten rigiden Qualifikationsstrukturen wurden durchbrochen. Doch was in der Werkstatt geschah, wie sich die als möglicher Störfaktor aufgefassten Arbeiter/-innen verhielten, das blieb dem Management trotz aller Arbeitsanleitung weiterhin verschlossen. Die letzte der Untersuchungen ergab, dass die Arbeitsleistung massgeblich von den Normen, der Solidarität und der Einheitlichkeit der Arbeiter/

---

87 Siehe Kap. 2.2.
88 Gillespie 1991, 93–95.
89 Roethlisberger/Dickson 1950, 267–269, 312–314; Wren/Bedeian 2009, 293.
90 Bonazzi 2008, 54.
91 Roethlisberger/Dickson 1950, 358 f.
92 Vgl. Kompier 2009, 406.

-innengruppen abhing. Letztere wurden als informelle Gruppen beschrieben, weil sie keine formale (sprich: vom Unternehmen vorgeschriebene) Organisation bildeten, sondern aus Freundschaft, Nähe, Nachbarschaft, gemeinsamen Erfahrungen und gemeinsamer Herkunft hervorgingen. Die Dynamik dieser Gruppen bestimmte, dies ergab die Untersuchung, wie viel im Akkord produziert wurde, und dass gruppeninterne Konflikte nicht mit den Meistern ausgehandelt wurden. Die Gruppen regulierten die soziale Distanz und Nähe untereinander.[93] Anders gesagt: Sie verfügten über Macht, die es aus Sicht des Unternehmens auszunutzen galt.[94] Die Werkstatt musste dafür als ein soziales System mit selbst hervorgebrachten Normen entschlüsselt werden. Die Aufgabe des Managements bestand darin, die Macht und das Verhalten der Arbeiter/-innengruppen im Sinne der Unternehmensziele zu steuern. «Far from being a hindrance to greater effectiveness, informal organization provides the setting which makes men willing to cooperate», erklärte der an den Untersuchungen massgeblich beteiligte Fritz Roethlisberger.[95] Diese Schlussfolgerung zog er nicht zuletzt deswegen, weil das eigensinnige Verhalten der Arbeiter/-innengruppen den Aktivitäten von Gewerkschaften vorgelagert war. Wer das Verhalten in der Werkstatt kontrollieren konnte, kontrollierte die Basis der Gewerkschaften – zumindest war das der Plan.

Weniger für die Durchführung der Untersuchungen als für ihre Popularisierung und politische Einordnung blieb der Psychologe Elton Mayo über lange Jahre die zentrale Referenz. Die stete Wiederholung erlaubte, die Untersuchungen «from an obscure and confusing piece of industrial research into a stunning social scientific ‹discovery›» zu verwandeln.[96] Mayo stiess zu den Hawthorne-Untersuchungen, als diese bereits liefen – seine Vorstellungen über Politik und Psychologie hatte er bereits ausgebildet.[97] Ende der 1910er-Jahre lehrte er an der Universität Brisbane, wo er begann, eine Art Psychopathologie industrieller Konflikte zu formulieren. Sozialistische, aber auch demokratische Bestrebungen hielt er für einen Ausdruck von Neurosen und individuellen Fehlanpassungen, die einer medizinischen Behandlung bedürften.[98] Anfang der 1920er-Jahre verliess er Australien und übersiedelte dank der finanziellen Unterstützung durch John Rockefeller Jr. in die USA; ab 1926 lehrte er in Cambridge an der Harvard University.[99] Mayos Überlegungen zielten auf die Vorbeugung der von ihm behaupteten psychosozialen Schäden bei Arbeiter/-innen ab. Die tayloristische

---

93   Roethlisberger/Dickson 1950, 445–447, 522, 548.
94   Vgl. Bolzani 1973, 47 f.
95   Roethlisberger 1949, 235.
96   Gillespie 1999, 96. Vgl. Kompier 2006, 405.
97   O'Connor 1999, 125.
98   Gillespie 1991, 98–105.
99   Rockefeller Jr. sorgte sich um seinen Ruf, nachdem die Nationalgarde im April 1914 in Ludlow während eines Streiks bei einem seiner Bergwerke zehn Männer, zwei Frauen und zwölf Kinder massakriert hatte. In den folgenden Jahren finanzierte er deshalb Forschungsvorhaben, die herausfinden sollten, wie sich Arbeitskämpfe auf wissenschaftliche Weise verhindern lassen. O'Connor 1999, 120.

Arbeitszerlegung zweifelte er nicht an; er ergänzte sie vielmehr um eine psy-
chologisierende Grundierung, wonach die Herstellung eines zuträglichen Betriebsklimas in taylorisierten Betrieben die Arbeitsleistung erhöhte. Hierhin
gehörte auch, dass er Belegschaften als Teil von grösseren Gefühlskollektiven be-
trachtete, die auf den Betrieb einwirkten, wobei ihn Arbeiter/-innenparteien oder
Gewerkschaften bezeichnenderweise wenig interessierten.[100] Mayos Standpunkt
war der einer reaktionären Kulturkritik, die allerorten den Zerfall der bürgerlichen Herrschaft postulierte.[101] Neben vorbeugenden psychiatrischen Interven-
tionen gegen Klassenkämpfe – er verstand sie als Ausdruck von Geisteskrank-
heit – sah er in der betrieblichen Sozialpolitik ein brauchbares Mittel, sozialen
Verwerfungen vorzubeugen.[102] Die Untersuchungen in den Hawthorne-Werken
dienten ihm als Bestätigung seiner politischen Ansichten. Mayo, der seit 1919 öffentlich gegen demokratische Politik polemisierte, sah sich mit der Zeit nach autoritäreren Optionen um. Mitte der 1930er-Jahre propagierte er das Eingreifen
einer technokratischen Elite jenseits der demokratischen Legitimation. Ansonsten, meinte er, drohe der Untergang der Zivilisation – schuld an diesem hätten
Linke und Juden.[103]

Die Ergebnisse sämtlicher Hawthorne-Untersuchungen (nicht nur jener
der ersten Reihe), ihre Annahme eines Zusammenhangs zwischen Arbeitszufriedenheit und Arbeitsleistung mochten durch spätere arbeitswissenschaftliche Untersuchungen weitgehend infrage gestellt worden sein.[104] Dennoch blieben sie
populär und das hatte viel mit betrieblichen Veränderungen in der Nachkriegszeit zu tun – und mit dem Ausblick, daraus erwachsende Konflikte sozialwissen-
schaftlich moderieren zu können.[105] Die beschleunigte Mechanisierung industrieller Arbeiten sowie der Einsatz integrierter Produktionssysteme führten dazu,
dass sich das Interesse der Planung allmählich verschob: weg von der individuellen Verausgabung hin zur Aufrechterhaltung des Maschinentakts.[106] Um die Re-
gelmässigkeit der Fertigung zu garantieren, wurden Leistungslohnsysteme durch
den Einbezug der Gruppenleistung ergänzt. Der Fokus verschob sich langfristig auf die kollektive Leistung der Arbeitsgruppe. Und die Human-Relations-
Ideologie versprach, gerade diese zu steigern: Aus ihr abgeleitete Massnahmen
sollten der technologisch bedingten Entpersönlichung der betrieblichen Hierarchie entgegenwirken und das Verhalten der Gruppen in den Werkstätten an
die betrieblichen Erfordernisse anpassen. Natürlich war die Erzählung der Hawthorne-Untersuchungen auch deshalb attraktiv, weil es einfach eine gute Geschichte war, die man gerne weitererzählte: «Over time, the Hawthorne effect

---

100 Bonazzi 2008, 57 f.; Walter 1989, 176, 180 f.
101 Vgl. O'Connor 1999, 125 f.
102 Bonazzi 2008, 59.
103 Gillespie 1991, 187.
104 Walter 1989, 186–188.
105 Panzieri 1961, 61 f.
106 Vgl. Autorenkollektiv 1974, 76 f.

has become an urban legend. It could be argued that once you have got the story, you do not need the data to prove it.»[107] Zumal ihre Hauptaussage – die Werkstatt (oder die Baustelle, das Büro etc.) ist auch eine soziale Veranstaltung, die Beziehungen, die sich in ihr abspielen, haben einen Einfluss auf die Arbeitsleistung – ja keineswegs aus der Luft gegriffen war.

Die Betonung der komplexen sozialen und affektiven Dimension der Rationalisierung überwand zudem Taylors Rabble-Hypothese, wonach Arbeiter/ -innen eine Horde beschränkter Taugenichtse seien, die bloss auf Zuckerbrot und Peitsche reagierten.[108] Aber nur an der Oberfläche; denn es ging bei den Hawthorne-Untersuchungen ja um eine Verfeinerung und Erweiterung des Taylorismus, nicht um dessen Ablehnung.[109] Neu zählten affektive Aspekte in der Werkstatt ebenfalls zu den Ressourcen einer betrieblichen Rationalisierung. Das gab «Anlass zu der Vermutung, dass kalkulierte psychologische Massnahmen als preiswerter Ersatz für Änderungen des Lohnniveaus oder der Arbeitsinhalte herhalten würden».[110] Die Annahme, weniger die Lohnhöhe oder die Arbeitsbedingungen als vielmehr das durch einen kollegialen Leitungsstil beeinflusste Verhalten der Arbeiter/-innengruppen hätte einen entscheidenden Einfluss auf die Arbeitsleistung, wurde in der Managementliteratur der Nachkriegszeit kolportiert als das vorgeblich natürliche Bedürfnis, vom Chef gelobt zu werden und dazuzugehören (zur Werkstatt, zur Abteilung, zum Betrieb).[111] «They like to work in an ‹athmosphere of approval›. They like to be praised rather than blamed», erklärte der für die Untersuchungen und ihre Popularisierung wichtige Fritz Roethlisberger 1950 in der Zeitschrift des Betriebswissenschaftlichen Instituts der ETH.[112] Vereinfacht lautete das Rezept also: Wird diesem Bedürfnis entsprochen, dann werden die Unternehmensziele unterstützt. Das Kader erhielt die Aufgabe, den ihnen Unterstellten klarzumachen, welchen Platz sie in der betrieblichen Hierarchie einnehmen (und wieso); dafür brauchte es neue Fähigkeiten, vor allem auf dem Gebiet der Früherkennung und der Verständigung.[113]

Die Human-Relations-Ideologie eignete sich gut, Eingriffe ins soziale Leben eines Betriebs zu rechtfertigen oder ein solches durch Einrichtungen der betrieblichen Sozialpolitik wie Firmenvereine, Freizeitgestaltung, Sport- und Reiseveranstaltungen erst herzustellen.[114] Die menschlichen Beziehungen wurden in der Nachkriegszeit zum «catchword for transforming the stubborn ‹human factor› of production into an efficient, adjusted part of the corporate mecha-

---

107 Kompier 2006, 409.
108 Siehe Kap. 2.2.
109 Vgl. Noble 1977, 319 f.
110 Bonazzi 2008, 56.
111 Doray 1988, 111.
112 Fritz Roethlisberger: The human equation in employee productivity, in: IO 4, 1950, 123–125, hier 125.
113 Illouz 2009, 122 f., 129.
114 Doray 1988, 111 f. Vgl. Scranton/Fridenson 2013, 102–107; Roethlisberger/Dickson 1950, 540 f.

nism».[115] Sie rechtfertigten ein ganzes Bündel ähnlich gelagerter Massnahmen auf unterschiedlichen Ebenen (von Kommunikations- und Integrationsmassnahmen in der Werkstatt über Firmenanlässe bis hin zur Organisation der Freizeit), die allesamt auf die gefühlsmässige Betriebsbindung abzielten. Sie verwiesen ebenso auf die sich verflüssigende Grenze zwischen Fabrik und Gesellschaft,[116] wie sie die Grundlage bildete für eine das Unternehmen durchziehende Mikrosozialpolitik, deren Ausführende in den Personalabteilungen die Beziehungen der Belegschaft untereinander formen wollten, gewissermassen als «maintenance crew for the human machinery»[117] –, ohne an den strukturellen Bedingungen der zerlegten Fabrikarbeit etwas zu ändern, wie der Organisationsforscher Giuseppe Bonazzi betont: «Die Fabrikarbeit blieb weiterhin stumpfsinnig und drückend; die hierarchischen Strukturen blieben unangetastet; die industriellen Beziehungen fanden innerhalb der Arbeitszeit keinen Platz oder wurden domestiziert. Der Human-Relations-Ansatz liess all dies in einer Aura des persönlichen Verständnisses, der Kooperation und Harmonie erscheinen […]. In Anbetracht der Grenzen des Projekts des Human-Relations-Ansatzes, die Arbeit zu humanisieren, ist es wohl nicht übertrieben, festzuhalten, dass der Ansatz sich lediglich darauf beschränkt hat, ein ‹Schmiermittel› bereitzustellen, um die tayloristische Maschine besser am Laufen zu halten.»[118]

«Diräkter werde chan eigentli jede Tubel»

In seiner Rede an der Jubilarenfeier von 1947 (bei der Beschäftigte gewürdigt wurden, die seit 25–45 Jahren für den Betrieb arbeiteten) betonte der Generaldirektor der Maschinenfabrik Oerlikon Hans Schindler, «so wichtig 's Gäld ischt, so isches doch na lang nöd d'Hauptsach». Schindler erklärte, der eigentliche Erfolg eines Unternehmens liege im richtigen Gefühl, in der richtigen Einstellung der Belegschaft begründet: «Au imene induschtrielle Undernäme ischt 's Verhältnis zwüsched de Mänsche wichtiger als d'Werchzüügmaschine, d'Hüüser und 's Gäld. D'Schtärchi vum Undernäme lyt zumene guete Teil im Vertroue, wo d'Kollege, di Undergäbene und di Vorgesetzte underenand händ.»[119] Die Fabrik wurde zum Sozialraum mit widersprüchlichen menschlichen Beziehungen, die es zu moderieren galt. Vertrauen bestand nicht per se, es musste wie ein Produkt entworfen und hergestellt werden. In der Schweizer Maschinenindustrie wurde dieser Diskurs immer häufiger geführt; mit dem Korea-Boom ab 1950 fehlte in keiner Werkzeitung der Verweis auf die Human Relations. Viele Betriebe begannen, explizit auf ihre Leistungen auf diesem Gebiet hinzuweisen.

---

115 Noble 1977, 286. Zur Übernahme in Westdeutschland vgl. Donauer 2013, 229–278.
116 Braun 1991, 217; Tronti 1962.
117 Braverman 1998, 60.
118 Bonazzi 2008, 62.
119 Hans Schindler, zitiert in Jubilarenfeier 1947, in: GR 1, 1948, 2 f., hier 2.

Zwei Argumentationsmuster waren häufig: Das eine erklärte kurzerhand ausbezahlte Löhne und sozialpolitische Leistungen zu einer seit je wohldurchdachten Massnahme, um das Betriebsklima zu verbessern. Der Begriff der menschlichen Beziehungen diente hier der Werbung und bezog sich auf die vorgebliche Selbstlosigkeit der Patrons, mithin als rhetorische Verlängerung des in die Jahre gekommenen Paternalismus. Ein gutes Beispiel für diese Argumentation ist der 1955 vom Verband Schweizerischer Maschinenindustrieller und der Wirtschaftsförderung finanzierte Werbefilm *Mensch und Maschine* von Adolf Forter. Forter erklärte die Konkurrenzfähigkeit schweizerischer Produkte auf dem Weltmarkt mit der inneren Stabilität; die würde durch die betriebliche Sozialpolitik hergestellt. In ihr «bekundet sich durch finanzielle Leistungen das Verantwortungsgefühl des Unternehmers für das Wohl des Arbeiters».[120]

Ein zweites Muster übernahm indessen die populären Deutungen der Hawthorne-Untersuchungen und passte sie für eine Psychologisierung der vorgefundenen Verhältnisse im Betrieb an. Was diese Tendenz interessanter machte als die erste, war, dass hier «das Entdecken des Menschen im Mitarbeiter»[121] verknüpft wurde mit den Verhaltensanforderungen, die konkrete Rationalisierungsvorhaben während der 1950er-Jahre an die Arbeiter/-innen stellten. An der Jahrestagung der Vereinigung ehemaliger BBC-Lehrlinge von 1950 erklärte der Fabrikdirektor Fritz Streiff: «Der wissenschaftlichen Betriebsführung muss der Erfolg teilweise oder ganz versagt bleiben, wenn die innere Einstellung des Menschen zu der ihm übertragenen Arbeit verfehlt oder gar nicht vorhanden ist. Es besteht daher die Notwendigkeit, auch für die psychische Arbeitsvorbereitung beim Menschen zu sorgen.»[122] Zu der von Streiff geforderten Psycho-Avor zählte nicht zuletzt das Einverständnis, dass «jede Gesellschaftsordnung eine Gruppierung nach Führungs- und Unterordnungs-Verhältnissen verlangt», so auch der Betrieb.[123] Ein Standpunkt, dem sich der Zentralsekretär des freisinnigen Landesverbands freier Schweizer Arbeiter Gustav Egli anschloss, als er 1952 über die Bedeutung des Human-Relations-Begriff schrieb, es gehe dabei darum, das gute Einvernehmen zwischen Vorgesetzten und Untergebenen zu fördern. Dem «seelenlosen Betrieb muss das Menschliche wieder eingehaucht werden», es gelte, «auf das individuelle Leben, Denken, Fühlen und Handeln, die Hoffnungen, Enttäuschungen und Sorgen des Arbeiters» Einfluss zu nehmen. Als Befehlsempfänger müssten Arbeiter/-innen «von den vielen Hemmungen entstört» werden, damit die vom Management gesendete Botschaft unten verstanden wird und nicht im Lärm, im Gestank und dem Grau des Betriebs untergeht: «Wo der Arbeiter nicht geschätzt wird […], macht er gerne Opposition und lehnt sich auf gegen die Arbeitgeber, das Wirtschaftssystem und die Behörden. Ist er aber

120 Forter 1955, 7:23–7:30.
121 Walter Vogel: Human relations – Beziehungen zum Mitmenschen. Sozialromantik oder Sozialrealistik, in: IO 1, 1950, 24 f., hier 24.
122 Fritz Streiff: Der Mensch im industriellen Betrieb, in: WW 5, 1950, 65–67, hier 65.
123 Ebd., 66.

glücklich und zufrieden, so fehlt ihm das Bedürfnis, etwas anderes zu suchen, und er wird die bestehenden wirtschaftlichen und staatlichen Einrichtungen tapfer und treu verteidigen.»[124]

Bei Gebrüder Sulzer sorgte sich der Leiter der Kälteabteilung Oskar Walti 1949/50, ohne eine korrekte «Fein-Einstellung» des «geistigen Empfängers» der Arbeiter[125] drohe «passive Resistenz und Komplottbildung, die berüchtigte Untergrund-Bewegung zur Schürung und Missgunst und Verbitterung».[126] Man suchte nach einer sicheren Verbindung zwischen Sender und Empfänger. Hans Schindler brachte diese Haltung auf den Punkt, als er im September 1952 vor der Oerliker Belegschaft erklärte: «Mir hettid gern e besseri Verbindig mit Ihnen. […] Mir möchtid Ihri Meinig ghöre, au wänn sie ganz aderscht ischt als euseri.»[127] Das setzte allerdings einen Empfänger bei der Geschäftsleitung voraus. Schwierig, wenn man wie in Oerlikon seit 1940 die «Aufklärung der Belegschaft» per Lautsprecherdurchsage («Werkfunk») betrieb.[128]

1952 verschickte das vier Jahre zuvor von der Association d'organisation scientifique du travail und vom Betriebswissenschaftlichen Institut der ETH gegründete Comité national suisse d'organisation scientifique einen Fragebogen an Unternehmen, mit dem man herausfinden wollte, welche Bereiche sich für die Verbesserung der menschlichen Beziehungen im Betrieb besonders eigneten.[129] Die Auswertung der Antworten ergab, dass an erster Stelle der Leitungsstil genannt wurde – die Lohngestaltung folgte erst an zehnter Stelle.[130] Fabrikdirektor Streiff folgerte daraus, wie er im selben Jahr vor der Vereinigung Schweizerischer Betriebsingenieure festhielt, die Lohnfrage sei nicht das Wichtigste, zumindest die Lohnhöhe nicht. «Es ist aber festzustellen, dass dieses Problem neben der materiellen auch eine sehr bedeutungsvolle psychologische Seite besitzt.» Diese führte er nicht aus; im Zusammenhang mit der Verbesserung der menschlichen Beziehungen «kann verzichtet werden, auf diese Fragen näher einzutreten».[131] Streiff bezeichnete damit eine wichtige Funktion des Human-Relations-Diskurses in der Maschinenindustrie: Auf die Psychologisierung folgte eine Entökonomisierung und damit Entpolitisierung des Arbeitsverhältnisses. Über den Lohn sprach

---

124 Egli 1952, 16–19. Der 1919 vom Freisinn gegründete und von der Industrie finanzierte Landesverband freier Schweizer Arbeiter war de facto eine gelbe Gewerkschaft; zwar gehörte der Verband zu den Unterzeichnern des Friedensabkommens von 1937, war in der Maschinenindustrie aber zahlenmässig wenig relevant. Mitte der 1950er-Jahre war der Verband bei Brown Boveri vertreten, nicht aber bei der Maschinenfabrik Oerlikon oder bei Gebrüder Sulzer. Sozialarchiv Ar 72.25.15, Prot. Berufskonferenz der Maschinen- und Metallindustrie, 31. 1. 1954. 1998 ging er mit den religiösen Gewerkschaften in der heutigen SYNA auf.
125 Oskar Walti: Die Poesie der Arbeit, in: WM 9, 1950, 70–72, hier 71.
126 Ders.: Team-Work, in: WM 8, 1949, 57f., hier 58.
127 Hans Schindler: Grundsätze für unsere Tätigkeit in der MFO, in: GR 6, 1952, 98.
128 Brunner 1945, 394; vgl. Neue Massnahmen zur Pflege der Werkverbundenheit, in: SAZ 3, 1941, 43f.; Archiv ABB, DRP BBC, 30. 10. 1940.
129 Zur Association d'organisation scientifique du travail vgl. Leimgruber 2001.
130 Fritz Streiff: Mensch und Produktivität, in: WW 2, 1953, 22–25.
131 Ebd., 22.

man nicht; nicht weil es niemanden etwas anging, sondern weil er als schlicht ir-
relevant abgetan wurde, wenn es um Fragen der Produktivitätssteigerung ging.
Und das in einer Zeit, da in vielen Betrieben der Maschinenindustrie die Umstellung auf den Zeitakkord (also ein neues Lohnsystem) entweder kurz bevorstand
oder bereits im Gang war.

Nicht tiefer oder hoher Lohn, sondern schlechter und guter Umgang: Gebrüder Sulzer propagierte 1955 mehr «Herzensbildung» – womit Freundlichkeit
und Fröhlichkeit gemeint war, die nichts koste (vor allem den Betrieb nicht), doch
grosse Wirkung zeige. «Mache dich in dieser Arbeitsgemeinschaft beliebt!» Der
Chef sollte die Angestellten «frühmorgens mit einem freundlichen ‹Guete Tag›
begrüssen», man überlegte, eine «Höflichkeitswoche» einzuführen, das übliche
«pöbelhafte Benehmen» sei auch nicht mit der Föhnlage zu entschuldigen. In der
Werkstatt durfte man es aber nicht übertreiben mit der Fröhlichkeit. Unerwünscht
waren Arbeiter, «die während der Arbeit einander Kreide, Putzlappen, Holzstü-
cke oder Büroklämmerli nachwerfen und ‹öppe-n-echli s Chalb mached›». Dieses
Verhalten sei zwar gratis zu haben, führe aber zu kostspieligen Unfällen.[132]

Brown Boveri unterstützte die Entpolitisierung des Lohnverhältnisses
mit Weiterbildungskursen. Gut 300 untere und unterste Kader der Werkstätten wurden vor der Umstellung in Kurse geschickt, in denen sie den rechten,
eben menschlichen Umgang erlernen sollten; darunter sämtliche Meister und
alle Mitglieder der Arbeiterkommission.[133] «Es ist ja nun einmal so», so erklärte
Streiff diese Massnahme, «dass der Arbeiter als Folge seiner Schulung, aus seinem
Milieu heraus, aus seinen Arbeitsbedingungen, aus politischen Einflüssen usw.
im Innersten doch irgendwie das Gefühl hat, er sei nur die ‹gekaufte› Arbeitskraft. Da kann ein gutes Betriebsklima Wesentliches beitragen zur Förderung der
Arbeits- und Lebensfreude des Arbeiters.»[134] Die Weiterbildungsaktion war für
das Unternehmen insofern erfolgreich, als die vom Metallarbeiterverband domi-
nierte Arbeiterkommission dadurch «quasi zum Träger des neuen Lohnsystems
[wurde], nachdem diese Leute die Probleme der Menschenführung, die Beurteilung der Menschen usw. kennengelernt hatten, und darum konnten die Schritte
getan und der Arbeiterkommission das ganze Lohnsystem ausgehändigt werden
mit der ganzen Punktbewertung für die Arbeitsplätze und der ganzen Persönlichkeitsbewertung auch mit einem Punktsystem. Die verantwortlichen Stellen
hatten grosse Bedenken, welche zweifellos berechtigt waren. Das Unternehmen
war auch etwas kühn, aber die Bereitschaft der Arbeiterkommission war positiv.
[…] [D]er Endeffekt ist nun heute doch der, daß die Arbeiterkommission zur eigentlichen Stütze des neuen Lohnsystems geworden ist.»[135]

Da liegt die oben erwähnte Einschätzung von Bonazzi natürlich nicht ganz
fern, wonach die populäre Rede von den Human Relations letztlich als rhetori-

---

132 Bruno Humm: Wie soll man es halten?, in: WM 6, 1955, 89–92.
133 Fritz Streiff: Mensch und Produktivität, in: WW 2, 1953, 22–25, hier 25.
134 Ebd.
135 Ebd.

sches Schmiermittel für Rationalisierungsvorhaben diente, um deren reibungslose Durchführung zu garantieren. In der Human-Relations-Ideologie kam ebenso eine differenzierende Belagerung des proletarischen Innenlebens zum Ausdruck wie der Wunsch nach der Selbstunterwerfung der Belegschaft, um so Loyalitäts- und Produktivitätseffekte abschöpfen zu können.[136] Ein Problem war allerdings, dass sich das Wunschverhalten von alleine nicht einstellen wollte. Wie konnte das Management diese Aufgabe bewerkstelligen? Wollte man das überhaupt? Bei der Maschinenfabrik Oerlikon wurde in den 1960er-Jahren die Kritik laut, dass sich trotz des ständigen Geredes über die menschlichen Beziehungen nichts geändert habe: Es herrsche das gleiche Disziplinarregime wie zuvor. Bussen für Verstösse gegen die Fabrikordnung und Abzüge für verpfuschte Werkstücke oder beschädigte Werkzeuge beziehungsweise Maschinen blieben an der Tagesordnung. Auf die Kritik, man solle jemanden, der/die bei der Arbeit einen Fehler gemacht hat, nicht auch noch mit Bussen und Lohnabzügen demütigen, antwortete die Werkstattdirektion kurz angebunden: Doch, doch, das sei so in Ordnung; im Gegenteil, man sei mild, weil ja nicht die ganze Schadenssumme abgezogen werde.[137]

Der Betriebspsychologe Albert Ackermann empfahl der Maschinenfabrik Oerlikon im Januar 1948, es einmal mit Erziehung zu versuchen: «Liebe und Strenge, Geben und Untersagen, Belohnen und Fordern, Anerkennung und Korrektur. Kurz jene Erziehung, mit der man bei Hunden, aber auch bei Raubtieren das beste Resultat hat.»[138] Einen dieser Raubtierdompteure lud der Metallarbeiterverband ein paar Jahre später zu sich ein. Im November 1955 sprach der Leiter des Zürcher Instituts für angewandte Psychologie Hans Biäsch in Vitznau vor Funktionären des Metallarbeiterverbands darüber, wie ihr Gefühlsleben – also jenes von Arbeiter/-innen – produktiv zu nutzen sei. Dazu «müssen wir erstens immer den Menschen als Menschen kennen. […] Je grösser der Betrieb, umso eher wird der Einzelne übersehen und vergessen.» Deswegen müsse man «Vertrauensverhältnisse im kleinen gestalten», diese «zu einem höheren Ganzen zusammenfügen und Institutionen schaffen, die den Einzelnen auch wirklich ansprechen».[139] Biäsch erklärte, dass der bislang propagierte Herr-im-Haus-Standpunkt «in Bezug auf die Produktivität etwas sehr unrentables ist».[140]

136 Vgl. Harvey 2011, 102.
137 L. Kraus: Sind Disziplinarbussen und Schadenersatzbeiträge in einem modernen Betrieb noch zu rechtfertigen …, in: GR 8, 1960, 125; Werkstattdirektion, in: ebd., 125 f.
138 Albert Ackermann: Vom Umgang mit andern und mit sich selbst, in: GR 4, 1949, 57–60, hier 60. Ackermann war unter anderem für die Maschinenfabrik Oerlikon und Brown Boveri tätig; an der ETH und an der Universität Zürich hielt er Vorlesungen über Psychologie. Er glaubte, Grafologie sei eine wissenschaftliche Methode, wollte die Spekulationen des reaktionären Psychologen C. G. Jung auf den Betrieb angewandt sehen und erklärte die Betriebsgemeinschaft zum biologischen Phänomen, vgl. ders.: Probleme der Betriebsgemeinschaft, in: WW 1, 1954, 12 f.; ders.: Zur geistigen Situation der Unternehmer, in: ZF, 27. 2. 1956. Zu Jung vgl. Klee 2011, 291.
139 Biäsch 1955, Tonband 5, 6:06–7:07. Biäsch leitete ab 1960 das Institut für Arbeitspsychologie an der ETH Zürich.
140 Ebd., 9:35–9:45.

Unternehmen müssten stattdessen einen differenzierenden (das heisst: isolieren-
den) Zugriff auf die je individuelle Einstellung der Beschäftigten erhalten, müssten «Mittel und Wege finden, an den einzelnen heranzukommen. Je grösser die
Zahl dieser einzelnen Menschen ist, desto differenzierter müssen diese Mittel
sein.» Die drängendste Frage lautete: «[W]ie kommt man an diesen Menschen
heran?»[141] Hier boten sich die Einrichtungen der betrieblichen Sozialpolitik an.
In der anschliessenden Diskussion zeigte sich, dass gerade deren Ausrichtung
durchaus als ein Manöver der Patrons erkannt wurde. Ein Funktionär berichtete: «Mir händ gwüssi Betriibe, wo grossi Betriibsusflüg organisiere, es choscht
vil Gäld, sii hei eigini Vereine, sig es nun Musiggsellschafte, sig es Jodelklüb
oder sig es Frauevereine [...] und im Grund gno, im Chern, isch das eigentlich
ufzoge worde, um *die etwas unangenehme* Tätigkeit vo de Gwerkschaft chöne
zrüggsbinde z'Sunntigaabe, und am Arbeiter vilicht vor Auge z'füere, dass er
eigentlich ja gar nid Mitglid vo ere Gwerkschaft muess sy, dass ja im Betriib
alles zum beschte bstellt ischt.»[142]

Dagegen befand man die Mitarbeit der vom Metallarbeiterverband domi-
nierten Arbeiterkommissionen bei Rationalisierungsvorhaben (auf die Brown-
Boveri-Direktor Streiff bereits hinwies) nicht als problematisch. Im Gegenteil:
Das Problem sei nicht die Rationalisierung an sich, die auf eine Arbeitsverdichtung und eine Individualisierung der Lohngestaltung hinauslief, sondern dass
der Metallarbeiterverband in seinem Bestreben, sich als innerbetrieblicher Ordnungsfaktor zu festigen, bei der Umsetzung aussen vor gelassen werden könnte:
«Wie hämmer gseit: es Akkordsyschtem oder es Bewertungssyschtem, das eifach
von obe diktiert wird, das erlydet i de Regel Schiffbruch. Dänn chunt d Gwerkschaft *in kurzer Zeit in der Rolle der Feuerwehr* mit dere Gschicht in Kontakt.
Degäge: wänn me vorane debii isch als Verträtr vo dene Arbeiter im Betriib, wänn
me vorane chöned üseri Meinig dezue säge und säge: das und das isch falsch nach
üsere Uuffassung, wänn mer das korrigiert, dänn gaats nachäne [...].»[143]

Letztlich, so das Fazit, mangele es bei der Zusammenarbeit weniger an der
Bereitschaft der Gewerkschaft als an den Geschäftsleitungen, die noch an vergangenen Denkmustern festhielten. Der keineswegs kritische Präsident des Metallarbeiterverbands Arthur Steiner erklärte am Schluss der Diskussion deshalb:
«Wenn ich so luege: e Giesser muess e Leer mache, e Mechaniker muess e Leer
mache, aber Diräkter werde chan eigentli jede Tubel. [...] [Es] wääri villeicht
doch no guet, wenn me mal zu neme Fähigkeitsuuswis chämti, um Vorgsetzte
oder Diräkter chönne z'sy im ene Betriib.»[144]

---

141 Ebd., Tonband 8, 7:35–7:53.
142 Ebd., Tonband 9, 6:42–7:22 (Passagen in Schriftsprache kursiv). Zur Ablehnung betrieblicher
     Sozialpolitik durch die Gewerkschaften in den 1910er- und 1920er-Jahren vgl. Tanner 1999,
     263 f.
143 Ebd., Tonband 10, 0:24–1:05.
144 Arthur Steiner, in: ebd., Tonband 12, 9:18–9:47.

Mittel zur Verständigung nach innen und aussen

Viele, wenn nicht alle Einrichtungen der Maschinenindustrie, die in den 1950er-Jahren unter dem Stichwort der Human Relations abgehandelt wurden, gab es bereits länger. Das mag wenig überraschen; die Funktion der betrieblichen Sozialpolitik, stabilisierend auf das betriebliche Leben einzuwirken, um möglichen Arbeitskonflikten vorzubeugen, war ja nichts Neues. Was sich in der Nachkriegszeit änderte, war zum einen der quantitative Ausbau dieser Einrichtungen. Zum anderen zeichnete sich eine Abkehr von der in den 1930er- und 1940er-Jahren propagierten Betriebsgemeinschaft korporativer Ausprägung ab. Einige der öffentlichen und halböffentlichen Einrichtungen, die im Folgenden besprochen werden – so die Werkzeitungen, Besuchstage, Abteilungsabende, Jubilarenfeiern und Firmenjubiläen – hatten dennoch hier ihren Ursprung. Sie dienten als Mittel, den patronalen Standpunkt nach innen (in die Werkstätten, Lager und Büros) sowie nach aussen (zu den Familien, zum Quartier und zur Stadt) zu kommunizieren.

Werkzeitungen

Werkzeitungen wollten Gemeinschaft kommunikativ herstellen. Sie imaginierten die Fabrik als pragmatische, sich für das Unternehmensziel einsetzende, stets gut gelaunte Gemeinschaft aus Kopf- und Handarbeit; das verordnete Gefühl der Zusammengehörigkeit sollte helfen, das Betriebsklima und damit die Arbeitsleistung zu verbessern. Werkzeitungen zelebrierten die Freude an der Arbeit, die Zusammenarbeit und Produktivität ebenso wie die Grosszügigkeit der Patrons.[145] In der Schweiz erschienen die ersten Zeitungen dieser Art ab der Jahrhundertwende, so bei Suchard in Neuenburg oder, ab 1914, bei Bally in Schönenwerd.[146] In den 1920er-Jahren entschlossen sich mehrere Grossunternehmen (Gebrüder Sulzer bereits 1919), für ihre Belegschaft Mitteilungsblätter zu drucken. Während und nach dem Zweiten Weltkrieg vervielfachte sich deren Zahl. Waren es 1930 rund ein Dutzend, zählte man 1955 bereits über 150; ein Drittel der Zeitungen erschien in Betrieben der Maschinenindustrie. Diese Zunahme, erklärte 1957 Fritz Bernet vom Arbeitgeberverband, «stellt den Werktätigen ein gutes Zeugnis aus, denn es beweist, dass sie das Bedürfnis haben, über den unmittelbaren Arbeitsplatz hinaus und über den Tag hinaus geistig teilzunehmen an den grossen Zusammenhängen und Entwicklungen. Überall besteht ein Wunsch, von den Leitern der Firmen orientiert zu werden.»[147] Um 1967 zählte die Federation of European Industrial Editors Association in der Schweiz über 350 Werkzeitungen mit einer Auflage von 700 000 Exemplaren.[148]

145 Doray 1988, 139; vgl. Jaun 1986, 170.
146 Billeter 1985, 49.
147 Bernet 1957, 35; ebd., 35–37; Walter Keller: Personalzeitungen, in: IO 3, 1951, 69–72.
148 Peter Rinderknecht: 4500 europäische Hauszeitungen, in: WW 10, 1967, 278.

Eine Sonderstellung nahm die ab 1933 vom Arbeitgeberverband Schweizerischer Maschinen- und Metallindustrieller herausgegebene *Werkzeitung der schweizerischen Industrie* ein, die mit einer Erstauflage von 56 000 Exemplaren sämtlichen in der Maschinenindustrie Beschäftigten kostenlos zugestellt wurde; ein Jahr später folgte in der Romandie die französischsprachige Ausgabe *Industrie et Travail*.[149] Inhaltlich unterschied sich die Zeitung wenig von anderen Werkzeitungen; ihre Reichweite war aber umso grösser. Gegründet wurde sie auf Initiative von Gebrüder Sulzer, um kommunistischen Betriebszeitungen den patronalen Standpunkt entgegensetzen – im September 1930 hatte der *Sulzer-Prolet* der Kommunistischen Partei Winterthur die Steuerzahlen von Hans Sulzer und Oskar Denzler (Direktionspräsident der Schweizerischen Lokomotiv- und Maschinenfabrik) veröffentlicht, zum grossen Ärger der Patrons.[150]

Entsprechend war die *Werkzeitung* in ihrem Ausdruck ungleich politischer. Zum 25-Jahre-Jubiläum erklärte ihr Präsident René Frey von der Schweizerischen Industriegesellschaft: «Eine Initiative war fällig, um wenigstens im eigenen Land durch sachliche Aufklärung den Sinn für die gemeinsame Verantwortung gegenüber unserer politischen und sozialen Schicksalsgemeinschaft zu wecken und schärfen.»[151] Von Beginn war die Veröffentlichung als Kampfblatt des Arbeitgeberverbands gedacht, «von Männern redigiert, die politisch freisinniges Gedankengut vertraten, erhob sie den offenen Anspruch, von Menschen gelesen zu werden, die politisch und wirtschaftlich vielfach auf anderem Boden standen».[152] Der erste Redaktor Hanns Bächtold erklärte 1935, der bevorzugte Leserkreis seien «Leute, die nie einer sozialistischen Gewerkschaft angehört, fast instinktmässig Klassenhass und Klassenkampf abgelehnt haben, stets auf vaterländischem Boden standen, im Arbeitgeber den ‹Geber der Arbeit› sehen, die aber trotzdem die Mängel im Wirtschaftsleben erkennen und mit ihrer ganzen Kraft dagegen ankämpfen. Dann aber auch Leute, die überzeugte Marxisten waren, jedoch eingesehen haben, dass wir mit Klassenkampf und Klassenhass zu nichts kommen [...].»[153]

1941 übernahm der freisinnige Politiker Hermann Häberlin die Redaktion. Die inhaltliche Linie blieb weitgehend bestehen, wenn auch das Friedensabkommen und die geistige wie militärische Landesverteidigung mehr Platz als zuvor einnahmen. Die *Werkzeitung* wurde zur «Bahnbrecherin [...] für den Arbeitsfrieden» erklärt, weil sie sich immer schon gegen Arbeitskämpfe gestellt hatte.[154] Ihre Gründung 1933 sei zudem eine erfolgreiche Massnahme zur Förderung der Human Relations, erklärte Häberlin 1963, denn «[e]s konnte ja nicht verborgen

---

149 Billeter 1985, 63.
150 Buomberger 1984, 163, 206–209. Gebrüder Sulzer liess als Linke verdächtige Beschäftigte intern überwachen und arbeitete dafür eng mit der Kantonspolizei Zürich zusammen. Ebd., 206.
151 René Frey: Zum Jubiläum der Werkzeitung, in: WZ 4, 1958, 54–56, hier 54.
152 Ebd. Vgl. Billeter 1985, 65.
153 Hanns Bächtold: Wer sind wir? ... Was wollen wir?, in: WZ 4, 1936, 63 f., hier 63.
154 Fritz Bernet: Aus den Anfängen der Werkzeitung, in: WZ 4, 1958, 53.

bleiben, dass die Zeiten des patriarchalischen Verhältnisses zwischen Arbeitgeber und Arbeitnehmer, wo die Zusammenarbeit wie von selbst spielt, vorbei sind, und dass es auch gelte, das Arbeitsverhältnis gegenüber destruktiven Einflüssen von aussen abzuschirmen».[155] Mit den «destruktiven Einflüssen von aussen» meinte er allerdings nicht die Vorgänge in Deutschland zur selben Zeit und ihre Auswirkungen auf die Schweiz. Häberlin bezog sich vielmehr auf die Linke, die er als äussere Bedrohung des patronalen Kommandos verstand.

Bemerkenswert war, dass unter seiner Leitung die Auflage Anfang der 1950er-Jahre auf fast 160 000 Exemplare anstieg und im Umfang zulegte, während sie als nationale Werkzeitung immer weiter an Profil verlor.[156] Die Berichterstattung über Unternehmen wurde merklich dünner, blieb insgesamt auf der Strecke. Wenige Jahre später bestand das Blatt fast ausschliesslich aus freisinniger Abstimmungspropaganda, verfasst von Nationalrat Häberlin und umrahmt von sehr viel Werbung, die in den 1960er-Jahren noch mehr Platz einnehmen sollte – geworben wurde für Privatschulen, Haushaltsprodukte aller Art, Tabakerzeugnisse, später auch für Abmagerungskuren und Potenzmittel (etwa: «Fortus zur Belebung des Temperamentes, zur Erneuerung der Sexualkraft, bei Gefühlskälte»).[157]

Neben ihrem Engagement für die *Werkzeitung* des Arbeitgeberverbands gab Gebrüder Sulzer ab 1919 ihre eigenen *Sulzer Werk-Mitteilungen* heraus.[158] Die Zeitung sollte (ab 1962 ergänzt durch den Zusatz *SLM*) bis 1982 erscheinen, allerdings nicht regelmässig: Zwischen 1924 und 1927 und nochmals zwischen 1935 und 1940 wurde sie aus Kostengründen eingestellt. Anlässlich der ersten Nummer erklärte die Geschäftsleitung 1919 der Belegschaft: «Zweck unseres Vorhabens ist, unser Personal in seiner Gesamtheit eingehender, als es bisher geschehen konnte, über die Bedeutung der Arbeit eines jeden zu unterrichten. Die Verhältnisse sind andere geworden seit den Zeiten […], wo die Prinzipalschaft noch Gelegenheit hatte, mit jedem Einzelnen bisweilen ein Wort zu tauschen und wo auch jeder seine Kameraden kannte. Der Geschäftsleitung ist es unmöglich geworden, auch nur mit einem Teil derjenigen, die in Werkstatt und Bureaus ihre Gehülfen bilden, in dem Masse in Fühlung zu bleiben, wie es im Interesse eines gedeihlichen Zusammenarbeitens und zur Beseitigung von allerlei Missverständnissen wünschbar wäre. Die notwendige Verbindung zwischen Geschäftsleitung und Personal wieder zu verstärken, dazu sollen die ‹Werk-Mitteilungen› dienen.»[159]

Aufgeschreckt durch den Landesstreik, positionierte Gebrüder Sulzer ihre Zeitung explizit als bürgerlichen Gegenpol zur Arbeiter/-innenpresse. «Ein

155 Hermann Häberlin: Im April 1933, in: WZ 4, 1963, 61.
156 Ders.: Zehn Jahre Redaktor, in: WZ 11, 1951, 163. Ende der 1950er-Jahren sollte sie auf über 200000 Exemplare ansteigen. Ders.: Unsere Jubiläumsnummer, in: WZ 4, 1958, 51.
157 WZ 3, 1964, 51.
158 Billeter 1985, 50–54.
159 Gebrüder Sulzer: An unsere Mitarbeiter, in: WM 1, 1919, 1, zitiert in Bálint 2015, 495.

scharfer Streit der Meinungen herrscht ob den verschiedenartigsten Bestrebungen, die Lebensverhältnisse eines jeden Einzelnen und damit auch die allgemeinen wirtschaftlichen Bedingungen, die bisher die Grundlage unserer Industrie
waren, umzugestalten», warnte das Unternehmen. «Mögen unsere Mitteilungen
das ihrige zur Klärung der gewaltigen Aufgaben, die sich zeigen, beitragen.»[160]

Nach einer längeren Pause lancierte Gebrüder Sulzer im Januar 1941 die
Werk-Mitteilungen neu.[161] Zunächst wurde sie vom Literarischen Büro betreut,
das auch für die Kundenzeitschrift *Technische Rundschau* zuständig war; später
sollte die Personalabteilung die Leitung übernehmen. Im Vergleich zu anderen
Werkzeitungen blieb sie in den ersten Jahren ein eher dünnes Blatt, das nur be-
dächtig an Umfang zulegte. Sie enthielt vorerst keine politischen Artikel. Stattdessen wurden Produkte des Unternehmens, neue Arbeitsverfahren oder die
einzelnen Abteilungen und ihre Tätigkeit vorgestellt. Die Beteiligung der Belegschaft blieb insgesamt marginal, trotz wiederholter Aufrufe zur Mitarbeit. Allenfalls gab es ein paar Fotografien von Bastelarbeiten zu sehen, etwa Modellbau-
ten der im Werk gefertigten Dieselmotoren, man druckte Kurzgeschichten über
Bergtouren oder Jubiläumsgedichte ab. Letztere wurden zur Feier verfasst, wenn
jemand in den Ruhestand trat. Zusammen mit einer kurzen Biografie des Pensionierten und einer Fotografie mit den Geschenken der Arbeitskollegen – Blumen, Salami, eine Flasche Wein, vielleicht eine Plakette – standen sie dann in der
Werkzeitung, was bald zu Verstimmungen führte. «Tatsächlich», erklärte die Redaktion im Mai 1941, «wird es einem manchmal himmelangst und bang, sie [die
Dichter, A. F.] über holprige Versmasse und verbogene Reime dahinstürmen zu
sehen.»[162] Der Aufruf, besser zu dichten, verhallte ungelesen: Ab 1942 wurden
die Verse nicht mehr veröffentlicht.

Um 1944/45 erreichte die Auflage um die 6500 Exemplare.[163] Berichte über
den Betrieb fehlten in dieser Zeit weitgehend, stattdessen wurden disparate Texte
übers Wandern, Kartenlesen, Astronomie, Blumen und, immer wieder, patriotische Geschichten aus dem Militär veröffentlicht. Einige Jahre später kehrte man
zum ursprünglichen Konzept zurück, bei dem betriebliche Fragen im Zentrum
standen, wollte künftig aber mehr Beiträge aus der Belegschaft schalten. Die Geschäftsleitung wünschte, dass die *Werk-Mitteilungen* «in vermehrtem Masse einer
fruchtbaren Aussprache» zwischen ihr und der Belegschaft dienten; die Redaktion führte dafür die Rubrik «Anregungen, Fragen und Antworten» ein.[164] 1953
erhielt die Zeitung einen Inserateteil, wohl damit das Blatt überhaupt gelesen
wurde.[165] Eine Umfrage im selben Jahr – mit dem Hinweis, «wer selber nicht Zeit

160 Ebd.
161 Vgl. Mitarbeit unserer Leser, in: WM 3, 1944, 22.
162 An unsere Dichter!, in: WM 5, 1941, 38.
163 Mitarbeit unserer Leser, in: WM 3, 1944, 22.
164 Ein Appell an unsere Leser, in: WM 9, 1951, 70.
165 Ein Inserateteil wird geboren, in: WM 3, 1953, 35 f.; Nochmals unser Inserateteil, in: WM 10,
    1953, 118 f.

oder Lust hat, darf diese Arbeit vielleicht seiner Frau zumuten» – bat die Leser/-
-innen, ihre Wünsche für eine geplante Neugestaltung anzubringen.[166] Von 8400
versandten Fragebögen kamen nach einem halben Jahr gerade mal 243 zurück.
Die Leser/-innen wollten, so schloss die Redaktion aus den rücklaufenden An-
worten, vor allem Meinungsäusserungen der Geschäftsleitung abgedruckt sehen,
das «ist für uns sehr wichtig».[167]

Zu Beginn der 1960er-Jahre war die Auflage bei 12 000 Exemplaren angekommen. Die Redaktion leitete nun Bruno Knobel (zuvor wechselten die Mitglieder der Redaktionskommission häufiger), der gleich einen pointiert erzie-
rischen Ton anschlug.[168] Seine Texte in der Werkzeitung richtete Knobel häufig
an die Lehrlinge bei Gebrüder Sulzer. Aber auch darüber hinaus: 1963 verfasste
er für das Schweizerische Jugendschriftenwerk das *Wie sie St. Jakob sah*, das von
der Dienststelle Heer und Haus des Militärdepartements mitfinanziert wurde;
mit dem Heft warnte das Militär vor allerlei Subversion und versuchte, junge
Leser/-innen auf einen strikten Antikommunismus einzuschwören. Knobels
Text wurde 1963 gratis an alle Klassen im letzten Schuljahr und alle jungen Männer verteilt, die in die Rekrutenschule eintreten mussten.[169] Die Jugend stellte
für Knobel generell ein Problem dar. Denn sie war seiner Meinung nach «dabei,
ernsthaft körperlich zu verweichlichen».[170] In die Fabrik sollte man sie schicken:
«Hier gilt kompromissloser als anderswo die Autorität. Hier ist die Forderung
nach straffer Ordnung nicht nur augenfällig, sondern scheint auch dem Jungen
begründet. Hier gehört der Verzicht zu den Voraussetzungen für ein harmonisches Einordnen ins Ganze.»[171] In den folgenden Jahren nahm seine Klage über
Sittenzerfall und Verweichlichung kein Ende. Ob die «Marschunfähigkeit junger
Soldaten»,[172] das «schnoddrig-salopp[e]» Tragen von Jeans beim Konzertbesuch
als Ausdruck der «geistigen Unreife»[173] oder die «grosse Zahl von Pilzköpfen»,
die «ungepflegt in Erscheinung [tritt], als ungehobelte Urmenschen, als Nean-
dertaler»:[174] die 1960er-Jahre waren für Knobel eine sichtlich anstrengende Zeit.

Trotz dieser Tendenz zum kulturkonservativen Jammer wiesen die
Werk-Mitteilungen eine Breite auf, die sie in den Jahren zuvor nicht besessen
hatte: Im Zentrum standen zwar immer noch die Verlautbarungen der Geschäfts-
leitung und tagespolitische Erörterungen aus Sicht des Freisinns. Doch an ihren
Rändern franste die Zeitung nach vielen Richtungen aus. Mit der Änderung der
Zusammensetzung der Belegschaft, die multinationaler und weiblicher wurde,

---

166 Umfrage bei unsern Lesern, in: WM 11, 1953, 128.
167 Unsere grünen Fragebogen, in: WM 5, 1954, 5.
168 Frédéric Comtesse: Wechsel in der Redaktionsstube, in: WM 7, 1959, 31.
169 Ritzer 2015, 211 f.; Schmid 1976, 89, 425.
170 Bruno Knobel: Starke Jugend – freies Volk, in: WM 2, 1960, 24–26, hier 24.
171 Ders.: Jung und alt, in: WM 11, 1960, 2.
172 Ders.: Ein Wort an unsere 1200 Stifte, in: WM 8, 1963, 10–13, hier 10.
173 Ders.: Sowohl von der Schwierigkeit als auch von der Notwendigkeit, sich richtig zu beneh-
     men, in: WM 4, 1964, 24–27, hier 25.
174 Ders.: Meditation um Pilzköpfe, in: WM 4, 1966, 22 f., hier 23.

richteten sich die Artikel an ein grösseres Publikum. So schaltete man unter der Rubrik «I nostri collaboratori italiani» Artikel für die italienischen Arbeitsmigranten (später kam eine spanischsprachige Rubrik hinzu), «Innerhalb und ausserhalb der Fabrik» verband das vielfältige Vereinsleben der Beschäftigten mit Firmennachrichten und «Die Frau in der Wirtschaft» behandelte Fragen der Frauenlohnarbeit, die Gebrüder Sulzer angesichts des ausgetrockneten Arbeitsmarkts ausdrücklich begrüsste.[175]

Die Maschinenfabrik Oerlikon begann später als Gebrüder Sulzer, aber noch vor Brown Boveri eine Werkzeitung herauszugeben, den *Gleichrichter*, der von 1930 bis 1977 erschien. Der Name der Zeitung war ein Wortspiel: Zum einen wurden in den Werkstätten Gleichrichter zur Umwandlung von Wechsel- in Gleichspannung gefertigt. Zum anderen verstand man den Vorgang der Gleichrichtung durchaus wörtlich: Die Belegschaft sollte durch die Zeitung gleichgerichtet werden, ihre Interessen sollten mit jenen der Geschäftsleitung in Einklang gebracht werden. Der Titelkopf illustrierte das Zusammenkommen zwischen den Patrons (auf der linken Seite), von welchen die Bewegung ausgeht (die Lokomotive), und der Arbeiter/-innenfamilie (auf der rechten Seite) im Medium der Fabrik (im Hintergrund). In der ersten Nummer erklärte Redaktor Ernst Bütikofer, zuvor in den Verkaufsabteilungen von Escher Wyss und Gebrüder Bühler tätig, «[a]lle Arbeit im Dienste der MFO ist gleichgerichtet. [...] Der Betrieb ist zu gross, als dass dieser [zwischenmenschliche] Kontakt durch persönliche Beziehungen hergestellt werden könnte. Deshalb komme ich, der Gleichrichter!»[176] Das Motto des *Gleichrichters*, «Ob Stift, ob Chef, ob arm, ob reich, hier drinnen sind sie alle gleich»,[177] kam Anfang der 1930er-Jahre nicht bei allen gut an. Der noch nicht gleichgerichtete Metallarbeiterverband befand, wenn schon alle angeblich im gleichen Boot sässen, dann sollte auch danach gehandelt werden: «[*Der Gleichrichter*] glaubt, ein Aufsatz mit dem Titel ‹Ein Tag im Leben eines M.F.O.-Direktors› werde die ganze grosse Familie interessieren. Das glauben wir auch, speziell dann, wenn nicht bloss das Leben desselben im Betrieb, sondern auch ausserhalb des Betriebes geschildert wird. Dass ein solcher Aufsatz für viele interessanter sein wird als etwa ein solcher von einem Giessereihandlanger mit Fr. 1.10 Stundenlohn, geben wir ohne weiteres zu.»[178] Die Gleichrichtung wurde kurzerhand umgedeutet in Gleichberechtigung, die natürlich nicht gemeint war: «Das beste daran ist das Motto. Wir nehmen ohne weiteres an, dass nun auch danach gehandelt wird. Die Arbeiter wissen nun, dass sie gleichberechtigt sind, infolgedessen brauchen sie sich auch nicht mehr von den Meistern alles gefallen lassen.»[179]

175 Vgl. Frauen in unseren Werkstätten und Giessereien, in: WM 11, 1966, 18 f.
176 Der «Gleichrichter» im neuen Gewand, in: GR 1, 1954, 2.
177 Rudolf Huber: Anfrage an unsere Leser, in: GR 8, 1942, 16.
178 Der Gleichrichter, in: SMAZ, 12. 2. 1930, 5.
179 Ebd.

Nach dem Tod von Redaktor Bütikofer übernahm 1942 eine Redaktionskommission die Leitung des *Gleichrichters*.[180] Die Zeitung wurde nicht nur
umfangreicher, sie behandelte auch mehr Themen. Ungleich stärker als zuvor
wurde die Bedeutung der innerbetrieblichen Zusammenarbeit betont, Berichte
über die Tätigkeit einzelner Abteilungen der Maschinenfabrik erklärten den
Leser/-innen die betrieblichen Abläufe, auch wurden nach 1942 die angegebe-
nen Bruttoerträge des Unternehmens publiziert, Informationen zur Generalversammlung hingegen erst ab Anfang der 1950er-Jahre. Etwas später kamen
Handreichungen wie «Wir lesen zusammen den Rechnungsabschluss» hinzu.[181]
Ab 1947 gab es regelmässige Ausflugsberichte zu lesen sowie eine mehrseitige
Firmensportrubrik mit Resultaten und Spielberichten; der Sportteil sollte in den
nächsten Jahren im Umfang stetig anwachsen.[182] Ende 1941 hatten Angestellte
und Arbeiter der Maschinenfabrik einen Fussballverein gegründet, um «die körperliche Ertüchtigung» zu fördern, «ferner den Kameradschaftsgeist und das
Zusammengehörigkeitsgefühl»: «Ehrenvoll werden unsere Aktiven das Symbol
unseres in aller Welt bekannten Fabrikzeichens MFO in blau-schwarzem Ge-
wande auf die Kampfplätze tragen und es hochhalten in Sieg und Niederlage.
Jeder, der unsere Farben trägt, ist und bleibe sich bewusst, dass er nicht nur als
Spieler, sondern auch moralisch dazu befähigt sein muss.»[183] Von Moral handelten in dieser Zeit nicht wenige Artikel, wobei es vor allem um jene der Moralischen Aufrüstung ging, also jener Sekte, mit der die Geschäftsleitung verhandelt war. Die Häufigkeit solcher Texte nahm nach 1956 deutlich ab.[184] Religiöse
Traktate mochten damit seltener werden, nicht aber die wirtschaftsliberale Unterweisung (gerne im Vorfeld von Abstimmungen mit unklarem Ausgang), mit
der für den Standpunkt des Arbeitgeberverbands geworben wurde. Erste Texte
auf Italienisch, gerichtet an die zahlreichen Arbeitsmigrant/-innen, erschienen
1958; Erläuterungen zum Geschäftsbericht des Unternehmens wurden ab 1961
gekürzt ebenso auf Italienisch veröffentlicht.[185] Ab 1963 produzierte die Maschinenfabrik eine eigene italienischsprachige Beilage, den *Corriere MFO*, in
der unter anderem über Versuche der Kirchgemeinde Schwamendingen berichtet wurde, mit Arbeitsmigranten der Maschinenfabrik ins religiöse Gespräch zu
kommen.[186]

Über Jahre funktionierte der *Gleichrichter* ähnlich einem Amtsblatt. Er
vermerkte Beförderungen und Jubiläen, wies auf kulturelle und Weiterbildungs-
veranstaltungen hin und bot den zahlreichen betrieblichen Kommissionen Platz
für ihre Berichterstattung. Natürlich konnte man darüber auch in den Werk-

180 Archiv ABB, DRP MFO, 11. 6. 1942.
181 GR 7, 1955, 83–85.
182 Hans Pfändler: Die Seite des Sportvereins, in: GR 4, 1947, 52–55.
183 Sportverein MFO, in: GR 1, 1942, 11 f., hier 12.
184 Zur MRA siehe Kap. 3.3.
185 Gli italiani nella nostra fabbrica, in: GR 1, 1958, 10 f. Vgl. GR 8, 1961, 136.
186 Siamo poi tanto diversi?, in: Corriere MFO, Beilage GR 8, 1964.

zeitungen von Gebrüder Sulzer und Brown Boveri lesen; was das Blatt der Maschinenfabrik Oerlikon allerdings besonders machte, war sein betont familiärer Charakter. Nicht nur das Ableben von Pensionierten wurde bekannt gegeben, sondern auch Eheschliessungen und Geburten in Familien von Beschäftigten. Erst Mitte der 1950er-Jahre, als das Layout aufgelockert und dem eines Magazins angenähert wurde, kürzte man diese Personalnachrichten ein wenig. Vor dieser Neugestaltung liess die Redaktion den freien Platz nach dem Umbruch der Artikel zudem häufig mit Sinnsprüchen auffüllen, die den Standpunkt der Geschäftsleitung auf den Punkt brachten – etwa: «Die Ungleichheit der Menschen ist doch das Wichtigste, womit man rechnen muss», oder: «Lieber Unrecht leiden, als das Recht beugen».[187]

Nicht nur für das protestantisch-konservative Milieu in Oerlikon, sondern für die ganze Maschinenindustrie ungewöhnlich war, dass zwischen 1963 und 1965 eine Frau die Redaktion des *Gleichrichters* leitete, die Journalistin Cécile Hensel.[188] Immerhin hatte man zwei Jahre zuvor noch Artikel veröffentlicht, die dafür plädierten, Frauen aus der Lohnarbeit auszuschliessen, und betont, «dass Hausfrauenarbeit die Zufriedenheit und das Glück in der Familie massgebend bestimmt». Bei der ausserhäuslichen Arbeit verlören Frauen schliesslich «Auge, Ohr und Herz für alle inneren Aufgaben und Ziele», die doch darin bestünden «das Nest der Unsern warm und heimelig [zu] gestalten, dass es allen darin wohl ist».[189] Nach dem Kauf durch Brown Boveri übernahm 1967–1970 erneut eine Frau die Redaktion, diesmal die Journalistin Ruth Steinegger.[190]

Brown Boveri begann ab 1942, eine Werkzeitung zu drucken, der man den sinnigen Namen *Wir und unser Werk* gab. Bis die Zeitung 1968 zur *Brown Boveri Hauszeitung* wurde, war nie recht klar, was mit diesem Namen eigentlich gemeint war. Die Anrufung einer gedachten Betriebsgemeinschaft wohl, die den Betrieb als den ihrigen verstand; man konnte es aber auch andersherum lesen: Hier lassen die Patrons («Wir») über ihr («unser») Werk sprechen.[191] Der Titelkopf bestand bis Mitte der 1950er-Jahre aus einer Variation desselben Themas: die Belegschaft, die nach getaner Arbeit nach Hause geht, jeweils aus unterschiedlicher Perspektive fotografiert, je nach Jahreszeit in anderer Kleidung und entsprechend der Zusammensetzung der Belegschaft geschlechts- und qualifikationsmässig verschieden. Im Grossen und Ganzen entsprach die Badener Werkzeitung jenen von Winterthur und Oerlikon – vom Lokalkolorit einmal abgesehen. Worin sich *Wir und unser Werk* aber unterschied, war ihre von Beginn an

---

187 GR 4, 1942, 10; GR 1, 1948, 14. Das erste Zitat stammt von Hermann Löns, einem reaktionären Heimatdichter aus Deutschland, der von der Propaganda der NSDAP häufig verwendet wurde. Klee 2009, 339 f.

188 Paul Maier: Der Gleichrichter unter neuer Federführung, in: GR 7, 1963, 66 f.

189 H. Briegel: Das Wohnstuben-Dasein satt?, in: GR 3, 1961, 49 f.

190 Ruth Steinegger: «Die Neue» stellt sich vor, in: GR 2, 1967, 19.

191 1968 wurde die Werkzeitung umbenannt, weil in einer Umfrage viele angaben, «[d]as Werk gehört den Aktionären und nicht uns». Peter Rinderknecht: Liebe Leserin, lieber Leser, in: Brown Boveri Hauszeitung 1, 1968, 2.

professionelle Aufmachung und der Umfang: Bereits in den 1940er-Jahren wurden regelmässig 32 Seiten gedruckt.

«Ist nicht jedem von Euch schon oft das Gefühl aufgekommen: Wir wissen zu wenig voneinander», fragte Emil Klingelfuss von der Verkaufsabteilung in der ersten Nummer von *Wir und unser Werk*. «Aber wir wissen nicht nur von uns viel zu wenig, sondern auch von unserem Werk und von unserem gemeinsamen Schaffen, von den Sorgen und Zielen unserer Geschäftsleitung, von dem Erreichten und dem noch Anzustrebenden.»[192] Die Werkzeitung sei eine Initiative, das Verständnis untereinander zu fördern, denn «nur durch Zusammenarbeit unter Zurücksetzung alles Persönlichen [können wir] das Höchste an Leistung schaffen».[193] Man wolle mit dem Blatt «den Menschen als solchen in unserem Unternehmen mehr zur Geltung bringen», und schliesslich «seinen Arbeitsgeist und seine Arbeitsfreude» damit heben.[194]

Die Redaktion der Zeitung übernahm Alfred Bruggmann, der für die Katholisch-Konservativen im Aargauer Grossen Rat sass.[195] Bruggmann erklärte zum Zeitungskonzept, den «Vorrang haben die seelischen Beziehungen, der Mensch in seinem Innenleben und in seiner Einstellung zum Mitmenschen, die Arbeits-Kameradschaft». Er wolle «[g]emeinsames Schaffen» herausstellen.[196] Unter dem Pseudonym Wunibald Zwinkerli schrieb Bruggmann in absichtlich fehlerhaftem Schriftdeutsch Kolumnen, die den Status quo dieses gemeinsamen Schaffens verteidigten – der erfundene Angestellte Zwinkerli sollte das humoristische Sprachrohr der Geschäftsleitung sein. Bruggmann machte sich 1946 etwa über die Forderungen nach der Auszahlung einer angemessenen Herbstzulage lustig, witzelte 1948 über das im Kanton Zürich abgelehnte Frauenstimmrecht – «Meine Dorothea war zuerst auch empöhrt über die Ruchlosigkeit von den Zürchermänner, aber dann sagte sie schlussentlich doch, es seig doch besser so wie es immer war: der Mann soll in der Öffentlichkeit regieren und die Frau daheim» – oder wetterte 1952 gegen die lasche Arbeitsdisziplin der «Bebezearbeitszeitnichteinhaltungsermahnungsmissachter».[197] Bruggmanns Kolumnen erfreuten sich grosser Beliebtheit. An der Brown-Boveri-Jubilarenfeier 1948 für die seit 25–50 Jahren im Betrieb Beschäftigten gab es nicht nur Berner Platte und den Männerchor Baden (dazwischen spanische und russische Tänze), sondern auch eine Zwinkerli-Lesung.[198] Neben seiner Tätigkeit für Brown Boveri schrieb Bruggmann für die Werbung des Detailhändlers Globus. Ab 1938 verfasste er die patriarchalisch-moralinsauren Verse der beliebten Globi-Kinderbücher.[199] Brown Boveri emp-

192   Emil Klingelfuss: Was will die Hauszeitung, in: WW 1, 1942, 2 f., hier 2.
193   Ebd.
194   Ebd.
195   Alfred Bruggmann, in: WW 5–6, 1958, 115.
196   Alfred Bruggmann: Wer schreibt die Hauszeitung?, in: WW 1, 1942, 26 f., hier 26.
197   Bürodiener Zwinkerli, in: WW 11, 1946, 176; Wunibald Zwinkerli, Bürodiener, in: WW 1, 1948, 20, Bürodiener Zwinkerli, in: WW 3, 1952, 52.
198   Jubilarenfeier 1948, in: WW 1, 1949, 8 f.
199   Bellwald 2003, 13.

fahl, dass die Mütter «in unserer grossen BBC-Familie noch mehr nach diesen verbreiteten Jugendbüchern greifen» sollten.[200]

Die eindeutige Stossrichtung und ihr Ton machte *Wir und unser Werk* nicht bei allen beliebt. Als die Kritik an der Einseitigkeit der Werkzeitung nicht mehr ignoriert werden konnte, hielt die Brown-Boveri-Geschäftsleitung im Juli 1947 eine Krisensitzung dazu ab. Theodor Boveri von der Technischen Direktion erklärte, «Aussprachen im Arbeitgeberverband zeigen, dass die Verhältnisse bei uns, verglichen mit anderen Firmen in Winterthur und Oerlikon», also mit Gebrüder Sulzer und der Maschinenfabrik Oerlikon, «nicht schlecht sind».[201] Der kaufmännische Direktor Emil Zaugg ergänzte, die Werkzeitung werde «notgedrungen als ‹Regierungsblatt› betrachtet», weil sie das ja auch war. «Die Haus-Zeitung», so Zaugg, «hat sicher bei unteren Angestellten zur Hebung der Stimmung beigetragen, beim Arbeiter ist dies weniger gut möglich, da dieser ein ausgesprochenes Klassenbewusstsein hat und auf jeden Fall den Kampf um seine Besserstellung führt.»[202] Man bringe die Arbeiter/-innen so kaum dazu, bei der Zeitung mitzumachen. Die Kritik an der Einseitigkeit konterte der Vorsitzende der Redaktionskommission Klingelfuss schliesslich öffentlich mit dem Hinweis: «Selbstverständlich gibt es Mitteilungen […], die Eure Meinung beeinflussen wollen. Das lässt sich ja gar nicht umgehen. Wenn die Geschäftsleitung sich zum Beispiel unter Würdigung aller Umstände und Verhältnisse zu einer Massnahme oder zu einer gewissen Haltung entschlossen hat, so ist es doch selbstverständlich, Euch die Argumente bekannt zu geben und zu versuchen, dafür Euer Verständnis zu wecken. Wen das stört, der missversteht den Sinn unserer Hauszeitung.»[203]

Die Mitarbeit der Beschäftigten an der Werkzeitung blieb als Ziel bestehen, auch wenn die vorgegebenen Themenbereiche zeigten, dass es nicht darum ging, Diskussionen zu führen: «[P]opuläre Artikel über unsere BBC-Erzeugnisse» solle man zusenden und «über interessante Aufträge und Lieferungen» schreiben.[204] Als *Wir und unser Werk* 1950 – mittlerweile bei einer Auflage von beinahe 10 000 Exemplaren und einem Budget von über 70 000 Franken[205] – unter dem Titel «Was vermissen Sie in der Hauszeitung?» eine Leser/-innenumfrage durchführte, lautete denn eine häufige Antwort: die freie Meinungsäusserung. Kritik dürfe «nur von oben nach unten» angebracht werden, «während ein freies Wort von unten nach oben nicht statthaft sei».[206] Redaktor Bruggmann hielt solche Antworten wiederum für nicht statthaft: «Auf was stützt sich eigentlich diese Behauptung?», empörte er sich. Man dürfe schon kritisch sein. «Aber alles, was

200 Emil Klingelfuss: Der meistgelesene schweizerische Jugendschriftsteller, in: WW 10, 1947, 129.
201 Archiv ABB, DRP BBC, 23. 7. 1947.
202 Ebd.
203 Emil Klingelfuss: BBC-Bulletin, in: WW 9, 1947, 105 f., hier 105.
204 Was soll ich schreiben?, in: WW 4, 1948, 59.
205 Nicht-Redaktionelles der Redaktion, in: WW 12, 1950, 203 f.; Archiv ABB, DRP BBC, 28. 3. 1952. 1945 waren es 7500 Exemplare bei einem Budget von 35 000 Franken. Ebd.
206 Zur Umfrage ‹Was vermissen Sie in der Hauszeitung?›, in: WW 10, 1950, 161 f., hier 161.

in böswilliger Absicht Argwohn stiftet und nach Entzweiung trachtet, läuft dem Zwecke der Hauszeitung zuwider und ist dem Papierkorb zu übergeben.»[207]

Einen Hinweis, welche Art der Meinungsäusserung von Brown Boveri erwünscht war, was nicht «Argwohn» oder «Entzweiung» stiftete, liefern die zahlreichen Gedichte von Beschäftigten, die in der Werkzeitung abgedruckt wurden. Wurde man bei Gebrüder Sulzer über deren Qualität nicht so recht glücklich, hielt *Wir und unser Werk* Lyrik für ein geeignetes Mittel, die Arbeitsmoral zu heben. Im Mai 1951 forderte man poetisch gesinnte Beschäftigte auf, Gedichte über das Einhalten der Arbeitszeit schreiben. Bei Abdruck lockte eine Prämie von 5 Franken. Diese erhielt etwa ein pensionierter Angestellter, der früher in der Montageabteilung tätig war, für folgende Zeilen:

«Beeile dich, denn Zeit ist Geld,
Belaste nie dein Konto!
Im Werkbetrieb sei immer Held
Der Pünktlichkeit mit ‹pronto!›»[208]

Den Fünfliber erhielt ebenso der in der Hochfrequenzapparatefertigung tätige Dreher August Leutwiler für:

«Vom Stift bis zum Diräkter
Isch de Zahltag pünktli da,
Drum sind echli koräkter,
Fönd au bezite-n-a.»[209]

Nachfolger des 1958 verstorbenen Alfred Bruggmann wurde Eduard Stäuble, zuvor Herausgeber und Redaktor der *Schweizerischen Republikanischen Blätter* (ab 1961 *Der Republikaner*), der Zeitung der späteren Republikanischen Bewegung von James Schwarzenbach.[210] *Wir und unser Werk* verfolgte zwangsläufig eine noch konservativere, vor allem aber eine striktere, rhetorisch verkrampftere Linie als unter Bruggmann, der gerne mit den Worten spielte. Stäuble, 1963 befördert zum Brown-Boveri-Pressechef, veröffentlichte während seiner Zeit bei der Werkzeitung eine Vielzahl von Artikeln, gerne in Form von Rückblicken auf Veranstaltungen im Martinsberg, dem Wohlfahrtshaus des Unternehmens (in dessen Betriebskommission er ebenfalls sass), die allesamt danach trachteten, die

---

207 Ebd., 162. Die gleiche Reaktion («Wer beweist diese Behauptung?») bereits 1948: Die Redaktion im Jahre 1948, in: WW 12, 1948, 194.

208 W. Holliger, zitiert in *Sprüche über das Einhalten der Arbeitszeit*, in: WW 6, 1951, 88.

209 *Zur Einhaltung der Arbeitszeit*, in: WW 3, 1952, 40.

210 Eduard Stäuble: *Der neue Redaktor*, in: WW 8, 1958, 163 f. Nach seiner Tätigkeit bei Brown Boveri wechselte Stäuble zur Schweizerischen Radio- und Fernsehgesellschaft. Ab Ende der 1980er-Jahre würde er Kolumnen für Ulrich Schlüers *Schweizerzeit* schreiben; ausserdem stand er der vom früheren Frontisten und späteren Immobilienhändler Hans Jenny gegründeten Stiftung für abendländische Besinnung vor. Niggli/Frischknecht 1998, 133 f., 555.

Badener Belegschaft entweder zu belehren oder zurechtzuweisen: Sie sei unor-
dentlich,[211] interessiere sich nicht für die «wertvollen […] Abende» im Wohlfahrtshaus[212] und leide generell an «Verschwendungssucht».[213] Stäubles tadelnde
Linie äusserte sich auch in der Rubrik «Das Ventil», unter der er Briefe an die Redaktion veröffentlichte, wobei es offenbleibt, wer diese tatsächlich verfasst hat.
Die Einsendungen wiederholten jedenfalls mehr als oft seine eigene Haltung.

Wurde der regulären Belegschaft die Werkzeitung gratis per Post zugestellt,
erhielten Arbeitsmigrant/-innen aus Italien ein Exemplar nur auf ausdrücklichen
Wunsch. Wer nicht in den Barackenlagern Rieden und Brisgi untergebracht war,
wo in den Kantinen einige Zeitungen auflagen, musste sich persönlich beim Unternehmen darum bemühen.[214] Seit 1961 erschien für die damals 2000–3000 italienischsprachigen Arbeiter/-innen eine eigene Rubrik mit dem Titel «Voce degli
Italiani».[215] Die in einem paternalistischen, manchmal drohenden Unterton verfassten Texte behandelten häufig Fragen von Disziplin und Gehorsam: «Ogni
operaio deve capirlo e far buon viso agli avvertimenti.»[216] Ebenso die Rubrik
«Mensajero hispano» für die spanischsprachigen Arbeiter/-innen (um 1963 rund
500).[217] Hier wurde etwa erklärt, die «composición étnica prevalentemente ale-
mana» mache die Schweiz zu einem der «países nordicos»; deshalb herrsche hier
eine «disciplina rígida, que se manifiesta particularmente en el trabajo» und an die
man sich gefälligst zu halten habe.[218]

1965 übernahm der Pressechef Peter Rinderknecht die Werkzeitung; zwei
Jahre später leitete er die neu geschaffene Presse- und Informationsstelle des
Unternehmens. Nebenher amtete er als Redaktor des protestantischen Zürcher
Kirchenboten. Mit ihm schlug *Wir und unser Werk* deutlich liberalere, sicher
aber entspanntere Töne an.[219] Den erklärten Zweck der Zeitung, auf die Beschäftigten bestimmend einzuwirken, also Teil der Personalpolitik von Brown Boveri
zu sein, bezeichnete Redaktor Rinderknecht Ende der 1960er-Jahre gar als überholt. Transparenz und Information seien das neue Ziel. Für die geplante Neugestaltung von 1968 erarbeitete er zusammen mit dem Institut für angewandte
Psychologie in Zürich einen Fragebogen für die Leser/-innen, in dem es unter
anderem erneut darum ging, ob die Zeitung nun ein Sprachrohr der Geschäftsleitung sei oder bloss ein neutrales Informationsorgan. In der Werkzeitung
wurde die Antwort gleich vorab geliefert: «Genau so wenig, wie wir Eigen-
kritik als unsere Aufgabe betrachten, neigen wir andererseits zu Personenkult

---

211 Eduard Stäuble: Versuch mit Automaten, in: WW 1, 1959, 13.
212 Montanus: Zweiter Rückblick, in: WW 4, 1960, 102.
213 Eduard Stäuble: Wir bezahlen Ihre Schulden, in: WW 3, 1960, 73 f., hier 74.
214 Comunicazione, in: WW 1, 1962, 10.
215 Alle nostre collaboratrici ed ai nostri collaboratori italiani, in: WW 1, 1961, 13.
216 Perché s'insiste sulla «qualità»?, in: WW 3, 1962, 69.
217 Nuestra presencia y nuestro voz, in: WW 2, 1963, 46.
218 Condiciones de trabajo en Suiza, in: WW 5, 1963, 118.
219 Peter Rinderknecht: Liebe Leserin, lieber Leser, in: WW 5–6, 1965, 94; Beförderungen und
    Mutationen, in: WW 3, 1967, 87.

und ‹Firmenkosmetik›. Unsere Aufgabe ist nicht ‹Personalpolitik›, sondern Information. Ehrliche, wahre Information.»[220] Von den 16 000 verschickten Fragebogen kamen immerhin 851 zurück, davon wurden 604 von Angestellten und 105 von Arbeiter/-innen ausgefüllt. Die Auswertung der Antworten ergab, dass das Versprechen künftiger Transparenz durchaus auf offene Ohren stiess: «Man möchte Lohnprobleme, interne Spannungen, irgendwelche Mängel diskutieren.» Die Redaktion wollte den Wunsch nach Offenheit aber gleich relativiert sehen: «Aber man erkennt auch» – wer hier mit «man» gemeint ist, bleibt indes unklar –, «dass die Hauszeitung nicht in ‹Personalpolitik› machen sollte». Auch mochte man es mit der angekündigten Transparenz nicht unnötig übertreiben: «Der Grund, warum wir ‹schmutzige Wäsche› nicht öffentlich waschen wollen und dürfen, ist klar: Konkurrenz und Sensationspresse lesen mit!»[221]

Eine interessante Gemeinsamkeit der Werkzeitungen aller drei Unternehmen sind die in ihnen veröffentlichten Reiseberichte. Ferien als Teil der Freizeitgestaltung wurde in der Nachkriegszeit zu einem beliebten Sujet, zumal die Betriebe selbst Ferienreisen und Erholungsorte für die Beschäftigten anboten.[222] Allerdings liessen weder das Lohnniveau noch die Ferienzeitregelungen der Maschinenindustrie grössere Sprünge zu: «Wir haben auch Ferien. Aber wir haben kein Geld, uns an einem einigermassen gesellschaftsfähigen Orte niederzulassen», erklärte 1958 die Ehefrau eines Sulzer-Arbeiters.[223] Wo die Feriengestaltung zum Thema gemacht wurde, ging es deshalb ums Zelten, um Bergwanderungen oder Velotouren.[224]

Die ebenso häufigen Reiseberichte waren hingegen etwas anderes, sowohl von ihrem Gehalt als auch von ihrer Funktion her. In den Erzählungen über Montagen im fernen Ausland oder über Geschäftsreisen der Direktoren bildete sich ein für die Werkzeitungen charakteristisches Erzählmuster aus. Es ging ihnen nur um die hiesigen Zustände, nie um das Reisen an sich. Die Reise in die Ferne war eine Reise nach Hause. Das mag zunächst paradox klingen, doch die Berichte beschrieben zwar beobachtete (oft auch eingebildete) Verhältnisse, diese interessierten aber nur, soweit sie auf die Umstände in den Fabriken hier bezogen werden konnten. Natürlich lassen sich die Texte, besonders wenn sie von Afrika handelten, als eine nicht enden wollende Aneinanderreihung kolonialer Klischees lesen, in Oerlikon dann und wann auch noch religiös unterlegt[225] – Beispiele dafür gibt es mehr als genug, zumal sie an den Firmenabenden zur Unterhaltung gerne reproduziert wurden.

220 Peter Rinderknecht: Liebe Leserin, lieber Leser, in: WW 7–8, 1967, 186.
221 851 Leser schrieben, in: WW 10, 1967, 271–275, hier 271 f.
222 Gebrüder Sulzer betrieb beispielsweise bis 1966 ein eigenes Reisebüro, das Geschäftsreisen und Privatreisen für Betriebsangehörige organisierte; 1967 wurde das Reisebüro von der Kuoni AG übernommen. Umorganisation des Sulzer-Reisebüros, in: WM 12, 1966, 17.
223 Freizeit – goldene Zeit, in: WM 7, 1958, o. S.
224 Vgl. etwa Arbeit und Freizeit, in: WM 6, 1954, 86–90.
225 H. Wüthrich: Südafrikanische Geschichten, in: GR 4, 1947, 51 f.

Jenseits der als Überlegenheit missverstandenen schweizerisch-biederen Borniertheit ging es aber um mehr. Beispielhaft war der 1949 vom ehemaligen Werkstattdirektor von Gebrüder Sulzer Emil Baumann verfasste, umfangreiche Reisebericht über Südafrika unter dem rassistischen Apartheidregime.[226] Was Baumann umtrieb, das war die Lage der «Eingeborene[n] Afrikas» und besonders der schwarzen Arbeitsmigranten, die in den Minen arbeiteten: «Diese Arbeitermassen bilden ein ganz besonderes und höchst interessantes Problem.» Höchst interessant fand er auch die Lösung des Problems durch die südafrikanischen Grubengesellschaften: Man pferchte die Leute einfach in «compounds» ein, in Lager. Das bis in die 1980er-Jahre betriebene «compound system» stellte unter der Apartheid ein zentrales Element dar, um schwarze Arbeiter räumlich zu kontrollieren.[227] Die «compounds» waren im Kern eingezäunte und von einer Privatpolizei bewachte Lager mit mehreren Tausend Insassen, die nahe den Minen angelegt wurden, um einen kurzfristigen Arbeitsbedarf zu decken. Der Ein- und Ausgang wurde streng kontrolliert, die Infrastruktur stellten die Grubengesellschaft sowie von ihr lizenzierte Händler bereit; die Versorgung mit Nahrungsmitteln war miserabel und führte immer wieder zu Protesten. Da die Bewegung der Arbeiter kontrolliert wurde, konnten die Gesellschaften über Läden und Bierhallen den Konsum steuern. Im Reisebericht von Baumann werden diese Lager und gerade die strikte Ein- und Ausgangskontrolle dagegen als wahre Wohltaten für die Arbeitsmigranten dargestellt: «Grosse moderne Küchenanlagen, Brauereien für Schwachbier, Badeanlagen, Unterhaltungsstätten aller Art (Radio, Kino, Tanzplätze) gehören zu einem solchen ‹Compound›. Man sucht die Leute möglichst vom Ausgang ausserhalb des Lagers abzuhalten, da ihnen sonst auf alle mögliche Weise der sauer verdiente kleine Lohn abgenommen wird. Frauen und Kinder bleiben in ihren Kraals und Heimstätten, oft tausend und mehr Kilometer entfernt. Daraus ergeben sich natürlich viele Schwierigkeiten; aber man erreicht andrerseits, dass die Frauen in ihrer natürlichen Umgebung bleiben und die Kinder dort aufwachsen, wo sie wenigstens einigermassen dem verderblichen Einfluss der Schattenseiten europäischer und amerikanischer Kultur entzogen werden. Die Zustände müssten furchtbar werden, wenn diese naiven, dem Guten wie dem Schlechten so leicht zugänglichen Kinder der Natur in die Industriegegenden gebracht würden. [...] Unter kundiger Führung konnte ich ein solches Lager eingehend besichtigen und mir die interessante Organisation erklären und die Einrichtungen zeigen lassen.»[228]

Baumanns Absicht, das südafrikanische Regime zu legitimieren, ist offensichtlich – immerhin ein guter Absatzmarkt nicht nur für die Maschinenindustrie.[229]

---

226 Gebrüder Sulzer verkaufte zu der Zeit Pumpenanlagen für Bergwerke in Südafrika, vgl. Der Sulzer-Pumpenbau in Südafrika, WM 6, 1954, 81–83; vgl. Erfreuliches, in: WW 2, 1952, 25 f., zur Geschäftstätigkeit von Brown Boveri.

227 Folgende Ausführungen: Bezuidenhout/Buhlungu 2011, 244 f.

228 Emil Baumann: Aus Südafrika, in: WM 1, 1949, 1–5, hier 3.

229 In der 1956 von Industrie und Banken gebildeten Apartheidlobby Swiss South-African Associa-

Zugleich sprach er indirekt darüber, wie mit sozialen Problemen hier umzugehen sei; darüber, wie mit Belegschaften hier umzugehen sei. Die «Eingeborenen», die er im Sinn hatte, das waren die kurz nach dem Zweiten Weltkrieg in die Schweiz importierten italienischen Arbeitsmigrant/-innen, untergebracht in segregierten, engen Barackenlagern mit dürftiger Infrastruktur, die Männer getrennt von Frauen, die Familien weit weg ohne Möglichkeit eines Nachzugs.[230] Seine Beschreibung der «compounds» in Südafrika, in denen es die Arbeiter angeblich so gut hatten, sollte legitimieren, wie die Maschinenindustrie die Arbeitsmigrant/-innen aus dem europäischen Süden behandelte. Wichtiger als der Ort der Erzählung, wichtiger auch als die Reise waren «die interessante Organisation», «die Einrichtungen». Berichte wie dieser (es finden sich in den Werkzeitungen viele ähnliche Beispiele)[231] waren eigentlich Managementtexte, verpackt in Reiseerzählungen. Sie handelten davon, wie Unternehmen bestimmte Probleme lösen wollten. Indem sie ferne Orte beschrieben, zeichneten sie ein Bild von hier.

Besuchstage

Die Folgen der Taylorisierung des Arbeitsprozesses, besonders die technologisch bedingten Dequalifizierungsprozesse, sind nicht als Einbahnstrasse aufzufassen. Der Begriff der Qualifikation kann unterschiedlich verwendet werden: Erworbenes Arbeitswissen und -erfahrung, Arbeitsanforderungen und berufliche Ausbildung meinen nicht nur unterschiedliche Dinge, sie beziehen sich auch auf verschiedenartige Situationen. Wird eine Tätigkeit im Rahmen einer Rationalisierungsmassnahme dequalifiziert, heisst das nicht automatisch, die Arbeiter/-innen verlieren damit ihre Qualifikation. Dequalifizierung kann ebenso Requalifizierung bedeuten, etwa durch einen Wechsel von ausführenden zu überwachenden Tätigkeiten, wo die Fertigungsprozesse das zulassen.[232] Doch auch bei bereits dequalifizierter Arbeit wäre es falsch, von fehlender Qualifikation zu sprechen. Vielmehr ist hier eine Vielzahl von Fertigkeiten nötig, die nicht explizit (etwa in einer Berufsausbildung) vermittelt werden – Stephen Wood nennt sie Tacit Skills.[233] Gemeint sind mit formalisierter Sprache schwer zu vermitteln Fertigkeiten in der Ausführung als einfach und unqualifiziert geltender Tätigkeiten, die nichtsdestotrotz einiges an Intuition und Erfahrung abverlangen. Tacit Skills werden ebenso für Routineaufgaben benötigt wie umgekehrt bei ungewohnten, die Routine durchbrechenden Problemstellungen. Sie umfassen darüber hinaus – entsprechend der kollektiven Natur dequalifizierter Arbeitsprozesse – nichttechnische wie gesellschaftliche Aspekte. Dafür ist ein

---

tion waren Gebrüder Sulzer ebenso wie Brown Boveri prominente Mitglieder. Frischknecht/Haldimann/Niggli 1984, 623 f.

230 Siehe Kap. 4.2.

231 Vgl. etwa A. Ernst: Reiseeindrücke von Südafrika, in: GR 3, 1968, 56–58.

232 Wood 1987, 7. Vgl. Bonazzi 2008, Kap. 6.

233 Wood 1987, 8. Der Begriff ist angelehnt an jenen des Tacit Knowledge, den der Managementideologe Michael Polanyi in den 1960er-Jahren prägte.

Wissen darüber nötig, in welchem Gesamtzusammenhang die eigene Tätigkeit
steht.[234] In stark arbeitsteiligen Produktionsprozessen ist dieses Wissen jenseits
des eigenen Arbeitsabschnittes schwer zu erwerben. Welchen Beitrag leistet etwa
ein Maschinenformer in der Werkstatt oder eine Stenodaktylografin im Büro bei
der Fertigung eines Schiffsdieselmotors, wie sie in Winterthur gebaut wurden?[235]
Einige grosse Unternehmen der Schweizer Maschinenindustrie begannen deshalb Ende der 1930er-Jahre, für die Belegschaft und ihre Familien regelmässige
Besuchstage zu veranstalten. Diese standen zunächst im Zeichen der Betriebsgemeinschaftsideologie und wurden nach 1938 überformt von Versatzstücken
der geistigen Landesverteidigung.

Die Besuchstage sind als Teil einer sozialpolitischen Strategie zu verstehen,
die betriebliche Konflikte zu verhüten suchte, indem gemeinschaftliche Aspekte
(und damit gemeinsame Interessen) des Betriebslebens betont wurden, sichtbar
gemacht wurden. Denn, wie der Generaldirektor der Maschinenfabrik Oerlikon
Hans Schindler 1938 erklärte: «Die stets wachsenden Absatzschwierigkeiten lassen uns keinen Raum mehr zum Vergeuden unserer Kräfte in inneren Streitigkeiten.»[236] Aber nicht nur. Die Besuchstage waren ebenso eine Massnahme, den
Arbeiter/-innen und Angestellten ein Wissen über den gesamten Produktionsprozess zu vermitteln – insbesondere jenen, welche un- und angelernte Teiltätig-
keiten verrichteten.[237] Betriebsbesichtigungen erhalten damit jenseits des ideologischen Integrationsrituals einen Bildungsaspekt, als Beitrag für die Ausbildung
der für dequalifizierte Tätigkeiten nötigen Tacit Skills.

Im Mai 1938 – inmitten der 1936 beschlossenen Umstrukturierung – entschied die Geschäftsleitung der Maschinenfabrik Oerlikon, einen Besuchstag zu
veranstalten, da «es unser Wunsch ist, dem Einzelnen noch mehr Verständnis
und Interesse für das ganze Werk und die Aufgaben der verschiedenen Abteilungen zu wecken».[238] Den Beschäftigten und ihren Familien sollte ein umfassender
Einblick in die Fabrik, «vom Konferenzsaal des Verwaltungsrates bis zur Werkstätte der Lehrlinge» gewährt werden. «Ca. 200 Wegweiser und Abschrankun-
gen leiteten den Menschenstrom in der festgelegten Marschrichtung durch das
Fabrikareal.»[239] Im Gespräch mit der Erfahrungsaustauschgruppe Pressedienst
und industrielle Publizität des Arbeitgeberverbands verwies der Adjunkt der
Werkstattdirektion Rudolf Huber auf beide Aspekte eines Besuchstags: auf den
integrativen, der auf eine stärkere Betriebsbindung abzielte, und auf den edu-

234 Ebd., 9f.
235 Vgl. zu den Tätigkeiten in der Maschinenindustrie Wecker 1946 sowie Berufslehren in unserer
Firma, in: WM 9, 1965, 9–12.
236 Hans Schindler: Nach dem Besuchstag, in: GR 7, 1938, 2. Vgl. Jaun 1986, 355f.
237 Bruno Humm: Werkbesichtigung, in: WM 12, 1952, 103–106.
238 Direktion der Maschinenfabrik Oerlikon: M.F.O. Besuchstag. Einladung, in: GR 6, 1938, 1f.,
hier 1; Archiv ABB, DRP MFO, 25. 5. 1938. Der Besuchstag sollte zunächst alle drei, später alle
fünf Jahre stattfinden. Ebd., 27. 3. 1963. Vgl. Besuch in der M.F.O., in: SMAZ, 29. 10. 1938, 7.
239 Personal-Besuchstage, warum und wie. Erfahrungen beim MFO-Besuchstag, in: SAZ 8, 1939,
93–96, hier 94.

Abb. 5: *Besuchstag bei Gebrüder Sulzer, Winterthur, 7. 10. 1967.*

kativen, der die Beschäftigten über ihren Beitrag zur Produktion bilden wollte: «Die erste Anregung zur Durchführung eines Besuchstages in der MFO gab mir die Begeisterung, mit welcher mir Angestellte der Westinghouse Mfg. Co. in Pittsburgh (USA) anlässlich eines Besuches von einer solchen Veranstaltung erzählten. Durch eine Aussprache mit einem Freund aus der MFO-Arbeitsgruppe wurde mir klar, wie viele Mitglieder einer so grossen Arbeitsgemeinschaft, trotz jahrzehntelangen treuen Diensten, nur die Umgebung des eigenen Arbeitsplatzes kennen. Sie besitzen dabei keine Möglichkeit, das Unternehmen als Ganzes sehen zu können, um dadurch auch den Zweck und das Resultat der eigenen Arbeit besser zu verstehen, wobei dieses Verständnis unwillkürlich die Freude und das Interesse an der Arbeit erhöhen würde. […] Nur zuviele unserer Arbeitskameraden haben zwei getrennte Lebenssphären, eine im Betrieb und die andere ausserhalb derselben. Dies ist aber ein unnatürlicher Zustand, der viele unglücklich macht. Um das Leben ausserhalb der Fabrik dem Alltag der Fabrik näher zu bringen, müssen wir das Interesse und den Stolz für die Arbeit bei den Mitarbeitern, sowie auch bei ihren Angehörigen wecken.»[240]

Der erste Besuchstag in Oerlikon nach Kriegsende wollte im Herbst 1945 zeigen, dass Technik nicht nur «zur Zerstörung von Menschenleben und Kul-

---

240 Ebd., 93.

turgütern» diene, sondern auch «in den Dienst der Menschheit» gestellt werden könne. Der Tag sollte vermitteln, «was in den verflossenen Kriegsjahren speziell im Hinblick auf die Nachkriegszeit geleistet wurde».[241] Man zeigte den Besucher/ -innen die Arbeit der Locherinnen im Lochkartenbüro, die Serienfertigung von Kleinmotoren oder die Lokomotivmontage – also nicht nur die Tätigkeit von Facharbeitern, sondern auch die von Un- und Angelernten.[242] Nebenausstellungen stellten das Vorschlagswesen vor, die verschiedenen Kommissionen, die Baugenossenschaft Arkaheim und die Frauengruppe; Letztere mit Näharbeiten und dem Hinweis: «Die Ausstellung wird besonders unsere Frauen interessieren.»[243] Der Besuchstag fand zwar an einem Arbeitstag statt, die dafür aufgebotenen Arbeiter/-innen und Angestellten erhielten dafür aber keinen Lohn. Als der Metallarbeiterverband auf eine Entschädigung für den verlorenen Arbeitstag pochte, lehnte die Geschäftsleitung die Lohnforderung mit der Begründung ab, der Besuchstag sei «ein Gemeinschaftswerk aller Angehörigen der MFO», also, in Anlehnung an die nationalistische Rhetorik der Kriegszeit, eine emotionale Verpflichtung und keine wirtschaftliche Angelegenheit.[244]

Der Metallarbeiterverband war ebenfalls mit einer kleinen Ausstellung vor Ort. Nicht als Opposition, die Gegeninformation bot. Man wollte damit vielmehr «die enge Verbundenheit aller in der Metallindustrie und im metallverarbeitenden Gewerbe Tätigen» bekräftigen, erklärte der Präsident der Arbeiterkommission Jakob Bräm im *Gleichrichter*.[245] Dass ein von einem Gewerkschaftsfunktionär geschriebener Artikel in der Werkzeitung erscheinen konnte und die Gewerkschaft gar an einem Besuchstag beteiligt wurde, ist zunächst die Folge ihrer korporatistischen Ausrichtung im Zeichen des Friedensabkommens. Noch mehr wurde damit aber die stark auf Zusammenarbeit und Integration abzielende Betriebspolitik der Maschinenfabrik Oerlikon zum Ausdruck gebracht. In den 1940er-Jahren wäre das weder bei Gebrüder Sulzer noch bei Brown Boveri möglich gewesen.

Brown Boveri führte im Winter 1943 eine Besichtigung der Werkstätten durch – wahrscheinlich war das nach dem 75-Jahr-Jubiläum von 1941 der erste richtige Besuchstag in Baden. In einem Artikel einer «Arbeiterfrau» wird in *Wir und unser Werk* vor allem von deren dadurch gewecktem Verständnis für die Sorgen, aber auch Freuden ihres Ehemannes berichtet: «‹Das ist meine Maschine.› Die Augen meines Mannes leuchten; er kann die Freude an seiner schönen Drehbank nicht verbergen. Er klopft sie wie ein liebes Pferd […].»[246] Weniger schön erschienen der Besucherin hingegen die alten Maschinen und die dunklen Räume bei den

241 Rudolf Huber: MFO Besuchstag 1945. Aufruf an Betriebsangehörige, in: GR 6, 1945, 65.

242 Beim Besuchstag im März 1949 konnte man etwa Arbeiterinnen aus Italien zuschauen, wie sie am Fliessband Kleinmotoren montierten. Paul Maier: Rückblick auf den vierten MFO-Besuchstag, in: GR 3, 1949, 41–44.

243 Rundgang durch die MFO, in: GR 7, 1945, 82–87; Demonstration und Ausstellungen, ebd., 87.

244 Archiv ABB, DRP MFO, 31. 10. 1945.

245 Jakob Bräm: Die Gruppe MFO des SMUV am Besuchstag 1945, in: GR 3, 1946, 41 f., hier 42.

246 M. Bolliger: Gedanken einer Arbeiterfrau bei der Besichtigung der Brown Boveri Werkstätten, in: WW 11, 1943, 185 f.

Wicklerinnen von Klein- und Kleinstmotoren: «Hier möchte ich nicht arbeiten», so ihr erster Gedanke. Dennoch überwog schliesslich die Nähe: «Durch die Besichtigung […] spüre ich, dass ich diesen Frauen nun viel näher stehe als bisher.»[247]

Bei Brown Boveri war bei den Besuchstagen der Aspekt der Nachsicht zentral: die Nachsicht, die die Ehefrauen gegenüber ihren in der Fabrik tätigen Männern aufbringen sollten. Insofern dienten die Besichtigungen auch dazu, hergebrachte Reproduktionsarrangements zu festigen. «Mit verschiedenen Gefühlen verliess ich das Areal, wo unsere Männer ihre tägliche Arbeit verrichten, um ihre Familien zu ernähren», berichtete etwa «eine Hausfrau» über den Besuchstag im Mai 1946: «Es kam mir zum Bewusstsein, dass es unsere Frauenpflicht ist, unsern Mann mit Liebe zu empfangen und unsere häuslichen Sorgen nicht auch noch auf seine Schultern zu laden, wenn er hungrig und abgespannt nach Hause kommt.»[248] Die *Werk-Mitteilungen* von Gebrüder Sulzer schlossen ihren Bericht über die dreitägige Werkbesichtigung im Frühling 1944 (mit immerhin 12 000 Besucher/-innen) mit der Hoffnung, die Einsicht in die Abläufe der Fabrik möge «dem Familiensinn noch einen besseren Kitt geben» – wobei hier nicht nur die Nachsicht angesprochen wurde, die Frauen gegenüber ihren Männern walten lassen sollten. Sie wurden zudem angehalten, ebenso für deren Disziplin zu sorgen, etwa frühmorgens, denn: «Es wird manche Frau erst jetzt gesehen haben, an welch grossen Werken ihr Mann mitarbeitet und wie viel von seiner pünktlichen Pflichterfüllung abhängt.»[249]

Ab den 1950er-Jahren trat der Betriebsgemeinschaftsaspekt allmählich in den Hintergrund; stattdessen wurden Beziehungen betont, die über eine blosse Unter- und Einordnung im Betrieb hinausgehen. Wichtiger etwa waren Fragen der Motivation und der Zusammenarbeit, letztlich die emotionale Zustimmung zu den betrieblichen Verhältnissen, die durch die Einführung neuer Lohnsysteme ein Stück durcheinandergerieten. Gerne wurden dafür Massnahmen zur Schau gestellt, die mit der konkreten Arbeitsorganisation nur wenig zu tun hatten. Für den Brown-Boveri-Besuchstag von 1950 liess man in der Modellschreinerei die Arbeitsplätze und Werkstücke (in diesem Fall also Holzmodelle von Werkstücken, die gegossen werden sollten) mit Blumen schmücken. Die Werkzeitung erklärte den Blumenschmuck für fortschrittlich; er sei «ein sprechendes Zeugnis der Zufriedenheit und Werkkameradschaft». Ebenso «die ausgezeichnet gepflegten, ansprechenden Grünanlagen»: «Ich glaubte gar eine Ausstellung à la Landi zu passieren, zumal auch die Wege und Gänge so proper sich präsentierten. […] Alles in allem: Überall Fortschritt!»[250]

247 Ebd., 186.
248 Der Besuchstag, in: WW 6–7, 1946, 98–100, hier 99. Dasselbe fast 20 Jahre später bei: Werkbesichtigungen, in: WM 10, 1964, 3 f.
249 Werkbesichtigung 29. April, 6. und 20. Mai 1944, in: WM 6, 1944, 46. Vgl. Werkbesichtigung 1946. Erlebtes und Erlauschtes von der Werkbesichtigung, in: WM 6, 1946, 49 f., oder: Mein Mann arbeitet in der MFO, in: GR 6, 1958, 89–91.
250 Der Besuchstag für unsere Werkangehörigen und ihre Familien, in: WW 10, 1950, 157–161, hier 158, 161.

Im Mai 1954 stand der Besuchstag der Maschinenfabrik Oerlikon unter dem Motto «Mitdenken, Mithandeln, Mithelfen», wobei das «Mit» eng mit der inneren Bereitschaft verbunden wurde, den Übergang zum Zeitakkord möglichst mitzumachen, ohne zu stören. Die unter den Arbeiter/-innen weitverbreitete und keineswegs unvernünftige Ansicht, die neuerliche Rationalisierungsmassnahme diene bloss dazu, die Akkordverdienste zu kürzen, unterbinde «jeden Fortschritt», wie das aus Vertretern der Betriebsleitung, der Arbeiter- und der Angestelltenkommission zusammengesetzte Organisationskomitee beklagte. Diese Einstellung «müssen wir zu überwinden versuchen». Der Belegschaft wurde insbesondere am Besuchstag «eine positive Haltung» abverlangt, damit künftig «die ‹Atmung› in den Büros und den Werkstätten leicht fällt».[251] Ein günstiges Betriebsklima zur Hebung der Produktivität: wie Timo Luks zeigt, ein gängiges Motiv der Personalmanagements in der Nachkriegszeit, das die Verbesserung von Licht- und Belüftungsverhältnissen metaphorisch auf innerbetriebliche Konflikte übertrug.[252] Manager seien «Klimaanlagen», wie es Hanns Spreng vom Institut für angewandte Psychologie Bern formulierte.[253] Nicht nur Luft und Licht, auch die Temperatur – «Warme Worte und kalte Herzen gegen ein schlechtes Betriebsklima»[254] –, die Muskelanspannung oder die Grosswetterlage (vom lauen Lüftchen bis zum Orkan) waren häufig verwendete Bilder, um die Stimmung im Betrieb zu beschreiben. Das «Barometer [steht] in allen Unternehmungen von Zeit zu Zeit auf Veränderlich oder sogar auf Sturm», erklärte *Der Betriebsfachmann*, die Verbandszeitschrift des Schweizerischen Verbandes von Betriebsfachleuten 1961.[255]

Stürmischen Beifall erntete die an den Besuchstagen zur Schau gestellte Zusammenarbeit zwischen Arbeit und Kapital in Winterthur, und zwar von der Sozialdemokratie. Immerhin, erklärte Vizepräsident Heinrich Wolfer im Mai 1954 an der Generalversammlung von Gebrüder Sulzer, habe der Metallarbeiterverband «gesunderweise anerkannt, dass die hierarchische Gliederung der Geschäftsleitung und die ungeteilte Verantwortung der Geschäftsführung bei der Fabrikleitung auch im Interesse der Gewerkschaft beibehalten werden müssen», wie ihn die *Metallarbeiter-Zeitung* zustimmend zitiert.[256] Im Herbst 1954 wohnte die *Winterthurer Arbeiterzeitung* dem Besuchstag bei Gebrüder Sulzer bei und konnte sich vor Begeisterung kaum zurückhalten: «Es liegt mir fern, dramatisieren zu wollen oder in billige Lobpreisung zu verfallen, aber, transportiert in unsere Zeit, durchfror mich der Gedanke: ‹In diesen heiligen Hallen.› […]

251 Das Besuchstags-Komitee: Drei Schlüssel für den Fortschritt: Mitdenken, Mithandeln, Mithelfen, in: GR 3, 1954, 34 f., hier 35. Vgl. Sozialarchiv, Ar 422.60.3, Prot. AK 15. 2. 1954, und Willi Amsler: Arbeiterkommission, in: GR 4–5, 1954, 56.
252 Luks 2010, 119–122.
253 Hanns Spreng: Massnahmen zur Pflege der menschlichen Beziehungen in der Schweiz, in: SBZ 31, 1953, 450–452, hier 451.
254 Arthur Steiner, zitiert in ZA 3, 1961, 51.
255 Ruprecht 1961, 4.
256 Heinrich Wolfer, zitiert in Ernst Wüthrich: Aufbauende Worte, in: SMAZ, 12. 5. 1954, 1.

Nur die mustergültige, für den Aussenstehenden oft so selbstverständliche Zusammenarbeit aller ermöglicht das Werk überhaupt. Was schielen unsere Jungen oft so enthusiasmiert und unerfahren nach der neuen Welt und faseln von Teamwork. Ist nicht ein solcher Betrieb bestens dazu geeignet, uns selbst zu beweisen, dass die Amerikaner mit ‹human-relations› und ‹teamwork› uns eine Erfindung anpreisen, die wir seit Generationen als Selbstverständlichkeit und auf eindrückliche Art praktizieren.»[257]

Vom Ausmass dieser Zustimmung des einstigen Gegenspielers offenbar beeindruckt, veröffentlichten die *Werk-Mitteilungen* in den folgenden Jahren anlässlich der Besuchstage nicht nur Artikel aus bürgerlichen Zeitungen, sondern nun auch diejenigen der *Winterthurer Arbeiterzeitung*. Deren Texte mochten sich in den Details unterscheiden, nicht aber in der übermittelten Botschaft: grosses Werk, fortschrittliche Qualitätsindustrie, Lob der Zusammenarbeit. In den lärmigen, oft chaotischen Werkhallen herrschte Ruhe und Ordnung. Zumindest glauben wollte man daran.[258]

Trotz des in den 1960er-Jahren höheren Anteils an Frauenarbeit auch in der Fertigung beharrten die Werkzeitungen in der Regel darauf, die Fabrik sei das Territorium der Männer. Frauen wurden bloss als Besucherinnen wahrgenommen und auf die Funktion der Hausfrau reduziert. Der Arbeitermann als Anhängsel der Maschine, die Arbeiterfamilie als Anhängsel der Fabrik: «Wohl nie so sehr wie bei einer Werkbesichtigung zeigt sich, dass nicht nur die Belegschaft zum Werk gehört, sondern auch die Familienangehörigen der Mitarbeiter», hiess es in den *Werk-Mitteilungen* zum Besuchstag 1960 von Gebrüder Sulzer. «Der häusliche Kreis zieht sein materielles Fundament aus der Arbeit des Versorgers. Seine Arbeit ist also nicht nur eine Lebensaufgabe; sie ist zugleich gewichtiger Grundpfeiler für die Existenzsicherheit der Familie. Dieser Pfeiler gründet in der Fabrik.»[259] Das Leben der ganzen Familie drehte sich damit um die Fabrik, sie bestimmte ihren Alltag, ihre Versorgung, sie war ihre Existenzbedingung. Oder, wie es im selben Text hiess: Sie war das Ganze. «Wer täglich werkt, der will auch seinen Nächsten zeigen, wie bedeutungsvoll das ist, was er schafft. Und die Bedeutung zeigt sich in ihrer Grösse erst im grossen Zusammenhang, im Rahmen des Ganzen. Dieses Ganze ist die Fabrik […].»[260] Eine Sichtweise, die der Metallarbeiterverband teilte. An Besuchstagen «öffnet sich der Blick auf das Ganze», erklärte er anlässlich des Besuchstags bei Gebrüder Sulzer 1961. «[D]a erscheint manche schlecht verstandene organisatorische Massnahme als notwendig und einleuchtend»; die Arbeiter/-innen erhielten «die Einsicht, […] dass man ein wichtiger Faktor im Ganzen ist».[261]

257 Zitiert in Werkbesichtigung 1954, in: WM 12, 1954, 180–185, hier 182.
258 Vgl. etwa: Vater, ist es wahr …? Von der Werkbesichtigung, in: WM 11, 1959, 2–4.
259 Werkbesichtigung 1960, in: WM 11, 1960, 15 f.
260 Ebd.
261 Werkbesichtigung bei Sulzer in Oberwinterthur, in: SAMZ 8. 11. 1961, 4.

Firmenabende und Feiern

Im Vergleich zu den Besuchstagen waren die regelmässigen Abteilungsabende in ihrer Reichweite doppelt beschränkt. Wie die Besuchstage sollten sie ein Zusammengehörigkeitsgefühl herstellen, beschränkten sich aber auf die Angestellten im Monatslohn, die in den technischen und kaufmännischen Büros arbeiteten. Das heisst, das Publikum war bedeutend kleiner und durch die Stellung innerhalb der betrieblichen Arbeitsteilung sozial nach unten abgegrenzt. Auch waren die Abende nicht öffentlich: Von ausserhalb durften nur noch die Partner/-innen teilnehmen. Mit dem engeren Kreis wollte man den Abteilungen einen Familiencharakter geben – entsprechend wurden die Ankündigungen oder Rückblenden in den Werkzeitungen verfasst. Bei Brown Boveri erklärte 1945 ein Angestellter nicht ohne Pathos die Abende als ein Mittel, sich auch privat kennenzulernen: «Wenn wir des Morgens mit dem Strome der Kollegen unsere Arbeitsheimat betreten, dann müssen wir fühlen, wie mit dem beginnenden Arbeitstage [...] auch eine Transformation stattfindet. Aus den Herzen, die noch in den Rhythmen des ureigenen Lebens schlagen, werden die Kräfte in das Hirn hinaustransformiert. Dann schweigt das Ich, und das gemeinsame Werk pulst durch die Arbeitsstunden. Strömen wir wieder hinaus, dann greift das Herz seine Rechte wieder auf, bei einem jeden für sich, dem Nächsten unsichtbar.»[262]

Die Abteilungsabende sollten also die Beziehungen am Arbeitsplatz über diesen ausweiten; anders gesagt, der Betrieb sollte nicht nur den Alltag im Büro bestimmen, sondern auch in den Rest des Tages eingehen. Sich kennenlernen, nicht nur einander kennen – um schliesslich den Arbeitsalltag im Interesse des Unternehmens reibungsloser zu gestalten.

Bei Gebrüder Sulzer begann man in den 1940er-Jahren, solche Abende regelmässig zu veranstalten.[263] Sie ähnelten jenen in Baden und Oerlikon, die zur selben Zeit wichtig wurden. In allen drei Betrieben wurden die Abende zu einer bleibenden Einrichtung der auf die Hebung des Betriebsklimas abzielenden Sozialpolitik. Was sie auszeichnete, war ihr vergleichsweise wenig förmlicher Charakter; man versuchte zumindest, auf programmatische Reden der ebenfalls anwesenden Direktoren zu verzichten. Vergnügliches Beisammensein stand an erster Stelle: gemeinsames Essen, Theatereinlagen, Gedichte und Lieder, Tanz bis in den Morgen.[264]

Im Unterhaltungsprogramm – besonders bei den Gedichtrezitationen – blitzte ab und an ein Funken betrieblicher Opposition auf. Hier kamen Arbeitsbedingungen oder der Leitungsstil von Vorgesetzten zur Sprache; man durfte ein

262 Etzensberger: Die Abteilung T einmal privat, in: WW 11, 1945, 170.
263 Dieselmotoren-Abteilungsabend im Kasino, in: WM 11, 1946, 88–90, hier 88.
264 Wenigstens in Winterthur, wo man auch mal bis vier Uhr in der Früh tanzte, vgl. Der Abteilungsabend der Pumpen- und Ventilatoren-Zunft, in: WW 3, 1952, 20f. In Baden und in Oerlikon ging man hingegen zeitig zu Bett, vgl. Abteilung A-Abend, in: WW 6, 1944, 76; oder Oerlikon: «[W]ir gehen [um 23:15] heim, weil wir müssen, des Hauses vornehme Disziplin will es so.» Adolfus Rex: Das grosse Treffen der Br. F im Orlinhus, in: GR 2, 1945, 25.

Stück weit öffentlich kritisieren, ohne negative Konsequenzen fürchten zu müssen. Ein am dritten Abend der Pumpenabteilung von Gebrüder Sulzer im November 1946 vorgetragenes, recht langes Gedicht etwa enthielt kritische Passagen wie:

> «[S]chlächti Lampe, chlini Löhnli,
> Arbetstempo ussergwöhnli,
> immer gumpe und pressire,
> trotzdem heisst's, 's täg nid rentiere[.]»[265]

Auch am Abend der Dieselmotorenabteilung 1948 wurden die Arbeitsbedingungen thematisiert. Die Motivation, zu arbeiten, machte man, ganz prosaisch, von der Lohnhöhe und -auszahlung abhängig. Das dürfte die anwesenden Direktoren nicht nur gefreut haben (so sie dem Gedicht zugehört haben), waren doch die Abteilungsabende Teil einer Strategie, eben nicht vom Lohn zu sprechen, sondern von Zusammenarbeit und Einordnung:

> «De Letzt vom Monet ischt dä Tag
> Wo mer oft chum erwarte mag.
> Do git's Salär (me seit au Bolle)
> Und s'Portmonnaie wird wieder volle.
> Do hesch Du wieder Freud am Läbe
> (Mer schafft halt doch net ganz vergäbe).»[266]

Man sollte das nicht überbewerten. Die gespielte Distanz zum Arbeitsalltag half, die durch die Arbeitsorganisation gebildeten Bürogemeinschaften zu emotionalisieren und zu verkitten. Die Gedichte, in denen sich Reflexion, Eigensinn und eine leise Kritik an den Zumutungen des Arbeitsalltags vermischten, bezogen sich aber auf die gemeinsame Erfahrung der Unterordnung, nicht des Widerstands. Doch wenigstens waren die Verse eigensinnig, was man von den Theaterdarbietungen nicht sagen kann. Diese bestätigten nur zu oft bestehende betriebliche Hierarchien, besonders wo es um die geschlechtsspezifische Arbeitsteilung in den Büros ging. Beliebt waren als Szenen aus dem Büroleben verpackte sexistische Schwänke über Stenotypistinnen und junge Bürogehilfinnen, herablassend «Laufmaitli» oder «Laufmöpsli» genannt.[267] Gerade Letztere – die am schlechtesten bezahlten weiblichen Hilfskräfte in den Büros – waren in der Werkzeitung immer wieder Objekt moralisierender und zugleich sexualisierender Betrachtungen.[268] Die erotische Aufladung des Arbeitsplatzes

---

265 Jules Kündig: Abteilig vier, in: WM 12, 1946, 97.

266 Fridolin Söhner: Muesch nümme uf de Letzti plange, in: WM 6, 1948, 47.

267 Walther Bangerter: Jubiläumsabend der Abteilung 7, in: WM 4, 1948, 30 f.; Abteilungsabend der Abt. 4, in: WM 4, 1949, 28 f.

268 Vgl. etwa die Illustrationen zu Frieda Oeler: Unsere Laufmädchen, in: WM 2, 1960, 28 f., oder zu Thaddäus Troll (= Hans Bayer): Liebevolle Überlegung bezüglich Lektüre der Laufmädchen

war ein beliebtes Sujet und mochte in den Büros als Kompensation für den in dieser Hinsicht wenig aufregenden Arbeitsalltag herhalten – «ich diktier' von früh bis spät Stückzahlen», erklärte wenig begeistert ein Brown-Boveri-Angestellter 1955.[269]

An den Abteilungsabenden jedenfalls blieben Frauen das bevorzugte Ziel der Schwänke. Am dritten Abend der Dieselmotorenabteilung Ende 1951 im Volkshaus Winterthur (dem Lokal der Gewerkschaften, mithin einem für das Büropersonal doch etwas fremden Ort) galt es, Frauen schlecht zu machen, wenn auch diesmal nicht jene im Büro, sondern die Ehefrauen daheim. Denn diese drängten ihre Männer dazu, endlich mehr Lohn zu fordern; im Gewerkschaftshaus in Anwesenheit von Direktoren Lohnforderungen zu kritisieren, hatte natürlich eine über den unmittelbaren Abend hinausgehende Bedeutung. Anschliessend machte man sich über «Wöschwyber» im Allgemeinen und über die Forderung nach dem Frauenstimmrecht im Besonderen lustig. Zum Abschluss tanzte, nach einer Mundharmonikaeinlage von als Cowboys verkleideten Angestellten, eine eigens dafür engagierte Tänzerin den Herren einen Samba vor – der «Clou des Abends», so die *Werk-Mitteilungen*.[270]

Mit der Zeit kam man von der ursprünglichen Konzeption der geselligen Runde ohne vortragende Direktoren etwas ab. Mitte der 1950er-Jahre gehörten Reden der Geschäftsleitung bereits zum festen Programm der Abteilungsabende, wenn auch eingerahmt in eine eigenwillige Vielfalt von Theateraufführungen und Musikdarbietungen (von Chopin bis zu Heimatliedern auf der Mundharmonika). Vielleicht als Kontrapunkt zu dem doch eher ernüchternden Inhalt der Reden – sie handelten in der Regel von wenig vergnüglichem wie Kostendruck und Sparbemühungen – verstiegen sich die Darbietungen dann und wann ins Extravagante. Am Abend der Dieselmotorenabteilung im Februar 1954 etwa führten als Kolben eines Dieselmotors verkleidete Frauen ein «Kolben-Ballett» auf, angeführt von einer als Fledermaus verkleideten Angestellten.[271]

Noch mitten im Krieg führte die Maschinenfabrik Oerlikon auf Veranlassung von Personaldirektor Rudolf Huber einen «MFO-Abend» durch – nicht in Oerlikon, sondern im Zürcher Kongresshaus. Wenn dieser Abend im April

---

und Lehrtöchter, in: WM 4, 1966, 24 f. Zur Beschäftigung von sogenannten Laufburschen und -mädchen in der Maschinenindustrie vgl. Graf 1946. Um 1963 arbeiteten 45 junge Männer und 57 junge Frauen als Gehilfen bei Gebrüder Sulzer; gut die Hälfte würde später eine Lehre im Betrieb machen. R. Bruder: Die Betreuung der Jugendlichen in unserer Firma, in: WM 3, 1965, 26–28.

269 Jakob Scherrer: Der WBZ, in: WW 11, 1955, 199.

270 Emil Fischer: Der dritte Dieselmotoren-Abteilungsabend, in: WM 3, 1952, 21–24, hier 22. Das Cowboy-Motiv, das den Siedlerkolonialismus in Nordamerika romantisierte, war äusserst beliebt, stand es doch für ungezügelte Freiheit und, via Abknallen eines Bösewichts, wiederhergestellte Gerechtigkeit – für ein Vorgehen also, das in den Schweizer Fabriken der 1950er-Jahre nicht eben häufig war.

271 Otto Huber: Dieselmotoren-Abteilungsabend, in: WM 4, 1954, 54–59. Das Fledermauskostüm war keine Anspielung auf die langen Arbeitszeiten, wie man vielleicht annehmen könnte. Vielmehr stammte die Ballettmusik aus der bekannten Operette *Die Fledermaus* von Johann Strauss.

1943 auch in der Form einem überdimensionierten Abteilungsabend glich, war er doch mehr, denn die gesamte Belegschaft und ihre Familien waren eingeladen; 2600 Personen nahmen schliesslich teil.[272] «Nach alter Sitte ladet in manchen Familien der Vater von Zeit zu Zeit seine Kinder und die Kindeskinder zu sich», stand im *Gleichrichter*, der Abend sei deshalb als «MFO-Familienzusammenkunft» zu verstehen.[273] In seiner Begrüssungsrede liess Generaldirektor Schindler die letzten vier Jahre «sid em Landitag» Revue passieren: «Fascht die ganz Wält ischt sid do in Chrieg cho und was euseri Nachbere und anderi Völker alles über sich händ müse ergah laah, chönned mir eus gar nöd vorschtelle. […] Mir händ aber Glück gha, dass mir en Huufe Uffträg übercho händ. Au fürs Usland hämmer chönne normali elektrischi Maschine lifere und händ nöd müese Waffe und Munition fabriziere. […] Im Summer 1940 sind eus wichtigi Chunde im Weschte verlore gange, im Summer 1941 im Oschte und villicht zwingt eus de Chrieg na e paar mal zu derige Umschtellige.»[274]

Doch nicht nur «Chunde» (welche das zu der Zeit genau waren, liess Schindler unerwähnt) waren Gegenstand der Rede. Auch lobte er die Aufopferung der Ehefrauen, die sich gleichfalls in den Dienst des Unternehmens stellten, indem sie ihre Männer bei der Stange hielten: «Mir Manne müend aber nöd meine, mir elleige leischtid öppis Rächts. Grossi Leischtige bruuched gsundi und rächt erzogni Lüüt und wer anderscht sorget mee derfür als d'Familie diheim? Es hanget vu diheim ab, öb mir vergnüegt oder truurig, ufmerksam oder verfaare a d'Arbet i der Fabrik gönd. Vili vu eusere Fraue sind hüt da und es ischt nüt als rächt und billig, dass ich Ine hüt derfür tanke, dass sie Iri Manne trotz Tüürig und Razionierig bi Chrefte und gueter Luune bhalte händ.»[275]

Schliesslich erklärte er, die Maschinenfabrik Oerlikon «ischt […] immer mee gsy als e Bude, wo en Undernäme Gäld hät welle verdiene». Es gehe dem Unternehmen ebenso darum, die in der Schweiz verortete Tradition «vu gueter Arbet und aschtändige Gschäftsfüerig» zu erhalten.[276] Die Hauptrede hielt Georg Thürer, Geschichts- und Literaturprofessor an der Handelshochschule St. Gallen, nachdem ein Film die Montage von Oerliker Generatoren in Innertkirchen (für das Wasserkraftwerk am Grimsel) gezeigt hatte.[277] Thürer referierte über das Thema «Üüseri Uufgab as Schwyzer». Diese Aufgabe war für ihn einigermassen

---

272 Archiv ABB, VRP MFO, 20. 4. 1943. 1943 arbeiteten 2661 Personen in der Maschinenfabrik Oerlikon. Archiv ABB, DRP MFO, 18. 12. 1946.

273 W. Oechslin: Der MFO-Abend im Kongresshaus am 3. April 1943, in: GR 3, 1943, 33–35, hier 33, 35.

274 Hans Schindler, zitiert ebd., 34. Der «Landitag», von dem Schindler spricht, war ein erster «MFO-Tag» und fand 1939 statt, nachdem die Geschäftsleitung erfahren hatte, dass die Konkurrenz ihren Beschäftigten den Besuch der Landesausstellung in Zürich mitfinanzierte. Man zog nach, schloss den Betrieb für einen Tag und bezahlte nicht nur den Eintritt, sondern auch noch das Mittagessen. Archiv ABB, DRP MFO, 6. 7. 1939.

275 Schindler, zitiert in W. Oechslin: Der MFO-Abend im Kongresshaus am 3. April 1943, in: GR 3, 1943, 33–35, hier 35. Mit «Ine» und «Iri» richtete er sich an die anwesenden Frauen im Raum.

276 Schindler, zitiert ebd.

277 Im Juli 1943 finanzierte die Geschäftsleitung ausserdem 760 ausgewählten Arbeitern und An-

simpel: Es soll so bleiben, wie es ist. Immerhin stand man vor den Wahlen, aus der die Sozialdemokratische Partei als stärkste Fraktion in der Bundesversammlung hervorgehen sollte und damit in den per Vollmachtenregime durchregierenden Bundesrat einziehen würde. Mag sein, dass Thürer das ahnte. Auf jeden Fall redete er den Beschäftigten der Maschinenfabrik ordentlich ins Gewissen, all die «Oberchyber und Chifler» links liegen zu lassen. Seine Rede verstand Thürer als Beitrag zur geistigen Landesverteidigung. Neben dem zeitüblichen Aufwerten alles Militärischen («Ich säge Arbeiter und Soldat i einem Atemzug. Warum? Wil das schwyzerisch – urschwyzerisch isch») und der Absage an grundsätzliche Veränderungen («[m]ä bruucht kei Revuluziu») versprach er eine soziale Besserstellung der Arbeiter/-innen, sofern diese General Henri Guisan und dem Bundesrat («e guete Huusvatter») brav Folge leisteten: «Wänn emal jede Arbeiter sis Hüüsli hät und e Blätz Land – dänn isch die soziali Frag so guet wie glöst. Zu dem Zyl simer underwägs.»[278]

Nach den programmatischen Reden führten Lehrlinge «und MFO-Mädchen» zum angenehmen Teil des Abends über: Sie führten das Bühnenstück *Ticino* auf (Ferien im Tessin waren bei Zürcher/-innen sehr beliebt), dann folgten das «graziöse MFO-Ballet» und schliesslich Witzeinlagen mit «Lachsalven in Dauerwellen», aufgeführt von Schauspieler/-innen des Bernhard-Theaters. Dann wurde getanzt, und zwar für die Zwingli-Stadt nicht zu knapp: «Rassige Tanzorchester halten den grössten Teil der MFO-Familie bis morgens 5 Uhr beisammen.»[279]

Deutlich förmlicher als bei den Abteilungsabenden ging es bei den Jubilarenfeiern zu und her. Diese dienten dazu, in regelmässigem Abstand die Treue zum Unternehmen als Beitrag zur Festigung der betrieblichen Verhältnisse zu würdigen. Nach 25–50 Jahren ununterbrochener Beschäftigung erhielt man ein Geschenk und wurde an einer gemeinsamen Feier gewürdigt. Bei Brown Boveri kamen die Arbeitskolleg/-innen zusammen für Blumen und Geschenke auf – einen Liegestuhl, eine Flasche Wein, vielleicht einen Schinken –, während das Unternehmen eine Urkunde sowie, etwas später, eine nach Jahren und Anstellungsbedingungen gestaffelte Jubiläumsgratifikation überreichte. Arbeiter/-innen erhielten eine bedeutend geringere «Grati» als Angestellte.[280] Die Ansprachen an den regelmässig im Wohlfahrtshaus durchgeführten Feiern, bei denen eine eigens dafür gegründete Blasmusik aufspielte,[281] richteten sich an das Verantwortungsgefühl der langjährig Beschäftigten. Bei der Feier von 1961 hielt man etwa Reden über «Arbeitsfriede – ein hohes Gut», «Das Verantwortungsgefühl jedes einzel-

gestellten einen Ausflug nach Innertkirchen. Robert Meyer: Die MFO-Arbeiter reisen nach Innertkirchen, in: GR 6, 1943, 77–80.

278 Georg Thürer: Üüseri Uufgab as Schwyzer, in: GR 3, 1943, 36–38, hier 36f. 1946 schrieb der *Gleichrichter* Guisan habe als General «ähnliche Funktionen ausgeübt wie in der MFO ein Chef oder Meister»: H. Jucker: Mein letzter Aktivdienst, in: GR 2, 1946, 30f., hier 31.

279 W. Oechslin: Der MFO-Abend im Kongresshaus am 3. April 1943, in: GR 3, 1943, 33–35, hier 35.

280 Brown Boveri 1957, 66.

281 Archiv ABB, DRP BBC, 29. 8. 1951.

nen» oder «Vernünftige Beschränkung der Ansprüche» (gemeint waren die der Belegschaft, nicht die des Managements oder des Aktionariats).[282]

Gebrüder Sulzer schenkte ab 1943 ihren Beschäftigten bei 30, später bei 25 Jahren eine Taschen- oder Armbanduhr; bei 40 und 50 Jahren erhielt man eine Dienstaltergratifikation und durfte mit einigen Direktoren und der Geschäftsleitung eine Carfahrt unternehmen, «als ein weiteres Zeichen der Verbundenheit der leitenden Organe mit ihren Mitarbeitern», spendiertes Schinkenbrot und Weisswein inklusive.[283] Diese «Jubilarenfahrt» wurde geschlechtergetrennt organisiert; weshalb, bleibt offen. Aber auch bei jener für Frauen war die Geschäftsleitung zumindest in Teilen mit dabei: «Einige Herren der Geschäftsleitung», vermeldeten die *Werk-Mitteilungen* Ende 1952, «liessen es sich nicht nehmen, die Jubilarinnen in ritterlicher Weise auf ihrer Reise zu begleiten.»[284] Das blieben letztlich aber kleinere Veranstaltungen. Grösser waren die ab 1950 durchgeführten Feiern, bei denen die Uhr von den Direktoren persönlich überreicht wurde. Diese Uhr wurde nicht einfach als Gabe verschenkt; vielmehr sollte sie helfen, die Arbeitszeiten besser einzuhalten: «D'Uhr hilft Dir, Dini Zyt iteile / Si lauft gnau, channst Dich verlaa», gab man den Jubilaren als Mahnung mit.[285]

Ein unterbliebener Stellenwechsel und damit das Verbleiben des Arbeitswissens im Betrieb wurde mit den Jubilarenfeiern zum Zeichen reibungsloser Zusammenarbeit. 1941 erklärte der Verkaufsdirektor der Maschinenfabrik Oerlikon F. E. Hirt: «Unter erwachsenen Menschen ist es nicht mehr nötig, ständig zu streiten, sich gegenseitig anzufluchen oder auf andere Art Schwierigkeiten zu machen. Was wir erzielen sollten, ist nicht nur eine Gruppe von Menschen, die leidlich miteinander auskommen und die übertragenen Aufgaben schlecht und recht erfüllen, sondern Arbeitsgruppen in Werkstätten und Büros, deren Angehörige nicht weniger eng zusammenarbeiten als beispielsweise unsere nationale Eishockey-Mannschaft am letzten Sonntag.»[286]

Zwei Gesichtspunkte dieser Zusammenarbeit kamen an den Feiern in Oerlikon wiederholt zur Sprache (und nicht nur hier). Zum einen die geforderte Unterordnung unter die betriebliche Hierarchie, zum anderen die Fabrik als Gemeinschaft, die mehr als nur Gewinne einfahren, sondern darüber hinaus Menschen gefühlsmässig aneinanderbinden will. Was die Unter- und Einordnung betraf, wurde noch zu Beginn der 1950er-Jahre gerne auf das Vorbild des Militärs verwiesen, eine durch die Dienstpflicht klassenübergreifende Organisation. Der Verwaltungsratspräsident Edouard von Goumoëns, der sich bei seinen

282 Rudolf Sontheim: Treue bringt Erfolg, in: WW 1, 1962, 7–9, hier 8.
283 Wohlfahrt, in: WM 1, 1961, 23–26, hier 26; Rudolf Zehnder: Jubilarenfahrt 1952, in: WM 10, 1952, 81–85, hier 84; M. Stürzinger: Jubiläumsuhren, in: WM 2, 1952, 13 f.
284 Rosa Hollenstein: Die Rigi-Fahrt unserer Jubilarinnen, in: WM 12, 1952, 106–108, hier 106.
285 Ernst Kuhn: Übergabe der Jubiläumsuhren, in: WM 1, 1953, 4–7, hier 6; Hans Oswald: Verteilung der Jubiläumsuhren, in: WM 1, 1957, 22–25.
286 Jubilarenfeier 1941, in: GR 1, 1941, 1–4, hier 1.

Besuchen in der Fabrik gerne mit «Herr Oberst» anreden liess, hielt im Dezember 1950 im Wohlfahrtshaus in «heimeligem Berndeutsch» eine Ansprache, in der er laut dem Berichterstatter der Werkzeitung Folgendes erklärte: «Angenommen, die ganze Belegschaft würde sich in eine Sechserkolonne aufstellen, so wäre der Flügelmann jedes Gliedes ein Veteran, der wenigstens 25 Dienstjahre in der MFO zurückgelegt hat. Die Veteranen einer Firma bedeuten für sie dasselbe wie die ‹Führer rechts› einer militärischen Gruppe.»[287]

Der zweite Aspekt wurde weiter oben bereits erwähnt: An der Feier von 1947 erklärte Generaldirektor Schindler, ein Betrieb lebe nicht nur vom erwirtschafteten Gewinn, sondern vor allem von der richtigen Einstellung. Dass «'s Gäld» nicht die Hauptsache sei, war natürlich eine Ausrede, um nicht über dessen Verteilung sprechen zu müssen. Letztlich ging es Schindler aber um etwas anderes: Er verortete den Beitrag der Beschäftigten zu einem günstigen Geschäftsabschluss nicht nur in der erbrachten Arbeitsleistung, sondern ebenso darin, dass sie betriebliche Hierarchien nicht infrage stellten. Für Schindler liess sich ein Betrieb hier mit den Beziehungen im Haushalt vergleichen, denn: «Bi eus diheim isches erscht räct eso.»[288] Das «Bi eus» behauptete eine Gemeinsamkeit, die sozial so nicht bestand – die Reallöhne liessen derlei für den Grossteil der Beschäftigten nicht zu –, aber als Desiderat durchaus seine normative Wirkung hatte.[289] Eine Familie, so Schindler, benötige wie eine Fabrik mehr als nur flüssige Mittel, damit sie funktioniere: «Vil wichtiger isch es, dass mir ryfer worde sind, dass mir eus vilicht mit euserer Frau besser verschtönd», liess er die versammelten Arbeiter/-innen und Angestellten wissen.[290] Die Verbindung zwischen betrieblichem und häuslichem Kommando dürfte Schindlers religiösen Überzeugungen entsprochen haben. Tatsächlich bildete diese Verbindung (wenn auch anders formuliert) eine Kernfrage der Personalpolitik der Nachkriegszeit. «Kann sich die Familie, vor allem die Frau» an die Erfordernisse des Betriebs anpassen: Damit müsse sich, so ein Kader der Maschinenfabrik bei einem Vortrag im Februar 1964 vor der Arbeitsgruppe betriebliche Sozialpolitik, eine Personalabteilung auseinandersetzen. Das Ziel betrieblicher Sozialpolitik müsse nicht zuletzt sein, sicherzustellen, dass sich «die Familie [...] in positivem Sinn zur Firma» stellt.[291]

Die Art und Weise, den Beitrag langjähriger Beschäftigungsverhältnisse zur betrieblichen Stabilität besonders zu würdigen, blieb bis in die 1960er-Jahre mehr oder weniger unverändert erhalten. Danach begann sie sich allmählich zu ändern. Ende der 1960er-Jahre war etwa bei Brown Boveri Schluss mit den herkömmlichen Feiern. Schliesslich wurde das Jubiläum doppelt begangen: nicht nur mit der vom Betrieb organisierten jährlichen Feier, sondern am Jubiläumstag selbstorganisiert in der Werkstatt und im Büro. Letztere seien problematisch, an-

---

287 Max Vuilleumier: Dank an treue Mitarbeiter, in: GR 1, 1951, 1–2, hier 2.
288 Schindler, zitiert in Jubilarenfeier 1947, in: GR 1, 1948, 2f., hier 2.
289 Vgl. Fasel 2015, 269.
290 Schindler, zitiert in Jubilarenfeier 1947, in: GR 1, 1948, 2f., hier 2.
291 Peter Benz: Die Einführung neuer Mitarbeiter, in: ZF, 17. 2. 1964, 2.

geblich weil das Jubiläum damit immer mehr zu einem «Demonstrations- und Prestigeanlass» verkomme; wahrscheinlicher aber war, dass es um verlorene Arbeitsstunden ging. Künftig gab es nur noch die jährliche Feier. Die Geschäftsleitung passte 1969 die Höhe der ausbezahlten Gratifikaiton geringfügig nach oben an (Arbeiter/-innen erhielten nun zwischen 1000 und 2000, Angestellten zwischen 1500 und 2500 Franken) und verbot alles andere: die kleinen Feiern der Arbeitskolleg/-innen ebenso wie Sammelaktionen für Geschenke und die üblichen Gabentische. Weder der Hausverband der Angestellten noch die Arbeiterkommission stellten sich gegen die Neuregelung. Immerhin: Blumen auf dem Tisch blieben erlaubt; das Unternehmen stellte eine Vase zur Verfügung.[292]

Jubiläen

Ein besonders nach aussen, auf die öffentliche Wahrnehmung hin gerichtetes Verständigungsmittel der Unternehmen waren Firmenjubiläen. Das 100-Jahre-Jubiläum von Gebrüder Sulzer fiel in unruhige Zeiten – 1934 befand sich das Unternehmen mitten in der Krise, seit 1931 wurden die Löhne jedes Jahr gekürzt.[293] 25 Jahre später schien es dagegen nur noch in eine Richtung zu gehen: aufwärts. Man beschäftigte allein in Winterthur 10 400 Personen und hatte eben in Oberwinterthur eine neue Grau- und Stahlgiesserei eröffnet.[294] Zum 125-Jahre-Jubiläum 1959 erhielten alle Beschäftigten und Pensionierten, abgestuft nach den Jahren, in denen sie für das Unternehmen arbeiteten, ein oder mehrere «Goldvreneli» als Jubiläumsgratifikation.[295] Man veröffentlichte eine Jubiläumsschrift – mehr aber nicht.[296] Es mag sein, dass die Geschäftsleitung trotz gutem Geschäftsgang nicht nach Feiern war, weil sich an die Eröffnung der Giesserei längere Arbeitsstreitigkeiten anschlossen, die sich um die Arbeitsbedingungen und den Zeitakkord drehten. Das Unternehmen schreckte dabei nicht davor zurück, zuvor mit dem Metallarbeiterverband getroffene Abkommen zu brechen, um stark reduzierte Vorgabezeiten durchzusetzen (die wiederum zu massiven Lohneinbussen führten). Die Gewerkschaft warnte die Geschäftsleitung vergebens vor der schlechten Stimmung in der Giesserei: «Die Arbeiterschaft hat in allem Ernst Massnahmen ins Auge gefasst, die wir im beidseitigen Interesse vermeiden wollen.»[297]

Die 50- und 75-Jahre-Jubiläen von Brown Boveri und der Maschinenfabrik Oerlikon waren dagegen mehr oder minder öffentliche Feiern mit viel Publikum. Für das 50-Jahre-Jubiläum Ende September und Anfang Oktober 1941 liess

292 Peter Rinderknecht: Neuordnung der Arbeitsjubiläen, in: Brown Boveri Hauszeitung 2, 1969, 54.
293 Vgl. Buomberger 1984, 78, Tab. 20.
294 Vgl. Buomberger 2011, 201.
295 Heinrich Wolfer: Referat, 45. Generalversammlung, 27. 4. 1959, in: WM 4, 1959, o. S.; vgl. Steiner 2008, 23.
296 Vgl. Sulzer 1959.
297 Sozialarchiv, Ar SMUV, 04A-0004, Dossier Gebrüder Sulzer, SMUV Winterthur an Geschäftsleitung Gebrüder Sulzer, 17. 4. 1959; vgl. Archiv Sulzer, Schachtel 181, Prot. Arbeiterkommission, 22. 12. 1958; ebd., Prot. Arbeiterkommission, 8. 5. 1959.

Brown Boveri zunächst 300 geladene Gäste, «Geschäftsfreunde der Firma und die Presse», mit einem Extrazug von Zürich nach Baden vorfahren.[298] Ein paar Tage später wurden auch die im Unternehmen Beschäftigten an eine grosse Feier eingeladen.[299] Ehrengast war der freisinnige Bundesrat Walther Stampfli, vorher Direktor von Von Roll, nachher in deren Verwaltungsrat (und in denen vieler weiterer Unternehmen). In der Montagehalle will man gegen 7000 Personen gezählt haben, die zusammengekommen waren, um den Reden von Verwaltungsratspräsident Walter Boveri, vom katholisch-konservativen Stadtammann Josef Killer, vom Präsidenten der Arbeiterkommission Ernst Beier und schliesslich von Bundesrat Stampfli zuzuhören. Danach sang man zusammen die Landeshymne, der Festakt war vorbei – die geladenen Gäste gingen in den Badener Kursaal, wo das Mittagessen und weitere Reden auf sie warteten. Der Metallarbeiterverband zeigte sich vom Redenzuhören und Hymnensingen vollends begeistert. Nicht nur schwärmte er vom «Höhepunkt der glänzenden Rede [Walter Boveris, A. F.], der den Zuhörer mit Ergriffenheit erfüllte». Ging es nach der Verbandsleitung, musste die werktätige Bevölkerung auf Biegen und Brechen mitmachen; denn sie sei mit den Patrons gewissermassen vermählt: «Die Firma Brown, Boveri […] durfte in diesen Tagen in hohem Masse die Sympathie und Verbundenheit der ganzen Bevölkerung zu ihr erfahren. Schicksalsgemeinschaft bindet; in guten wie in schlechten Zeiten. Mögen führende Männer als Schöpfer und Gestalter, aber auch getragen vom Geiste sozialer Gerechtigkeit, weiterhin und immerdar dem Unternehmen vorstehn, dann wird seine weitere gedeihliche Existenz gesichert sein.»[300]

Am Nachmittag wurde die Fabrik für die Familienangehörigen der Beschäftigten geöffnet, man veranstaltete also einen Besuchstag. «Die Fabrik gleicht einer aufgeräumten Ausstellung», erklärten die von der Gesellschaft der Biedermeier herausgegebenen *Badener Neujahrsblätter*. «Der Vater erklärt, die Frauen staunen und schweigen still, die Buben und Mädchen machen grosse Augen. Man spürt, dass ihnen allen eine Welt aufgeht: die Welt der Arbeit, in die der Vater eingespannt ist, in die er jeden Morgen eintaucht, aus der er jeden Abend ermüdet zurückkehrt.»[301]

Das 75-Jahre-Jubiläum von Brown Boveri wurde im Oktober 1966 begangen – in vergleichsweise reduziertem Rahmen und ohne das 25 Jahre zuvor übliche Beschwören der helvetischen Schicksalsgemeinschaft. Der eigentliche Festakt fand nicht mehr in Baden statt, sondern mit 2000 geladenen Gästen in der neuen Fabrik von Birr (zuvor gab es im Badener Kurtheater einen Konzertabend, ebenfalls nur für geladene Gäste).[302] Nach welchem Gesichtspunkt die Gäste aus-

298 Vetsch 1942, 40.
299 Stadt 1942.
300 Jubiläumsfeier Brown, Boveri & Cie., in: SMAZ, 11. 10. 1941, 2. Vgl. Bauman 2000, 176, zum Motiv der Ehe zwischen Geschäftsleitung und Belegschaft.
301 Stadt 1942, 43.
302 Archiv ABB, VRP BBC, 20. 4. 1966; Auftakt zur Jubiläumswoche, in: WW 11, 1966, 227 f.; Peter Rinderknecht: Die offizielle Geburtstagsfeier, ebd., 228–235.

gewählt wurden, darüber erfuhr man in der Werkzeitung – die ein Jahr später geloben sollte, sie wolle nichts als «[e]hrliche, wahre Information» liefern[303] – leider nichts. Dafür zitierte man die Berichterstattung des freisinnigen *Badener Tagblatts*, dessen Interesse wiederum mehr dem fahrbaren Untersatz der Gäste galt: «Eine endlose Kolonne prächtiger, blankgescheuerter Limousinen fuhr gestern dem Birrfeld entgegen […] Ehrenpräsident Walter Boveri in einem diskreten schwarzen Amerikaner, der Präsident der Maschinen-Industriellen, René Frey, in einem schnittigen hellgrauen italienischen Sportwagen mit Schaffhauser Nummer, Bundespräsident Schaffner im offiziellen Cadillac und, alle überschwebend, der Generalstabschef [Paul] Gygli im Helikopter.»[304]

Der Ablauf der Feier entsprach im Grossen und Ganzen dem von 1941; statt der Landeshymne gab es nun aber eine Blaskapelle, die «den schneidigen Marsch ‹Garde du Corps›» spielte.[305] Und zumindest politisch blieb die Feier ein wenig enger gefasst – an die Beteiligung des Metallarbeiterverbands wurde etwa gar nicht mehr gedacht. Reden hielten der freisinnige Bundesrat Hans Schaffner (der 1970 für wenige Tage im Verwaltungsrat von Brown Boveri sitzen sollte, dann aber wegen öffentlicher Kritik den Hut nahm),[306] der freisinnige Regierungsrat Kurt Kim, der freisinnige Badener Stadtammann Max Müller, der Brown-Boveri-Ehrenpräsident Walter Boveri («der Leiter eines Grossunternehmens [ist] mit dem Kommandanten eines Kriegsschiffes vergleichbar»)[307] und der Präsident des Verbands Schweizerischer Maschinenindustrieller René Frey – von den beiden konnte man ziemlich sicher sein, dass sie den Freisinn wählten. Für die Beschäftigten von Brown Boveri hielt man später in Birr einen Besuchstag ab.

Das 75-Jahre-Jubiläum der Maschinenfabrik Oerlikon wiederum fiel in die erste Nachkriegszeit; die dreitägige Feier Ende September 1951 war eine inhaltliche Verlängerung des MFO-Abends von 1943 und fand wie dieser im Zürcher Kongresshaus statt. Drei Abende waren nötig, damit alle Eingeladenen teilnehmen konnten, insgesamt um die 5000 Arbeiter/-innen und Angestellte, Pensionierte und ihre Familienangehörigen. Auf dem Programm standen nebst einer Reihe feierlicher Ansprachen eine «MFO-Revue», ein vom Unternehmen spendiertes Abendessen, danach «ungezwungene Geselligkeit» mit Tanz und einem «Mitternachts-Kabarett».[308] Max Huber, der ehemalige langjährige Präsident des Verwaltungsrats, formulierte in «seiner gehaltvollen Ansprache seine Auf-

---

303 Peter Rinderknecht: Liebe Leserin, lieber Leser, in: WW 7–8, 1967, 186.

304 Zitiert in Peter Rinderknecht: Die offizielle Geburtstagsfeier, in: WW 11, 1966, 228–235, hier 228. Das *Badener Tagblatt* ging 1996 in der *Aargauer Zeitung* auf.

305 Ebd., 229. *Garde du Corps*: ein preussischer Militärmarsch.

306 Vgl. Catrina 1991, 135–137.

307 Walter Boveri, zitiert in: Das grösste Unternehmen der Maschinenindustrie in der Schweiz, in: SMAZ, 19. 10. 1966, 7–9, hier 9. Boveri wurde 1966 von den Banken, die die Aktienmehrheit am Unternehmen besassen, als Präsident entfernt und durch Max Schmidheiny ersetzt. Catrina 1991, 108 f.

308 Organisationskomitee: Organisatorische Bestimmungen für die Jubiläumsfeier, in: GR 5, 1951, 72 f., hier 72; dass.: Zur Erinnerung an die Jubiläumsfeiern zum 75-jährigen Bestehen der Maschinenfabrik Oerlikon, in: GR 7, 1951, 105.

fassung über den Geist des verantwortungsbewussten Unternehmertums», das nicht auf schnellen Gewinn aus sei, sondern die innere Festigung des Unternehmens beabsichtige. Richtig verstandene Unternehmenspolitik diene deshalb den Beschäftigten. Der waltende Verwaltungsratspräsident Eduard von Goumoëns betonte, die «Personalfrage» sei die «vornehmste Aufgabe des Unternehmens». Goumoëns, «die vollendete Synthese eines Industriellen, Edelmannes und Soldaten»,[309] erläuterte diesen Standpunkt anhand von «humorvollen Beispielen» aus seinem Militärdienst, die allesamt von «Zusammenarbeit, Kameradschaft, Arbeitswille[n] und gute[r] Dienstauffassung» handelten.[310] Sogar die Präsidenten der Arbeiter- und der Angestelltenkommission durften eine kurze Rede halten. Schliesslich zeigte der für Oerlikon zuständige Sekretär des Metallarbeiterverbands Robert Meyer dem Publikum, was die Gewerkschaft in Zeiten abwesender Arbeitskämpfe mit ihren Mitgliederbeiträgen alles anzustellen gedachte, und übergab Generaldirektor Schindler eine silberne Platte mit eingraviertem Jubiläumsgruss.[311]

Für die künstlerische Ausgestaltung der Revue, die Stationen aus der Geschichte des Unternehmens nacherzählte, sorgten der Schauspieler und Regisseur Enzo Ertini sowie der Kabarettist Emil Kägi (besser bekannt unter seinem Künstlernamen Schaggi Streuli). Die Geschäftsleitung hatte vorab gewünscht, dass sich möglichst viele Arbeiter/-innen und Angestellte an «Massenszenen auf der Bühne» beteiligten.[312] Gewissermassen als Gründungsmythos der Maschinenfabrik feierte der erste Teil der Revue die «Hochzeit der Elektra», bei der Frau Elektrizität mit Herrn Erfindergeist verpaart wurde: «O Elektra. Wänn mir zwei zäme hebend, wirds eifach grandios!»[313] Ein Block über «MFO-Produkte in aller Welt» versuchte, internationale Zusammenhänge zu erklären. Um dem Publikum etwa das Engagement des Unternehmens im Südafrika der Apartheid nahezubringen, spielten verkleidete und dunkel geschminkte Männer vor, wie sie sich die Verhältnisse vor Ort vorstellten: «Der hohe Klang des Tam-Tams, und mit wilden Verrenkungen tanzen eine Anzahl schwarzhäutige ‹Eingeborene› zu den aufpeitschenden Rhythmen der Tonhalle-Musiker.»[314] Danach ging es zurück in heimische Gefilde, in die Lehrlingswerkstatt. 20 Lehrlinge zeigten auf der Bühne, was sie tagein, tagaus in der Werkstatt machen mussten: an einem Werk-

---

309 Rücktritte aus unserem Verwaltungsrat, in: GR 7, 1954, 84–86, hier 84.
310 W. Bär: Aus den Festansprachen, in: GR 7, 1951, 115 f.
311 Hans Schindler: Ansprache, in: GR 7, 1951, 119 f., hier 120.
312 75 Jahre MFO, 1876–1951, in: GR 2, 1951, 31; 75 Jahre MFO, 1876–1951, in: GR 4, 1951, 62 f.; Wie das Jubiläumsspiel entstanden ist, in: GR 2, 1951, 123 f. Ertini wurde später bekannt durch seine Darstellung des Soldaten Läppli in den Filmen von Alfred Rasser. Kägi/Streuli war Mitglied des Cabaret Cornichon und des Cabaret Fédéral; grosse Erfolge feierte er in Kurt Frühs *Polizischt Wäckerli* (1955).
313 L. Kessler: Das Jubiläumsspiel «75 Jahre MFO», in: GR 7, 1951, 107–114, hier 109.
314 Ebd., 111.

stück feilen. Dazu wurde ein Gedicht vorgetragen, dessen Strophen jeweils endeten mit «Drum – fiilet, fiilet, fiilet».[315]

Einige Arbeiterinnen aus Italien mussten auf der Bühne ebenfalls vormach-
en, was sie sonst in der Werkstatt taten: am Fliessband montieren. «Sie singen zur Arbeit und geben sich damit selbst den Arbeitstakt an», hiess es dazu
im *Gleichrichter* – eine etwas gar sentimentale Vorstellung von Regisseur Ertini, wurde doch der Takt des Fliessbandes von gänzlich anderem angetrieben.[316]
Am Ende der Revue betrat ein Ingenieur die Bühne und sprach über das Thema
«Alli fürs Wärch, s Wärch für alli», während sich alle Mitwirkenden aufstellten.
Dann: Schweinwerfer auf Personaldirektor Rudolf Huber, der, ganz im Geist der
Human-Relations-Ideologie, von den Beschäftigten die Bereitschaft zur gemein-
schaftlichen Psychohygiene einforderte: «Hüt hä mir zwar kein Arbetsplatz zum
Usemischte und doch isch sicher i jedem vo eus sälber gnueg, wo eus im persön-
liche Kontakt mit eusere Mitarbeiter und Vorgsetzte im Wäg isch. I dänke da
a d Angscht und Minderwertigkeitsgfühl, a d Ifersucht gegenüber Kollege und
Vorgsetzti, oder au a Unufrichtigkeit, die eus verschlosse macht.»[317]

Nach diesen tadelnden Worten erklärte Huber, die Jahresgratifikation zur
Feier des Tages falle dieses Jahr doppelt so hoch aus als sonst, wenn auch «de
Bezug vom einzelne […] schtarch nach Dienschtjahr und Leischtig abgschtuft»
werde.[318] Eigentlich hatte die Geschäftsleitung vor, die Gratifikation im Jubi-
läumsjahr bloss um 60 % zu erhöhen. Später gab sie dem Druck der Belegschaft
nach und stimmte einer Verdopplung zu.[319] Auf Hubers Ankündigung hin begann ein 150-köpfiger Chor das vom Jazzmusiker Walter Baumgartner kompo-
nierte Lied *Alle ein Werk, alle ein Ziel!* zu singen. Erste Stimme: «Griff und Ruck
und stosst und Schlag, Arbeitstag zu Arbeitstag!» Zweite Stimme: «Zugegriffen!
Zugepackt! Nie erlahmend froh im Takt.» Der Refrain: «Alle ein Werk, alle ein
Ziel! Keinem zu wenig, keinem zu viel! Jeder gibt und jeder nimmt, was er kann,
was ihm bestimmt! Alle ein Werk, alle ein Ziel! Freies Werk in freiem Land. Seit
Jahrzehnten, seit Jahrzehnten, seit Jahrzehnten Hand in – Hand!»[320]

---

315 Ebd., 112 f.
316 Ebd., 113.
317 Ebd., 113 f.
318 Ebd., 114.
319 Archiv ABB, VRP MFO, 4. 7. 1951; ebd., DRP MFO, 1. 8. 1951. Jaun 1986, 356, beschreibt den
     Leitungsstil in Oerlikon während der Zwischenkriegszeit als eine «Kombination von Repres-
     sion und billiger Prävention in Form eines knausrigen Fabrikpatriarchates» – Letzteres hielt
     sich bis in die erste Nachkriegszeit.
320 Alle ein Werk, Alle ein Ziel, in: GR 7, 1951, 114, Schreibweise angepasst. Walter Baumgartner, be-
     kannt etwa aus Kurt Frühs *Hinter den sieben Gleisen* (1959), war unter anderem als Komponist
     für Industrie-, Werbe- und Spielfilme tätig, vgl. Der Filmstar im Überkleid, in: WM 3, 1967, 23.

3.3 Befriedung: Antikommunismus und Moralische Aufrüstung

Mit Frömmigkeit gegen Arbeitskämpfe: MRA

Hand in Hand wollte man also gehen bei der Maschinenfabrik Oerlikon, wie der Chor am 75-Jahre-Jubiläum sang. Der Grund, weshalb man in Oerlikon die Zusammenarbeit besonders stark betonte, überrascht: Die Geschäftsleitung stand unter dem Einfluss einer Sekte. Die sozialpolitische Einbindung der Belegschaft diente nicht nur der Hebung der Produktivität; sie war auch religiös motiviert.

Im Oktober 1935 schrieb der Autor Friedrich Glauser in der *Berner Tagwacht* über eine Veranstaltung der protestantischen Oxfordbewegung, die einige Tage zuvor im Berner Münster unter dem Beisein von Bundesrat Rudolf Minger stattgefunden hatte. «Ein böswilliger Mensch», bemerkte Glauser maliziös, habe diese Bewegung einmal «die ‹Heilsarmee im Smoking› genannt», denn «einer der Grundsätze des Gründers lautet: eben gut angezogen zu sein».[321] Glauser machte stutzig, wie sehr die Bewegung – heute würde man sie als evangelikale Freikirche bezeichnen – bei bürgerlichen Politikern Anklang fand: «Die Länder, in die sie eindringt, jubeln laut durch das Sprachrohr ihrer Staatsmänner. Und nichts wird versäumt, damit der Jubelruf laut und mächtig auf den Einladungskarten prangt.»[322] Es war aber noch mehr, das ihn aufhorchen liess: Ihr Ansinnen, man möge sie, mitten in der Krise, zur Beilegung von Streiks zuziehen, weckte sein Misstrauen. Man könne hier doch nicht «von ‹Beilegung›, sondern nur von der ‹Sabotierung eines Streikes› reden», so Glauser.[323]

Bei der Oxfordbewegung handelte es sich um die Moralische Aufrüstung, wie sie sich ab 1938 nennen sollte – um jene Sekte also, von der bereits die Rede war, weil sie 1946 von der Geschäftsleitung der Maschinenfabrik Oerlikon den Auftrag bekam, in einen schwelenden Arbeitskampf einzugreifen.[324] Die Moralische Aufrüstung übte auf einige Patrons der Schweizer Maschinenindustrie einen bestimmenden Einfluss aus; das macht sie für diese Untersuchung interessant. Ihre Vorstellung, wie man soziale Konflikte in der Fabrik löst (auch, weshalb es eine betriebliche Sozialpolitik brauchte), war von den 1930er- bis in die 1950er-Jahre hinein präsent. Ihr Konzept der betrieblichen Zusammenarbeit gab der Betriebsgemeinschaftsideologie ebenso wie den späteren Human Relations eine religiöse Grundierung. Die Moralische Aufrüstung besteht bis heute, seit 2001 unter dem Namen «Initiatives of Change». Bekannter als sie selbst ist einer ihrer Ableger, die Alcoholics Anonymous.

---

321 Glauser 2001, 300, 305. Minger, Mitglied der Bauern-, Gewerbe- und Bürgerpartei, stand in engem Kontakt mit reaktionären Gruppierungen der 1930er-Jahre, vgl. Tanner 2015, 221; Zimmermann 2019, 108.
322 Glauser 2001, 302.
323 Ebd., 305.
324 Siehe Kap. 2.2.

Ihren Ursprung hatte die Oxfordbewegung in Britannien.[325] Ab den 1920er-Jahren begann hier der aus Pennsylvania stammende protestantische Prediger Frank Buchman mit dem Aufbau einer antikommunistischen Sekte namens First Century Christian Fellowship, die ihre Mitglieder mit vertraulichen «house parties» – den Bibelstunden hiesiger Stündeler nicht unähnlich, wenn auch angereichert durch eine Mischung aus Sündenbekenntnis und Hypnose – vornehmlich aus dem vermögenden Bürgertum rekrutierte. Die klassenmässige Spezialisierung entsprach Buchmans Kalkül, so schnell politischen Einfluss zu gewinnen. Das «hobnobbing with the nabobs»,[326] die Ausrichtung auf eine einflussreiche Minderheit, war für die Sekte charakteristisch; denn diese galt es zu bekehren, damit sie, Jüngern gleich, in einem zweiten Schritt Buchmans Botschaft von oben nach unten weiterverbreiteten. Die Fellowship stellte sich die Klassenkonflikte im Ausgang des Ersten Weltkriegs primär als einen Wettstreit der Ideen vor und vertrat dabei eine manichäische Auffassung von richtig und falsch; und sie positionierte sich gegen jegliche Tendenz zur diesseitigen gesellschaftlichen Emanzipation. Patrons und Betriebe sollten bei der Lösung gesellschaftlicher Konflikte eine Schlüsselrolle einnehmen. «Wenn Arbeiterschaft, Betriebsführung und Kapital unter Gottes Führung zusammenarbeiten»,[327] ergebe sich der Rest von alleine.

Buchmans Fellowship war erstaunlich erfolgreich; überall in Westeuropa und den USA bildeten sich Ableger seiner Gruppe. Der Erfolg mochte damit zusammenhängen, dass die Sekte sich nicht einfach als religiöse, sondern ebenso als politische Bewegung verstand: sie wollte einer reaktionären Politik zum Durchbruch verhelfen. In der Oktoberrevolution glaubte sie die Ursache für einen moralischen Niedergang Europas zu erkennen, eine Dekadenz, die man durch eine strikte Christianisierung aller Lebensbereiche bekämpfen wollte.[328] Dieses Programm war, wenn auch religiös verbrämt, in der politischen Landschaft nach 1917 wenig originell, entsprach es doch dem diskursiven Mainstream vieler reaktionärer Strömungen der Zwischenkriegszeit. Buchman musste sich daher absetzen: Nach einer Pilgerreise durch Südafrika gab er um 1929 seiner nun in Oxford beheimateten Organisation den Namen Oxfordbewegung; letztlich als Werbeaktion, um mit dem einprägsamen Namen eine Nähe zur traditionsreichen Stadt zu suggerieren. In den Jahren der britischen Appeasementpolitik interessierte sich die Bewegung lebhaft für die Vorgänge in Deutschland; aus Sympathie, notabene. Schon zuvor, um 1932, reiste Buchman zusammen mit einer Entourage nach Deutschland, wo er mit der NSDAP Kontakt aufnahm mit dem Ziel, Hitler persönlich zu treffen – vergeblich. Erfolgreicher war seine Verbindung zu den nationalsozialistischen Deutschen Christen, mit denen er in regem

---

325 Folgende Ausführungen: Arweck 2006; Frei 1988, 135–139; Heine 1961; Jehle 2006, 273–284; Mews 1994.
326 Arweck 2006.
327 Frank Buchman, zitiert in Heine 1961, 348.
328 Mews 1994, 292.

Austausch stand. Buchman fand schliesslich doch noch einen Zugang zur Lei-
tungsebene der NSDAP, unter anderem zu Heinrich Himmler. Im August 1936
erklärte er gegenüber dem *New York World Telegramm*: «I thank heaven for a
man like Adolf Hitler, who built a frontline of defense against the anti-Christ of
communism.»[329]

In der Schweiz war die Oxfordbewegung ab 1930 aktiv.[330] Ihre erste
schweizweite Tagung führte sie im Frühling 1937 im Lausanner Comptoir unter dem Motto «Neue Menschen – eine neue Welt» durch. Den Aufruf dafür
verfasste der Zürcher Theologe Emil Brunner: «In Lausanne wird die gesamte
Schweizer Gruppe sich ihrer selbst, zum ersten Mal als Heer Christi auf dem
Marsch, bewusst werden. So ein Truppenzusammenzug bedeutet eine gewaltige
innere Stärkung, eine Erweiterung des Blickes und eine Anfachung des rechten
Kampfgeistes. Und den haben wir dringend nötig, wenn es wirklich vorwärts gehen soll. Unser Volk wartet darauf. […] [W]ir müssen jetzt mehr als bisher zeigen, wie der Einzelne ein Teil des Ganzen ist, wie seine Sünde das Volk zerstört
und mit seinem Neuwerden die Volksheilung beginnt […]. […] Das wird ein
ganz neuer Ton sein, und auf diesen Ton wartet unser Volk, warten die Besten in
ihm. […] Es muss wirkliche eine Generalmobilmachung werden […].»[331]

Im Zentrum der Tagung stand die Vision, Klassenkämpfe durch «Vertikal-
gemeinschaften auf allen Lebensgebieten», durch hierarchische Gemeinschaften
von «Eltern und Kindern, Lehrern und Schülern, Vorgesetzten und Untergebenen, Wohlhabenden und Mittellosen» zu überwinden. Die Verwirklichung der
Vision sah vor, die Linke per Bekehrung loszuwerden: «Gewerkschaften, Kommunisten, Bewohner proletarischer Häuserblocks bezeugen, dass sie [nach erfolgreicher Bekehrung] nach wie vor Kämpfer seien, jetzt aber unter Führung
einer höheren Autorität», so das in der *Arbeitgeber-Zeitung* abgedruckte Communiqué der Schweizer Oxfordgruppe.[332]

Mochte sie auch (wenig glaubwürdig) behaupten, das Friedensabkommen in
der Maschinenindustrie sei ein direktes Ergebnis ihrer Zusammenkunft in Lausanne,[333] so hatte die Bewegung erst ein Jahr später wirklich Erfolg, als der Krieg
in greifbare Nähe rückte. Sie spielte die religiöse Begleitmusik zur Hochrüstung.
Die 1938 erfolgte Umbenennung in Moral Re-Armament (MRA) verknüpfte
Buchman mit der Absicht, sich noch stärker auf die Rekrutierung von leiten-
dem Wirtschafts- und Staatspersonal zu konzentrieren, um Einfluss zu nehmen.[334]

---

329   Frank Buchman im Gespräch mit W. A. H. Birnie, 26. 8. 1936, zitiert in Arweck 2006; ebenso
      Heine 1961, 348; vgl. Jehle 2006, 281 f.
330   Walther 2002, 138.
331   Emil Brunner, 4. 3. 1937, zitiert in Jehle 2006, 274 f.
332   Oxford-Gruppe und soziale Zusammenarbeit, in: SAZ 18, 1937, 125 f. Das Umdrehen ehema-
      liger Linker zählte zum Standardrepertoire der MRA-Propaganda.
333   Diese Behauptung wiederholt etwa Jehle 2006, 275. Zumindest 1947 versuchte die Sekte, sich in
      die Verhandlungen zur Erneuerung des Friedensabkommens einzumischen. Archiv ABB, DRP
      BBC, 15. 10. 1947.
334   Vgl. Mews 1994, 293.

Die Programmatik blieb dieselbe wie zuvor: Bekämpfung des Kommunismus, den man hinter jeder Ecke vermutete, eine Christianisierung der Politik und, als Ziel, die Rückkehr zu einem imaginierten moralischen Ancien Régime. Eine zentrale Rolle spielten dafür die Beziehungen in den Betrieben, denn «[u]nter der Führung Gottes werden Arbeitgeber und Arbeitnehmer zu einer Einheit zusammengeschmiedet».[335] Man brauche endlich eine Umkehr: «Nur soweit ein neuer Geist die Menschen erfasst, kann die Industrie ihre Bestimmung erfüllen. Das ist die wahre Revolution in der Industrie.»[336] Im Herbst 1938 veröffentlichte die MRA einen viel beachteten Aufruf zur moralischen Aufrüstung in der Schweiz, der unter anderem in der *Arbeitgeber-Zeitung* und in der für Ingenieure wichtigen *Schweizerischen Bauzeitung* abgedruckt wurde: «Die ins Auge fallenden Konflikte zwischen Parteien, Klassen, Nationen oder Ideologien, die die Welt heute entzweien, gehen auf eine tiefere Wurzel zurück: den moralischen Niedergang im Leben der Völker. [...] Das Gebot der Stunde ist darum moralische und geistige Aufrüstung. [...] Heute stehen wir mitten in der grössten aller Krisen. Es ist eine moralische und geistige Krise und es bedarf zu ihrer Überwindung der ganzen moralischen und geistigen Kraft von Menschen, die bereit sind, letzte Verantwortungen zu übernehmen. [...] Dieser Geist geht über politische Gegensätze hinaus, verbindet Freiheit mit Ordnung, lässt wahre Vaterlandsliebe aufflammen und eint alle Angehörigen eines Volkes im Dienst an der Nation und alle Völker im Dienst an der Menschheit. ‹Dein Wille geschehe› ist nicht nur eine Bitte um Führung, sondern ein Ruf zur Tat.»[337]

Der da und dort an die Erneuerungsrhetorik der Frontenbewegung erinnernde Aufruf wurde von einiger Prominenz unterzeichnet – auch konfessionsübergreifend, obwohl es sich bei der MRA um eine protestantische Sekte handelte. Zu den Unterzeichnern zählten Politiker (der ehemalige freisinnige Bundesrat Ernest Chuard, die späteren freisinnigen respektive katholisch-konservativen Bundesräte Ernst Wetter und Enrico Celio, mehrere Stände-, National- und Regierungsräte), Militärs (Oberstkorpskommandant und ab 1939 General Henri Guisan, Oberstdivisionär Henri Combe), Verteter aus Bildung (der ETH-Dozent und spätere Präsident des Bauernverbands Oskar Howald, Schulratspräsident Arthur Rohn) und Presse (René Leyvraz von der *Liberté syndicale*, Jean Martin vom *Journal de Genève*, Albert Oeri von der *Basler Zeitung*, Karl Wick vom *Vaterland*) ebenso wie Bankiers, Industrielle und Rentiers (etwa Max Huber, Präsident des Internationalen Komitees vom Roten Kreuz, der Maschinenfabrik Oerlikon und der Aluminium AG; Henri Naville, Präsident von Brown Boveri; Henri Valloton, Verwaltungsrat von Gebrüder Sulzer; Jacques Brodbeck, Präsident, und Gadient Engi, Delegierter der Ciba; Edouard Muller, Präsident von Nestlé; Gottlieb Duttweiler, Präsident der Migros). Sie alle forderten eine fun-

---

335 «Die steigende Flut» der Oxford-Gruppen, in: SAZ 6, 1938, 71 f., hier 72.
336 Ebd.
337 Aufruf zur moralischen Aufrüstung in der Schweiz, in: SAZ 42, 1938, 534 f.

damentalistische Neuausrichtung der Schweiz unter Anleitung einer Sekte, die deutlich nach Deutschland schielte.[338]

In der *Arbeitgeber-Zeitung* mehrten sich nach der Veröffentlichung des MRA-Aufrufs Stimmen, die sich ihm anschlossen und im Sinne Buchmans eine neue, engere Zusammenarbeit zwischen Geschäftsleitung und Belegschaft forderten; in diesem Sinn äusserten sich etwa der Sekretär des Arbeitgeberverbands Otto Steinmann, der spätere Personaldirektor der Maschinenfabrik Oerlikon Rudolf Huber, der Unternehmensberater Alfred Carrard oder Arnold Roth, Direktor bei Sprecher und Schuh. Die *Bauzeitung* folgerte aus dem Echo, «dass in bedeutenden Maschinenfabriken Zürichs, ausgehend von einzelnen mutigen Ingenieuren, Vorgesetzten und Arbeitern, Kernzellen christlichen Lebens sich neu gebildet haben, die auf das soziale Milieu wie auf den technisch-kommerziellen Erfolg der betr. Unternehmungen sich sehr günstig auswirken».[339] Das Urteil mochte überzogen sein. Tatsächlich war die MRA aber für die Maschinenfabrik Oerlikon wichtig; weniger hingegen für andere Betriebe. In Oerlikon waren nicht nur der Präsident Max Huber und der Generaldirektor Hans Schindler eifrige Propagandisten der MRA. Auch der Sohn von Max Huber, Rudolf Huber, sollte als Adjunkt der Werkstattdirektion und später als Personaldirektor der Maschinenfabrik die Ideologie der Sekte vertreten. Rudolf Huber hatte vor seinem Aufstieg in die Personaldirektion die Durchführung der 1937 beschlossenen Taylorisierung in den Werkstätten beaufsichtigt.[340] Im selben Jahr erklärte er: «Die Zusammenarbeit [im Betrieb] ist ein Grundstein für den Aufbau und die Anwendung jeder wissenschaftlichen Betriebsführung.»[341] In der Zusammenarbeit, im Umgang miteinander, lägen die wahren Probleme einer Fabrik begründet. In der Schweiz sei auf diesem Gebiet noch viel zu unternehmen; in Deutschland habe man hingegen bereits grosse Fortschritte erzielt: «Mögen wir auch mit den Idealen des Nationalsozialismus noch so wenig einverstanden sein, so müssen wir doch vieles, was in den letzten Jahren in Deutschland geschaffen worden ist, anerkennen. Als besonders wichtig möchte ich hervorheben, dass es dem Nationalsozialismus gelungen ist, die auf der ganzen Welt aufeinander prallenden Gegensätze des Kapitalismus und des Sozialismus, die wohl die grössten Hindernisse für eine positive Zusammenarbeit sind, als solche zu vernichten und sie durch eine neue geistige Einstellung zu einem gemeinsamen Ziel zusammenzuführen. Ja, diese Einstellung greift noch viel weiter, sie zwingt jeden Einzelnen, seine Ziele in einen viel grösseren Rahmen einzupassen.»[342]

338 Ebd. Vgl. Pedrisat 2011, 71 f. Die Maschinenfabrik Oerlikon, Gebrüder Sulzer, die Ciba und Nestlé zählten im selben Jahr auch zu den Financiers der nationalsozialistischen ESAP, siehe dazu die Ausführungen weiter unten.

339 Vom Stand der moralischen Aufrüstung, in: SBZ 14, 1939, 165 f., hier 166.

340 Archiv ABB, VRP MFO, 3. 8. 1937; ebd., DRP MFO, 25. 8. 1937; vgl. Jaun 1986, 288–294.

341 Rudolf Huber: Menschliche Aspekte der Zusammenarbeit [Teil 1], in: SAZ 49, 1938, 641–644, hier 641.

342 Ebd., 642 f. Die *Schweizerische Werkzeitung* der Maschinenindustrie sollte anlässlich des deutschen Überfalls auf Polen eine zuvor gehaltene Rede von Buchman abdrucken, in der dieser

Huber nahm Postulate der MRA auf – der selbstlose Dienst der Belegschaft an einem «Ganzen», der «auf einem tiefen christlichen Glauben gegründet sein muss»[343] – und leitete daraus den seiner Ansicht nach richtigen Umgang mit betrieblichen Problemen wie etwa Lohnforderungen ab. Diese seien das Produkt einer politischen Unkenntnis der Arbeiter/-innen, wenn nicht ihrer Täuschung, zu der die Vorgesetzten durch ihr Verhalten in der Fabrik auch noch massgeblich beitrügen. Ein mangelndes Gespür könne, so Huber, für die kritische Haltung der Belegschaften verantwortlich sein: «Als Beweis für diese Behauptung möchte ich nur auf den Umstand hinweisen, dass unsere Arbeiterschaft heute ihre Führer unter den Sekretären [der Gewerkschaft] sucht, anstatt unter ihren Arbeitgebern.»[344] Das Ziel der Zusammenarbeit bestand demnach darin, dass die Arbeiter/-innen direkt den Patrons folgten und nicht mehr den Umweg über den Metallarbeiterverband wählten. Dieser mochte mit der Unterzeichnung des Friedensabkommens kaum mehr eine Gefahr darstellen, doch betonte er stets (das lag in der Natur der Sache) die Lohnfrage – für Huber ein Ärgernis, gerade weil der Mensch doch «in erster Linie das Bedürfnis hat, zu dienen» und nicht «materielle Güter aufzuhamstern».[345] Um eine Neuorientierung in Richtung Dienen statt Verdienen durchzusetzen, «glaube ich», so schliesst Huber, «dass es für uns von grösster Wichtigkeit ist, dass wir von unseren Nachbarländern lernen und einsehen, wie stark es macht, wenn jeder auf seinem Posten seine eigene Wünsche und Ziele in den Rahmen eines grösseren Zieles einfügt».[346]

In der Nachkriegszeit war die Liebäugelei mit dem nationalsozialistischen Deutschland vergessen; die MRA fügte sich, ihren antikommunistischen Kreuzzug der 1930er- und 1940er-Jahre nahtlos fortsetzend, in die Blockkonfrontation ein. In Westeuropa versuchte sie aktiv, in leitenden Gremien der Gewerkschaftsbewegung für eine «schmerzlose Lösung der sozialen Frage»[347] zu missionieren; der Erfolg bei diesem Unterfangen stand indes in keinem Verhältnis zur Propaganda der Sekte. Im Februar 1946 berichtete der Leiter des Personalbüros für Angestellte der Maschinenfabrik Oerlikon im Wohlfahrtshaus über seine Teilnahme an einer MRA-Tagung auf Mackinac Island im Lake Huron. Die Diskussionen, die er dort mit wichtigen Gewerkschaftern aus den USA geführt haben will (bei den Gesprächspartnern bleiben seine Angaben leider etwas vage), drehten sich darum, wie man am besten Arbeitskämpfe verhindern konnte, die «eine kleine

erklärte, jetzt sei die Zeit gekommen, die «Menschen umzuwandeln». Frank Buchman: Wir alle sind schuldig, in: WZ 9, 1939, 145.

343 Rudolf Huber: Menschliche Aspekte der Zusammenarbeit [Teil 2], in: SAZ 50, 1938, 657–660, hier 660.

344 Ebd., 658.

345 Ebd., 659. Die materielle Güter hamsternden Arbeiter/-innen der Maschinenfabrik Oerlikon verdienten im Februar 1937 im Schnitt 1.12 Franken die Stunde. Archiv ABB, DRP MFO, 24. 2. 1937. Im März 1942 waren es 1.47 Franken. Ebd., 25. 3. 1942.

346 Rudolf Huber: Menschliche Aspekte der Zusammenarbeit [Teil 2], in: SAZ 50, 1938, 657–660, hier 660.

347 Heine 1961, 349.

Minderheit von sehr aktiven Extremisten» führten. Peyer wetterte gegen «die zersetzenden [Kräfte], die, auf dem Materialismus fussend, Klassenkampf und Streit, gegenseitiges Misstrauen und Hass fördern», gegen die «möglichst hohe Forderungen auf sexuellem, wirtschaftlichem und politischem Gebiet». Es tobe in den USA und «auch bei uns» ein Krieg der Ideen, in dem die Front «nicht zwischen Arbeiter und Unternehmer» verlaufe, sondern zwischen jenen, «die sich für die Zusammenarbeit einsetzen», und «den negativen, zersetzenden Kräften»: «Die Front geht quer durch jedes Land, jede Fabrik, jede Familie und schliesslich jedes Herz.»[348] 1946 eröffnete die MRA im ehemaligen Caux Palace, einst ein Luxushotel der Jahrhundertwende in Caux ob Montreux, ihr bis 1965 steuerbefreites internationales Zentrum, das Mountain House.[349] Ab 1948 fanden dort beinahe jedes Jahr Konferenzen statt, jeweils mit einem festen Ensemble aus religiösen Patrons und bekehrten Gewerkschaftern, die «bei gemeinsamem Gebet, Selbstanklage, Reformgelöbnis und Tellerwaschen den Zielen und Zwecken der MRA» dienten.[350] Caux wurde zum Synonym für die Moralische Aufrüstung.

Die MRA bot sich nicht nur an, in Arbeitskämpfe einzugreifen, um eine innere (also politische) Umkehr bei der jeweiligen Gewerkschaftsführung zu bewirken. In den Jahrzehnten der formellen Dekolonisation wurde sie ebenso gegen antikoloniale Kämpfe in Afrika und Asien aktiv.[351] Dabei bleibt unklar, wer die umfangreichen Aktivitäten tatsächlich finanzierte – ein Umstand, der den ansonsten nicht gerade für seine kritische Politik bekannten Internationalen Bund Freier Gewerkschaften bereits 1953 zur Empfehlung bewog, die Sekte zu meiden und sie daran «zu hindern [...], sich auf gewerkschaftlichem Gebiet zu betätigen».[352] Nachweislich ging die MRA ab Anfang der 1950er-Jahre eine enge Zusammenarbeit mit dem für antikommunistische Desinformationskampagnen zuständigen Psychological Strategy Board des US-Auslandsgeheimdienstes Central Intelligence Agency ein.[353] Auch für die britische Regierung wurde sie tätig. Im Frühling 1953 übernahmen MRA-Mitglieder in Kenia die Kontrolle über das Athi River Mau Mau Rehabilitation Camp. Das Lager war im Rahmen der britischen Aufstandsbekämpfung gegen die Revolte der kenianischen Land and Freedom Party Teil der sogenannten Pipeline, ein Netz von Internierungs- und Zwangsarbeitslagern, in denen Zehntausende von Verdächtigen interniert waren, um sie zur Loyalität gegenüber der Kolonialmacht umzuerziehen.[354] Im Athi River Camp

---

348 Erich Peyer: U. S. A.-Nachkriegsprobleme, in: GR 4, 1946, 56–59, hier 57, 59. Peyer verliess noch im selben Jahr die Maschinenfabrik Oerlikon und war fortan im Schulungszentrum der MRA tätig. Leitung des Personalbüros für Angestellte, in: GR 5, 1946, 68 f.

349 Gegen die Aufhebung der Steuerbefreiung intervenierten 81 National- und Ständeräte sowie die früheren Bundesräte Max Petitpierre (Verwaltungsrat von Brown Boveri) und Enrico Celio erfolglos beim Waadtländer Regierungsrat. Schmid 1976, 257.

350 Heine 1961, 347. Vgl. Mews 1994, 293.

351 Boobbyer 2005, 216.

352 Beschluss des Exekutiv-Ausschusses des Internationalen Bundes Freier Gewerkschaften, 1./2. 7. 1953, zitiert in Heine 1961, 352.

353 Saunders 2013, 126.

354 Elkins 2005, 109; Horne 2009, 132–134. Die antikoloniale Land and Freedom Party wurde von

war Alan Knight, der Leiter des kenianischen Ablegers der MRA, Lagerkommandant. Unter seinem Kommando setzte die Sekte ein Programm religiöser Indoktrinierung der über tausend politischen Gefangenen durch.[355] Nicht nur mussten diese Zwangsarbeit leisten (wer sich weigerte, dem wurde die Essensration herabgesetzt oder ganz entzogen); auch hatte man vor, sie zur Aufrechterhaltung der britischen Kolonialherrschaft zu missionieren: «[T]he missionaries pummeled the detainees with lectures, sermons, and nightly public broadcasts that blared the message of the Lord. Or, in the case of MRA, the message of Frank Buchman [...].»[356] Die Bekehrung von Gewerkschafter/-innen und die (im Kontext des Krieges in Kenia in ihrer Brutalität kaum zu vergleichende) Umerziehung von Internierten: sie hatten gemeinsam, dass sie für den Kern der Sekte standen, für ihre religiös aufgeladene, im eigentlichen Wortsinn rückwärtsgewandte Politik.

Zumindest die Aktivitäten in der Schweiz scheint die Maschinenfabrik Oerlikon Ende der 1940er- und Anfang der 1950er-Jahre massgeblich mitfinanziert zu haben. Die mit der MRA eng verbundene Geschäftsleitung bediente sich sehr freimütig bei einem eigens dafür eingerichteten Konto, auf dem über Generaldirektor Schindler und Personaldirektor Huber beträchtliche Beträge zusammenkamen. Im Dezember 1949 wurden in dieses Konto beispielsweise 27000 Franken einbezahlt.[357] Aus den Quellen geht nicht hervor, ob dieser Betrag nun aus persönlichem oder aus dem Betriebsvermögen stammte. Letzteres ist nicht auszuschliessen und würde bedeuten, dass die Maschinenfabrik Oerlikon einen Teil der erzielten Profite direkt an die Sekte weiterleitete. Ein Jahr zuvor überwies das Unternehmen auf Vorschlag von Huber bereits 7500 Franken, um damit die Reise einer deutsche Belegschaft nach Caux zu unterstützen. Die «Beeinflussung deutscher Arbeiter und Angestellten in Caux», erklärte Huber, sei «von grösstem Wert», damit diese nach der Kriegsniederlage «wieder Vertrauen» schöpften.[358] Das war einer der grösseren Posten der 1948 als Geschenke verbuchten Ausgaben; 8000 Franken erhielt das Internationale Komitee vom Roten Kreuz, in dem immer wieder MRA-Mitglieder sassen, 7500 Franken gingen an die Europahilfe (heute Swissaid), 5700 Franken an die eigene Belegschaft (davon 3700 Franken in Naturalien), 5000 Franken an ein Kinderheim in Oerlikon, weitere 4800 Franken an das Evangelisches Seminar in Unterstrass und schliesslich 3000 Franken an die Freisinnige Partei des Kantons Zürich.[359]

---

355 der britischen Kolonialmacht als «Mau Mau» bezeichnet – ein Begriff, der oft unkritisch übernommen wird. Ebd., 241, Anm. 3.

355 Vgl. ebd., 132.

356 Elkins 2005, 199.

357 Archiv ABB, DRP MFO, 14. 12. 1949. Zum Vergleich: Im ersten Semester 1950 verdienten die Arbeiter/-innen in Oerlikon durchschnittlich 1.95 Franken in der Stunde. Ebd., 19. 7. 1950.

358 Ebd., 2. 6. 1948. Inflationsbereinigt entspricht dieser Betrag gemäss dem LIK-Rechner des Bundesamts für Statistik (https://lik-app.bfs.admin.ch/de/lik/rechner) heute 34661 Franken (Stand: Oktober 2020).

359 Archiv ABB, DRP MFO, 14. 9. 1948.

Im selben Jahr beteiligten sich einige in der Maschinenfabrik Beschäftigte an einer MRA-Hilfsaktion für die Ulmer Wieland-Werke. Sie überbrachten Geld- und Naturalspenden, um die Not der dortigen Belegschaft zu lindern, die verursacht werde durch den «Schwarzhandel, der hauptsächlich in den Händen der sog. Ostjuden liegt», wie die Werkzeitung im März 1948 zu berichten wusste und nichts Besseres wusste, als die eingeübte antisemitische Hetze der vergangenen Jahre fortzuschreiben – als ob es den Holocaust nicht gegeben hätte. In den Wieland-Werken schien die Zeit sowieso stillzustehen; hier hielten alle zur MRA, «alle, mit Ausnahme der Kommunisten».[360] 1949 überwies die Geschäftsleitung bereits 10 000 Franken nach Caux, gut ein Viertel der in dieser Zeit als Geschenke verbuchten Ausgaben. Auch unterstützte man die Herstellung eines Werbefilms und stellte dafür den späteren Verkaufsdirektor der Maschinenfabrik während eines ganzen Monats zur Verfügung.[361] Manchmal lieferte die Fabrik verbilligt Material nach Caux. Oder auch Beschäftigte – zur Weiterbildung.[362]

Während die MRA in Oerlikon in den folgenden Jahren recht präsent blieb, war sie in Winterthur wenig aktiv. Allenfalls gab es in den 1950er-Jahren ein paar Informationsveranstaltungen.[363] Bei Gebrüder Sulzer wurden in dieser Zeit Artikel in den *Werk-Mitteilungen* nachgedruckt, deren Autoren sich früher im Umfeld der MRA bewegen; allerdings nicht allzu häufig und weniger als religiöse Belehrung denn als kulturkonservative Warnung vor Entwicklungen, die die öffentliche und die Familienmoral zu unterwandern schienen – etwa das Fernsehen. 1953 sinnierte der Theologe Emil Brunner, der den Aufruf für das Lausanner Treffen der Oxfordbewegung verfasst hatte, über ein einigermassen weltliches Problem, das ihn beschäftigte: «[D]ie Schädigungen […], die sich schon jetzt aus dem unkontrollierten Laufenlassen des Radios und aus übermässigem Kinobesuch» ergäben. Noch schlimmer werde das Fernsehen sein, konnte es in der Schweiz auch noch nicht zu empfangen werden. Es drohten «[v]erminderte Konzentrationsfähigkeit, gesteigertes Sensationsbedürfnis mit entsprechender Abnahme der Aufnahmefähigkeit […], Abstumpfung des Gemütes und – last not least – die Verwandlung des Familienkreises, wo man miteinander redet, in eine Zuschauergruppe, die im abgedunkelten Raum wortlos auf die bewegte Leinwand starrt».[364] Brunner war offensichtlich nicht zufrieden mit dem Lauf der Dinge. Noch im selben Jahr nahm die Schweizerische Rundspruchgesellschaft den Fernsehbetrieb auf, mit einem wenig aufwühlenden Programm; 1958 folgte

360 Paul Gerspacher: Ein Hilfswerk, in: GR 2, 1948, 17–20, hier 20.
361 Archiv ABB, DRP MFO, 30. 6. 1949, 14. 12. 1949. Der nach Caux abgestellte Hellmut Dachler war zuvor für die mit Brown Boveri eng verbundene Finanzierungsgesellschaft Motor Columbus tätig und leitete von 1938 bis 1947 in Rumänien ein Elektrizitätswerk, bis ihn «die politischen Umwälzungen in diesem Land» zur Rückkehr in die Schweiz bewogen. Wir stellen vor, in: GR 5, 1956, 63.
362 Ebd., 13. 9. 1950. Material: ebd., 23. 1. 1952.
363 Winterthurer Chronik 1957, 146.
364 Emil Brunner: Fernsehen, in: WM 6, 1953, 72 f., hier 73.

dann der definitive Betrieb.[365] Für die Probleme bei Gebrüder Sulzer – etwa die in diesen Jahren anstehende Umstellung auf den Zeitakkord – mochten Artikel wie jener von Brunner keinerlei direkte Bedeutung haben. Dennoch: Äusserungen wie diese spielten als politisches Hintergrundrauschen insofern eine Rolle, als sie die von der Geschäftsleitung verlangte Linie im Betrieb umschrieben; und diese bildete den grösseren Verständnisraum, in dem die Bedeutung betrieblicher Probleme verhandelt wurde.

In Baden spielte die MRA ebenfalls eine untergeordnete Rolle, wenigstens auf den ersten Blick. Wenn Caux bei der Geschäftsleitung von Brown Boveri ein Gesprächsthema war, dann am Rand, etwa als die Maschinenfabrik Oerlikon den Einsatz der MRA empfahl, sollte es in Baden zu Arbeitskämpfen kommen.[366] Tatsächlich gab es aber auch bei Brown Boveri eine Verbindung zur Sekte: über ihre in der Romandie durchgeführten Kaderkurse (Näheres dazu weiter unten). Zumindest Teile der Arbeiterkommission begannen sich Anfang der 1950er-Jahre, für die MRA zu interessieren – oder setzten, im Wissen darum, dass Fabrikdirektor Fritz Streiff religiös war, gezielt die Chiffre Caux ein, als sie Aufklärung verlangten über den konkreten Inhalt der Kaderkurse.[367] Relevanter schien die Sekte für den Hausverband der Angestellten zu sein, der zehn Jahre später immerhin von MRA-Anhängern geleitet wurde. Im Sommer 1962 wollte der Hausverband auf dem Betriebsareal Plakate mit Propaganda aus Caux anbringen lassen, um die Beschäftigten auf den rechten Weg zu leiten. Die Geschäftsleitung brachte dafür wenig Verständnis auf; sie lehnte das Begehren kurzerhand ab.[368]

Nach dem Tod von Frank Buchman 1961 übernahm der britische Journalist Peter Howard für einige Jahre die Leitung in Caux. Howard, in den frühen 1930er-Jahren Mitglied in Oswald Mosleys faschistischer New Party und später bekannter Kolumnist der Tory-Presse, verfasste nach seiner Bekehrung religiöse Bühnenstücke und Musicals.[369] Diese wurden immer wieder in der Schweiz aufgeführt, unter Beteiligung der Maschinenindustrie. Im Oktober 1955 überreichte etwa Rudolf Huber, mittlerweile Direktionspräsident der Maschinenfabrik Oerlikon, der Arbeiterkommission eine Einladung ins Schauspielhaus, damit sie sich Howards *The Vanishing Island* ansehe (aus den Protokollen geht nicht hervor, ob sie der Aufforderung auch Folge leistete).[370] Eines seiner Stücke, *Through the*

365 Die konservative Fernsehkritik nahm in der Schweiz erst 1972 mit der von der Schweizerischen Volkspartei lancierten Aktion «Sauberer Bildschirm» so richtig Fahrt auf; 1974 entstand daraus Walther Hofers Schweizerische Fernseh- und Radiovereinigung. Bei der ging es aber nicht mehr um das Medium an sich, sondern um dessen Kontrolle, das heisst darum, Linke oder als links wahrgenommene Sendungen aus dem Fernsehen zu entfernen. Frischknecht et al. 1979, 224–238.

366 Archiv ABB, DRP BBC, 14. 5. 1947.

367 Archiv ABB, DRP BBC, 6. 6. 1951. Vgl. zur Haltung Streiffs ders.: Kommende Aufgaben unserer Fabrikbetriebe, in: WW 5, 1957, 70 f., hier 71. Frei 1988 ist die Autobiografie eines von der MRA bekehrten Brown-Boveri-Arbeiters; allerdings stellt er zwischen dem betrieblichen Alltag und der MRA keine Verbindung her.

368 Archiv ABB, DRP BBC, 8. 2. 1962.

369 Boobbyer 2005; Mews 1994, 294.

370 Sozialarchiv, Ar 422.60.3, Prot. Arbeiterkommission, 3. 10. 1955.

Garden Wall von 1963, wurde aufwendiger produziert. Es behandelte die Block-konfrontation und die Vorstellungen der MRA, wie mit dieser umzugehen sei.[371] Howard erzählt von zwei Familien – stellvertretend für die USA/Westeuropa und die Sowjetunion –, die miteinander im Streit liegen. Die erste, der Westen, ist ge-spalten durch Selbstsucht und Generationenstreit, während die zweite, der Os-ten, den Westen einfach hasst und deshalb bedroht. Beigelegt wird der Streit da-durch, dass die Familien untereinander heiraten, wofür sie die Vermittlung einer Messiasfigur brauchen, die ihnen ins Gewissen redet, sich künftig nach den Plä-nen des christlichen Gottes zu richten. Howards Stück wurde 1964 in 29 Schwei-zer Städten aufgeführt. Nicht, wie man vielleicht erwarten würde, für ein religiös interessiertes Theaterpublikum, sondern für italienische Arbeitsmigrant/-innen; Premiere war am 13. 4. 1964 in Bern. Die Tournee mit einer italienischen Thea-tergruppe kam zustande durch die finanzielle Unterstützung mehrerer Unter-nehmen. Dazu zählten (wenig überraschend) die Maschinenfabrik Oerlikon, Saurer, die Schweizerische Industriegesellschaft Neuhausen, Georg Fischer, Von Roll, Schindler, die Migros, Omega und Eterna Watch. Das Patronat übernahm der italienische Botschafter in Bern, Carlo Marchiori.[372] In Baden wurde das Stück am 19. 4. 1964 im Kurtheater aufgeführt, explizit für die bei Brown Bo-veri beschäftigten Arbeiter/-innen aus Italien, in der Werkzeitung vorgestellt als Komödie, gedacht aber als politischer Nachhilfeunterricht.[373] Die Tournee fiel in eine Zeit, als die MRA noch einmal versuchte, sich auch jenseits der Betriebe ins Gespräch zu bringen. Im Sommer 1960 hatte sie dafür an sämtliche Schwei-zer Haushalt die Broschüre *Ideologie und Koexistenz* verteilt, in welchem sie vor der Gefahr des Kommunismus im Gewand der sowjetischen Koexistenzpolitik warnte und die alleinige Retterin vor einem neuen Weltkrieg präsentierte, näm-lich sich selbst. Das Geleitwort zur Broschüre stammte von Henri Guisan; er for-derte darin, die Schweiz sei mit Nuklearwaffen aufzurüsten.[374]

Weshalb die MRA, eine an sich minoritäre fundamentalistische Sekte mit einer für die Nachkriegszeit dann doch eher dubiosen Vergangenheit (die sie seit-her krampfhaft zu leugnen versucht),[375] es auch nach 1945 immer wieder schaffte, sich in der Maschinenindustrie bemerkbar zu machen, bleibt eine offene Frage. Friedrich Glausers eingangs geschildertes Befremden war und ist angebracht. Als Erstes fällt auf, dass ihre Unterstützer oder zumindest Sympathisanten einfluss-

---

371 Folgende Ausführungen: Boobyer 2005, 211f.

372 Hirt 2009, 574–576.

373 Antonio Lobina: Riuscite manifestazioni di vita e di cultura, in: WW 5, 1964, 107.

374 Frischknecht et al. 1979, 77; Schmid 1976, 257; Tanner 2015, 326. Das Ziel der nuklearen Auf-rüstung verfolgte das Militär 1945 bis Ende der 1980er-Jahre; die Idee wurde aktiv propagiert. Manche konnten es kaum erwarten: Brown-Boveri-Präsident Walter Boveri etwa fantasierte an der Generalversammlung des Unternehmens von 1958 öffentlich über einen Präventiv-angriff der Schweiz auf die Sowjetunion mit «aus unangreifbaren Gebirgsstellungen abgefeu-ert[en]» Atomwaffen. Walter Boveri: Referat, Generalversammlung, 15. 7. 1958, in: WW 7, 1958, 124–127, hier 127.

375 Seit den 1950er-Jahren behauptet sie wenig glaubhaft, sie sei Gegner und Opfer des National-sozialismus gewesen. Heine 1961, 348f.

reiche Posten besetzten – beim Arbeitgeberverband Schweizerischer Maschinen- und Metallindustrieller ebenso wie beim Metallarbeiterverband. Über eine klassenversöhnlerische Frömmigkeit muss man hier nicht spekulieren; sie mochte das Wunschbild der Sekte sein, mehr nicht. Tatsächlich funktionierte die MRA in bestimmten Konfliktsituationen als ein deeskalierendes Mittel, als eine Schlaftablette zugunsten der Unternehmen: Also stellt sich zunächst die Frage, weshalb die Gewerkschaft dieses Spiel mitspielte. Zweitens muss eine weitere Funktion der MRA angesprochen werden: Ihre patriarchalische Religiosität übersetzte sich in eine korporative Betriebsgemeinschaftsideologie, die in den 1950er-Jahren sichtlich überkommen war. Die MRA funktionierte ebenso als Mittel bei Arbeitskämpfen wie als Einsatz in einem ideologischen Rückzugsgefecht; sie war Ausdruck einer realen Ungleichzeitigkeit.[376]

Als bei der Maschinenfabrik Oerlikon der seit langem ungelöste Akkordstreit 1946 unter Vermittlung der MRA beigelegt wurde, war der Metallarbeiterverband an diesem äusserst ungewöhnlichen Vorgehen – wer zieht schon eine Sekte bei Lohnstreitigkeiten bei? – aktiv beteiligt.[377] Der für Oerlikon zuständige Metallarbeitersekretär Robert Meyer hielt in Caux eine Rede zur fiktiven Lösung des Streits (keine wichtigen Fragen wurden wirklich geklärt) und erklärte, die Moralische Aufrüstung bestärke den von Konrad Ilg beschrittenen Weg des Friedensabkommens.[378] Dass es so weit kommen konnte, dafür mussten mehrere Umstände zusammenspielen: Zunächst einmal war die Entscheidung des Metallarbeiterverbands bestimmend, das Friedensabkommen auf Biegen und Brechen zu verteidigen. Als Folge machte sich eine wachsende Diskrepanz zwischen der Gewerkschaftsbasis und den über mehrere Ebenen verteilten Leitungsorganen bemerkbar, die sich immer weiter der Zusammenarbeit mit den Patrons verschrieben hatten und Arbeitskämpfe um jeden Preis verhindern wollten.[379] Dann mochte auch die Ideologie der MRA, ihr Versprechen, Probleme durch ein moralisch einwandfreies Handeln aus dem Weg zu räumen, bei den Gewerkschaftsfunktionären eine Wirkung gehabt haben.[380] Zumal man den strikten Antikommunismus der Sekte ja durchaus teilte. Meyers Verweis auf Konrad Ilg war aber weniger rhetorisch als üblich, sondern durchaus angebracht: Der langjährige Präsident des Metallarbeiterverbands und Mitunterzeichner des Friedensabkommens stand nicht nur stellvertretend für eine neue Ära pragmatischer Verbandspolitik, in der offene Arbeitskämpfe zur Vergangenheit gehörten, weshalb bei jeder sich bietenden Gelegenheit auf ihn verwiesen wurde. Angebracht war der Verweis auch, weil Ilg selber in den 1940er-Jahren Kontakte zur MRA pflegte.

Ilg unterstützte zum einen den Gotthardbund, der 1940 nach der Besetzung Frankreichs gegründet wurde und mit seinem Ruf nach einem autoritären,

---

376 Vgl. Bloch 1977, 113.
377 Siehe Kap. 2.2.
378 Sozialarchiv, Ar 422.60.5, Communiqué an SDA, Caux, 8. 9. 1946.
379 Jaun 1986, 369 f.
380 Schmitz 2007, 89.

evangelikal-ständestaatlichen Umbau der Schweiz für kurze Zeit unterschiedliche politische Strömungen in sich vereinen konnte, von Vertretern der rechten Sozialdemokratie bis hin zu Faschisten.[381] In der *Metallarbeiter-Zeitung* schrieb Ilg im August 1940, «im Zeichen des europäischen Umbruchs und der Wirkungen, die er auf unser Land ausübt, [ist] für parteipolitische Streitigkeiten, privaten Egoismus und kleinliche Ranküne kein Platz mehr». Es sei nun an der Zeit für die «Begründung einer echten Volksgemeinschaft»; der Gotthardbund werde dafür «die moralische Kraft, die Uneigennützigkeit und den unentwegten ehrlichen Willen» aufbringen.[382] Als ihm kurze Zeit darauf dämmerte, dass bei dessen Bundesleitung «politische Ansichten und Ziele» vertreten waren, «die das stärkste Befremden erwecken müssen» (sprich: Faschisten das Sagen hatten), entschied er sich zu einer lauwarmen Distanzierung, erklärte aber trotzig: «[D]ie Idee des Gotthardbundes [...] bleibt richtig.»[383] Am Gotthardbund war die MRA von Beginn an massgeblich beteiligt. Die Bundesleitung bestand ab 1941 zur Mehrheit aus aktiven MRA-Anhängern; ihre wöchentliche Sitzung hielt sie in einem Berner Lokal der Sekte ab. Ob die Basis des Bundes wusste, dass sich ihre Organisation zu einem MRA-Ableger entwickelt hatte, scheint indes fraglich, wenn auch die ideologische Übereinstimmung von Beginn an nicht zu übersehen war.[384]

Zum anderen nahm Ilg ab 1944 an einem weiteren Ableger der MRA teil, der sich in Zürich um den bereits erwähnten Theologen Emil Brunner sammelte und sich bescheiden Gerechtigkeitsgruppe nannte. Der Gruppenname bezog sich auf Brunners Buch *Gerechtigkeit*, das ein Jahr zuvor erschienen war und eine Art antikommunistischer Theologie kapitalistischer Geschäftätigkeit postulierte, die dem Herr-im-Haus-Standpunkt der Geschäftsleitung der Maschinenfabrik Oerlikon sehr nahe kam.[385] Brunner vertrat die Meinung, Gerechtigkeit verlange nicht nach Gleichheit, weil in der Bibel nichts davon stehe. Weder Lohngleichheit noch betriebliche Mitbestimmung seien deshalb erstrebenswert. Der Betrieb benötige vielmehr eine «hierarchische Abstufung [...], ähnlich wie es im Vorbild einer echten Familiengemeinschaft uns vor Augen steht», so die zustimmenden Erläuterungen in der *Arbeitgeber-Zeitung*. Ziel sei eine «Werkverbundenheit», die aus einer korporativen Ordnung hervorgehe; der Manager soll «zum väterlichen Berater seiner Untergebenen [werden], wie es im Militärdienst beim guten Kompagnieführer ja längst verwirklicht ist».[386] Brunner erläuterte 1942 in einer

---

381 Gotthardbund: Aufforderung zur Zusammenarbeit, in: SMAZ, 3. 8. 1940, 3. Vgl. Frischknecht et al. 1979, 28 f., 192 f.; Werner 2000, 260–284. Das Interesse des Gotthardbundes für reaktionäre Regimes wurde zum Gegenstand eines langjährigen Rechtsstreits, den Robert Eibel ab Ende der 1970er-Jahre gegen Jürg Frischknecht führte und zu guten Teilen für sich entscheiden konnte, vgl. Werner 2000, 270–272.

382 Der Gotthardbund, in: SMAZ, 3. 8. 1940, 3.

383 Für die Idee des «Gotthardbundes»!, in: SMAZ, 31. 8. 1940, 1 f. Vgl. Scheiben 1987, 32–34.

384 Pedrisat 2011, 69–71.

385 Vgl. Jehle 2006, 434–446.

386 D. Hagman: Wirtschaftliche Gerechtigkeit, in: SAZ 21, 1944, 365–367; 22, 1944, 386–399, hier 388.

Rede vor der Studiengesellschaft für Wirtschaftspolitik, die bestehende gesellschaftliche Ungleichheit sei von der Religion so gewollt: «Der wirtschaftliche
Erfolg […] ist [ein] Geschenk der göttlichen Providenz. Dem einen gibt es Gott,
dem anderen nicht. […] Es bleibt die alte Grundlage bestehen: Gottes Schöpfung
will keine Nivellierung; sie ist auf Ungleichheit eingerichtet […].»[387] Entsprechend hätten sich die Betriebe zu verhalten.

Zu Brunners Gerechtigkeitsgruppe zählten einflussreiche Politiker und
Funktionäre aus der Bundesverwaltung (der katholisch-konservative Bundes-
rat Friedrich Wahlen, der spätere freisinnige Bundesrat Hans Schaffner, Arnold
Muggli vom Rationierungsamt, Eberhard Reinhardt von der Finanzverwaltung,
Charles Ducommun von der Preiskontrollstelle), Vertreter aus der Wirtschaft
(etwa Hans Schindler von der Maschinenfabrik Oerlikon, Henri Wanner von den
Aluminiumwerken Neuhausen oder Gottlieb Duttweiler von der Migros), aber
auch leitende Gewerkschafter des Metallarbeiterverbands (Konrad Ilg, Arthur
Steiner). Zusammengefunden haben sie sich, weil sie wegen der sich abzeichnenden deutschen Niederlage in der Schweiz eine linke Mobilisierung der Arbeiter/
-innen befürchteten.[388] Als Gegenmittel diskutierte die Gruppe, «den Arbeitern
in Betriebsgemeinschaften eine christliche Erziehung» zukommen zu lassen – sie
also zu bekehren, damit sie nicht streikten.[389] Die Maschinenfabrik Oerlikon galt
ihnen in dieser Hinsicht als vorbildlich, was wenig verwundert, sass in deren
Geschäftsleitung seit längerem schon so mancher MRA-Anhänger. Der Einfluss
der bis mindestens 1946[390] bestehenden Gerechtigkeitsgruppe auf die Maschinenindustrie dürfte nicht allzu gross gewesen sein. Interessant ist aber, dass nicht nur
der Präsident des Arbeitgeberverbands Schweizerischer Maschinen- und Metallindustrieller und zugleich Generaldirektor der Maschinenfabrik Oerlikon Hans
Schindler an ihren Treffen teilnahm (was aufgrund seiner Religiosität vielleicht
naheliegend war), sondern ebenso die Leitung des Metallarbeiterverbands, darunter Konrad Ilg. Auch hier scheinen die MRA und die ihr vorgelagerten Gruppen als ein Ort informeller Vermittlung funktioniert haben mit dem Ziel, Ar-
beitskonflikte zu vermeiden.

Die freundschaftliche Haltung des Metallarbeiterverbands gegenüber der
MRA kühlte sich erst dann etwas ab, als klar wurde, wohin die gemeinsame
Reise führte. Im Rahmen ihrer im zweiten Kapitel behandelten Produktivitätskampagne anerbot sich die Gewerkschaft ab 1952, in den Werkstätten jeglichen
Widerstand gegen die Durchsetzung des Zeitakkords aus dem Weg zu räumen,
für Ruhe und Ordnung zu sorgen also, um im Gegenzug – ohne Rückgriff auf
korporative Versatzstücke wie zuvor – durch den Ausbau paritätischer Einrich-

387 Emil Brunner: Grundlagen christlicher Wirtschaftsordnung, in: SAZ 14, 1942, 197–199; 15,
     1942, 214–216; 16, 1942, 230–234, hier 232.
388 Stettler 1997, 736 f. Zur selben Zeit und aus denselben Gründen organisierte die Wirtschafts-
     förderung und der Redressement national die Action résistance antirévolutionnaire.
389 Ebd., 737.
390 Ebd., 736.

tungen an mehr Mitspracherechte zu gelangen.[391] 1953 bildeten die Maschinenfabrik Oerlikon und neun weitere Fabriken der Maschinenindustrie mit dem Metallarbeiterverband dazu gemeinsame Produktivitätskommissionen, um die Gewerkschaft bei der anlaufenden Rationalisierungswelle einzubinden. Die Zusammenarbeit erwies sich als schwierig. In Oerlikon hatte die Geschäftsleitung nämlich noch eine zweite, parallele Kommission mit demselben Auftrag lanciert, um jene mit dem Metallarbeiterverband zu umgehen und ins Abseits zu manövrieren.[392] In der zweiten Kommission sassen neben Vertretern des in der Maschinenindustrie eigentlich irrelevanten, dafür aber frommen Schweizerischen Verbands evangelischer Arbeitnehmer auch Überläufer aus dem Metallarbeiterverband – und die bezogen sich auf Caux.[393]

Das Manöver der Geschäftsleitung sorgte beim Metallarbeiterverband für einige Unruhe. Die MRA wurde von Unternehmen beigezogen, um in Arbeitskämpfe zu intervenieren oder diese im Vorfeld zu behindern. Der pragmatisch handelnde Metallarbeiterverband, der ebenfalls auf die Verhinderung von Arbeitskämpfen aus war, gebrauchte die MRA, weil sie sich so in bestimmten Konstellationen (etwa bei der Maschinenfabrik Oerlikon) als innerbetrieblicher Ordnungsfaktor legitimieren konnte. Zudem entsprachen zumindest Teilmengen der MRA-Ideologie – insbesondere ihre Vorstellungen von einem korporativ verfassten Kapitalismus und ihr antikommunistischer Manichäismus – der eigenen Position. Das Spiel mit der Sekte hatte allerdings seine Grenzen, wie die Episode mit der parallelen Kommission zeigt: Mochten die politischen Positionen der Gewerkschaft und die der Patrons sich auch je länger, je weniger unterscheiden, so blieben die Interessenlagen doch materiell verschieden.

Die Chiffre Caux funktionierte in der Nachkriegszeit als diskursiver Einsatz in einem ideologischen Rückzugsgefecht. In den 1950er-Jahren verlor die korporative Betriebsgemeinschaftsideologie der Zwischenkriegszeit allmählich gegen die aus den USA importierte, vorgeblich demokratischere Human-Relations-Ideologie an Einfluss. Diese unterschied sich von Ersterer insbesondere dadurch, dass sie für den Erhalt der bestehenden Herrschaftsverhältnisse im Betrieb eine Ebene weiter unten ansetzte – nicht bei der zur Gemeinschaft zusammengefassten, gerne als Familie vorgestellten Belegschaft, sondern individualisierend bei der Psychologie der einzelnen Arbeiter/-innen. In dieser Situation legitimierte der Rückbezug auf die Moralische Aufrüstung und ihre Postulate die Fortsetzung eines patriarchalischen Paternalismus auf Zeit, mochte dieser auch überkommen und dysfunktional sein.[394]

Eine Brücke zwischen diesem Paternalismus und der neueren Human Relations aus den USA versuchte der mit der Versicherungsbranche eng verbundene Betriebswirtschafter Christian Gasser zu schlagen, der ab 1947 an der

---

391 Eisinger 1996, 93.
392 Sozialarchiv, Ar 422.60.3, Prot. Arbeiterkommission, 21. 9. 1953.
393 Ebd., Ar 422.60.7, Robert Meyer an Konrad Ilg, 25. 9. 1953.
394 Vgl. Fiedler 1996, 357.

Handelshochschule St. Gallen lehrte (später sollte er in die Geschäftsleitung von Georg Fischer wechseln und dann die Mikron AG kaufen). Gasser war Ende der 1930er-Jahre Mitglied der religiös-aristokratischen Eidgenössischen Front (ab 1937: Eidgenössische Aktion) und in dem vom Redressement national initiierten manchesterliberalen Bund der Subventionslosen aktiv. 1940 zählte er zum Gründerkreis des Gotthardbunds; später nahm er an den Treffen der Gerechtigkeitsgruppe teil.[395] 1941 vertrat Gasser in seinem Manifest *Eidgenössische Wirtschaft* eine eigenartige Mischung aus Erneuerungsrhetorik und wirtschaftsliberalen Ansätzen, gedacht als politische Handreichung, damit sich die Schweiz auf die «unter allen Umständen kommende Neu-Organisation» Europas einstellen könne.[396]

Seine späteren Überlegungen drehten sich um die Frage, wie sich betriebliche Probleme durch die Integration der Beschäftigten verhindern liessen. In ihnen finden sich Versatzstücke sowohl der Moralischen Aufrüstung wie der neueren, psychologisierenden Human-Relations-Ideologie.[397] Er argumentierte (ungeachtet seiner politischen Biografie) wesentlich subtiler als jene Parteigänger der MRA, die bloss auf einen religiös begründeten Antikommunismus setzten – wie etwa der Leiter des Psychotechnischen Instituts Bern Hanns Spreng, der 1953 erklärte: «Man kann die Ideologie des Kommunismus nur durch eine grössere Ideologie überwinden», nämlich jene von Frank Buchman. Denn: «Wir werden unsere Qualitätsprodukte nicht mehr ausführen können, auch unser Handel und Wandel werden ins Wanken kommen, wenn irgendwo die Hafenarbeiter streiken oder in den Nachbarländern Unruhen über Unruhen ausbrechen.»[398] Gasser ging es weniger um eine Umerziehung durch frontale ideologische Indoktrinierung, denn: «Unglücklicherweise kann man […] die nötige Zusammenarbeit nicht befehlen, nicht mit Gewalt erzwingen!»[399] Von der Human-Relations-Ideologie übernahm er stattdessen die Überlegung, einen Betrieb als Gesamtheit der in ihm bestehenden sozialen Beziehungen zu betrachten, die man im Interesse des Unternehmens gewissermassen um die Ecke manipulieren sollte. Dabei verfügten die Patrons über den Vorteil, dass «der Arbeiter und Angestellte […] die angeborene innere Disposition [besitzt], dem obersten Chef eine sympathische wohlwollende Einstellung zuzuschreiben […]. Man denke an das berühmte Beispiel im Norden.»[400] Diesen Umstand gelte es auszunutzen, wolle man den «tätigen Menschen zu williger, ja freudiger Zusammenarbeit» bewegen.[401] Das Management müsse die Zufriedenheit der Belegschaft durch das bewusste Eingreifen in die affektiven Bindungen in der Werkstatt und im Büro formen. Ansonsten wür-

---

395 Pollux 1945b, Anhang; Stettler 1997, 736, Anm. 14.
396 Gasser 1941, 39.
397 Walter 2012, 279; ders. 2006, 173.
398 Hanns Spreng: Massnahmen zur Pflege der menschlichen Beziehungen in der Schweiz, in: SBZ 31, 1953, 450–452, hier 452.
399 Gasser 1949, 12.
400 Ebd., 17, 30–34.
401 Ders. 1952, 41.

den die Einrichtungen der betrieblichen Sozialpolitik nicht die gewünschte Identifikation mit dem Unternehmen bewirken.[402]

Der Kreuzzug der MRA dauerte noch einige Jahre; die Sekte konnte sich in einigen Unternehmen erstaunlich lange halten – und beileibe nicht nur in der Maschinenindustrie. Im Herbst 1959 stellte ein Direktor der Knorr Nährmittel AG und erklärter Anhänger von Caux in einem Vortrag vor der Zürcher Arbeitsgruppe für Personalfragen (einem 1943 gegründeten informellen Forum von Personalchefs) fest, in der Zeit der Blockkonfrontation müssten Personalabteilungen als «ideologischer Faktor der Unternehmung» tätig sein. Ein Personalchef sei der «Seelsorger in der Wirtschaft. Wo die Priester der Kirchen so wenig Einfluss haben auf Unternehmung und Arbeiterschaft, ist er gerufen, sind ihm Hunderte und Tausend anvertraut.»[403] Es brauche «ein ideologisches Gegenstück zum Kommunismus, eine Ideologie des Dienens am Gesamten. […] Und wer anders kann Träger dieser überlegenen Ideologie sein als die Industrie-Führerschaft? Eine Industrie-Führerschaft des demütigen Herzens, bereit, Gott zu dienen, um eine neue Welt aufzubauen!»[404] Von der subtileren Manipulation, von der Gasser träumte, von der sich den Entwicklungen des Spätkapitalismus «störungsfrei anpassenden Gesellschaftsform»,[405] war diese Haltung immer weiter entfernt – und wohl auch von der gesellschaftlichen Realität der anbrechenden 1960er-Jahre.

«Penser patron» in Ouchy

Die Beharrlichkeit, mit der sich die MRA in Teilen der Schweizer Maschinenindustrie halten konnte, hatte auch damit zu tun, dass eine ganze Generation von Managern – von den 1930er- bis Ende der 1940er-Jahre – bei einer Dépendence der Sekte in die Schule ging: bei Alfred Carrard und seinen Mitarbeitern. Ab 1930 bot der spätere Leiter des Lausanner Institut de psychologie appliquée Kaderkurse für die Maschinenindustrie an. Um 1942 begann er, zunächst für Brown Boveri, mit den sogenannten Besinnungskursen in Lausanne-Ouchy, die einen gewissen Bekanntheitsgrad erlangen sollten. Die Kurse bauten auf den Erfahrungen auf, die Carrard bei seiner Tätigkeit für die französische Brown-Boveri-Tochter Compagnie Electro-Mécanique gesammelt hatte.[406] Bei den Lehrgängen mit Titeln wie «Menschenkenntnis, Menschenbehandlung, Personalauslese, Arbeitsschulung, Arbeitsfreude usw.», aber auch «der Egoismus und seine Überwindung; der

402 Ders. 1949, 22 f.
403 H. Brandenberger: Die Verantwortung des Personalleiters im ideologischen Zeitalter, in: ZF, 21. 9. 1959, 3, 5.
404 Ebd., 2.
405 Gasser 1952, 35.
406 Hanns Spreng: Massnahmen zur Pflege der menschlichen Beziehungen in der Schweiz, in: SBZ 31, 1953, 450–452, hier 451.

männliche Egoismus zu Hause; die Entfaltung der eigenen Persönlichkeit»[407] handelte es sich um religiös begründete Weiterbildungen für Manager, die weniger auf
eine betriebswirtschaftliche Verbesserung im engeren Sinn abzielten als vielmehr
die Autorität des Kaders stärken wollten; zumindest sollten sie die Eigenwahrneh-
mung in diese Richtung lenken. Für Carrard stand die «Schaffung der richtigen
Einstellung zur allgemeinen Frage der Menschenführung» und die Auswahl von
Persönlichkeiten, die «Führer sind oder werden können», dabei an erster Stelle.[408]

Alfred Carrard war ab 1915 bei Brown Boveri als Ingenieur tätig, ab 1918 in
leitender Funktion.[409] Anfang der 1920er-Jahre nahm er im Hausverband Brown
Boveri – dem Verband der Angestellten im Monatslohn – eine tragende Rolle ein
und bestimmte massgeblich den fortan auf Unterordnung unter die Geschäftsleitung bedachten Kurs. Zuvor hatte der Hausverband noch versucht, in Zusammenarbeit mit dem Metallarbeiterverband einen etwas gewerkschaftliche-
ren Standpunkt einzunehmen.[410] Mitte der 1920er-Jahre wechselte Carrard von
Brown Boveri zum Psychotechnischen Institut Zürich, dessen Leitung er später
übernahm. Ab 1930 kam er schliesslich, nach einer kurzen Zeit bei einem ähnlich
gelagerten Institut in Genf, zum Institut de psychologie appliquée in Lausanne.
Carrard stand für die Zürcher Schule der Psychotechnik, die im Gegensatz zur
Genfer Schule weniger auf wissenschaftliche Stringenz als auf die praktische
Umsetzbarkeit aus war (und damit auf die Verkäuflichkeit ihrer Kurse). Mit Erfolg: Brown Boveri, die Maschinenfabrik Oerlikon und Gebrüder Sulzer zählten
alle zu seiner Kundschaft.[411] 1944 wurde er zum ausserordentlichen Professor an
der ETH Zürich ernannt mit der Begründung, in der Industrie würden sich «psychologische Arbeitsmethoden» immer mehr durchsetzen: «Sein Einfluss im Unterricht sollte in der Tat vergrössert werden.»[412]

Ging es der Psychotechnik um die psychologisch begründete Einpassung
der Arbeiter/-innen in den Produktionsprozess, setzte Carrard mit seinen Besinnungskursen zunächst am anderen Ende der betrieblichen Hierarchie an: beim
Management, um dieses gleichermassen betrieblichen Anforderungen anzupassen. Eine wichtige Aufgabe des Kaders bestehe demnach darin, durch ein geeignetes, vorbildhaftes Verhalten die Arbeitsleistung der Arbeiter/-innen zu steigern
und zugleich Reibungspunkte in der Fertigung zu verringern. Carrard entwickelte dafür eine eigene Führerpsychologie.[413] Er liess sich von der Vorstellung
leiten, es gebe eine «natürliche Eignung zum Führer», die man an der Fähigkeit

---

407 Robert Schnyder: Die Förderung der Persönlichkeit als Ziel der Kaderschulung, in: IO 9, 1949,
290–292, hier 290.

408 Alfred Carrard: Die Entwicklung der Psychotechnik in der Schweiz in den Jahren 1932–33, in:
IO 3, 1933, 79–81; 4, 1933, 102–104.

409 Hanns Spreng: Alfred Carrard, in: SBZ 48, 1948, 670.

410 Siegrist 1985, 28–32.

411 Archiv ABB, DRP BBC, 12. 10. 1937; ebd., DRP MFO, 25. 1. 1939; ebd., 6. 1. 1943; Jaun 1986,
126, 133, 137–140; Leimgruber 2001, 24–27; Messerli 1996, 242–244; Walter 2012, 277.

412 ETH-Bibliothek, SR2, Prot. Schulrat 23. 6. 1944. Zuvor war er als Privatdozent tätig.

413 Vgl. Jaun 1986, 142–153.

erkennen könne, «seinen Willen auf andere zu übertragen», sofern nur genügend «[i]nnere Sicherheit, Zielfestigkeit, Selbstdisziplin, Willensnatur» vorhanden sei.[414] Komplementär dazu nahm er ein den Arbeiter/-innen innewohnendes Bedürfnis an, sich einer höheren Macht, einer Führerfigur, in diesem Fall dem Vorgesetzten, unterwerfen zu wollen.

Damit dies auch geschah, musste Letzterer ein bestimmtes, auf den Unternehmenszweck abgestimmtes Verhalten erlernen: «Immer und überall, bei der Zuteilung der Arbeit, beim Besprechen, bei der Durchführung der Arbeit und besonders bei der Abgabe der fertigen Arbeit» seien Untergebene zu beobachten, man musste sie durchleuchten, ihre «Art zu grüssen, zu gehen, das Benehmen innerhalb und ausserhalb der Fabrik» genauestens studieren.[415] Die systematische Beobachtung sollte innerbetriebliche Widerstände kenntlich machen; doch auch das eigene Verhalten musste überprüft werden, ob es den betrieblichen Anforderungen entspreche: «Wirkliche Zusammenarbeit ist nur möglich, wenn die Vorgesetzten den Übergang von der ‹Ichhaftigkeit› zur ‹Wirhaftigkeit› gefunden haben.»[416] Die gefundene «Wirhaftigkeit» hatte ein Vorgesetzter dann nach unten durchzusetzen, denn «[d]er ‹Freche› [der freche Untergebene, A. F.] im Gegenteil muss wissen, dass er zu parieren hat [...]. [...] Nichts ist verderblicher als Schwachheit, Feigheit oder Gleichgültigkeit, da sie nicht nur den Einzelnen, sondern die ganze Arbeitsgemeinschaft vergiften.»[417]

Bei aller Betonung der Aufgaben des Vorgesetzten: Letztlich zielte Carrard nicht so sehr auf das Kader ab, von dem ständig die Rede war, als vielmehr auf dessen Wirkung. Dahinter stand die Überlegung, man könne Rationalisierungseffekte gewissermassen um die Ecke erzielen. Ein richtiges Verhalten des Managements führe zu besseren Arbeitsleistungen der Arbeiter/-innen, würde ihre Loyalität zum Betrieb stärken und damit die Fluktuation verringern. Dafür sei es nötig, den «Penser patron» – «Penser au patron, penser avec le patron, penser pour le patron», wie es der Sulzer-Personalchef Emil Lavater zusammenfasste[418] –, den Unternehmerstandpunkt also, bei der Belegschaft von oben nach unten durchzusetzen: «Der Geist des obersten Leiters soll alle seine Mitarbeiter durchdringen. Jeder soll sich dem ‹Ganzen› gegenüber verantwortlich fühlen, er muss handeln, wie wenn das Geschäft ihm gehören würde.»[419] Auf dem Weg zur Steigerung der Arbeitsleistung in der Werkstatt nahm Carrard damit einen Umweg über das Kader – im Gegensatz zu der in der Nachkriegszeit populären Human-Relations-Ideologie, bei der die eigensinnige Subjektivität der Arbeiter/-innen direkt zum Objekt des Managements wurde.

---

414 Alfred Carrard: Die Eignung zur Menschenführung, in: IO 3–4, 1932, 67–70.
415 Ders.: Persönlichkeitsschulung [Teil 4], in: SAZ 16, 1944, 267.
416 Ders.: Persönlichkeitsschulung [Teil 6], in: SAZ 20, 1944, 347.
417 Ders.: Persönlichkeitsschulung [Teil 8], in: SAZ 24, 1944, 247.
418 Emil Lavater: Ziele, Sorgen und Freuden der beruflichen Laufbahn, in: SBZ 20, 1948, 278–283, hier 281.
419 Alfred Carrard: Persönlichkeitsschulung [Teil 12], in: SAZ 12, 1944, 563.

Die in den Besinnungskursen propagierte Führerpsychologie gründete im Ideal einer militärischen Organisation der Betriebe, aus der die Autorität der Kaderfunktion ihre Legitimation bezog. Der Vorgesetzte als Offizier, die Belegschaft als befehlsempfangende Truppe: eine Bezugnahme auf Organisationsmuster, wie sie für die faschistischen Bewegungen der Zwischenkriegszeit typisch waren.[420] Die Vision einer autoritär verfassten Betriebsgemeinschaft diente Carrard als Blaupause für die gesamte Gesellschaft: «Die Seele eines Volkes hängt von seiner Elite ab», so begründete er 1944 in der *Arbeitgeber-Zeitung* die Notwendigkeit seiner Kurse. «Die Vorgesetzten bilden diese geistige Elite, welche die ihnen anvertrauten Menschen erzieht, ihrem Leben einen Sinn gibt, sie in die wirtschaftliche und soziale Gemeinschaft einordnet und sie ihrer Berufung entgegenführt.»[421] Nicht vorgesehen war bei dieser Berufung, Lohnforderungen zu stellen; überhaupt irgendwelche Forderungen zu stellen.[422] Diese Programmatik, der paternalistische Herr-im-Haus-Standpunkt, ging zumindest finanziell auf. Bis 1948 führte das Lausanner Institut nach eigenen Angaben über 150 Besinnungskurse mit über 2500 Teilnehmern durch.[423]

Carrards «Penser patron» war mithin Ausdruck seiner tiefen Religiosität. In den 1930er-Jahren war er, der «Life-changer im Sinne Frank Buchmans»,[424] ein Mitglied der Oxfordbewegung, der späteren MRA.[425] Die Doktrin der Sekte bestimmte massgeblich die Ausrichtung seiner Besinnungskurse. So stand eine religiös begründete innere Umkehr an erster Stelle, um die gewünschte betriebliche «Arbeitsgemeinschaft auf Vertrauen und Hilfe» aufzubauen.[426] Mindestens ab den 1940er-Jahren arbeitete Carrard dafür eng mit Robert Hahnloser vom Psychotechnischen Institut Zürich zusammen. Brown Boveri schickte ab 1942 leitende Angestellte, darunter auch die Werkmeister, nicht nur zu Carrard, sondern ebenso zu Hahnloser in die Weiterbildung; nach 1945 sollte Hahnloser zu einer der zentralen Figuren in Caux aufsteigen.[427] Carrard wandte sich noch kurz vor dem Ausbruch des Zweiten Weltkriegs in der *Arbeitgeber-Zeitung* «an unsere Geschäftsleute» mit dem Aufruf, sich jetzt der MRA anzuschliessen; davon werde die Wirtschaft profitieren. Der Ruf der Schweizer Patrons, erklärte er, sei im Ausland zwar noch intakt, «aber allzu viele Schweizer schädigen ihn täg-

---

420 Trischler 1990, 67.
421 Alfred Carrard: Persönlichkeitsschulung [Teil 13], in: SAZ 34, 1944, 612.
422 Ders.: Persönlichkeitsschulung [Teil 10], in: SAZ 30–31, 1944, 535.
423 Robert Schnyder: Die Förderung der Persönlichkeit als Ziel der Kaderschulung, in: IO 9, 1949, 290–292, hier 290f.
424 Hanns Spreng: Alfred Carrard, in: SBZ 48, 1948, 670. Aus Sprengs Nachruf: «Jesus, der Meister selber, sprach durch diesen begnadeten Jünger zu manchem seiner Zuhörer, wo immer sie sich um ihn sammelten. Die Menschen unserer Zeit, die durch ihren Umgang mit Carrard im Glauben gestärkt wurden, sind nicht zu zählen.»
425 Jehle 2006, 275.
426 Alfred Carrard: Mensch und Arbeit, in: SAZ 16, 1937, 107; ders.: Persönlichkeitsschulung [Teil 7], in: SAZ 22, 1944, 387.
427 Archiv ABB, DRP BBC, Aktennotiz, 23. 5. 1942; Werner Jegher: Welt im Aufbau, in: SBZ 12, 1951, 153–155, hier 154.

lich!».[428] Damit meinte er jene, die sich der von ihm erwarteten neuen Zeit verweigerten und nicht sähen, woher der Wind komme: «Wir haben im Süden und im Norden Beispiele, wie ganze Nationen in ihrem Grunddenken in wenigen Jahren umgestellt werden können. […] [F]ür dieses Ziel setzt er [der Einzelne, A. F.] sich ein und fühlt die Kameradschaft zu seinen Mitmenschen, die ähnlich denken und handeln. Gibt es bei uns in der Schweiz Zeichen, dass höhere Ziele als der Gewinn entscheidend auf die Handlungsweise von Geschäftsleuten wirken?»[429]

Carrard war von reaktionären Regimes offensichtlich angetan und relativierte sie nur rhetorisch. «Wir brauchen nicht einen Führer», erklärte er (und meinte den selbsternannten in Deutschland), «es sei denn, wir meinen damit Gott den Allmächtigen, sondern mehrere Führer, die uns seinen Weg zeigen und ihn selber mutig gehen. Es handelt sich darum, neue Verhältnisse auf umgewandelte Menschen aufzubauen.»[430] Die Psychologin Franziska Baumgarten bemerkte 1946 über Carrard wohl nicht zu Unrecht: «Der Verblendung des nazistischen Systems ist man nicht nur in deutschen Landen unterlegen. Auch in der Schweiz ist in den letzten 13 Jahren eine ‹Erziehung zum Führer› propagiert worden, wobei man sich des Unterschiedes zwischen Führer und Leiter nicht ganz bewusst war.»[431]

Stellungnahmen für eine autoritäre Umgestaltung, das Schielen nach Italien und Deutschland, das mochte kurz vor dem Ausbruch des Zweiten Weltkriegs in Teilen der bürgerlichen Presse keine Seltenheit sein. Auf den ersten Blick ungewöhnlich scheint aber, dass das Verbandsorgan des Metallarbeiterverbands, die *Metallarbeiter-Zeitung*, Carrards Aufruf in Teilen ebenfalls abdruckte, gar mit dem Hinweis, «dass recht viele weitere Arbeitgeber, aber auch Leser unserer Zeitung, aus den hier zum Abdruck gebrachten Ausführungen von Dr. Carrard zum Nachdenken und zu praktischem Versuch solcher persönlichen Umstellung Anregung finden».[432] Die Nähe zu Carrard – ebenso wie wenige Jahre später jene zu Max Huber – war mit die Folge der politischen Umorientierung des Metallarbeiterverbands, der sich in den 1930er-Jahren von sozialdemokratischer Umverteilung abwandte und korporatistische Standpunkte übernahm. Nach der Unterzeichnung des Friedensabkommens 1937 signalisierte die Verbandsleitung bei jeder sich bietenden Gelegenheit ihre Anschlussfähigkeit nach rechts. Die MRA schien in diesem Zusammenhang zumindest für einige Jahre eine willkommene Bühne zu sein, um die Offenheit gegenüber dem Bürgerblock zu bekunden – ungeachtet der eigentlichen Absichten der Sekte. «Immer mehr Menschen», erklärte der Metallarbeiterverband im Sommer 1939, «sind heute der

---

428 Alfred Carrard: Was bedeutet moralische Aufrüstung für unsere Geschäftsleute?, in: SAZ 11, 1939, 141–144.

429 Ebd., 141 f.

430 Ebd., 144.

431 Baumgarten 1946, 226. Baumgarten stand neben der Zürcher und der Genfer Schule für eine dritte, wenn auch minoritäre Richtung der Psychotechnik in der Schweiz, vgl. Walter 2012, 278.

432 Moralische und geistige Aufrüstung, in: SMAZ, 25. 3. 1939, 1. Vgl. Vom Stand der moralischen Aufrüstung, in: SBZ 14, 1939, 165 f.

Überzeugung, dass es gilt, den innern Menschen zu wandeln, und dass dies für die ganze Nation, ja für die ganze Welt eine Revolution im guten Sinn bedeuten kann. Diese Bewegung, die schon stark um sich gegriffen hat, nennt man die Bewegung für geistige und moralische Aufrüstung.»[433]

Wie Caux wurde auch Ouchy zu einer Chiffre: Eine Chiffre für Kader, um gegenüber der Geschäftsleitung Ansprüche anzumelden oder um sich der eigenen Position innerhalb der betrieblichen Hierarchie zu vergewissern. Zwischen 1942 und 1944 schickte Brown Boveri auf Initiative des Verwaltungsratsdelegierten Max Schiesser gegen 150 Vorgesetzte zu Carrard.[434] Die allmonatlichen Wochenendtreffen in Lausanne und Chexbres waren an die Besinnungskurse angelehnt und sollten dazu dienen, «einmal gründlich über Dinge nachzudenken».[435] Am Ende dieses Nachdenkens stand dann die Sakralisierung des Managements, wie der Direktor der Verkaufsabteilungen und langjährige Redaktor der Werkzeitung Emil Klingelfuss erläuterte: «Je höher einer auf der Kommandobrücke unseres Unternehmens steht, desto mehr Weitblick muss er für seine Probleme gewinnen. Immer mehr tritt für ihn das Problem des Menschen im Unternehmen in Erscheinung, immer mehr wird er nicht nur Brotsorger, sondern auch Seelsorger. […] Aus Mitläufern Mitarbeiter machen, den Menschen im Unternehmen zu pflegen, Trennendes zu überbrücken, scheint mir […] meine vornehmste Mission zu sein.»[436]

Der Manager als Brot- und Seelsorger: Jenseits des religiösen Jargons bestätigte Carrards Führerpsychologie die Erwartungshaltung des Kaders, die eigene soziale Geltung müsse gehoben werden.[437] Das mochte als Verkaufsargument des Lausanner Instituts gut funktioniert haben; auch als eine Art kommunikative Rückkopplungsschlaufe, bei der bestehende betriebliche Verhältnisse stets von neuem bestätigt werden. Andere Kursteilnehmer, wie etwa der in der Technischen Direktion tätige Paul Faber, stellten zwar den militärischen Aspekt der betrieblichen Hierarchie ins Zentrum, betonten aber ebenfalls die emotionale Seite – den Wunsch des Vorgesetzten, von den Untergebenen geachtet, wenn nicht verehrt zu werden: «Unser Korporal, unser Leutnant, unser Hauptmann! Er ist immer da, er weiss es, er hilft, er geht voran, er achtet uns, er liebt uns! So tönt es in der gesunden, starken Truppe. Meine Leute! Sie verstehen mich, sie tun, was ich will, auch ohne Aufsicht, ohne Befehl. Sie stehen zu mir, sie folgen mir in die Gefahr. So klingt es im Innern des Führers einer gesunden, starken Truppe.»[438]

Ouchy funktionierte nicht nur als Platzhalter für die Selbstvergewisserung und Geltungswünsche des Kaders. Da und dort fiel der Begriff bei ver-

433 Vom inneren Aufbau, in: SMAZ, 15. 7. 1939, 3.
434 Peter Rinderknecht: Schulung für mittlere Führungskräfte in unsern Werkstätten, in: Brown Boveri Hauszeitung 7–8, 1969, 281–289.
435 Alfred Bruggmann: Chexbres – Ouchy, in: WW 3, 1943, 57 f., hier 57.
436 Ebd. Ebenso (geringfügig variiert): Späte, aber wertvolle Nachlese, in: WW 9, 1956, 1 f., hier 1.
437 Trischler 1990, 67.
438 Paul Faber, 1942, zitiert in Späte, aber wertvolle Nachlese, in: WW 9, 1956, 1 f., hier 1.

deckten betrieblichen Auseinandersetzungen. Als es im Frühling 1950 in den Verkaufsabteilungen von Brown Boveri aufgrund der Arbeitsbelastung unter den Angestellten rumorte,[439] erhielt der Verwaltungsrat anonym verfasste Briefe zugestellt. In den Schreiben wurden Vorgesetzte und Arbeitsbedingungen kritisiert – die Geschäftsleitung wies die Vorwürfe kategorisch zurück. Wer anonym kritisiere (auch aus Angst vor Entlassung) und seinen Vorgesetzten kein Vertrauen schenke, der verstosse gegen den Geist von Ouchy, hiess es zur Begründung in der Werkzeitung.[440] Ouchy mochte hier als Chiffre gebraucht werden, um einen Herr-im-Haus-Standpunkt zu legitimieren, doch hatte Brown Boveri bereits 1948, nach dem Tod von Carrard, die Weiterbildungen in Lausanne ausgesetzt. Für kurze Zeit stellte das Unternehmen den Wert der Kurse infrage, in die man das eigene Kader über Jahre geschickt hatte. Eine gewisse Ernüchterung war eingetreten; nicht zuletzt weil die erhofften Erfolge «sich weder wägen noch messen lassen, nicht mit dokumentarischen Belegen und auch nicht mit einem aufsehenerregenden firmengeschichtlichen Umschwung vor Augen geführt werden können».[441] Mit anderen Worten, die Kurse waren aus betriebswirtschaftlicher Sicht völlig wirkungslos, wie die Brown-Boveri-Werkzeitung konsterniert zugab: «Zugegeben, es ist bei Brown Boveri eine umstrittene Frage, ob im geschäftlichen Alltag von jenen Kursen her in Bezug auf die Menschenführung und Menschenbehandlung eine nachhaltige Wirkung zu verspüren sei, und gewiss würde es schwer fallen, nachzuweisen, dass in Ouchy jemand vom Saulus zum Paulus geworden wäre.»[442]

Anderer Meinung war man bei der Maschinenfabrik Oerlikon. Das mag nicht verwundern, bestand doch seit Jahren zwischen der Geschäftsleitung und der MRA ein intimes Verhältnis. 1948 wurde die Wirkung der Besinnungskurse denn auch mit «grosser Fortschritt» umschrieben: «Man ist gegenseitig viel höflicher und freundlicher geworden.»[443] Entsprechend der Firmenkultur in Oerlikon wies man zudem explizit auf den religiösen Wert der Kurse hin. In diesen wurde nicht nur über Fragen des Managements gesprochen – sie dienten gleichermassen der religiösen Bekehrung der Teilnehmer.[444]

Nicht immer fand die Kritik an Ouchy so deutliche Worte wie bei Brown Boveri. In Winterthur nahm man die ab Mitte der 1940er-Jahre regelmässig stattfindenden Abteilungsabende der Angestellten von Gebrüder Sulzer als Gelegenheit wahr, etwas Dampf abzulassen – ein Stück weit funktionierten sie als Büro-

439 Archiv ABB, DRP BBC, 24. 5. 1950.
440 Emil Klingelfuss: BBC-Bulletin, in: WW 6, 1950, 85 f., hier 86; vgl. Archiv ABB, DRP BBC, 12. 7. 1950.
441 Prof. Dr. Ing. Alfred Carrard, in: WW 10, 1948, 161 f., hier 162.
442 Ebd. Trotz der Kritik wurden die Kurse 1949 wieder aufgenommen, diesmal beim Institut für angewandte Psychologie in Zürich. Fritz Streiff: Produktivität und Betriebsklima, in: IO 11, 1952, 313–318, hier 313.
443 C. Bodmer: Die doppelte Verantwortung des Chefs als Mensch und als Vorgesetzter und die sich daraus ergebenden Probleme, in: GR 6, 1948, 73–75, hier 75.
444 Ebd.

fasnacht. Gleich am ersten Abend der Dieselmotorenabteilung im November 1946 wurde Carrard als «Prof. Seelenkarrer» im Kasinotheater auf die Schippe genommen: «Als erste Hauptattraktion wurde ein satirisch aufgezogener ‹Kurs für Menschenführung› von Prof. Seelenkarrer als Leiter mit vier Angestellten der Abteilung durchgeführt. Dieser Sketch hat unter den Anwesenden Begeisterung hervorgerufen.»[445]

Das war dann schon mehr als blosser Klamauk – die Begeisterung des Publikums zeigt, dass Carrards MRA-Führerpsychologie nicht überall ernst genommen wurde. Die als «Anlass des aussergeschäftlichen Sichfindens und Kennenlernens»[446] gedachten Abteilungsabende dienten eben auch als Möglichkeit, unter Umgehung des Dienstwegs öffentlich daran Kritik zu üben, ohne in Verdacht zu geraten, man wolle die Arbeitsmoral (oder die Autorität des Unternehmens) untergraben. Den Veranstaltern muss die Wirkung des Seelenkarrersketchs durchaus bewusst gewesen sein; unter den 400 Anwesenden sassen im Publikum immerhin mehrere Vertreter der Geschäftsleitung.[447]

Opposition eindämmen

Der Kreis der Moralischen Aufrüstung bot Unternehmen eine Möglichkeit, mit der religiöser Unterweisung vielleicht nicht nur abgeneigten, auf jeden Fall aber pragmatischen Leitung des Metallarbeiterverbands informelle Gespräche zu führen. Verbindend war neben der antikommunistischen Haltung die Hoffnung auf eine innerbetriebliche Befriedung. Gleichzeitig suchte man nach anderen Wegen, um linke Opposition in den Fabriken einzudämmen und nach Möglichkeit zu zerstören, so sie der patronalen Einbindungsstrategie im Weg stand. Die frömmelnde Botschaft der MRA passte schliesslich nicht zu allen und würde die Werkstätten kaum erreichen – hier aber drohte die Konfliktualität fortzubestehen, auch nach der Unterzeichnung des Friedensabkommens. In den folgenden Abschnitten werden einige der Massnahmen besprochen, die die Geschäftsleitungen ab Mitte der 1930er-Jahre ergriffen, um die bestehenden Verhältnisse zu sichern. Darunter fallen

- der Einsatz eines privaten Geheimdienstes, um linke Kader zu identifizieren,
- der Aufbau einer verdeckten Streikbrecherorganisation, um Arbeitskämpfe zu sabotieren,
- die Unterstützung einer nationalsozialistischen Partei, um Druck auf die Arbeiter/-innenbewegung auszuüben.

---

445 Dieselmotoren-Abteilungsabend im Kasino, in: WM 11, 1946, 88–90, hier 88.
446 Ebd., 88.
447 Ebd., 90.

Mit Aubert gegen Linke

Kurze Zeit nach dem deutschen Überfall auf die Sowjetunion nahm die Maschinenfabrik Oerlikon im Herbst 1941 die Dienste der Ligue Aubert in Anspruch. Deren Kopf Théodore Aubert sollte das Unternehmen in der Folgezeit regelmässig über linke Bewegungen informieren. Dic Geschäftsleitung der Maschinenfabrik machte sich Sorgen, die konzilianten Gewerkschaften könnten die Kontrolle über ihre Basis verlieren. Bereits im Jahr zuvor hatte man mit dem Zürcher Stadtkommando vereinbart, dass sich leitende Angestellte, Direktoren und Bürochefs in ihren Büros bewaffnen durften – als Massnahme bei Unruhen.[448] Den Kontakt zur Ligue Aubert hielt der für die Einstellung von Arbeiter/-innen zuständige Werkstättendirektor Jakob Brunner.[449] Brunner war Anhänger eines harten Fabrikregimes. Im Dezember 1941 hielt er anlässlich einer betrieblichen Fortbildung eine Rede, in der er Vorgesetzte als «Führer» und «Richter» beschrieb, denen sich «alle im Betriebe Tätigen […] willig unterordnen» müssten. «Der Wert oder die Tüchtigkeit einer Truppe», so Brunner, «hängt weitgehend vom Offizier als Führer und Erzieher ab, der Erfolg der Truppe jedoch von der Einsatzbereitschaft und Tüchtigkeit des einzelnen Soldaten. Ganz ähnlich liegen die Verhältnisse auch in industriellen Betrieben.»[450]

Derlei militaristisch anmutende Ansichten wichen keineswegs von der Position der Geschäftsleitung ab. Wo es um Fragen betrieblicher Autorität ging, berief man sich stets auf das Vorwort, das der Verwaltungsratspräsident und zugleich Präsident des Internationalen Roten Kreuzes Max Huber Anfang der 1940er-Jahre für eine Jubiläumsschrift der Aluminium Industrie AG verfasst hatte (deren Verwaltungsrat er ebenfalls vorstand). Der mit der MRA eng verbundene Huber verband darin Versatzstücke einer Betriebsgemeinschaftsideologie mit autoritärer Führerrhetorik.[451] Das Unternehmen habe man, so Huber, als «initiativ aufbauendes Glied in der Volksgemeinschaft» zu verstehen. Seine Leitung sei «gegenüber der Angestellten- und Arbeiterschaft […] in der Lage des einseitig Verfügenden. Wie das Heer, so ist auch die Wirtschaft – vom kleinsten Bauerngewerbe bis zur grössten industriellen Unternehmung – selbst in einem demokratischen Staatswesen autoritär und hierarchisch aufgebaut.» Sie müsse das sein, schliesslich befinde sie sich «in einer Kampfessituation». Erfolgreiches Management setze «Autorität, Festigkeit selbst bis zur sachlichen Härte voraus», ebenso «Selbstentsagung».[452]

In Verlautbarungen der Geschäftsleitung wurde dieser von Herr-im-Haus-Standpunkten nur so strotzende Text bis Ende der 1950er-Jahre als ein geradezu sakrales Managementmanifest gehandelt. 1960 erklärte der langjährige General-

448 Archiv ABB, DRP MFO, 22. 5. 1940.
449 Ebd., DRP MFO, 11. 9. 1941.
450 Jakob Brunner: Die Stellung des Vorgesetzten im Betrieb, in: GR 1, 1942, 4–6, hier 4f.
451 Vgl. Lüpold 2010, 718.
452 Max Huber: Industrie, Arbeit und Volksgemeinschaft, in: SMAZ, 16. 5. 1942, 1 f., hier 1; ebenso Huber 1943, 13, 15.

direktor Hans Schindler, das Vorwort zähle für ihn «zum Besten, was in deutscher Sprache» über das Unternehmertum «veröffentlicht wurde», denn: «Max Hubers Wirken war Gnade für unser Land und unsere Zeit.»[453] Im rastlosen Bemühen um die eigene Unterordnung schloss sich der Metallarbeiterverband zumindest der ersten Einschätzung an. Was ihn dazu bewog, bleibt schleierhaft. Immerhin vertrat Huber einen patronalen Standpunkt, der keinerlei Widerrede zuliess, sondern auf die bedingungslose Unterwerfung der Belegschaft abzielte – er sass nicht umsonst bis 1918 für den Freisinn im Zürcher Kantonsrat. Die Leitung des Metallarbeiterverbands hielt seine Äusserungen dennoch für derart gelungen, dass sie das Vorwort 1942 in der *Metallarbeiter-Zeitung* in gekürzter Form abdrucken liess.[454]

Mit seinen Ansichten über die Herrschaft im Betrieb vertrat Werkstättendirektor Brunner die von Huber festgelegte Linie der Geschäftsleitung. Und diese dürfte zumindest in solchen Fragen nicht allzu weit entfernt von der Haltung der Ligue Aubert gelegen haben. Bei der Ligue, auch bekannt unter dem hochtrabenden Namen Entente internationale contre la IIIe Internationale, handelte es sich um einen Mitte der 1920er-Jahre vom antikommunistischen Schweizerischen Vaterländischen Verband abgespaltenen privaten Geheimdienst gegen Linke, der von Théodore Aubert betrieben wurde. Aubert sass in den 1930er-Jahren für die faschistische Genfer Union nationale im Nationalrat und war später der langjährige Vizepräsident der aus dem Bund für Volk und Heimat hervorgegangenen Wirtschaftslobby Redressement national.[455] Auberts Geheimdienst war gut vernetzt. Nicht nur bestanden nach 1933 enge Verbindungen zur deutschen Anti-Komintern (dem von Joseph Goebbels' Propagandaministerium finanzierten Gesamtverband deutscher antikommunistischer Vereinigungen), auch an entscheidenden Stellen der Schweizer Maschinenindustrie war die Ligue vertreten, etwa in den Verwaltungsräten von Brown Boveri mit Hans von Schulthess oder der Maschinenfabrik Oerlikon mit Edouard von Goumoëns.[456]

Seine Dienste, letztlich Dossiers über Linke, bot Aubert mit einigem Erfolg Unternehmen und Unternehmerverbänden an: Von 1930 an bis mindestens 1940 wurde sein Geheimdienst vom Arbeitgeberverband finanziert, von der Maschinenfabrik Oerlikon erhielt er Gelder bis mindestens im Mai 1942. Grössere Mittel stammten um 1943 vom gemeinsamen Propagandabüro des Arbeitgeberverbands und des Vororts (Schweizerischer Handels- und Industrieverein), der Wirtschaftsförderung (Gesellschaft zur Förderung der schweizerischen Wirtschaft).[457] Als die Maschinenfabrik Oerlikon im Herbst 1941 Aubert anstellte, war dieser gerade am Aufbau der Action résistance antirévolutionnaire, ein gemeinsames

---

453 Hans Schindler: Max Huber als Wirtschafter und Mensch, in: GR 1, 1960, 4 f.
454 Vgl. SMAZ, 16. 5. 1942.
455 Caillat 2009; Thürer 2009, 137–139; Werner 2000, 176 f.
456 Vgl. Pollux 1945a, 95; Zimmermann 2019, 103.
457 Archiv ABB, DRP MFO, 27. 5. 1942; Werner 2000, 176 f., 390. 2000 schlossen sich der Vorort und die Wirtschaftsförderung zur heutigen Economiesuisse zusammen.

Netzwerk der Ligue mit dem Vaterländischen Verband und der frontistischen Mittelpresse. Die Action wurde ab 1943 vom Redressement national und von der Wirtschaftsförderung finanziert, wobei Letztere massgeblich die inhaltliche Ausrichtung bestimmte.[458] Die beteiligten Organisationen gingen davon aus, dass es nach dem Kriegsende zu einem zweiten Landesstreik kommen werde, den es zu bekämpfen gelte; 1944 wähnte man sich gar in einer vorrevolutionären Situation. Im Winter 1947 löste sich die offenbar wenig effektive Action wieder auf.[459] An ihre Stelle trat die De-facto-Nachfolgeorganisation des Vaterländischen Verbands und der Ligue Aubert, das 1948 gegründete Nationale Informationszentrum (ab 1953: Aktion freier Staatsbürger), hinter dem erneut die Wirtschaftsförderung stand.[460]

Die Streikbrecher des Vaterländischen Verbands

Neben privaten Geheimdiensten stellte der Werkdienst des Schweizerischen Vaterländischen Verbands eine weitere Möglichkeit dar, linke Mobilisierung zu bekämpfen. Der Vaterländische Verband war die Dachorganisation der Bürgerwehren, die zunächst gegen den Landesstreik mobilisiert und massgeblich von den Grossbanken finanziert wurden.[461] Beim Werkdienst handelte es sich um die verdeckt organisierte Streikbrecherorganisation des Verbands. Er diente in der Nachkriegskrise der 1920er-Jahren dazu, die Arbeiter/-innenbewegung gezielt zu schädigen – notabene in enger Zusammenarbeit mit dem Eidgenössischen Justiz- und Polizeidepartement. Der von Banken, Unternehmen und Unternehmerverbänden finanzierte Vaterländische Verband organisierte den Klassenkampf von rechts und pflegte «eine Art von geistiger Landesverteidigung, die aber im Wesentlichen darin bestand, gegen alles, was ‹von links› kam, Front zu machen».[462] Neben einem Pressedienst, der bürgerliche Zeitungen belieferte, und einem Nachrichtendienst, um linke Militante bei den Behörden zu denunzieren, diente der Werkdienst dazu, in Arbeitskämpfe direkt einzugreifen. Man orientierte sich dabei an den Erfahrungen reaktionärer Verbände in Deutschland und Italien, die gegen Massenstreiks eingesetzt wurden. Aktiv war der Werkdienst bis mindestens 1931.[463] In den 1930er-Jahren verlagerte der sich nach aussen wirtschaftsliberal gebende, tatsächlich aber mit den Fronten (von denen er sich inhaltlich nur wenig unterschied) eng zusammenarbeitende Verband seinen Schwerpunkt auf den Nachrichtendienst, der sich in zunehmendem Masse auch

---

458 Zimmermann 2019, 149–151.
459 Ebd., 157.
460 Frischknecht et al. 1979, 120–134; Zimmermann 2019, 444 f. Das Nachfolgeunternehmen der Mittelpresse, die Schweizerische Politische Korrespondenz, wurde gleichermassen von der Wirtschaftsförderung finanziert – aber auch von Unternehmen der Maschinenindustrie, vgl. Archiv ABB, DRP MFO, 28. 11. 1951.
461 Vgl. zur Finanzierung der Bürgerwehren Guex 1995.
462 Gautschi 1978, 246. Zur Finanzierung des Verbands vgl. Zimmermann 2019, 77. Ab 1943 stammten die Mittel hauptsächlich von der Wirtschaftsförderung. Ebd., 78.
463 Zimmermann 2019, 63–65; Thürer 2009, 138–141.

gegen jüdische Flüchtlinge richtete, wie die Untersuchung von Dorothe Zimmermann zeigt.[464]

Ab 1935 versuchte der Verband von neuem, eine Streikbrechertruppe auf die Beine zu stellen.[465] Rekrutiert wurde dafür auch in der Maschinenindustrie. Unter dem Eindruck der Arbeitskämpfe in Frankreich sprach die Geschäftsleitung der Maschinenfabrik Oerlikon 1936 deshalb nicht nur beim Zürcher Regierungsrat vor, um sich zu vergewissern, dass dieser eingriff, sollte es zu Fabrikbesetzungen kommen.[466] Sie erlaubte ein Jahr später ebenso dem Vaterländischen Verband, in ihrem Betrieb für ihren neuen Werkdienst zu rekrutieren.[467] Ähnliches bei Brown Boveri – interessanterweise aber erst nach der Unterzeichnung des Friedensabkommens, mit dem in der Maschinenindustrie an sich keine Streiks mehr drohten. Dennoch nahm Fabrikdirektor Heinrich Ambühl 1938 Kontakt zum Werkdienst auf.[468]

Drei Jahre zuvor hatte Ambühl im Oktober 1935 an der Delegiertenversammlung des Arbeitgeberverbands erklärt, Gewerkschaften an sich seien für ihn ein Problem, weil sie «eine Einstellung zur Arbeit und zum Arbeitgeber züchten, welche nicht zum Boden gegenseitigen Verstehens und erspriesslicher gemeinsamer Arbeit werden kann».[469] Ein Direktor – der gegenüber Arbeiter/-innen «wechselweise die Rolle des Erziehers, des Beraters und des Richters zu übernehmen» habe – müsse stets von neuem «das Wohlwollen, das seinem menschlich fühlenden Herzen entspringt, über gewerkschaftliches Gezänke setzen», dabei «den Unbescheidenen zurückweisen und den Fehlbaren korrigieren».[470] Das Ziel der Betriebsleitung bestehe darin, «den Verkehr zwischen den Menschen eines Betriebes von Hemmungen, Reibungen und Intrigen zu reinigen, die gegenseitige Achtung zu heben und der Arbeit wieder inneren Wert zu geben».[471] Für diese Reinigung von Hemmungen, Reibungen und Intrigen zwecks Herstellung gegenseitigen Verstehens benötigte Brown Boveri offenbar die Hilfe einer Streikbrecherorganisation.

Beim neuerlichen Anlauf des Werkdienstes war das Eidgenössische Militärdepartement involviert (die Leitung der verdeckten Ortsgruppen übernahmen Offiziere), das Militär wollte aber offiziell nicht damit in Verbindung gebracht werden. Das ergab eine Rückfrage der Geschäftsleitung.[472] Wie lange in Baden die Zusammenarbeit mit dem Werkdienst anhielt, geht aus den Quellen nicht hervor.

---

464 Vgl. Zimmermann 2019, 216.

465 Ebd., 66.

466 Die französische Front-populaire-Regierung und erfolgreiche Streiks beunruhigten die Schweizer Patrons über die Massen. Stellvertretend für eine Vielzahl ähnlich gelagerter Artikel: Land im Fieber, in: WZ 2, 1938, 28–31; Armes Frankreich …, in: WZ 12, 1938, 214.

467 Jaun 1986, 348 f.

468 Archiv ABB, DRP BBC, 6. 9. 1938. Heinrich Ambühl zählte zu den Mitbegründern des Redressement national. Frischknecht et al. 1979, 140.

469 Ambühl 1936, 6.

470 Ebd., 9, 17.

471 Ebd., 15.

472 Archiv ABB, DRP BBC, 4. 10. 1938.

Sie dürfte während oder nach der Mobilmachung von 1939 geendet haben. Das Militärdepartement teilte dem Vaterländischen Verband im selben Jahr mit, zur Bekämpfung allfälliger Streiks würde der militärische Hilfsdienst eingesetzt; und um 1943 erklärte der Generalstab den Werkdienst gar zur unerwünschten Organisation.[473] Erneut Thema war er im Sommer 1945, wohl angesichts der wachsenden Militanz der Arbeiter/-innenkämpfe in der chemischen und der Textilindustrie; so forderte etwa General Henri Guisan, selbst Verbandsmitglied und im Umfeld der MRA, den Wiederaufbau der Streikbrecherorganisation.[474]

Da ich die Unterlagen der Geschäftsleitung von Gebrüder Sulzer nicht einsehen durfte, ist mir nicht bekannt, ob sie ebenfalls mit Aubert oder dem Vaterländischen Verband in Verbindung stand. Die Möglichkeit besteht aber. Immerhin wurden in den *Sulzer Werk-Mitteilungen* Artikel aus dem Umfeld der Zürcher Sektion des Vaterländischen Verbands abgedruckt. Der Zürcher Verband bestand (wie der bis heute existierende Aargauer Vaterländische Verband) nach dem Ende des gesamtschweizerischen Dachverbands 1948 weiter, mindestens bis 1955.[475] Seine Mitglieder stammten zu einem Gutteil aus dem Bund für Volk und Heimat, dessen Zürcher Sektion 1936 geschlossen in den Vaterländischen Verband eingetreten war – und damit bestanden auch Überschneidungen zu dem von der Maschinenindustrie finanzierten Redressement national, der ja ebenfalls aus obigem Bund stammte.[476] Die in den Winterthurer *Werk-Mitteilungen* veröffentlichten Artikel des Vaterländischen Verbands muten denn auch an wie ein Echo aus den 1930er-Jahren, die man hinter sich glaubte. 1952 spekulierte etwa ein Hans Weymuth über die eugenischen «Erfordernisse des Zukunftskrieges» – gemeint war der erwartete gegen die Sowjetunion –, um die Leser/-innen der Werkzeitung darauf aufmerksam zu machen, dass die Landflucht (von der im Übrigen die Maschinenindustrie profitierte, weil sie doch Arbeitskräfte in die Stadt brachte) ein grosses Problem darstelle. Wegen ihr werde es in einem künftigen Krieg zu Versorgungsengpässen kommen, da es in der Landwirtschaft nun an «heiratsfähiger und heiratswilliger Jugend» fehle. Nicht nur das: Wenn die «intelligentesten jungen Leute» in die Städte abwanderten, drohe zudem eine «Verschlechterung der Erbmasse auf dem Lande».[477]

Eugenische Züchtungsfantasien mochten in den 1950er-Jahren nicht mehr ganz en vogue sein; in den Jahren zuvor waren sie ein gängiges Erklärungsmuster insbesondere in der sozialpolitischen Diskussion. Wo es darum ging, die

---

473 Zimmermann 2019, 68.

474 Ebd., 363. Guisan und MRA: Aufruf zur moralischen Aufrüstung in der Schweiz, in: SAZ 42, 1938, 534f. Zu den Kämpfen in der chemischen und der Textilindustrie vgl. Autorenkollektiv 1974, 5–25.

475 Zimmermann 2019, 438. Der Dachverband gab seine Tätigkeit auf, als bekannt wurde, dass sein eng mit der Bundespolizei zusammenarbeitender Nachrichtendienst die Stadtpolizei Zürich für Informationen bezahlte. Ebd., 429–436.

476 Ebd., 136–138. Finanzierung: Archiv ABB, DRP BBC, 31. 3. 1966. Vgl. Frischknecht et al. 1979, 139–154; Werner 2000, 171–197.

477 Hans Weymuth: Wehret der Landflucht, in: WM 5, 1952, 42f., hier 42.

Armut respektive die Armen zu bekämpfen, blieb der Ruf nach eugenischen Massnahmen populär. Als im Januar 1956 der Jurist J. Alfred Büchi im Wohlfahrtshaus von Brown Boveri für die Belegschaft einen Vortrag hielt, in dem er über die «Familie als Urzelle der menschlichen Gesellschaft», «[ihre] Fehlentwicklungen und deren Beseitigungen» sprach, führte seine Forderung nach einem Fortpflanzungsverbot für Arme nicht zu Widerspruch – im Gegenteil: Sie wurde in der Werkzeitung sogar nochmals wiederholt. Büchi, der sich ansonsten mit Schuldbetreibungsrecht beschäftigte, warnte vor «einer Katastrophe», die bevorstehe, womit er für einmal nicht, wie sonst üblich, die befürchtete Konfrontation mit der Sowjetunion meinte. Vielmehr würden «in weiten Kreisen ungesunde Verhältnisse herrschen», es mangele allerorten an Moral und Religion, die Frauenlohnarbeit führe zu verkommenen Familien, ein «Nährboden für die wachsende Kriminalität». Bei ärmlichen Verhältnissen müsse, so forderte Büchi, der Staat mit strenger Eheberatung, Verbeiständung und Bevormundung eingreifen; es brauche ein Eheverbot und die Möglichkeit für Ehenichtigkeitsklagen. Umgekehrt müssten Väter bei der Arbeitssuche, durch Steuererleichterungen und Familienzulagen bevorzugt werden. «Aber auch ethisch muss auf die Familie eingewirkt werden durch Bekämpfung böser Einflüsse, schlechter Bücher und durch die Förderung des Baues von Eigenheimen.»[478]

Gegen das Schmusen mit Sozialisten: ESAP

1938, als Brown Boveri mit dem Werkdienst des Vaterländischen Verbands Kontakt aufnahm, wurde schliesslich eine dritte Option durchgespielt, um die Linke in den Betrieben zu bekämpfen: durch die Finanzierung einer nationalsozialistischen Partei, um zusätzlich auf die Arbeiter/-innenbewegung Druck auszuüben. Im Jahr der verordneten geistigen Landesverteidigung vielleicht eine etwas pikante Sache, doch war sie ja nicht öffentlich – zumindest die Bundesanwaltschaft wusste aber davon. Bei der fraglichen Partei handelte es sich um die Eidgenössische Soziale Arbeiter-Partei (ESAP) um Ernst Hofmann, die sich 1936 von der ursprünglich aus dem Freisinn hervorgegangenen Nationalen Front gelöst hatte. Die ESAP vertrat (wie andere ähnliche Organisationen in der deutschsprachigen Schweiz auch) eine an der NSDAP orientierte Programmatik, war in Bern, Zürich, St. Gallen aktiv und unterhielt Verbindungen zu grösseren reaktionären Organisationen wie dem Vaterländischen Verband, dessen Zentralsekretär sich 1937 um eine nicht bezahlte Stelle bei der Zeitung der ESAP bemühte.[479] Zu einer Besonderheit machte die Partei der Umstand, dass sie ausschliesslich von Unternehmen finanziert wurde.[480]

---

478 J. Alfred Büchi: Die Familie, in: WW 3, 1956, 37.
479 Zimmermann 2019, 139 f.
480 Max Ulrich an Werner Balsiger, 12. 12. 1938, in: DDS, Bd. 12, Dok. 475, 1089–1101; vgl. Bourgeois 2000, 42.

Dass es eine enge Beziehung gab zwischen der ESAP und der Wirtschaft und besonders der Maschinenindustrie – man habe hier eben, so heisst es in den Unterlagen von Bundesrat Giuseppe Motta, ein «Interesse an einer nicht-marxistischen Arbeiterpartei»[481] –, das wurde 1938 bekannt, wenn auch nicht in Einzelheiten. Die Verhaftung einer ESAP-Zelle in St. Gallen führte zur Hausdurchsuchung bei einem Verwaltungsrat der frontistischen *Neuen Basler Zeitung*; weitere Razzien der Bundespolizei folgten. Noch im gleichen Jahr machten die sozialdemokratischen Nationalräte Johannes Huber und Paul Meierhans diese Vorgänge mit mehreren Interpellationen zum Thema, letztlich um herauszufinden, wer die Partei finanzierte.[482] Der freisinnige Bundesrat Johannes Baumann weigerte sich aber, Namen zu nennen. Durch die Interpellationen wurde immerhin bekannt, dass die Bundesanwaltschaft das Verfahren gegen die ESAP-Mitglieder folgenlos einstellte – offensichtlich, um deren Financiers zu decken.[483]

Die Geschichte blieb so weit im Dunkeln und geriet in Vergessenheit, bis 30 Jahre später, 1978, der Autor Niklaus Meienberg für das stramm bürgerliche Werbeblatt *Winterthurer Stadtanzeiger* einen Auftragsartikel zum Nationalfeiertag verfasste, in welchem er (durchaus akkurat) die Geschäftsverbindungen von Gebrüder Sulzer ins Deutschland der 1930er- und 1940er-Jahre thematisierte und dem am 1. August zur Schau gestellten Patriotismus gegenüberstellte.[484] Der Artikel, das hätte der *Stadtanzeiger* ahnen müssen, löste einen veritablen Kleinstadtskandal aus. Verärgert setzte Gebrüder Sulzer durch, dass sich das Blatt umgehend von Meienberg distanzierte, und sorgte durch den zeitweisen Entzug von Anzeigen bei der Anteilseignerin Publicitas dafür, dass künftig kein Sulzer-kritischer Artikel mehr erschien. Während in den Lokalzeitungen Stimmung gegen Meienberg gemacht wurde – was in dessen journalistischer Laufbahn des Öfteren vorkam –, erhielt er seinerseits Briefe zugespielt, die er später veröffentlichte.[485]

Die Briefe stammten aus dem Jahr 1938 und waren in der Mehrzahl von Oscar Sulzer geschrieben, der von 1924 bis 1935 für den Freisinn im Winterthurer Gemeinderat sass und bis 1949 bei Gebrüder Sulzer als Direktor tätig war (Verwaltungsrat blieb er bis zu seinem Tod 1967). Sulzer berichtete darin unter anderem dem Generaldirektor der Maschinenfabrik Oerlikon Hans Schindler, dass er 1937 die Bekanntschaft mit einem Ernst Hofmann von der ESAP gemacht habe, «und gestehe offen, dass mir das Milieu einen recht guten Eindruck hinterlassen hat». Denn: «Bei der politischen Misere, die meines Erachtens in Zürich herrscht (Sie wissen vielleicht, dass ich meine sämtlichen Ämter in der freisinni-

481 Aide-mémoire du Ministère public de la Confédération, 2. 6. 1938, in: DDS, Bd. 12, Dok. 313, 727–730, hier 730.

482 Nationalrat 1938a, 227–239; ders. 1938b, 60–71.

483 Nationalrat 1939, 192, 226.

484 Meienberg 1983. Den *Winterthurer Stadtanzeiger* gibt es nicht mehr; er wurde 2018 von Christoph Blocher gekauft und eingestellt, weil er dessen SVP-Gratisblatt *Winterthurer Zeitung* konkurrenzierte.

485 Vgl. Meienberg 1983, Anhang.

gen Partei liquidiert habe, seitdem diese mit Sozialisten zu schmusen beginnt), halte ich Herrn Hofmann für eine der wenigen interessanten Figuren, mit denen eine Zusammenarbeit noch etwas verspricht.»[486]

Um 1994 – Gebrüder Sulzer (respektive das Nachfolgeunternehmen) befand sich im Restrukturierungstaumel, wurde stückweise zerlegt, Massenentlassungen belasteten das Firmenimage eher als eine verpasste Vergangenheitsbewältigung[487] – veröffentlichten die *Documents diplomatiques suisses* einige Dokumente zur geheim gehaltenen Untersuchung der Bundesanwaltschaft gegen die ESAP.[488] Sie zeigen, dass Oscar Sulzer, wie von Meienberg korrekt dargestellt, tatsächlich eine treibende Kraft war, um die Finanzierung der Partei sicherzustellen; auch träumte Sulzer von einem autoritären Wandel in der Schweiz.[489]

Allerdings war er damit beileibe nicht der Einzige. Öffentlich war nun die 56 Jahre zuvor im Nationalrat vergeblich eingeforderte Liste mit den Namen der Financiers der ESAP. Sie zeigt, dass die Partei die Unterstützung nicht eben unbedeutender Wirtschaftskreise genoss. Gemäss den Aussagen von Ernst Hofmann bei der Bundespolizei im November 1938 hatten folgende Personen ihm insgesamt 66 350 Franken zukommen lassen: Otto Steinmann vom Schweizerischen Arbeitgeberverband, Oscar Sulzer von Gebrüder Sulzer, Hans Schindler von der Maschinenfabrik Oerlikon, Hans Leemann von Sandoz und dem Verband chemischer Industrie in Basel, Carl Koechlin von Geigy, Max Bally von Bally, Walter Preiswerk von Nestlé, Fritz Bon von der zum deutschen Franck-Konzern gehörenden Interfranck, Heinrich Fehlmann von der Winterthur-Versicherung, Alfred Bebler von der Rückversicherung, John Syz von der Kreditanstalt, der Zürcher Anwalt Max Spörri und der St. Galler Textilindustrielle Arnold Mettler.[490] Es braucht nicht allzu viel Fantasie, um zu verstehen, weshalb die Liste von Bundesrat Baumann damals unter Verschluss gehalten wurde.

Wie lange diese Unterstützung der ESAP nach 1938 anhielt, bleibt offen. 1940 löste sich die Partei in der Nationalen Bewegung der Schweiz auf, einem Zusammenschluss mehrerer an Deutschland orientierter Fronten. Die Leitung der Nationalen Bewegung versuchte in mehreren persönlichen Gesprächen mit dem freisinnigen Bundespräsidenten Marcel Pilet, sich dessen Unterstützung für die Gründung einer neuen nationalsozialistischen Partei zu sichern.[491] Immerhin hatte Pilet in einer Radioansprache kurz nach der Besetzung Frankreichs durch deutsche Truppen die baldige Eingliederung der Schweiz in das «neue Europa» verkündet.[492]

---

486 Oscar Sulzer an Hans Schindler, 29. 4. 1938, zitiert in Meienberg 1983, 32.
487 Vgl. Bärtschi 2006.
488 Max Ulrich an Werner Balsiger, 12. 12. 1938, in: DDS, Bd. 12, Dok. 475, 1089–1101.
489 Oskar Sulzer an Ernst Hofmann, 17. 9. 1938, in: ebd., 1093f.
490 Abhörprotokoll, 12. 11. 1938, in: ebd., 1100f. Inflationsbereinigt entspricht dieser Betrag gemäss dem LIK-Rechner (https://lik-app.bfs.admin.ch/de/lik/rechner) heute 500 166 Franken (Stand: Oktober 2020).
491 Clemente Rezzonico an Hans Frölicher, 14. 9. 1940, in: DDS, Bd. 13, Dok. 381, 932f.; vgl. Bourgeois 2000, 42f.
492 Vgl. Jost 1998, 23; Tanner 2015, 255.

Die Sache lief schief, wohl weil die sozialdemokratische Presse sich der Nationalen Bewegung annahm und ihr geheimes Organisationsstatut veröffentlichte, das jenem der NSDAP glich.[493] Noch im selben Jahr wurde sie verboten.

Die verdeckte Finanzierung einer Nazipartei war zwar etwas ungewöhnlich, doch nicht undenkbar. Sie stand stellvertretend für die Tendenz in Teilen des Schweizer Bürgertums, sich während und nach der Wirtschaftskrise der 1930er-Jahre nach autoritäreren Optionen umzusehen. Die Grenze zwischen nationalkonservativen und frontistischen Positionen war dabei fliessend.[494] Gerade die Maschinenindustrie befürchtete, die unter der Front-populaire-Regierung in Frankreich durchgesetzten Reformen wie die 40-Stunden-Woche könnten in der Schweiz Schule machen. Immerhin war es ab 1936 in der Richtlinienbewegung mit der Forderung nach einer keynesianistischen Wirtschaftspolitik und dem Ausbau der staatlichen Sozialpolitik zu einer vorsichtigen Annäherung zwischen sozialdemokratischen und bürgerlichen Kräften gekommen.[495] Beim Arbeitgeberverband gab man sich alarmiert: Die (erklärtermassen antikommunistische) Richtlinienbewegung wurde als linke Front dargestellt und die «nicht-marxistischen Mitläufer der roten Leimrute» gegeisselt.[496] Der Präsident von Gebrüder Sulzer und vom Vorort Hans Sulzer bezeichnete an dessen Delegiertenversammlung vom 26. 7. 1937 die Forderungen der Bewegung als «jenes phrasenhafte, unaufrichtige, marxistischen Geist atmende Blendwerk» und erklärte, dass «[wir] grundsätzlich scharf und unbedingt […] jede Konzession ablehnen müssen, die auf eine Überwucherung des Staatssozialismus, eine Erstickung des freien Unternehmertums hinausläuft».[497] Offensichtlich waren die Financiers der ESAP der Meinung, es sei jetzt an der Zeit, andere Saiten aufzuziehen. Diese Haltung hielt sich erstaunlich lange. Ein Blick in die *Arbeitgeber-Zeitung* zeigt, dass man hier noch im Dezember 1944 keinerlei Bedenken hatte, Propagandameldungen der Deutschen Arbeitsfront unwidersprochen abzudrucken, mochte der Krieg auch schon längst entschieden sein.[498]

Dass der Blick nach Deutschland oder Italien gar nicht so ungewöhnlich war, zeigt die Affäre um Georg Schlesinger einige Jahre zuvor. Schlesinger, seit 1904 an der Technischen Hochschule Berlin und international bekannter Psychotechniker, wurde 1933 verhaftet und für einige Monate in Haft genommen – weil er Jude war.[499] Um 1934 emigrierte er nach Zürich und bewarb sich um

---

493 Brügel 1960, 300.

494 Vgl. zur vielfältigen Überschneidung von Fronten und bürgerlichen Lobbygruppen bis Ende der 1940er-Jahre Werner 2000.

495 Zimmermann 2009, 57. Auch die Neuausrichtung der Sozialdemokratischen Partei 1935 (bedingungslose Anerkennung des bürgerlichen Staats und der Armee) ist hier eine nicht unwichtige Entwicklung, vgl. Tanner 2015, 230–232.

496 Vielsagende Streiks, in: SAZ 21, 1937, 138. Ab Herbst 1938 vertrat auch der Metallarbeiterverband eine offen ablehnende Haltung, vgl. Scheiben 1987.

497 Hans Sulzer: Industrie, Allgemeinverbindlichkeit, Verständigung, in: SAZ 27, 1937, 181f.

498 Vgl. Aktivierung des betrieblichen Vorschlagswesens in Deutschland, in: SAZ 49, 1944, 909f.

499 ETH-Bibliothek, SR2, Prot. Schulrat 3. 2. 1934.

eine Lehrstelle an der ETH Zürich. Im selben Jahr erhielt er an der Université libre von Brüssel eine Gastprofessur; 1939 floh er nach Britannien, wo er am Loughborough College lehrte.[500] Schlesingers auf das Wintersemester 1935/36 beschränkter Lehrauftrag in Zürich war umstritten. Bereits bei der Abklärung befürchtete der Schulrat «unangenehme politische Nachwirkungen bei gewissen schweizerischen politischen Bewegungen».[501] Mit Rücksicht darauf, «dass sich in den industriellen Kreisen auch unseres Landes antisemitische Strömungen bemerkbar machen», wurde die Maschinenindustrie angefragt, ob sie den Lehrauftrag überhaupt finanzieren würde.[502] Das führte zu Verstimmungen. Es gab im Verband Schweizerischer Maschinenindustrieller eine massgebliche Strömung, die Schlesingers Lehrauftrag aus antisemitischen Motiven verhindern wollte. Diese Strömung wurde von Robert Sulzer (der bis 1942 in der Geschäftsleitung von Gebrüder Sulzer sass) und dem Technischen Verein Winterthur angeführt. Am Ende unterlag Sulzer und scheiterte; der Lehrauftrag wurde finanziert.[503] Das war 1935, drei Jahre, bevor sich Oscar Sulzer an die Finanzierung der ESAP machte.

Bei der patronalen Begeisterung für reaktionäre Politik war sicher eine gehörige Portion geschäftstüchtiger Opportunismus mit im Spiel. Ein Beispiel dafür sind die von Schweizer Unternehmen mitfinanzierten Ärztemissionen an die deutsche Ostfront. 1941 wollte Divisionär Eugen Bircher, Politiker der Bauern-, Gewerbe- und Bürgerpartei und einer der Köpfe des Vaterländischen Verbands, den deutschen Eroberungs- und Vernichtungskrieg gegen die Sowjetunion tatkräftig unterstützen – bereits 1933 hatte er das NSDAP-Regime zur antikommunistischen Notwendigkeit erklärt.[504] Bircher stellte dafür mit dem Diplomaten Hans Frölicher mehrere Ärztemissionen auf die Beine, um (ausschliesslich) auf deutscher Seite verwundete Soldaten zu versorgen.[505] Unterstützung erhielten Bircher und Frölicher nicht nur vom Bundesrat, der die Einwilligung gab, oder vom Schweizerischen Roten Kreuz, welches das Patronat übernahm. Bei den ersten beiden der insgesamt vier Missionen zwischen 1941 und 1943 stammte viel Geld auch aus der Wirtschaft: von der Ciba, vom Bankverein und, einmal mehr, von Gebrüder Sulzer.[506] Die Absicht dahinter war nicht bloss eine politische, sondern vor allem eine geschäftliche. Durch das finanzielle Engagement erhofften sich die Unternehmen eine günstige Ausgangsposition, «da sich hier», wie Daniel Bourgeois in seiner Untersuchung zu den Wirtschaftsbeziehungen mit

500 Raehlmann 2005, 65, 202.
501 ETH-Bibliothek, SR2, Prot. Schulrat 3. 2. 1934, 16.
502 Ebd., Prot. Schulrat 22. 12. 1934, 205 f.
503 Ebd., Prot. Schulrat 16. 2. 1935.
504 Zollinger 1991, 135; Frischknecht et al. 1979, 284. Vgl. zu Bircher Lüpold 2010, 768. Die Bauern-, Gewerbe- und Bürgerpartei spielte 1918 bei der Bildung der Bürgerwehren gegen den Landesstreik eine wichtige Rolle; 1971 schloss sie sich mit dem rechten Flügel der Demokratischen Partei zur Schweizerischen Volkspartei zusammen.
505 Bourgeois 2000, 129–132; Gautschi 1978, 445–457.
506 Bourgeois 2000, 129.

Deutschland betont, «eine Geste zugunsten Deutschlands mit offensichtlichem Antibolschewismus, die geschäftliche mit einer konterrevolutionären Motivation verband».[507]

Räudige Schafe im Betrieb

Die Parteinahme für das nationalsozialistische Deutschland mochte auf den ersten Blick der geistigen Landesverteidigung widersprechen, wie sie 1939 mit der Landesausstellung in Zürich öffentlichkeitswirksam propagiert wurde.[508] Aber nur oberflächlich. Die durch die Frontenbewegung angestossene Diskussion über eine autoritäre Umgestaltung fand nicht in einem luftleeren Raum statt; sie erfreute sich in weiten Kreisen des Bürgerblocks regen Zuspruchs.[509] Die von der Landesausstellung portierten Ideologeme waren zudem von solchen Haltungen nicht allzu weit entfernt.[510] Auch die Sonderschau *Schaffen und Sorgen in der Kriegszeit* auf der Basler Mustermesse 1942 bediente sich eines ähnlichen Repertoires an Symbolen und Begriffen, wie ein begeisterter Bericht mit grossformatigen Fotografien in der *Werkzeitung der schweizerischen Industrie* zeigt. Eine Schautafel mit der Aufschrift «Schädlinge am Volksganzen und Strafen» verglich etwa jene, die sich nicht an die kriegswirtschaftlichen Vorschriften hielten, mit Insekten, die beseitigt gehören. Und das war nicht nur sinnbildlich gemeint: die Tafel zeigte stellvertretend aufgespiesste Käfer und Raupen.[511] Die Schädlingsmetaphorik hielt sich bis in die Nachkriegszeit, wurde dann aber verwendet, um Linke zu denunzieren. Zum 1. August 1947 warnte der Personalchef der Maschinenfabrik Oerlikon Rudolf Huber die Leser/-innen des *Gleichrichters*, die Schweiz werde bedroht von «inneren Schädlinge[n], […] deren stilles und zersetzendes Wirken in allen Schichten unseres Volkes zu spüren ist».[512] Noch beliebter war das Bild des Wühlens unter der Oberfläche – in den Werkzeitungen wurde es ebenso gerne verwendet wie in den Verlautbarungen der Gewerkschaften (Unterschiede lassen sich in dieser Hinsicht kaum mehr feststellen). So hielt es die handzahme Arbeiterkommission von Gebrüder Sulzer 1948 für ihre Pflicht, die Arbeiter via Flugblatt aufzufordern, den «sich im vermehrten Mass bemerkbar machenden wühlerischen Elementen unter der Belegschaft» aus dem Weg zu gehen, weil «die nach radikalerem Vorgehen bei den Forderungen riefen».[513]

Im Frühling 1954 erklärte die Redaktion der Brown-Boveri-Werkzeitung *Wir und unser Werk*, zwar stehe es um die «Gesamt-Moral im Brown-Boveri-Heer» noch gut, doch müsse man vor «räudigen Schafe[n]» unter der Beleg-

507 Ebd., 67.
508 Einige Unternehmen der Maschinenindustrie finanzierten ihren Belegschaften den Besuch an der «Landi», vgl. Archiv ABB, DRP MFO, 6. 7. 1939.
509 Vgl. Jost 2004, 783–788.
510 Vgl. Tanner 2015, 253.
511 WZ 6, 1942, 88.
512 Rudolf Huber: Wohin gehen wir? Gedanken zum 1. August, in: GR 5, 1947, 57 f., hier 58.
513 Egli 1965, 51 f.

schaft warnen.[514] Damit waren nicht nur Arbeiter/-innen gemeint, die Werkzeuge mitlaufen liessen, um durch ihren Verkauf den Lohn etwas aufzubessern. Ebenso wetterte die Redaktion gegen die «Wühler unter der Oberfläche». Sie «stiften Verwirrung, schädigen die Arbeit anderer und verleiten die Urteilslosen». Trotz dieser offenbar doch recht intensiven Tätigkeit seien sie aber faul: «Sie scheuen das Licht, den frischen Luftzug des Lebens, sind ohne Saft und Kraft und sie ziehen das Schmarotzen dem Erfolg eigener Anstrengung vor.»[515] Die Botschaft war klar. Man bediente sich gängiger antikommunistischer Chiffren, um sie als Kontrapunkt zur freudigen Verausgabung der Arbeitskraft zu setzen. Umgekehrt hiess das: Wer sich dem Fabrikkommando nicht unterwarf, galt als Kommunist/-in. Das reichte bereits für die Entlassung. Im März 1948 liess Fabrikdirektor Fritz Streiff drei Arbeiter hinauswerfen, weil er sie der Mitgliedschaft in der Partei der Arbeit verdächtigte. «In den Fabriken sind Unruhestifter», hiess es dazu.[516] «[Z]ur Stärkung des Arbeitsfriedens» organisierte die Geschäftsleitung deshalb einen «Vortrag über den Abwehrwillen» mit Fritz Wartenweiler, der in den 1940er-Jahren für die Militärpropagandastelle Heer und Haus patriotische Vorträge vor Soldaten und Belegschaften gehalten hatte.[517] Zudem verteilte man eine «grosse Anzahl Exemplare» der in James Schwarzenbachs Thomas-Verlag erschienenen Lebensbeichte des Überläufers Viktor Kravchenko an die Belegschaft.[518]

Komplizierter war die Sache hingegen, als es 1945 darum ging, NSDAP-Mitglieder zu entlassen. Das war nicht unbedingt der Wunsch der Geschäftsleitung; die Initiative stammte vom Metallarbeiterverband, der nach der deutschen Kapitulation forderte, bekannte deutsche Nazis seien zu entlassen. Brown Boveri war in Baden ein prominenter Fall, weil der Betrieb aufgrund seiner Lage deutsche Grenzgänger beschäftigte. Mit einer Unterschriftensammlung und einer Eingabe der Arbeiterkommission wandte sich die Belegschaft im Mai 1945 an die Geschäftsleitung.[519] Diese weigerte sich zunächst und verdächtigte die Gewerkschaften, sie machten falsche Angaben.[520] Die Entlassungen erfolgten erst, nachdem die NSDAP-Mitglieder von der Bundesanwaltschaft ausgewiesen worden waren. Trotzdem versuchte der für die Rechtsabteilung tätige Sydney Brown jun. (ein Sohn des ehemaligen Vizepräsidenten) mehrfach, die Nationalsozialisten wieder einzustellen, offenbar an der Geschäftsleitung vorbei und zu deren Ärgernis. Für Brown jun. hatte diese Episode kein Nachspiel – er wurde drei Jahre später zum Generalsekretär von Brown Boveri befördert.[521]

514 Uendeale Idealisten, in: WW 5, 1954, 78.

515 Ein gewalttätiger Schwachkopf, in: WW 4, 1954, 70 f., hier 71.

516 Archiv ABB, DRP BBC, 17. 3. 1948.

517 Vgl. ebd., DRP MFO, 2. 6. 1943.

518 Ebd., DRP BBC, 17. 3. 1948.

519 Ebd., DRP BBC, 23. 5. 1945.

520 Ebd., DRP BBC, 6. 6. 1945.

521 Ebd., DRP BBC, 1. 8. 1945. Sydney Brown jun. war zuvor Sekretär von Max Huber und IKRK-Delegierter, vgl. Beförderungen, in: WW 7–8, 1948, 107–120.

3.4 Vertrauen und Zutrauen:
Wohlfahrtshäuser und die Tätigkeit betrieblicher Sozialarbeit

Im Dezember 1949 veranstaltete das Bundesamt für Industrie, Gewerbe und Arbeit in St. Gallen einen Weiterbildungskurs für Fabrikinspektoren und Arbeitsärzte, bei dem die Einrichtung der Wohlfahrtshäuser zur Sprache kam. An diesem Kurs diskutierte unter anderem der Architekt Walter Henne – er hatte das 1943 gebaute Wohlfahrtshaus Ebnat von Georg Fischer entworfen – die Funktion und Ausgestaltung solcher Einrichtungen. Henne vertrat ein weitsichtiges Konzept, das in den folgenden Jahren von vielen grösseren Betrieben übernommen wurde: Das Wohlfahrtshaus sollte eine Einrichtung sein, «die zwischen Fabrik und Wohnstätte liegt»,[522] also als Verbindung diente zwischen der Verausgabung und der Wiederherstellung des Arbeitsvermögens. Das passte gut zum Versuch, über Massnahmen im Bereich der Human Relations die Sozialbeziehungen der Belegschaft jenseits der Fabrik gestalten und zu kontrollieren.

Henne erklärte, in einem guten Wohlfahrtshaus würden Arbeiter/-innen «eine bewusst geförderte Kameradschaft» erleben, eine «besondere Art von Familie». Diese sei nötig, um sie als genüg- und folgsam einzubinden, zu «festigen und entwickeln».[523] Dieser Festigung abträglich sei allerdings der «Geschmack des Money-making». Das Unternehmensziel musste kaschiert werden: Wohlfahrtshäuser durften nicht zu gut ausgebaut und ausgerüstet sein. Denn wo die Einrichtung zu komfortabel ausfalle, stehe sie «in krassestem Gegensatz […] zu demjenigen Milieu, das der Arbeiter zu Hause antrifft». Das führe dazu, dass die Belegschaft unbequeme Fragen stelle. «Dann werden Stimmen laut wie folgende: Hätte man uns lieber mehr Lohn gegeben etc.!» Henne warnte weiter davor, dass eine zu «übertriebene» Einrichtung zur «Verwöhnung» führen könne, «sodass dann der Arbeiter überall solche Anforderungen stellt – eben auch in der eigenen Wohnung zu Hause».[524] Es drohte also nicht nur innerbetriebliche Verstimmung, sondern vielmehr das Schreckgespenst der Lohnforderungen. Die Rechtfertigung, weshalb der Ausbaustandard von Wohlfahrtshäusern auf tiefem Niveau bleiben sollte, entsprach ganz dem Geschmack der Auftraggeber: Eine kostengünstige Einrichtung, die sowohl vom Gewinnstreben des Unternehmens ablenkt wie die Arbeiter/-innen zur Zurückhaltung erzieht – zwei Fliegen mit einer Klappe.

Die Entwicklung von Kantinen hin zu multifunktionalen Wohlfahrtsbauten ist nicht zu trennen von der lange Zeit populären Betriebsgemeinschaftsideologie, die in der Nachkriegszeit durch die vorgeblich demokratischeren Human-Relations-Ideologie zunächst abgewandelt und dann von ihr abgelöst wurde. Stand bei Ersterer ein paternalistischer und antigewerkschaftlicher Blick auf die Belegschaft als eine zu unterwerfende Gemeinschaft Pate, betonte Letz-

---

522 Henne 1949, 70.
523 Ebd., 76.
524 Ebd., 74.

tere stattdessen die Einflussnahme auf das individuelle Verhalten jedes Arbeiters, jeder Arbeiterin, um eine reibungslose Fertigung sicherzustellen.[525] Es mag kein Zufall sein, dass mit der Institutionalisierung des Klassenkonflikts im sogenannten Arbeitsfrieden das Individuum ins Rampenlicht betrieblicher Sozialpolitik rückte. Dabei unterschieden sich die Ideologeme in der Methode, weniger aber in ihren Zielen: Sie zielten auf die Vorbeugung proletarischer Autonomie, um eine (wie auch immer geartete) Bindung an den Betrieb zu festigen.

Lange Zeit galten Wohlfahrtshäuser als sinnlicher Ausdruck einer paternalistischen Sozialpolitik, die die Beziehung im Betrieb als familiäre codierte: die Geschäftsleitung als gütiger, manchmal strafender Paterfamilias, die Belegschaft als freche und deshalb dann und wann masszuregelnde Kinder, die Kantine als gute Stube, in der «durch fraulich mütterliches Einfühlungsvermögen» eine «behagliche Atmosphäre» herrscht.[526] Der Verband Volksdienst (heute SV Group), der während des Ersten Weltkriegs noch als Verband Soldatenwohl unter Leitung von Else Züblin mehrere Kantinen für das Militär betrieben hatte, sollte mit der 1918 beim Maschinenbauer Bühler in Uzwil eröffneten Kantine (ab 1921 mit einer Sozialarbeiterin) die Vorstellung, wie, warum und was ein Wohlfahrtshaus alles zu leisten hatte, entscheidend erweitern.[527] Es ging fortan nicht mehr nur um die blosse Verpflegung in Kantinen, sondern ebenso um die Erziehung zu einer gesunden, die Verausgabung der Arbeitskraft nicht belastenden Ernährung nach ernährungsphysiologischen Erkenntnissen – nur «richtig genährte Arbeiter [bleiben] gesund und arbeitsfreudig».[528] Es ging also um die Herausbildung eines Verhaltens, das Ausfälle vermied, das die Arbeitsleistung hob und das die betrieblichen Verhältnisse stützte. Die Umstellung auf eine gesunde Ernährung wollte zu Beginn nicht immer gelingen, wie die Leiterin der Organisationsabteilung des Verbands Volksdienst Ida Herren 1949 am erwähnten Weiterbildungskurs für Fabrikinspektoren und Arbeitsärzte erzählte: Erste Versuche in diese Richtung endeten «mit Reklamationen und Gästestreik».[529] Jenseits der Frage der richtigen Ernährung sei aber das wichtigste der «Geist» der Betriebsleitung, der sich im Wohlfahrtshaus offenbare: Soll es bloss eine Kantine sein oder nicht doch ein «Heim für die Belegschaft, ja oft für die ganze umliegende Gemeinde»?[530] Die Kantine im Wohlfahrtshaus als Familienersatz; zur gesunden, letztlich die Arbeitsleistung steigernden Ernährung kam die Identifikation mit dem Betrieb.[531] Züblin erklärte 1941, die vom Verband Volksdienst betriebenen Kantinen sollten «ein neutraler Boden sein, wo die Befehlsgewalt der Fabrikleitung Halt macht». An ihrer Stelle sollte ein «fraulicher, mütterlicher Geist walten [...],

525 Siehe Kap. 3.2.
526 Bohren 1957, 21; vgl. Fiedler 1996, 357.
527 Zum Verband Volksdienst vgl. Tanner 1999; zu Kantinen in Deutschland bis 1945 vgl. Uhl 2012.
528 Bohren 1957, 19.
529 Herren 1949, 90f.
530 Ebd., 88.
531 Tanner 1999, 314; Uhl 2012, 376f.

so dass sich die Gäste in ihrer Freizeit wohlfühlen dürfen».[532] Einrichtungen der betrieblichen Sozialpolitik – nicht nur, aber besonders die Wohlfahrtshäuser – hielt sie für Mittel, das Proletariat zu zähmen: «Der lebendigen Arbeitskraft muss man mindestens so viel Beachtung schenken wie der toten Maschine. Jeder Tierfreund weiss», ergänzte sie, «dass er nur mit Liebe, Güte und Geduld Tiere erziehen kann. Warum werden diese Grundsätze nicht auch beim Menschen angewandt[?]»[533] Die Arbeiter/-innen sollten gezähmt werden, sollten zutraulich werden: Man wollte ihr Vertrauen wecken.

Wohlfahrtshäuser wurden in der Schweiz vor allem in den 1940er-Jahren und, umfangreicher, in der Nachkriegszeit erstellt.[534] 1949 fasste der Architekt und Herausgeber der Architekturzeitschrift *Das Werk* Alfred Roth die Überlegungen zur Gestaltung von Wohlfahrtshäusern unter dem Aspekt der Betriebsbindung, die zur Steigerung der Arbeitsleistung beitrage: «Ein Wohlfahrtshaus hat aber nicht nur ein Kosthaus, sondern auch ein Heim für Erholung und Entspannung zu sein. Es liegt durchaus im menschlichen Interesse einer Fabrikdirektion, den kameradschaftlichen, gegenseitig anregenden Zusammenhang der Werktätigen unter sich und damit eine gewisse familiäre Bindung an den Betrieb zu fördern. Es ist klar, dass sich diese auch in der Steigerung der Arbeitsfreude und damit der Leistung auf eine menschlich durchaus vertretbare Weise auswirkt.»[535]

Wohlfahrtshäuser sollten Kantinen sein. Aber auch mehr: In einigen der Bauten waren Duschen und Bäder, das Büro der Krankenkasse, die Sozialarbeiterin, eine Bibliothek oder Freizeitwerkstätten untergebracht. Ess- und Veranstaltungsräume dienten der gerichteten Vergemeinschaftung unter dem wachsamen Auge des Unternehmens. Wohlfahrtshäuser waren zugleich Verpflegungsstationen, Veranstaltungslokale und der sinnlich fassbare Versuch patronaler Sozialkontrolle.

Orlinhus in Oerlikon

Die Maschinenfabrik Oerlikon war in vielerlei Hinsicht eine Besonderheit – gerade was den bis in die Nachkriegsjahre überdauernden Paternalismus der Geschäftsleitung betraf. War bei der Konkurrenz in den 1950er-Jahren längst die Rede von Human Relations, trauerte man in Oerlikon noch immer der Betriebsgemeinschaft hinterher, und zwar jener aus den 1930er-Jahren. Auch was die Wohlfahrtseinrichtungen betrifft, nahm die Maschinenfabrik eine gewisse Sonderstellung ein. Ihre Kantine wurde 1901 eröffnet. Natürlich waren Firmenkantinen kein Novum – um die Jahrhundertwende gab es sie in der einen oder an-

---

532 Züblin 1941, 277.
533 Ebd., 279.
534 Eine Liste beispielhafter Wohlfahrtshäuser findet sich bei Even/Hanak 2009, 9.
535 Alfred Roth: Bemerkungen zum Problem des Wohlfahrtshauses, in: Werk 5, 1949, 139f., hier 140.

deren Art bei allen grösseren Unternehmen der Maschinenindustrie. Allerdings war jene in Oerlikon mehr als das und insofern zukunftsweisend: Neben dem Verpflegungsbetrieb befanden sich hier Duschen und Bäder, ein Veranstaltungssaal sowie ein Leseraum; so wie in ähnlichen Einrichtungen ab den 1940er-Jahren auch.[536] Die zusätzlichen Räume wurden für Vorträge, Freizeitveranstaltungen, Sitzungen und Filmvorführungen benutzt. Hier fanden die alljährlichen Jubilarenfeiern statt, hatte die Werkmusik ihr Probelokal und hier war, etwas später, der Ort für die von der Sozialarbeiterin durchgeführten Hauswirtschaftskurse für Arbeiterinnen und Ehefrauen von Betriebsangehörigen.

Bis 1932 wurde das Wohlfahrtshaus von einer Speisegenossenschaft betrieben. Danach übernahm der Verband Volksdienst die Kantine auf eigene Rechnung. Die Maschinenfabrik gewährte die Defizitgarantie; die Instandhaltung der Einrichtungen wurde über das Betriebsbudget der Werkstätten finanziert.[537] Im Rahmen ihrer Betriebsgemeinschaftspolitik liess die Geschäftsleitung 1942 einen Wettbewerb veranstalten, um dem Wohlfahrtshaus einen Namen zu geben. Für einen geeigneten Namen lockten 20 Franken «in klingendem Silber», so die Ankündigung im *Gleichrichter*. Die eingesandten 125 Vorschläge gefielen nicht, weshalb die Prämie verdoppelt wurde. Im nächsten Jahr wurde dann der Name Orlinhus gewählt, nach dem angeblichen Gründer von Oerlikon. Diese Herleitung mochte einer Überprüfung kaum standhalten, was aber nicht weiter störte.[538] Die Leiterin des Orlinhus Klara Mühlestein erklärte 1942: «Wir freuen uns täglich neu, eingeordnet zu sein, mitzuhelfen, ‹z'säme d's schaffe›.» Die Zusammenarbeit im Sinne der Geschäftsleitung war indes nicht allen geheuer. Mühlestein hielt es jedenfalls für notwendig zu betonen: «Wir freuen uns auch, wenn unser gutes Wollen nicht missverstanden oder verurteilt, sondern als ein Schritt vorwärts zum Ziel betrachtet wird.»[539] Kritik blieb auch in späteren Jahren häufig, wenn es auch weniger um die mit dem Wohlfahrtshaus beabsichtigte Gemeinschaftsbildung ging – die jahrelange ideologische Einübung liess diese zur kaum mehr diskutierten Normalität werden – als, naheliegenderweise, um die Qualität des vorgesetzten Essens: «Leider ist es fast Mode», empörte sich 1964 der *Gleichrichter*, «über das Orlinhus-Essen zu schimpfen, denn es ist ja nur ein ‹Kantinenfrass›».[540]

Mitte der 1940er-Jahre war der Kantinenbetrieb auf 650 Mahlzeiten pro Tag ausgelegt.[541] Wenige Jahre später waren es bereits 800; die zwei Speisesäle – einer mit Bedienung, einer mit Buffet – erwiesen sich deshalb bereits um 1952 als

536 Mehr als 1200 Mahlzeiten täglich, in: GR 7, 1955, 98–102.

537 Archiv ABB, DRP MFO, 20. 7. 1938.

538 Klara Mühlestein: Eine Idee wird gesucht, in: GR 8, 1942, 10; dies.: Eine harte Nuss!, in: GR 1, 1943, 16; dies.: Orlinhus. Schweizer Verband Volksdienst, in: GR 2, 1943, 32.

539 Dies.: Küche und Dörrbetrieb im Wohlfahrtshaus, in: GR 6, 1942, 4 f., hier 5.

540 G. Schaller: 50 Jahre SV und das Orlinhus, in: GR 8, 1964, 123 f., hier 124. Klagen über schlechtes Essen gab es schon seit 20 Jahren. Sozialarchiv, Ar 422.60.3, Prot. Gruppenversammlung, 20. 9. 1945.

541 Klara Mühlestein: Neu gestaltete Räume im «Orlinhus», in: GR 1, 1946, 16.

zu klein. Für die Mittagspause nach dem Essen musste man 1954 in der Nähe bei einem benachbarten Unternehmen Aufenthaltsräume anmieten.[542] Die Zahl der verkauften Mahlzeiten sollte mit der steigenden Beschäftigung stetig ansteigen (1957 waren es über 350000 Mahlzeiten im Jahr – die Mittag- und Abendessen kosteten ab 1951 zwischen 1.30 und 1.50 Franken); ein Schichtbetrieb gab es bereits seit 1939.[543] Von einigen Umbauten und Renovationen abgesehen, blieb das Orlinhus in der Nachkriegszeit aber mehr oder minder unverändert. Das heisst auch, dass die 1901 eröffnete Kantine spätestens Anfang der 1950er-Jahre eigentlich zu klein war und besonders das Mittagessen für die Arbeiter/-innen und Angestellten zur anstrengenden Sache wurde. Obwohl das Problem evident war, machte sich die Geschäftsleitung erst Anfang der 1960er-Jahre Gedanken über den Bau eines grösseren Wohlfahrtshauses; man plante eine Kantine für 2000 Mahlzeiten pro Tag, Sitzungs- und Freizeiträume, Büros für die Sozialarbeiterin und die Krankenkasse. Das mit einigen Kosten verbundene Vorhaben verzögerte sich und wurde immer wieder hinausgeschoben.[544] Im Oktober 1971, als die Maschinenfabrik Oerlikon bereits zu Brown Boveri gehörte, wurde schliesslich an der Binzmühlestrasse ein neues Personalrestaurant eröffnet[545] – die Bezeichnung verweist darauf, dass man sich vom Konzept des Wohlfahrtshauses als Verbindungsstelle zwischen Werkstatt und Zuhause längst verabschiedet hatte.

Den wohl wichtigsten funktionellen Ausbau erfuhr das spätere Orlinhus um 1939, als die Geschäftsleitung den Verband Volksdienst mit der Eröffnung einer Beratungs- und Fürsorgestelle beauftragte.[546] Die Stelle war nicht nur mit der betrieblichen Sozialarbeit im engeren Sinn betraut, sondern richtete ihre Tätigkeit speziell auf Frauen aus. Auch hier hob sich die Maschinenfabrik Oerlikon ab. Als einziges der drei untersuchten Unternehmen organisierte es Frauen in einer eigenen Gruppe, in der Frauen aus der Belegschaft mit Partnerinnen von Arbeitern, Angestellten und dem Management zusammenkamen.

Der Ursprung der Frauengruppe lag im Bemühen der Geschäftsleitung um den Zugriff auf den Alltag der Arbeiter/-innen jenseits der Fabriktore; insbesondere Ehefrauen wurden gewissermassen als Brückenköpfe ausgemacht, das Verhalten der Belegschaft zu beeinflussen.[547] Ein erstes Mittel dafür war die Sozialarbeiterin, die sich ab 1939 auch um die hauswirtschaftliche Weiterbildung der Arbeiterinnen kümmerte. Ein zweites Mittel war die Bildung einer Frauen-

542 Bevorstehende Neuerungen im Orlinhus, in: GR 8, 1952, 144; Neue Aufenthaltsräume während der Mittagspause, in: GR 7, 1954, 92.

543 MFO-Notizen, in: GR 2, 1958, 18; MFO-Notizen, in: GR 3, 1959, 38; Rainer Schmid: Neues vom Orlinhus, Beilage GR 1, 1961; Archiv ABB, DRP MFO, 20. 9. 1939; ebd., 21. 11. 1951.

544 Archiv ABB, DRP MFO, 17. 1. 1962; Sozialarchiv, Ar 422.60.8, Hans Hauser: Bericht der Arbeiterkommission M. F. O. für das Jahr 1967, 1. 11. 1967.

545 Baukommission «Binzmühle», Schweizer Verband Volksdienst: Die «Binzmühle» öffnet ihre Türen, in: GR 6, 1971, 115; vgl. Personalrestaurant «Binzmühle» der BBC, Werk Zürich-Oerlikon, in: Werk 11, 1972, 637.

546 Archiv ABB, DRP MFO, 16. 11. 1938.

547 Siehe die Rede von Generaldirektor Hans Schindler am MFO-Tag 1943, Kap. 3.2.

gruppe. Organisiert wurde diese von der Sozialarbeiterin, finanziert vom Unternehmen mit dem Hinweis, die zur Verfügung gestellten Gelder (30 Franken im Monat, später 50 Franken, in den 1950er-Jahren 70 Franken) dürften auf keinen Fall für wohltätige Zwecke gebraucht werden.[548] Bei der ersten vorbereitenden Zusammenkunft der Gruppe im Frühling 1941 waren die Ehefrauen der Direktoren und leitender Angestellter anwesend. Zum Zweck der Gruppe wurde die Unterstützung der Sozialarbeiterin erkoren; man wollte für «[a]lle Arbeiterinnen und Frauen unserer Werkangehörigen» Mütterabende durchführen.[549] Ein weiterer Grund für die Bildung der Frauengruppe, der vielleicht nicht im Zentrum stand, aber dennoch wichtig war, dürfte der religiöse Hintergrund vieler leitender Angestellter gewesen sein, das heisst ihre Mitgliedschaft in der Moralischen Aufrüstung, setzte diese doch auf Bekehrung in Kleingruppen.[550]

Die Veranstaltungen der Frauengruppe – im Wohlfahrtshaus, jeden letzten Dienstagabend des Monats – wurden im *Gleichrichter* und an den schwarzen Brettern im Betrieb angekündigt. Mindestens ab dem Herbst 1943 legte man zudem Veranstaltungshinweise den Zahltagstaschen der Arbeiter/-innen bei.[551] Bei der Durchsicht der Themen der «Frauen- und Mütterabende» fallen zunächst die vielen Literaturabende auf. Im Sinne der geistigen Landesverteidigung wurden als besonders patriotisch geltende Schriftsteller/-innen vorgestellt, dann aber auch vermeintlich harmlose Fragen besprochen wie: «Tarf me hüt no schimpfe und über was?»[552] Weiter bildeten Hauswirtschafts- und Erziehungsfragen einen wichtigen Bezugspunkt: «Bodenständige Wohnkultur», «Die Eltern als Heimgestalter», «Wer hat Recht, die Jugend oder das Alter?», «Härdöpfel ässe oder Hunger ha».[553] Und immer wieder war natürlich der Krieg ein wichtiges Thema. Meistens aus religiöser Sicht; wiederholt referierte der Heilsarmeepfarrer Ernst Imobersteg über seine Tätigkeit als Feldprediger und zeigte den anwesenden Frauen patriotische Militärfilme wie *Im Dienste der Heimat*.[554]

Religion und Bekehrung spielte für die Frauengruppe zumindest in den 1940er-Jahren eine zentrale Rolle; man meinte, «dass Hoffnung, Glaube und Liebe in jedem Menschenherzen verborgen liege – eingehaucht durch Gottes Odem».[555] Regelmässig veranstaltete sie Advents- und Weihnachtsfeiern für Frauen. Im Dezember 1942 kamen über 200 Frauen an eine dieser Feiern im Orlinhus, um sich fromme Gedichte und ein «von einer MFO-Arbeiterfrau» geleitetes Weihnachtsspiel anzuhören. Als Weihnachtsgeschenk der Maschinenfabrik wurde allen der Ratgeber *Haushalten in der Kriegszeit?* von Helen Guggenbühl verteilt.[556] Der

548 Archiv ABB, DRP MFO, 16. 4. 1941, 19. 11. 1941, 23. 1. 1952.
549 MFO-Frauengruppe: Frauen- und Mütterabend der MFO-Frauengruppe, in: GR 3, 1942, 7.
550 Siehe Kap. 3.3.
551 MFO-Frauengruppe: Film- und Lichtbildervortrag, in: GR 6, 1943, 92.
552 MFO-Frauengruppe: Vortragsabende der MFO-Frauengruppe, in: GR 6, 1942, 12.
553 Frauengruppe, in: GR 2, 1944, 27.
554 MFO-Frauengruppe: Vortragsabende der MFO-Frauengruppe, in: GR 6, 1942, 12.
555 M. Hager: Adventsfeier der MFO-Frauengruppe, in: GR 1, 1945, 12.
556 Weihnachtsfeier für Frauen, in: GR 1, 1943, 15.

Ratgeber wurde von der Zentralstelle für Kriegswirtschaft herausgegeben; die Vorsteher des Kriegsernährungsamts Ernst Feisst und des Kriegs-Industrie- und -Arbeitsamts Ernst Speiser (zugleich Direktor von Brown Boveri) forderten im Vorwort «[u]nsere Schweizerfrauen» auf, «durch ihre verständnisvolle Mitarbeit Entscheidendes zum Durchhalten unseres Volkes und unserer Wirtschaft beizutragen».[557] Guggenbühl ergänzte, sparsames Haushalten sei patriotische Pflicht. «Es geht ja nicht nur um die eigene Familie; es geht um das ganze Land.»[558]

Die Frauengruppe entsprach dem Ansinnen der Maschinenfabrik Oerlikon, einen betriebseigenen Korporatismus einzurichten. In Oerlikon waren die als Körperschaften des Betriebs verstandenen Kommissionen besonders ausgeprägt. Sie sollten, «die Geschäftsleitung über die Wünsche, Stimmungen und Sorgen des Personals orientieren».[559] Und eine dieser Kommissionen war eben auch die Frauengruppe. Sie mochte zwar keine direkte Mittlerfunktion ausüben wie die Arbeiter- oder die Angestelltenkommission, spielte aber als eines von vielen Verständigungsmitteln eine nicht unwichtige Rolle: sie war der mindestens 26 Jahre dauernde Versuch, Frauen enger ans Unternehmen zu binden.[560] Das ging entschieden weiter als ähnliche Versuche von Brown Boveri oder Gebrüder Sulzer, die sich zumeist auf die Ausrichtung von Hauswirtschaftskursen oder Abende für vermeintlich einsame Monteursfrauen (deren Männer auf Geschäftsreise waren) beschränkten.[561]

Natürlich war die Frage der Hauswirtschaft auch bei der Frauengruppe zentral – in der Nachkriegszeit ging es dann aber nicht mehr ums Sparen, sondern ums Ausgeben, um den richtigen Lohngebrauch also. Im September und Oktober 1956 referierte die Statistikerin Emma Steiger an zwei Abenden über die ökonomischen Grundlagen «für ein gesundes Familienleben», über das richtige Konsumieren, das rationelle Haushalten und die Vermeidung von Abzahlungskäufen.[562] Die Frage der Reproduktionsverhältnisse beschäftigten Steiger seit den 1930er-Jahren. Als Sozialdemokratin propagierte sie in den 1940er-Jahren einen zügigen Ausbau der Sozialleistungen für Familien und deren Auszahlung direkt an die Mütter.[563] Steiger verfolgte damit allerdings nicht so sehr ein Umverteilungs- als ein eugenisches Programm; als Mitglied der 1941 reaktivierten Familienschutzkommission des Gemeinnützigen Verbands trug sie deren eugenische Stossrichtung mit.[564] Die Verknüpfung von Familien- oder Kinderzulagen mit Eugenik wurde noch in der ersten Nachkriegszeit diskutiert; etwa ob man hö-

557 Guggenbühl 1942, 7.
558 Ebd., 10; vgl. Haushalten in der Kriegszeit, in: WZ 10, 1942, 167.
559 Huber 1949, 60. Vgl. Jaun 1986, 366.
560 Vgl. ebd., 64 f.
561 Vgl. Am letzten Dienstag im Monat, in: GR 5, 1958, 74; Archiv Sulzer, Schachtel 156 f, Abt. 24: Quartalsbericht IV 1953, 27. 2. 1954; ebd., Abt. 24: Quartalsbericht IV 1956, 28. 3. 1957.
562 MFO-Frauengruppe: 23. 9./30. 10. 1956, Beiblatt GR 6, 1956; ähnlich dies.: 23. 9. 1959, Beiblatt GR 5–6, 1959.
563 Steiger 1942, 81.
564 Schumacher 2009, 152.

here Kinderzulagen nur «bei Beibringung eines erbärztlichen Attestes» auszahlen sollte, wie eine Untersuchung in «zwei Grossbetrieben» der Stadtzürcher Maschinenindustrie nahelegte.[565] Emma Steiger passte den Jargon in den 1950er-Jahren jedenfalls den Gegebenheiten etwas an; sie forderte zum Schutz der Familie aber weiterhin den Ausschluss von Müttern aus der Lohnarbeit, wobei sie geringe Männerlöhne dafür verantwortlich machte, dass Mütter überhaupt Lohnarbeit verrichteten. Diese gefährde «Erziehung und Ehe», denn Kinder und Mann benötigten «nicht bloss eine von einer überarbeitenden Frau notdürftig instand gehaltene Wohnung, sondern ein Heim, in dem sie sich aussprechen können und verstanden fühlen», schrieb sie 1956 in der *Gewerkschaftlichen Rundschau*. Die Verhinderung der Mütterarbeit komme «letzten Endes der ganzen Volksgemeinschaft» zugute.[566]

Ende der 1950er-Jahre war die Frauengruppe ein fester Bestandteil im sozialpolitischen Repertoire der Maschinenfabrik Oerlikon. Allmählich aber blieben die Gründerinnen zusehends unter sich. Man wurde zusammen älter. Die Organisatorinnen «bedauern es manchmal, dass nicht mehr junge Frauen sich einfinden», schrieb der *Gleichrichter* 1958.[567] Zum Sommerausflug 1965 an den Rhein kamen immerhin noch 100 Frauen zusammen.[568] Als die Maschinenfabrik 1967 von Brown Boveri übernommen wurde, bestand die Gruppe noch.

Martinsberg in Baden

Im Winter 1942 diskutierte der Verwaltungsrat von Brown Boveri die Errichtung eines Wohlfahrtshauses. Dies nun weniger weil dieser in den Kriegsjahren ein besonderes soziales Bewusstsein entwickelt hätte.[569] Vielmehr bildete die Konkurrenz zu anderen Betrieben das Motiv. Im Vergleich zu diesen sei, so der Delegierte Max Schiesser, der Zustand «bei uns ein unwürdiger», die Speisehalle für die Arbeiter/-innen sei gar baufällig.[570] Bei der seit 1905 von einer Genossenschaft betriebenen Speisehalle handelte es sich um ein dem Zürcher Hotel Waldhof Dolder für 6000 Franken abgekauftes und in Baden wieder aufgerichtetes Occasionschalet. Die Einrichtung und Grösse entsprach seit längerem nicht mehr den Anforderungen des expandierenden Betriebs.[571] Doch die Diskussion im Verwaltungsrat geriet ins Stocken. Das Bauprojekt wurde aus unterschiedlichen Gründen auf Eis gelegt – man bereitete zunächst die Finanzierung über

565 Streuli 1948, 40. Es könnte sich dabei um die Maschinenfabrik Oerlikon gehandelt haben; aber auch Escher Wyss und Maag Zahnräder kämen infrage.
566 Steiger 1956, 253, 259. Vgl. zur Kritik an der Lohnarbeit von Müttern Sutter 2005.
567 Am letzten Dienstag im Monat, in: GR 5, 1958, 74.
568 Das Sommerreisli der Frauengruppe, in: GR 7, 1965, 105.
569 Diese Auffassung vertreten etwa Gimmi 2006 und Even/Hanak 2009.
570 Archiv ABB, VRP BBC, 3. 12. 1942.
571 Ebd., DRP 4. 5. 1949, 8. 7. 1953; vgl. Hans Schaffner: Aus der Geschichte der «Volksküche», in: WW 11–12, 1953, 196 f.

Stiftungen vor, um die Kriegsgewinnsteuer zu umgehen, verzichtete dann aber auf das Vorhaben, weil dem Verwaltungsrat die Baukosten zu hoch schienen.

Es war aber auch eine Frage der Prioritäten. Brown Boveri betrieb eigentlich schon ein Wohlfahrtshaus – aber nur für die Angestellten im Monatslohn. Seit 1897 stellte man diesen ein Clubhaus (was vornehmer klang als Wohlfahrtshaus) zur Verfügung, zunächst offenbar nur den Männern, 1931 kamen einige separate Freizeiträume für Frauen hinzu.[572] 1942 entschied sich der Verwaltungsrat, zunächst die Infrastruktur für die Angestellten auszubauen; die Arbeiter/-innen konnten warten. 1943 wurde die frühere Villa Boveri mit einigem Aufwand zum neuen Clubhaus für die Angestellten umgebaut: mit Billardzimmer, Spielraum, Lese- und Musikzimmer und Veranstaltungsräumen. Die Frauen erhielten drei separate Räume zugewiesen, in denen sie in ihrer Freizeit nähen und arbeiten sollten – «ein reines Refugium für die weiblichen Angestellten».[573]

Anfang der 1950er-Jahre erklärte schliesslich der Delegierte Schiesser die Bedingungen, unter denen die Arbeiter/-innen ihre Mahlzeit einnahmen (so sie nicht zu Hause assen), nicht mehr nur für unwürdig, sondern für schlicht unhaltbar; mittlerweile betrieb Brown Boveri die Speisehalle selber – und schrieb dabei grosse Verluste. Der Verwaltungsrat beschloss, im Rahmen einer auf mehrere Jahre angesetzten Erweiterung der Fabrikanlagen ein neues Wohlfahrtshaus doch noch zu bauen.[574] Den Zuschlag für den Entwurf erhielt der ehemalige Direktor der Landesausstellung 1939, der bekannte Architekt Armin Meili. Dieser war zuvor bereits für das Unternehmen tätig. Ab 1947 konnte er sich mehrere Aufträge von Brown Boveri sichern, so die Ausführung von Wohnsiedlungen in Wettingen (1948–1950) und in Gebenstorf (1951–1953); ebenso erstellte er die Pläne für ein «Swiss Village» beim Unterwerk in Saint-Jean-sur-Richelieu (in der Nähe von Montréal, Québec). Als Vorarbeit besichtigte Meili im Herbst 1951 sieben Wohlfahrtshäuser in den USA und der Schweiz. Meilis Arbeiten in Baden zogen sich indes in die Länge. Ein erster Entwurf sah Ausgaben über 9 Millionen Franken vor und wurde deswegen abgelehnt. Meili musste das Projekt verkleinern, um Kosten zu sparen. Brown Boveri bewilligte schliesslich Baukosten über 7 Millionen Franken.[575]

Das im Dezember 1953 mit einiger Verzögerung eröffnete Gemeinschaftshaus Martinsberg stellte, was Grösse, Ausstattung und die architektonische Ausführung betraf, sämtliche Wohlfahrtsbauten der Konkurrenz in den Schatten. Es handelte sich um einen regelrechten Prestigebau mit einer «ins Grossmassstäblich-Feudale übersetzten Landi-Architektur».[576] Den Hauptein-

---

572 A. Eicher: Das Damen-Clubhaus, in: WW 6, 1943, 1 f.
573 Max Schiesser: Ansprache, in: WW 10, 1943, 170–172, hier 171.
574 Archiv ABB, VRP BBC, 14. 2. 1952.
575 Archiv ABB, DRP BBC, 12. 9. 1951, 30. 7. 1952; Arthur Meili: Das Gemeinschaftshaus der AG Brown, Boveri & Cie. am Martinsberg in Baden, in: SBZ 11, 1955, 145–157; Even/Hanak 2009, 13.
576 Gimmi 2006, 16.

gang erreichte man vom Fabrikareal aus über eine lange Freitreppe. Von hier führte eine lange Haupttreppe hinauf in einen mit Landistühlen ausgestatteten Wartesaal mit Blick auf den Garten, einer Garderobe, WC-Anlagen und mehreren Telefonkabinen. Über eine weitere Treppe ging es hinauf in den Esssaal, an dessen Seiten sich eine Aula mit Kinoanlage – hier fanden Veranstaltungen statt – sowie ein kleinerer Saal anschlossen, nebst weiteren Aufenthaltsräumen. Im Geschoss darunter gab es eine Bibliothek mit Lese- und Schreibraum, einen zusätzlichen Essraum sowie mehrere Freizeitwerkstätten.[577] Die Werkstätten umfassten eine Schlosserei, eine Schreinerei, eine Maler- und eine Modellfliegerwerkstatt, eine Nähstube mit eigenem Anprobierraum sowie ein Fotolabor mit 16 Dunkelkammern. Das von 5.30 bis 23 Uhr für die Belegschaft geöffnete Gebäude verfügte überdies über Duschanlagen und eine vierteilige automatische Kegelbahn mit Buffetanschluss.[578] Meili war bereits vor der Eröffnung klar, dass derlei Zurschaustellung von patronaler Wohltätigkeit – «ein freundliches Haus, immer bereit, die Werkangehörigen aufzunehmen, damit sie in seinen Räumen einen fröhlichen und beschaulichen Feierabend verbringen, die Gemeinschaft und die Weiterbildung pflegen»[579] – durchaus als antigewerkschaftliche «Seelenfängerei» (so sein Ausdruck) verstanden werden konnte.[580]

Die Kantine und der Speisesaal waren auf bis zu 3000 Mahlzeiten pro Tag ausgelegt – um die Essenszeit möglichst kurz zu halten, verzichtete man auf die Selbstbedienung, weil sonst das Anstehen zu lange gedauert hätte. Stattdessen wurde bedient; ein Nebeneffekt dieser Lösung sei, so Meili, «eine grosse Annehmlichkeit und Ausspannung, sich an den gedeckten Tisch setzen zu können».[581] Die Kantine lief wegen des grossen Andrangs bereits ab dem ersten Jahr im Mehrschichtenbetrieb. Zunächst wurde sie von einer Genossenschaft betrieben, die in den ersten Jahren aber immer wieder Verluste schrieb. Entsprechend stiegen die Mahlzeitenpreise konstant an, um das Defizit zu tilgen – der Belegschaft gegenüber gab man an, die Preise müsse man erhöhen, weil die Lebensmittel teurer würden.[582] 1962 übernahm Brown Boveri schliesslich die Kantine selbst und unterstellte sie der Fabrikdirektion.[583] Ausserhalb der Essenszeiten und an den Wochenenden stand sie der Belegschaft und ihren Familien auch als Restaurant zur Verfügung. Bei aller Betonung der Gemeinschaft blieb die Kantine doch ein Ort der Abgrenzung und des Ausschlusses. Die Angestellten im

577 Even/Hanak 2009, 27.
578 Armin Meili: Gemeinschaftshaus der Aktiengesellschaft Brown, Boveri & Cie. am Martinsberg in Baden. 1952–1954, in: Werk 4, 1955, 105–116, hier 112.
579 Ders.: Das Gemeinschaftshaus der AG Brown, Boveri & Cie. am Martinsberg in Baden, in: SBZ 11, 1955, 145–157, hier 145.
580 Armin Meili, 6. 2. 1953, zitiert in Gimmi 2006, 21. Im Unterschied zu den Wohlfahrtshäusern der Maschinenfabrik Oerlikon oder Gebrüder Sulzer steht der Bau noch – zumindest seine Fassade. Heute ist hier die Berufsfachschule Baden untergebracht.
581 Armin Meili: Gemeinschaftshaus der Aktiengesellschaft Brown, Boveri & Cie. am Martinsberg in Baden. 1952–1954, in: Werk 4, 1955, 105–116, hier 110.
582 Archiv ABB, DRP BBC, 10. 10. 1954.
583 Ebd., 14. 6. 1962.

Monatslohn wurden von den Arbeiter/-innen räumlich separiert, sie assen im Speisesaal an einer anderen Stelle.[584] Der Zugang zur Kantine blieb, zumindest was ihren regulären Betrieb betrifft, zudem den Beschäftigten mit einer festen Anstellung vorbehalten; wenn man die Grenzgänger aus dem nahen Deutschland abzieht, heisst das: In der Kantine wurden nur die Einheimischen bedient. Die Arbeitsmigrant/-innen, die 1961 immerhin 45 % der gesamten Belegschaft ausmachten,[585] assen in den Kantinen der Barackenlager.[586] Die tagtägliche Verpflegung als Teil der betrieblichen Sozialpolitik war ethnisiert, mochten die Migrant/-innen auch einen immer höheren Anteil der Belegschaft stellen und ihre Arbeit für den Erfolg des Unternehmens immer wichtiger werden. Die Einheimischen ins Gemeinschaftshaus, die Ausländer/-innen in die Baracke: Bei Brown Boveri setzte man von vornherein auf Segregation.[587]

Architekt Meilis «Seelenfängerei» bezog dieser auf die umfangreiche Infrastruktur, die sich Brown Boveri für eine durch den Betrieb vermittelte Freizeitgestaltung der Arbeiter/-innen leistete. Dem Bau selbst wollte man eine erzieherische Wirkung abgewinnen. Der technische Direktor Theodor Boveri erklärte im September 1951 an einer Sitzung der Geschäftsleitung, er halte es für besonders wichtig, dass die Arbeiter/-innen und gerade die Ledigen unter ihnen künftig ihre Freizeit im Wohlfahrtshaus verbringen werden; das Unternehmen müsse sie «zum Gebrauch und Besuch dieser Institution […] erziehen».[588] Die für die Veranstaltungen zuständige Betriebskommission hatte damit nur mässig Erfolg. In den ersten Betriebsjahren zeigte sich, dass das mit den Veranstaltungen verbundene Erziehungsprogramm der Geschäftsleitung ins Leere lief – die Werkzeitung klagte des Öfteren darüber, klassische Konzerte oder lehrreiche Vorträge seien chronisch unterbesucht.[589] Auch gab es seitens der Direktoren Zweifel, ob die allzu starke Betonung der Gemeinschaft nicht auch unbeabsichtigte Folgen haben könnte. Der kaufmännische Direktor Emil Zaugg warnte vor der Eröffnung, man sollte die Arbeiter/-innen «nicht allzu sehr auch ausserhalb an das Geschäft binden, damit ein gewisser Individualismus bestehen bleibt».[590] Denn Letzterer sei doch das eigentliche Bollwerk gegen die Gewerkschaften. Zaugg blieb generell vorsichtig. Als für den Winter 1955/56 20 Veranstaltungen zu Themen wie «Ist der BBC-Arbeiter gerecht entlöhnt» oder «Gibt es etwas Positives am Kommunismus?» geplant waren (also Fragen, die man mit einem einfachen Ja im ersten Fall und Nein im zweiten beantworten wollte), hielt er weder das erste noch das zweite Thema für geeignet: Das könne ja zu politischen Diskussionen

584 H. Zahner: Gemeinschaftshaus Martinsberg, in: WW 2, 1954, 26–28, hier 27.
585 Archiv ABB, VRP BBC, 5. 12. 1961.
586 Die Kantine bestand noch 1977. Martin Hug: Vom «Ausländerviertel» zum komfortablen Wohngebiet, in: Brown Boveri Hauszeitung 12, 1977, 382 f.
587 Siehe Kap. 4.2.
588 Archiv ABB, DRP BBC, 12. 9. 1951.
589 Vgl. Maria Giger: Drei Diskussionsabende mit Herrn Dr. P. Mohr, in: WW 3, 1956, 40; Montanus: Zweiter Rückblick, in: WW 4, 1960, 102.
590 Archiv ABB, DRP BBC, 9. 12. 1953.

führen – die sich womöglich verselbständigten.[591] Zaugg wollte weniger offene Diskussionen als vielmehr eine über das Ästhetische vermittelte Umerziehung der Arbeiter/-innen sehen, wie er im selben Jahr vor der Staatsbürgerlichen Vereinigung Baden betonte: «Wir sind alle miteinander stolz auf diese soziale Errungenschaft [auf das Club- und das Wohlfahrtshaus, A. F.]. Wir wissen auch, dass wir auf diese Weise auch beim verstocktesten Hinterwäldler schliesslich einen gewissen Sinn für Schönes, Gepflegtes, für anständig möblierte und sauber gehaltene Räume, für Bilder, Farben und Formen wecken können und dass dadurch ein für allemal mit dem Begriff vom Proletarier Schluss gemacht wird.»[592]

Sieht man von den vielen Konzerten, Filmen, Theatervorführungen und Gesprächen mit Schriftstellern ab, bei denen die Betriebskommission des Wohlfahrtshauses vielleicht die Absicht hegte, den Hinterwäldlern aus der Werkstatt zu zeigen, was wirkliche Kultur sei, pendelte ein Grossteil der Veranstaltungen hin und her zwischen wirtschaftsliberaler Belehrung («Die Entstehungsgeschichte des Geldes», «Das Wesen des Geldes und des Kredites», 1955), kulturkonservativem Gesellschaftsjammer («Die gesunde und die kranke Ehe», 1957; «Eltern und Kinder, vom Psychiater aus gesehen», 1958; «Pillen, Alkohol, Vergnügen, Arbeit», 1959; «Die Eltern waren ahnungslos», 1962; «Wie wirken Erbfaktoren», 1963) und einer zusehends schrilleren antikommunistischen Paranoia («Betrachtungen zur Weltlage» mit Peter Dürrenmatt, 1957; «Werkspionage» mit der Stadtpolizei Zürich, 1962; «Unser Antikommunismus genügt nicht!» mit Friedrich Salzmann, 1961; «Was geht in Russland wirklich vor?» mit Anatol Michailowsky, 1962; der NATO-Propagandafilm «Alarm im Mittelmeer», 1967) – ein Gradmesser für das spätbürgerliche Unbehagen der Nachkriegszeit.[593] Mit den Veranstaltungen werde «natürlich keine kommandierte Kollektivunterhaltung bezweckt», so die Jubiläumsschrift zum 75-jährigen Bestehen von Brown Boveri, «wohl aber vermittelt die Firma Anregungen.»[594] Die Stossrichtung war klar, weniger allerdings die Wirkung. In der Werkzeitung zeigte man sich in den Nachbesprechungen der Abende jeweils etwas konsterniert, denn der Andrang dürfte jeweils nicht der grösste gewesen sein; ab den 1960er-Jahren schlug man bereits bei der Ankündigung einen zerknirschten Ton an. Bei der Veranstaltung mit dem religiösen Radiojournalisten Friedrich Salzmann im Januar 1961 wollte Brown Boveri den Antikommunismus besonders den jungen Arbeiter/-innen

591 Ebd., 18. 5. 1955.
592 Emil Zaugg: Fragen der Unternehmensführung, in: WW 2, 1955, 21–25, hier 24f.
593 Veranstaltungen im Gemeinschaftshaus Martinsberg, in: WW 1, 1955, 6; Betriebskommission des Gemeinschaftshauses Martinsberg: Ankündigung von Martinsberg-Veranstaltungen, in: WW 1, 1957, 7; Veranstaltungen im Martinsberg, in: WW 9, 1957, 149; Betriebskommission des Gemeinschaftshauses Martinsberg: Veranstaltungen im Martinsberg, in: WW 1, 1958, 15; Die Welt im Umbruch und wir Menschen, in: WW 1, 1959, 15; Unser Antikommunismus genügt nicht!, in: WW 12, 1960, 359; Veranstaltungen im Martinsberg, in: WW 1, 1962, 20; Veranstaltungen im Martinsberg, in: WW 10, 1962, 285; Veranstaltungen im Martinsberg, in: WW 1, 1963, 19; Veranstaltungen im Martinsberg, in: WW 10, 1964, 234; Veranstaltungen im Martinsberg, in: WW 2, 1967, 56.
594 Rinderknecht (Red.) 1966, 268.

nahebringen und wünschte sich deshalb, sie würden «nicht nur zu Hazy Osterwald [...] in hellen Scharen herbeiströmen», sondern auch hier. «Kein verantwor-
tungsbewusster Bürger dürfte sich dieses klarsichtige, richtungsweisende Referat entgehen lassen.»⁵⁹⁵ Das Hazy-Osterwald-Sextett hatte im Oktober 1958 im
Wohlfahrtshaus ein gut besuchtes Konzert gegeben – leider noch vor der Zeit, da
Osterwald (Rolf Osterwalder) mit den psychosozialen Schlagern *Konjunktur-
Cha-Cha* (1961) und *Der Fahrstuhl nach oben ist besetzt* (1966) die Klassenauf-
stiegsideologie der Nachkriegszeit auf die Schippe nahm.⁵⁹⁶ Wie viele letztendlich
Salzmann zugehört haben, darüber schweigt sich die Werkzeitung aus.

Veranstaltungen, welche die Frage von Familie und Erziehung behandelten, sind für diese Untersuchung von besonderem Interesse. Denn sie verhandelten sozialpolitische Konzepte, die auf eine stabile und möglichst reibungslose Wiederherstellung des Arbeitsvermögens abzielten. Häufig wurde dabei auf
die Rolle einer straffen Disziplin hingewiesen, die es in der Familie ebenso wie
im Betrieb durchzusetzen gelte. «[D]ie Disziplin am Arbeitsplatz», erklärte ein
Brown-Boveri-Betriebsleiter 1962, «setzt voraus die Disziplin in der Familie, die
Disziplin im Privatleben, die Disziplin als Staatsbürger.»⁵⁹⁷

Beispielhaft für die in Baden bestehende Tendenz, Probleme etwelcher Art
erst einmal als Autoritätsprobleme zu entschlüsseln, waren die vielen Abende,
die man in den 1950er-Jahren mit einem Spezialisten für Disziplinierung durchführte, dem Direktor des Gefängnisses Lenzburg Ernst Burren. Sie alle variier-
ten dasselbe Motiv: Soziale Probleme (im Betrieb und in der Familie) gab es,
weil Menschen undiszipliniert seien; das deutete Burren als Ausdruck eines allgemeinen Sittenzerfalls und Autoritätsschwunds. 1959 erklärte er im Rahmen der
Vortragsreihe «Die Welt im Umbruch und wir Menschen», aus der bürgerlichen
Ordnung falle man heraus, wenn a) das Arrangement der häuslichen Reproduktion nicht der Eheform entspreche (straffällig werde, wer «aus einer zerrütteten
Ehe oder einer Scheidungsehe» stamme oder «ausserehelich geboren» wurde);
wo es b) an religiöser Überzeugung mangele, denn «[d]er grösste Teil der Straf-
fälligen glaubt nicht mehr an Gott und hat überhaupt noch nie an ihn geglaubt»,
und schliesslich c) wo es zu viel und/oder den falschen Sex gebe: Es fehle heute
einfach an der Fähigkeit, den «Sexualtrieb zu meistern»; zumal allerorten ein ab-
weichendes Verhalten drohe («[b]esonders gefährlich benehmen sich die Homosexuellen, [...] diese krankhaften Homosexuellen»). Dagegen helfe einzig und
allein «echte Häuslichkeit», also die Rückbindung von Frauen an den Haushalt
und der Ausschluss von Müttern aus der Lohnarbeit sowie strengste Disziplin:
Das Kind müsse «den Eindruck bekommen, dass es einer einheitlichen Erzie-

595 Unser Antikommunismus genügt nicht!, in: WW 12, 1960, 359; vgl. Salzmann 1961.
596 Veranstaltungen im Martinsberg, in: WW 9, 1958, 189. «Man ist, was man ist, nicht durch den
     inneren Wert – den kriegt man gratis, wenn man Strassenkreuzer fährt», so der *Konjunktur-
     Cha-Cha*.
597 Walter Bolleter: Es gaat ja alles vomme sälber!, in: WW 11, 1962, 305.

hungsfront gegenübersteht»; wo diese Front bröckle, drohten künftige «Hochstapler, Frauenjäger und Arbeitsscheue».[598]

Mit seinen Vorstellungen von Überwachen und Strafen stand Gefängnisdirektor Burren keineswegs alleine da. Auch der Metallarbeiterverband interessierte sich für seine Abweichungsdiagnose; immerhin positionierte man sich als Ordnungsfaktor in den Werkstätten.[599] Und sie klang in der betrieblichen Sozialarbeit nach. Die Sozialarbeiterinnen von Brown Boveri erklärten Ende 1958, mit ihrer Tätigkeit wollten sie für den Betrieb «Störungen» mittels Sozialtechnik aus dem Weg räumen. Die Mechanik des sozialen Gefüges sei immer wieder blockiert; die Ursachen dieser Störung vermuteten auch sie in der «Lockerung der religiösen Bindungen», im falschen Reproduktionsarrangement («Erwerbstätigkeit der Frauen und Mütter») oder in der allgemeinen «Überreizung der Nerven».[600] An der burrenschen Erziehungsfront, im Krieg der Erzieher/-innen gegen die Anarchie des Kindes, galt Härte als erstes Mittel, um die künftigen Arbeitskräfte von klein auf zur Arbeitsamkeit anzuhalten. Die vom Arbeitgeberverband Schweizerischer Maschinen- und Metallindustrieller allen in der Maschinenindustrie Beschäftigten gratis zugeschickte *Werkzeitung der schweizerischen Industrie* teilte diese Ansicht. Sie empfahl ihren Leser/-innen, ihre und anderer Leute Kinder zu schlagen, um ihnen die Disziplin einzubläuen, die sie später in der Fabrik brauchten. «Bei aller Menschlichkeit und Freundlichkeit stösst man doch hie und da auf Hindernisse, die mit etwelcher Gewalt überwunden werden müssen», hiess es da oder: Körperstrafen könnten «wertvolle Dienste leisten», sofern die angedrohte Strafe wirklich vollzogen werde.[601] Ins selbe Horn blies 1960 die Werkzeitung von Gebrüder Sulzer, die sich über zu lasche Erziehungsmethoden empörte und «eine Tracht Prügel» propagierte, um in der Familie die nötige Autorität durchzusetzen: «Wir erhielten noch Prügel [...] sie waren verdient.»[602]

Wohlfahrtshäuser in Winterthur

Ihr erstes Wohlfahrtshaus eröffnete Gebrüder Sulzer 1890 an der Zürcherstrasse in der Nähe des Bahnhofs: Das Arbeitercasino genannte Haus enthielt eine Kantine, zeitweise eine Bibliothek und, mindestens ab 1904, im Keller einige Bä-

598 Ernst Burren: Die Welt im Umbruch und wir Menschen in der Sicht des Pädagogen, in: WW 5, 1959, 107–110, hier 107–109.
599 Gruppe Betriebsfachleute im SMUV, Sektion Baden, in: ZA 2, 1962, 39.
600 Ein Beruf, der sich selber überflüssig machen will, in: WW 12, 1958, 254. Vgl. zur Pathologisierung der Armut Matter 2011, 169–171.
601 Die Körperstrafe in der Schule, in: WZ 8, 1950, 123; Erzieher-Probleme, in: WZ 9, 1950, 136.
602 Ist unsere Jugend schlechter?, in: WM 2, 1960, 30. Das stand in der Tradition von Charles Schaer, bis 1944 Leiter der Lehrlingsabteilung von Gebrüder Sulzer, dessen Handbuch über Lehrlingserziehung 1953 in der vierten Auflage erschien: «Soll man prügeln? [...] Wenn man die Sache ernst nimmt, kommt man nicht drum herum. Ich gestehe offen, dass ich auch schon eine solche ‹Handschrift› geführt habe.» Schaer 1953, 86.

der. 1905 wurde ein Esssaal mit 250 Plätzen und einer Holzveranda angebaut. 1910/11 folgte ein zweites Wohlfahrtshaus mit 400 Plätzen im Werk Oberwinterthur.[603] In den nächsten 40–50 Jahren unternahm Gebrüder Sulzer in Winterthur in dieser Hinsicht nichts mehr, wenigstens für die Arbeiter nicht und obwohl die Belegschaft stetig wuchs – sieht man von provisorischen Essräumen in Baracken ab.[604]

Einige Funktionen eines Wohlfahrtshauses (neben der Kantine) waren allerdings um das Fabrikareal zerstreut vorhanden. In der Nähe des Arbeitercasinos befand sich neben dem Werkschulhaus auch das Gebäude der Krankenkasse. 1920 wurde eine Bibliothek eingerichtet, die sämtlichen Beschäftigten und ihren Familien kostenlos zur Verfügung stand. Sie sammelte vor allem Unterhaltungsliteratur; ab den 1950er-Jahren kamen dann auch technische Bücher hinzu, etwa «über neueste Forschungen auf dem Gebiet der Atomkraft».[605] Den Angestellten im Monatslohn – gemeint waren ausschliesslich Männer – stellte das Unternehmen ab 1944 die Talgartenstube zur Verfügung: drei Aufenthaltsräume, für deren Benutzung sie bezahlen mussten.[606] Für Frauen im Angestelltenverhältnis stand ab 1950 die Bonahausstube zur Verfügung. Eine «Klubstube der weiblichen Angestellten», mit Küche und Esszimmer, einer Stube mit «gediegenen Bildern und Teppichen», Ruheraum und Arbeitszimmer mit Nähmaschine und Bügeleisen. Letzteres diente dem fliegenden Wechsel von der Lohn- zur Hausarbeit: «An den Abenden, oft auch über Mittag, wird im Arbeitszimmer nach Herzenslust genäht, probiert und gebügelt, ja manch ein Stück für die Aussteuer ist hier schon entstanden, zur Freude einer Braut.»[607]

Ein neues Wohlfahrtshaus für Arbeiter wurde erst 1943 eröffnet – aber weder in Winterthur, wo die meisten arbeiteten, noch war es an sich ein Wohlfahrtshaus mit einer ausgebauten Infrastruktur; man nannte es bloss so. Für die 1916 gekaufte Giesserei Bülach (ehemals eine Glashütte) baute man eine Kantine, die vom Unternehmen betrieben wurde. Zur Eröffnungsfeier kam auch Fabrikinspektor Werner Sulzer, der «schon lange mit einem gewissen Stirnrunzeln auf die prekären Verhältnisse in den Esslokalitäten unserer Giesserei aufmerksam gemacht» habe.[608] In seiner Festrede erklärte der Delegierte des Verwaltungsrats Heinrich Wolfer, die neue Kantine drücke den Willen des Unternehmens aus, für eine «harmonische Zusammenarbeit» zu sorgen: «Das Werk ohne die Leitung

603 Archiv Sulzer, Schachtel 161b, Benützungsregelemente Arbeiter-Gebäude, 1896 und März 1904; ebd., Benützungsreglement Bäder, März 1904; ebd., Mitteilung an Friedrich Oederlin, 29. 3. 1949; Bütler 1989, 16f. Vgl. Zürcher Denkmalpflege 1982, 241. Das Wohlfahrtshaus Winterthur wurde 1978 abgebrochen, um dem Einkaufszentrum Neuwiesen Platz zu schaffen.

604 Sulzer 1930.

605 Gabriele Böhler: Unsere Wohlfahrtsbibliothek, in: WM 2, 1952, 37–40; dies.: Wohlfahrtsbibliothek, in: WM 11, 1952, 135.

606 Archiv Sulzer, Schachtel 163, Talgartenstube, 8. 1. 1944; ebd., Benützungsordnung «Talgartenstube», Januar 1944.

607 F. Baldinger: Die Bonahausstube, in: WM 5, 1962, 18.

608 Die Einweihung des neuen Wohlfahrtshauses in Bülach, in: WM 8, 1943, 69–73, hier 70.

wäre wie ein Rumpf ohne Kopf, die Betriebsleitung ohne Arbeiter und Ange- stellte wie ein Kopf ohne Rumpf. Wie es lebendigen Einzelindividuen nur dann gut geht, wenn Kopf und Rumpf und Beine alle gleich gut beieinander sind und zusammen harmonieren, so ist auch eine Betriebsgemeinschaft nur dann gesund, wenn alle Organe harmonisch zusammenarbeiten. Wenn der Krieg bei uns et- was Gutes geschaffen hat, so scheint es mir, dass die Idee der Zusammengehörig- keit und Kameradschaft, die in unserer Armee einen sinnvollen Ausdruck findet, ganz entschieden gewaltige Fortschritte gemacht hat.»[609]

Gottfried Utzinger von der Angestelltenvereinigung ergänzte mit Rück- blick auf die Ereignisse von 1937, die zur Durchsetzung des Friedensabkom- mens führten, wozu das willfährige Abstimmungsverhalten der Bülacher Beleg- schaft entscheidend beigetragen hatte,[610] «Meinungsverschiedenheiten» zwischen Patrons und Belegschaft gehörten auch künftig um jeden Preis verhindert: Das Wohlfahrtshaus sei «der richtige Boden, um sich auszusprechen».[611]

In Winterthur wurde erst in den 1950er-Jahren an den Bau eines neuen Wohlfahrtshauses für die Arbeiter gedacht; in erster Linie weil die Kantine in Oberwinterthur viel zu klein war. Ausserdem befand sich das Gebäude be- reits Ende der 1940er-Jahre in einem schlechten Zustand.[612] Um 1954 assen hier 400 Arbeiter und in der Kantine der Arbeitsmigranten (wie Brown Boveri segre- gierte Gebrüder Sulzer zunächst ihre Belegschaft) weitere 290.[613]

Für ein neues, grosses Wohlfahrtshaus beim Werk Oberwinterthur stellte man Edwin Bosshardt an, der wenige Jahre zuvor den Neubau des Kantons- spitals Winterthur entworfen hatte. Die Vorarbeiten begannen um 1950.[614] Den definitiven Zuschlag erhielt das Projekt 1954, der Bau verzögerte sich aber bis 1955; um die Kosten tief zu halten, wurde bei der Ausführung gespart.[615] Der 1956 eröffnete Bau war auf die Verpflegung von 800 Arbeitern und – in einem se- paraten Raum im Obergeschoss – 120 Angestellten ausgelegt (1959 aufgestockt auf 2000 Personen in zwei Schichten).[616] 550 Arbeiter und sämtliche Angestellten wurden bedient; das Management erhielt ein eigenes Speisezimmer.[617] In den Ess- räumen liess man Kino- und Lautsprecheranlagen für betriebliche Weiterbildun- gen und Freizeitveranstaltungen einbauen; zudem gab es Konferenzräume, ein Lesezimmer, Dusch- und Badeanlagen sowie Freizeitwerkstätten. Das Gebäude lag in einem kleinen Park, der «zu einem Mittagsschläfchen in sitzender oder lie-

609 Heinrich Wolfer, 29. 7. 1943, zitiert ebd., 70f.
610 Siehe Kap. 2.1.
611 Gottfried Utzinger, 29. 7. 1943, zitiert ebd., 73.
612 Archiv Sulzer, Schachtel 161b, Mitteilung an Friedrich Oederlin, 29. 3. 1949.
613 Hugo Specker: Wir freuen uns auf das neue Wohlfahrtsgebäude in Oberwinterthur, in: WM 2, 1954, 32–33.
614 Archiv Sulzer, Schachtel 161b, Aktennotiz an Herrn Stücheli, 24. 11. 1950.
615 Edwin Bosshardt: Wohlfahrtshaus der Gebrüder Sulzer AG in Oberwinterthur, in: SBZ 11, 1957, 163–166.
616 Gustav Wanner: Neue Gesichter und neue Maschinen im Wohlfahrtshaus, in: WM 7, 1959, 10f.
617 1966 wurde auf Selbstbedienung umgestellt: Selbstbedienung im Wohlfahrtshaus, in: WM 11, 1965, 30.

gender Stellung einladen» solle.[618] Architekt Bosshardt erklärte, für die Ausarbeitung des Entwurfs habe ihm die Geschäftsleitung aufgetragen, er solle die für 1958 vorgesehene Arbeitszeitverkürzung auf 46 Wochenstunden, die englische Arbeitszeit (gemeint war eine auf 45 Minuten verkürzte Mittagspause), die grösser werdende Zahl von Arbeitsmigranten sowie einen möglichst speditiven Kantinenbetrieb berücksichtigen: «Es war nicht leicht, in der wechselvollen Zeit das richtige Mass in der Erfüllung der vielseitigen Wünsche [...] zu finden.»[619] Die Baukosten betrugen insgesamt 3,68 Millionen Franken.[620]

Zur Einweihung im September 1956 wurden 630 Gäste eingeladen, darunter, was nicht selbstverständlich war, auch einige italienische Arbeiter. Die Werkmusik spielte flotte Märsche, die spendierten Weinflaschen trugen Sulzer-Wimpel. Man sang einen Hausspruch, der gleich in der ersten Zeile die realen Verhältnisse verkehrte («De Sulzer hät es Hüsli bout / für sini gute liebe Gselle»), und der Delegierte Herbert Wolfer erklärte in seiner Festrede mit drohendem Unterton, die Sicherung der Arbeitsplätze «hänge von unserem Geiste ab, von unserem Willen, das Rechte zu wollen und zu tun». Der Präsident der Arbeiterkommission Kaspar Hefti freute sich darauf, dass das Wohlfahrtshaus für die Arbeiter «Musse und menschliche[n] Kontakt» bedeute, es «diene der gesellschaftlichen Gesundung». Nach den Reden ging man zur Abendunterhaltung über: «Während die Werkmusik Tschinerata-Pumm macht, verteilen adrette Mädchen Rauchwaren.»[621] Beim Besuchstag im nächsten Jahr schrieb das freisinnige *Neue Winterthurer Tagblatt*: «Als in hervorragender Weise dem Menschlichen dienend, dem leiblichen und seelischen Wohl des Werktätigen, bildet er [der Bau, A. F.] einen markanten Gegenpol zu den Fabrikanlagen. Der Arbeiter, dessen Kräfte noch streng in Anspruch genommen werden, sieht sich hier zur Stärkung und Entspannung in eine bauliche Umgebung versetzt, die ihm äusserlich und innerlich vieles zurückgibt, die mit all ihren Einrichtungen und der sympathischen Atmosphäre die Wertschätzung verrät, die ihm verdientermassen entgegengebracht wird.»[622]

1961 liess die Geschäftsleitung die Wandflächen in den Essräumen der Arbeiter von dem in Paris lebenden Kunstmaler Robert Wehrlin übermalen. Man sei «geneigt, durch die künstlerische und anregende Gestaltung dieser Wandflächen die entspannende Atmosphäre der Räumlichkeiten zu fördern». Anregend waren die Wandbilder auch im politischen Sinn; sie sollten die Wohltätigkeit der Maschinenindustrie darstellen. Eines der Bilder mit dem Titel *Aufstand* (später

618 Edwin Bosshardt: Wohlfahrtshaus der Gebrüder Sulzer AG in Oberwinterthur, in: SBZ 11, 1957, 163–166, hier 165.
619 Ebd.
620 Ebd., 166. Das Wohlfahrtshaus Oberwinterthur wurde 2008 gegen den Protest von Anwohner/-innen zugunsten einer Überbauung mit Luxuswohnungen abgebrochen.
621 Silvio Graemiger: Husräuki in Oberwinterthur, in: WM 10, 1956, 238–243, hier 238, 240f.
622 Wohlfahrtshaus Oberwinterthur im Spiegel der Presse, in: WM 5, 1958, 169–171, hier 169. Das *Neue Winterthurer Tagblatt* wurde 1968 eingestellt; seine Funktion als freisinniges Parteiblatt übernahm 1971 mit dem Zusammenschluss des Freisinns mit der Demokratischen Partei der zuvor demokratische *Landbote*, heute ein De-facto-Kopfblatt des *Tages-Anzeigers* aus Zürich.

umbenannt in *Ruhe und Bewegung*) könne als zeitliche Abfolge von Antagonismus hin «zur konstruktiven Lösung» und Hoffnung gedeutet werden, erklärte die Werkzeitung – ganz im Sinne der Ideologie des Arbeitsfriedens.[623]

Anders als die Wohlfahrtsbauten in Baden oder Oerlikon wurde das neue Wohlfahrtshaus in Oberwinterthur indes weniger für kulturelle Veranstaltungen benutzt, obwohl die Voraussetzungen dafür an sich gut waren. Zumindest finden sich in den *Werk-Mitteilungen* kaum Hinweise dazu. Allenfalls gab man Konzerte, etwa um 1957 für Flüchtlinge aus Ungarn zu sammeln.[624] Das kann unterschiedliche Gründe haben: Zum einen war Gebrüder Sulzer ein Grossbetrieb und weniger auf die Binnenwahrnehmung angewiesen als die um einiges kleinere Maschinenfabrik Oerlikon; zum anderen lagen die Werke in oder nahe einer Stadt – einer Kleinstadt zwar, aber eben mit 1957 rund 73 000 Einwohner/-innen doch etwas grösser als Baden (auch wenn man Wettingen hinzunimmt, wo viele Brown-Boveri-Arbeiter/-innen wohnten). Gebrüder Sulzer war in der Nachkriegszeit zu gross, um das alt gewordene Lied der Betriebsgemeinschaft anzustimmen; Winterthur wiederum war genügend gross, dass es eine betriebliche Infrastruktur eigens für Kulturanlässe so nicht brauchte. Das alte Arbeitercasino in der Nähe des Bahnhofs wurde als Veranstaltungslokal hingegen oft benutzt – etwa für Hauswirtschaftskurse oder die Film- und Diavorträge, die Robert Sulzer, bis 1942 Mitglied der Geschäftsleitung, über seine zahlreichen Geschäftsreisen hielt.[625]

Ähnlich wie bei Brown Boveri gab es bei Gebrüder Sulzer für Arbeitsmigranten zunächst segregierte Kantinen.[626] Mit dem neuen Wohlfahrtshaus änderte sich das zumindest im Werk Oberwinterthur – bei der Einweihungsfeier wurden nicht umsonst einige italienische Arbeiter eingeladen. Unzufrieden damit waren ausgerechnet die Gewerkschaften, genauer, die Arbeiterkommission, die vom Metallarbeiterverband dominiert wurde. Seit dem Import italienischer Arbeiter 1946 stellte sich die Arbeiterkommission gegen sie, zunächst aus Angst, dass dadurch die Löhne sinken könnten. Die Protokolle der Sitzungen der Arbeiterkommission lassen durchblicken, dass es später auch um Abneigung ging.[627] Und diese wurde mitunter über die Frage der Verpflegung ausgedrückt. Die für den absoluten Tiefstlohn arbeitenden Italiener müssten weniger zahlen für das Mittagessen, behauptete etwa 1950 der spätere sozialdemokratische Kantonsrat Werner Gilomen und unterstellte, dadurch sänken die betrieblichen Sozialleistungen für die Einheimischen.[628] Und weil die Kantine des neuen Wohlfahrtshauses Oberwinterthur den Arbeitsmigranten offenstand, stellte Arbeiterkom-

623 Die Wandbilder im Wohlfahrtshaus Oberwinterthur, in: WM 8, 1961, 16–19, hier 16f.

624 Beilageblatt WM 3, 1957.

625 Vgl. etwa W. Gschwind: Ein interessanter Lichtbildervortrag für unsere Pensionierten, in: WM 5, 1950, 39f.

626 Archiv Sulzer, Schachtel 161b, Prot. Konferenz, 9. 1. 1947.

627 Vgl. Zuppinger 1987. Siehe Kap. 2.3 zur Mobilisierung des Metallarbeiterverbands gegen Arbeitsmigrant/-innen in den 1960er-Jahren.

628 Archiv Sulzer, Schachtel 180, Prot. Arbeiterkommission, 24. 11. 1950.

missionspräsident Hefti Ende 1957 den Antrag, diese seien zu entfernen und wieder separat zu verpflegen, «da ihnen unsere Küche doch nicht zusage».[629] Man wollte das Modell von Baden: für die Einheimischen das Wohlfahrtshaus, für die Migrant/-innen die Baracke.

Im Werk Winterthur blieb die Frage der Kantine über lange Zeit prekär; das Arbeitercasino von 1890/1905 war jedenfalls viel zu klein. Natürlich befand sich das Werk im Stadtzentrum und war damit von Restaurants umgeben – das aber bedeutete für die Beschäftigten beträchtliche Mehrausgaben, wenn man nicht zu Hause ass.[630] 1952 kaufte das Unternehmen deshalb das Restaurant Brühleck in unmittelbarer Nähe der Fabrik, um die Verpflegungsmöglichkeiten zumindest zu erweitern.[631] Die Platzprobleme sollten so nicht gelöst werden; man verschob die Entscheidung für einen Neubau um einige Jahre. Anfang der 1960er-Jahre wurde ein neues Wohlfahrtshaus schliesslich geplant – wobei der Begriff hier falsch gewählt wäre: Der patronale Griff nach der Seele der Arbeiter/-innen durch die Einrichtung von Wohlfahrtshäusern gehörte allmählich der Vergangenheit an. Im Zug der Konzentrationstendenzen in der Maschinenindustrie und der ab 1967 sich abzeichnenden krisenhaften Entwicklung war man an kostengünstigeren Lösungen interessiert. Die mit den Wohlfahrtshäusern verbundene Erziehungsabsicht, zumindest aber die Kontrolle der Freizeittätigkeit hatte sich überholt, zumal die bürgerliche Hegemonie mit der Selbstauflösung der Arbeiter/-innenbewegung als Gegenkultur nicht mehr verteidigt werden musste – wenigstens nicht auf diesem Weg. Aus den Wohlfahrtshäusern wurden wieder Kantinen für die Belegschaft oder, wie man nun sagte: Personalrestaurants. Auch das neue Wohlfahrtshaus in Winterthur wollte keines mehr sein. Geplant wurde eine Kombination aus Kantine für bis zu 5000 Personen mit Dreischichtenbetrieb und Werkschulhaus. Immerhin waren im Keller einige Räume für Freizeitgruppen sowie drei Kegelbahnen vorgesehen.[632] 1970 wurde der «Anton-Graff-Haus» genannte Bau an der Zürcherstrasse schliesslich eröffnet.[633]

---

629 Ebd., Schachtel 181, Prot. Arbeiterkommission, 17. 12. 1957. Siehe Kap. 4.2 zur ähnlichen Argumentation bei Brown Boveri.

630 Eine Umfrage ergab 1961, dass im Werk Winterthur 18 % der Belegschaft in einer Kantine und 21 % im Restaurant zu Mittag assen; in Oberwinterthur war es mit dem Wohlfahrtshaus naheliegenderweise anders: 36 % in der Kantine, 6 % im Restaurant. J. Egger: Woher kommen unsere Werkangehörigen zur täglichen Arbeit?, in: WM 6, 1963, 26 f.

631 Archiv Sulzer, Schachtel 161b, Protokoll, 27. 2. 1954; Gustav Wanner: Restaurant «Brühleck», in: WM 11, 1952, 134.

632 Neue Kantine und Werkschule anstelle des Rietergutes, in: WM 12, 1967, 22 f.

633 Personalrestaurant der Gebr. Sulzer AG, Winterthur, in: Werk 11, 1972, 636. Anton Graff war ein in Winterthur geborener Porträtmaler des Klassizismus. Heute ist hier die Berufsbildungsschule Winterthur untergebracht.

Einblicke in Lebensverhältnisse: betriebliche Sozialarbeit

«Von Fabrik und Heim führt der Weg den Rat- und Hilfesuchenden ins Wohlfahrtshaus, das als ‹neutraler Boden› der Hilfsbereitschaft dem Arbeiter schon
lange vertraut ist», schrieb 1929 Marie-Louise Schumacher, die als Sozialarbeiterin
für den Verband Volksdienst tätig war. «Der gedrückte Familienvater weiss nicht
mehr ein und aus: Krankheit der Frau, finanzielle Schwierigkeiten, Wohnungs-
nöte – er selbst von Sorge und Überbürdung mit hauswirtschaftlicher Arbeit in
den Nerven und im Gesamtbefinden untergraben […]. Er sieht, wie es zu Hause
mit Ordnung, Kindererziehung, Auskommen mit seinem Verdienst bergab geht.
Missstimmung, Missmut überfällt ihn.»[634]
Schumacher betonte, die Arbeit der betrieblichen Sozialarbeit diene in erster Linie der Festigung der Familie; sie solle daher beim Ausfall der Hausfrau
zum Tragen kommen. Die Überlegung dahinter war, dass es eine effizient und
gleichmässig verrichtete Hauswirtschaft brauchte, sollte die Arbeitsleistung der
Arbeiter/-innen nicht abfallen.[635] Sozialarbeiterinnen griffen in die Beziehung
zwischen der Verausgabung und der Wiederherstellung des Arbeitsvermögens
ein. Vom Betrieb her – für den sie arbeiteten, ob sie nun direkt vom Unternehmen angestellt oder, wie beim Verband Volksdienst, in dessen Auftrag handelten – zielten sie auf das Quartier, auf die Wohnung, auf die proletarische Reproduktion. Denn hier, ausserhalb der Fabriktore, wurde ein möglicher Unruheherd
ausgemacht, der auf die Fabrik zurückwirken konnte. Wurde die Hausarbeit
nicht recht geleistet (von Frauen notabene, an etwas anderes wurde nie gedacht,
obwohl es durchaus eine Realität war),[636] drohten dem Betrieb eine «Atmosphäre
von Unmut und Gereiztheit», schlechte Stimmung, der Abfall der Arbeitsleistung, womöglich Opposition.[637] Für Schumacher war der Zusammenhang
von Leistung und Reproduktion evident; sie machte sie zur Grundlage ihrer Tätigkeit: «Der Fabrikfürsorgerin offenbaren sich diese Zusammenhänge von Arbeitsleistung und Familienverhältnissen immer und immer wieder. Nicht selten,
dass die Fabrikleitung selbst die Fürsorgerin beauftragt, die Familienverhältnisse
da zu prüfen, wo die Leistungsfähigkeit des Arbeiters aus unerklärlichen Gründen abnimmt […].»[638]
Sicher war das ein gewichtiger Grund, weshalb Unternehmen (nicht nur)
der Maschinenindustrie in der Zwischenkriegszeit begannen, Sozialarbeiterinnen
einzustellen. Schumacher schrieb ihren Text Ende der 1920er-Jahre; die von ihr
beschriebene Grundhaltung blieb bis in die Nachkriegszeit aktuell. Neben der
beabsichtigten Festigung der proletarischen Hauswirtschaft lässt sich ein weiterer Aspekt ausmachen: Else Züblin, die Leiterin des Verbands Volksdienst, der

---

634 Schumacher 1929, 2.
635 Fasel 2007, 14; vgl. Lüscher 1987, 191–195.
636 Siehe Kap. 4.3.
637 Schumacher 1929, 2.
638 Ebd., 3.

neben den Kantinen eine Abteilung für betriebliche Sozialarbeit führte, erklärte 1941, betriebliche Sozialpolitik diene mitunter dazu, das Proletariat zu zähmen, den Patrons gegenüber zutraulich zu machen.[639] Sozialpolitik griff nicht nur materiell ein, um durch finanzielle Unterstützung einem Ausfall der Arbeitskraft vorzubeugen. Sie wollte ebenso ein bestimmtes Wohlverhalten der Belegschaft hervorbringen. Wer zutraulich war, den konnte man von der Leine lassen: ein Vorstoss hin zu einer sozialen Rationalisierung, bei der die Verhaltensdispositive in die Köpfe der Belegschaft wanderten. Betriebliche Sozialpolitik versuchte, die Belegschaft für sich, für das Unternehmen zu gewinnen. Sie versuchte, ihr Vertrauen zu gewinnen.

«Oftmals wird es […] darum gehen, Massnahmen des Arbeitgebers zu erklären, Missverständnisse aus dem Weg zu räumen», so erklärte Hedda Fredenhagen die Aufgabe der betrieblichen Sozialarbeit 1944 an einer Arbeitstagung der Vereinigung der Fabrikfürsorgerinnen, der sie später vorstand. Sie sah indes, dass es mit der gerne behaupteten Neutralität der Sozialarbeiterinnen nicht allzu weit her war: «Indirekt allerdings wird sich solche Hilfe auch wieder auf die Arbeitskraft auswirken, und wir dürfen nicht übersehen, dass die Motive der Einrichtung einer Fabrikfürsorgestelle nicht immer die reinsten sind.»[640] Drei Jahre später erklärte Fredenhagen an einer Tagung des Efficiency Club auf der Rigi: «Die neutrale Stellung innezuhalten und zur Verbindungsstelle auszuwerten, ist wohl nicht immer eine leichte Aufgabe.» Für das Unternehmen könne die Sozialarbeiterin aber wertvolle «Einblicke in die Lebensverhältnisse der Arbeitnehmer» liefern, um deren «Kampfhaltung» besser zu verstehen und das künftige Verhalten zu antizipieren.[641]

1948 arbeiteten in der deutsprachigen Schweiz 52 Sozialarbeiterinnen in 118 Unternehmen.[642] Die hier untersuchten Betriebe stellten zu unterschiedlichen Zeiten eine oder mehrere Sozialarbeiterinnen ein – aber alle begannen entweder kurz vor (Maschinenfabrik Oerlikon 1939), während (Brown Boveri 1943) oder kurz nach dem Zweiten Weltkrieg (Gebrüder Sulzer 1951) damit. Alle teilten den Ansatz, über die Sozialarbeiterin Einfluss auf die Hauswirtschaft der Belegschaft nehmen zu wollen. Natürlich lag die Behebung von Notlagen – in enger Zusammenarbeit mit der öffentlichen Fürsorge und privaten Institutionen zur Armutsbekämpfung – im Interesse des Betriebs wie der Betroffenen. Eine Gemeinsamkeit, sollte sie auch stets betont werden, bestand dennoch nicht: Die Unternehmen interessierten sich für eine möglichst störungsfreie Fertigung ihrer Produkte. Das Wohlergehen der Beschäftigten

---

639 Züblin 1941. Vgl. Walter 2006, 287.

640 Sozialarchiv, Ar 427.20.2, Fachgruppe Betrieb 1943–1946, Hedda Fredenhagen: Stellung und Tätigkeit der Fabrikfürsorgerin in der Schweiz, 27. 2. 1944. Die Vereinigung der Fabrikfürsorgerinnen wurde 1961 in «Berufsverband Sozialarbeitender in Betrieben» umbenannt.

641 Ebd., Ar 427.20.3, Hedda Fredenhagen: Erfahrungen einer Fabrikfürsorgerin, 14. 2. 1947, 3. Vgl. zu den Effizienzklubs Leimgruber 2001, 135.

642 Sozialarchiv, Ar 427.20.3, Hedda Fredenhagen: Erfahrungen einer Fabrikfürsorgerin, 14. 2. 1947, 2.

ermöglichte eine stabile Verausgabung in der Werkstatt und im Büro. Soziale Probleme waren für sie so gesehen seit je betriebliche Probleme.[643] In der Werkstatt wollten Rationalisierungsvorhaben durch Arbeitsorganisation Reibungsflächen vermindern und das Verhalten der Belegschaft steuern. Dasselbe galt für den Bereich ausserhalb der Fabrik: Eine soziale Rationalisierung wollte Verhaltensweisen fördern, die für den Betrieb, im doppelten Wortsinn, günstig ausfielen.[644]

Das Zusammenleben ist «komplizierter geworden»

Die Leiterin des Verbands Volksdienst Else Züblin schlug im Herbst 1938 der Geschäftsleitung der Maschinenfabrik Oerlikon vor, eine Sozialarbeiterin anzustellen – quasi als Ergänzung der vom Verband bereits betriebenen Kantine im Wohlfahrtshaus. Züblins Vorschlag stiess auf offene Ohren; für 8000 Franken im Jahr organisierte der Verband in Absprache mit der Geschäftsleitung und der Betriebskrankenkasse eine Sozialarbeiterin, Margrit Müller, die zuvor in Olten bei den Werkstätten der Schweizerischen Bundesbahnen tätig war. Ihr standen jährlich 1800 Franken (ab 1944 2400 Franken) für Darlehen zur Verfügung, die sie Hilfesuchenden gewähren konnte.[645]

Züblin erklärte in der *Arbeitgeber-Zeitung* zur Sozialarbeit in Oerlikon: «Das Hauptaugenmerk ist […] auf die Erhaltung der Mutterkraft zu legen.» Man wolle zu einem «gedeihlichen Familienleben, von dem wiederum die berufliche Leistungsfähigkeit abhängt», verhelfen.[646] Gemäss der 1941/42 für die Maschinenfabrik tätigen Hilly Herforth meldeten die Meister der Sozialarbeiterin mögliche Problemfälle: «[c]hronische Vorschussnehmer». Wer ein Darlehen über 20 oder 30 Franken erbat, wurde von der Sozialarbeiterin auf seinen Lebenswandel hin überprüft, auch mit Hausbesuchen. Bei finanziellen Problemen vermittelte Herforth den Ehefrauen von Arbeitern Heimarbeit; sie durften dann für den Betrieb Handtücher flicken, zu 80 Rappen das Stück.[647] In den Jahren vor 1945 standen fünf Problemkreise im Fokus der Sozialarbeiterin: das Saufen (ein später wiederkehrendes Thema) und der Versuch, bereits Sozialhilfe beziehende Arbeiter/-innen davon abzuhalten; der Erhalt der Gebärfähigkeit und Gesundheit von Frauen; die individuelle Hilfe bei krankheitsbedingter Verschuldung;

643 Vgl. Dalla Costa/James 1975, 33–42; Del Re 2013; Vogel 2000.

644 Sachse 1990, 27f., 35.

645 Archiv ABB, DRP BBC, 20. 10. 1938, 16. 11. 1938, 9. 2. 1939, 30. 8. 1944.

646 Else Züblin: Industrielle Fürsorge- und Beratungsstellen, in: SAZ 14–15, 1939, 189–191, hier 190.

647 Sozialarchiv, Ar 427.20.2, Fachgruppe Betrieb 1943–1946, Hilly Herforth: Maschinenfabrik Oerlikon, o. J. Bei der Maschinenfabrik Oerlikon verdienten Arbeiter im zweiten Halbjahr 1942 im Schnitt 1.47 Franken pro Stunde, etwas mehr als bei Brown Boveri (1.41 Franken) und Gebrüder Sulzer (1.45 Franken). Archiv ABB, DRP MFO, 25. 3. 1942. Arbeiterinnen verdienten im selben Zeitraum durchschnittlich 93,1 Rappen pro Stunde. Ebd., 13. 7. 1943.

der Lohnausfall aufgrund des Militärdienstes; schliesslich der Versuch, Arbeiterinnen zu rechten Hausfrauen zu erziehen. Bei all diesen Problemen ging es nebst der Hilfe in Notlagen vor allem darum, auf ein vom Betrieb erwünschtes Verhalten hinzuwirken – gerade unter Frauen, weil Armut als Folge einer mangelhaften Hauswirtschaft angesehen wurde.[648]

In den ersten Jahren wechselte die Sozialarbeiterin in Oerlikon auffällig häufig – die Arbeitsbedingungen scheinen nicht die günstigsten gewesen zu sein. Länger blieb ab 1946/47 Beate von Monakow, die auch bis Anfang der 1950er-Jahre im Vorstand der Vereinigung der Fabrikfürsorgerinnen sass. Monakow war bis 1954 im Auftrag der Maschinenfabrik tätig.[649] Ihre Diplomarbeit an der Sozialen Frauenschule Zürich über die Lage verheirateter Arbeiterinnen in der Textilindustrie führte nach 1947 zu einer Debatte über den Stellenwert der Frauenarbeit in der Industrie.[650] Monakow forderte unter anderem Teilzeitstellen für Frauen. In die Fabrik gingen sie, um das Familieneinkommen aufzubessern, «da ein beträchtlicher Prozentsatz ihrer Männer kaum das Existenzminimum erreicht».[651] Zwar war Monakow grundsätzlich dagegen, dass Frauen überhaupt in der Fabrik arbeiteten, weil «die Frau in einem industriellen Betrieb eigentlich in einer fremden Welt lebt»; Frauen arbeiteten «lieber am Fliessband als die Männer, weil ihnen dort das technische Denken abgenommen wird und die Arbeit ganz automatisch vor sich geht».[652] Die Teilzeitarbeit verlange allerdings danach, dass «die Freizeit der Arbeiterinnen» (gemeint war die für die Hausarbeit nötige Zeit) «gut geregelt ist, so dass sie nicht während der Arbeitszeit fehlen müssen, um die Wäsche zu besorgen etc.».[653] Da die Fabrikarbeit von Frauen «vorläufig nicht umgangen werden kann», hielt es Monakow für nötig, dass Unternehmen ihren Arbeiterinnen bezahlte Freitage für die Verrichtung nötiger Hausarbeiten gewährten und dass sie für eine rechte hauswirtschaftliche Bildung sorgten.[654] Mit der ersten Forderung kam sie in der Maschinenfabrik Oerlikon nicht weit, mit der zweiten dagegen schon: Ab 1941 organisierten Sozialarbeiterinnen regelmässige, vom Unternehmen bezahlte Hauswirtschaftskurse.[655]

1950 gab Monakow im *Gleichrichter* eine Übersicht über ihre Tätigkeit. «Viele Leute machen sich von der Arbeit einer Fürsorgerin ein falsches Bild», klagte sie. «[S]ie verwechseln die Fürsorgestelle mit einem Wohltätigkeitsinstitut

---

648 Illi 2002, 61–80; Matter 2011, 140f., 372.
649 MFO-Fürsorgestelle 1, 1954, 10.
650 Vgl. Monakow 1947.
651 Dies. 1949, 94.
652 Ebd., 98. Man darf indes bezweifeln, dass Monakow die «ganz automatisch» vor sich gehende Arbeit am Fliessband selbst einmal ausprobiert hat. Das Bild der technikfernen Arbeiterin mit geringer Monotonieempfindlichkeit war ein gängiger Topos der Arbeitswissenschaften, um die unqualifizierte und schlecht bezahlte Lohnarbeit von Frauen zu legitimieren. Krell 1984, 105, 109.
653 Monakow 1947, 347.
654 Dies. 1949, 108.
655 Sozialarchiv, Ar 427.20.2, Fachgruppe Betrieb 1943–1946, E. Merian: Kurzbericht über die Aufgaben und die Tätigkeit der Fabrikfürsorgerin in der Maschinenfabrik Oerlikon, 26. 7. 1945.

Abb. 6: *Franklinstrasse, Zürich-Oerlikon, 1963.*

oder gar mit einer Leihbank; dass sie aber in erster Linie Beratungsstelle sein soll und will, wird leider oft übersehen.»⁶⁵⁶ Eine für die Maschinenindustrie typische Art der Kommunikation – ob die Sozialarbeiterin nun vom Betrieb selbst ange-stellt war oder für den Verband Volksdienst arbeitete. Die Beratungsstelle wurde vorgestellt, um sogleich zu erklären, man solle sie besser nicht in Anspruch neh-men. Das mochte damit zu tun haben, dass die Sozialarbeiter um 1950 pro Monat 150–200 Sprechstunden abhielten. Nach ihren Angaben – «[v]on der eigentlichen Fürsorge darf ich natürlich nicht zu viel ausplaudern» – ging es dabei um die pre-käre Lage junger Familien, deren Lohn nicht ausreichte, um kranke Ehefrauen, die den Haushalt nicht mehr führen konnten, um die Versorgung von Kindern in Heimen.⁶⁵⁷ Aber auch um Streitigkeiten mit Vermietern oder um Verschul-dung durch Abzahlungskäufe; in diesen Fällen bot die Sozialarbeiterin auch eine Budgetberatung an. Nur kurz erwähnte Monakow die Möglichkeit finanzieller Hilfe; Details nannte sie nicht. Abgesehen von den Sprechstunden organisierte sie zudem Hauswirtschaftskurse, die Abende der Frauengruppe und besichtigte einmal im Jahr die Unterkünfte der Lehrlinge. Über deren Verhalten holte sie

---

656 Beate von Monakow: Aus der Arbeit der Fabrikfürsorgerin, in: GR 5, 1950, 79 f., hier 79.
657 Vgl. Bühler et al. 2019, 292–298, zur Rolle der betrieblichen Sozialarbeit bei administrativen Versorgungen; zur Übernahme psychiatrischer Erklärungsmuster durch Sozialarbeiterinnen vgl. Matter 2011, 169–171.

regelmässig Berichte ein. Wer auffiel, dem wurde der Lehrlingslohn einbehalten und von der Sozialarbeiterin verwaltet.[658] Der für das Arbeiterwesen zuständige Peter Kläsi erklärte das Vorgehen 1949 so: Auf Veranlassung der Meister oder Betriebsleiter greife man ein wegen «Anbahnen von zarten Banden mit Laufmädchen, bei Schwänzereien, Saufereien, Schlägereien, Kleptomanie, frechem Maul und Streit mit dem Meister».[659]

Der übermässige Alkoholkonsum war ein Dauerbrenner in der Maschinenfabrik Oerlikon – wie in anderen Betrieben auch.[660] 1953 verschickte die Geschäftsleitung Briefe an Arbeiter, von denen sie ausging, dass sie manchmal über den Durst tranken: Man stellte sie vor die Wahl, ihre Leistung umgehend zu verbessern oder entlassen zu werden. Die servile Arbeiterkommission stützte zunächst dieses Vorgehen.[661] Immerhin gehörte die Drohbriefschreiberei der Direktoren zum normalen Unternehmensstil in Oerlikon und war an sich nichts Aussergewöhnliches; im Mai 1954 erhielten etwa jene Arbeiter/-innen, die bei der Akkordarbeit nicht auf den Durchschnittslohn kamen, Briefe nach Hause geschickt mit der Aufforderung, sofort mehr zu leisten, ansonsten würden sie umgehend entlassen.[662] Der Leiter des Arbeiterwesens und spätere Personalchef des Betriebs Willy Sauser (ein passionierter Abstinenzler und ab 1956 Nationalrat, später Präsident der Evangelischen Volkspartei) verschickte häufig Briefe an ältere ledige oder verwitwete Arbeiter «wegen zu viel Alkoholgenuss» – woher er das wusste, blieb offen. Das ging dann auch der Arbeiterkommission irgendwann zu weit: Sie beschloss 1954, sich bei der Geschäftsleitung darüber beschweren, «dass die Mahnbriefschreiberei wegen zu vielem Trinken von Sauser übertrieben werde».[663]

Neben der Suchtprävention bildete die Budgetberatung und Schuldensanierung, mithin die Frage nach einem rationellen Lohngebrauch, für die Sozialarbeiterin in den 1950er-Jahren ein wichtiges Aufgabenfeld. Die Werkzeitung schaltete regelmässig Warnmeldungen über drohende Verschuldung durch Abzahlungskäufe oder die Gefahr undurchsichtiger Sparverträge. Infolge der grassierenden Wohnungsnot in Zürich wurde zudem die Hilfe bei der Zimmervermittlung und Wohnungssuche häufig nachgesucht; die Wohnungsfrage sollte in den kommenden Jahren einen immer grösseren Stellenwert erhalten.[664] Ende der

---

658 Beate von Monakow: Aus der Arbeit der Fabrikfürsorgerin, in: GR 5, 1950, 79 f., hier 79.

659 Peter Kläsi: Das Arbeiterwesen und seine Aufgaben, in: GR 6, 1949, 97–101, hier 99.

660 Brown Boveri forderte 1951 ihre Belegschaft auf, die Jahresgratifikation nicht gleich zu versaufen: Wem gehört die Gratifikation?, in: WW 6, 1951, 81. Gebrüder Sulzer erliess 1951 ein Alkoholverbot, die Sozialarbeiterin warnte die Geschäftsleitung 1958 vor den vielen Trinkern im Betrieb, 1962 beklagten sich die *Werk-Mitteilungen*, «die Leute versumpfen», die Folge sei «moralischer Verfall». Archiv Sulzer, Schachtel 156f, Abt. 24: Quartalsbericht IV 1957, o. J.; Egli 1965, 53; Gedanken zum Fasnachtsmontag: in: WM 7, 1962, 23.

661 Sozialarchiv, Ar 422.60.3, Prot. Arbeiterkommission, 21. 9. 1953.

662 Ebd., Prot. Arbeiterkommission, 5. 5. 1954.

663 Ebd.

664 Elisabeth Preisig: Fürsorgestelle, in: GR 7, 1956, 100 f.; dies.: Fürsorgestelle, in: GR 7–8, 1958, 111.

1960er-Jahre erklärte die seit 1954 für die Maschinenfabrik tätige Sozialarbeiterin Elisabeth Preisig, über die Jahre habe sich ihre Tätigkeit verändert. Standen in den 1950er-Jahren die Folgen materieller Not im Zentrum, kümmere sie sich nun mehr als zuvor um psychologische Probleme. In den 1960er-Jahren sei das Zusammenleben «komplizierter geworden», entsprechend leiste sie vermehrt «geistig seelische Hilfe». «Die Betriebsfürsorgerin kann also bei privaten Problemen und bei ganz persönlichen Schwierigkeiten und Konflikten am Arbeitsplatz beigezogen werden.»[665] Mit allmählich ansteigenden Reallöhnen und dem (wenn auch zögerlichen) Ausbau der öffentlichen Sozialversicherungen gerieten herkömmliche Erklärungsmuster für materielle Armut, etwa unzureichende Hausarbeitsweise, allmählich aus dem Blick. An ihre Stelle trat eine Individualisierung durch Psychologisierung. Armut wurde zum individuellen Anpassungsproblem erklärt.[666] Die Gemeinnützige Gesellschaft warnte 1966 vor den Folgen einer «Wohlstandsverwahrlosung»; die grössere Unabhängigkeit durch bessere Löhne verursache psychische Probleme, sie führe zu «Wurzellosigkeit».[667]

Die Verschiebung in Richtung Lebensberatung betraf in Oerlikon allerdings nicht die Arbeitsmigrant/-innen; hier blieben die gleichen, nämlich materiellen Probleme wie früher bestimmend, also Fragen der Unterkunft oder der Verschuldung.[668] Eine Untersuchung von 1967 ergab bei der Maschinenfabrik Oerlikon, dass zwei Drittel der von der Sozialarbeiterin betreuten Fälle Arbeitsmigrant/-innen waren; die Hälfte wurde ihr von den Werkmeistern gemeldet. Neben nicht genauer ausgeführten allgemeinen Beratungen behandelte die Sozialarbeiterin vor allem Fälle materieller Armut (und zwar nicht nur bei den Migrant/-innen; der behauptete Trend hin zur Lebensberatung schien insofern relativ), bot Unterstützung beim Familiennachzug und bei der Unterbringung von Kindern und half bei Notlagen infolge Krankheit und Unfällen.[669]

1962/63 übernahm die Maschinenfabrik Oerlikon die zuvor vom Verband Volksdienst betriebene Stelle der Sozialarbeiterin. Der Verband hatte sich entschieden, die Sozialarbeit für Einzelfirmen einzustellen, und betrieb fortan nur noch kollektive Beratungsstellen. Seit den 1950er-Jahren nahm die Zahl der vom Verband gestellten Sozialarbeiterinnen stetig ab; viele Unternehmen organisierten eine eigene Infrastruktur, lagerten (anders als heute) nicht aus, sondern ein.[670] Hinter der Abkehr von den Einzelfirmen stand allerdings auch ein Wandel in der Wahrnehmung der betrieblichen Sozialarbeit. Der Verband Volksdienst behauptete stets, seine Tätigkeit sei neutral, die Sozialarbeiterinnen würden weder den Standpunkt der Patrons noch der der Belegschaft übernehmen.[671] Mit der

665 Elisabeth Preisig: Warum geht Herr Müller wohl zur Betriebsfürsorgerin? Er hat doch ein Auto …, in: GR 3, 1967, 50.
666 Matter 2011, 312.
667 SGG 1966, 7.
668 Illi 2002, 92 f.
669 Anderes/Gut 1967, 35 f.
670 Illi 2002, 102.
671 Vgl. Haeberli 1944, 14.

Realität mochte das wenig zu tun haben. Paradoxerweise entzog aber gerade der vom Verband angestrebte Arbeitsfrieden seiner Tätigkeit die Legitimation, zumindest was seine Beratungsstellen betraf. Die Behauptung einer neutralen Sozialarbeiterin wurde überflüssig, weil seitens der Gewerkschaften jegliche Kritik ausblieb. Wieso sollte ein Betrieb eine vorgeblich neutrale Organisation mit dieser Aufgabe betrauen, wenn es sowieso niemanden mehr störte, dass die Sozialarbeiterin parteiisch war?[672]

«Beeinflussung in der Lebensführung»

Gebrüder Sulzer stellte 1951 eine der Personalabteilung unterstellte Sozialarbeiterin ein: Gabriele Böhler, die diese Tätigkeit bis mindestens Anfang der 1970er-Jahre ausübte. Im Vergleich zu Brown Boveri und zur Maschinenfabrik Oerlikon, bei denen die Werkzeitungen regelmässig über die Tätigkeit der Sozialarbeiterinnen berichtete, hielt man sich in Winterthur bedeckt. Das entsprach zum einen dem etwas knappen Stil der *Werk-Mitteilungen*, aus dessen Artikeln sich nur wenig über betriebliche Probleme oder die soziale Dynamik im Unternehmen herauslesen lässt – es wäre nicht übertrieben, würde man die Berichterstattung in dieser Zeit mit «zurückhaltend» umschreiben. Zum anderen ist anzunehmen, dass die Tätigkeit von Böhler im Vergleich zum ländlichen Baden oder der von der Betriebsgemeinschaftsideologie beseelten Maschinenfabrik Oerlikon in ihrem Umfang etwas eingeschränkter war. Böhler erklärte 1954 in der Werkzeitung, die öffentliche Fürsorge und Beratung in Winterthur sei einigermassen gut ausgebaut; man arbeitete auch eng mit ihr zusammen.[673] Das entsprach dem üblichen Vorgehen der Unternehmen, kostspielige Problemfälle möglichst rasch an öffentliche Einrichtungen oder aber an private karitative Organisationen zu vermitteln. Böhler erklärte in ihrem Text, Werkmeister oder Betriebschefs überwiesen ihr die meisten Fälle: Wer Meinungsverschiedenheiten mit Vorgesetzten hatte (es handelte sich in der Regel um Lohnstreitigkeiten), musste also je nachdem zur Sozialarbeiterin zum Gespräch. Diese unternahm dann einen Hausbesuch, um sich ein Bild von der geleisteten Hausarbeit zu machen: «Sehr oft erweist es sich als wertvoll, wenn man mit der Frau daheim in Ruhe sprechen kann. Der Mann, der den ganzen Tag fort ist, sieht ja meist die Dinge anders als die Frau, die mit den täglichen Fragen enger verbunden ist und mit den Kindern mehr Schwierigkeiten hat, weil sie den ganzen Tag um sie sind.»[674]

Die «täglichen Dinge» also, die Hausarbeitsweise, war eines der zentralen Arbeitsgebiete der Sozialarbeiterin; hierhin gehörte auch das Angebot der Budgetberatung, sollte der Lohn nicht ausreichen. Ähnlich wie die Sozialarbeiterinnen in Baden und Oerlikon erklärte Böhler im Jahresbericht der Betriebs-

672 Ebd., 111. Die Sozialberatung der SV Group wurde 2004 in die Movis AG ausgelagert.
673 Gabriele Böhler: Aus der Arbeit der Betriebsfürsorgerin, in: WM 1, 1954, 14.
674 Ebd.

fürsorge 1961 zwar: «Heute sind es vorwiegend Anpassungsschwierigkeiten und seelische Probleme, die uns beschäftigen.»[675] Bei der Durchsicht der Jahresberichte zeigt sich aber, das für Arbeiter/-innen auch in den 1960er-Jahren hohe Mietzinse und Schulden ein Problem blieben; in einigen Fällen nahm Gebrüder Sulzer gleich selbst eine Lohnzession vor, um «Ordnung zu schaffen». Gerade die Verschuldung und eine mangelnde Sparmentalität führe bei jungen Leuten dazu, «dass die Frau mitverdient», was Böhler ablehnte.[676] Seit 1952 organisierte sie regelmässig Hauswirtschaftskurse: Näh-, Koch-, Ernährungs- und Krankenpflegekurse für die Partnerinnen der Arbeiter und Angestellten. Die Arbeiter erhielten jeweils eine «Aufforderung zum Besuch unserer Nähkurse» ins Zahltagstäschchen gelegt.[677]

Böhler verstand ihre Tätigkeit weniger als aktives Eingreifen, um dadurch ein produktivitätsförderndes Verhalten zu fördern; ihr ging es eher um Prävention und Erziehung. Über ihre Arbeit sagte sie, sie sei wie jene «der Hausfrau: den ganzen Tag hat sie gearbeitet, und am Ende sieht man nichts davon. Aber da wie dort würde man es vielleicht doch spüren, wenn sie ihre Arbeit nicht getan hätte.»[678] Eine Erziehungsmöglichkeit sah sie darin, dass der Betrieb junge Familien unterstützte, damit sie sich Möbel kaufen konnten: Damit sei «über die materielle Hilfe hinaus […] auch der Kontakt und die Möglichkeit einer Beeinflussung in der Lebensführung und -haltung gegeben».[679] Frisch verlobten Arbeitern schenkte man deshalb den von der Gemeinnützigen Gesellschaft herausgegebenen Ratgeber *Wir gründen einen Hausstand*.[680] 1958 erklärten die *Werk-Mitteilungen*, die Sozialarbeiterin im Betrieb wäre eigentlich vermeidbar, würden sich nicht so viele «durch zu wenig überlegte Vorzahlungs- und Abzahlungsgeschäfte in die Nesseln setzen». Die Konsumwünsche – «die Liste ist ellenlang und geht vom Staubsauger bis zum Auto» – entsprachen oft nicht den Möglichkeiten der Arbeiter. Die Werkzeitung warnte, wer nicht sparen könne, der bedrohe letztendlich die Familie, es drohe eine «verhängnisvolle ‹Blas-mir-doch-Stimmung› samt ihren unerquicklichen Begleiterscheinungen».[681]

Die Jahresberichte der Sozialarbeiterin geben einen Einblick in die finanzielle Hilfe, die der Betrieb gewährte: 1951 wurden 63 zinslose Darlehen über 20 955 Franken und 1952 67 Darlehen über 23 430 Franken vergeben. 1956 erhielten 73 Personen eine nicht näher bezeichnete Beihilfe, 1957 nur noch 33;

675 Archiv Sulzer, Schachtel 156f, Abt. 24: Quartalsbericht IV 1961, o. J.
676 Ebd., Abt. 24: Quartalsbericht IV 1962, o. J.
677 Ebd., Abt. 24: Quartalsbericht IV 1955, 26. 3. 1956.
678 Gabriele Böhler: Aus der Arbeit der Betriebsfürsorgerin, in: WM 1, 1954, 14.
679 Archiv Sulzer, Schachtel 156f, Abt. 24: Quartalsbericht IV 1951, 27. 3. 1952.
680 Gabriele Böhler: Wir gründen einen Hausstand, in: WM 3, 1954, 48. Der 1950 von Hanni Zahner verfasste Ratgeber wurde ebenso gratis oder verbilligt von der Maschinenfabrik Oerlikon und Brown Boveri abgegeben. Beate von Monakow: Wir gründen einen Hausstand, in: GR 1, 1951, 20; Trudi Schmid: Wie man sich bettet, so liegt man, in: WW 9, 1953, 132. Die *Werkzeitung der schweizerischen Industrie* druckte Auszüge ab. Hanni Zahner: Wie beschaffe ich eine Aussteuer?, in: WZ 4, 1955, 58.
681 Theres: Ein Besuch unserer Fürsorgerin, in: WM 10, 1958, o. S.

der Rückgang wurde mit der Einführung des neuen Lohnsystems im selben Jahr erklärt. Ab 1954 zahlte man armen kinderreichen Familien eine informelle Familienzulage aus, die im ersten Jahr gegen 130 Familien erhielten, mit den neuen Löhnen von 1957 aber nur noch acht. Eine weitere Hilfeleistung waren die Lebensmittelpakete an Pensionierte, deren Rente nicht ausreichte, und an Arbeiter, deren Lohn derart tief war, dass sie in Armut leben mussten. 1957 wurden immerhin 408 Pensionierte und 189 Arbeiter auf diese Weise unterstützt – gerade letztere Zahl weist darauf hin, dass die Löhne bei Gebrüder Sulzer trotz Hochkonjunktur doch sehr unterschiedlich ausfielen.[682] Neben den Lebensmittelpaketen wurden zudem bis mindestens zur Einführung der Ergänzungsleistungen 1966 regelmässig Wäschepakete an Pensionierte verteilt: Sie enthielten Leintücher fürs Bett, Hand- und Küchentücher, manchmal eine Wolldecke.[683]

In einem der internen *Orientierungsblätter für Mitarbeiter* erklärte Gebrüder Sulzer 1968, die betriebliche Sozialarbeit sei «aus wirtschaftlichen Überlegungen notwendig», denn «Kummer, Bedrücktheit und Sorgen […] wirken sich meist auch am Arbeitsplatz nachteilig aus».[684] Produktivität und Privatleben waren eins: Hilfe wurde gewährleistet, um «beruflich wieder leistungsfähiger zu machen».[685] Die Sozialarbeiterin habe «keine Kontrollfunktion» (sie habe keine Befugnisse, arbeitsbezogene Massnahmen zu ergreifen), werde aber von Vorgesetzten eingeschaltet, wenn «etwas nicht stimmt» – was letztlich auf dasselbe hinausläuft.[686]

Ein wichtiges Arbeitsgebiet war gemäss obigem Orientierungsblatt die Betreuung von Arbeitsmigranten. Im September 1964 plante Gebrüder Sulzer, sich an einer Beratungsstelle für die bisher von der Missione Cattolica Italiana und einem spanischen Pfarrer betreuten Arbeiter zu beteiligen. Die dafür budgetierten jährlichen 40 000 Franken sollten von der Maschinenindustrie, der katholischen Kirche und der Stadt Winterthur bezahlt werden. Der Metallarbeiterverband wurde angefragt, wollte sich aber nicht beteiligen. Der Plan sah vor, die Beratungsstelle unter dem Dach der Hülfsgesellschaft Winterthur zu betreiben, einem bis heute bestehenden bürgerlichen Honoratiorenverein, der eine konservative Armenunterstützungspolitik vertrat. Das Vorhaben wurde offenbar nicht umgesetzt. Die Stadt Winterthur stellte sich gegen das Vorhaben; der sozialdemokratische Stadtrat Heinrich Naef meinte, es gebe kein Bedürfnis nach einer solchen Beratungsstelle.[687] Gebrüder Sulzer wollte vor allem sicherstellen, dass

682 Ebd., Abt. 24: Quartalsbericht IV 1952, 21. 2. 1953; 1956, 28. 3. 1957; 1957, o. J. 1954 gab der Verwaltungsratsdelegierte Herbert Wolfer an einer Sitzung mit der Arbeiterkommission zu, dass die unqualifizierten Arbeiter bei Gebrüder Sulzer schlecht bezahlt wurden; ihr Lohn lag bei 1.62 Franken die Stunde. Um die 100 von ihnen mussten trotz Lohnarbeit zusätzlich Sozialhilfe beziehen, um überleben zu können. Ebd., Schachtel 180a, Prot. Arbeiterkommission, 27. 4. 1954.
683 Naturalleistungen an Pensionierte, in: WM 7, 1964, 7.
684 Archiv Sulzer, Schachtel 161a, Orientierungsblätter für Mitarbeiter 5, Mai 1968, 1.
685 Ebd.
686 Ebd., 4.
687 Buomberger 2011, 293 f.

die Sozialarbeiterin keine Verbindungen zu den Colonie Libere Italiane besass. Diese seien «politisch nicht neutral», was hiess, man hielt sie für links – wenn nicht gar für kommunistisch.[688]

Nicht «‹die Geldkatze› der Firma»

Die Aufgabe der 1943 eingestellten Sozialarbeiterin wurde bei Brown Boveri 1944 so umschrieben, dass sie bei Krankheit «und andern Bedrängnissen [...] auch hauswirtschaftlicher Natur» einspringen solle. Auch könne sie Anträge auf finanzielle Unterstützung durch den Betrieb stellen.[689] Das allerdings war eine heikle Sache, denn die Geschäftsleitung wollte genau das eigentlich vermeiden. Ende 1944 machte die Werkzeitung die Belegschaft darauf aufmerksam, die «mit Takt, mit mütterlichem Empfinden und vielleicht auch einmal mit weiser Strenge» vorgehende Sozialarbeiterin möglichst nicht um Unterstützung anzugehen. «Was die Fürsorgerin nicht alles regeln, schlichten, einrenken soll!» Die damit vermittelte Botschaft war ein Stück weit paradox: Es gab zwar eine Sozialarbeiterin, aber man sollte sie bitte nicht bemühen. Man brauche sie in den meisten Fällen ja ohnehin nicht, erklärte die Werkzeitung weiter, «es geht auch ohne dies, denn mit Liebe, Geduld, Menschenkenntnis und gesundem Menschenverstand lässt sich in aller Schlichtheit viel erreichen». Die Sozialarbeiterin helfe bloss bei Krankheit, Todesfällen «oder andern Schicksalsschlägen», sie organisiere dann eine Haushaltshilfe, eine Krankenpflegerin oder die Versorgung der Kinder «bei gemeinnützigen Institutionen».[690]

In den ersten fünf Jahren, zwischen 1943 und 1948, bearbeitete die Sozialarbeiterin über 1300 Fälle, sie habe «in der Hauptsache mit Angelegenheiten der Arbeiter» zu tun; gerade ein Zehntel der Fälle waren Angestellte im Monatslohn. Ab August 1948 wurde ihre Stelle deshalb der Fabrikdirektion unterstellt.[691] 1952 wurde eine zweite, 1955 eine dritte Sozialarbeiterin eingestellt – die Belegschaft wuchs rasant an, von gut 8400 1950 auf fast 12 000 1955, wobei die Zunahme vor allem auf die vermehrte Beschäftigung von Arbeitsmigrant/-innen zurückzuführen war.[692] Den Sozialarbeiterinnen unterstanden Haushaltshilfen, die in Krankheitsfällen einspringen konnten, um den Arbeitern im Haushalt auszuhelfen und Arbeiterinnen anzuleiten; die Sozialarbeiterinnen ihrerseits waren mindestens in den 1960er-Jahren dem Fabrikarzt unterstellt. Neben ihrer Beratungs-, Erziehungs- und Unterstützungstätigkeit organisierten sie im neuen

688 Archiv Sulzer, Schachtel 161a, Aktennotiz, 10. 9. 1964.
689 Werkfürsorgerin, in: WW 2, 1944, 21 f.
690 Ein Besuch bei unserer Werkfürsorgerin, in: WW 12, 1944, 161.
691 Emil Klingelfuss: BBC-Bulletin, in: WW 9, 1948, 121 f., hier 121.
692 Max Schiesser: Referat, Generalversammlung der A.-G. Brown, Boverie & Cie., 17. 7. 1950, in: WW 7–8, 1950, 103–106, hier 105 f.; Theodor Boveri: Referat Generalversammlung, 21. 7. 1955, in: WW 7–8, 1955, 120 f., hier 120.

Wohlfahrtshaus Martinsberg auch Veranstaltungen, die mit ihrer Arbeit zu tun hatten: 1956 etwa Aufklärungsabende zur Problematik der Abzahlungskäufe oder einen Vortragszyklus mit dem Direktor der Psychiatrie Königsfelden Peter Mohr zu Erziehungsfragen; darüber, «wie enorm wichtig es für einen jungen Menschen sei, in einem harmonischen Heim aufzuwachsen».[693] Brown Boveri würde Mohr in den folgenden Jahren immer wieder zu Veranstaltungen einladen, wo der Blick des (zumal religiösen) Psychiaters auf die von allen Seiten gefährdete Familie gefragt war.

1956 äusserte sich eine der drei Sozialarbeiterinnen in *Wir und unser Werk* ausführlich zu ihrer Tätigkeit. «Die seelische Verfassung einer Betriebsgemeinschaft, oder mit andern Worten, das Betriebsklima», erklärte Trudi Schmid, «ist für die Wirtschaftlichkeit eines Unternehmens von ausschlaggebender Bedeutung. Es ist für dieses ungefähr das, was der Wohnstubengeist für die Familie.» Damit die Sozialarbeiterin das Betriebsklima heben konnte, brauchte es vor allem eines: «das Vertrauen, das ihr von den Werkangehörigen entgegengebracht wird».[694]

Das formulierte Ziel der betrieblichen Sozialarbeit in Baden bestand während der 1950er-Jahre darin, Hindernisse zu beseitigen, «die sich ungünstig auf Arbeitsfreude und Arbeitsleistung auswirken».[695] Anders als in den Jahren zuvor, aber auch anders als in Oerlikon oder Winterthur sollte die betriebliche Sozialarbeit direkt bei Fragen der Arbeitsbedingungen eingreifen; nicht zugunsten der Arbeiter/-innen und Angestellten, sondern als Beitrag zur Produktivitätssteigerung, «indem wir Reibungen unter Betriebsangehörigen zu mildern und Reibungen mit der Aussenwelt abzuschwächen versuchen».[696] Brown Boveri setzte zur Bewirtschaftung der Human Relations in der Werkstatt zumindest teilweise auf die Sozialarbeiterinnen. Die Fabrikdirektion zog sie bei, wo es Konflikte gab bei Versetzungen, Schichtplänen, Lohnfragen, der Akkordgestaltung oder «gestörte[n] Beziehungen am Arbeitsplatz» – dieser ganze Bereich war in den beiden anderen untersuchten Unternehmen für die Sozialarbeiterinnen weitgehend tabu.

Neben ihrer Tätigkeit nach innen, in die Werkstatt und in die Büros, sollten sie auch nach aussen, in die Wohnungen, in die Familien wirken: Ihr Einsatz bei krankheitsbedingten Notlagen war häufig; die Sozialarbeiterinnen griffen aber auch ein bei «Untüchtigkeit der Hausfrau», «Misswirtschaft des Ehemannes oder beider Eheleute» (genannt wurden hier «Vergnügungssucht», «Autofimmel», «übertriebener Sport»), «Unfähigkeit» zur rechten Kindererziehung, «Unstimmigkeiten in der Familie», Scheidungen und «zerrütete[n] Familienverhältnissen[n]». Beziehungsfragen galten gleichermassen als betriebs-

---

693 Richard Nadig: Veranstaltungen im Gemeinschaftshaus Martinsberg, in: WW 9, 1955, 153; Maria Giger: Drei Diskussionsabende mit Herrn Dr. P. Mohr, in: WW 3, 1956, 40.
694 Trudi Schmid: Aufgabe und Ziel der Werkfürsorge, in: WW 6, 1956, 97–99.
695 Ebd., 99.
696 Ebd., 98.

relevant, so «[d]er junge Mann, den plötzlich Zweifel über die Aufrichtigkeit seiner Braut ankommen, und der sich darum schier hintersinnt».[697] Schliesslich organisierten die Sozialarbeiterinnen wie in Oerlikon und Winterthur Hauswirtschaftskurse, zu deren Teilnahme sie explizit nicht nur die im Betrieb beschäftigten Frauen aufforderten, sondern ebenso die Partnerinnen und Töchter von Arbeitern und Angestellten.[698] Und wie in Oerlikon wurde den Sozialarbeiterinnen gemeldet, wer beim Werkmeister wiederholt um Vorschuss nachsuchte – was als Hinweis auf eine mangelhafte Hauswirtschaft galt, der man nachgehen musste.

Ging es um die konkrete finanzielle Unterstützung in Notfällen, also nicht nur um Zureden und Koch- und Nähkurse, äusserte sich Sozialarbeiterin Schmid auffallend zurückhaltend. Die Sozialarbeiterinnen dürften auf keinen Fall «‹die Geldkatze› der Firma» sein, man wolle lieber «Hilfe von Mensch zu Mensch» leisten als Beiträge auszahlen.[699] Bei grösseren Problemen verwies man an private karitative Organisationen oder die öffentliche Fürsorge weiter.[700] Für dringende Notfälle bestand die Möglichkeit, ein Gesuch um vorübergehende Unterstützung durch die Arbeiterhilfskasse zu stellen, die mit Lohnbeiträgen und Überweisungen des Betriebs finanziert wurde; eine paritätisch besetzte Kommission aus Mitgliedern der Geschäftsleitung und der Arbeiterkommission entschied, wer unterstützungswürdig war.[701] 1949/50 wurden 266 solcher Gesuche bewilligt und ein Betrag von 30 050 Franken ausbezahlt; in den kommenden Jahren würden die Gesuche wie die Unterstützungsbeiträge geringfügig zunehmen.[702]

Brown Boveri führte 1965 für die italienischen Arbeitsmigrant/-innen eine eigene Beratungsstelle ein. Im Barackenlager Brisgi in Baden wurde «quasi improvvisamente» ein «centro di assistenza sociale» auf die Beine gestellt. Die zuständige Sozialarbeiterin stellte allerdings nicht das Unternehmen zur Verfügung. Vielmehr übernahm das die Missione Cattolica Italiana aus Brugg. Die Sozialarbeiterin für die Migrant/-innen half bei der Erneuerung der Ausweise, bei der Korrespondenz mit dem italienischen Konsulat, bei Fragen der Reiseerlaubnis, übersetzte amtliche Briefe.[703]

Ein längeres Gespräch in der Hauszeitung *Wir und unser Werk* mit den drei regulären Brown-Boveri-Sozialarbeiterinnen zeichnete 1967 ein widersprüchliches Bild ihrer Arbeit. Denn einerseits betonten sie – wie in Oerlikon – einen Wandel ihrer Tätigkeit weg von materiellen Fragen hin zu psychischen Proble-

697 Anita Geiger, Ursula Kobelt, Ursula Meyer: Das liebe Geld, vom Waldi, einem Wunderdoktor und anderen Dingen …, in: WW 10, 1958, 210.

698 Trudi Schmid: Aufgabe und Ziel der Werkfürsorge, in: WW 6, 1956, 97–99, hier 98.

699 Ebd., 97.

700 Vgl. Matter 2011, 30, zu dem für die Schweiz typischen Mix aus öffentlicher und privater Sozialarbeit.

701 Vgl. Ambühl 1941, 281.

702 Archiv ABB, DRP BBC, 5. 7. 1950, 15. 9. 1954.

703 Antonio Lobina: Un ufficio di assistenza sociale per gli italiani a Birrfeld, in: WW 4, 1965, 82.

men, nannten dann aber Beispiele, bei denen die materielle Situation bestimmend war:

– das Verhindern einer Abtreibung bei einer jungen Frau, deren Lohn wegen mangelnder Arbeitsleistung stark eingebrochen sei,
– die juristische Beratung bei verschuldeten Arbeitsmigrant/-innen, die problematische Ratenzahlungsverträge abgeschlossen hätten,
– die Medikamentensucht eines Arbeiters, an der aber nicht er, sondern die depressive Ehefrau schuld sei, «die den Haushalt vernachlässigt», weshalb man ihm eine Haushaltshilfe organisierte und die Frau psychiatrisieren liess; das habe geholfen, seine Sucht «weitgehend zu überwinden».[704]

Bei den Beispielen ging es eigentlich um (erweitert verstandene) Hauswirtschaftsfragen, weniger um individuelle Anpassungsschwierigkeiten. Trotzdem: Die Sozialarbeiterinnen bestanden darauf, das richtige Gefühl, die Haltung sei entscheidend. Die Legitimation betrieblicher Sozialarbeit wurde mit einer aus der Human-Relations-Ideologie abgeleiteten Psychologisierung der betrieblichen Verhältnisse erklärt. Sozialarbeiterinnen sollten die Haltung der Belegschaft so beeinflussen, dass «Arbeitsfreude und Leistung» stiegen. Ein Problem der Fabrik bestehe darin, dass die Arbeiter/-innen zu wenig als Persönlichkeit geachtet würden. «Die Untersuchungen von [Elton] Mayo haben deutlich gezeigt, wie die unpersönliche Atmosphäre eines Betriebes den Einsatz der Arbeiter lähmt und damit die Produktion zurückgehen lässt.»[705] Dagegen setze der persönliche Kontakt der Sozialarbeiterinnen darauf, ein gutes Gefühl zu geben, den «Gemeinschaftsgedanke[n] und Dienstcharakter» zu verbreiten. Man wollte, erklärte die Sozialarbeiterin Ursula Flatt, dabei «eine Mittler-Rolle zwischen dem Einzelnen und der Gemeinschaft» einnehmen.[706] Mit dieser Gemeinschaft meinte sie nicht wie früher die korporative Betriebsgemeinschaft – gemeint war damit nur noch das Unternehmensinteresse. Die Werkzeitung sprach auch dieses an. Auf die Frage, man habe gehört, «dass Sie in erster Linie ‹die Produktivität steigern› sollten oder dass man Sie gar als ‹Spitzel› der Direktion betrachtet», erklärte die Sozialarbeiterin Ursula Kobelt: «Gewiss wollen wir Reibungsflächen und Schwierigkeiten beseitigen, das Betriebsklima verbessern, aber das liegt doch zuerst im Interesse des Einzelnen. Wenn seine Leistung sich dadurch steigert, umso besser.»[707]

---

704 Peter Rinderknecht: Begleiterinnen für ein Stück Weges …, in: WW 7–8, 1967, 204–207, hier 206.
705 Ebd., 205. Zu den angesprochenen Hawthorne-Untersuchungen siehe Kap. 3.2.
706 Ursula Flatt, zitiert ebd., 205 f.
707 Ursula Kobelt, zitiert ebd., 204.

3.5 Fazit: sozialpolitischer Ausbau, Verständigung und Verbindung zum Quartier

Dieses Kapitel bildet das Kernstück der Untersuchung. Es zeichnet nach, wie die drei grossen Unternehmen der Maschinenindustrie in den Jahren nach 1937 die Einrichtungen ihrer betrieblichen Sozialpolitik stark ausbauten. Der im vorherigen Kapitel dargestellte Rationalisierungsschub der 1950er-Jahre lässt sich von diesem Ausbau nicht abtrennen. Die sozialpolitischen Angebote könnte man als monetäre Kompensation für eine zunehmend verdichtete Arbeit beschreiben. Das aber wäre zu beschränkt. Denn sie waren im Grunde weit mehr als das.

Der Ausbau der Angebote bezweckte einen subjektiven Einbau der Beschäftigten in den Betrieb: Die materielle Abhängigkeit sollte sich über das Gemeinschaftsgefühl in eine höhere Arbeitsproduktivität übersetzen, in eine «wirksame und freudige Zusammenarbeit, getragen von gegenseitigem Vertrauen», so die Wegleitung von Brown Boveri von 1957.[708] Der von den Unternehmen beabsichtigte Einbau vollzog sich wenig einheitlich; er trennte zugleich. Am Beispiel der Altersvorsorge wurde gezeigt, wie deren Ausgestaltung der Differenzierung der Belegschaft diente. Bis in die 1970er-Jahre hinein bildete die Trennung von Kopf- und Handarbeit, von wenigen Angestellten im Büro und vielen Arbeiter/ -innen in der Werkstatt, hier eine mentale Leitplanke. Das war keine bloss symbolische Differenzierung: Sie hatte beträchtliche materielle Folgen.

Ab den 1950er-Jahren löste die aus den USA importierte Human-Relations-Ideologie in der Maschinenindustrie den hergebrachten autoritären Herr-im-Haus-Standpunkt des Managements allmählich ab. Die neue Lehre betonte, dass bei der Durchsetzung von Rationalisierungsvorhaben die sozialen und gefühlsmässigen Aspekte nicht vergessen werden dürften. Man entdeckte Menschen mit Bedürfnissen, Wünschen und Ängsten, wo es zuvor bloss Arbeitskräfte und Untergebene gab. Emotionalität wurde zu einer abschöpfbaren Ressource aufgewertet, das gute oder weniger gute Betriebsklima zeigte nun eine steigende oder fallende Arbeitsproduktivität an. Diese Psychologisierung bildete in allen drei untersuchten Betrieben die legitimatorische Grundlage für den Ausbau der sozialen Angebote, weil diese auf eine materielle wie gefühlsmässige Integration der Arbeiter/-innen und Angestellten abzielten. Ein erwünschter Nebeneffekt war die diskursive Entökonomisierung und damit Entpolitisierung des Arbeitsverhältnisses: Ein guter Lohn war nicht mehr so wichtig. Was nun zählte, war der angenehme Umgang untereinander.

Die betriebliche Sozialpolitik diente so gesehen der Verständigung, und zwar sowohl nach innen, in die Betriebe hinein, um den Zusammenhalt zu fördern, wie auch nach aussen, als Werbung für Arbeitskräfte und zur Selbstdarstellung der Unternehmen. Dieses Kapitel zeigt dies anhand der Werkzeitungen der drei Unternehmen und der vierten, der branchenweiten des Arbeitgeber-

---

708 BBC 1957, 23.

verbands, aber auch am Beispiel der Besuchstage, der Abteilungsabende, der Jubilarenfeiern und der Firmenjubiläen. Gerade die Besuchstage stehen exemplarisch für die doppelte Funktion der Verständigung nach innen und nach aussen. Sie zielten zunächst auf die Aussenwahrnehmung der Unternehmen ab. Zugleich bezweckten sie, in den stark arbeitsteiligen und weitflächigen Betrieben die einzelnen Fertigungsschritte nachvollziehbar zu machen, um so ein Gemeinschaftsgefühl zu erzeugen.

Die Frage der Verständigung wurde auf einen weiteren Aspekt hin untersucht: als Verständigung gegen drohende Arbeitskämpfe. Die Moralische Aufrüstung stellt hier eine Besonderheit dar. Die Sekte beeinflusste bis in die 1950er-Jahre hinein die Geschäftsleitung der Maschinenfabrik Oerlikon. Tatsächlich dürfte sie für die Ausgestaltung der Sozialpolitik in Oerlikon ein Rolle gespielt haben. Doch auch die gut besuchten Kaderkurse, die Alfred Carrard für die Maschinenindustrie ausrichtete, propagierten Teile der Sektenideologie. Und als wäre das nicht genug, stand die Leitung des Metallarbeiterverbands ebenfalls mit der Sekte in Kontakt. Die Unternehmen gingen schliesslich noch einen Schritt weiter, um eine innerbetriebliche Opposition zu bekämpfen. Ob die Inanspruchnahme eines privaten Geheimdienstes, der Aufbau einer verdeckten Streikbrecherorganisation oder die Verbindung zu einer nationalsozialistischen Partei, der ESAP: Man traf offensichtlich Vorkehrungen, handgreiflicher zu werden, sollte es mit der Integration der Arbeiter/-innen und Angestellten nicht recht klappen.

Das Ansinnen, die Belegschaft in den Betrieb einzubinden, wurde fass- und sichtbar bei den Wohlfahrtshäuser, insbesondere wo es sich um grössere Bauten handelte wie in Baden und Winterthur. In ihrem Kern waren diese Gebäude zwar Kantinen, doch dienten sie ebenso als Veranstaltungslokale, Aufenthalts- und Freizeiträume, Bibliotheken, Freizeitwerkstätten und Bäder. Sie bildeten eine dem Betrieb nachgeordnete soziale Infrastruktur unter der Kontrolle der Patrons. Die Wohlfahrtshäuser übten eine Brückenfunktion aus. Sie verbanden den betrieblichen mit dem ausserbetrieblichen Alltag. Ein Stück weit kann man sie damit als ein geteiltes Terrain verstehen; in ihnen überlagerten sich die Bereiche. Und oft bildeten sie den Ausgangspunkt der Sozialarbeit, wie sie von allen der drei untersuchten Betriebe an der Schnittstelle zwischen Fabrik und Quartier organisiert wurde. Die Werkfürsorgerinnen kümmerten sich um die sozialen Probleme der Belegschaft, wo diese den Verlauf der Fertigung zu stören drohten. Dem lag die Überlegung zugrunde, es bedürfe analog zur betrieblichen einer sozialen Rationalisierung, einer der Verhaltensweisen, um die Arbeitsproduktivität der Belegschaft zu heben. Im Unterschied zu Gebrüder Sulzer und zur Maschinenfabrik Oerlikon griffen die Sozialarbeiterinnen bei Brown Boveri dafür auch mal direkt in betriebliche Konfliktlagen ein – exemplarisch für ihre Funktion als Scharnier zwischen Lohn- und Hausarbeit.

4 Fabrikwohnen

4.1 Anbinden: Strategien gegen die Fluktuation

«15 000 Wohnungen für 60 000 Siedler» habe die Industrie «meist in letzter Zeit» gebaut, darunter «3600 Eigenheime für ca. 15 000 Bewohner», erklärte 1946 Sigfrit Steiner in *Siedlungen der Industrie*, einem rund 16-minütigen von der Gloriafilm in Zürich produzierten Werbefilm für den betrieblichen Wohnungs-bau.[1] Der Film erklärte die Bautätigkeit der Betriebe mit dem sozialen Gewissen der Patrons, die das proletarische Wohnelend nicht mehr dulden wollten. Die Arbeiter/-innen wohnten «zu nah aufeinander. Man stört sich. Und man zankt sich.»[2] «Nach anstrengendem Tagewerk empfängt den Arbeiter auch zu Hause der missmutige Alltag.»[3] Steiner zeigte in mehreren Varianten stets dasselbe: Der müde Arbeiter kommt von der Fabrik nach Hause, Fassaden von älteren Wohn-blöcken, in der Wohnung wartet «der missmutige Alltag» in Gestalt einer grimmig dreinblickenden Hausfrau. Doch das Drama der unzureichenden Wohn-verhältnisse und unangenehmen Frauen war zu Ende, versprach der Film, denn: «Heute baut der fortschrittliche Unternehmer aus sozialem Verantwortungs-gefühl Siedlungen für seine Arbeiter und Angestellten oder hilft ihnen durch zinslose Kredite. Oft fördert er ihren Zusammenschluss in Siedlungsgenossen-schaften.»[4]

Der betriebliche Wohnungsbau der drei hier untersuchten Unternehmen erfuhr in den Jahren nach 1937 einen bemerkenswerten Ausbau – besonders in Winterthur und in Baden, wie später gezeigt wird. Steiner wählte für seinen Film nicht von ungefähr mehrere Aussenaufnahmen neuer, von Gebrüder Sulzer finanzierter Siedlungen; er hätte auch jene von Brown Boveri nehmen können. Der Wohnungsbau der Maschinenindustrie wurde als fassbarer Ausdruck sozia-ler Aufgeschlossenheit dargestellt. Filme eigneten sich dafür gut. Der 1955 vom Verband Schweizerischer Maschinenindustrieller und der Wirtschaftsförderung finanzierte, in Gewerbeschulen und Kinos gezeigte Film *Mensch und Maschine* von Adolf Forter fragte: «Wo befindet sich nun der Arbeiter? Wie lebt er? In Mietskasernen?», und zeigte darauf eine dörflich anmutende Siedlung aus zusam-mengebauten Einfamilienhäusern. «Sein Streben geht nach freiem Lebensraum. Fernab von der Fabrik findet er ihn. Hier ist er freier Mensch. Unternehmer und Arbeiter eint der Wille, das private Leben frei von allem massenmässigen zu hal-ten und eigener Initiative zu überlassen. In diesem Sinne beteiligt sich der Arbeit-

---

1 Steiner 1946, 13:01–13:15.
2 Ebd., 2:32–2:44.
3 Ebd., 2:55–3:01.
4 Ebd., 4:38–4:51.

geber weitgehend bei den verschiedenen Lösungen der Wohnfrage.»[5] Tatsächlich war die Rede von «verschiedenen Lösungen» angebracht: Denn die in diesen Filmen häufig dargestellte ländliche Einfamilienhausidylle mit zufriedenen Arbeitern, die in ihrer Freizeit stets an irgendetwas herumwerkten, und gut gelaunten, betriebsamen Hausfrauen entsprach kaum der Realität der Mehrheit der Belegschaften. Die Einfamilienhäuser blieben einer Minderheit loyaler Facharbeiter und Angestellter vorbehalten; die für die Mehrheit ab den 1950er-Jahren verbauten Wohnblöcke waren weit prosaischer und standen auch nicht in freier Natur am lauschigen Waldrand. Für die ab 1946 importierten Arbeitsmigrant/-innen, die einen wachsenden Anteil der Belegschaften stellten, galt das sowieso nicht. Erst in den 1960er-Jahren begann die Maschinenindustrie, ernsthaft für sie zu bauen. Zuvor und oft genug auch danach wurden sie in segregierten, geschlechtergetrennten Baracken untergebracht. Davon handelten diese Filme aber nicht. In ihrer Aussage (die Unternehmen wüssten am besten, was gut sei für ihre Belegschaften) und durch die Aufzählung der patronalen Wohltaten ähnelten sie den Wegleitungen, die an die neu eintretenden Arbeiter/-innen und Angestellten verteilt wurden, um sie über den Betrieb, seine Produkte, seine Organisation und die betrieblichen Sozialleistungen zu informieren, und die gleichermassen als Werbematerial dienten. In ihnen rangierte der betriebliche Wohnungsbau als eine wenn auch herausragende sozialpolitische Einrichtung unter vielen, die auf das Leben der Beschäftigten Einfluss nehmen wollten.[6]

Stellenwechsel, Leerlauf und Anlernkosten

Wieso erstellten die Betriebe überhaupt Wohnungen? Die konservative Wirtschaftslobby Redressement national erklärte 1945 die Bautätigkeit mit «dem vorwiegend sozialen Moment» der Wohnungsnot. Doch gehe es nicht nur darum, in Zeiten knappen Wohnraums zu bauen. Es sei «geradezu Pflicht des für das Wohl des Unternehmens Verantwortlichen […], seine Mitarbeiter sesshaft zu machen und am Verbleiben zu interessieren».[7] Damit war eines der beiden zentralen Motive für den betrieblichen Wohnungsbau benannt: die Bekämpfung der Fluktuation und die wortwörtliche, nicht einfach nur ideelle Bindung an den Betrieb.[8] Das zweite Motiv war damit verbunden: das langfristige Parken von Pensionskassengeldern in Immobilien. Nicht nur sollte die fehlende Freizügigkeit der Pensionskassen die Beschäftigten davon abhalten, die Stelle zu wechseln

---

5 Forter 1955, 4:24–5:00. Forters Film diente zugleich der Werbung wie der antikommunistischen Propaganda; die betriebliche Sozialpolitik, so sein Fazit, sei ein «Zeichen des freien, nicht kollektiv bestimmten Lebens und in diesem Sinne typisch für die Schweiz». Ebd., 17:13–17:23. Vgl. Zimmermann 2011, 349–351.

6 Vgl. BBC 1957, 62 f.; Sulzer 1963, 61; dies. 1967, 68.

7 Erhard/Seiler 1945, 14, 18.

8 Vgl. Baumann Püntener 1996.

(wenig erfolgreich, wie die konstant hohe Fluktuation zeigte). Mit einem Gutteil der Gelder wurden auch der betriebliche Wohnungsbau und zu einem geringeren Teil die Vergabe von Hypotheken an Facharbeiter und Angestellte finanziert.[9] Die Mietverträge der Wohnungen waren ans Beschäftigungsverhältnis gekoppelt – die Hypothekenschuld sorgte bei Einfamilienhausbesitzern für ein ausreichend loyales Verhalten. Bei beidem stand weniger das von den Betrieben stets beteuerte soziale Gewissen im Vordergrund als die Problematik der Fluktuation und hoher Anlernkosten.

Zwischen Ende der 1940er- und Ende der 1960er-Jahre war das Ausmass des Stellenwechsels in der Maschinenindustrie tatsächlich erstaunlich und steht im Widerspruch zur nachträglich behaupteten, beinahe lebenslangen Beschäftigung in einem Unternehmen.[10] Um 1961 ging man von einer durchschnittlichen Fluktuation von 32 % pro Jahr aus; ein Drittel der gesamten Belegschaft einer Fabrik wurde jedes Jahr ausgewechselt.[11] Das war natürlich nur unter den Bedingungen der fortwährenden Produktionsausweitung möglich, die es erlaubte, einen informellen Lohnkampf zu führen. Dieser war zwar individuell, indem man jeweils den Betrieb wählte, der am besten bezahlte. Doch das hatte durchaus kollektive Folgen, denn es führte mittelfristig zu einer regionalen, dann branchenweiten Lohnanpassung nach oben.[12] Das Verhalten blieb den Gewerkschaften nicht verborgen. Der Präsident des Metallarbeiterverbands Ernst Wüthrich warnte 1969 am Kongress des Gewerkschaftsbundes in Montreux, das seien «[d]ie unsichtbaren Streiks» der Gegenwart – und wenn die Leitung des Metallarbeiterverbands etwas nicht mochte, dann waren das Streiks.[13] Im Rückblick schloss sich der Arbeitgeberverband Schweizerischer Maschinen- und Metallindustrieller dieser Sichtweise an. Auf dem Höhepunkt der Weltwirtschaftskrise Mitte der 1970er-Jahre erklärte er, dass es während der Nachkriegszeit in «anderen Ländern auch Streiks und andere Abwehrmassnahmen» gegen die rationalisierte Arbeit gegeben habe, doch in der Schweiz seien die «[s]teigende[n] Fluktuations- und Absenzquoten» bedeutend gewesen. Sie «dürfen als Hinweise auf wachsende Unzufriedenheit mit derartigen Arbeitsformen interpretiert werden».[14]

Gut 30 Jahre vorher beklagte der Generaldirektor der Maschinenfabrik Oerlikon Hans Schindler den Wechsel in seinem Betrieb. 1946 hatten 1100 Arbeiter/-innen ihre Stelle gekündigt, 1300 wurden neu eingestellt – das Unternehmen beschäftigte damals gut 2050 Arbeiter/-innen. In der Werkzeitung schrieb er: «Das bedeutet einen ‹gewaltigen Leerlauf›», und rief die Arbeiter/-innen auf, sich un-

9 Leimgruber 2008, 244.
10 Hier gilt es allerdings zu unterscheiden zwischen dem eigenständigen Stellenwechsel der Beschäftigten bis Anfang/Mitte der 1970er-Jahre und der heute von Unternehmen betriebenen Hire-and-fire-Politik.
11 Bruno Knobel: Sonnenseite – Schattenseite. Die Konjunktur durch zwei Brillen, in: WM 9, 1961, 6–9.
12 Autorenkollektiv 1974, 76.
13 Ernst Wüthrich: Die Gewerkschaften heute und morgen, in: SMAZ, 22. 10. 1969, 3 f., hier 4.
14 ASM 1975, 14.

tereinander besser kennenzulernen, denn das beuge dem Stellenwechsel vor. Der Betrieb könne eben «keine abnormal hohe Entlöhnung» bieten, sondern bloss die Genugtuung «durch getreue Pflichterfüllung in einer Umgebung kollegialer Zusammenarbeit».[15] Schon im Jahr zuvor war der Wechsel in Oerlikon hoch: 1945 kündigten 31 % der Arbeiter/-innen und 12 % der Angestellten ihre Stelle.[16] Und es sollten nicht weniger werden: 1947 und 1948, als die Gewerkschaften im Rahmen des bis 1949 verlängerten Stabilisierungsabkommens einwilligten, keine Lohnforderungen zu stellen, lag die Fluktuation in der Maschinenfabrik zwischen 82 und 85 % der Belegschaft der Werkstätten.[17]

In Baden und Winterthur wurde zwar ebenfalls häufig die Stelle gewechselt, aber nicht in dem Ausmass wie in Oerlikon. Bei Brown Boveri kündigte 1946 die Hälfte der rund 5500 Arbeiter/-innen ihre Stelle, bei Gebrüder Sulzer immerhin 23,6 % der gut 3500 im Akkord beschäftigten Arbeiter.[18] Qualifikationsmässig liess sich das Verhalten nicht festmachen – es betraf sämtliche Stufen, Gelernte wie Ungelernte.[19] Im Mai 1948 beklagte sich die Geschäftsleitung von Gebrüder Sulzer über die «immer noch andauernden Wanderbewegungen unserer Arbeiter und der Unmöglichkeit, genügend Arbeitskräfte für den erhöhten Auftragsbestand zu finden».[20] Dem hohen jährlichen Stellenwechsel versuchte Brown Boveri 1947 durch zwei Massnahmen zu begegnen: durch den Wohnungsbau, der sich gezielt an verheiratete Facharbeiter richtete; und durch die Erhöhung der unverbindlichen Jahresgratifikation: «Die Geschäftsleitung legt Wert darauf, gerade in der heutigen Zeit des grossen Personalwechsels die Mitarbeiter, die unserem Werke ihre Treue gehalten haben, besonders zu belohnen», schrieb die Werkzeitung.[21] Später würden individuelle Lohnerhöhungen für jene Teile der Belegschaft dazukommen (etwa Vorarbeiter und Kontrolleure), deren Arbeitswissen für die reibungslose Ausführung und Überwachung der Arbeitsgänge von entscheidender Bedeutung war.[22]

Ende der 1940er-Jahre nahm zumindest in Winterthur der Wechsel etwas ab; 1949 lag er bei den Arbeitern noch bei 13 %. An der Generalversammlung von Gebrüder Sulzer vom Mai 1950 räumte Vizepräsident Heinrich Wolfer ein, die hohe Fluktuation von 1946/47 habe etwas mit den Arbeitsbedingungen oder, umgekehrt, mit den «verlockenden Bedingungen» (sprich: besseren Löhnen) bei der Konkurrenz zu tun. Allerdings würden sich nun «in steigendem Masse Leute

---

15 Hans Schindler: Bemerkungen zur heutigen Lage, in: GR 4, 1947, 42–44, hier 44; Archiv ABB, DRP MFO, 18. 12. 1946.
16 Archiv ABB, VRP MFO, 4. 12. 1945.
17 Ebd., 28. 8. 1952. Zum Stabilisierungsabkommen vgl. Zimmermann 2009, 68.
18 Archiv ABB, DRP BBC, 28. 8. 1946; ebd., DRP MFO, 26. 2. 1947; Heinrich Wolfer: Referat, in: WM 5, 1950, 33–39, hier 34.
19 Die Produktion wurde gehemmt, in: SMAZ, 23. 4. 1947, 2.
20 Heinrich Wolfer: Referat, in: WM 5, 1948, 34–38, hier 35.
21 Emil Klingelfuss: BBC-Bulletin, in: WW 9, 1947, 105 f., hier 106; Archiv ABB, VRP BBC, 12. 12. 1947.
22 Archiv ABB, DRP BBC, 13. 12. 1950.

zurückmelden». Die Geschäftsleitung gab sich beleidigt – der Stellenwechsel wurde als Illoyalität ausgelegt: «Es ist ungewiss», so Wolfer, «ob wir in der Lage sein werden, diese Arbeitskräfte zu beschäftigen.»²³ Waren sie sehr wohl: Allein in den nächsten vier Jahren wuchs die Belegschaft von 6400 auf 8400 an.²⁴

Für die Betriebe war das Problem des Stellenwechsels nicht zuletzt eines der Unkosten, die entstanden, um die neuen Arbeiter/-innen und Angestellten in den Arbeitsplatz einzuführen.²⁵ 1951 bezifferte Brown Boveri diese mit gut 1000 Franken pro Arbeiter/-in, wobei diese Zahl je nach Qualifikation variieren konnte. Vom Januar bis Oktober des Jahres waren in Baden 1700 Arbeiter/-innen ausgetreten; die Geschäftsleitung schätzte die dadurch anfallenden Anlernkosten auf 1,19 Millionen Franken und den erwarteten Umsatzausfall auf 4,16 Millionen.²⁶ Dann und wann heuerten die Betriebe deshalb externe Betriebspsychologen an, die helfen sollten, die Anlernzeit zu verkürzen. Die Maschinenfabrik Oerlikon engagierte im Frühling 1952 Karl Koch vom Psychotechnischen Institut Luzern, um den Meistern in den Werkstätten neue Anlernmethoden für die Akkordarbeit beizubringen.²⁷ Beschleunigung war das Ziel: Nicht nur, wie im letzten Kapitel angesprochen, sollte die Zeit für einen Arbeitsgang verkürzt werden; sondern auch jene, die nötig war, um auf das geforderte Arbeitstempo zu kommen. Neu eintretende Arbeiter/-innen mussten innert kürzester Zeit eine hohe Leistung erbringen.

Die Fluktuation in Oerlikon blieb unvermindert hoch. 1957 kündigten in Oerlikon 37 % der gelernten, 21 % der angelernten, 34 % der ungelernten Arbeiter und 38 % der Arbeiterinnen (die vom Lohn her unter den Ungelernten rangierten) ihre Stelle.²⁸ Im nächsten Jahr wurde deshalb das Lausanner Institut für angewandte Psychologie beauftragt, dem weiterhin hohen Wechsel auf den Grund zu gehen. Die Meister mussten in Kleingruppen an Veranstaltungen teilnehmen, die das Institut organisierte, und sich Vorträge der Personalabteilung und Geschäftsleitung anhören. «Das Programm sah ursprünglich eine Aussprache über die Ursachen der Austritte von Arbeitern vor», erklärte die Werkzeitung. Das Thema wurde dann aber auf das allgemeine Betriebsklima ausgeweitet. Das heisst: Zunächst drehte es sich um die Arbeitsbedingungen; da deren Veränderung aber nicht zur Debatte stand, wurde das Thema abgelenkt auf die Frage des rechten Umgangs in der Werkstatt: «Me mues halt rede mitenand!»²⁹

23 Heinrich Wolfer: Referat, in: WM 5, 1950, 33–39, hier 34.

24 Archiv Sulzer, Schachtel 161a, Bericht der Geschäftsleitung an den Verwaltungsrat über das Geschäftsjahr 1962.

25 Gerlach 2014, 29. Vgl. Fritz Streiff: Produktivität und Betriebsklima, in: IO 11, 1952, 313–318, hier 315.

26 Archiv ABB, DRP BBC, 24. 10. 1951.

27 Archiv ABB, DRP MFO, 20. 2. 1952; ebd., VRP MFO, 28. 8. 1952. Kochs Engagement mochte auch damit zusammenhängen, dass er gleich der Oerliker Geschäftsleitung seine Beschleunigertätigkeit als Instrument der göttlichen Vorsehung verstand. Karl Koch: Vom Sinn der Arbeit, in: GR 2, 1953, 23 f.

28 Archiv ABB, DRP MFO, 2. 4. 1958.

29 Me mues halt rede mitenand!, in: GR 6, 1958, 94.

Es half alles nichts. 1960 lag die Fluktuation in den Werkstätten bei 43 %, 1961 etwas unter 40 % – die Geschäftsleitung vermutete, weil die Löhne um einiges tiefer lagen als bei Brown Boveri und Gebrüder Sulzer.[30] Das Niveau des Wechsels war allerdings auch bei diesen mit durchschnittlich 20 bis 30 % in den Werkstätten recht hoch, zumindest bis Ende der 1960er-Jahre. Und weil die Belegschaften mittlerweile stark angewachsen waren, verhielten sich sehr viel mehr Arbeiter/-innen so als noch in den 1940er- und 1950er-Jahren.[31] Das führte zu mitunter eigenartigen Situationen. Die Maschinenfabrik Oerlikon forderte 1961 ihre Belegschaft auf, netter zu Neueintretenden zu sein, vielleicht blieben sie dann etwas länger.[32] Und im Herbst 1965 bat die Geschäftsleitung von Gebrüder Sulzer die Arbeiterkommission, sie solle doch bitte etwas gegen die Fluktuation unternehmen.[33]

Um nicht über Lohnfragen und kollektive Arbeitsbedingungen sprechen zu müssen, verhandelten die Werkzeitungen den Stellenwechsel als individuelles Anpassungsproblem.[34] Viel wurde über den persönlichen Kontakt, den Zusammenhalt und die Loyalität dem Betrieb gegenüber geschrieben. In Oerlikon erklärte Hans Schindler 1951, die Fluktuation störe «die Bildung des Gruppengeistes», um den es in den Werkhallen doch letztlich gehe. Zugleich gab er zu, dass es unter dem Deckel der verordneten Zusammenarbeit immer wieder «Konflikte zwischen den Anforderungen der Geschäftsleitung und dem internen Abteilungsverhalten» gebe, die «wohl immer eine Beeinträchtigung der Produktivität» bedeuteten. Er räumte auch ein, dass die Fluktuation von damals immerhin 30 % pro Jahr damit in Zusammenhang stehen könnte. «Das Zusammenleben und Zusammenarbeiten war nie schwieriger als heute», beklagte er sich: «Wir können wohl eine minimale Arbeitsleistung erzwingen, aber nicht die positive Einstellung, die die Arbeit erst fruchtbar macht.» Die Betriebe standen vor einem Problem: «Wir wissen […] noch kaum, wie wir eine gesunde Gruppenbildung und damit die Arbeitsfreude fördern.»[35]

Zehn Jahre später erklärten die *Werk-Mitteilungen* von Gebrüder Sulzer, die durchschnittliche Fluktuation sei in der Maschinenindustrie mittlerweile bei 32 % angekommen. Wer nun die Stelle kündige und zu einem Betrieb mit besseren Arbeitsbedingungen wechsle, der und die sei schuld an deren Verschlechterung durch Rationalisierung und Entpersönlichung.[36] Galt es zuvor als illoyal,

---

30 Archiv ABB, DRP MFO, 14. 9. 1961.

31 Bei Brown Boveri arbeiteten Mitte der 1960er-Jahre rund 15 500, bei Gebrüder Sulzer etwas mehr als 13 700 und bei der Maschinenfabrik Oerlikon gegen 4 500 Personen. Theodor Boveri: Im Spiegelbild der Zahlen, in: WW 8, 1965, 164 f.; Bericht über das Geschäftsjahr 1964, in: WM 5, 1965, 9–13; Catrina 1991, 124.

32 Unter uns gesagt, in: GR 2, 1961, 40.

33 Archiv Sulzer, Schachtel 181, Prot. Arbeiterkommission, 28. 9. 1965.

34 Ein in der Nachkriegszeit übliches Erklärungsmuster für soziale Probleme jedweder Art. Matter 2011, 312.

35 Hans Schindler: Die Sicherung des sozialen Friedens, in: GR 3, 1951, 37–39, hier 39.

36 Bruno Knobel: Sonnenseite – Schattenseite. Die Konjunktur durch zwei Brillen, in: WM 9, 1961, 6–9, hier 9.

die Stelle zu wechseln, weil die Arbeit immer stärker verdichtet und beschleunigt wurde, war man nun verantwortlich dafür, dass die Arbeit immer stärker verdichtet und beschleunigt wurde – es gab kein Entkommen. Der patronale Jammer über die Fluktuation fehlte nun an keiner Generalversammlung.
Die Vielfalt der Erklärungen nahm ebenfalls zu. Im Frühling 1964 druckten die
Werk-Mitteilungen unter der Rubrik «Ein Wort zum Tagewerk» ein Bild ab, das
den Händedruck zweier Männer zeigt. Darunter ist zu lesen: «Die Reibungs-
losigkeit, die Harmonie des Zusammenlebens ist nicht einfach gegeben. […] Ein
gutes Betriebsklima, das weitgehend vom gegenseitigen Vertrauen und Verstehen lebt, ist etwas, das nur von allen geschaffen werden kann.» Unter Rückgriff
auf zentrale Begriffe der Human-Relations-Ideologie kritisierte die Werkzeitung
den Stellenwechsel als ein Davonlaufen vor Problemen in der Werkstatt und im
Büro, «statt durch eine Anstrengung eine Schwierigkeit zu beheben». Wer kündige, «beklagt sich lieber über ein ‹schlechtes Betriebsklima›, statt zu merken,
dass er durch seine eigene Bequemlichkeit selber dazu beigetragen hat».[37]

Eine Position, die der Metallarbeiterverband teilte. Er hielt die Fluktuation
für eine Folge einer fehlenden «Selbstdisziplin» der Arbeiter/-innen. Der Verband vermisste die Verbundenheit mit dem Betrieb; überhaupt sei die Möglichkeit, problemlos an eine neue, womöglich besser bezahlte Stelle zu kommen (also
die relative Macht der Arbeiter/-innen), «ungesund». «Wer bei jeder Gelegenheit
aufbraust und die ‹Konsequenzen zieht›», sei unfähig, sich einzugliedern. So ver-
baue man sich den beruflichen Aufstieg.[38] Noch einen Schritt weiter ging Jean
Bacher, Vizedirektor bei Gebrüder Sulzer. 1966 erklärte er den Leser/-innen der
Werkzeitung, Beschäftigte kündigten ihre Stelle, weil die Betriebe «nicht mehr
autoritär» geführt würden. Sie wollten nicht gute Arbeitsbedingungen, sondern
einen strengen Chef. «Die Erfahrung zeigt, dass der Wunsch nach einem Arbeitsplatzwechsel in sehr vielen Fällen – ich wage sogar zu behaupten: in den meisten
Fällen – dem Wunsch nach besserem Geführtsein entspringt.»[39]

In Winterthur wurden allerdings auch weiterführende Überlegungen angestellt. So thematisierten die *Werk-Mitteilungen* die Unterschichtung durch
den wachsenden Anteil von Arbeitsmigrant/-innen, die in niedrig qualifizierten
Tätigkeiten eingesetzt wurden. Diese ermöglichte besonders den Facharbeitern einen beschränkten Aufstieg, einen Berufswechsel. Nach dem Rationalisierungsschub der 1950er-Jahre kam es zu einer Veränderung der Produktionsstruktur; der Bedarf an qualifiziertem technischem Personal im Bereich der
Arbeitsvorbereitung, der Produktionsplanung und -steuerung, der Konstruk-

---

37 Vertrauen und Verstehen, in: WM 3, 1964, 3. In Baden sollte Brown Boveri häufig kleinere Artikel mit Titeln wie «Rentiert der Stellenwechsel?», «Arbeitsplatzwechsel enttäuscht vielfach»
oder «Und die Treue ist doch kein leerer Wahn» schalten; vgl. etwa Nota bene, in: WW 8, 1965,
180.

38 Vermeidbare Kündigungen, in: ZA 4, 1963, 63 f., hier 64.

39 Jean Bacher: Bildung in der Industriegesellschaft, in: WM 4, 1966, 3–5, hier 3 f.

tion wuchs mit der Ausweitung der dequalifizierten Massenarbeit an.[40] «Der Berufswechsel», erklärte 1963 die Werkzeitung, «wird allgemein durch die fortschreitende Mechanisierung, Rationalisierung und Spezialisierung erleichtert, die das Ganzheitserlebnis der Arbeit und die Erfüllung und Befriedigung im Beruf in vielen Fällen ausschliessen.» Für eine Firmenpublikation, zumal aus Winterthur, eine ungewöhnliche Offenheit. Die Arbeit in den Werkstätten wurde als das benannt, was sie war: taylorisiert, zerlegt, verdichtet. Daraus ergab sich für die Betriebe ein Problem, wenn sie das Arbeitswissen und die Erfahrung der gelernten und der länger beschäftigten angelernten Arbeiter/-innen halten wollten. Denn die Taylorisierung führe zu einem Verlust an Identifikation mit dem Arbeitsplatz und der Arbeit selbst, «was die Berufsverbundenheit lockert und die Bereitschaft, eine beschränkte und mehr oder weniger monotone Tätigkeit mit einer andern Verrichtung zu vertauschen, erhöht». Und hier lag der Grund für die Offenheit: Gebrüder Sulzer versuchte, besonders die Facharbeit durch die Möglichkeit von Weiterbildungen im Betrieb zu halten. Das Unternehmen propagierte statt des «durch die Arbeitsmarktlage begünstigten Run[s] nach einer etwas besser bezahlten Stelle» die Requalifikation innerhalb des Betriebs, den Wechsel von der Werkstatt in eine besser bezahlte Stelle in den Büros.[41]

Fixieren im Territorium

1946 erklärte Steiner in seinem Film: «[D]er Unternehmer weiss, dass die Wohnung Gemüt und Arbeitsgeist mitbestimmt. So greift er helfend ein.»[42] Der betriebliche Wohnungsbau und sein Ausbau in der Nachkriegszeit waren ein Versuch, die Fluktuation zu dämpfen und das Arbeitswissen qualifizierter Arbeiter/-innen und Angestellter im Betrieb zu halten, es festzuhalten. Steiners «Gemüt und Arbeitsgeist» verwies auf ein häusliches Arrangement einer funktionalen Wiederherstellung des Arbeitsvermögens («Gemüt»), die sich positiv auf die Arbeitsleistung auswirkte («Arbeitsgeist»). «Der weitsichtige Betriebsinhaber weiss, dass er mitverantwortlich ist für das Wohl seiner Mitarbeiter. Er weiss auch, dass eine geordnete Häuslichkeit Ordnungssinn und Reinlichkeit entwickelt. Eigenschaften, die wiederum der gemeinsamen Arbeit zugutekommen.»[43]

Das Arrangement der geordneten Reproduktion war zugleich ein räumliches. Räumlich nicht nur in dem Sinne, dass die Siedlungen, die Wohnblöcke, Einfamilienhäuser und Barackenlager die Peripherie rund um die Fabri-

---

40 Vgl. Degen 2012, 909.
41 Berufsbildung und Arbeitsmarkt, in: WM 2, 1963, 2–4; ebenso Bruno Knobel: Berufstreue – Berufswechsel, in: WM 12, 1966, 12–14. Vgl. Bonazzi 2008, 118–134.
42 Steiner 1946, 4:06–4:13.
43 Ebd., 12:19–12:37.

ken massgeblich veränderten – wie im Fall von Oberwinterthur oder Wettingen bei Baden, dass sich die Maschinenindustrie in der Nachkriegszeit also eine eigene Geografie schuf, ein den Unternehmenszielen förderliches und dem Produktionsstandort nachgelagertes Hinterland, das den Fabriken die täglich erneuerte Arbeitskraft zur Verausgabung zuführte. Räumlich war das Arrangement auch, wenn man es als ein Festhalten auf Zeit auffasst, das die betrieblichen Verhältnisse beeinflusste und, konträr zur Beschleunigung der Arbeitsgänge in den Fabriken, auf Beständigkeit und Verlangsamung setzte.[44] Die räumliche Bindung an den Betrieb wurde hergestellt über die ans Beschäftigungsverhältnis gekoppelten Mietverträge und, bei ausgewählten Facharbeitern oder Angestellten, über abzuzahlende Hypotheken.[45] 1965 beschloss die Geschäftsleitung von Brown Boveri als Massnahme gegen die Fluktuation, «gut qualifizierten Mitarbeitern» für fünf Jahre ein Heiratsdarlehen zu gewähren, verbunden mit einer dreijährigen Festanstellung. Die Bedingung war, dass man heiratete, vor Ort und im Betrieb blieb; denn die «einzige Sicherheit», welche die Beschäftigten «bieten können, ist ihre Arbeitskraft».[46] Arbeiter/-innen und Angestellte sollten so lange als möglich davon abgehalten werden, wegzugehen. Die von den Betrieben gebauten Siedlungen ordneten ihre Bewegung im Raum.[47] Die Beschäftigten, die in diesen Wohnungen wohnten, waren «der Erde nahe, verwachsen mit der Scholle», erzählte Adolf Forter in seinem Film von 1955.[48] Mochte es auch vor allem in den 1940er-Jahren Versuche gegeben haben, durch eine besondere Art des Wohnungsbaus aus Fabrikarbeiter/-innen gedachte Kleinbauern und -bäuerinnen zu machen (dazu mehr in den folgenden Abschnitten) und mochte die Chiffre der Scholle ein kleinbürgerliches «Heimweh nach Gewesenem» abrufen,[49] so ist «verwachsen» hier doch wörtlich zu verstehen. Verwachsen meinte: fixiert, ans Territorium der Fabrik gebunden.

44 Vgl. Herod 2003, 118 f.; ders. 2018, 19 f. Zu Beständigkeit versus Beschleunigung vgl. Gurvitch 1964, 31, 74 f.
45 Später sollten ausserdem die an die Pensionskasse geleisteten Beiträge eine Rolle spielen.
46 Heiratsdarlehen für unsere Mitarbeiter, in: WW 8, 1965, 172.
47 Vgl. Brückner 1982, 228.
48 Forter 1955, 5:28–5:31.
49 Bloch 1977, 108.

4.2 Ansiedeln: der betriebliche Wohnungsbau
als Mittel sozialer Differenzierung

Winterthur: «aus eigenem Mehl und am eigenen Herd»

Für den betrieblichen Wohnungsbau von Gebrüder Sulzer war nicht das Unternehmen selbst, sondern die Gesellschaft für Erstellung billiger Wohnhäuser (GEbW) von zentraler Bedeutung. Gebrüder Sulzer baute dann und wann auch selber oder kaufte Wohnhäuser ein, um sie an ihre Belegschaft zu vermieten. Doch den Grossteil ihres Wohnungsbaus wickelte sie über die GEbW ab. Diese wurde 1872 von der konservativen Hülfsgesellschaft Winterthur gegründet, zusammen mit Gebrüder Sulzer, der Maschinenfabrik Rieter, der Schweizerischen Lokomotiv- und Maschinenfabrik und der Bank in Winterthur (später Bankgesellschaft).[50] Weitere Unternehmen sollten in den folgenden Jahrzehnten dazustossen. Von den 1870er- bis 1970er-Jahren übernahm die GEbW ein Gutteil des Wohnungsbaus der in Winterthur angesiedelten grösseren Betriebe. Der Name der GEbW war insofern etwas irreführend, als ihre Häuser nie wirklich billig waren; oft wurde sie selbst als gemeinnützig missverstanden oder dargestellt, was sie nicht war. Die bis heute bestehende GEbW bleibt eine gewinnorientierte Aktiengesellschaft, mochte sie sich auch bis in die 1970er-Jahre mit einer moderaten Rendite begnügen.[51]

Die GEbW baute Häuser, um sie zu vermieten oder – viel wichtiger – zu verkaufen. Dabei verfolgte sie von Beginn an eine erzieherische Linie. Tonangebend war Heinrich Sulzer, ab den 1880er-Jahren Präsident der GEbW und zugleich von Gebrüder Sulzer, der in einem moralisch disziplinierenden Wohnungsbau das Heilmittel gegen die seiner Meinung nach unter Arbeiter/-innen grassierenden «Wirtshaus-Influenza» sah.[52] Geordnete Wohnverhältnisse galten ihm als Voraussetzung, die proletarische Reproduktion, letztlich den Nachschub an arbeitswilligen Arbeitskräften für seine Fabrik zu stabilisieren. Bis in die 1940er-Jahre wollte die GEbW Bewohner/-innen wie Käufer zu einer bürgerlichen Lebensführung umziehen. Die Käufer mussten eine einwandfreie Lebensführung nachweisen; die von der GEbW ausgestellten Mietverträge gaben ihr das Recht, Wohnungen zwecks Kontrolle jederzeit zu betreten.[53]

Zwischen 1919 und 1934 hatte die GEbW 84 Wohnhäuser mit 244 Wohnungen sowie drei Ladenlokale erstellt; 51 Häuser konnte sie wieder verkaufen. In den Jahren bis 1939 wurden noch einige Wohnhäuser gebaut und dann die Bautätigkeit bis auf Weiteres eingestellt. Die vier Wohnblöcke an der Schaffhauserstrasse 155–161 waren die letzten Häuser dieser Phase. 1937 hatte die Stadt Winterthur angesichts der herrschenden Wohnungsnot die GEbW angefragt, ob

50 Grundlegend sowohl zur Hülfsgesellschaft wie zur GEbW Buomberger 2011.
51 Ebd., 161.
52 Müller 1951, 23.
53 Buomberger 2011, 140; Müller 1951, 28.

sie 24 günstige Drei- und Vierzimmerwohnungen mit einer Miete von höchstens 65–75 Franken pro Monat bauen könnte. Diese Wohnungen wurden 1939 an der Schaffhauserstrasse erstellt; die Stadt gab das Land verbilligt ab und gewährte eine dritte Hypothek zu günstigen Konditionen, für die restliche Finanzierung kamen Gebrüder Sulzer, die Schweizerische Lokomotiv- und Maschinenfabrik sowie die Unfallversicherungs-Gesellschaft Winterthur auf.[54]

Die Pause der Bautätigkeit dauerte nicht lange. Bereits 1940 begann man, zwei von Bund, Kanton und Stadt subventionierte Siedlungen mit zusammengebauten Einfamilienhäusern zu planen. Beide lagen etwas abgelegen, der günstigeren Bodenpreise wegen: In Oberwinterthur zahlte man gerade mal 2–3 Franken pro Quadratmeter. Die Häuser mit Kleinwohnungen und angebauter Scheune und Pflanzland waren auf eine ergänzende Landwirtschaft durch die Bewohner/-innen ausgerichtet. Man orientierte sich an den Vorstellungen der 1918 gegründeten und von allen wichtigen Unternehmen der Maschinenindustrie mitgetragenen Vereinigung für Innenkolonisation und Landwirtschaft, die Siedlungen mit Pflanzland als Beschäftigungspuffer in Krisenzeiten, bei Kurzarbeit oder Arbeitslosigkeit propagierte. Eine beschränkte Selbstversorgung soll helfen, Lohn-, Arbeitslosen- oder Sozialhilfekosten zu dämpfen. Ausserdem versprach man sich eine konterrevolutionäre Wirkung von solchen Siedlungen, da sie die vermeintlich entwurzelten Arbeiter/-innen wieder mit dem Boden verbänden (zumal kontrolliert durch die Verschuldung). Gebrüder Sulzer finanzierte bereits 1919 und 1921 in Winterthur mit den Siedlungen Lantig und Weiertal derartige Versuche.[55]

Die erste der beiden neuen Siedlungen hatte der Architekt Hans Ninck entworfen; in drei Etappen wurden am Schoorenweg zwischen 1941 und 1943 62 zusammengebaute Einfamilienhäuser erstellt.[56] Finanziert wurde das vor allem von Gebrüder Sulzer, der Lokomotiv- und Maschinenfabrik und weiterer Winterthurer Unternehmen; Bund, Kanton und Stadt gewährten nachträglich Subventionen.[57] Die im First voneinander getrennten Häuser mit vier oder sechs Zimmern waren mit einem elektrischen Kochherd, einer Waschküche und einer eigenen Toilette ausgerüstet. Angebaut war ein Schuppen für die Land- und Gartenwirtschaft; das Pflanzland kam auf etwas mehr als eine Are. Nach einer zweijährigen Bewährungsfrist konnten die Mieter/-innen die für gut 27 000 Franken erstellten Häuser erwerben. Sie mussten 1000 Franken Eigenkapital aufbringen können, die an der Finanzierung beteiligten Unternehmen stellten die erste und die dritte Hypothek, der Kanton die zweite.[58] Die GEbW behielt allerdings ein Vorkaufsrecht. Ihr Geschäftsleiter Karl Ketterer erzählte 1941 begeis-

54 Archiv Auwiesen, GEbW, 67. Rechenschaftsbericht 1938, 4. 4. 1939; Vogel 1997, 42. Die Blöcke stehen noch heute – im auf lukrative Neuüberbauungen getrimmten Winterthur keine Selbstverständlichkeit –, weil sie 2006 umfassend, das heisst mit entsprechenden Mietaufschlägen, saniert wurden.

55 Buomberger 2011, 152; Bütler 1989, 45; Tanner 2015, 209. Vgl. Häusermann 1968.

56 Vogel 1997, 74–77.

57 Frei 1944, 10.

58 Karl Ketterer: Stadtrandsiedlungen in Winterthur, in: Wohnen 1, 1942, 2–4; Frei 1944, 52f.

tert von der Verwandlung lohnfordernder Arbeiter/-innen in genügsame Bauern und Bäuerinnen am Schoorenweg: «Schon im Frühjahr wurde das Land den zukünftigen Siedlern zur Verfügung gestellt. […] Einzelne Siedler brachten sogar ein Säcklein Weizen zum Müller, den sie selber gepflanzt – nach alter Väter Sitte mit dem Dreschflegel gedrescht – und gemeinsam ‹geröndelt› hatten. Arbeiterfrauen sind glücklich, in diesen schweren Zeiten aus eigenem Mehl und am eigenen Herd Brot backen zu können!»[59]

Der Hausbesitz, so Ketterer 1942, «soll die Siedler anspornen, ihrem Heimwesen im eigenen Interesse Sorge zu tragen und es möglichst gut zu bewirtschaften».[60] Im selben Jahr finanzierte Gebrüder Sulzer zu grossen Teilen eine weitere, ebenfalls von Bund, Kanton und Stadt subventionierte Siedlung der GEbW an der Rotenbrunnenstrasse, deren 28 zusammengebaute Einfamilienhäuser jenen am Schoorenweg sehr ähnlich sahen. «[H]ingezaubert wie ein Landi-Dörflein», jubelte 1943 die sozialdemokratische *Arbeiterzeitung* und verwies damit auf das an der Landesausstellung von 1939 in Zürich ausgestellte Dorf im Heimatstil.[61] Die im First geteilten Hausteile, der angebaute Schuppen, das Pflanzland: die Rotenbrunnen- und Schoorensiedlungen waren mehr oder weniger dieselbe Siedlung an je einem anderen Ort. Auch die Bedingungen für einen späteren Kauf sowie die Preislage entsprachen sich in etwa. Bis 1950/51 waren sämtliche Häuser verkauft.[62] Eine dritte, zumindest vom Konzept her ähnliche Siedlung wurde 1946 in Gotzenwil am äussersten Stadtrand von Winterthur erstellt. Die 32 zusammengebauten Holzhäuser mit fünf Zimmern und 600–700 Quadratmeter Pflanzland fielen einerseits etwas ländlicher, andererseits bescheidener aus als jene der anderen Siedlungen. Gebaut wurden sie, um die Wohnungsnot zu lindern – aber auch hier sollten die Häuser verkauft werden.[63]

Die drei Siedlungen mit zusammen 122 Häusern wurden in den folgenden Jahren gerne als Referenz für eine überlegte Sozialpolitik von Gebrüder Sulzer angeführt, weil sie die Arbeiter/-innen und Angestellten zu Hauseigentümern machte. Oscar Sulzer, bis 1949 in der Geschäftsleitung, danach im Verwaltungsrat von Gebrüder Sulzer, hielt 1955 vor pensionierten des Betriebsangehörigen einen Vortrag über eine Australienreise. Auf der Rückreise, so erzählte er, habe er einen jungen Kommunisten getroffen und mit diesem diskutiert: «Dieser Herr wurde dann eingeladen, nach Winterthur zu kommen, um zu sehen, wie wir hier die Probleme lösen, von welchen der Kommunismus behauptet, dass er allein dazu fähig sei. Der Interessent ist dann tatsächlich in Winterthur erschienen, und nachdem er einige Siedlungen, wie zum Beispiel diejenigen von Rotenbrunnen

59 Archiv Auwiesen, GEbW, 69. Rechenschaftsbericht 1940, 26. 3. 1941, 3. Ketterer sass im Winterthurer Gemeinderat, später im Zürcher Kantonsrat, im Nationarat und im Winterthurer Stadtrat für den Landesring der Unabhängigen; ab 1950 war er für die Migros tätig.

60 Karl Ketterer: Stadtrandsiedlungen in Winterthur, in: Wohnen 1, 1942, 2–4, hier 4.

61 Zitiert in Müller 1951, 64.

62 Archiv Auwiesen, GEbW, 79. Rechenschaftsbericht 1950, 28. 3. 1951.

63 Archiv Sulzer, Schachtel 175, Dok.-Nr. 7, Sulzer-Wohnhäuser, welche von der GEbW treuhänderisch verwaltet werden, 27. 5. 1949; Buomberger 2011, 156.

und Weiherhöhe, gesehen hatte, war er sehr erstaunt und meinte, nachdem er nun die Schweiz gesehen habe, wolle er vorsichtiger sein.»[64]

Es ist unwichtig, ob diese Geschichte wahr ist oder nicht. Sie könnte sehr gut erfunden sein, wenn man Oscar Sulzers politischen Hintergrund berücksichtigt – er zählte Ende der 1930er-Jahre zu den Financiers einer nationalsozialistischen Partei –, der politische Diskussionen mit Linken wenig wahrscheinlich macht.[65] Wichtiger ist, was damit gesagt wurde: dass die besondere Form der Siedlung, die Verschuldung, das Pflanzland, das anachronistische Zelebrieren der Bäuerlichkeit von der Geschäftsleitung auch als Mittel zur politischen Läuterung gedacht war.

Bauboom der Nachkriegszeit

1946 begann eine bis etwa 1970 anhaltende, intensive Bautätigkeit der GEbW. Ermöglicht wurde sie vor allem dank der finanziellen Unterstützung durch Gebrüder Sulzer. Das Unternehmen half bei der Finanzierung von Bauten ebenso wie beim Erwerb von Grundstücken im grossen Stil; ab 1950 besorgte der Betrieb die Verwaltung der Häuser, die Buchhaltung und das Einziehen der Miete – die formelle Trennung der eigenen von treuhänderisch verwalteten Wohnungen wurde damit faktisch aufgehoben.[66] Ab 1955 bildeten Gebrüder Sulzer, die Maschinenfabrik Rieter und die Winterthur Unfallversicherungs-Gesellschaft die Geschäftsleitung der GEbW.[67] Zwischen 1940 und 1950 hatte sie im Auftrag von Winterthurer Unternehmen nicht weniger als 316 Häuser mit 424 Wohnungen erstellt, darunter die genannten Siedlungen mit Pflanzland, aber auch weitere Einfamilienhäuser mit kleineren Gärten sowie – für das Gros der Arbeiter/-innen gedacht – 32 Wohnblöcke für Familien mit wenigen Kindern oder junge Ehepaare.[68] Eine Durchsicht der jährlichen, in ihren Angaben allerdings etwas unklaren Rechenschaftsberichte der GEbW ergibt, dass diese im Zeitraum zwischen 1950 und 1968 mindestens 1100 Wohnungen baute; ein Gutteil davon dürfte mit den Pensionskassengeldern der bei Gebrüder Sulzer Beschäftigten finanziert worden sein. So umfangreich und für die Stadt Winterthur bedeutend diese Bautätigkeit war, so knapp berichten die Quellen darüber – gerade in den *Werk-Mitteilungen* liest man kaum etwas davon. Von den Bauvorhaben der GEbW nach 1950 fallen vor allem drei ins Gewicht:
- Einmal die vollständige Überbauung des Areals zwischen Wülflinger-, Unterwiesen- und Wässerwiesenstrasse mit insgesamt 13 Wohnblöcken und 216 Wohnungen zwischen 1955 und 1972.

64 A. Peter: Eine Reise nach Australien. Vortrag anlässlich einer Versammlung unserer Pensionierten am 22. Februar 1955, in: WM 5, 1955, 81–83, hier 82.
65 Siehe dazu Kap. 3.3.
66 Archiv Sulzer, Schachtel 171, Zirkular Nr. 659, 15. 1. 1951; Buomberger 2011, 152.
67 Bálint 2015, 441.
68 Archiv Auwiesen, GEbW, 79. Rechenschaftsbericht 1950, 28. 3. 1951.

– Dann die Überbauung am Tegerlooweg von 1959/60, mit den acht von den Architekten Ernst Messerer und Herbert Isler entworfenen viergeschossigen Wohnblöcken und 176 Wohnungen das bis dato grösste einzelne Bauvorhaben der GEbW. Das dafür erschlossene Areal von 34 000 Quadratmetern lag auf einem Moor, das im Ersten Weltkrieg zur Torfgewinnung bewirtschaftet wurde. Das Areal musste deshalb ausgebaggert und mit Kies aufgefüllt werden; jeder Block wurde zudem auf eine Betonplatte gestellt. Der Anfangsmietzins für drei Zimmer kam auf 135 Franken im Monat zu stehen, jener für vier Zimmer auf 150 Franken. Sämtliche Wohnungen wurden ohne Subventionen erstellt. 96 davon finanzierte die GEbW über eigene Mittel und über Hypotheken bei Firmen, die restlichen zahlten Letztere – allen voran Gebrüder Sulzer – direkt. Die Baukosten beliefen sich auf insgesamt 5,26 Millionen Franken; der jährlich zu erzielende Ertrag wurde mit 173 000 Franken veranschlagt.[69]

– Das dritte bedeutende Bauvorhaben war die ab 1965 gebaute Siedlung «Am Buck» in Oberwinterthur, die aus 242 Wohnungen in acht vier-, acht fünfgeschossigen Blöcken sowie in einem Wohnhochhaus mit 13 Geschossen bestand. Eine Dreizimmerwohnung kostete im Monat bereits zwischen 270 und 280 Franken, eine Vierzimmerwohnung zwischen 325 und 350 Franken. Auf demselben Gelände liess ein weiterer Bauherr zusätzliche 230 Wohnungen erstellen. Einige der Häuser sollten direkt von den beiden Pensionskassen von Gebrüder Sulzer übernommen werden; bei den anderen wurde über Hypotheken das Wohnrecht der Belegschaft sichergestellt.[70]

1959/60 baute die GEbW nicht nur die Siedlung am Tegerlooweg, sondern beteiligte sich an der Erstellung von sieben fünfgeschossigen Wohnblöcken mit 168 subventionierten Wohnungen zwischen der Tösstal- und der Hörnlistrasse. Die Blöcke wurden von der Werkpensionskasse von Gebrüder Sulzer, jener der Maschinenfabrik Rieter, der GEbW sowie vier in der Baugemeinschaft Tösstalstrasse zusammengeschlossenen Wohnbaugenossenschaften finanziert; als Architekt wurde erneut Ernst Messerer engagiert (wie beim Tegerlooweg auch). Die Mieten betrugen zwischen 94 Franken im Monat für eine Zwei- und 165 Franken für eine Fünfzimmerwohnung.[71] Beim Entwurf der für junge Ehepaare gedachten Wohnungen ging Messerer davon aus, «dass die Wohnstube für das gesunde Wohnen einer Familie von zentraler Bedeutung ist».[72] Die Stube

69 Wohnungsbau in Winterthur, in: WM 10, 1959, 15; Herbert Isler: Die Kolonie Frauenfelderstrasse Oberwinterthur der Gesellschaft für Erstellung billiger Wohnhäuser, in: Wohnen 10, 1959, 321–323; Wohnkolonie ‹Tegerlooweg› in Winterthur, in: Wohnen 5, 1962, 154f.; Vogel 1997, 82–84. Die Siedlung mit heute günstigen Wohnungen wird voraussichtlich 2021 abgerissen.

70 Die Winterthurer Industrie baut neue Wohnungen, in: WM 2, 1964, 25; Wohnungen zu vermieten, in: WM 6, 1967, 18; Vogel 1997, 84–86.

71 Das Projekt «Tösstalstrasse» in Winterthur, in: Wohnen 3, 1959, 63–65.

72 Ernst Messerer: In Winterthur erstellt eine Baugemeinschaft von 4 Genossenschaften 120 Wohnungen, in: Wohnen 2, 1960, 33–35, hier 34.

wurde auf einen 7,3 Meter langen Raum vergrössert, der von Fassade zu Fassade reichte, die Küche dagegen massiv zum reinen Arbeitsort verkleinert – beides mit erzieherischer Absicht. Eine Musterwohnung liess man vom Zürcher Wohnberater Alfred Altherr mit einigen von ihm entworfenen Typenmöbeln einrichten.[73] Zwei Jahre später wurde die Nutzung der Wohnungen von Studenten des Technikums Winterthur untersucht. Neben der Frage, wie eine ideale, möglichst arbeitssparende Möblierung aussähe, wollten sie wissen, ob der ungewöhnliche Grundriss mit der langen Stube Rationalisierungseffekte zeigte. Die Studenten machten Hausbesuche und befragten ausschliesslich die Frauen zum Grundriss – und bewerteten sie danach, ob sie Geschmack hätten, etwa: die «Möblierung ist sehr phantasielos», «eine mit Möbeln vollgestopfte Wohnung», «[d]ieses junge Ehepaar versucht […] eine saubere gepflegte Wohnatmosphäre zu schaffen» oder «[d]ie junge Frau K. besass unserer Ansicht das sicherste Empfinden für eine gute Form».[74] Anhand der Analyse von in der Stube zurückgelegten Wegstrecken, Bewegungsdiagrammen «von Mutter und Kind» sowie obiger ästhetischer Einschätzungen kamen die Studenten zum selben Schluss, den der Architekt bereits vorgegeben hatte. Eine grosse Stube könne allerdings mehr Schmutz bedeuten, warnten sie. «Aber das sind nur Nachteile für eine kranke, zerfallene Familie.»[75] Interessanterweise ging eine Absicht des Architekten Messerer nicht in allem auf: Zum Essen wurde nicht die Stube, sondern bei allen befragten Frauen ausschliesslich die Küche benutzt. Die Trennung von Küche und Stube – eine fixe Idee bürgerlicher Sozialreformer/-innen bis in die 1960er-Jahre hinein – blieb auch hier eine Utopie. Die Wohnungen und ihre Raumaufteilung wurden anders benutzt als vorgesehen, sie wurden von den Bewohner/-innen angeeignet.[76]

Um qualifizierte Arbeiter/-innen und Angestellte enger an den Betrieb zu binden und damit die Fluktuation zu dämpfen, förderte Gebrüder Sulzer den Kauf und den Bau von Einfamilienhäusern durch die Vergabe von Hypothekardarlehen; diese wurden über die Pensionskassen finanziert. Ab 1955 gewährte das Unternehmen gesonderte Baukredite. Zwei Jahre später wollte man die Darlehen allerdings nur noch für Neubauten gewähren. Ausserdem kamen nur noch die eigenen Beschäftigten infrage – zuvor vergab Gebrüder Sulzer Hypotheken auch an Externe.[77] Neben Baukrediten und Hypotheken vermittelte der Betrieb bauwilligen Beschäftigten zudem das Bauland, das für die Bebauung mit Wohnblöcken zu teuer gekommen wäre.[78] Wichtiger als die Hypothekenvergabe für private Bauprojekte blieb aber die Erstellung von Reihenhaussiedlungen, um diese – meistens – an im Monatslohn Angestellte zu verkaufen. Die Häuser wur-

---

73 Rothenbüler 2014, 43 f.
74 Praktische Analysen im Gebiet des Wohnungsbaus, in: 3, 1962, 63–66, hier 65.
75 Ebd., 66.
76 Vgl. Fasel 2007, 98.
77 Finanzierung von Eigenheimen, in: WM 1, 1955, 11; Archiv Sulzer, Schachtel 153b, Schreiben an Stiftungsrat, 8. 5. 1957.
78 Vgl. Bauland, in: Beilageblatt WM 1, 1957.

den entweder in Eigenregie gebaut oder zusammen mit der GEbW. In Oberwinterthur wurden so zwischen 1954 und 1962 73 Reihenhäuser erstellt.[79]

Ab den 1950er-Jahren baute der Betrieb in benachbarten Dörfern ausserhalb von Winterthur, wo die Bodenpreise noch tiefer lagen, in Wiesendangen etwa oder in Sulz-Rickenbach. Nicht immer waren diese Häuser günstig zu haben. Ein Fünfzimmerhaus in der Reihenhaussiedlung Steinegg in Wiesendangen kostete 1960 65 000 Franken, als Eigenkapital benötigte man 10–15 %.[80] In Sulz-Rickenbach wurden ab 1957 mehrere Reihenhäuser sowie frei stehende Einfamilienhäuser gebaut. 1962 waren hier die Hauspreise gegenüber jenen im benachbarten Wiesendangen deutlich angestiegen: Für ein vergleichbares Reihenhaus mussten nun 70 000–75 000, für ein frei stehendes Haus bereits 90 000–95 000 Franken gezahlt werden.[81] Der Bau von Einfamilienhäusern blieb an sich eine teure Angelegenheit; jener von Wohnungen in Blöcken war um einiges billiger, zumal in den 1960er-Jahren das Bauland zusehends knapp wurde.[82] Dennoch trat die Geschäftsleitung von Gebrüder Sulzer für das Einfamilienhaus ein. Verwaltungsrat Alfred Schaffner betonte 1960 die psychologische Qualität des Eigenheims als Gegenmittel zu einer stets rigider erfahrenen betrieblichen Autorität: «Gerade in einer Zeit zunehmender Straffung der Organisation im wirtschaftlichen Unternehmen stellt das Eigenheim jenen idealen Ort dar, wo der Arbeitnehmer [...] aus eigener Initiative etwas unternehmen kann, wodurch die Gefühle der Selbständigkeit und der Freiheit verstärkt werden.»[83]

Villaggio Oberwinterthur

Die Ende 1946 aus Italien importierten Arbeitsmigranten – ausschliesslich Männer – brachte Gebrüder Sulzer in Baracken, Wohnungen und Zimmern unter. Auf 1947 wurde ein grosses Barackenlager beim Werk Oberwinterthur geplant.[84] In einigen der in der Zwischenzeit angemieteten Baracken, etwa jener im Zelgli, wohnten neben Migranten auch ledige Schweizer. 1948 trennte man die Bewohner nach der Herkunft; die Schweizer blieben, die Italiener zogen in die Nähe der Giesserei in Oberwinterthur. Dort war ab 1947 in mehreren Etappen und für eine Bausumme für 500 000 Franken das Villaggio erstellt worden, weniger ein Dörfchen als ein Barackenlager mit einer eigenen Kantine. Hier sollten in den nächsten zwanzig Jahren über 400 Arbeiter auf engstem Raum wohnen.[85]

---

79 Archiv Auwiesen, GEbW, 83.–91. Rechenschaftsbericht, 1954–1962.
80 Von Gebrüder Sulzer gebaut, in: WM 10, 1959, 15; Beilageblatt WM 2, 1960.
81 Gebrüder Sulzer bauen weitere Einfamilienhäuser in Sulz-Rickenbach, in: WM 8, 1962, 27.
82 Vgl. Vogel 1997, 65.
83 Zitiert in Buomberger 2011, 160.
84 Archiv Sulzer, Schachtel 180, Prot. Arbeiterkommission, 12. 12. 1946.
85 Ebd., Schachtel 161b, Prot. Konferenz, 9. 1. 1947; ebd., Schachtel 156g, Unterkunft für alleinstehende Arbeiter, 29. 1. 1951.

Die erste Etappe des Villaggio umfasste einen hölzernen Hauptbau mit Küche, Verwalterbüro und einem Esssal. In drei weiteren, noch euphemistischer Chalets genannten Baracken waren der Verwalter, das Personal sowie 140 Arbeiter untergebracht. «Die Chalets», erklärten 1949 die *Werk-Mitteilungen*, «können später an einem andern Standort mit einfachen Mitteln zu Wohnungen umgebaut werden.»[86] Neben diesen Baracken errichtete Gebrüder Sulzer im selben Jahr in der Nähe der Seenerstrasse auf dem Werkareal eine Lagerhalle für kleinere Gussstücke, in deren Seitenschiffen auf zwei Geschosse verteilt weitere 256 Arbeiter untergebracht wurden.[87]

Die Trennung von Einheimischen und Migranten, die Isolation, die Unterbringung in einer Lagerhalle auf dem Fabrikareal: Das entsprach einem Grundmuster, das sich durch die Nachkriegszeit zog.[88] Die Arbeiter, die bloss den Minimallohn erhielten, der durch Abzüge für die Unterkunft und die Verpflegung noch kleiner wurde, sollten nicht nur als disponibles Arbeitskräftereservoir behandelt oder manchmal gar wie Werkstücke über Nacht in einem Lager aufbewahrt werden,[89] man wollte sie auch von der einheimischen Belegschaft trennen, sozial wie räumlich. Die Segregation war eine doppelte – und sie war Ausdruck einer Sozialpolitik, die im Gegensatz zur integrativen Human-Relations-Ideologie, die für die einheimischen Arbeiter/-innen galt, den Ausschluss bezweckte. Dieser wurde nicht einfach negativ begründet, sondern positiv umgedeutet: das Villaggio, erklärten 1960 die *Werk-Mitteilungen*, sei ein «südländisches Idyll, in dem der italienische Mitarbeiter seine nationale Eigenart pflegen kann».[90]

Um 1951 beschloss die Geschäftsleitung, mehr Arbeitsmigranten anzustellen. Dafür fehlte allerdings der Wohnraum; neue Baracken mochte man weder aufbauen noch anmieten, weil das zu teuer komme (der Besitzer der Zelgli-Baracke etwa verlangte 20 000 Franken Miete pro Jahr). Die zusätzlichen Arbeiter wurden in Gasthöfen, in Zimmern über Restaurants oder bei Privaten untergebracht, nicht nur in Winterthur, sondern auch in der näheren und nicht so nahen Umgebung, etwa in Tänikon/Aadorf oder Schottikon bei Räterschen. In Winterthur kaufte das Unternehmen an der Ecke Zürcher- und Ulrich-Hegner-Strasse ein Haus mit sieben Wohnungen und brachte dort 70 Arbeiter unter.[91] Der Anteil der Migranten an der Belegschaft wuchs beständig – Ende 1954 lag er bei 16 %, Ende 1956 bei 23 % – und damit ebenso das Problem, sie unterzubringen.[92]

86 Josef Amstutz: Die Neubauten in unserem Werk Oberwinterthur, in: WM 9, 1949, 65–71, hier 69.
87 Ebd.
88 Vgl. Holenstein/Kury/Schulz 2018, 316–318; Braun 1970, 202.
89 1947 erhielten Arbeitsmigranten aus Italien bei Gebrüder Sulzer inklusive Teuerungszulage 1.60–1.90 Franken pro Stunde. Archiv Sulzer, Schachtel 180, Prot. Arbeiterkommission, 12. 12. 1946.
90 Villaggio, in: WM 10, 1961, 22 f.
91 Archiv Sulzer, Schachtel 161b, Schreiben an Herbert Wolfer, 30. 6. 1951; ebd., Schachtel 156g, Unterkunft für alleinstehende Arbeiter, 29. 1. 1951.
92 Archiv ABB, DRP BBC, 13. 3. 1957.

Als im November 1961 der Arbeitsminister Italiens Fiorentino Sullo anlässlich der Verhandlungen über ein revidiertes Anwerbeabkommen Gebrüder Sulzer und das Villaggio in Oberwinterthur besuchte, beklagten sich die anwesenden Arbeiter über die viel zu hohen Mieten pro Bett.[93] Am nächsten Tag sollte Sullo bei den Barackenlagern von Brown Boveri vorbeischauen – auch hier freute ihn nicht, was er zu sehen bekam. Zu diesem Zeitpunkt stand bereits fest, dass das mittlerweile auf 400 Bewohner angewachsene und in der Infrastruktur etwas besser ausgebaute Villaggio (eine Bar, Zeitungen, Billardtisch) durch einen Neubau ersetzt oder zumindest ergänzt würde. Nicht etwa wegen der Wohnbedingungen. Die Baracken sollten vielmehr einer Erweiterung der Grossbearbeitungshalle weichen. Das Vorhaben wurde zwar nicht umgesetzt, trotzdem plante der Betrieb als Ersatz zwei neue Wohnblöcke für 600 ledige Arbeiter in Einer-, Zweier- und Dreierzimmer; mit einem Waschraum pro Stockwerk.[94] Ein Ideenwettbewerb der Werkzeitung suchte nach einem prägnanten Namen für die Häuser – abgelehnt wurden unterschwellig rassistische Einsendungen ebenso wie italienischsprachige Bezeichnungen (unklar, weshalb) oder solche, die von Freizeit oder Feierabend handelten (hier ist hingegen klar, weshalb). Eine Prämie von 25 Franken und weniger erhielten jene Einsendungen, die die Namen verstorbener Patrons aus der Familie Sulzer wählten, etwa: Robert-Sulzer-Haus. Aber auch diese Namen wurden letztlich nicht gewählt. Die Geschäftsleitung nannte die Häuser einfach nach der Strasse, an der sie lagen: Hegifeldhaus beim Werk Oberwinterthur, Eduard-Steiner-Haus beim Werk Winterthur.[95] Die neuen Häuser sollten 1963 bezogen werden und das Barackenlager sowie die verteilte Unterbringung in Wohnungen und Zimmern ergänzen.[96] Zumindest das Hegifeldhaus wurde etwas grösser gebaut als geplant. In drei dreigeschossigen Wohntrakten standen 385 Betten in 42 Einzelzimmern, vier Zweier-, einem Dreier- und 83 Viererzimmern. Auf jedem Stock gab es einen Waschraum mit Duschen; im Parterre Lesezimmer und eine Telefonkabine.[97] Was bei den von Sulzer oder der GEbW erstellten Häusern zutrifft, gilt auch in Bezug auf den Wohnungsbau für Arbeitsmigranten: Das Unternehmen verlor im Allgemeinen nicht zu viele Worte darüber. In der Werkzeitung kam der betriebliche oder werksnahe Wohnungsbau so gut wie nie vor (ausser, es handelte sich um Einfamilienhäuser, die man an einheimische Facharbeiter oder Angestellte verkaufen wollte). Dasselbe gilt für die wenigen archivalischen Quellen, die ich einsehen durfte. Bei Gebrüder Sulzer brachte man von dem, über das

---

93 Hirt 2009, 317.

94 Planung neuer Unterkünfte für Fremdarbeiter, in: WW 12, 1960, 30f.; Archiv Sulzer, Schachtel 181, Prot. Arbeiterkommission, 5. 10. 1961.

95 Wettbewerb Benennung von Wohnhäusern für alleinstehende Mitarbeiter, in: WM 3, 1961, 23.

96 Herbert Wolfer: Die Maschinenindustrie im heutigen Konjunkturbild, in: WM 5, 1964, 3–6, hier 5.

97 Liniger 2007, 354. Das Hegifeldhaus wurde 2001 von der Stadt gekauft, die es seit Jahren zur Unterbringung von Asylsuchenden gemietet hatte. Heute vermietet die städtische Wohnhilfe hier total sanierte Wohnungen auf Zeit und zu erstaunlich hohen Mietzinsen.

vermutlich sehr viel gesprochen wurde, nur wenig zu Papier. Das entsprach zu einem gewissen Grad der patronalen Unternehmenskultur in Winterthur, die sich lange halten sollte. Für Diskussionen blieb wenig Platz, für Informationen manchmal noch weniger.

Wettingen: Landidörfli und Dynamoheim

Ähnlich wie Gebrüder Sulzer in Winterthur hatte Brown Boveri vor 1937 eine grössere Anzahl Werkwohnungen für ihre Belegschaft erstellt. Am bekanntesten war die zwischen 1896 und 1898 sowie, in einer zweiten Etappe, zwischen 1916 und 1918 im Wettingen erstellte Arbeiter/-innensiedlung Dynamoheim mit insgesamt 80 Wohnungen.[98] Bis 1919 erstellte oder kaufte der Betrieb in Baden und Wettingen mehrere Häuser für die Belegschaft – danach wurde der betriebliche Wohnungsbau bis in die 1940er-Jahre eingestellt.[99] Um 1940 vermietete der Betrieb gegen 200 Wohnungen in Baden und Umgebung.[100]

1943 kaufte Brown Boveri im Tägerhard von Wettingen zwei Hektaren Land, um darauf Einfamilienhäuser zu erstellen und diese an Werkmeister zu verkaufen.[101] Ein Jahr später begannen die Vorarbeiten für den Bau der künftigen Siedlung Klosterfeld mit 49 Häusern. Die Baukosten wurden auf 1,45 Millionen Franken veranschlagt.[102] Als Architekt wurde Hans Ninck beauftragt, der wenige Jahre zuvor eine ähnliche Siedlung in Winterthur für Gebrüder Sulzer entworfen hatte. Die sechs Haustypen mit vier bis sechs Zimmern, einer angebauten Scheune und etwa acht Aren Pflanzland entsprachen von der Gestaltung und Ausstattung her mehr oder weniger jenen in Winterthur.[103] Einfamilienhäuser mit angebauter Scheune und etwas Land drum herum blieben im Wohnungsbau der Maschinenindustrie der 1940er-Jahre recht populär – nicht nur Brown Boveri und Gebrüder Sulzer liessen solche Siedlungen erstellen, auch die Maschinenfabrik Oerlikon wollte eine bauen, liess es dann aber sein. Dass man Facharbeiterfamilien zu Freizeitbauern machen wollte, hatte drei Gründe: Einmal sollte die Verbindung zum bebauten Land die Loyalität zum Betrieb und eine patriotische Haltung wecken.[104] Die Vergabe von Hypotheken band sodann die Arbeiter enger an den Betrieb und verhinderte, dass sie aufmüpfig wurden. Dahinter stand aber drittens das Kalkül, künftige Lohnforderungen abweisen zu können. Anlässlich einer im Februar 1945 an der ETH Zürich veranstalteten

---

98 50 Jahre Dynamoheim, in: WW 12, 1946, 182. Vgl. Meier 1996, 70; Lang/Wildi (Hg.) 2006, 36. Die Häuser der ersten Bauetappe wurden 1977 abgerissen.

99 Meier 1996, 70, 72; Münzel 1994, 75. Vgl. Lang/Wildi (Hg.) 2006, 37.

100 Gottfried Bütikofer: Unsere Wohnbaupolitik, in: WW 7–8, 1967, 199.

101 Archiv ABB, VRP BBC, 26. 3. 1943.

102 Max Schiesser: Die Aufgaben des Unternehmers in der Kriegskrisenzeit, in: WW 3, 1945, 33–41, hier 35.

103 Meier 2001, 114; ders. 1996, 72.

104 Buomberger 2011, 152.

Tagung über privatwirtschaftliche Arbeitsbeschaffungsmassnahmen führte der stellvertretende Delegierte für Arbeitsbeschaffung Max Iklé diese Überlegungen aus: «Wo immer es die Verhältnisse gestatten, sollten Arbeitersiedlungen, d.h. Einfamilienhäuser mit etwas Umschwung, errichtet werden, um dem Arbeiter Gemüsebau und Kleintierhaltung zu ermöglichen. Derart wird er wieder vermehrt mit der Scholle verbunden. Er ist in der Lage, sein Realeinkommen zu verbessern, ohne dass der Nominallohn erhöht zu werden braucht. Zudem wird er Zeiten der Krise und der Teilarbeitslosigkeit leichter überstehen und seine Freizeit nutzbringend anwenden können. Soll dieses Ziel erreicht werden, so müssen drei Voraussetzungen erfüllt sein: Der Arbeiter muss Eigentümer der Siedlung sein oder doch die Möglichkeit haben, dies nach einiger Zeit zu werden. Nur so fühlt er sich wirklich mit der Scholle verbunden und nicht noch in vermehrte Abhängigkeit zu seinem Brotherrn gebracht. Ferner darf die Siedlung dem Eigentümer nicht zur Last fallen. Sie soll ihn nicht teurer zu stehen kommen als eine durchschnittliche Arbeiterwohnung. Dies ist bei den heutigen Baukosten naturgemäss nur mit einer Hilfe der öffentlichen Hand möglich. […] Noch ein Drittes muss beachtet werden. Nicht jede Arbeiterfamilie eignet sich für den Betrieb einer Siedlung. Man muss deshalb eine sorgfältige Auslese treffen, will man sich Überraschungen ersparen. Wenn die Arbeiterfrau nicht Lust und Freude an der Bearbeitung ihres Landes hat, ist der Siedlungsversuch zum vornherein zum Misserfolg verurteilt.»[105]

An der gleichen Tagung stellte der Brown-Boveri-Verwaltungsratsdelegierte Max Schiesser das Projekt der Klosterfeld-Siedlung als Arbeitsbeschaffungsmassnahme vor – sein Referat wurde in der Werkzeitung nachgedruckt mit der Aufforderung, «dass jeder es gründlich liest».[106] Die beschaffte Arbeit liess dann aber auf sich warten. Der Baubeginn verzögerte sich bis in den Frühling 1946. Brown Boveri schob den Behörden die Schuld zu, ein Antrag auf Subventionen sei kompliziert, aber man wollte sie haben, um möglichst billig zu bauen. «[D]enn», so Schiesser an einem Vortrag vor Angestellten des Betriebs im Mai 1946, «wir legen sehr viel Wert darauf, dass unsere Arbeiter diese Häuser als Eigenbesitz erwerben und auch erhalten können.»[107] Als schliesslich gebaut wurde, hielt sich der Andrang in Grenzen; laut dem kaufmännischen Direktor Emil Zaugg lag das daran, dass die Häuser für viele zu teuer waren.[108] Im Herbst 1946 standen die Kriterien für die Auswahl der Interessenten fest: Mann zwischen 35 und 45 Jahren, Facharbeiter, loyales Verhalten, Familie mit mindestens drei Kindern (wegen der Subventionen) und schliesslich genügend Vermögen, um eine Anzahlung von mindestens 2000 Franken zu leisten. Die Häuser wurden nicht gleich verkauft,

105 Max Iklé: Der Beitrag des Unternehmers an die Arbeitsbeschaffung in der Kriegskrisenzeit, in: SAZ 18, 1945, 357–362, hier 361 f. Ähnlich Gasser 1941, 10.
106 Max Schiesser: Die Aufgaben des Unternehmers in der Kriegskrisenzeit, in: WW 3, 1945, 33–41, hier 33.
107 Ders.: Die Probleme der Geschäftsleitung, in: WW 6–7, 1946, 86–92, hier 91.
108 Archiv ABB, DRP BBC, 1. 5. 1946.

sondern zunächst ein bis zwei Jahre für etwa 20 % des Facharbeiterlohns vermietet – auf Probe. Wer sich bewährte, durfte Eigentümer werden.[109]

«Hoffen wir, dass die Glücklichen, deren Anmeldungen berücksichtigt werden konnten, sich eine Ehre daraus machen werden, das ihnen anvertraute Heimwesen zu einer angenehmen, mustergültigen Heimstätte zu gestalten», mahnte in diesem Zusammenhang *Wir und unser Werk*. «Mögen sie durch Beobachtung der nötigen Sorgfalt dazu beitragen, dass die neue Wohnsiedlung weiterhin als vorbildlich und nachahmenswertes Beispiel bekannt wird.»[110] Als Anfang 1947 die ersten 25 der 39 Häuser bezogen wurden, erklärte einer der Mieter und vielleicht künftiger Hausbesitzer in der Werkzeitung: «Die Siedlung selber wird, wenn einmal fertig gekleidet und geschmückt, zum echten Landidörfli gestempelt sein, der Firma Brown Boveri zur Ehre und den Werkangehörigen zum Nutz und Frommen gereichen.» Man freue sich, dank «der Hilfe der Firma, dem verständnisvollen Wohlwollen von Direktion und Verwaltung» bald Hausbesitzer zu werden. Die Siedlung sei deshalb als «Sozialwerk» zu betrachten. «Noch zu viele gute Mitarbeiter unseres Werkes sind vom heissen Wunsche nach einem trauten Heim in der Arbeitsstätte-Nähe beseelt. Wo dieser ureigenste aller Träume erfüllt ist, […] [d]a wird auch im Eden der Industrie unseres Ländchens noch echtes Schweizertum seine helvetischen Früchte treiben.»[111] Gotthold Meyer von der Häuserverwaltung ergänzte, das werde «eine Mustersiedlung mit Mustersiedlern – in jeder Beziehung».[112]

Im Dezember 1947 diskutierte der Verwaltungsrat von Brown Boveri die akute Wohnungsnot und die steigende Fluktuation – als Gegenmittel sollte der betriebliche Wohnungsbau ausgeweitet werden. Das Unternehmen vermietete 199 Wohnungen an Arbeiter/-innen und weitere 144 an Angestellte; seit 1939 hatte der Bestand an Werkwohnungen durch die Wettinger Klosterfeldsiedlung und den Bau weiterer Wohnhäuser an der Badener Römerstrasse um fast ein Drittel zugenommen. Weil die hohe Fluktuation der Produktivität des Betriebs schade, beschloss man, «die Sesshaftigkeit unserer Arbeiter-Belegschaft so viel wie möglich zu unterstützen». Gemeint waren damit ausschliesslich verheiratete Arbeiter, die als ansiedlungswürdig galten – rund 7 % wohnten bereits in einer der Werkwohnungen. In Zukunft sollten es 10 % sein: Dafür brauchte es ungefähr 450 Wohnungen. Bei der Wettinger Arbeiter/-innensiedlung Dynamoheim sollte deshalb eine neue Siedlung mit 90 bis 110 Zwei- und Vierzimmerwohnungen erstellt werden, ohne Subventionen und mit einer anvisierten Miete von maximal 70 Franken im Monat.[113]

---

109 Ebd., 9. 10. 1946. Ende 1946 lag der Grundlohn von Facharbeitern bei Brown Boveri bei 1.33 Franken die Stunde, mit der Teuerungszulage kamen sie auf 2.44 Franken (zum Vergleich: an- und ungelernte Arbeiter erhielten 1.25 beziehungsweise 2.17 Franken, Frauen 72 Rappen beziehungsweise 1.45 Franken). Sozialarchiv, Ar SMUV, 04A-0004, Dossier Brown Boveri, SMUV: Lohnerhebung BBC, September bis Dezember 1946, 23. 9. 1947.
110 Emil Klingelfuss: BBC-Bulletin, in: WW 10, 1946, 145 f., hier 146.
111 E. Richner: Eine Stimme aus dem BBC-Klosterfeld, in: WW 3, 1947, 46 f.
112 Gotthold Meyer: Nachschrift der Häuserverwaltung, in: WW 3, 1947, 47.
113 Archiv ABB, VRP BBC, 16. 12. 1947.

Das 1948 begonnene und 1950 fertiggestellte neue Dynamoheim bestand aus neun vierstöckigen Blöcken im offenen Zeilenbau und umfasste 168 Zwei- bis Vierzimmerwohnungen. Im Dezember 1948 legte der Verwaltungsrat den Mietzins auf 62 Franken für zwei, 68 Franken für drei und 75 Franken für vier Zimmer fest.[114] Entworfen hatte die Blöcke Ernst Messerer, der später ebenso für Gebrüder Sulzer arbeiten sollte. Die Raumaufteilung der Wohnungen war im Vergleich zu jenen in den älteren Siedlungshäusern wesentlich geändert worden: Der Korridor fiel weg, dafür wurden die Zimmer etwas grösser, statt einer Wohnküche gab es nun eine Kleinküche, ebenso ein eigenes Badezimmer. Derselbe Haustypus wurde für die Angestelltenhäuser an der Römerstrasse und etwas später für jene der Angestelltensiedlungen in Wettingen und Gebenstorf verwendet.[115] Die Blöcke des neuen Dynamoheims «sollen in erster Linie der Unterbringung von Berufsarbeitern dienen, die von auswärts zuziehen», erklärte die Werkzeitung 1949.[116] Gleichzeitig baute man für die Angestellten in Wettingen bis 1950 die Siedlung Lindenhof mit 48 Drei- bis Vierzimmerwohnungen und einer Miete von 105 bis 115 Franken im Monat; 1952 folgte in Gebenstorf die Arbeiter/-innensiedlung Gehlig mit weiteren 72 Wohnungen.[117]

Bis 1950 hatte Brown Boveri innert kurzer Zeit ihren Bestand auf 497 Mietwohnungen aufgestockt – und damit das 1947 formulierte Ziel erreicht.[118] Da in diesen Wohnungen noch 64 Pensionierte und ein paar Witwen ehemaliger Arbeiter und Angestellter wohnten, beschloss der Betrieb, die Mietverträge abzuändern. Bei der Pensionierung verlor man die Wohnung nun sofort, beim Tod des Ehemannes spätestens nach zwei Jahren; ausserdem sollten die Mieten im Stillen – «ohne aufsehenerregende Prozedur» – sukzessive erhöht werden, etwa bei einem Wohnungswechsel oder bei einer Pinselrenovation.[119] Offenbar ignorierten einige Mieter/-innen zusammen mit Angestellten der Häuserverwaltung die neuen Klauseln. Zwei Jahre später gab man den immer noch in den Wohnungen lebenden Pensionierten deshalb eine einjährige Gnadenfrist, nach der sie definitiv aus den Wohnungen entfernt würden, und drohte bei dieser Gelegenheit mit der Zwangsräumung. Ausserdem wurde bekanntgegeben, in der nächsten Zeit würden keine neuen Wohnbauprojekte mehr realisiert werden.[120]

1954 waren sämtliche der mittlerweile 549 betriebseigenen Wohnungen vermietet, 212 an Angestellte und 337 an Arbeiter/-innen. Zwar gab es immer wieder neue Mietgesuche, «jedoch vorwiegend von Hilfsarbeitern, die nicht beson-

114 Archiv ABB, VRP BBC, 9. 12. 1948, 30. 5. 1950; ebd., DRP BBC, 4. 3. 1948.
115 Meier 1996, 70.
116 Emil Klingelfuss: BBC-Bulletin, in: WW 9, 1949, 129–131. Die Siedlung wurde nach 2003 abgerissen.
117 Archiv ABB, VRP BBC, 30. 5. 1950; Emil Klingelfuss: BBC-Bulletin, in: WW 7–8, 1948, 97 f.; ders.: BBC-Bulletin, in: WW 2, 1952, 21 f.
118 Archiv ABB, DRP BBC, 8. 11. 1950.
119 Ebd.
120 Häuserverwaltung: Immer noch zu wenig BBC-Wohnungen, in: WW 9, 1952, 134.

ders empfohlen sind», so die Geschäftsleitung.[121] Da der Zweck des betrieblichen Wohnungsbaus nicht im Bereitstellen von Wohnraum für die Belegschaft, sondern in der Ansiedlung ausgewählter qualifizierter und loyaler Arbeitskräfte sowie in der Dämpfung der Fluktuation bestand – also auch in der Kontrolle der Wanderungsbewegung der Belegschaft –, änderte das Unternehmen 1955 die Mietverträge erneut ab. Künftig konnte den Mieter/-innen «aus betrieblichen Gründen» einfach so gekündigt werden; man verlor zudem die Wohnung, wenn die Familiengrösse mit der Zimmerzahl nicht vereinbar sei.[122] In den seit 1947 bezogenen Neubauten galt die 1936 eingeführte behördliche Mietzinskontrolle per Bundesratsbeschluss ab 1954 nicht mehr.[123] Nicht wenige Wohnungen von Brown Boveri lagen allerdings in Altbauten; hier konnten die Mieten nicht nach Belieben angehoben werden. Dieser Umstand missfiel natürlich der Geschäftsleitung. An der Generalversammlung von 1957 forderte deshalb Verwaltungsratspräsident Walter Boveri, jeglicher Mieter/-innenschutz sei per sofort abzuschaffen. Er würde «es lebhaft begrüssen, […] wenn mit dem Unfug des Mieterschutzes […] sobald wie möglich aufgeräumt wird. Sehr rasch wird dann auch das Gerede vom gemeinnützigen verbilligten Wohnungsbau verschwinden können.»[124] Ein Jahr später diskutierte die Geschäftsleitung, die bisherige Praxis, bei einer Neuvermietung der Wohnung die Miete anzuheben, sein zu lassen und stattdessen zu allgemeinen Mieterhöhungen überzugehen. Man sah davon ab – es gab die Befürchtung, dass dem Betrieb sonst «Klimaverschlechterungen» drohten.[125] 1965 schien das kein Problem mehr: Die Mieten wurden allgemein um 10 % erhöht.[126]

Schön wohnen in Birr

Sieht man ab von der geplanten Überbauung des Brisgi-Areals in Baden (Näheres dazu weiter unten), stach Ende der 1950er- und Anfang der 1960er-Jahre ein Bauvorhaben von Brown Boveri besonders hervor: die Siedlung In den Wyden bei der neuen Fabrik in Birr (in der Nähe von Brugg, etwa zehn Kilometer westlich von Baden), in welche die Fertigung elektrischer Grossmaschinen verlagert wurde. Im Frühling 1960 nahm sie mit vorerst 350 Beschäftigten den vollen Betrieb auf; 1968 wurde zudem die Motorenfabrik nach Birr verlegt.[127] Ihr Standort, das Birrfeld, war einst die Kornkammer des Kantons Aargau; nach dem Zweiten Weltkrieg wurden hier die Güter zusammengelegt. Ab 1952 kaufte Brown Bo-

---

121 Archiv ABB, DRP BBC, 13. 10. 1954.
122 Ebd., 14. 12. 1955.
123 Vgl. Angelini/Gurtner 1978, 46 f.
124 Walter Boveri: Referat, Generalversammlung BBC, 5. 7. 1957, in: WW 7–8, 1957, 111–115, hier 114.
125 Archiv ABB, DRP BBC, 25. 6. 1958.
126 Ebd., 17. 12. 1965.
127 Walter Bolleter: Vor dem Umzug nach Birr, in: WW 3, 1959, 60 f.; Catrina 1991, 97.

veri das Land auf, anfänglich zu einem Preis von 4 Franken pro Quadratmeter. Eine Bauordnung gab es nicht, diese kam erst 1957. Dabei wurden 64 Hektaren als Industriezone ausgeschieden, 52 davon besass Brown Boveri, den Rest die Kabelwerke Brugg.[128] Die neue Fabrik nahm die Regionalplanungsgruppe Nordwestschweiz unter der Leitung von Hans Marti zum Anlass, ab Mitte der 1950er-Jahre die Erstellung einer neuen Kleinstadt – genauer: einer «Arbeiterstadt Birr» – zu planen, die zwischen der Fabrik, dem Bahnhof und den Dörfern Birr und Lupfig 10 000–20 000 Einwohner/-innen aufnehmen sollte. Die Planung lief ins Leere, zumal es mit dem nahen Brugg bereits ein regionales Zentrum gab.[129]

Brown Boveri erwarb zusätzlich 22 Hektaren Land für den Bau von Wohnblöcken und Einfamilienhäusern, weil in der Gegend die in der neuen Fabrik Beschäftigten nicht untergebracht werden konnten. In unmittelbarer Nähe der Fabrik war auf einem 6,7 Hektaren grossen Grundstück eine Siedlung mit ungefähr 500 Wohnungen für Arbeiter/-innen und Angestellte vorgesehen. Den Zuschlag erhielten die Architekten Charles Geisendorf und Robert Winkler. In mehreren Etappen wurden zwei je 150 Meter lange geknickte, achtgeschossige Langbauten und sechs ebenfalls achtgeschossige würfelförmige Punkthäuser mit insgesamt 529 Wohnungen für 2000 Bewohner/-innen gebaut – die geplante Bausumme betrug um die 15 Millionen Franken.[130]

Die ersten 108 Wohnungen konnten im Frühling 1962 bezogen werden, weitere Bauetappen folgten in den nächsten Jahren. Mit Reportagen über die Siedlung – verkleideten Werbetexten – wurde die von Rudolf Farner betriebene Public-Relations-Agentur beauftragt, die für Brown Boveri auch Meinungsforschung betrieb.[131] Die Nachfrage nach den Wohnungen hielt sich zunächst in Grenzen. Die Belegschaft blieb lieber in billigen Altbauten mit Mietzinskontrolle wohnen, statt nach Birr in die neuen Wohnungen zu ziehen.[132] Die Mieten schienen vielen Arbeiter/-innen zu hoch angesetzt. Um 1964 kostete eine Wohnung in den Punkthäusern monatlich zwischen 232 Franken und 412 Franken; hinzu kamen Nebenkosten von 30–45 Franken.[133] Anfangs erhielt die Belegschaft eine zeitlich begrenzte Vergünstigung. Alle fünf Jahre wurde aber die Miete um 5 % erhöht, um schliesslich das Preisniveau des freien Wohnungsbaus zu erreichen.[134] Dass es mit der Vermietung in der ersten Zeit nicht klappen wollte, lag wohl auch daran, dass es an Infrastruktur mangelte; es gab in der Nähe kein Schulhaus und die

128 Abt/Elsasser 1971, 42.
129 Archiv ABB, DRP BBC, 19. 6. 1957; Hans Marti: Die städtebauliche Entwicklung in Birrfeld, in: SBZ 8, 1960, 127–132, hier 132.
130 Archiv ABB, VRP BBC, 17. 6. 1960; Brown-Boveri-Wohnsiedlung «In den Wyden» in Birr, in: Werk 3, 1962, 89–91.
131 Archiv ABB, DRP BBC, 5. 9. 1963, 27. 8. 1964. Farner war im Bereich der Werbung und Unternehmenskommunikation eine zentrale Figur der Nachkriegszeit; er betreute zudem etliche Propagandakampagnen des Militärs und rechter Organisationen. Tanner 2015, 326, 375.
132 Archiv ABB, DRP BBC, 6. 12. 1962.
133 Sozialarchiv, Ar SMUV, 04A-0004, Dossier Brown Boveri, Liegenschaftsverwaltung BBC: Mietzinse In den Wyden Nr. 3, 4 und 6 (Punkthäuser Typ B), 1964.
134 Archiv ABB, VRP BBC, 13. 12. 1965.

Abb. 7: *Wohnsiedlung «In den Wyden» der BBC, Birr, Oktober 1969.*

Lage mitten in der Aargauer Landschaft legte den Besitz eines Autos nahe. Ein Einkaufsladen, das Restaurant Wydenhof und ein Kindergarten folgten erst später.[135] Der Betrieb versuchte deshalb, die Wohnungen teurer an Externe zu vermieten, doch blieb ein Erfolg aus: 1963 brachte man so nur acht Wohnungen los.[136]

Nach der Fertigstellung der ersten 108 Wohnungen wurde die Wohnausstellung «Schön wohnen ‹In den Wyden› Birr» organisiert, um so die Anzahl vermieteter Wohnungen zu erhöhen. Brown Boveri gab dem Badener Möbelgeschäft Lüscher den Auftrag, zwei Wohnungen auszustatten und die Besucher/-innen in Wohnfragen zu beraten.[137] *Wir und unser Werk* erklärte, der Betrieb wolle, dass trotz der Nähe zur Fabrik der Mensch im Mittelpunkt der Siedlung stehe. «Die Familie soll eine gesunde und harmonische Atmosphäre finden, der arbeitende Mensch Entspannung und Erholung. Der Hausfrau wird das Haushalten erleichtert und die Kinder sollen schöne, geschützte Spiel- und Tummelplätze bekommen.»[138] Die Wohnung als Stätte der Wiederherstellung des Arbeitsvermögens:

---

135 Abt/Elsasser 1971, 43; Die Wohnsiedlung «In den Wyden» Birr hat ihr Restaurant, in: WW 1–2, 1964, 2.
136 Meier 1996, 77.
137 Schön wohnen «In den Wyden» in Birr, in: WW 9, 1962, 240f.
138 Wohnen in Birr, in: WW 3, 1961, 65–67, hier 65.

Die Verrichtung der Hausarbeit kam ebenfalls zur Sprache; im konservativen Aargau nicht unbedingt eine Selbstverständlichkeit. «Durch eine gut ausgedachte Wohnungsaufteilung und durch moderne, arbeitssparende Einrichtungen wird ihnen [den Hausfrauen, A. F.] das Haushalten erleichtert.»[139] Die Küche – «Das Reich der Hausfrau: die Küche!»[140] – war als Wohnküche ausgeführt.

Das bedeutete eine Abkehr von den Arbeitsküchen, den engen Schläuchen, wie sie in den Blöcken der Nachkriegszeit bis in die 1980er-Jahre nur zu oft verbaut wurden. Diese setzten architektonisch die Trennung von Kochen und Essen durch und hatten ihren Ursprung einerseits im Bestreben bürgerlicher Sozial-reformer/-innen der Zwischenkriegszeit, den proletarischen Haushalten bürger-liche Wohnkultur beizubringen.[141] Die Wohnküche galt als problematisch, unter anderem weil in ihnen die geschlechtsspezifische Arbeitsteilung nicht gewähr-leistet war – in den engen Arbeitsküchen konnte hingegen oft nur eine Person ar-beiten. Andererseits wurden sie im Rahmen der Rationalisierung des Wohnungs-baus häufiger, die auf eine bessere Ausnutzung der Grundstücksfläche und damit auf die Verkleinerung der Wohnungsfläche setzte. An die soziale Bedeutung der Hausarbeit wurde dabei nicht gedacht; sie galt, da ohne Lohn verrichtet, als Ne-bensächlichkeit. Eine Folge der Kleinküchen war, dass ein Teil der Hausarbeit, das Kochen, unsichtbar gemacht wurde. Das Bild von Ehemann und Kindern am Tisch im Esszimmer, die sich, einem bürgerlichen Haushalt mit Bediensteten gleich, von der Mutter bedienen lassen, hielt sich in den Köpfen der Architekten und Sozialpolitiker noch lange. Im Laufe der 1960er-Jahre sollten wieder mehr Wohnküchen verbaut werden; häufig waren sie aber erst ab den 1990er-Jahren.

Die von der Badener Metallwarenfabrik Merker gefertigten Küchen der Siedlung In den Wyden wurden 1962 unter anderem auf der Basler Mustermesse ausgestellt.[142] Die Zeitschrift des Verbands für Wohnungswesen, in dem gemein-nützige Baugenossenschaften zusammengeschlossen waren, stellte die Küche darauf gesondert vor und erklärte sie als vorbildhaft, weil sie der Rationalisie-rung der Hausarbeit diene – gemeint war die Verkürzung der Hausarbeitszeit berufstätiger Frauen. Die Wohnungen von Brown Boveri seien funktionell rich-tig geplant. Küche, Esstisch und Wohnungstür seien so angeordnet, «dass sich kürzeste Wege ergeben, dabei aber auch auf den richtigen Licht- und Sonnenein-fall geachtet wird».[143] Auch die Küche habe man für eine reibungslose Arbeit ge-staltet. Denn: «Nur wenn die Arbeitsplätze [für Vorbereitung, Kochen, Spülen, A. F.] mit dem Raum ein harmonisches Ganzes bilden, erhält man eine moderne Küche, in der die Hausfrau arbeitssparend, schnell und leicht arbeiten kann und auch Freude an ihrer anspruchsvollen Tätigkeit hat.»[144]

139 Ebd.
140 Ebd., 67.
141 Vgl. Fasel 2007, 98–101.
142 Schweizer Mustermesse Basel, in: Wohnen 3, 1962, 79–85.
143 Helmut Wenke: Die Küche – das Herz der Wohnung, in: Wohnen 10, 1962, 315–317, hier 316.
144 Ebd.

Ab 1965 gab es öffentliche Veranstaltungen im Restaurant Wydenhof, ähnlich jenen im Wohlfahrtshaus Martinsberg in Baden. Man zeigte etwa *La strada* von Federico Fellini – und organisierte als Kontrastprogramm dazu einen antikommunistischen Diavortrag von Paul Metzger, der als Monteur in der Sowjetunion tätig gewesen sein will; den Vortrag hatte er bereits in Baden gehalten. Metzger sollte mit seinem Programm zwei Jahre später vom Aargauischen Vaterländischen Verband auf Vortragstournee geschickt werden.[145] Veranstaltungen aus dieser politischen Ecke mochten zur Geschäftsleitung passen, nicht aber zu den Bewohner/-innen der Siedlung – die reaktionäre Haltung entsprach eher den umliegenden Dörfern. Eine Befragung durch angehende Sozialarbeiter/-innen zeichnete Anfang der 1970er-Jahre das Bild einer multinationalen Realität. Die 1970 ungefähr 1700 Bewohner/-innen stammten aus 21 Herkunftsländern: 28,7 % aus Italien, 28,3 % aus der Schweiz, 13,6 % aus Deutschland, 7,5 % aus Jugoslawien, 6,8 % aus Spanien und 6,6 % aus Österreich; der Rest verteilte sich auf Ägypten, Algerien, Belgien, Britannien, Dänemark, Frankreich, Griechenland, die Niederlande, Indien, Indonesien, Jordanien, Norwegen, Tschechoslowakei, Türkei, Ungarn.[146] Die Befragung wollte, wenn auch das Interesse den Jugendlichen in der Siedlung galt, mehr über das Verhältnis der Einheimischen zu den Migrant/-innen sowohl in den Dörfern Birr und Lupfig wie in der Siedlung selbst wissen. Als Ergebnis zeigten sich mehrere Trennungslinien, nach Herkunft und Pass ebenso wie nach Wohnort: In den Dörfern wollte man unter sich bleiben. Der Betrieb hatte das zuvor schon erkannt und baute deshalb ab 1969 sogenannte Kontaktgruppen auf, die zwischen den Bewohner/-innen vermitteln und gemeinsame Veranstaltungen organisieren sollten, damit man sich kennenlernte.[147] Offenbar konnten diese nur wenig bewirken. Da half auch die in Artikeln der Werkzeitung gerne suggerierte Toleranz der Schweizer Bewohner/-innen nicht weiter.[148]

Für die Werkmeister der Fabrik liess Brown Boveri 1964 in Birr 16 zusammengebaute Einfamilienhäuser erstellen, «[a]uf idyllischer Matte am Waldrand». Die Nähe zum Wald wurde geradezu angepriesen: «Rehe, die in der Umgebung äsen, possierliche Einhörnchen, die durch den Garten hüpfen» – allerdings hatte wenig davon, wer den ganzen Tag in der Fabrik verbrachte.[149] Wie bei den Blöcken bei der Fabrik wurde die richtige Ausstattung und die Arbeitserleichterung für die Hausfrau zum Argument, die Häuser zu mieten und später zu erwerben: «[E]in nicht allzu grosses Haus, damit die Hausfrau es ohne fremde Hilfe in Ordnung halten kann [...]. An alle Einzelheiten, welche der Hausfrau das Haushal-

145 Veranstaltungen nun auch in Birr, in: WW 1–2, 1965, 17; vgl. Veranstaltungen im Martinsberg, in: WW 10, 1964, 234; Frischknecht et al. 1979, 287. Zum Vaterländischen Verband siehe Kap. 3.3.

146 Peter/Renold/Zenger 1972, 4 f.

147 Peter Rinderknecht: Die menschliche Infrastruktur einer Grosssiedlung, in: Brown Boveri Hauszeitung 10, 1971, 328–330.

148 Vgl. etwa Walther Kauer: Hausglocken in Birr, in: Brown Boveri Hauszeitung 4, 1970, 115–117.

149 Ein Häuschen am Waldrand ..., in: WW 3, 1964, 44.

ten erleichtern helfen, wurde gedacht.»[150] Die Miete betrug zunächst 342 Franken pro Monat und wurde alle zwei Jahre bis zum Betrag von 426 Franken angehoben; der Anfangsmietzins fiel etwas niedriger aus, wenn man nötige Unterhaltsarbeiten selber übernahm. Mieten konnte, wer mindestens seit fünf Jahren beschäftigt wurde und ein Depot von 3000 Franken leisten konnte, und kaufen, wer seit zehn Jahren im Betrieb arbeitete und mindestens 10 % des Kaufpreises von 93 000–98 000 Franken vorschiessen konnte. Der Betrieb sicherte sich ein Rück- und Vorkaufsrecht. Das Rückkaufsrecht bestand etwa bei der Auflösung des Arbeitsverhältnisses. Ursprünglich war geplant, dass die Werkmeister die Einfamilienhäuser selbst bauen liessen. Diese waren finanziell dazu nicht in der Lage, weshalb der Betrieb die Erstellung übernahm – auch, damit die Werkmeister nicht kündigten.[151] Der Preis der Häuser wuchs mit den Jahren stetig an. Fünf Jahre später kosteten sie zwischen 103 000 und 106 000 Franken.[152]

Nach dem Bau der Klosterhof-Siedlung unterbrach Brown Boveri im Sommer 1948 ihre Förderung des Eigenheimbaus durch Beschäftigte – es sei künftig Sache des Angestellten, «wenn er sich den Luxus eines Einfamilienhauses leisten will», hiess es an der Sitzung der Geschäftsleitung.[153] Diese Meinung hielt sich nicht lange; im Vergleich zum betrieblichen Wohnungsbau blieb aber die Hypothekenvergabe von untergeordneter Bedeutung. Im Sommer 1952 beschloss die Geschäftsleitung, die 100 000 Franken, die pro Jahr dafür zur Verfügung standen, auf 150 000 Franken zu erhöhen. Die «Finanzierung kleiner Heimwesen» erachtete man nun «als einen sozialpolitisch ausserordentlich wichtigen Faktor».[154] Zwischen 1950 und 1955 wurden 49 Hypotheken gewährt; in den Genuss kamen ausschliesslich gut qualifizierte Angestellte oder Facharbeiter mit Vermögen. 1955 hob man den jährlichen Betrag auf 250 000 Franken an.[155] Um 1965 wurden Hypotheken für den Bau von Ein- oder Zweifamilienhäusern ab drei Jahren Beschäftigung gewährt; eine Bedingung war, dass die Häuser in der Nähe der Fabriken gebaut wurden. Künftige Hausbesitzer mussten die erste Hypothek und das nötige Eigenkapital selbst beschaffen können – der Betrieb stellte eine zweite Hypothek in der Höhe von 30 000–50 000 Franken, die spätestens in zwölf Jahren zurückbezahlt sein musste. Für die ganze Laufzeit sicherte sich Brown Boveri zudem ein Vorkaufsrecht.[156] Vier Jahre später hatte man über die Arbeiter- und Angestelltenunterstützungsfonds (eine Ergänzung der Pen-

---

150 Ebd.
151 Archiv ABB, DRP BBC, 15. 11. 1962; vgl. Meier 1996, 70.
152 Th. Rüegg: Wunschtraum Einfamilienhaus, in: Brown Boveri Hauszeitung 3, 1969, 90f. Bei der Reihenhaussiedlung Geelig in Turgi kosteten die Häuser bereits 1967 zwischen 152 000 und 167 000 Franken; in der Einfamilienhaussiedlung Morgenacher in Oberrohrdorf kostete ein Haus dann 250 000 Franken. Was sagt die Liegenschaftsverwaltung, in: WW 7–8, 1967, 199; Meier 1996, 78.
153 Archiv ABB, DRP BBC, 28. 7. 1948.
154 Archiv ABB, DRP BBC, 11. 6. 1952.
155 Ebd., 14. 9. 1955.
156 Sparen – Bauen, in: WW 11–12, 1965, 250.

sionskasse) an 72 Beschäftigte Hypotheken im Wert von immerhin 1,25 Millionen Franken vergeben.[157]

1967 besass Brown Boveri fast 1200 Werkwohnungen – Baracken und Wohnungen für die Arbeitsmigrant/-innen nicht mitgezählt. Seit 1945 hat der Betrieb über die Pensionskassen und die Unterstützungsfonds über 60 Millionen Franken in den Bau von Wohnungen gesteckt. Als Grund dafür nannte der Personaldirektor Gottfried Bütikofer, dass der private und der öffentliche Wohnungsbau «die Bedürfnisse unserer Betriebsangehörigen auf eine angemessene und gesunde Wohnung nicht immer im wünschbaren Ausmass zu befriedigen vermochten».[158] Der Betrieb habe einspringen müssen. Um konkrete Bedürfnisse der Arbeiter/-innen und Angestellten ging es weniger; im Zentrum stand der Bedarf des Unternehmens, genügend qualifizierte Arbeitskräfte in der Nähe anzusiedeln und zu halten: «Brown Boveri war noch nie und ist auch heute nicht der Auffassung, dass es eine primäre Aufgabe sei, Wohnungen für die Gesamtheit oder auch nur einen Grossteil der Betriebsangehörigen zu schaffen.»[159] Der betriebliche Wohnungsbau des Unternehmens war deshalb in Zeiten der betrieblichen Expansion und der Wohnungsknappheit zwischen 1946 und 1954 sowie zwischen 1960 und 1967 besonders intensiv.

«Seer grossartig ischs nit»

Im Herbst 1946 informierte die Geschäftsleitung von Brown Boveri die Arbeiterkommission, man rekrutiere in Italien Arbeiter/-innen.[160] Für die Unterbringung hatte die Stadt Baden dem Unternehmen Land zu einem günstigen Baurechtszins abgetreten, im Brisgi, einem Uferstreifen zwischen Limmat und Eisenbahnstrecke.[161] Hier baute man zwischen Dezember 1946 und Januar 1947 die ersten vier Baracken für 120 italienische Arbeiter auf; auf der anderen Seite des Flusses, in Rieden, gab es eine weitere Baracke für 50 Arbeiterinnen.[162] «Die Italiener sind da!», kündigte *Wir und unser Werk* im Januar 1947 und versuchte, Ängste zu zerstreuen: Die Arbeitsmigrant/-innen seien nicht geholt worden, um die Löhne zu drücken (sie verdienten den Minimallohn abzüglich Unterkunfts- sowie weiterer Kosten), sie machten als disponible Arbeitskräfte den Einheimischen die Stelle nicht streitig (diese würden vielmehr bevorzugt behandelt), und, wichtig in Zeiten der Wohnungsnot, sie würden nicht um Wohnungen konkurrieren. «In diesem Punkt kann man vollständig beruhigt sein, denn die zugezogenen Ar-

157 Th. Rüegg: Wunschtraum Einfamilienhaus, in: Brown Boveri Hauszeitung 3, 1969, 90f.
158 Gottfried Bütikofer: Unsere Wohnbaupolitik, in: WW 7–8, 1967, 199.
159 Ebd.
160 Archiv ABB, DRP BBC, 9. 10. 1946.
161 Meier 1996, 74.
162 Welter 2004, 10.

Abb. 8: *Baracken der BBC im Brisgi, Baden, 16. 8. 1963.*

beiter und Arbeiterinnen beanspruchen keine einzige bestehende Wohnung.»[163]
Von Beginn an war die zumindest ausserbetriebliche Segregation geplant. Die
Arbeiter/-innen wohnten nicht nur räumlich separiert in einem Lager, sie wurden auch vor Ort verpflegt – in der Firmenkantine hatten sie nichts verloren,
durften dort nicht essen, es sei denn, sie verrichteten Schichtarbeit. Man habe, so
die Geschäftsleitung, zudem eine sorgfältige Auswahl getroffen und werde dafür
sorgen, dass die neuen Arbeiterinnen «sich in unsern Betrieb reibungslos einfü-
gen». Wenn das nicht der Fall sei, dann werde man schon «die Mittel finden, ihn
[den ungebührlichen Ausländer, A. F.] mit Takt und Festigkeit zur Vernunft zu
bringen».[164]

Bei diesem Umgangston sollte es bleiben. Im Herbst 1947 wandte sich der
Betrieb an die Bewohner/-innen der Baracken, um ihnen die Leviten zu lesen:
«Siamo molto contenti, in generale, del Vostro modo di comportarvi nelle ba-
racche e fuori», so das mit «in generale» aber gleich wieder relativierte Lob, «ma
purtroppo ci sono ancora sempre degli elementi che non riescono o non voglio-
no adattarsi alle leggi che impone la vita in comune.» Es brauche deshalb mehr

---

163 Die Italiener sind da!, in: WW 1, 1947, 1–3, hier 2.
164 Ebd.

Ordnung und Disziplin, mehr Anstand, mehr Sauberkeit. Man solle dem Betrieb überdies dankbar sein: «Per Voi abbiamo costruito le barracche pur comode e confortevoli. Ricordatevi che in confronto di tanti operai siete dei privilegiati.»[165] Die Miete für ein Bett in den Baracken wurde mit 1,5 Arbeitsstunden pro Tag angegeben.[166]

Die Barackenlager im Brisgi und in Rieden wuchsen schnell. Fünf Jahre später wohnten in ihnen bereits 960 Männer und 190 Frauen. 1955 standen im Brisgi bereits zehn Wohnbaracken, eine Essbaracke sowie weitere für das Personal und als Lager. In der Kantine wurden 700 Arbeiter gleichzeitig verpflegt. In Rieden standen die Bewohnerinnen unter der Aufsicht einer Lagerleiterin, «die darauf dringt», so die Werkzeitung, «dass in den dortigen Behausungen Ordnung und peinliche Sauberkeit herrschen».[167] Im Brisgi, «[d]ort unten an der Limmat», mussten die Bewohner in ihrer Freizeit Reparaturen oder Renovations- und Erweiterungsarbeiten vornehmen, «was nicht allein aus Ersparnisgründen, sondern viel mehr in moralischer Beziehung zu begrüssen ist», die unbezahlte Arbeit bewahre nämlich «vor Auswüchsen der Langeweile».[168]

Im selben Jahr hielt der abtretende technische Direktor von Brown Boveri Ernst Speiser (er wechselte danach in den Verwaltungsrat) vor Funktionären des Metallarbeiterverbands einen Vortrag, in dem er unter anderem auf die Lage der Arbeitsmigrant/-innen in der Maschinenindustrie einging. Speiser erzählte den Gewerkschaftern von der in Italien seiner Meinung nach zu Unrecht geäusserten Kritik an den Unterkünften: «Ich haa scho Artiggel in italienische Zytigge glääse, me behandlet si als Sklaave und tuet si ysperre i Baragge und eso. [...] Aber me hett ene scho miese irgendöppis biete, denn sie sind jo ohni Familie choo und si händ ihri yheimische Gwonnete vermisst. Jo, sie händ ä paar Bocciaplätz [...]. Seer grossartig ischs nit. Aber mir händ ene halt müesse e Chuchi gää, wo sie ihri Maccheroni und Spaghetti kriege, will si ebe unsri Härdöpfelchoscht nit vertraage. Ich glaub nit, dass mer saage kann, me hätt vill für sie gmacht.»[169]

Natürlich wollte er dem Metallarbeiterverband damit versichern, dass die patronalen Sozialleistungen der einheimischen Belegschaft zugutekommen und nicht den Migrant/-innen. Doch untertrieb er nicht; grossartig war das Barackenlager tatsächlich nicht, wurde es auch gerne als südländisches Idyll schöngeredet – sogar in neueren Veröffentlichungen.[170] Die Unterbringung gestaltete

165 Kaufmännische Betriebsleitung: Ai nostri operai ed operaie italiani, in: WW 9, 1947, 117 f.; vgl. Welter 2004, 12.

166 Nadig o. J., 10. Sollte der Grundlohn tatsächlich ausbezahlt worden sein, lag dieser bei Brown Boveri Ende 1946 für an- und ungelernte Männer bei 1.25 Franken (mit Teuerungszulage 2.17 Franken), für Hilfsarbeiterinnen bei 72 Rappen (1.45 Franken). Sozialarchiv, Ar SMUV, 04A-0004, Dossier Brown Boveri, SMUV: Lohnerhebung BBC, September bis Dezember 1946, 23. 9. 1947.

167 Das internationale Dorf Brisgi, in: WW 7–8, 1955, 125–128, hier 127.

168 Ebd., 127 f.

169 Speiser 1955, Tonband 8, 13:18–14:16.

170 Vgl. etwa Lang/Wildi (Hg.) 2006, 132: «Hier entwickelt sich eine ‹Italianità› besonderer Art. Auch Schweizer schätzen die Spaghetti oder den Vino rosso der Cantina.»

sich zunehmend prekärer. 1960 wurden 170 Arbeiter in einer Biscuitfabrik untergebracht, weil man keinen Platz mehr fand. Als sie sich beim italienischen Arbeitsministerium beschwerten, schaltete Brown Boveri das italienische Konsulat von Basel ein, um kein Anwerbeverbot zu kassieren.[171]

Brown Boveri beschäftigte im Januar 1961 10 397 Arbeiter/-innen, darunter 4315 Arbeitsmigrant/-innen, die mehrheitlich aus Italien stammten. Die Fluktuation war zu dieser Zeit gross und stellte den Betrieb vor Probleme: Allein zwischen Januar und April 1961 verliessen 900 Arbeiter/-innen die Fabrik. Um die Anlernkosten möglichst tief zu halten, suchte die Geschäftsleitung nach Möglichkeiten, die Belegschaft stärker an den Betrieb zu binden. Das Problem bestand nicht nur im mageren Lohn, der am Ende der Abzüge übrig blieb. Es fehlte schlicht an zureichendem Wohnraum.[172] Als Erstes wurden die Barackenlager erweitert; im Brisgi standen nun 14 Baracken mit 1500 Betten, in Rieden vier mit 200 Betten.[173] Auf die im Betrieb geäusserte Kritik, man stelle Arbeiter/-innen aus Italien kaum Wohnungen zur Verfügung, antwortete die Werkzeitung, das sei bloss ein falscher Eindruck, Gerüchte, die «non corispondono per nulla la realtà delle cose». Auf diese Realität wurde dann aber nicht näher eingegangen – ausser, dass man «in questi ultimi tempi» Wohnraum zur Verfügung gestellt habe.[174] In Neuenhof südlich von Wettingen kaufte das Unternehmen schliesslich sechs Wohnblöcke, um dort 350 Arbeiter unterzubringen. Neun bis zwölf Arbeiter teilten sich eine Drei- oder Vierzimmerwohnung mit Küche; die Duschen befanden sich im Keller. Ein Bett kostete zwischen 50 und 60 Franken im Monat. Die Einnahmen lagen durch die Belegungszahl deutlich höher als bei üblichen Mietwohnungen.[175]

Am 7. November 1961 besuchte der Arbeitsminister Italiens Fiorentino Sullo die Barackenlager von Brown Boveri (einen Tag zuvor war er bei Gebrüder Sulzer auf Besuch). Was er vorfand, empörte ihn; nicht nur die Wohnbedingungen, auch die hohe Miete von 50 Franken pro Bett und Monat hielt er für unangemessen.[176] Der Besuch fand im Vorfeld der Verhandlungen für das 1964 erweiterte Anwerbeabkommen statt, mit dem das auf kurzfristige Rekrutierung und Rückkehr ausgelegte Migrationsmodell zugunsten einer langfristigen Verfügbarkeit von Arbeitskräften angepasst wurde.[177] Der Bundesrat sah sich durch Sullos Kritik in die Enge getrieben und wollte «über die Verhältnisse der italieni-

171 Archiv ABB, DRP BBC, 1. 9. 1960.
172 Ebd., 13. 4. 1961. Vgl. Meier 1996, 74.
173 Welter 2004, 12.
174 Appartamenti Brown Boveri, in: WW 3, 1961, 69.
175 Braun 1970, 170, 173; Archiv ABB, DRP BBC, 31. 8. 1961; Siedlung Neuenhof, in: WW 10, 1961, 253. Vgl. Meier 1996, 74. 1960 lag der tiefste Männerlohn in Baden im Schnitt bei 2.84 Franken pro Stunde. Sozialarchiv, Ar SMUV, 04A-0004, Dossier Brown Boveri, Salaires BBC Baden, 16. 3. 1960.
176 Hirt 2009, 317. Sullo war Mitglied der rechten Democrazia Cristiana, die bis Anfang der 1990er-Jahre sämtliche Fraktionen des italienischen Bürgertums in sich vereinigte.
177 Vgl. Holenstein/Kury/Schulz 2018, 312f.

schen Arbeiter in der Schweiz vermehrt publizistisch und aufklärerisch wirken. [...] Man werde in der Sache auch mit unseren Gewerkschaften Fühlung nehmen müssen.»[178] Ein Ergebnis dieser Fühlungnahme war die dienstbeflissene Interpellation des Präsidenten des Gewerkschaftsbunds Hermann Leuenberger, die dieser kaum einen Monat später im Nationalrat einreichte. Sozialdemokrat Leuenberger echauffierte sich über «[d]as taktlose und provozierende Auftreten und die Entgleisungen des Herrn Sullo». Der Besuch habe «eine bereits feststellbare Verschlechterung des Arbeitsklimas in vielen schweizerischen Betrieben» ausgelöst. Ausserdem verbat er sich jegliche Kritik an den hiesigen Arbeits- und Wohnverhältnissen: «Dass uns ein ausländischer Lehrmeister Unterricht in der Gestaltung der sozialen Verhältnisse erteilen zu müssen glaubt», sei eine bodenlose Frechheit. Leuenberger unterstellte Sullo gar, er wolle die Arbeiter/-innen aus Italien gegenüber den einheimischen besserstellen.[179] Der freisinnige Bundesrat Hans Schaffner (der später für kurze Zeit im Verwaltungsrat von Brown Boveri sass) zeigte sich äusserst befriedigt und ergänzte: «Ein kleines Sullo-Wölklein vermag den gutnachbarlichen blauen Himmel, der sich über der Schweiz und Italien seit jeher wölbt, nicht zu trüben.»[180] Leuenberger hatte sich bereits im März 1961 an einer Tagung der Schweizerischen Kurse für Unternehmensführung darüber beklagt, die betriebliche Sozialpolitik werde immer mehr auf Ausländer ausgerichtet: «Ist es [...] nicht verständlich, dass die schweizerische Arbeiterschaft sich daneben manchmal vernachlässigt fühlt?» Er behauptete wider besseres Wissen, die Unternehmen würden kaum Wohnungsbau für die Einheimischen betreiben; auch glaubte er, man sei Arbeitsmigrant/-innen gegenüber zu nachlässig: «Darunter muss mit der Zeit die Betriebsdisziplin leiden.»[181]

Eine dritte Massnahme von Brown Boveri neben dem Ausbau der Baracken und dem Zukauf von Wohnblöcken war die Planung einer grossen Wohnsiedlung, wo das Barackenlager Brisgi stand. Die Stadt Baden hatte 1961 dem Unternehmen das dafür nötige Bauland verkauft. Die ab 1962 realisierte und 1963 als «Brisgi del futuro» vorgestellte Überbauung war ursprünglich von den Architekten Charles Geisendorf, Robert Winkler (beide hatten bereits die Brown-Boveri-Siedlung in Birr entworfen) sowie Dieter Boller für 3000 Bewohner geplant worden.[182] In zwei Phasen entstand zwischen 1963 und 1967 schliesslich eine reduzierte Variante: zwei neungeschossige Würfel für 600 und ein Wohnturm mit 19 Geschossen für 780 Bewohner – die Baracken blieben stehen.[183] Die möblierten Wohnungen des Wohnturms wurden je mit bis zu zwölf Männern

178 Bundesrat: Verhandlungsprotokoll der 79. Sitzung vom 10. November 1961, in: DDS, Bd. 22, Dok. 20, 50–54, hier 51.

179 Nationalrat 1961, 421 f., 424.

180 Ebd., 429.

181 Leuenberger 1961, 190.

182 Brown Boveri baut, in: WW 5, 1962, 122 f.; Il Brisgi del futuro, in: WW 3, 1963, 91 f.; Winkler 2004, 14.

183 Archiv ABB, VRP BBC, 17. 6. 1963; Emil Buser, H. Ribi: Das Brisgi-Hochhaus ist fertig, in: WW 10, 1967, 279–282. Die letzte Baracke wurde 1990 abgerissen. Welter 2004, 16.

belegt; in ihnen standen Eisenbetten und Stahlschränke, es gab eine kleine Ess-
diele, einen Waschraum, Tische, Stühle und pro Bett eine Pavatexwand, «damit
nicht alle Zimmerwände verklebt und vernagelt werden».[184] Pro Bett verlangte
der Betrieb eine monatliche Miete von 63 (Dreierzimmer) bis 145 Franken (Ein-
zelzimmer). Im Parterre befanden sich ein Lebensmittelladen und ein Coiffeur,
im Untergeschoss eine Cafeteria. Zunächst waren die Wohnungen nur für Männer gedacht; als in den 1970er-Jahren das Barackenlager für Frauen in Rieden aufgelöst wurde, liess man sie in Familienwohnungen umbauen.[185]

Schwamendingen: e-n-eiges Hüsli

Anfang 1944 veröffentlichte der *Gleichrichter* einen Aufruf des Chefs des Ter-
minbüros der Maschinenfabrik Oerlikon Paul Schönbucher, man solle sich zu
einem «Eigenbauverein» zusammenschliessen. Die Geschäftsleitung schloss
sich dem Aufruf an, denn in Zürich herrschte Wohnungsnot. Für die Ansiedlung loyaler Angestellter und Facharbeiter waren einige Wohnbauprojekte bereits in Arbeit, mit denen es aber nicht so recht voranging. Die Maschinenfabrik
hatte seit dem Ende des Ersten Weltkriegs einige Wohnhäuser gekauft, allerdings
nicht viele; 1944 wurden 50 Wohnungen in 18 betriebseigenen Wohnhäusern an
Beschäftigte vermietet.[186] Schönbuchers Aufruf kam da gerade recht, nicht zuletzt weil der Eigenheimbesitz (die lebenslange Verschuldung inklusive) den politischen Vorstellungen der Geschäftsleitung entsprach – mochte dieser Weg in
den 1940er-Jahren auch nur von einer kleinen Schicht der Belegschaft beschrit-
ten werden.

Neben seiner Tätigkeit in der Maschinenfabrik Oerlikon war Paul Schönbucher seit Jahren als Propagandist für die Wirtschaftslobby Redressement national
tätig, die 1936 aus dem frontistischen Bund für Volk und Heimat hervorgegan-
gen war.[187] 1938 veröffentlichte er mit *Enttäuschtes Volk* eine Kampfschrift gegen
die Linke und für einen umfassenden Lohnabbau beim öffentlichen Personal. Als
Gegenentwurf zu den Gewerkschaften forderte er die Gründung einer «Institution» der «Tüchtigen aller Kreise»: «Der Klassenkampf (nicht Lohnkampf!) war
eines der grössten Verbrechen am Arbeiter. Wenn heute endlich selbst von seiten
der Arbeiterführer dieser aufgehoben wird, so ist das sehr zu begrüssen. […] Man
hat immer gelästert über die Klassenkämpfer, aber man hat sehr wenig getan, um
ihnen den Boden unter den Füssen abzugraben. Es sollte daher eine Institution
ins Leben gerufen werden, die von Tüchtigen aller Kreise gefördert wird und die

184 Emil Buser, H. Ribi: Das Brisgi-Hochhaus ist fertig, in: WW 10, 1967, 279–282, hier 279; Meier
1996, 76.
185 Welter 2004, 16.
186 Paul Schönbucher: Basteln – eine Spielerei?, in: GR 1, 1944, 11–13; Anmerkung der Redaktion,
ebd., 13.
187 Vgl. die Autorenliste in Bamert et al. 1943.

weniger Resolutionen und Entschliessungen macht, als vielmehr praktische Arbeit leistet. Unzählige Probleme können direkt gelöst werden, und eine wahre Volksgemeinschaft könnte auf Grund weithin sichtbarer Erfolge entstehen.»[188]

Im Jahr darauf erklärte er in der *Werkzeitung der schweizerischen Industrie* des Arbeitgeberverbands Schweizerischer Maschinen- und Metallindustrieller seine Beweggründe. Zum einen sei er das Opfer sozialdemokratischer Eltern, die ihn mit «dem Zürcher ‹Volksrecht›, der ‹geistigen Milchflasche›» erzogen hätten; also musste er sich von diesen abnabeln (vielleicht etwas spät, ging er doch auf die vierzig zu). Zum anderen erklärte er, «wir» müssten «froh sein, wenn nun diejenigen, die wir nach der marxistischen Lehre immer hassen und bekämpfen sollen, nämlich die Unternehmer, etwas für uns haben». Dieses emphatische Wir benutzte Schönbucher oft; er stilisierte sich gerne zum einflussreichen Sprecher eines schweigenden, aber einsichtigen Proletariats, das die «Neuorientierung» wolle, nämlich jene, von nun an den Patrons zu folgen. Was diese «für uns haben», das waren patronale Unterstützungsfonds – Schönbucher war gegen eine öffentliche Altersvorsorge.[189]

Anfang der 1940er-Jahre arbeitete er an der vom Studienausschuss für Sozialpolitik des Redressement national herausgegebenen Broschüre *Mensch und Arbeit im Schweizer Betrieb* mit.[190] In deren Redaktionskommission sass noch ein Vertreter der Maschinenfabrik Oerlikon, der Direktor der Personalabteilung Rudolf Huber. Die Broschüre erschien zum ersten Mal 1942; im Jahr darauf wurde sie anlässlich der Nationalratswahlen neu herausgegeben, um den Wahlkampf der Freisinnigen Partei zu unterstützen. Man wollte mit der Broschüre den – alles andere als abwegigen – Verdacht entkräften, bei den Einrichtungen der betrieblichen Sozialpolitik gehe es um Steuerflucht; die Argumente lieferten ihnen die grossen Unternehmen der Maschinenindustrie.[191] Die Broschüre stellte mit einer gehörigen Portion Pathos die Vorteile betrieblicher gegenüber öffentlicher Sozialpolitik heraus (es drohe die «kalte Anonymität» öffentlicher Sozialversicherungen anstelle «der persönlichen Anteilnahme» durch patronale Fonds) und wetterte gegen jegliche Form der Regulierung von Arbeitsverhältnissen, etwa durch die branchenweite Allgemeinverbindlichkeit von Gesamtarbeitsverträgen.[192]

Eine gute Sache fand man hingegen den Bau von Einfamilienhäusern, die an die Beschäftigten verkauft werden – wenn nicht aus wirtschaftlichen, so doch aus psychologischen Gründen, denn der Hausbesitz vermindere das verbreitete Gefühl der Ungerechtigkeit.[193] Ein Unternehmen sollte nicht nur den Eigenheim-

188 Paul Schönbucher, zitiert in Enttäuschtes Volk. Öffentliche Anklage der Privaterwerbenden, in: WZ 2, 1939, 27 f., hier 28.

189 Paul Schönbucher: Enttäuschtes Volk, in: WZ 6, 1939, 101 f., hier 102.

190 Vgl. Bamert et al. 1943.

191 Archiv ABB, DRP BBC, 9. 6. 1943.

192 Bamert et al. 1943, 19, 20 f. Die Allgemeinverbindlicherklärung wurde im Oktober 1941 per Notrecht geregelt.

193 Ebd., 180–182.

bau, sondern ebenso die «Wohnungsverschönerung» fördern: Der «Arbeitgeber, der einen uneigennützigen, menschlichen Anteil an der allgemeinen Wohlfahrt seiner Betriebsangehörigen nimmt, [wird] deren Bemühungen um die Verschönerung ihres Daheims mit unaufdringlichen Anregungen zu unterstützen suchen».[194] Man wollte die proletarischen Bewohner/-innen zum richtigen Wohnen erziehen: Statt «[ü]berladene Geschmacklosigkeit» brauche es «[e]infache Gediegenheit» in der heimischen Stube.[195] Betriebe müssten Ausflüge an kunstgewerbliche Ausstellungen organisieren, um ihrer Belegschaft zu zeigen, wie man wohnen sollte – der gleiche patronale Erziehungsanspruch, der auch für den Betrieb von Wohlfahrtshäusern eine gewisse Rolle spielte.[196]

Die Empfehlungen des Redressement, wie Betriebe Einfamilienhäuser fördern können (etwa durch die Gründung und Finanzierung einer Genossenschaft), wurden von der Maschinenfabrik Oerlikon unverändert übernommen. Im April 1944 liess die Geschäftsleitung eine Versammlung einberufen, an der sie zwei Vorhaben vorstellte: eine Einfamilienhaussiedlung in Regensdorf und die Gründung einer vom Betrieb finanzierten Baugenossenschaft, um näher bei der Fabrik zu bauen. Die Siedlung in Regensdorf hätte 36 Riegelhäuser mit je zehn Aren Pflanzland vorgesehen.[197] Bei der Versammlung referierte unter anderen Schönbucher über die Vorteile einer Genossenschaft; danach liess man abstimmen. Obwohl sich doppelt so viele der Anwesenden für die Siedlung in Regensdorf aussprachen, entschied sich die Geschäftsleitung für Schönbuchers Variante.[198]

Im folgenden Juni wurde schliesslich die Baugenossenschaft Arkaheim gegründet – Arkaheim stand für Arbeitskameradenheim –, die den Bau von Wohnhäusern organisieren sollte, um sie dann an die Mitglieder zu verkaufen. Im siebenköpfigen Vorstand sassen neben fünf Angestellten auch zwei Facharbeiter.[199] Die Maschinenfabrik kaufte in ihrer Nähe Grundstücke, damit die Genossenschaft darauf zwei Musterhäuser erstellen konnte. Das Unternehmen musste einen Gutteil der Baukosten übernehmen, damit der anvisierte Kaufpreis von 32 000 Franken pro Haus ohne öffentliche Subventionen erreicht wurde, und vergab zudem eine zweite Hypothek über 7000 Franken.[200] Dies geschah alles nach den Vorgaben des Redressement national, die empfahlen, die Kosten, «wo immer möglich, nicht vom Arbeitgeber direkt» finanzieren zu lassen. Man solle besser eine Baugenossenschaft gründen, «die dann ihrerseits die Mittel, sei es in Form von Bauland, unentgeltlichen Zuschüssen oder billigem Kredit, vom Arbeitgeber erhalten soll». Empfehlenswert sei es zudem, nur die zweite Hypothek

---

194 Ebd., 184.
195 Ebd., 184f.
196 Siehe Kap. 3.4.
197 Archiv ABB, DRP MFO, 23. 2. 1944; Rudolf Huber: Ein neues Siedlungsprojekt der MFO, GR 2, 1944, 25.
198 Orientierung der Siedlungsinteressenten, in: GR 3, 1944, 39.
199 Paul Schönbucher: Eigenheim- und Siedelungsbestrebungen, in: GR 4, 1944, 52.
200 E-n-eiges Hüsli, in: WZ 5, 1945, 74f.

zur vergeben: «Dadurch tritt der Arbeitgeber noch mehr in den Hintergrund und in gleichem Mass vermindert sich das Abhängigkeitsgefühl.»[201]

Mit den beiden Musterhäusern an der Kirchenfeldstrasse 57/59 in Zürich-Seebach wollte die Genossenschaft unterstreichen, dass das «Industrievolk» auch ein Anrecht habe auf ein «freistehendes Eigenheim». Frei stehende Einfamilienhäuser seien besser als günstigere Reihenhäuser, denn sie brächten «das Maximum an Besitzerfreude hervor».[202] Die *Werkzeitung der schweizerischen Industrie* zeigte sich begeistert: Das seien Häuser, wie man «sich das ideale Heim für Angestellte und Arbeiter denkt». Hier baue die Industrie auf eigene Kosten für den «einfache[n] Mann, der sich nach einem Eigenheim sehnt».[203] Die Häuser konnten während zweier Wochen besichtigt werden; 4000 Besucher/-innen will man gezählt haben.[204]

«E-n-eiges Hüsli»: Paul Schönbucher veröffentlichte zur Besichtigung der Musterhäuser eine kleine Broschüre, die gleich im Titel sagt, um was es bei der Sache ging: um das Bereitstellen von Eigentum, das verpflichtet (erst recht, wenn solches nur formell besteht – die Häuser gehörten zunächst ja den Gläubigern). Diesen Punkt unterstreicht Schönbucher mit seinem Gedicht *Heiri baut sich ein Haus* über den Arbeiter Heiri: «Was brucht en rächte Schwizermaa? / Er mues en eiges Hüsli ha!»[205] Doch wie finanzieren? Heiri fand in Schönbuchers Versen schliesslich einen netten Patron, der ihm einen Kredit gab, und alles wurde von da an gut. Er stieg in der Fabrik auf und verdiente mehr:

«Dem Heiri sälber gahts nöd schlächt.
Hät avanciert, verdient jetzt rächt.
Und a sim Ufschtig sind nu schuld,
sin Schaffergeist und si Geduld.»[206]

Das für Schönbucher erstrebenswerte Ziel, ein per Darlehen verwirklichtes «Industrieheimeli»,[207] beruhte indes weniger auf «Schaffergeist» und «Geduld» als auf der Bereitschaft «kapitalkräftige[r] Arbeitgeber» wie der Maschinenfabrik Oerlikon, den Heiris der Welt das nötige Geld zu pumpen.[208] Das Einfamilienhaus, «der Traum von Hunderttausenden, die Sehnsucht von Zehntausenden, der Wunsch von Tausenden»,[209] war für Schönbucher ein Ausdruck der Zusammen-

201 Bamert et al. 1943, 182.
202 Vorstand Baugenossenschaft «Arkaheim»: Einladung an alle Betriebsangehörigen zur Besichtigung der beiden «Arkaheim»-Musterhäuser an der Kirchenfeldstrasse 57/59, Zürich-Seebach, in: GR 1, 1945, 16.
203 E-n-eiges Hüsli, in: WZ 5, 1945, 74 f., hier 74.
204 Paul Schönbucher: Ausstellung der zwei Muster-Eigenheime der Baugenossenschaft Arkaheim, in: GR 3, 1945, 32 f.
205 Schönbucher 1945, 10.
206 Ebd., 19.
207 Ebd., 49.
208 Ebd., 51.
209 Ebd., 20.

arbeit, der betrieblichen Sozialpolitik, die für ihn funktionierte wie ein Tauschgeschäft: Loyalität gegen Kredit. Die Realität schien eher umgekehrt. Die Hypothek der Fabrik kriegte nur, wer sich ihrer würdig erwies. Die Käufer der späteren Arkaheim-Häuser am Herbstweg waren alles Beschäftigte, «welche sich seit längerer Zeit bewährt haben», so die Geschäftsleitung.[210] Und wo es nicht reichte, da half man auch mal nach, wie bei einem der beiden 1945 erstellten Musterhäuser in Seebach. Das wurde vor der Fertigstellung an einen Arbeiter verkauft, obwohl dieser das dafür nötige Eigenkapital von 2000 Franken nicht aufbringen konnte; das gaben die Löhne in der Maschinenfabrik einfach nicht her. Die Geschäftsleitung bestand dennoch auf dem Verkauf und half entsprechend nach, weil es sich gut machte, wenn sich so ein Arbeiter aus Oerlikon ein Einfamilienhaus leisten konnte. Es galt, den Hauskauf jenen schmackhaft zu machen, die dazu nicht in der Lage waren – man konnte ihnen zwar nicht die Häuser verkaufen, aber den Wunsch, in Zukunft auch eins zu besitzen. Sie hätten eben «ein Interesse daran [...], dass eines der beiden Musterhäuser an einen Arbeiter verkauft wird», erklärte 1944 die Geschäftsleitung.[211]

Das eigene Einfamilienhaus galt bürgerlichen Sozialreformer/-innen nach 1918 als Ideal, ein womöglich aufmüpfiges Proletariat in die bürgerliche Gesellschaft zu integrieren. Dies von zwei Seiten her. Einmal erzwangen Bedingungen des Hauseigentums auf Raten geradezu die politische Befriedung. Die Abhängigkeit wurde von den Baugenossenschaften (deren Mitglieder in der Regel Facharbeiter und Angestellte waren) oft als Ausdruck einer vorgeblichen Gleichberechtigung umgedeutet.[212] Die zweite Seite war subtiler: die Absicht, durch die Gestaltung der Häuser besonders Frauen zur bürgerlichen Häuslichkeit zu erziehen.[213] Das eigene Haus mit abgetrenntem Eingang schuf den privaten Innenbereich als Kompensation zum kollektiven Alltag in der Fabrik: «Einige Zeit nach dem Einzug erlebt man all das schöne Neue beim Wohnen im Eigenheim. Man hat jetzt vor allem eine eigene Haustüre und ist durch den Gartenweg mit der ‹Welt› verbunden.»[214] Schönbucher betonte in seiner Broschüre über die Musterhäuser von 1945 die antisozialistische und individualisierende Wirkung eines frei stehenden Einfamilienhauses, das mittels «seines Individualcharakters» die Bewohner/-innen geradezu zu nützlichen Mitgliedern der bürgerlichen Gesellschaft erziehen musste.[215] Alles wurde der Beruhigung untergeordnet. Die Gärten mussten so gestaltet sein, dass sie «ein gefälliges Aussehen» erhielten.[216] Besonders die Innenräume hätten eine befriedende Wirkung: «Die Diele vermittelt beim Eintritt in das Haus den ersten Eindruck des Heims. Kommt man verärgert

210 Archiv ABB, DRP MFO, 28. 5. 1949.
211 Archiv ABB, DRP MFO, 20. 12. 1944.
212 Kurz 1993, 295. Vgl. Buomberger 2011, 152.
213 Joris 1990, 105 f.
214 Vorstand Arkaheim: Einzug am Herbstweg, in: GR 3, 1950, 47 f., hier 47.
215 Schönbucher 1945, 22.
216 Ebd., 49.

von der Fabrik, so kann dieser erste Eindruck sehr viel zur Wiederherstellung des seelischen Gleichgewichtes beitragen.»[217] Er dachte gar nicht daran, dass auch Frauen von der Fabrik heimkommen und verärgert sein konnten; für ihn blieben sie daheim, umsorgten dort ihre Ehemänner und zählten so gewissermassen zum Inventar. Entsprechend musste die gesamte Gestaltung des Einfamilienhauses auf die Erholung des Mannes ausgerichtet werden (wortwörtlich): die Möbel ebenso wie die Tätigkeit der Hausfrau.[218]

1948 kaufte die Maschinenfabrik Oerlikon am Herbst- und Heideggerweg in Schwamendingen Land für die Arkaheim-Häuser – zu Fuss brauchte man gut 20 Minuten zur Fabrik.[219] 1949 und 1950 liess die Baugenossenschaft hier in zwei Etappen 37 Hausteile erstellen. Aus dem zuvor propagierten frei stehenden Einfamilienhaus zur Maximierung der Besitzerfreude wurde nichts. Stattdessen baute man Reihenhäuser: 14 in sieben Zweierblöcken, zwölf in drei Viererblöcken, fünf in einem Fünferblock und sechs in einem Sechserblock. Auch die Frage der öffentlichen Subventionen wurde pragmatisch gehandhabt: Hatte die Genossenschaft bei den Musterhäusern noch betont, keine Subventionen zu beantragen, «weil sie unabhängig von industriefremden Einflüssen ein Eigenheim bauen» wollten, galt das nicht beim Bau der Siedlung.[220] Man nahm die Unterstützung von Stadt, Kanton und Bund nun gerne in Anspruch. Die Maschinenfabrik vergab eine dritte Hypothek und baute auf demselben Grundstück zwei weitere Mietshäuser auf eigene Kosten.[221]

Für den Bau der Arkaheim-Häuser übernahm die Maschinenfabrik laut den im *Gleichrichter* veröffentlichten Zahlen Kosten von etwa 271 000 Franken (80 000 à fonds perdu, 168 000 für die dritten Hypotheken, weitere 23 000 für zinslose Darlehen, sofern man seit mindestens zehn Jahren im Betrieb gearbeitet hatte). Nach Abzug der à fonds perdu-Beiträge sowie der öffentlichen Subventionen kam ein Hausteil auf 34 000–47 000 Franken zu stehen. Für die ersten zwölf Jahren ergab das eine monatliche Belastung von 150 bis 175 Franken.[222] Ein Jahr später korrigierte die Werkzeitung diesen Betrag auf 135 Franken pro Monat, ohne zu sagen, wie sie darauf kam. Mindestens ein Arbeiter wohnte nun in einem Arkaheim-Hausteil – und der zahlte die 135 Franken. Obwohl: «Das ist etwas teurer als der Mietzins in der alten Wohnung.»[223]

217 Ebd., 36.
218 Vgl. ebd., 36–38.
219 Archiv ABB, DRP MFO, 18. 2. 1948.
220 Schönbucher 1945, 50.
221 Hans Schwarber: Wir bauen Eigenheime, in: GR 5, 1948, 66.
222 Vorstand Arkaheim: Einzug am Herbstweg, in: GR 3, 1950, 47 f. 1950 verdienten Arbeiter/ -innen in Oerlikon im Schnitt 1.94 Franken die Stunde. Archiv ABB, DRP MFO, 19. 7. 1950.
223 Ein Traum wird Wirklichkeit, in: GR 2, 1951, 29 f., hier 30.

Bauen gegen die Fluktuation

Die Baugenossenschaft Arkaheim war ein Prestigeprojekt der Maschinenfabrik Oerlikon; sie verwirklichte die vom Redressement national vorgedachte Befriedung per Hausbesitz, wenn es am Schluss auch Reihenhäuser waren und nicht die favorisierten frei stehenden Einfamilienhäuser. Die Siedlung am Herbst- und Heideggerweg liess sich gut als Ausdruck einer auf Zusammenarbeit ausgerichteten betrieblichen Sozialpolitik präsentieren; doch war sie insgesamt doch recht klein. In den ersten Nachkriegsjahren legte die Belegschaft innert weniger Jahre kräftig zu – der Arbeiter/-innenbestand wuchs von 1740 um 1945 auf 2500 um 1952.[224] Die Wohnungsnot in Zürich half nicht gerade, diese dauerhaft an den Betrieb zu binden.

Die Maschinenfabrik begann deshalb, Wohnhäuser zu kaufen und Wohnungen anzumieten. Einen Teil der Häuser versuchte man, an besserverdiende Angestellte weiterzuverkaufen.[225] Daneben beteiligte sich das Unternehmen an mehreren Wohnbauprojekten. Für die Finanzierung solcher Vorhaben standen zwei Fonds zur Verfügung, die eigentlich für betriebliche Sozialleistungen gedacht waren. Zum einen der seit 1922 bestehende Fürsorgefonds, über den die 1939–1961 ausgelagerte, ab 1941 formell paritätische Pensionskasse betrieben wurde und der über eine Reihe von Unterfonds mit nicht immer klar ersichtlichen Funktionen verfügte. Zum anderen der seit 1942 bestehende Wohlfahrtsfonds für Zuwendungen in Fällen, bei denen die anderen Fonds nicht griffen, den man zudem zur Finanzierung von Stiftungen heranzog.[226] Beide Fonds waren Vehikel, um Grundstücke und Häuser zu kaufen, zu verkaufen oder Bauprojekte zu finanzieren.

In den 1950er-Jahren finanzierte die Maschinenfabrik Oerlikon über diese Fonds die Stiftung für den Bau billiger Wohnungen ohne öffentliche Subventionen – der Name war Programm. Die Stiftung war 1952 als freisinnige Antwort auf eine Initiative der Sozialdemokratischen Partei gegründet worden, die den Bau von 1000 kommunalen Wohnungen verlangte. Das sei, so die *Schweizer Monatshefte* empört, ein «Vorstoss des staatlichen Interventionismus», den man entschieden bekämpfen müsse.[227] Als Stiftungspräsident amtete der Direktor der Personalabteilung Rudolf Huber.

1953 erstellte die Stiftung für die Maschinenfabrik an der Tram-/Greifenseestrasse (in der Nähe der Radrennbahn Oerlikon) vier Wohnblöcke mit 54 Wohnungen. Die Baukosten wurden mit rund 1,5 Millionen Franken beziffert, die Mietzinse sollten zwischen 90 Franken für zwei und 145 Franken pro Monat für

---

224 Archiv ABB, VRP MFO, 28. 8. 1952.
225 Ebd., DRP MFO, DRP 2. 3. 1949.
226 Die Sozialfonds der MFO im Geschäftsjahr 1959/60, in: GR 8, 1960, 115–117; Sozialarchiv, Ar 422.60.5, Stiftungsurkunde Allgemeiner Wohlfahrtsfonds der Maschinenfabrik Oerlikon, 22. 6. 1942; Archiv ABB, DRP MFO, 14. 9. 1948.
227 Sprecher 1952, 451.

Abb. 9: *Hirzenbach, Zürich-Schwamendingen, 1959.*

fünf Zimmer betragen.[228] Um die 200 Interessenten hatten sich im Voraus für die Wohnungen gemeldet. Die Vergabe verlief wie bei den Arkahaus-Hypotheken: Nur wer als loyal galt, kriegte eine Wohnung. Der spätere Chef des Sozialsekretariats Paul Maier stellte klar, «dass nur solche Leute als Mieter in Frage kommen können, von welchen anzunehmen ist, dass sie das Mietverhältnis über längere Zeit aufrecht erhalten und zu ihrer Wohnung Sorge tragen». Entscheidend sei für die Vergabe «vor allem aber auch die persönliche und berufliche Qualifikation eines Bewerbers sowie dessen Dienstalter».[229] Konkret bedeutete das, dass ein Mietverhältnis abhängig war von den Ergebnissen der in den 1950er-Jahren parallel zum Zeitakkord eingeführten Persönlichkeitsbewertung, bei der Arbeiter/-innen anhand ihres betrieblichen Nutzens, ihrer Zuverlässigkeit und ihres Wohlverhaltens sortiert wurden. Was bei dieser Bewertung herauskam, entschied nicht nur über die Gewährung von Darlehen in Notfällen oder über die Vergabe von Hypotheken; es bestimmte, wer eine Wohnung erhielt und wer nicht.[230]

228 MFO-Notizen, in: GR 1, 1953, 2.
229 Paul Maier: Ein neues Wohnbauprojekt der MFO, in: GR 5, 1953, 71–73, hier 73.
230 Seeli 1961, 58.

In den fertiggestellten Blöcken konnte man im Dezember 1953 zwei Muster-
wohnungen besichtigten. Eine Dreizimmerwohnung wurde vom Zürcher Möbelgeschäft Wohnhilfe möbliert, eine Fünfzimmerwohnung von Kaech-Wohnform
aus Winterthur. Im *Gleichrichter* wurde die Ausstellung mit denselben Argumenten erklärt wie es zehn Jahre zuvor der Redressement national empfohlen
hatte: Man müsse den Leuten eben Wohnkultur beibringen. Die richtigen Möbel
galt es auszuwählen und nicht jene «geschmack- und stillosen ‹reich verzierten
Buffets›». Auch spielte die von der Maschinenindustrie propagierte Sparsamkeit
eine Rolle, die im letzten Kapitel im Abschnitt über die betrieblichen Hauswirtschaftskurse angesprochen wurde: «Die einfache, praktische und schöne Ausstattung zum erschwinglichen Preis.»[231] Nun waren Mieten mit 90–145 Franken
im Monat erschwinglich, die ausgestellten Möbel allerdings weniger (Wohnhilfe:
2245 Franken, Kaech-Wohnform: 3586–4849 Franken). Aber vielleicht waren die
ja mehr zur kulturellen Belehrung gedacht; die Werkzeitung empfahl jedenfalls
einfache Mittel, eine Wohnung zu gestalten: zur «Belebung» ein Batiktuch, «eine
Blattpflanze vor einem dekorativ wirkenden Drahtgeflecht sowie einige Blumen».[232] Teppiche, Vorhänge und auch Bilder solle man farblich auf die Möbel
abstimmen, das werde «auf uns beruhigend wirken».[233]

Die Blöcke gaben 1954 noch im Zürcher Gemeinderat zu reden. Man vermutete, die Maschinenfabrik habe die Baukosten etwas nach unten frisiert, indem sie der Stiftung die Gelder zu günstigeren Konditionen als üblich zur Verfügung gestellt hatte. Die Geschäftsleitung verneinte – nicht zuletzt aus politischen
Gründen, weil sie ja beweisen sollten, dass man ohne Subventionen günstig
bauen konnte.[234] Die eigentliche Finanzierung der Bauten, soweit sie sich aus
den vorliegenden Quellen nachvollziehen lässt, war tatsächlich etwas undurch-
sichtig und involvierte einige Überweisungen des Unternehmens an seine nur
formell unabhängigen Fonds (die Stiftungsvermögen konnten in einer Forderung ans Unternehmen bestehen) und an eine nicht näher genannte Versiche-
rungsgesellschaft.[235]

1958 hielt man die Frage der Subventionen nicht mehr für derart relevant.
Der Wohlfahrtsfonds der Maschinenfabrik beteiligte sich mit 120 000 Franken
an der Baugenossenschaft Milchbuck, welche Bauprojekte in Schwamendingen
(Siedlung Hirzenbach), Affoltern (Siedlung Fronwald) und Neuaffoltern (Siedlung Riedenhalden) ausführte. Dafür erhielt das Unternehmen 38 Wohnungen
zur Vermietung. 30 der Wohnungen wurden mit öffentlichen Subventionen gebaut – ohne dass die Maschinenfabrik daran Anstoss nahm; wie bei der Baugenossenschaft Arkaheim zeigte man sich vielmehr pragmatisch. Der Mietzins
lag bei subventionierten Wohnungen zwischen 150–190 Franken für drei und

231 Paul Maier: Schön wohnen – und doch billig!, in: GR 2, 1954, 22 f., hier 22.
232 Ebd., 23.
233 Ebd.
234 Zu einer falschen Behauptung im Zürcher Gemeinderat, in: GR 4–5, 1954, 58.
235 Archiv ABB, VRP MFO, 16. 12. 1952.

vier Zimmer, bei den nicht subventionierten zwischen 175 bis 235 Franken für zweieinhalb bis viereinhalb Zimmer. Bewerben konnten sich bisherige Mieter/ -innen betriebseigener Wohnungen, verheiratete Männer mit Familie sowie alleinstehende Frauen mit Kindern. Für die subventionierten Wohnungen kamen ausschliesslich Einheimische in Betracht.[236] Die Hirzenbach-Blöcke gehörten zu einer grösseren Überbauung nach Plänen des Zürcher Hochbauamtes, zu der auch ein Wohnhochhaus mit 19 Geschossen zählte – 1959 das höchste Wohnhaus in Zürich. Die architektonische Gestaltung der Siedlung blieb umstritten. Eine häufige Kritik lautete, die 18 Hektaren und 1500 Wohnungen umfassende Überbauung sei am Reissbrett erstellt worden, ungeachtet der Umgebung und ihrer Wirkung. Das streng rechtwinklige Raster mit den durch weite Abstände abgegrenzten Wohnkuben sehe nur von oben, vom Flugzeug aus, wirklich gut aus.[237]

Der fehlende Wohnraum beschäftigte die Maschinenfabrik Oerlikon in den folgenden Jahren weiter. Er wurde zum beliebten Thema, um die Belegschaft nach der Herkunft zu spalten und zu sortieren: Der Liegenschaftenverwalter Hans Pfändler machte 1959 im *Gleichrichter* darauf aufmerksam, dass sich immer mehr Einheimische bei ihm beschwerten, die Italiener/-innen würden ihnen die Wohnung wegnehmen, wenn sie nicht in Barackenlagern wohnten. Von den 165 betriebseigenen Wohnungen waren 28 an Arbeitsmigrant/-innen aus Italien vermietet – das entsprach bei weitem nicht ihrem Anteil an der Belegschaft, der bei gut 22 % lag.[238]

1961 erklärte Personaldirektor Huber den Wohnungsmangel zum Hauptproblem, Beschäftigte im Betrieb zu halten – in diesem Jahr betrug die Fluktuation der Arbeiter/-innen immerhin fast 40 %.[239] 1962/63 liess man deshalb in Dübendorf an der Höglerstrasse/Neuweg zwei Blöcke mit 38 Wohnungen erstellen. Das Grundstück wurde 1956 über den Wohlfahrtsfonds gekauft; den Bau mit Kosten um die 2,78 Millionen Franken finanzierte der Fürsorgefonds, also die Pensionskasse. Die Mieten kamen zwischen 195 Franken für eineinhalb Zimmer und 350 Franken für viereinhalb Zimmer zu stehen.[240] In Bassersdorf wurden ebenfalls Wohnungen erstellt; in Oerlikon plante die Pensionskasse, einen Block in unmittelbarer Nähe zum Betrieb zu kaufen für jene, deren Fabriknähe «aus betrieblichen Gründen wünschbar ist».[241] Die Pensionskasse kaufte ausserdem für 2,3 Millionen Franken in Effretikon zwei noch zu bauende Blöcke mit

236 MFO beteiligt sich am genossenschaftlichen Wohnungsbau, in: GR 1, 1958, 9 f.; Die Neubauten der Baugenossenschaft Milchbuck, Zürich, in: Wohnen 4, 1960, 101 f.
237 Koch 1995, 15; Kurz 2003, 83.
238 Was sagen Italiener und Schweizer dazu?, in: GR 7, 1959, 93–99, hier 95; Sozialarchiv, Ar 422.6.7, SMUV Oerlikon: Angaben über die Bewegungsstatistik, 1959.
239 Archiv ABB, DRP BBC, 9. 11. 1961.
240 Paul Maier: Wir bauen in Dübendorf, in: GR 3, 1962, 30 f.; MFO-Notizen, in: GR 8, 1963, 78, 83, 98 f.
241 MFO-Notizen, in: GR 7, 1963, 62 f., hier 62.

38 Wohnungen – hier betrugen die Mieten zwischen 215 Franken für zwei und 285 Franken für vier Zimmer.[242]

Diese Mieten waren bedeutend höher als jene vorangegangener Bauprojekte, zumal die Nebenkosten noch nicht enthalten waren. Das führte zu Verstimmungen, die offenbar derart gross waren, dass sich die Werkzeitung ihrer annahm, um den Standpunkt der Geschäftsleitung darzulegen. Mit Nebenkosten kam eine Vierzimmerwohnung in Dübendorf auf gut 400 Franken im Monat: «Wer kann das bezahlen, wer hat soviel Geld!», empörte sich ein Kalkulant.[243] Auch das Projekt in Effretikon wurde kritisiert: Ein Arbeiter meinte, die Mieten seien zu hoch, «[e]s sei denn, die Frau lasse sich in den Arbeitsprozess einspannen» – ein Hinweis auf das vom Unternehmen propagierte reaktionäre Familienideal der Maschinenfabrik, das die Frau zu Hause und den Mann bei der Arbeit sah (mochte die betriebliche Realität auch anders aussehen).[244] Eine Hausfrau ergänzte: «Ich finde es gar nicht schön, dass die Versicherungskasse sich bereichern will.»[245] Das waren für den *Gleichrichter* ungewöhnlich deutliche Worte; das Management in Oerlikon bestand bisher, zumindest in der Werkzeitung, auf kritikloser Zuneigung. Doch wurde die Kritik an den Mietpreisen nur angeführt, um den eigenen Standpunkt zu erklären: Den Arbeiter/-innen fehle nun mal das Verständnis dafür, wie man Häuser baue und vermiete. Schuld an den hohen Mieten seien nicht die Renditevorstellungen der Pensionskasse, sondern die hohen Baukosten; und es sei doch nur recht, dass die Pensionskasse etwas von ihrem angelegten Geld sehen wolle.[246]

Den teilweise hohen Mieten zum Trotz waren 1963 sämtliche betriebseigenen Wohnungen belegt – bei steigenden Arbeiter/-innenzahlen stand die Maschinenfabrik vor demselben Problem wie zuvor.[247] An der Generalversammlung im Oktober machte der frühere Generaldirektor und mittlerweile Vizepräsident des Verwaltungsrats Hans Schindler den Mangel an bezahlbarem Wohnraum zum Thema. Schuld daran habe ein Sittenwandel und, ausgerechnet, die behördliche Mietzinskontrolle, die für Altbauten bestand, die vor 1947 vermietet wurden. Diese gelte es vollständig aufzuheben, forderte er.[248] Schindler bezog sich auf den Bericht der Eidgenössischen Wohnbaukommission über den Stand

242 MFO-Notizen, in: GR 4, 1962, 38.

243 1962 lag der Durchschnittslohn der Arbeiter/-innen in der Maschinenindustrie zwischen 4.14 und 4.70 Franken pro Stunde. Archiv Sulzer, Schachtel 161a, Bericht der Geschäftsleitung an den Verwaltungsrat über das Geschäftsjahr 1962, o. J.

244 Kritisch betrachtet, in: GR 5, 1962, 63–65, hier 64. Bei der Maschinenfabrik Oerlikon arbeiteten 1962 allein in den Werkstätten 351 Frauen. Sozialarchiv Ar 422.60.7, SMUV Oerlikon: Angaben für die Bewegungsstatistik, 1962.

245 Kritisch betrachtet, in: GR 5, 1962, 63–65, hier 64.

246 Ebd., 64 f.

247 Archiv ABB, DRP MFO, 13. 11. 1963. 1960 beschäftigte das Unternehmen 3512 Arbeiter/-innen, 1963 bereits 4119. Sozialarchiv, Ar 422.60.7, SMUV Oerlikon: Angaben für die Bewegungsstatistik für das Jahr 1960; ebd., Ar 422.60.8, August Zahn: Jahresbericht der Gruppe MFO 1964, 9. 3. 1965.

248 Hans Schindler: [Auszug Referat, Generalversammlung, 31. 10. 1963], in: GR 8, 1963, 81.

des Wohnungsmarkts, der im selben Jahr veröffentlicht wurde. Die von Eugen Böhler, dem Leiter des Instituts für Wirtschaftsforschung an der ETH Zürich, präsidierte Kommission sprach darin einen Wandel der «Wohnsitte» an, denn die «Familie ist in einem Auflösungsprozess begriffen» – das gab dem frommen Schindler wohl zu denken.[249] Die Kommission stellte fest, dass der Mietzins in den unter Mietzinskontrolle stehenden Wohnungen zwischen 1946 und 1962 um immerhin rund 35 % gestiegen war und dass in ab 1947 vermieteten Neubauten bis zu 40 % des Lohns nur für die Miete benötigt wurde.[250] Dennoch empfahl sie, die Mietzinskontrolle vollständig fallenzulassen: Dann erst lasse sich nämlich ein Gleichgewicht «bei einem höheren Niveau der Mietpreise» erreichen – und um Letzteres ging es der Kommission letztendlich, sittlicher Wandel hin oder her.[251] Tatsächlich wurden die Mietzinskontrolle beziehungsweise die nachfolgende Mietzinsüberwachung ebenso wie der Kündigungsschutz bis 1970 vollständig abgeschafft.[252]

Castellino Oerlikon

1947 besass die Maschinenfabrik Oerlikon an zwei Standorten Baracken für die Unterbringung von Arbeitsmigrant/-innen aus Italien: eine an der Birchstrasse mit 40 Betten, eine weitere – für Frauen, die als Wicklerinnen für die Fliessfertigung von Kleinmotoren rekrutiert wurden – an der Tramstrasse mit 30 Betten.[253] Ab 1948 wurde an der Binzmühlestrasse ein Barackenlager für weitere 96 Bewohner/-innen erstellt mit der Möglichkeit, selbst zu kochen. In den Baracken wohnte «[u]nsere Italienerkolonie», so 1951 die Werkzeitung.[254] Der Leiter des Personalwesens Willy Sauser erklärte 1959 im Rückblick: «Es zeigte sich bald, dass die italienischen Arbeiter bei uns sehr sparsam lebten, um einen möglichst grossen Teil ihres Verdienstes an ihre Familien in Italien schicken zu können. Wir mussten deshalb danach trachten, ihnen billige Unterkünfte mit der Möglichkeit zur Selbstverpflegung zu verschaffen.»[255] Weitere zehn Baracken mit Drei- und Vierzimmerwohnungen für Ehepaare und Familien standen wenigstens Ende der 1950er-Jahre an der Neubrunnenstrasse.[256]

Um 1959 waren von 165 betriebseigenen Wohnungen 28 an Arbeitsmigrant/-innen aus Italien vermietet.[257] Im Lager an der Binzmühlestrasse wohn-

---

249 Eidgenössische Wohnbaukommission 1963, 19, 20. Schindler war Mitglied der Sekte Moralische Aufrüstung, siehe Kap. 3.3.

250 Ebd., 8, 19.

251 Ebd., 33.

252 Angelini/Gurtner 1978, 46 f.

253 Archiv ABB, VRP MFO, 6. 5. 1947, 23. 9. 1947.

254 Aus unserem Gästebuch …, in: GR 6, 1951, 97.

255 Willy Sauser: Der italienische Arbeiter in der MFO, in: GR 7, 1959, 90–92, hier 91.

256 Gustav Diggelmann: Unser italienisches Barackendorf, in: GR 7, 1959, 101–103.

257 Was sagen Italiener und Schweizer dazu, in: GR 7, 1959, 93–99, hier 95.

ten nicht mehr 96, sondern rund 200 Personen – die Mehrheit stammte aus Italien, eine Minderheit aus Griechenland, Jugoslawien, Polen, Spanien und der Türkei. Ein Bett kostete zwischen 32 und 36 Franken im Monat. Der Betrag wurde direkt vom Lohn abgezogen. Die Verhältnisse waren beengend; immer wieder bildeten Grippeepidemien ein Problem. 1958 verstarb hier gar ein Bewohner, als Grund wurde Angina Pectoris angegeben – eine durch körperliche oder psychische Belastung hervorgerufene Durchblutungsstörung des Herzens.[258]

1960 kündigte die Maschinenfabrik an, an der Binzmühlestrasse eine neue Baracke zu erstellen mit einem Esssaal und zwei Schlaftrakten für 70 Bewohner. Das ganze nannte man Castellino. Und wie das Villaggio in Winterthur kein Dörfchen war, so sah man dem Oerliker Castellino das Schlösschen nicht an – hier liesse sich fragen, weshalb es die Maschinenindustrie nötig fand, ihren notdürftigen Unterkünften für die rekrutierten Arbeiter/-innen ständig derart zynische Namen zu geben. Eine Baracke blieb eine Baracke, für die Bewohner/-innen ebenso wie für Aussenstehende. Das Sozialsekretariat der Maschinenfabrik erklärte jedenfalls zum Castellino, ein «Erfolg der Anwerbung der dringend benötigten Arbeiter aus unserem südlichen Nachbarland hängt überhaupt mehr und mehr davon ab, ob es gelingt, ihnen eine Unterkunft zu bieten». Und damit war eine gemeint, die über «moderne sanitäre Anlagen» verfügte – worauf man auf jene in den übrigen Baracken des Betriebs schliessen konnte. «Natürlich», ergänzte das Sozialsekretariat, «will dieser erhöhte Wohnkomfort auch bezahlt sein.»[259] Man versprach den Leser/-innen des *Gleichrichters*, im Castellino pro Bett eine höhere Miete zu verlangen.

Im selben Jahr veröffentlichte die Werkzeitung, was einigermassen ungewöhnlich war, die Kritik eines Arbeitsmigranten aus Italien, der die Maschinenfabrik Oerlikon dafür kritisierte, bei der Wohnungssuche nur ungenügend zu helfen.[260] Der Kritik wurde in derselben Zeitungsnummer widersprochen; sie diente nur dazu, um in nachfolgenden Artikeln den Standpunkt der Geschäftsleitung darzustellen, der auf eine Aufzählung sozialpolitischer Wohltaten des Unternehmens hinauslief.[261] In den kommenden Jahren sollte der *Gleichrichter* die Gegenüberstellung konträrer Positionen, die einen Dialog suggerierte, wo es keinen gab, öfters gebrauchen, um Fragen des betrieblichen Wohnungsbaus zu erörtern. Für Arbeitsmigrant/-innen blieb die Frage nach der Unterkunft prekär; auch hatte die Maschinenfabrik Oerlikon Mühe, Wohnraum bereitzustellen. Um diesen zu sichern, kamen auch Mittel zum Einsatz, die nicht immer sauber waren. Im Herbst 1961 etwa hatte der Betrieb an der Schaffhauserstrasse 414 ein Haus gekauft und sämtlichen Bewohner/-innen gekündigt. Wie sich später herausstellte, war die Leerkündigung missbräuchlich. Die Bewohner/-innen stamm-

258 Gustav Diggelmann: Unser italienisches Barackendorf, in: GR 7, 1959, 101–103, hier 103.

259 Sozialsekretariat: Projekt «Castellino», in: GR 8, 1960, 114.

260 E. Riccetti: La MFO e gli operai italiani, in: GR 7, 1960, 101.

261 Sozialsekretariat: Das Wohnungsproblem und unsere italienischen Mitarbeiter, in: GR 7, 1960, 102.

ten alle aus Italien – bloss arbeiteten sie nicht bei der Maschinenfabrik Oerlikon; und diese wollte die Wohnungen den eigenen Arbeitsmigrant/-innen vermieten. Der Betrieb begründete ihr Vorgehen damit, dass man eben 1100 Leute irgendwo unterbringen müsse. Eigenbedarf konnte aber nur dann geltend gemacht werden, wenn die Beschäftigten betriebsbedingt notwendigerweise in genau diesem Haus wohnen müssten.[262]

Das Castellino an der Binzmühlestrasse wurde im Sommer 1961 eröffnet, in einer Zeit, als der knappe Wohnraum der Maschinenindustrie je länger, je mehr Probleme bereitete bei der Rekrutierung von Arbeitskräften aus dem Ausland. Die Geschäftsleitung der Maschinenfabrik Oerlikon hielt das Wohnungsproblem in dieser Zeit für bedeutender als die Lohnfrage. Man richtete deshalb eine Zimmervermittlung ein.[263] Es ist kein Zufall, dass in dieser Zeit sowohl Gebrüder Sulzer wie Brown Boveri begannen, grössere Wohnhäuser für Migrant/-innen zu bauen. Bei der Maschinenfabrik war alles ein bisschen kleiner – und so blieb es hier bei einer neuen Baracke. «Um die Früchte der gegenwärtigen Konjunktur zu ernten, sind wir auf sie angewiesen. Wir brauchen sie, sie brauchen uns!», schrieb der *Gleichrichter* anlässlich der Eröffnung, zu der der Zürcher Stadtrat, der Arbeitgeberverband, der Metallarbeiterverband und die Presse eingeladen waren. 96 Betten fanden in der Baracke Platz, es gab einen Essraum, einen Waschraum (allerdings fehlten Duschen), ein Krankenzimmer sowie 32 Kochstellen: «So können die Teigwaren in den Spielarten der südlichen Heimat individuell zubereitet werden.»[264] Die Miete pro Bett lag mit 50 Franken tatsächlich um einiges höher als in den anderen Baracken. Die Arbeitsmigrant/-innen gegenüber wenig freundlich gestimmte *Metallarbeiter-Zeitung* vermerkte befriedigt, die Baracken hätten einen Verwalter, «der mit den Lebensgewohnheiten der Südländer aufs beste vertraut ist». Er werde «für Hygiene, Ordnung und Disziplin» sorgen.[265] Das Problem fehlender Unterkunftsmöglichkeiten blieb weiter bestehen. Auch mit dem neuen Castellino blieben um die 100 Arbeiter/-innen immer noch in (nicht näher bezeichneten) Übergangslösungen untergebracht.[266]

4.3 Angewöhnen: Zeitdisziplin und Hauswirtschaftskurse

Ende 1957 forderte Rudolf Huber, Direktionspräsident der Maschinenfabrik Oerlikon, die Belegschaft per Lautsprecherdurchsage auf, sie sollten mehr darauf achten, wie sie ihre Zeit in der Fabrik nutzten. «[D]er gute Wille jedes einzelnen

262 Sozialarchiv, Ar 422.60.7, Auszug aus dem Protokoll des Mietamtes der Stadt Zürich, 22. 12. 1961.
263 Archiv ABB, DRP MFO, 9. 11. 1961.
264 P. Laui, Gion Caduff: Castellino, in: GR 4, 1961, 75–77, hier 75. Die Baracken des ehemaligen Castellino wurden 2010 abgerissen.
265 Einweihung der Siedlung Castellino der Maschinenfabrik Oerlikon, in: SMAZ, 2. 8. 1961, 2.
266 Archiv ABB, DRP BBC, 7./16. 6. 1961.

Mitarbeiters» zeige sich bei der «Ausmerzung unnötiger Verlust- und Umtriebs-
zeiten». Damit sprach Huber nicht nur die tayloristische Verdichtung der Arbeitsgänge an, die jede noch so kleine Unterbrechung der Tätigkeit unterbinden
wollte. Ihn störte besonders, dass es noch Poren des Arbeitstages gab, die nicht
geschlossen waren, dass in Oerlikon bei gutem Wetter viele Beschäftigte «im Betrieb unterwegs sind», sich von ihrem Arbeitsplatz entfernten, etwa um in Ruhe
zu rauchen oder einen Schwatz zu halten.[267]

In den drei hier untersuchten Betrieben wurde diese Art des innerbetrieblichen Absentismus, der nicht Blaumachen meinte, nicht die Abwesenheit vom
Betrieb, sondern die Abwesenheit im Betrieb, als Verlust an Arbeitsdisziplin verhandelt. In Baden beschwerte sich Fabrikdirektor Fritz Streiff im Herbst 1949
bei der Arbeiterkommission, es gebe einfach keine rechte Ordnung mehr in
den Werkstätten, in der Znünipause würden die Arbeiter/-innen einfach ihren
Arbeitsplatz verlassen, «im Fabrikareal herumlaufen» und selbstbestimmt ihre
Pausenzeiten verlängern.[268] Die in den 1950er-Jahren auf breiter Basis eingeführten Persönlichkeitsbewertungen versuchten nicht umsonst, die Arbeitsdisziplin
in die Lohnbestimmung einfliessen zu lassen. Disziplin im Betrieb, das war jedoch nicht einfach die Unterordnung unter die Hierarchie, das Befolgen von Anweisungen. Enger gefasst bezog sie sich auf die Gewöhnung an die Zeitordnung
der Fabrik, die den Betrieb als Ganzes zusammenhielt, die simultanen Bewegungen der Belegschaft an den Takt der Maschinen koppelte, ihnen Rhythmen und
Zeiträume zuwies.[269] Die Geschäftsleitung von Gebrüder Sulzer verschenkte an
den Jubilarenfeiern Uhren. Die Jubilar/-innen, die dafür geehrt wurden, dass sie
in Zeiten hoher Fluktuation die Stelle nicht gewechselt hatten, erhielten als Dank
einen Zeitmesser, damit sie sich weiterhin rechtzeitig in der Werkhalle und im
Büro einfanden.[270]

Wie im zweiten Kapitel erwähnt wurde, hielt Brown Boveri Ende der
1940er-Jahre nicht nur die Zeitdisziplin der Arbeiter/-innen, sondern jene der
Angestellten im Monatslohn für ein Problem – im Gegensatz zu den Arbeiter/
-innen mussten diese in Baden nicht ein- und ausstempeln, was die Kontrolle
erschwerte. 1950 wies die Geschäftsleitung die Portiers an, zusammen mit der
Bewachungsfirma Securitas, die in Baden den Werkschutz stellte, gesonderte Ar-
beitszeitkontrollen durchzuführen.[271] Dabei stellte sich heraus, dass am Stich-
tag Hunderte von Angestellten zu spät zur Arbeit erschienen oder zu früh nach
Hause gingen. Während bei den Arbeiter/-innen bei Zuspätkommen der Lohn
der angebrochenen Stunde als Busse abgezogen wurde oder gleich ein Viertel

---

267 Rudolf Huber: Rückblick – Ausblick, in: GR 7, 1957, 92 f., hier 92.
268 Archiv ABB, DRP BBC, DRP 7. 9. 1949.
269 Vgl. Bauman 2000, 175; Foucault 1994, 184–187; Gurvitch 1964, 74–76. Zur Simultanität Marx
     1962, 401.
270 Ernst Kuhn: Übergabe der Jubiläumsuhren, in: WM 1, 1953, 4–7. Siehe Kap. 3.2.
271 Die Securitas bewachte auch das Areal von Gebrüder Sulzer. Th. Naef: Vertrauen gegen Ver-
     trauen, in: WM 8, 1954, 125.

eines durchschnittlichen Tageslohnes, gab es bei den Angestellten keine solche
Regelung. Die Geschäftsleitung machte sich deshalb Sorgen; man müsse vermeiden, dass «zwischen den im Bureau und in der Werkstatt Arbeitenden unnötigerweise Gräben» aufgerissen würden.[272] Umgekehrt stand Brown Boveri von
ungewohnter Seite in Kritik wegen der Arbeitszeiten. Seit dem Antritt eines
neuen Kommandanten der Kantonspolizei und einem Wechsel beim kantonalen
Fabrikinspektorat «haben wir», so klagten die Direktoren Ende 1950, «beständig Unannehmlichkeiten wegen der sehr scharfen Kontrollen».[273] Grund dafür
war die bewilligungspflichtige Sonntagsarbeit. Der Betrieb hatte es nämlich bislang unterlassen, die dafür nötigen Bewilligungen einzuholen – das für die Region zentrale Unternehmen setzte sich über solche Kleinigkeiten hinweg. Mit
dem Wechsel bei den Behörden schien das nicht mehr gangbar. Die Geschäftsleitung entschied, sich künftig um die Bewilligungen zu kümmern und, als Anreiz,
Bussen in diesem Zusammenhang den Betriebsleitern zu überwälzen.[274]

Den Druck nach unten weiterzuleiten, war gängige Praxis. Als es 1953 erneut
um die mangelhafte Zeitdisziplin ging, erklärte die Geschäftsleitung, künftig die
Betriebsleiter, Abteilungsvorstände und Meister persönlich dafür verantwortlich
zu machen, dass bei ihnen «eine einwandfreie Arbeitsdisziplin herrscht».[275] Anders als in den Jahren zuvor waren nun nicht mehr nur die Büros, sondern neu
auch die Werkstätten gemeint. Weil sich hier Unfälle und Krankheitstage häuften, erklärte die Fabrikdirektion «den vielen Absenzen» den Kampf. Dabei ging
es nicht darum, angesichts der erhöhten Arbeitsintensität die Arbeitssicherheit
zu erhöhen. Vielmehr wurde dahinter eine missbräuchliche Inanspruchnahme
der Betriebskrankenkasse vermutet: «Verschiedene Kontrollen haben ergeben,
dass wegen Geringfügigkeiten die Arbeit nicht aufgenommen oder ein Unfall
bzw. eine Krankheit über Gebühr in die Länge gezogen wird.» Grund dafür
seien die viel zu hohen Löhne bei Brown Boveri, die es erlaubten, mit der bescheidenen Lohnfortzahlung auszukommen (dabei zahlte man seit Jahren unter dem Branchendurchschnitt).[276] Um die Krankenrate zu senken, empfahl die
Fabrikdirektion, die Wanderausstellung *Gesundes Volk* des Schweizerischen
Abstinenz-Sekretariats (SAS) im Kurtheater Baden zu besuchen – ein Hinweis
darauf, dass man hinter den Absenzen vor allem die Festlaune der Belegschaft
vermutete. Ausserdem wolle man «einen tüchtigen Fabrikarzt» einstellen, bei
dem weniger Arbeiter/-innen krankgeschrieben würden.[277] In der Werkzeitung
erschienen in kurzem Abstand Aufforderungen, besser und schneller zu arbei-

---

272 Emil Klingelfuss: BBC-Bulletin, in: WW 10, 1950, 149 f., hier 150.
273 Archiv ABB, DRP BBC, 13. 12. 1950.
274 Ebd.
275 Emil Klingelfuss: BBC-Bulletin, in: WW 5, 1952, 69 f., hier 69.
276 Ernste Ermahnung unserer Fabrikdirektion, in: WW 4, 1952, 55; Archiv ABB, DRP BBC,
     14. 3. 1951, 21. 3. 1951.
277 Generalversammlung unserer Betriebskrankenkasse, in: WW 6, 1952, 87. Insgesamt schloss die
     Betriebskrankenkasse im selben Jahr mit einem Plus von 26 632 Franken ab. Das SAS wurde
     2010 in «Sucht Info Schweiz» umbenannt.

ten; der Übergang zum Zeitakkord bewirkte diesbezüglich offenbar zu wenig. Die Fabrikdirektion verstand die aus ihrer Sicht mangelnde Leistung denn auch als Krise ihrer Autorität, als Infragestellung der betrieblichen Hierarchie, auf die sie mit offener Repression reagierte. «Fehlbare», hiess es in einer Mitteilung vom Mai 1952, würden künftig ohne Vorwarnung fristlos entlassen. Bei Brown Boveri hätten «solche Elemente nichts zu suchen». An die Disziplinierten richtete man den Aufruf, beispielhaft ihre «charakterlich schwächeren Arbeitskameraden auf bessere Wege» zu führen, «damit diesen Leuten die Schwere des Ausschlusses aus unserer Gemeinschaft erspart und uns die Arbeitskraft erhalten bleibt».[278]

Häusliche Präsenzzeit

Die industrielle Zeitdisziplin musste stets von neuem durchgesetzt werden.[279] Mit der Integration der Arbeiter/-innenbewegung in den bürgerlichen Staat hatten die Betriebe an sich freie Bahn; doch blieb das eigensinnige Verhalten der Belegschaften eine Unbekannte in der Gleichung. Die Vervielfachung der Human-Relations-Massnahmen in der Nachkriegszeit ist ein Anzeichen dafür, dass die Konfliktualität in den Betrieben trotz gewerkschaftlicher Vermittlung bestehen blieb. Diese Sozialtechniken wollten das Einverständnis der Arbeiter/-innen und Angestellten herstellen.[280] Denn die Gewöhnung an die Zumutungen der Fabrik, an die Arbeitsrhythmen, an die innere Zeitordnung der Betriebe erreichte man nicht nur durch Repression und äussere Disziplinierung, mochte sich das die Fabrikdirektion von Baden (und nicht nur sie) auch so wünschen. Zumal die Maschinenindustrie durch die stete Ausweitung der Produktion bis Ende der 1960er-Jahre ein Interesse daran hatte, wenigstens die einheimischen Arbeitskräfte im Betrieb zu halten.

Zeitdisziplin muss internalisiert werden, sie ist nicht gegeben. Die Unternehmen verlangten nach einem auf die in ihnen herrschende Zeitordnung abgestimmten Verhalten. Ein solches konnte man mit Stempeluhren erfassen oder mit Bussen sanktionieren. Eine subtilere Möglichkeit, das Zeitverhalten zu beeinflussen, bestand darin, auf das Leben jenseits der Fabrikmauern und -zäune einzuwirken.[281] Der betriebliche Wohnungsbau der Nachkriegszeit diente in erster Linie zwar dazu, die Fluktuation zu dämpfen. Doch wollte man, wie Sigfrit Steiner in seinem Werbefilm *Siedlungen der Industrie* 1946 klarstellte, ebenso für «eine geordnete Häuslichkeit» sorgen.[282] Eine der wichtigsten Aufgaben der betrieblichen Sozialarbeit bestand darin, bei häuslichen und familiären Problemen einzugreifen, wo diese die gleichmässige Wiederherstellung des Arbeitsvermö-

278 Mitteilung der Fabrikdirektion, in: WW 5, 1952, 52.
279 Thompson 1967, 90.
280 Braverman 1998, 96f.
281 Burawoy 1985, 126; Durand 2019, 5–7; Gramsci 2012, 2069.
282 Steiner 1946, 12:19–12:37; vgl. Braun 1970, 161f. Siehe Kap. 4.1.

gens zu beeinträchtigen drohten.[283] Die Sozialarbeiterinnen reagierten nicht nur auf Komplikationen. Über Hauswirtschaftskurse, die sich an Arbeiter/-innen, Angestellte und Partnerinnen von Betriebsangehörigen richteten, wollten sie künftigen sozialen Verwerfungen vorbeugen. Die Betriebe verlangten nach zuverlässigen und stabilen Familienverhältnissen, weil die Arbeiter/-innen- und Angestelltenfamilien als Strukturfabriken wirkten, die Verhaltensweisen, Normen und Wertvorstellungen erzeugten und verfestigten.[284] Die geordnete Häuslichkeit sollte zu Sparsamkeit und Genügsamkeit anhalten – einmal auf der materiellen Ebene, um Lohnforderungen zu dämpfen. Aber auch was das Zeitverhalten betraf. Sie musste einen sparsamen Umgang mit der Arbeitszeit angewöhnen, zur Pünktlichkeit und zu einem an den Rhythmen der Fabrik ausgerichteten, getakteten Zeitgefühl erziehen. Die Produktivität der Lohnarbeit hing davon ab.[285]

Je weiter weg die Wohnung von der Fabrik war, desto eher geriet die Häuslichkeit in Widerspruch zu den betrieblichen Anforderungen. Die Wohlfahrtshäuser waren mit Kantinen ausgerüstet, doch galt das Mittagessen hier noch lange Zeit als Abweichung vom allseits propagierten Ideal des Familientisches, bei dem die von der Hausfrau zubereitete Mahlzeit gemeinsam von der ganzen Familie eingenommen wird.[286] Ende der 1940er-Jahre gab die Länge der Mittagspause sowohl bei Gebrüder Sulzer wie bei der Maschinenfabrik Oerlikon deswegen zu reden. Der spätere Präsident der Arbeiterkommission Werner Gilomen in Winterthur beschrieb die Situation als unhaltbar: «Müde und abgehetzt kommt man an den trauten Familientisch, würgt schnell etwas hinunter, überfliegt in aller Eile die Schlagzeilen der Arbeiterzeitung oder eines anderen Leibblattes und – hopp – wieder auf den ‹Göppel›, um noch vor 13.15 Uhr abzustempeln.»[287]

Die Zeit reichte nicht mehr, weil Gebrüder Sulzer immer weiter weg von den Produktionsstandorten Wohnungen baute. Die Geschäftsleitung willigte schliesslich ein, die Mittagspause um 15 Minuten zu verlängern, damit die Arbeiter zu Hause essen konnten. Dafür musste bereits ab 6.45 Uhr gearbeitet werden. Die Vorverlegung des Arbeitsbeginns gab zu reden. «[A]uch diesmal etwelches Gebrummel», beschwerte sich Gilomen in den Werk-Mitteilungen.[288] Eine Arbeitszeitverkürzung, also ohne die Viertelstunde vorzuholen, hatte die Winterthurer Arbeiterkommission indes nicht im Sinn, obwohl das Ende der 1940er-Jahre durchaus diskutiert wurde;[289] im Gegenteil, sie liess keinen Zweifel daran, auch über die regulären Arbeitszeiten hinaus arbeiten zu wollen: «Wir wollen

---

283 Vgl. Matter 2011, 140f.
284 Brückner 1982, 60f.; Lüscher 1987, 195.
285 Fraser 2017, 24; Dalla Costa/James 1975; Del Re 2013.
286 Tanner 1999, 25.
287 Werner Gilomen: Über die Verlegung der Arbeitszeit, in: WM 8, 1947, 63.
288 Ebd.
289 Vgl. etwa die Rede des Leiters des Lehrlingswesens der Maschinenfabrik Oerlikon Willy Sauser vor Funktionären der evangelischen Jugendverbände vom 4. Mai 1947, in der dieser die Diskussion um Arbeitszeitverkürzung und soziale Absicherung als «auffällige Vermaterialisierung

gerne die Überzeit leisten, wo sie notwendig ist, um die verwüstete Welt in beschleunigtem Tempo wieder aufzubauen», erklärte Gilomen stellvertretend für die Kommission.[290]

Das Festhalten am Familientisch widersprach der Entwicklung zur durchgehenden Arbeitszeit mit kurzer Mittagspause. Die sogenannte englische Arbeitszeit war bei einigen Grossbetrieben im Dienstleistungsbereich, die nicht dem Fabrikgesetz unterstellt waren, seit der Zwischenkriegszeit üblich. Durchgesetzt hat sie sich aber erst in der Nachkriegszeit – und dann auch in der Maschinenindustrie. Die neuen Wohlfahrtshäuser der 1950er-Jahre wurden nicht zuletzt im Hinblick auf diese Entwicklung entworfen und gebaut.[291] Versuche mit kurzen Mittagspausen wurden in der Maschinenfabrik Oerlikon Ende der 1930er-Jahre angestellt. Bei ihnen ging es zunächst weniger um eine gleichmässigere Auslastung der Anlagen als darum, durch kürzere Heiz- und Beleuchtungszeiten Energiekosten einzusparen. Kurz nach Kriegsausbruch, im Oktober 1939, setzte die Maschinenfabrik die Mittagspause von zuvor zwei (für Angestellte) respektive eineinviertel Stunden (für Arbeiter/-innen) auf 45 Minuten herab. Die Kantine im Orlinhus musste darauf auf einen Zweischichtenbetrieb umstellen, um die Beschäftigten in dieser Zeit verköstigen zu können. Eine Umfrage ergab zwar, dass von über 1700 befragten Arbeiter/-innen gerade mal ein Sechstel in der Kantine essen wollte; dennoch setzte man den Versuch fort.[292]

Erst im Frühling 1940 gab die Geschäftsleitung den Forderungen der Arbeiter- und der Angestelltenkommission nach und verlängerte die Mittagspause wieder. Dafür wurde die unbezahlte Znünipause in den Werkstätten gestrichen, um Unterbrüche im Arbeitsprozess zu minimieren. Im folgenden Winter verzichtete der Betrieb darauf, die Pausenzeiten erneut zu verändern. Stattdessen wurden der Arbeitsbeginn und der Feierabend um eine halbe Stunde nach hinten verschoben. Dieses Vorgehen schien weniger auf den Widerwillen der Belegschaft zu stossen, die, wie die Maschinenfabrik feststellte, «auf das ‹Schweizer Mittagessen› nicht verzichten will».[293] Die etwas durchsichtige Aufwertung der bisherigen Arbeitszeitregelung zum helvetischen Bedürfnis entsprach vielleicht dem Diskurs der geistigen Landesverteidigung, allerorten urschweizerische Eigenheiten zu behaupten, vermochte das Scheitern des Versuchs aber nur wenig zu kaschieren.

Das Bild der Familie, die gemeinsam eine Mahlzeit einnimmt, diente in den 1960er-Jahren – als der Metallarbeiterverband nach langem Zuwarten die 44-Stunden-Woche nicht nur forderte, sondern auch stufenweise aushan-

des Denkens», «Amerikanisierung» und zugleich «Russifizierung» denunzierte. Willy Sauser: Einige Gedanken zur geistigen Lage der Schweizerjugend, in: GR 5, 1947, 62 f., hier 63.

290 Werner Gilomen: Über die Verlegung der Arbeitszeit, in: WM 8, 1947, 63.

291 Vgl. Edwin Bosshardt: Wohlfahrtshaus der Gebrüder Sulzer AG in Oberwinterthur, in: SBZ 11, 1957, 163–166.

292 Archiv ABB, DRP MFO, 4. 9. 1939, 13. 9. 1939, 20. 9. 1939, 22. 11. 1939.

293 Kurze oder lange Mittagspause?, in: SAZ 31–32, 1940, 457–459, hier 459.

delte – oft als rhetorisches Vehikel konservativer Sehnsucht nach ehedem vermeintlich geordneten Verhältnissen. Die Verkürzung der Mittagspause von zuvor 1,25–2 Stunden auf eine Dreiviertelstunde wurde nicht im Zusammenhang
von Arbeitsverdichtung und enger getakteten Zeiträumen kritisiert; immerhin
fiel nun mit der englischen Arbeitszeit das übliche Mittagsschläfchen dahin.
Vielmehr wurde durch den Wegfall familiärer Rituale die Unterwanderung der
patriarchalen Familienautorität befürchtet. Beispielhaft ist eine Untersuchung
der Handelshochschule St. Gallen über die sozialen Folgen der Schichtarbeit
von 1967. Die kurze Mittagspause galt ihr als Bedrohung herkömmlicher Ver-
ständigungs- und Autoritätsstrukturen, denn durch die reduzierte «häusliche
Präsenzzeit» des Vaters sei das «Familienleben angeschlagen».[294] Immerhin
schwante dem Autor der Studie, dass «nicht die Quantität, sondern die Qualität
der Interaktionen mit Frau und Kindern entscheidend ist».[295] Nicht alles schien
also verloren.

«Als bolschewikische Verschwörung / Betracht ich faules Obst in Gärung»

Bei Brown Boveri, Gebrüder Sulzer und der Maschinenfabrik Oerlikon gehörten
Hauswirtschaftskurse zum festen Bestandteil der Tätigkeit der betrieblichen Sozialarbeit. Es ging vorab um die materielle Festigung der proletarischen Reproduktion: Eine rationelle Hauswirtschaft, ein genügsamer Lohngebrauch sollten
helfen, Lohnforderungen zu dämpfen, aber auch der Verschuldung und Armut
vorbeugen.

Der Ursprung dieser Kurse lag in den Jahren des Zweiten Weltkriegs. 1941
wurde der Verband Volksdienst vom Arbeitgeberverband Schweizerischer Ma-
schinen- und Metallindustrieller beauftragt, in ihren Fabriken Hauswirtschaftskurse für Arbeiterinnen durchzuführen. Auf dem Programm stand das Auslo-
ten hauswirtschaftlicher Möglichkeiten unter den Bedingungen der Rationierung:
kleine Gärten, Gmüesblätz und Pünten anlegen, Gemüse und Obst möglichst
sinnvoll verwerten und für die Lagerung einmachen, Schaukochen mit Spar-
rezepten. 1941 führte der Verband in 40, 1942 in 54 Unternehmen solche Kurse
durch. Ab dem Winter 1942/43 kamen Näh- und Flickkurse dazu.[296]

Die Maschinenfabrik Oerlikon begann im Sommer 1941, diese Kurse bei
sich durchzuführen; ab dem nächsten Jahr finanzierte der Betrieb ebenso die
Näh- und Flickkurse für Arbeiterinnen.[297] Im ländlichen Baden und den umlie-

---

294 Villiger 1967, 119.
295 Ebd., 120.
296 Haus- und gartenwirtschaftliche Schulung in der Maschinenindustrie, in: SAZ 1, 1943, 5 f.;
     Erika Rikli: Ernährung und Leistungsfähigkeit. Betriebsfürsorge im Dienste der Arbeiter-
     ernährung, in: SAZ 41, 1943, 817–819; Beratungsstelle für kriegswirtschaftliche Massnahmen
     im Gemüsebau und Hauswirtschaft des Schweizer Verbandes Volksdienst, in: SAZ 18, 1944,
     305–308. Zur Rationierung vgl. Tanner 2015, 279 f., 434 f.
297 Archiv ABB, DRP MFO, 1. 10. 1941, 25. 7. 1942.

genden Gemeinden hielt der Verband Volksdienst gemeinsam mit dem militäri-schen Frauenhilfsdienst Kurse mit Schaukochen ab. 1945 führte Brown Boveri diese ohne das Militär weiter mit dem Ziel, von sich aus jene Frauen «zu erfas-sen, bei denen eine bessere Ausbildung in dieser Richtung erwünscht wird».[298] In Winterthur wurde 1942/43 die Berner Hauswirtschaftslehrerin Rina Scheurmann mit der Durchführung der Kurse im Wohlfahrtshaus von Gebrüder Sulzer beauf-tragt. Eine Serie von Kochveranstaltungen propagierte den möglichst sparsamen Umgang mit Nahrungsmitteln, Hausarbeitszeit und Brennstoffen.[299] Später be-handelten die Kurse mehr als nur das Kochen: Scheurmann thematisierte die Kü-chenausrüstung, die zweckmässige Wohnungsausstattung, die Wahl der richtigen Schuhe – Stück um Stück erweiterte sich das Blickfeld.[300]

Gebrüder Sulzer finanzierte nicht nur die hauswirtschaftliche Schulung ihrer Angestellten und Arbeiterinnen, sondern wollte ebenso den Lehrlingen die Bedeu-tung eines recht geführten Haushalts nahelegen. Im Frühling 1943 hielt Scheur-mann deshalb vor Lehrlingen Vorträge zur richtigen Partnerwahl, etwa vor Gies-serlehrlingen, die danach im Deutschunterricht einen Aufsatz darüber schreiben mussten. Die *Werk-Mitteilungen* druckten Auszüge aus diesen Aufsätzen ab; zur Belustigung der Leser/-innen, weil es mit der Rechtschreibung der jungen Arbei-ter nicht weit her war (wie sollte es auch). Und um Scheurmanns Mantra zu wie-derholen: Eine rechte Frau ist nur eine, die kochen kann – genauer: eine, die einen bekochen kann. Die Lehrlinge wurden angehalten, der Verlobten vor der Heirat gewissermassen ins Maul zu schauen, ihr einen unangemeldeten Hausbesuch ab-zustatten: «Man sieht die Ordnung daheim und in ihrem Zimmer, dann kann man sich so ungefähr ein Bild machen darüber.»[301] Partnerwahl, das meinte Prüfung. Die Auserwählte musste wie ein Werkstück auf allfällige Mängel hin untersucht werden: «Fräulein Scheurmann riet uns besonders, wenn wir einen ernstgemeinten Schatz gefunden hätten, so sollte man sich prüfen und fragen, passt sie zu mir oder kann sie kochen oder kann sie selbständig einen Haushalt führen.»[302]

Den Rat, den Scheurmann den Lehrlingen gab, entsprach der Überlegung, nach der die Sozialarbeiterinnen der Maschinenindustrie ihre Tätigkeit ausrich-teten: Demnach waren nicht etwa die Löhne zu tief und die Preise zu hoch – wer Mühe hatte, durchzukommen, konnte einfach nicht haushalten. Verarmung wurde mit der hauswirtschaftlichen «Untüchtigkeit» proletarischer Frauen er-klärt.[303] Die Hauswirtschaftskurse der Maschinenindustrie versuchten über diese Schuldzuweisung, aus den Arbeiterinnen Agentinnen einer sozialen Rationali-

298 Ebd., DRP BBC, 17. 1. 1945; J. Eugen Weber: Hauswirtschaftliche Kurse und Ausstellungen, in: WW 3, 1943, 66 f.
299 Hauswirtschaftliche Vorträge und Kurse, in: WM 4, 1942, 4.
300 Hauswirtschaftliche Vorträge, in: WM 12, 1942, 98.
301 Eine aussergewöhnliche Deutschstunde, in: WM 4, 1943, 29 f., hier 30. Rechtschreibung ange-passt.
302 Ebd. Rechtschreibung angepasst.
303 Hausknecht 1938; ebenso Haeberli 1944, 33. Vgl. Fasel 2007, 51 f.; Illi 2002, 82.

sicrung zu machen, dic das Vcrhalten umformte.[304] Der proletarische Konsum musste sich möglichst einfallsreich den jeweiligen Begebenheiten anpassen; nicht nur das, man sollte sich damit begnügen. Anders gesagt: Die Hauswirtschaftskurse dienten der Disziplinierung der Belegschaft, damit diese keinen höheren Lohn forderte. Der rechte Gebrauch des Zahltags war entscheidend, nicht dessen Höhe, so Scheurmann (in den Worten eines Lehrlings): «Was kann ich fordern von einem Mädchen, mit welchem ich eine Ehe schliesse? In erster Linie schau bei einem Mädchen nicht auf das schöne Gesicht oder auf die reizvolle Gestalt, was nützt Dir das, wenn sie den Haushalt nicht versteht zu führen, mehr hindersi wirtschaftet als vorwärts, dem Mann sein Zahltag verjubelt, alles in die krankhafte Weibermode verschwendet, Schminki etc., statt ein nahrhaft kräftiges Essen zu kaufen. Auf alle Fälle möchte ich Euch Stiften ans Herz legen: ‹Heiratet keine, die nicht kochen kann.›»[305]

Gebrüder Sulzer finanzierte ab 1945 die verbilligte Abgabe des von Scheurmann verfassten *Handbuchs der Hauswirtschaft* an Arbeiterinnen und Angestellte.[306] Scheurmann ging in diesem Ratgeber die Hauswirtschaft von zwei Seiten her an: als planbare Tätigkeit und als emotionale Berufung von Frauen.[307] Eine zweckmässige Verrichtung häuslicher Arbeiten erreiche man durch gute Planung. Scheurmann ging noch einen Schritt weiter und propagierte (jeweils im Befehlston) ebenso ein durchgeplantes emotionales Ehe- und Familienleben: «13.30– 13.45 – Mit dem Mann zusammensitzen!» etwa, oder: «Samstag-Nachmittag: nicht putzen, sich Mann und Kindern widmen!»[308] Sie hielt Frauenlohnarbeit und politische Rechte für Frauen für unnütz; Erstere führe bloss zur «Überreizung und Übermüdung» und erzeuge so mehr Kosten, als sie einbringe, und Letztere brauche eine richtige Hausfrau sowieso nicht.[309] Es entbehrt nicht einer gewissen Ironie, dass Gebrüder Sulzer dem weiblichen Teil ihrer Belegschaft ein Buch nahelegten, das propagierte, sie sollen die Stelle gleich kündigen – immerhin bereitete die Fluktuation der Nachkriegsjahre der Personalabteilung einiges Kopfzerbrechen.

Die umsichtige Verwaltung des Zahltags wurde auch bei Brown Boveri eingefordert: In der Werkzeitung ermahnte man die Frauen, «nicht zu sehr den Ernährer, den Gatten, mit Jammern und Klagen zu belasten, wenn unser anvertrautes […] Haushaltungsgeld nicht mehr ausreicht». Denn: «Hier liegt die grosse Gefahr, dass wir Frauen den Wurm der Zersetzung zwischen Arbeitnehmer und Arbeitgeber ernähren […].» Frauen hätten stattdessen die «heilige Pflicht, uns

---

304 Vgl. Lüscher 1987, 62.
305 Eine aussergewöhnliche Deutschstunde, in: WM 4, 1943, 29 f., hier 30. Rechtschreibung angepasst.
306 Handbuch der Hauswirtschaft, in: WM 6, 1945, 47.
307 Scheurmann 1945, X f.
308 Ebd., 309 f.
309 Ebd., 333.

anzupassen und anzunehmen, was die Zeit uns bringt».[310] Der gesunde Apfel des Arbeitsfriedens und der Wurm der Subversion: Der Rückgriff auf antikommunistische Tropen, um die Folgen einer angeblich mangelhaften Hausarbeit von Frauen zu denunzieren, war in den Werkzeitungen der Maschinenindustrie vor allem in den 1950er-Jahren gang und gäbe. 1953 erklärten etwa die *Sulzer Werk-Mitteilungen*: «Als bolschewikische Verschwörung / Betracht ich faules Obst in Gärung», und hielten ihre Leserinnen dazu an, sie sollten endlich kochen lernen, anstatt sich kulturell betätigen zu wollen – Frauen mit Interessen jenseits der Versorgung von Familienmitgliedern galten als suspekt.[311]

An der inhaltlichen Ausrichtung der Hauswirtschaftskurse änderte sich in den 1950er- und 1960er-Jahren wenig.[312] In Zeiten steigender Reproduktionskosten durch die bessere Verfügbarkeit von Verbrauchsgütern und eine sich ausbildende normative Konsumorientierung stand nicht mehr allein die unmittelbare Versorgung der Familie im Zentrum; hinzu kamen überlegtes Einkaufen, zweckmässige Organisation und vorausschauendes Sparen im Sinne der Vorsorge.[313] Die Kurse wurden erweitert: Neben Kochen, Nähen und Flicken führte man Weiterbildungen zu Über- und Fehlernährung, Kindererziehung oder Krankenpflege durch. Dass die Betriebe bis mindestens Ende der 1960er-Jahre die hauswirtschaftlichen Bildungsangebote finanzierten, war nicht selbstverständlich. Ihr Sinn bestand in der Prävention: Eine geordnete Hauswirtschaft, wofür es ein spezifisches Fachwissen brauchte, produzierte die Familie als Loyalitätsquelle, verhinderte soziale Verwerfungen und sorgte für das erwünschte konforme Verhalten.[314] «Unfrieden in der Familie», so 1960 die Maschinenfabrik Oerlikon, «[wirkt] sich ungünstig auf den Beruf, auf die Arbeitssicherheit, auf die Leistungsfähigkeit [aus]. […] Wenn eine Frau nicht imstande ist, dem Mann im gemeinsamen Heim eine solche Atmosphäre zu schaffen, dann wird und muss sich dies ungünstig auswirken.»[315]

Eine weniger wichtige Rolle spielte bei den Hauswirtschaftskursen die Frage der Rationalisierung der Hausarbeit – obwohl das Thema in der Nachkriegszeit eine gewisse Popularität genoss. Eine analog zur betrieblichen Rationalisierung verdichtete Hausarbeit propagierte ab 1948 das von bürgerlichen Frauenorganisationen gegründete Schweizerische Institut für Hauswirtschaft, das sich der Erforschung einer modernen Hausarbeitsweise verschrieben hatte. Der Schwerpunkt lag auf der Mechanisierung durch Haushaltsmaschinen. Das später staatlich subventionierte und von der Konsumgüterindustrie finanzierte Institut knüpfte in den 1950er-Jahren mit mehreren zusammen mit der ETH Zürich durchgeführ-

---

310 Eine «Frau eines unserer Mitarbeiter», zitiert in J. Eugen Weber: Demonstrationskurse und Vorträge, in: WW 1, 1944, 5–7, hier 7.
311 Eugénie Fleury: An unsere Hausfrauen: Entsagung, in: WM 7, 1953, 87f.
312 Vgl. Elisabeth Preisig: Die Frau in der Familie, in: GR 5, 1958, 72f.
313 Vgl. Tanner/Studer 2012, 678–684; Tanner 1994, 37.
314 Lüscher 1987, 195.
315 Ihre Privatsache betreffen …, in: GR 4–5, 1963, 40f., hier 41.

ten arbeitswissenschaftlichen Untersuchungen an die Rationalisierungsfantasien des Efficiency Craze der 1920er-Jahre an.[316] Die Untersuchungen selbst mochten kaum Neues hervorbringen (sie wiederholten oft die Ergebnisse früherer Studien), doch scheint es kein Zufall zu sein, dass sie zu einer Zeit durchgeführt wurden, da die Maschinenindustrie neue Zeitakkord- und Bewertungsschemata durchsetzte.

Dass sich in den Werkzeitungen in Oerlikon, Baden und Winterthur wenig bis gar nichts dazu findet, mochte damit zusammenhängen, dass Haushaltsmaschinen bis in die 1960er-Jahre nicht eben günstig zu haben waren: Das roch geradezu nach Lohnforderungen. Das Institut für Hauswirtschaft erhielt dennoch ab 1955 eine eigene Kolumne in der *Werkzeitung der schweizerischen Industrie* des Arbeitgeberverbands. In diesen wurde aber nicht die Rationalisierung der Hausarbeit mittels Maschinen propagiert, sondern hergebrachte Sparsamkeit, Entsagung und Aufschub.[317] Man hielt sich an die Vorgaben der Maschinenindustrie. Sparen durch die sinnvolle Anordnung weniger Küchenmöbel, durch «gelöste, gerade Körperhaltung» (billiger, da weniger Folgeschäden),[318] durch eine arbeits- und zeitsparende Hausarbeitsweise ohne kostspielige technische Infrastruktur: «Wenn wir jede Arbeit auf einfachste Art ausführen, bleiben uns vielleicht Zeit und Kraft, um etwas zu verrichten, das wir sonst einer Maschine überbürden würden.»[319]

Sofern «wir» denn überhaupt daheim eine solche Maschine stehen hatten, was in einem Arbeiter/-innenhaushalt keineswegs selbstverständlich war. Ein Tagesablauf einer geschiedenen Wicklerin mit zwei Kindern – von der Sozialarbeiterin der Maschinenfabrik Oerlikon Beate von Monakow 1949 aufgeschrieben, um ihre Forderung nach Teilzeitarbeit für Frauen zu unterstreichen – verdeutlichte, dass das Problem proletarischer Hauswirtschaft nicht allein im knappen Budget, sondern ebenso in der fehlenden Zeit bestand:

- 5:15 Aufstehen und Lüften
- 5:45 Kinder füttern
- 6:15 Kinder in den Hort bringen, danach zur Fabrik
- 7:00 Arbeitsbeginn in der Maschinenfabrik: 25 kg schwere Spule isolieren, Mica-Streifen in die Leiter einlegen, Leiter sorgfältig mit Seidegaze isolieren, dann von Hand pressen, Schnüren (anstrengend), zuletzt mit Lack einstreichen – das stehend den ganzen Tag wiederholen
- 12:00 über Mittag nach Hause, Abwasch, Kochen
- 12:50 zur Fabrik
- 13:15 Arbeitsbeginn, dasselbe wie am Morgen
- 17:00 Fabrikschluss, Kinder aus der Krippe holen, Einkauf
- 18:15 Nachtessen zubereiten für Kleinkind, ins Bett bringen

---

316 Vgl. Fasel 2015.
317 Vgl. Lüscher 1987, 57.
318 SIH: Frohes Haushalten, in: WZ 3, 1959, 46.
319 Dass.: Maschinen im Haushalt, in: WZ 3, 1957, 41.

– 19:15 Nachtessen für sich und zweites Kind kochen, Abwasch, Rüsten für den nächsten Tag, Vorkochen, Waschen, Flicken
– 22:45 ins Bett[320]

Hier halfen weder die etwas realitätsfernen, weil nichts an den Voraussetzungen der Hausarbeit ändernden Anleitungen des Instituts für Hauswirtschaft noch das Sparsamkeitsgebot der Hauswirtschaftskurse weiter. Das Zeitregime gab die Fabrik vor. Hausarbeit blieb eine prekäre Sache und in einfach eingerichteten Wohnungen ohne Hilfsmittel anstrengend und zeitraubend. Die Zeit dazu war knapp bemessen – wie auch der Lohn. Die patriarchale geschlechtsspezifische Arbeitsteilung verknappte diese Zeit zusätzlich. Monakow erwähnte in ihrem Bericht, der auf ihrer Tätigkeit als Sozialarbeiterin beruhte, allerdings eine Realität, die sonst kaum Erwähnung fand, weil sie nicht ins ideologische Schema passte: dass diese Arbeitsteilung, so sehr sie bei jeder sich bietenden Gelegenheit propagiert wurde (von Monakow übrigens ebenso), nicht von allen gelebt wurde. Gerade Arbeiter/-innen, die Schichtarbeit verrichteten, teilten die Hausarbeit: «Andererseits halten es auch viele Männer für selbstverständlich, dass nach der gemeinsamen Erwerbsarbeit auch der Haushalt gemeinsam besorgt wird. Sie helfen nicht nur Gemüse rüsten, sie haben oft bereits gekocht, wenn die Frau von der Arbeit kommt, sie putzen die Böden, ziehen morgens die Kinder an und bringen sie in die Krippe.»[321]

Bei der Frage der Nützlichkeit des in den Hauswirtschaftskursen vermittelten Wissens, der Anleitungen und Rezepte darf ein Aspekt nicht vergessen werden. Er betrifft weniger das Wissen an sich oder dessen Gültigkeit als den sozialen Rahmen, den die Kurse boten. Einsamkeit und Isolation zählten zu den Gründen, weshalb sie besucht wurden. Nicht das hauswirtschaftliche Wissen wurde nachgefragt, sondern der Kontakt zu anderen Frauen. Die Sozialarbeiterin von Gebrüder Sulzer erklärte 1953, das «Zusammensein mit anderen Menschen» in den Kursen werde «von vielen oft einsamen Frauen sehr geschätzt».[322] In Winterthur besuchten Anfang der 1950er-Jahre immerhin gegen 70 Frauen die sechs Nähkurse bei Gebrüder Sulzer, um 1956 waren es bereits 362.[323] Die Kurse funktionierten vielleicht auch auf andere Weise als vorgesehen. Das wiederum schien mit der Zeit verdächtig, weshalb die Werkzeitung 1960 vor Ort einen Augenschein nahm – und beruhigt berichten konnte, «dass dort, auch wenn die Frauen unter sich waren, die Männer doch eine gewisse Rolle spielten. Denn die hübschen Dinge, die da unter geschickten Händen im Entstehen begriffen waren, konnten sicher nur den einen Zweck haben: dem Ehemann zu gefallen oder seinen Geldbeutel zu schonen.»[324]

320 Monakow 1949, 101f. Spule: Bauteil eines Elektromotors; Mica: Glimmer, Verwendung als elektrischer Isolator.
321 Ebd., 103. Vgl. Magnin 2002, 393f.
322 Nähkurstätigkeit im Herbst und Winter 1953/54, in: WM 11, 1953, 134f., hier 134.
323 Archiv Sulzer, Schachtel 156f, Abt. 24: Quartalsbericht IV 1956, 28. 3. 1957.
324 Sulzer-Nähkurse, in: WM 1, 1960, 23.

4.4 Fazit: Fluktuation, Differenzierung und prekäre Hauswirtschaft

Mit diesem letzten Kapitel tritt die Untersuchung aus den Betrieben hinaus. Der Blick richtet sich auf das Um- und Hinterland der Fabriken der Maschinenindustrie. Der in den ersten beiden Kapiteln besprochene Wandel nach 1937 betraf ebenso die Wohnbedingungen der Arbeiter/-innen und der Angestellten. Mit dem Ausbau der betrieblichen Sozialpolitik wurden in der Nähe der Fabriken mehr Wohnsiedlungen für Betriebsangehörige erstellt. Sie standen stellvertretend für eine neue soziale Aufgeschlossenheit in Zeiten des sogenannten Arbeitsfriedens – zumindest bestand die Absicht, den betrieblichen oder betriebsnahen Wohnungsbau auf diese Weise darzustellen.

Dabei zeigte sich, dass dem Wohnungsbau zwischen den 1930er- und den 1960er-Jahren zwei zentrale und miteinander verbundene Motive zugrunde lagen. Zum einen sollten die Fluktuation gedämpft und die Beschäftigten nicht nur ideell, sondern auch materiell über Mietverträge oder Hypothekarschulden langfristig an den Betrieb gebunden werden. Zum anderen diente der Wohnungsbau dazu, akkumulierte Pensionskassengelder langfristig anzulegen.

In der Nachkriegszeit nahm die Fluktuation in der Maschinenindustrie tatsächlich ein beträchtliches Ausmass an. Ein massenhaft praktizierter Stellenwechsel wurde möglich durch das rasche Wachstum der Unternehmen bei einem allmählich austrocknenden Arbeitsmarkt. Indirekt kam das einem informellen Lohnkampf gleich, da die Betriebe um Arbeitskräfte konkurrierten. Aus Sicht der Unternehmen bestand das Problem des Stellenwechsels allerdings nicht nur in den nötigen Lohnanpassungen, sondern ebenso darin, dass er beträchtliche Anlernkosten verursachte. Also galt es, geeignete Beschäftigte möglichst lange an den Betrieb zu binden. Eine naheliegende Möglichkeit bestand darin, Arbeitsstelle und Unterkunft miteinander zu verbinden.

Die drei untersuchten Betriebe verfolgten eigene, im Umfang und in der organisatorischen Umsetzung unterschiedliche Wohnbauprojekte: Selbstregie in Baden, Unterstützung von Wohnbaugenossenschaften in Oerlikon und eine betriebsnahe Gesellschaft in Winterthur. Die angeführten Beispiele aus der näheren Umgebung der Fabriken zeigen, dass bis in die 1950er-Jahre hinein bei Bauprojekten für Angestellten- und Facharbeiterfamilien erzieherische Überlegungen eine gewisse Rolle spielten. Man wollte nicht nur Wohnraum für die Belegschaft schaffen, sondern über Sesshaftigkeit, Eigentum und Verschuldung zugleich ein loyales Verhalten hervorbringen. Später rückte diese ideologische Komponente in den Hintergrund. Ab Ende der 1950er-Jahre ging es dann vor allem darum, in Zeiten intensiver betrieblicher Expansion und struktureller Wohnungsknappheit genügend Arbeitskräfte in der Nähe der Betriebe ansiedeln und halten zu können.

Wie die Einrichtungen der betrieblichen Sozialpolitik im Allgemeinen, so war auch der Wohnungsbau im Besonderen ein Mittel zur sozialen Differenzierung. Für Angestellte und Facharbeiter wurden frei stehende, zusammengebaute oder Reiheneinfamilienhäuser zum Verkauf erstellt; das Gros der Arbeiter/-innen erhielt Mietwohnungen in Siedlungen mit Wohnblöcken. Für die als Konjunkturpuffer verstandenen, disponiblen Arbeitsmigrant/-innen mochten die Betriebe hingegen bis in die 1960er-Jahre hinein nicht ernsthaft bauen. Bei den für sie errichteten schlichten und geschlechtergetrennten Barackenlagern spielte das Moment sozialer und räumlicher Segregation von der regulären Belegschaft hinein. Hier wurde fassbar, dass die von den Unternehmen beabsichtigte Integration der Arbeiter/-innen und Angestellten keineswegs für die gesamte Belegschaft galt, sondern nur für die Einheimischen. Anders gesagt: Die betriebliche Sozialpolitik band zwar ein – doch sie trennte zugleich.

Der Wohnungsbau der Unternehmen war immer auch ein Versuch, für eine geordnete Reproduktion der Arbeitskräfte zu sorgen, damit diese möglichst reibungslos verlief, die Fertigung also nicht von ausserbetrieblichen Problemen tangiert wurde. Der Schluss dieses Kapitels rekurriert auf eine Thematik, die bereits im dritten Kapitel aufgegriffen wird: die Frage nach dem Stellenwert einer stabilen Hauswirtschaft. Als eine der grundlegenden, den Frauen zugewiesene Erziehungsaufgabe galt die Gewöhnung an die Zeitordnung der Fabrik. Das Vorbild der Genügsamkeit in Konsumfragen wurde hier gewissermassen auf den Zeitgebrauch ausgedehnt. Im Ansinnen, auf die Hauswirtschaft der Belegschaften einzuwirken, organisierten alle drei Unternehmen ab den 1940er-Jahren schliesslich eigene Hauswirtschaftskurse für die Arbeiterinnen, weiblichen Angestellten und die Partnerinnen von Betriebsangehörigen. Die Kurse setzten auf eine hergebrachte Rollenverteilung und Sparsamkeitsgebote; Letztere wohl, um möglichen Lohnforderungen subtil einen Riegel vorzuschieben. Entsprechend spielte auch die Mechanisierung der Hausarbeit, wie sie ab den 1950er-Jahren zum Thema wurde, keine wichtige Rolle. Die neuen Haushaltsmaschinen, die versprachen, die Hausarbeitszeit zu verkürzen, konnten sich die meisten Arbeiter/-innenhaushalte damals kaum leisten. Das Problem der proletarischen Hauswirtschaft war ihre Prekarität, das zeigte am Schluss das Beispiel der Wicklerin bei der Maschinenfabrik Oerlikon. Prekär war sie nicht nur deshalb, weil es ihr an angemessenen Mitteln fehlte; es fehlte ihr inbesondere die nötige Zeit. Die Zeit gehörte der Fabrik.

5 Schluss

«Dehors l'usine me suivait. Elle m'était rentrée dedans», schrieb 1945 Georges Navel über seine Arbeitserfahrungen in der Fabrik. Als Arbeitsort und als Sozialraum war sie in ihn gefahren, sie wurde zu einem Teil seines Verhaltens, bei Tag ebenso wie in der Nacht. «Dans mes rêves, j'étais machine.»[1] Die vorliegende Untersuchung ging den Verbindungen zwischen der Fabrik und der sie umgebenden Gesellschaft nach, jenen Verbindungen also, die es ermöglichten, dass die Fabrik in die Beschäftigten fuhr – oder das zumindest beabsichtigte.

Für die drei Unternehmen Brown Boveri in Baden, Maschinenfabrik Oerlikon in Zürich und Gebrüder Sulzer in Winterthur konnte eine Vielzahl an solchen Verbindungen aufgezeigt werden, mit denen die Fabrik das Verhalten der Beschäftigten zu formen und bei Bedarf wieder zu verändern suchte. Um diesen mannigfaltigen Verbindungen nachzugehen, wurde die Zeit zwischen Ende der 1930er- und Ende der 1960er-Jahre in einen doppelten Zusammenhang gestellt: in einen inner- und einen ausserbetrieblichen. Die Vereinbarung in der Maschinenindustrie von 1937 konnte später als Friedensabkommen zum Mythos werden, weil der Verzicht auf Arbeitskämpfe für stabile Verhältnisse sorgte. Und diese waren notwendig, damit in den Jahren der Produktionsausweitung zugleich weitreichende Rationalisierungsvorhaben umgesetzt werden konnten. Zur Absicherung dieser Vorhaben mussten die Unternehmen aber die Reichweite ihrer betrieblichen Sozialpolitik vergrössern. Beide Momente gehörten also nicht nur zusammen, sie verbanden sich geradezu: parallel zur Rationalisierung der Arbeitsprozesse wurde der Zugriff auf die proletarische Reproduktion ausgebaut. Beides sollte die Leistung steigern und das Verhalten der Beschäftigten in profitable Bahnen lenken.

5.1 Mikrokämpfe in den Betrieben

Im Kapitel *Fabrikleben* wurde dargelegt, dass der in allen drei Betrieben ab Ende der 1940er- und auf breiter Basis in den 1950er-Jahren eingeführte Zeitakkord zur stärkeren Verdichtung der Arbeitsgänge und zu einer Veränderung der Zeitwahrnehmung führte. Ihn begleitete die Arbeitsplatz- und Persönlichkeitsbewertung, dazu gedacht, die Lohnbestimmung zu individualisieren, denn man meinte, das würde die Leistungsbereitschaft zusätzlich erhöhen. Tatsächlich dürfte sie vor allem ein Mittel gewesen sein, die Lohnsumme dehnbar zu machen und Lohnanpassungen (in der Maschinenindustrie gab es ja kein eigentliches Tarifabkommen) wieder aufzuweichen – das zeigte das Beispiel von Brown Boveri, bei der nicht nur ganzen Abteilungen die Vorgabezeiten gekürzt, sondern bei Bedarf

---

1 Navel 1946, 93.

auch mal die individuellen Bewertungen nach unten angepasst wurden. Bezeichnend ist, dass den Arbeiter/-innen der Maschinenfabrik Oerlikon die Einsicht in die Bewertungsunterlagen verweigert wurde mit dem Hinweis, es reiche eigentlich zu wissen, dass man bewertet werde. Mit diesen Bewertungen erhielt die Subjektivität der Beschäftigten einen ökonomischen Wert – oder besser: Ihr Wohlverhalten wurde zu einer betrieblichen Kennzahl abstrahiert.[2] Der einigermassen banale Vorgang, bei dem ein Meister oder ein Büroleiter einem gewissen Verhalten einen Wert zuwies, auf einem vorgedruckten Formular da oder dort ein Kreuz machte, war mehr als ein bürokratischer Vorgang. Mit der Bewertung wurden Gefühle, Stimmungen, Neigungen der Arbeiter/-innen und Angestellten zu einer abschöpfbaren Ressource. Die Betriebe forderten soziale Qualitäten, die für eine folgsame Verausgabung der Arbeitskraft standen. In den Werkstätten etwa eine hohe Selbständigkeit, kein Murren bei einer Versetzung, ein sorg- und sparsamer Umgang mit Material und Maschinen, konfliktfreie Beziehungen zu den Meistern, eine gute, reibungslose Zusammenarbeit, das Einhalten von Vorschriften und Befolgen von Befehlen: Über das Lohnsystem versuchten die Unternehmen, individualisierend auf ein konformes Verhalten hinzuwirken.

Auch das parallel zu Zeitakkord und Persönlichkeitsbewertung eingeführte Vorschlagswesen arbeitete auf eine bestimmte Form von Konformität hin, nämlich jene, bereitwillig das Arbeitswissen mit dem Betrieb zu teilen. Für die einzelnen Beschäftigten eine einigermassen knifflige Sache, denn einerseits lockten Prämien, um den Lohn aufzubessern. Vielleicht mochte auch die gewährte persönliche Anerkennung in Form eines Handschlags und einer Notiz in der Werkzeitung für den einen oder die andere den Ausschlag gegeben haben, einen Verbesserungsvorschlag einzureichen. Andererseits hatte die Sache natürlich einen Haken. Je nachdem konnte der individuelle Schuss kollektiv nach hinten losgehen und in eine Verschlechterung der Arbeitsbedingungen eines Bereichs oder der ganzen Abteilung münden, etwa wenn dadurch die Vorgabezeiten herabgesetzt wurden. Die hier dargestellten Vorschlagswesen hatten dementsprechend nur mässig Erfolg. Das störte natürlich die Geschäftsleitungen. Bei der Maschinenfabrik Oerlikon beklagte man sich 1954, dass es in ihrem Bienenkorb nicht recht summen wolle, weil es «erfahrene Arbeiter [gibt], die sich in jahrelanger Praxis ‹Vörteli› angeeignet haben, diese aber als Berufsgeheimnisse für sich behalten».[3] Die Erhöhung der Prämien brachte hier wenig: Die Beteiligung war und blieb tief. Stattdessen wurde das Vorschlagswesen als Möglichkeit zur Kommunikation benutzt. Bei allen drei Betrieben ist überliefert, dass Protestschreiben in den Briefkästen landeten, ebenso als Verbesserungsvorschläge getarnte Kritik an den Zumutungen der Fabrik. Oder man drückte seine Meinung anderweitig aus: Die Briefkästen wurden zu Aschenbecher und Abfallkübeln umfunktioniert. Nicht wenige klauten die beiliegenden Formulare, um sie als Schreibpapier zu benutzen. Die Episoden verweisen auf eine

2 Vgl. Donauer 2013, 317.
3 Könnte das eigentlich nicht besser gemacht werden?, in: GR 2, 1954, 19 f., hier 19.

Konfliktualität, die sich unterhalb der gängigen Wahrnehmungsschwelle abspielte: individuelle Verhaltensweisen, die, wo sie zu kollektiven werden (wie im Fall des Vorschlagswesens), durchaus als verdeckte Kampfformen gewertet werden können. Die zwei erzählten Akkordkonflikte bei der Maschinenfabrik Oerlikon machen zudem deutlich, dass die Unterzeichnung des Friedensabkommens nicht einfach das Ende der Auseinandersetzungen in der Werkstatt bedeutete.

Subtilere Arten von betrieblichem Dissens lassen sich mit den vorliegenden Quellen indes schwer nachzeichnen. Für den Metallarbeiterverband, der im Lauf der 1960er-Jahre immer stärker seine innerbetriebliche Ordnungsfunktion betonte und sich als eine Art politischer Werkschutz imaginierte, stellte das widerspenstige Verhalten allenfalls ein Ärgernis, nicht aber eine Bedrohung dar. Bedroht fühlte er sich vielmehr von der Veränderung der Zusammensetzung der Belegschaften. Die Gewerkschaft wehrte sich nicht gegen den Rationalisierungsschub der 1950er-Jahre, ganz im Gegenteil. Sie befürwortete ihn nicht nur, sie beteiligte sich über die Arbeiterkommissionen an seiner Durchsetzung. Langfristig hatte das allerdings die Dequalifizierung in der Werkstatt zur Folge; die Basis der Facharbeitergewerkschaft verlor damit an Bedeutung. Die Zusammensetzung in den Fabriken wurde komplexer. In Abschnitten mit viel dequalifizierter Arbeit war der Frauenanteil hoch, ebenso jener der weitgehend rechtlosen Arbeitsmigrant/-innen aus Italien und später Spanien. Mehr dequalifizierte Arbeit, mehr Frauen, mehr Migrant/-innen: Der Metallarbeiterverband ging in Abwehrstellung und beteiligte sich an der xenophoben Mobilisierung der 1960er-Jahre.[4]

5.2 Sozialpolitik als Sozialtechnik

Die Untersuchung operiert mit einem erweiterten Begriff betrieblicher Sozialpolitik. Entsprechend liegt hier das Hauptaugenmerk nicht auf den Versicherungen, Kassen und der Vielzahl patronaler Fonds mit unterschiedlichem Aufgabengebiet. Wie im Kapitel *Querverbindungen* angemerkt wird, spielten diese Einrichtungen eine wichtige Rolle: Einerseits wurden darüber Immobiliengeschäfte in grossem Umfang abgewickelt; andererseits dienten sie dazu, die Belegschaft an den Betrieb zu binden und sie zugleich über die je unterschiedlichen Leistungen in Angestellte und Arbeiter/-innen zu differenzieren. Das Interesse galt hier aber mehr den Techniken, mit denen versucht wurde, die Belegschaften nicht nur über das Versprechen der Vorsorge, sondern im Alltag der Fabrik einzubinden. Als Rechtfertigung und zugleich Erklärungsmuster diente den Personalabteilungen in der Nachkriegszeit dafür die aus den USA übernommene Human-Relations-Ideologie. Mit ihr wurde die Fabrik zu einem Sozialraum, der Mensch zum Faktor. Analog zur technischen wollte man eine soziale Rationalisierung. Die zwischenmenschliche Nähe sollte derart bewirtschaftet werden, dass am Ende jenes

---

4 Vgl. Zuppinger 1987.

folgsame Verhalten herausschaute, um das es bei der Persönlichkeitsbewertung ging. Die vielfältigen Massnahmen in diesem Bereich, die Werkzeitungen, die Abteilungsabende mit Theater, Musik und nur manchmal leise kritischen Gedichtvorträgen – «immer gumpe und pressire / trotzdem heisst's, 's täg nid rentiere», reimte ein Sulzer-Angestellter 1946[5] –, die Besuchstage, die Firmenjubiläen, sie alle funktionierten als Sozialtechniken, die auf eine emotionale Einbindung der Belegschaften abzielten. Der Grund lag nahe: Der Rationalisierungsschub der 1950er-Jahre sorgte für betriebliche Probleme, denen weder mit offener Repression noch mit gewerkschaftlicher Vermittlung beizukommen war, weil sie sich nicht als Widerstand äusserten, sondern als Enttäuschung und Fluktuation. Die mit der Verbesserung der menschlichen Beziehungen begründeten sozialpolitischen Massnahmen wollten solche Konflikte in den Werkhallen und den Büros einhegen, Reibungsflächen abbauen, Blockierungen auflösen – «[g]egenseitiges Vertrauen und Verständnis» statt «Giftspritze und Krach».[6] Mit der Persönlichkeitsbewertung hatten sie gemein, dass auch sie als betriebliche Landnahme funktionierten. Die Emotionalität wurde verdinglicht, zur Ressource kapitalistischer Verwertung.[7] Je besser die Stimmung, desto höher der Profit.

Mochte sich die sozialdemokratische Arbeiter/-innenbewegung in den bürgerlichen Staat integriert haben und nichts mehr von einer Alternative zum Bestehenden wissen wollen, so hatten die Patrons den Klassenkampf keineswegs aufgegeben. Die angeführten Beispiele betrieblicher Repression (privater Geheimdienst, Streikbrecher, Razzien bei Arbeitsmigrant/-innen) wurden parallel zu der mit den Gewerkschaften vereinbarten Befriedung der Betriebe organisiert und verfolgten ein klares Ziel: die Verhinderung von Arbeitskämpfen. Diesen Zweck verfolgte ebenso die aufgeflogene Finanzierung der nationalsozialistischen Eidgenössischen Sozialen Arbeiter-Partei wie die seit den 1930er-Jahren bestehende Verbindung zur Moralischen Aufrüstung um den Prediger Frank Buchman. Deren patriarchalische Frömmigkeit und antikommunistischer Eifer war besonders bei der Maschinenfabrik Oerlikon ein Thema. Allerdings, und das ist wichtig, ging mit den Besinnungskursen in Ouchy eine ganze Generation von Managern der Maschinenindustrie bei der Sekte zur Schule. Die Moralische Aufrüstung war kein Oerliker Phänomen. Für kurze Zeit bewegte sich gar die Leitung des Metallarbeiterverbands in ihrem Umfeld.

Ein materiell fassbarer Ausdruck der Querverbindung zwischen dem inner- und dem ausserbetrieblichen Alltag stellten die Wohlfahrtshäuser dar, die als Kantinen, mehr noch aber als multifunktionale Bauten eine Vielzahl sozialpolitischer Angebote bündelten. Die Bauten waren als Verbindung zwischen der Arbeitsstelle und dem Zuhause gedacht. Den vorläufigen Höhepunkt stellte sicher das 1953 eröffnete Wohlfahrtshaus von Brown Boveri dar, nicht nur was die Grösse und die architektonische Gestaltung betrifft, sondern wegen der Ein-

---

5 Jules Kündig: Abteilig vier, in: WM 12, 1946, 97.
6 A. Hausheer: Gedanken über die Zusammenarbeit, in: WM 1, 1951, 3.
7 Illouz 2009, 108 f. Vgl. Dörre 2011, 74 f.

richtung: Die grossen Ess- und Veranstaltungssäle, die Aufenthaltsräume, die Bibliothek, die Freizeitwerkstätten, die Kegelbahn, die Duschanlagen – Architekt Armin Meili wusste schon, wieso er bei seinem Bau von antigewerkschaftlicher «Seelenfängerei» sprach.[8] Alle Seelen wollte man aber nicht haben. Ebenso wie beim betrieblichen Wohnungsbau bildete die Segregation das Grundmuster; die disponiblen Arbeitsmigrant/-innen aus Südeuropa waren in den Wohlfahrtsbauten nicht gern gesehen. Die Einheimischen wurden gleichfalls sortiert und voneinander getrennt – Angestellte im Monatslohn assen in der Regel abgetrennt von den Arbeiter/-innen.

In den ersten 15 Jahren nach 1937 stellten alle drei untersuchten Betriebe Sozialarbeiterinnen an, denn soziale Probleme waren stets auch betriebliche. Die Fertigung in der Fabrik lässt sich nicht trennen von den sie umgebenden sozialen Verhältnissen: «Ein industrieller Betrieb ist kein in sich abgegrenztes Ganzes. Seine Auswirkungen machen nicht halt vor den Fabrikmauern», erklärte 1945 ein Direktor der Maschinenfabrik Oerlikon. «Durch die Belegschaft ist derselbe mit der weiteren und engeren Umgebung in steter Beziehung.»[9] Die betriebliche Sozialarbeit nahm sich Problemen an, die sich aus dieser Beziehung ergaben. Die Behebung von Notlagen (in Zusammenarbeit mit der öffentlichen Fürsorge und privaten Einrichtungen) stand an erster Stelle. Es ging aber um mehr, wie im dritten Kapitel gezeigt wurde: Die Sozialarbeit griff in die proletarische Reproduktion ein und stabilisierte sie, um eine reibungslose Verausgabung des Arbeitsvermögens zu garantieren. Sie wollte Hindernisse beseitigen, «die sich ungünstig auf Arbeitsfreude und Arbeitsleistung auswirken».[10] Zumindest in Baden wurden Sozialarbeiterinnen zudem bei betrieblichen Konflikten aktiv; sie wirkten nicht nur nach aussen, sondern auch nach innen.

5.3 Im Hinterland der Fabriken

Ein bedeutender Teil der betrieblichen Sozialpolitik der drei Betriebe betraf ihren Wohnungsbau, von dem das Kapitel *Fabrikwohnen* handelt. Die hohe Fluktuation ab 1945 war wohl der massgebliche Grund, wieso die Maschinenindustrie überhaupt Wohnungen in der Nähe der Fabriken baute, sieht man davon ab, dass in den Häusern die Pensionskassengelder der Beschäftigten angelegt wurden. Die Fluktuation verursachte beträchtliche Unkosten – in den 1960er-Jahren wechselten jedes Jahr 20 bis 30 % der Belegschaft. Etwas überfordert wirken die Versuche der Werkzeitungen, ihre Leser/-innen davon zu überzeugen, nicht zu einer besser bezahlten Arbeitsstelle zu wechseln; die viel beschworene Schicksalsgemeinschaft von Belegschaft und Patrons überzeugte als Argument offensichtlich nicht mehr. Überfordert waren die Betriebe auch deshalb, weil in Zeiten ausgetrockneter Arbeitsmärkte die

8 Gimmi 2006, 21.
9 Brunner 1945, 390.
10 Trudi Schmid: Aufgabe und Ziel der Werkfürsorge, in: WW 6, 1956, 97–99, hier 99.

massenhafte Fluktuation nichts anderes war als ein verdeckter Lohnkampf. Nicht von ungefähr warnte der Metallarbeiterverband vor diesen «unsichtbaren Streiks».[11] Der Wohnungsbau war ein Mittel, die hohe Fluktuation zumindest zu dämpfen. Die Betriebe schufen sich ein eigenes Hinterland, das den Fabriken die täglich erneuerte Arbeitskraft zuführte. Ans Beschäftigungsverhältnis gebundene Mietverträge und die Verschuldung der Einfamilienhausbesitzer (die Betriebe vergaben Hypotheken) sorgten für die räumliche Fixierung der Beschäftigten.

Der Bau selbst wurde unterschiedlich gelöst – bei Gebrüder Sulzer war grösstenteils eine separate Wohnbaugesellschaft dafür zuständig, die Maschinenfabrik Oerlikon finanzierte unter anderem eine von Beschäftigten gegründete Baugenossenschaft, Brown Boveri betrieb den Wohnungsbau selber. Auch die Art der Häuser unterschied sich. In den 1940er-Jahren versuchte man in Winterthur und in Baden, ausgewählte Facharbeiter in loyale Teilzeitbauern zu verwandeln. Die an sie verkauften Einfamilienhäuser mit Pflanzland sollten politisch verpflichten; wichtiger aber war die Überlegung, mit der kleinen Landwirtschaft liessen sich Kurzarbeit und Krisenzeiten besser überstehen. Die Unternehmen bauten in den 1950er- und 1960er-Jahren weiter Einfamilienhäuser zum Verkauf, allerdings fiel die ländliche Idylle den steigenden Bodenpreisen zum Opfer. Nach wie vor hielt man den Einfamilienhausbesitz aus psychologischen Gründen für wichtig, weil er trotz Verschuldung Unabhängigkeit suggerierte.

Für das Gros der Arbeiter/-innen wurden Wohnblöcke gebaut – in Siedlungen, die das Bild von Wettingen (bei Baden) oder von Winterthur lange Zeit prägen würden. Je nach der Lage und der Wohnungsknappheit konnten die Betriebe wählerisch sein: Die Maschinenfabrik Oerlikon machte ein Mietverhältnis vom Ergebnis der Persönlichkeitsbewertung abhängig, mit der man nach betrieblichem Nutzen eingestuft wurde. Am Beispiel der in den 1960er-Jahren bezogenen Brown-Boveri-Siedlung in Birr zeigte sich die Verbindung von Fabrik und Wohnen von allen angeführten Beispielen wohl am deutlichsten. Ebenso deutlich wird, dass Fabrikwohnen für einen wachsenden Teil der Belegschaft, die in Südeuropa rekrutierten Arbeiter/-innen, wenig mit einem eigentlichen Wohnungsbau zu tun hatte: Sie wurden in segregierten Barackenlagern untergebracht. Bis in die 1960er-Jahre blieb es dabei; erst als der Anteil der Arbeitsmigrant/-innen stark anstieg, ging man zum Kauf oder Bau von Wohnblöcken über. Das konnte durchaus lukrativ sein. Immerhin lagen die Einnahmen bei solchen Bauten durch die Belegungszahl deutlich höher als bei üblichen Mietwohnungen.

Während es dem betrieblichen Wohnungsbau in erster Linie um die Dämpfung der Fluktuation ging, war die Bereitstellung von Wohnraum auch an eine Vorstellung einer geordneten Hauswirtschaft geknüpft, die Frauen zu leisten hätten. Seit den 1940er-Jahren boten die Betriebe Hauswirtschaftskurse an: für Arbeiterinnen und Angestellte ebenso wie für die Partnerinnen der Beschäftigten. Die Kurse lagen in der Logik der betrieblichen Sozialarbeit und wurden oft von Sozialarbei-

---

11 Ernst Wüthrich: Die Gewerkschaften heute und morgen, in: SMAZ, 22. 10. 1969, 3 f., hier 4.

terinnen organisiert, doch funktionierten sie subtiler, weniger als Reaktion denn als Prävention. Die Ziele blieben dieselben: Es galt, die Hauswirtschaftsweise auf ein gewünschtes Niveau anzuheben mit dem Ziel, durch Sparsamkeit und überlegten Konsum Lohnforderungen vorzubeugen.

Die vorliegende Untersuchung hat versucht, für die Zeit zwischen 1937 und 1967 Verbindungen zwischen der Rationalisierung der Arbeit und der betrieblichen Sozialpolitik aufzuzeigen. Letztere war nicht einfach eine monetäre Kompensation für Erstere, ein Lohnbestandteil neben anderen. Sie war vielmehr ein Mittel, die sozialen Beziehungen in den Betrieben und ihrem Territorium zu ordnen, als sich die Arbeitsorganisation wandelte. Die zwischenmenschlichen Beziehungen wurden zu einer Ressource, um die taylorisierte Arbeit weiter zu verdichten. Sozialpolitik stützte die ge- und verordnete Wiederherstellung des Arbeitsvermögens; sie zielte auf eine soziale Rationalisierung ab, auf die Anpassung der Belegschaften, ihrer Verhaltensweisen an betriebliche Erfordernisse. Die Fabrik sollte in die Arbeiter/ -innen und Angestellten fahren, wie es Georges Navel erzählte; man lernte, von ihr zu träumen.[12] Je ruhiger es in den Werkstätten und Büros wurde, desto eher kamen Sozialtechniken zum Einsatz, die es auf eines abgesehen hatten: die Leistung zu steigern. Die Fabriken der Maschinenindustrie lassen sich nicht von ihrer sozialen Umgebung ablösen. Sie griffen auf sie über, vermengten sich mit ihr.[13] Die Betriebe schufen sich ihr eigenes Umland, das ihnen zudiente, eine Fabrikgesellschaft. Sie versuchten, mit arbeitsorganisatorischem Druck und sozialpolitischer Überzeugung «das gesamte Leben […] auf die Produktion zu gründen».[14]

Über lange Zeit spielten Brown Boveri in Baden, die Maschinenfabrik Oerlikon in Zürich und Gebrüder Sulzer in Winterthur eine wirtschaftlich wie politisch bedeutende Rolle. Diese verloren sie mit dem Niedergang der Maschinenindustrie während der 1980er-Jahre. Die Folgen dieses Niedergangs waren verdeckte soziale Verwerfungen. In Winterthur stieg während der 1990er-Jahre die Langzeitarbeitslosigkeit auf Höchstwerte an. Grössere Proteste blieben dennoch aus, weil nach einer Kaskade von Restrukturierungsmassnahmen vor der eigentlichen, sich über Jahre hinziehenden Betriebsschliessung die Solidarität unter den Beschäftigten bereits zerstört war.[15] Nicht wenige der Fabrikgebäude, in denen zuvor Tausende an den Werkzeugmaschinen gearbeitet hatten, standen in den Jahren danach leer, machten Überbauungen Platz, andere wurden einer neuen Verwendung zugeführt. Heute findet man hier Einkaufszentren und teuren Wohnraum. Diese Orte wirken eigenartig geschichtsvergessen, trotz der Versuche der Immobilienbranche, im Sinne eines Verkaufsarguments auf das industrielle Flair der Flächen hinzuweisen. Denn zuvor hatte bereits eine doppelte Verdrängung eingesetzt. Zuerst wurden die Stellen der Arbeiter/-innen und Angestellten gestrichen und danach die Erinnerung an ihre Arbeit, an ihren Alltag – und damit an die einstige Fabrikgesellschaft.

12 Vgl. Bernet/Tanner 2015, 19.
13 Tronti 1962; Lüscher 1987, 52 f.
14 Gramsci 2012, 2069. Vgl. Burawoy 1985, 126; Bologna 1973.
15 Vgl. Bärtschi 2004, 91 f.

Bildnachweis

Bibliografie

Quellen

Private Archive

Archiv Asea Brown Boveri AG, Baden
Bestand Brown, Boveri & Cie. AG:
- DRP = Protokolle Direktion
- VRP = Protokolle Verwaltungsrat
- Mitteilungen A, Abteilung VV

Bestand Maschinenfabrik Oerlikon AG:
- DRP = Protokolle Direktion
- VRP = Protokolle Verwaltungsrat

Archiv Auwiesen AG, Winterthur
Bestand Gesellschaft für Erstellung billiger Wohnhäuser AG:
- Rechenschaftsberichte

Archiv Sulzer AG, Winterthur
Bestand Gebrüder Sulzer AG:
- Schachtel 129, Personalabteilung
- Schachtel 153b, Angestelltenpensionskasse
- Schachtel 156e, Pensionskasse
- Schachtel 156f, Arbeiterfürsorge
- Schachtel 156g, Werkpensionskasse
- Schachtel 161a, Sozialversicherungen
- Schachtel 163, Wohlfahrtseinrichtungen
- Schachtel 164, Wohlfahrtshaus
- Schachtel 171, Wohnhäuserverwaltung
- Schachtel 172, Gesellschaft zur Erstellung billiger Wohnhäuser
- Schachtel 175, Arbeiterhäuser
- Schachtel 180, Arbeiterkommission
- Schachtel 180a, Arbeiterkommission
- Schachtel 181, Arbeiterkommission
- Schachtel 181a, Arbeiterkommission

Öffentliche Archive

Eidgenössische Technische Hochschule (ETH), Bibliothek, Zürich
SR2: Sitzungen des Schweizerischen Schulrats und präsidiale Beschlüsse, www.sr.ethbib.ethz.ch/digbib/home

Schweizerisches Sozialarchiv, Zürich
Ar 72, Landesverband freier Schweizer Arbeitnehmer:
- 72.25.15, Maschinen- und Metallindustrie

Ar 422, Schweizerischer Metall- und Uhrenarbeiterverband, Sektion Zürich:
- 422.60.2–3, Protokollbücher Maschinenfabrik Oerlikon
- 422.60.5–8, Akten Maschinenfabrik Oerlikon

Ar 427, Schweizerischer Berufsverband Soziale Arbeit:
- 427.20.2–5, Fachgruppe Betrieb/Vereinigung Sozialarbeiter in Betrieben

Ar SMUV, Schweizerischer Metall- und Uhrenarbeiterverband:
- 04A-0004, Dossiers Brown Boveri, Maschinenfabrik Oerlikon, Gebrüder Sulzer
- 07A-0008, Korrespondenz Sektion Baden
- 07A-0071, Korrespondenz Sektion Winterthur

Stadtarchiv, Winterthur
Dep 30, Schweizerischer Metall- und Uhrenarbeiterverband:
- 4.3–4, Sektion Winterthur

Publizierte Quellen

Quellensammlungen, Amtsdruckschriften
Arbeitsgruppe = Arbeitsgruppe für Geschichte der Arbeiterbewegung Zürich (Hg.)
    1980: Schweizerische Arbeiterbewegung. Dokumente zu Lage, Organisation und
    Kämpfen der Arbeiter von der Frühindustrialisierung bis zur Gegenwart, 3. Auf-
    lage, Zürich.
DDS/DoDiS = Nationale Kommission für die Veröffentlichung diplomatischer Doku-
    mente der Schweiz (Hg.) 1979 ff.: Documents diplomatiques suisses, Bern etc.,
    www.dodis.ch.
Gräfe, Marlis/Post, Berhard/Schneider, Andreas (Hg.) 2005: Die Geheime Staatspolizei
    im NS-Gau Thüringen 1933–1945, Bd. 2, Thüringen.
Humbel, Kurt (Hg.) 1987: Das Friedensabkommen in der schweizerischen Maschinen-
    und Metallindustrie. Dokumente zur Vertragspolitik 1899–1987, Bern etc.
Nationalrat 1963: 10. Sitzung, 11. 12. 1963, in: Protokoll der Bundesversammlung, Bern
    1963, 311–356, www.amtsdruckschriften.ch.
- 1961: 10. Sitzung, 13. 12. 1961, in: Protokoll der Bundesversammlung, Bern 1961,
    407–436, www.amtsdruckschriften.ch.
- 1939: 8. Sitzung, 12. 6. 1939, in: Protokoll der Bundesversammlung, Bern 1939,
    169–240, www.amtsdruckschriften.ch.
- 1938a: 8. Sitzung, 11. 11. 1938, in: Protokoll der Bundesversammlung, Bern 1938,
    216–263, www.amtsdruckschriften.ch.
- 1938b: 3. Sitzung, 7. 12. 1938, in: Protokoll der Bundesversammlung, Bern 1938,
    14–71, www.amtsdruckschriften.ch.

Bild-, Ton- und Filmquellen

Baugeschichtliches Archiv der Stadt Zürich (Fotografien). ETH-Bibliothek, Bildarchiv,
    Zürich, https://baz.e-pics.ethz.ch.
Biäsch, Hans 1955: Referat und Diskussion, Vortragswoche SMUV in Vitznau, Novem-
    ber 1955 (Tonaufnahme). Schweiz. Sozialarchiv, Datenbank Bild und Ton, Zürich,
    F 1013-843 01 ff., www.bild-video-ton.ch/bestand/objekt/Sozarch_F_1013-843_01.

Comet Photo AG, Fotoarchiv (Fotografien). ETH-Bibliothek, Bildarchiv, Zürich, https://ba.e-pics.ethz.ch.

Forter, Adolf 1955: Mensch und Maschine (Film), in: Zimmermann, Yvonne (Red.): Zeitreisen in die Vergangenheit der Schweiz. Auftragsfilme 1939–1959, Zürich 2007, DVD 1.

Speiser, Ernst 1955: Referat und Diskussion, Vortragswoche SMUV in Vitznau, November 1955 (Tonaufname). Schweiz. Sozialarchiv, Datenbank Bild und Ton, Zürich, F 1013-842 01 ff., www.bild-video-ton.ch/bestand/objekt/Sozarch_F_1013-842_01.

Steiner, Sigfrit 1946: Siedlungen der Industrie (Film); in: Zimmermann, Yvonne (Red.): Zeitreisen in die Vergangenheit der Schweiz. Auftragsfilme 1939–1959, Zürich 2007, DVD 2.

Stiftung Luftbild Schweiz (Fotografien). ETH-Bibliothek, Bildarchiv, Zürich, https://ba.e-pics.ethz.ch.

Periodika

Brown Boveri Hauszeitung, Brown, Boveri & Cie., Baden (vor 1967: Wir und unser Werk).

GR = Der Gleichrichter, Maschinenfabrik Oerlikon, Zürich.

IO = Industrielle Organisation, Betriebswissenschaftliches Institut der Eidgenössischen Technischen Hochschule, Zürich.

SAZ = Schweizerische Arbeitgeber-Zeitung, Zentralverband schweizerischer Arbeitgeber-Organisationen, Zürich.

SBZ = Schweizerische Bauzeitung, Gesellschaft ehemaliger Polytechniker, Zürich, www.e-periodica.ch/digbib/volumes;?UID=sbz-002.

SMAZ = Schweizerische Metallarbeiter-Zeitung, Schweizerischer Metall- und Uhrenarbeiterverband, Bern (ab 1946: Schweizerische Metall- und Uhrenarbeiter-Zeitung), www.e-newspaperarchives.ch.

Das Werk, Bund Schweizer Architekten et al., Zürich, www.e-periodica.ch/digbib/volumes;?UID=wbw-002.

WM = Sulzer Werk-Mitteilungen, Gebrüder Sulzer, Winterthur (ab 1962: Sulzer SLM Werk-Mitteilungen).

Wohnen, Schweizerischer Verband für Wohnungswesen, Zürich, www.e-periodica.ch/digbib/volumes;?UID=woh-002.

WW = Wir und unser Werk, Brown, Boveri & Cie., Baden (ab 1967: Brown Boveri Hauszeitung).

WZ = Werkzeitung der schweizerischen Industrie, Arbeitgeberverband schweizerischer Maschinen- und Metallindustrieller, Zürich etc.

ZA = Zusammenarbeit, Schweizerischer Metall- und Uhrenarbeiterverband, Bern.

ZF = Zusammenfassung, Studiengesellschaft für Personalfragen, Zürich.

Publikationen

Abt, Peter/Elsasser, Hans 1971: Siedlungs- und Industrieentwicklung im Birrfeld, in: Geographica Helvetica, 26/1, 42–44.

Ambühl, Heinrich 1941: Die Wohlfahrtseinrichtungen der A.-G. Brown, Boveri & Cie., Baden, in: Schweizerische Zeitschrift für Gemeinnützigkeit 80/11, 279–286.

–   1936: Menschliche Fragen im Industriebetrieb, in: ders./Bächtold, Hanns: Menschliche Fragen im Industriebetrieb, Zürich, 5–18.

Anderes, Therese/Gut, Gret 1967: Die Betriebsfürsorgerin in der Sicht der Arbeiter, Dipl. Schule für Soziale Arbeit Zürich.

ASM = Arbeitgeberverband Schweizerischer Maschinen- und Metall-Industrieller 1975: Neue Arbeitsformen. Möglichkeiten und Voraussetzungen in der schweizerischen Maschinen- und Metallindustrie, Zürich.

Bamert, Walter et al. 1943: Mensch und Arbeit im Schweizer Betrieb. Anregungen und Beispiele betrieblicher Sozialpolitik, 2. Auflage, Zürich.

Baumgarten, Franziska 1946: Die Psychologie der Menschenbehandlung im Betriebe, 2. Auflage, Zürich.

BBC = Aktiengesellschaft Brown, Boveri & Cie., Baden 1957: Wegleitung durch unser Werk, 5. Auflage, Baden.

Bernet, Fritz 1957: Hausblätter für das Personal, in: Egli, Gustav et al.: Beispiele betrieblicher Sozialpolitik, St. Gallen, 35–39.

– 1938: Entlastung der öffentlichen Verwaltung durch soziale Massnahmen der privaten Betriebe, Zürich.

Blatter, Silvio 1981: Schaltfehler, Frankfurt am Main (1972).

Bloch, Willy 1959: Arbeitsbewertung. Grundlagen und Anwendung, Zürich.

Bohren, Margrit 1957: Werkverpflegung, in: Egli, Gustav at al.: Beispiele betrieblicher Sozialpolitik, St. Gallen, 18–21.

Boveri, Theodor 1957: Die Sozialleistungen der Aktiengesellschaft Brown, Boveri & Cie. Baden, in: Gustav Egli et al.: Beispiele betrieblicher Sozialpolitik, St. Gallen, 9–13.

Brügel, Johann 1960: Die «Erneuerer» beim Bundespräsidenten, in: Rote Revue 39/10, 296–300.

Brunner, Jakob Ulrich 1945: Referat, in: Schweizerische Zeitschrift für Gemeinnützigkeit 84/11, 390–399.

BWI/Erfa ZVSAO = Betriebswissenschaftliches Institut, ETH Zürich/Erfa-Gruppe Betriebsdirektoren ZVSAO 1959: Persönliche Bewertung, Zürich.

– 1956: Arbeitsbewertung, Zürich.

Egli, Hans 1965: 75 Jahre Arbeiterkommission Gebrüder Sulzer Winterthur, 1890–1965, Winterthur.

Eidgenössische Wohnbaukommission 1963: Wohnungsmarkt und Wohnungsmarktpolitik, Bern.

Erhard, Gustav/Seiler, Eduard 1945: Die Wohnungsfürsorge der schweizerischen Industrie. Ergebnisse einer Enquête der Aktionsgemeinschaft Nationaler Wiederaufbau im Sommer 1945, Zürich.

Frei, Karl 1944: Wohnbauförderung in Winterthur, Winterthur.

Frei, Fritz 1988: An der Werkbank des Lebens. Aufzeichnungen eines Arbeiters, Bern.

Gasser, Christian 1952: Der Mensch im modernen Industriebetrieb, 2. Auflage, Köln.

– 1949: Die menschlichen Beziehungen im Betrieb, St. Gallen.

– 1941: Eidgenössische Wirtschaft, Zürich.

Gesunde 1939 = Gesunde Kinder, gesundes Volk! Merkblatt zur Weckung der Verantwortung, in: Schweizerische Zeitschrift für Gemeinnützigkeit 78/7–8, 209 f.

Glauser, Friedrich 2001: Oxford?, in: ders.: König Zucker, Zürich, 299–306 (Berner Tagwacht, 12. 10. 1935).

Graf, Klara 1946: Die jugendlichen An- und Ungelernten im Fabrikbetrieb. Beitrag zur Frage des Betriebsjugendschutzes in arbeitstechnischer, gesundheitlicher und charakterlicher Hinsicht, Dipl. Soziale Frauenschule Zürich.

Guggenbühl, Helen 1942: Haushalten in der Kriegszeit, Zürich.

Haeberli, Gertrud 1944: Die Arbeit der Fürsorgerin im Betriebe, Thalwil.

Hafen, Fritz 1968: Zeitstudie auf statistischer Grundlage mittels Mikromultimoment-studie, Dissertation ETH Zürich.

Häusermann, Hans 1968: Chronik 1918–1967, Zürich.

Hausknecht, Emma 1938: Kann hauswirtschaftliche Tüchtigkeit der Verarmung vorbeugen?, Zürich 1938.

Henne, Walter 1949: Fragen beim Bau von Wohlfahrtshäusern und Kantinen, in: Bundesamt für Industrie, Gewerbe und Arbeit (Hg.): Referate, gehalten am sechsten technischen Fortbildungskurs für die inspizierenden Beamten der vier eidgenössischen Fabrikinspektorate und den Arbeitsarzt, Bern, 63–76.

Heine, Fritz 1961: Moralische Aufrüstung?, in: Gewerkschaftliche Monatshefte 6, 347–353.

Herren, Ida 1949: Spezielle Betriebsfragen, in: Bundesamt für Industrie, Gewerbe und Arbeit (Hg.): Referate, gehalten am sechsten technischen Fortbildungskurs für die inspizierenden Beamten der vier eidgenössischen Fabrikinspektorate und den Arbeitsarzt, Bern, 88–96.

Huber, Max 1943: Die Ordnung der menschlichen Beziehungen im Betrieb, in: Bamert, Walter et al.: Mensch und Arbeit im Schweizer Betrieb. Anregungen und Beispiele betrieblicher Sozialpolitik, 2. Auflage, Zürich.

Huber, Rudolf 1949: Sinn und Möglichkeiten der Personalvertretung im Betrieb. Die menschlichen Beziehungen im Betrieb, in: Gasser, Christian (Hg.): Mensch und Betrieb, St. Gallen, 57–74.

Ilg, Konrad 1949: Vertragliche Bindungen zwischen Gewerkschaften und Unternehmerorganisationen, in: Gasser, Christian (Hg.): Mensch und Betrieb, St. Gallen, 75–87.

– 1945: Vortrag, in: Dübi, Ernst/ders.: Betrachtungen über den Arbeitsfrieden. Zwei Vorträge, gehalten am 19. Januar 1945 an der Eidgenössischen Technischen Hochschule, Zürich, 24–32.

Killer, Josef 1951: Neue Wohnsiedlungen in Baden und Umgebung, in: Badener Neujahrsblätter 26, 77–82.

Leuenberger, Hermann 1961: Gewerkschaft und ausländische Arbeitskräfte, in: Gewerkschaftliche Rundschau 53/7, 186–194.

Lutz, Burkart 1959: Der Leistungslohn als betriebliches Herrschaftsinstrument, in: Busch, Alexander (Hg.): Soziologie und moderne Gesellschaft. Verhandlungen des 14. Deutschen Soziologentages vom 20. bis 24. Mai 1959 in Berlin, Stuttgart, 127f.

Lutz, Burkart/Willener, Alfred 1960: Mechanisierung und Entlohnung. Zusammenfassender Bericht über eine Untersuchung in der Eisen- und Stahlindustrie, durchgeführt von Instituten der sechs Länder der Gemeinschaft, Luxembourg.

Maurer, Willy 1968: Freizügigkeit in der Personalvorsorge, in: Gewerkschaftliche Rundschau 60/1, 11–16.

MFO = Maschinenfabrik Oerlikon 1951: 75 Jahre Maschinenfabrik Oerlikon 1876–1951. Ein Rückblick – den Geschäftsfreunden und Betriebsangehörigen gewidmet, Zürich.

Monakow, Beate von 1949: Die verheiratete Arbeiterin im Betrieb, in: Gasser, Christian (Hg.): Mensch und Betrieb, St. Gallen, 89–108.

– 1947: Erwiderung, in: Schweizerische Zeitschrift für Gemeinnützigkeit 86/12, 342–347.

Müller, Robert 1951: 75 Jahre Gesellschaft für Erstellung billiger Wohnhäuser in Winterthur, Winterthur.

Nadig, Richard o. J.: Der Einfluss der Arbeitsplatzbewertung und der Persönlichkeitsbewertung auf das Betriebsklima, o. O.

Navel, Georges 1946: Travaux, Paris (1945).

Nydegger, Alfred 1963: Das Problem der ausländischen Arbeitskräfte im Rahmen der schweizerischen Konjunkturpolitik, in: Schweizerische Zeitschrift für Volkswirtschaft und Statistik 99/3, 321–332.

Paritätische Kommission für Fragen der Produktivitätsförderung der schweizerischen Maschinen- und Metallindustrie 1965: Akkordarbeit, o. O.

‒ 1959: Das Vorschlagswesen, Eine Wegleitung, o. O.

Peter, Köbi/Renold, Brigitta/Zenger, Theres 1972: Die Freizeit der Jugend in einer industrialisierten Landregion. Eine Untersuchung der 12- bis 14jährigen Jugendlichen im Birrfeld, Dipl. Schule für Soziale Arbeit Zürich.

Pollux = Bähler, Georges 1945a: Die schweizerische Elektrizitätswirtschaft, Zürich.

‒ 1945b: Versicherungs-Zauber, Zürich.

Rinderknecht, Peter (Red.) 1966: 75 Jahre Brown Boveri 1891–1966, Baden.

Roethlisberger, Fritz 1949: Efficiency and Co-operative Behaviour, in: Journal of Engineering Education 40/4, 233–241.

Roethlisberger, Fritz/Dickson, William 1950: Management and the Worker. An Account of a Research Program Conducted by the Western Electric Company, Hawthorne Works, Chicago, Neuauflage, New York.

Ruprecht, E. 1961: Personalfragen und Betriebsklima, in: Der Betriebsfachmann 11, 3 f.

Salzmann, Friedrich 1961: Für einen weniger billigen Antikommunismus, in: Schweizerische Zeitschrift für Gemeinnützigkeit 100/1, 2–10.

SGB = Schweizerischer Gewerkschaftsbund 1960: Resolution zur Frage der ausländischen Arbeitskräfte, in: Gewerkschaftliche Rundschau 52/10, 293.

Schaer, Charles 1953: Lehrlinge. Ihre Behandlung und Fürsorge, 4. Auflage, Winterthur.

Schindler, Hans 1962: Die Umerziehung einer Arbeitergeneration, in: Schweizer Monatshefte 42/2, 346–353.

Schneider, Walter 1966: Systematische Neben- und Verlustzeitverkürzung, in: Betriebswissenschaftliches Institut, ETH Zürich (Hg.): Zeitgemässe Rationalisierung. Vorträge der Tagung vom 23./24. 11. 1965, Zürich, 37–42.

Schönbucher, Paul 1945: E-n-eiges Hüsli. Betrachtungen zum Bau eines Eigenheimes, Affoltern.

Scheurmann, Rina 1945: Handbuch der Hauswirtschaft. Eine Wegleitung für Hausfrauen, Haushaltungsschulen und Seminarien, Zürich.

Schumacher, Marie-Louise 1929: Aus der praktischen Arbeit der Fabrikfürsorgerin, Zürich.

Seeli, Peter: 1961: Die persönliche Bewertung. Probleme und Kriterien der Beurteilung von Arbeitern zur Bestimmung des persönlichen Anteils ihres Leistungslohnes, Bern etc.

SGG = Schweizerische Gemeinnützige Gesellschaft 1966: Standortbestimmung über methodische und organisatorische Neuerungen der schweizerischen Sozialarbeit, Zürich.

Silberer, Paul 1947: Punktbewertung im Betrieb, in: Betriebswissenschaftliches Institut, ETH Zürich (Hg.): Punktbewertung. Anwendung und Ergebnisse, Zürich, 23–43.

SMUV = Schweizerischer Metall- und Uhrenarbeiterverband 1964: Wir und die Automation. Was man unter Automation zu verstehen hat und was wir davon erwarten. Eine Stellungnahme, 2. Auflage, Bern.

‒ 1954: Die Konzeption des SMUV zum Problem der Produktivitätssteigerung unter besonderer Würdigung neuzeitlicher Lohnordnungen, Bern.

Spoerry, Heinrich 1957: Die sozialen Aufgaben des Unternehmers. Vortrag, gehalten an der Hauptversammlung vom 17. Mai 1957, Zürich.

Sprecher, Jann von 1952: Zur Lage, in: Schweizer Monatshefte 32/7, 450f.

Stadt 1942: Eine Stadt macht Sonntag, in: Badener Neujahrsblätter 17, 41–45.

Steiger, Emma 1956: Die Anpassung der Erwerbsarbeit an die Frau, in: Gewerkschaftliche Rundschau 48/9, 245–259.

– 1942: Wie können Familienzulagen in der Schweiz sofort eingeführt werden?, in: Schweizerische Zeitschrift für Gemeinnützigkeit 81/4, 67–95.

Streuli, Marta 1948: Die praktischen Auswirkungen der Familienzulagen. Erörtert auf Grund einer Umfrage in zwei Grossbetrieben der zürcherischen Maschinen- und Metall-Industrie, Dipl. Soziale Frauenschule Zürich.

Sulzer, Oscar 1930: Wohlfahrt und Industrie, in: Industrielle Betriebshygiene und Wohlfahrtspflege der Schweiz, Zürich, 17–21.

Sulzer = Gebrüder Sulzer AG, Winterthur 1967: Unserem neuen Mitarbeiter als Wegleitung, Winterthur.

– 1959: 125 Jahre Sulzer, 1834–1959, Winterthur.

– 1953: Unsern Mitarbeitern als Wegleitung, Winterthur.

Taylor, Frederick 1919: The Principles of Scientific Management, New York etc.

Vetsch, Ulrich 1942: 50 Jahre Brown Boveri, in: Badener Neujahrsblätter 17, 36–41.

Villiger, Armin 1967: Entwicklung und soziale Probleme der industriellen Schichtarbeit, insbesondere in der Schweiz, Winterthur.

Vögeli, Robert 1961: Geistige Landesverteidigung im Zeitalter der Koexistenz, in: Die Schweiz 32, 128–136.

Weber, Josef 1964: Die ausländischen Arbeitskräfte in der Region Baden, in: Badener Neujahrsblätter 39, 30–35.

Winterthurer Chronik 1957 = Winterthurer Chronik von Ende September 1955 bis Anfang Oktober 1956, in: Winterthurer Jahrbuch 4, 130–162.

Wüthrich, Ernst 1961: Die schweizerischen Gewerkschaften und die kommunistische Herausforderung, in: Die Schweiz 32, 157–167.

– 1959: Das «Friedensabkommen», ein Weg des Fortschrittes, Bern.

Wyss, Hans 1963: Die fabrikärztliche Betreuung der ausländischen Arbeitskraft, in: Zeitschrift für Präventivmedizin 8/6, 381–392.

Züblin, Else 1941: Die Arbeit des «Schweizer Verband Volksdienst», in: Schweizerische Zeitschrift für Gemeinnützigkeit 80/11, 275–279.

Literatur

Allmen, Malik von/Steinauer, Jean 2000: L'apport de l'immigration au syndicalisme suisse depuis 1945, Genève.

Alquati, Romano 1962/63: Composizione organica del capitale e forza-lavoro alla Olivetti, in: Quaderni rossi 2, 63–98; 3, 119–185.

Angelini, Terenzio/Gurtner, Peter 1978: Wohnungsmarkt und Wohnungspolitik in der Schweiz. Rückblick und Ausblick, Bern.

Arbeitsgruppe = Arbeitsgruppe für Geschichte der Arbeiterbewegung Zürich 1980: Die Arbeiterbewegung nach dem Zweiten Weltkrieg. Kalter Krieg, Hochkonjunktur und Integration in den bürgerlichen Staat, in: dies. (Hg.): Schweizerische Arbeiterbewegung. Dokumente zur Lage, Organisation und Kämpfen der Arbeiter von der Frühindustrialisierung bis zur Gegenwart, 3. Auflage, Zürich, 301–318.

Aronowitz, Stanley 1990: Writing labor's history, in: Social Text 25/26, 171–195.

Arweck, Elisabeth 2006: Buchman, Frank Nathan Daniel (1878–1961), in: Cannadine, David (Hg.): Oxford Dictionary of National Biography, www.oxforddnb.com/view/article/65406 (1. 3. 2013).

Aulenbacher, Brigitte/Siegel, Tilla 1993: Industrielle Entwicklung, soziale Differenzierung,

Reorganisation des Geschlechterverhältnisses, in: Frerichs, Petra/Steinrücke, Margareta (Hg.): Soziale Ungleichheit und Geschlechterverhältnisse, Opladen, 65–98.

Autorenkollektiv 1974: Arbeiterkämpfe in der Schweiz 1945–1973. Die Entstehung der multinationalen Arbeiterklasse, Zürich.

Balestrini, Nanni/Moroni, Primo 2013: L'orda d'oro 1968–1977. La grande ondata rivoluzioniaria e creativa, politica ed esistenziale, 3. Auflage, Milano.

Balibar, Etienne: Der «Klassen-Rassismus», in: ders./Wallerstein, Immanuel: Rasse, Klasse, Nation. Ambivalente Identitäten, Hamburg etc., 247–260.

Bálint, Anna 2015: Sulzer im Wandel. Innovation aus Tradition, Baden.

Bartels, Almuth 2013: Monetarisierung und Individualisierung. Historische Analyse der betrieblichen Sozialpolitik bei Siemens (1945–1989), Stuttgart.

Bärtschi, Hans-Peter 2006: Auf und ab der Industrie, in: Hochparterre 19/6–7, 4–7.

–   2004: Kilometer Null. Vom Auf- und Abbau der industriellen Schweiz, Zürich.

–   2002: Sulzer – SLM: die Stadt in der Stadt, in: ders. et al.: Industriekultur in Winterthur. Basis: Produktion, Winterthur, 138–150.

–   1990: Industriestadt im Umbruch, Wetzikon.

–   1989: Siedlungsstadt Winterthur, Bern.

Baumann Püntener, Karin 1996: Wider die Fluktuation. Die Strategien des Unternehmens Bally zur Bildung einer Stammarbeiterschaft, in: Pfister, Ulrich/Studer, Brigitte/Tanner, Jakob (Hg.): Arbeit im Wandel. Deutung, Organisation und Herrschaft vom Mittelalter bis zur Gegenwart, Zürich, 223–232.

Bauman, Zygmunt 2000: Time and Space Reunited, in: Time and Society 9/2–3, 171–185.

Bellwald, Waltraut 2003: Globi – der Schweizer «Nationalvogel». Von der Werbefigur zum Kinderbuchhelden, in: Schweizerisches Archiv für Volkskunde 99/1, 1–22.

Bernet, Brigitta 2016: Insourcing und Outsourcing. Anthropologien der modernen Arbeit, in: Historische Anthropologie 24/2, 272–293.

Bernet, Brigitta/Tanner, Jakob 2015: Ausser Betrieb. Metamorphosen der Arbeit in der Schweiz, in: dies. (Hg.): Ausser Betrieb. Metamorphosen der Arbeit in der Schweiz, Zürich, 7–38.

Bezuidenhout, Andries/Buhlungu, Sakhela 2011: From Compounded to Fragmented Labour. Mineworkers and the Demise of Compounds in South Africa, in: Antipode 43/2, 237–263.

Billeter, Geneviève 1985: Le pouvoir patronal. Les patrons des grandes entreprises suisses des métaux et des machines (1919–1939), Genève.

Bloch, Ernst 1977: Erbschaft dieser Zeit. Erweiterte Ausgabe, Frankfurt am Main.

Bologna, Sergio 1989/90: Theorie und Geschichte des Massenarbeiters in Italien, in: 1999 4/2, 10–26; 5/1, 107–125; 5/2, 60–77.

–   1973: Il rapporto società-fabbrica come categoria storica, in: Primo Maggio 2, 1–8.

Bolzani, Paolo 1973: Die Techniker auf dem Weg zum Klassenbewusstsein, in: Bologna, Sergio/Ciafaloni, Francesco/ders.: Die Techniker als Produzenten und als Produkt, Berlin, 41–54.

Bonazzi, Giuseppe 2008: Geschichte des organisatorischen Denkens, Wiesbaden.

Boobbyer, Philip 2005: The Cold War in the Plays of Peter Howard, in: Contemporary British History 19/2, 205–222.

Bourgeois, Daniel 2000: Das Geschäft mit Hitlerdeutschland. Schweizer Wirtschaft und Drittes Reich, Zürich.

Brackmann, Karl-Heinz/Birkenhauer, Renate 2001: NS-Deutsch. «Selbstverständliche» Begriffe und Schlagwörter aus der Zeit des Nationalsozialismus, Neuauflage, Straelen.

Braun, Rudolf 1991: Der «gelehrige» Körper als wirtschaftlich-industrieller Wachstums-faktor, in: Jahrbuch des Wissenschaftskollegs zu Berlin 1989/90, 201–221.

– 1970: Sozio-kulturelle Probleme der Eingliederung italienischer Arbeitskräfte in der Schweiz, Erlenbach.

Braverman, Harry 1998: Labor and Monopoly Capital. The Degradation of Work in the Twentieth Century, Neuauflage, New York.

Brückner, Peter 1982: Psychologie und Geschichte. Vorlesungen im «Club Voltaire» 1980/81, Berlin.

Bühler, Rahel et al. 2019: Ordnung, Moral und Zwang. Administrative Versorgungen und Behördenpraxis, Zürich.

Buomberger, Thomas 2011: Helfen als Verpflichtung. Die Hülfsgesellschaft Winterthur 1812–2012, Winterthur etc.

– 1984: Kooperation statt Konfrontation. Die Winterthurer Arbeiterschaft während der Krisenzeit der 1930er Jahre, Winterthur.

Burawoy, Michael 1985: The Politics of Production. Factory Regimes under Capitalism and Socialism, London.

– 1979: Manufacturing Consent. Changes in the Labor Process under Monopoly Capitalism, Chicago etc.

Bütler, Remigius 1989: Arbeiterwohlfahrt, Angestelltenfürsorge und Sozialpartnerschaft im industriellen Grossunternehmen. Die Gebrüder Sulzer AG von der Mitte des 19. Jahrhunderts bis zur Weltwirtschaftskrise, Lizenziatsarbeit Universität Zürich.

Caillat, Michel 2009: L'Entente internationale anticommuniste (EIA). L'impact sur la formation d'un anticommunisme helvétique de l'action internationale d'un groupe de bourgeois genevois, in: ders. et al. (Hg.): Histoire(s) de l'anticommunisme en Suisse, Zürich, 147–163.

Castel, Robert 2011: Eine «grosse Transformation», in: ders.: Die Krise der Arbeit. Neue Unsicherheiten und die Zukunft des Individuums, Hamburg, 9–54.

Castelnuovo Frigessi, Delia 1977: Elvezia, il tuo governo. Operai italiani emigrati in Svizzera, Torino.

Castles, Stephen/Kosack, Godula 1985: Immigrant Workers and Class Structure in Western Europe, 2. Auflage, Oxford.

Catrina, Werner 1991: BBC – Glanz, Krise, Fusion 1891–1991. Von Brown Boveri zu ABB, Zürich etc.

Cerutti, Mauro 1995: L'immigration italienne en Suisse dans le contexte de la Guerre froide, in: ders./Batou, Jean/Heimberg, Charles (Hg.): Pour une histoire des gens sans Histoire. Ouvriers, excluEs et rebelles en Suisse, 19e–20e siècles, Lausanne, 213–231.

Cooke, Philip 1985: Class Practice as Regional Markers. A Contribution to Labour Geo-graphy, in: Gregory, Derek/Urry, John (Hg.): Social Relations and Spatial Structu-res, Basingstoke, 213–241.

Coopey, Richard/McKinlay, Alan 2010: Power without Knowledge? Foucault and Fordism, c1900–50, in: Labor History 51/1, 107–125.

Clarke, Simon 1992: What in the F–'s Name is Fordism?, in: Gilbert, Nigel/Burrows, Roger/Pollert, Anna (Hg.): Fordism and Flexibility. Divisions and Change, Basingstoke etc., 13–30.

Dalla Costa, Mariarosa/James, Selma 1975: The Power of Women and the Subversion of the Community, 3. Auflage, Bristol.

Degen, Bernard 2012: Arbeit und Kapital, in: Halbeisen, Patrick/Müller, Margrit/Veyrassat, Béatrice (Hg.): Wirtschaftsgeschichte der Schweiz im 20. Jahrhundert, Basel, 873–922.

-    2006: Entstehung und Entwicklung des schweizerischen Sozialstaates, in: Studien und Quellen 31, 17–48.
-    1987: Der Arbeitsfrieden zwischen Mythos und Realität, in: Arbeitsfrieden – Realität eines Mythos. Gewerkschaftspolitik und Kampf um Arbeit – Geschichte, Krise, Perspektiven, Zürich, 11–30.

Del Re, Alisa 2013: Workers' Inquiry and Reproductive Labor, in: Viewpoint Magazine 3, https://viewpointmag.com/2013/09/25/workers-inquiry-and-reproductive-labor/ (3. 3. 2017).

Donauer, Sabine 2013: Emotions at Work – Working on Emotions. The Production of Economic Selves in Twentieth-Century Germany, Dissertation Freie Universität Berlin.

Doray, Bernard 1988: From Taylorism to Fordism. A Rational Madness, London.

Dörre, Klaus 2011: Capitalism, Landnahme and social time régimes. An outline, in: Time & Society 20/1, 69–93.

Durand, Jean-Pierre 2019: Creating the New Worker. Work, Consumption and Subordination, London.

Ebbinghaus, Angelika 2010: Taylorismus, in: dies.: Ein anderer Kompass. Soziale Bewegungen und Geschichtsschreibung. Texte 1969–2009, Berlin etc., 293–302.
-    1984: Arbeiter und Arbeitswissenschaft. Zur Entstehung der «Wissenschaftlichen Betriebsführung», Opladen.

Edwards, Richard 1981: Herrschaft im modernen Produktionsprozess, Frankfurt am Main etc.

Eichenberger, Pierre 2016: Mainmise sur l'Etat social. Mobilisation patronale et caisses de compensation en Suisse (1908–1960), Neuchâtel.

Eisinger, Angelus 1996: Die dynamische Kraft des Fortschritts. Gewerkschaftliche Politik im Spannungsfeld zwischen Vertragspolitik, sozioökonomischem Wandel und technischem Fortschritt. Eine theoriegeleitete Untersuchung der Politik des SMUV im Zeitraum 1952–1985, Dissertation Universität Zürich.

Elkins, Caroline 2005: Imperial Reckoning. The Untold Story of Britain's Gulag in Kenya, New York.

Engelen, Ute 2013: Demokratisierung der betrieblichen Sozialpolitik? Das Volkswagenwerk in Wolfsburg und Automobiles Peugeot in Sochaux 1944–1980, Baden-Baden.

Erker, Paul 1996: Das Bedaux-System. Neue Aspekte der historischen Rationalisierungsforschung, in: Zeitschrift für Unternehmensgeschichte 41, 139–158.

Even, Ömer/Hanak Michael 2009: Martinsberg in Baden. Vom Gemeinschaftshaus zum Schulhaus, Bern.

Fasel, Andreas 2018: Einbinden und trennen. Betriebliche Sozialpolitik in der Schweiz von 1937 bis in die 1960er-Jahre, in: Arbeit – Bewegung – Geschichte 17/1, 76–91.
-    2015: Effizienz im Hauswirtschaftsbetrieb. Versachlichung und Emotionalisierung der Hausarbeit in den «langen» 1950er-Jahren, in: Bernet, Brigitta/Tanner, Jakob (Hg.): Ausser Betrieb. Metamorphosen der Arbeit in der Schweiz, Zürich, 258–275.
-    2007: Rationalisierung der Hausarbeit in der deutschsprachigen Schweiz, 1920–60, Lizenziatsarbeit Universität Zürich.

FASS = Fortschrittliche Arbeiter, Schüler und Studenten 1970: Das Fremdarbeiterproblem – für eine sozialistische Alternative, in: Autonome Arbeitsgruppe Kultur und Information (Hg.): Die Fremdarbeiterfrage. Für eine sozialistische Alternative, Zürich, 3–20.

Fiedler, Martin 1996: Betriebliche Sozialpolitik in der Zwischenkriegszeit. Wege der Interpretation und Probleme der Forschung im deutsch-französischen Vergleich, in: Geschichte und Gesellschaft 22/3, 350–375.

Fluder, Robert 1991: Arbeitnehmerorganisationen in der Maschinenindustrie, in: ders. et al.: Gewerkschaften und Angestelltenverbände in der schweizerischen Privatwirtschaft. Entstehung, Mitgliedschaft, Organisation und Politik seit 1940, Zürich, 201–386.

Foucault, Michel 1994: Überwachen und Strafen. Die Geburt des Gefängnisses, Frankfurt am Main.

Fraser, Nancy 2017: Crisis of Care? On the Social-Reproductive Contradictions of Contemporary Capitalism, in: Bhattacharya, Tithi (Hg.): Social Reproduction Theory. Remapping Class, Recentering Oppression, London, 21–36.

Frischknecht, Jürg et al. 1979: Die unheimlichen Patrioten. Politische Reaktion in der Schweiz. Ein aktuelles Handbuch, Zürich.

Frischknecht, Jürg/Haldimann, Ueli/Niggli, Peter 1984: Die unheimlichen Patrioten. Ergänzungsband 1979–1984, Zürich.

Gambino, Ferruccio 1996: A critique of the fordism of the regulation school, in: Common Sense 19, 42–64.

Gautschi, Willi 1978: Geschichte des Kantons Aargau 1885–1953, Baden.

Gerlach, Rüdiger 2014: Betriebliche Sozialpolitik im historischen Systemvergleich. Das Volkswagenwerk und der VEB Sachsenring von den 1950er bis in die 1980er Jahre, Stuttgart.

Gilg, Peter/Hablützel, Peter 2004: Beschleunigter Wandel und neue Krisen (seit 1945), in: Mesmer, Beatrix (Red.): Geschichte der Schweiz und der Schweizer, Studienausgabe, 3. Auflage, Basel, 821–968.

Gillespie, Richard 1991: Manufacturing Knowledge. A History of the Hawthorne Experiments, Cambridge.

Gimmi, Karin 2006: Nobilitierung des Arbeiters. Das Gemeinschaftshaus der BBC am Martinsberg in Baden (1951–1954) von Armin Meili, in: Werk, Bauen + Wohnen 10, 16–21.

Ginalski, Stéphanie 2015: Du capitalisme familial au capitalisme financier? Le cas de l'industrie suisse des machines, de l'électrotechnique et de la métallurgie au XXe siècle, Neuchâtel.

Guex, Sébastien 1995: À propos des gardes civiques et de leur financement à l'issue de la Première Guerre mondiale, in: Batou, Jean/Cerutti, Mauro/Heimberg, Charles (Hg.): Pour une histoire des gens sans Histoire. Ouvriers, excluEs et rebelles en Suisse, 19e–20e siècles, Lausanne, 255–264.

Gramsci, Antonio 2012: Amerikanismus und Fordismus. Heft 22 (V) 1934, in: ders., Gefängnishefte. Kritische Gesamtausgabe, Bd. 9, Neuauflage, Hamburg, 2061–2101.

Gurvitch, Georges 1964: The Spectrum of Social Time, Dordrecht.

Hachtmann, Rüdiger 2008: Fordismus und Sklavenarbeit. Thesen zur betrieblichen Rationalisierungsbewegung 1941 bis 1944, in: Potsdamer Bulletin für Zeithistorische Studien 43–44, 21–34.

Harvey, David 2011: The Enigma of Capital and the Crises of Capitalism, Oxford.

– 2006: The Limits to Capital, 3. Auflage, London etc.

Herod, Andrew 2018: Labor, Cambridge.

– 2003: Workers, Space, and Labor Geography, in: International Labor and Working-Class History 64, 112–138.

Hirt, Matthias 2009: Die schweizerische Bundesverwaltung im Umgang mit der Arbeitsmigration. Sozial-, kultur- und staatspolitische Aspekte. 1960 bis 1972, Saarbrücken.

Holenstein, André/Kury, Patrick/Schulz, Kristina 2018: Schweizer Migrationsgeschichte. Von den Anfängen bis zur Gegenwart, Baden.

Homburg, Heidrun 1991: Rationalisierung und Industriearbeit. Arbeitsmarkt – Management – Arbeiterschaft im Siemens-Konzern Berlin 1900–1939, Berlin.

Horne, Gerald 2009: Mau Mau in Harlem? The U.S. and the Liberation of Kenya, New York.

Hull, James 2003: Working with Figures. Industrial Measurement as Hegemonic Discourse, in: Left History 9/1, 62–78.

Illi, Meret 2002: «Brücken des Vertrauens bauen». Die Beratungs- und Fürsorgestelle der Maschinenfabrik Oerlikon unter der Leitung des Schweizer Verbandes Volksdienst 1939–1962, Lizenziatsarbeit Universität Zürich.

Illouz, Eva 2009: Vom Homo oeconomicus zum Homo communicans, in: dies.: Die Errettung der modernen Seele. Therapien, Gefühle und die Kultur der Selbsthilfe, Frankfurt am Main, 105–179.

Imhof, Kurt 1996: Wiedergeburt der geistigen Landesverteidigung. Kalter Krieg in der Schweiz, in: ders./Kleger, Heinz/Romano, Gaetano (Hg.): Konkordanz und Kalter Krieg. Analyse von Medienereignissen in der Schweiz der Zwischen- und Nachkriegszeit, Zürich, 173–247.

Jaun, Rudolf 1986: Management und Arbeiterschaft. Verwissenschaftlichung, Amerikanisierung und Rationalisierung der Arbeitsverhältnisse in der Schweiz 1873–1959, Zürich.

Jehle, Frank 2006: Emil Brunner. Theologe im 20. Jahrhundert, Zürich.

Joris, Elisabeth 1990: Die Schweizer Hausfrau. Genese eines Mythos, in: Brändli, Sebastian et al. (Hg.): Schweiz im Wandel. Studien zur neueren Gesellschaftsgeschichte, Basel etc., 99–116.

Jost, Hans Ulrich 2004: Bedrohung und Enge (1914–1945), in: Mesmer, Beatrix (Red.): Geschichte der Schweiz und der Schweizer, 3. Auflage, Basel, 731–819.

–   1998: Politik und Wirtschaft im Krieg. Die Schweiz 1938–1948, Zürich.

Kaufman, Bruce 2007: The Development of HRM in Historical and International Perspective, in: Boaxall, Peter/Purcell, John/Wright, Patrick (Hg.): The Oxford Handbook of Human Resource Management, Oxford, 19–47.

Klee, Ernst 2011: Das Personenlexikon zum Dritten Reich. Wer war was vor und nach 1945, 3. Auflage, Frankfurt am Main.

–   2009: Das Kulturlexikon zum Dritten Reich. Wer war was vor und nach 1945, 2. Auflage, Frankfurt am Main.

Knoepfli, Adrian 2014: Vom Baumwollhandel zur Industrie – und zur Bildungsstadt, in: Eugster, Erwin (Hg.): Winterthurer Stadtgeschichte, Bd. 2: Von 1850 bis zur Gegenwart. Zwischen Dampf und Bytes – Technik, Kultur und Innovation, Zürich, 163–266.

Koch, Michael 1995: Wohnbauten als Stadt-Bausteine, in: Werk, Bauen + Wohnen 82/10, 8–25.

Kompier, Michiel 2006: The «Hawthorne Effect» Is a Myth, But What Keeps the Story Going?, in: Scandinavian Journal of Work, Environment and Health 32/5, 402–412.

König, Mario/Kurz, Daniel/Sutter, Eva 1994: Klassenkämpfe, Krisen und ein neuer Konsens. Der Kanton Zürich 1918–1945, in: Flüeler, Niklaus/Flüeler, Marianne (Red.): Geschichte des Kantons Zürich, Bd. 3: 19. und 20. Jahrhundert, Zürich, 250–349.

Krell, Gertraude 1984: Das Bild der Frau in der Arbeitswissenschaft, Frankfurt am Main etc.

Kurz, Daniel 2003: Schwamendingen, in: Hochbaudepartement der Stadt Zürich (Hg.): Baukultur in Zürich. Affoltern, Oerlikon, Schwamendingen, Seebach, 2. Auflage, Zürich, 77–85.

– 1993: «Den Arbeiter zum Bürger machen». Gemeinnütziger Wohnungsbau in der Schweiz 1918–1949, in: Schulz, Günther (Hg.): Wohnungspolitik im Sozialstaat. Deutsche und europäische Lösungen 1918–1960, Düsseldorf, 285–304.

Leimgruber, Matthieu 2009: Schutz für Soldaten, nicht für Mütter. Lohnausfallentschädigung für Dienstleistende, in: ders./Lengwiler, Martin (Hg.): Umbruch an der «inneren Front». Krieg und Sozialpolitik in der Schweiz, 1938–1948, Zürich, 75–99.

– 2008: Solidarity without the State? Business and the Shaping of the Swiss Welfare State, 1890–2000, Cambridge.

– 2001: Taylorisme et management en Suisse romande, 1917–50, Lausanne.

Leimgruber, Matthieu/Lengwiler, Martin 2009: Transformation des Sozialstaats im Zweiten Weltkrieg. Die Schweiz im internationalen Vergleich, in: dies. (Hg.): Umbruch an der «inneren Front». Krieg und Sozialpolitik in der Schweiz, 1938–1948, Zürich, 9–45.

Lengwiler, Martin 2015: Arbeitsgesellschaft. Kodifizierungen von Arbeit im 20. Jahrhundert, in: Bernet, Brigitta/Tanner, Jakob (Hg.): Ausser Betrieb. Metamorphosen der Arbeit in der Schweiz, Zürich, 71–90.

Liniger, Sacha 2007: Hegifeldhaus (Winterthur-Oberwinterthur, 1963), in: Böhmer, Roland et al. (Hg.): Vom Grabhügel zur Ökosiedlung. Zürcher Bau-Geschichten, Zürich, 354 f.

Lorenzetti, Guido 2012: Demographie und Wirtschaftsentwicklung, in: Halbeisen, Patrick/Müller, Margrit/Veyrassat, Béatrice (Hg.): Wirtschaftsgeschichte der Schweiz im 20. Jahrhundert, Basel, 221–264.

Luks, Timo 2012: Kanalisierte Dynamik, angeordnete Körper. Bewegungsmetaphern, Gesellschaftsordnung und der Industriebetrieb (1920–1960), in: Uhl, Karsten/Bluma, Lars (Hg.): Kontrollierte Arbeit – disziplinierte Körper? Zur Sozial- und Kulturgeschichte der Industriearbeit im 19. und 20. Jahrhundert, Bielefeld, 251–281.

– 2010: Der Betrieb als Ort der Moderne. Zur Geschichte von Industriearbeit, Ordnungsdenken und Social Engineering im 20. Jahrhundert, Bielefeld.

Lüpold, Martin 2010: Der Ausbau der «Festung Schweiz». Aktienrecht und Corporate Governance in der Schweiz, 1881–1961, Dissertation Universität Zürich.

Lüscher, Rudolf 1987: Henry und die Krümelmonster. Versuch über den fordistischen Sozialcharakter, Tübingen.

Magnin, Chantal 2002: Der Alleinernährer. Eine Rekonstruktion der Ordnung der Geschlechter im Kontext der sozialpolitischen Diskussion von 1945 bis 1960 in der Schweiz, in: Gilomen, Hans-Jörg et al. (Hg.): Von der Barmherzigkeit zur Sozialversicherung. Umbrüche und Kontinuitäten vom Spätmittelalter bis zum 20. Jahrhundert, Zürich, 387–400.

Maier, Charles 1984: The Factory as Society. Ideologies of Industrial Management in the Twentieth Century, in: Bullen, Roger/Pogge, Hartmut/Polonsky, Antony (Hg.): Ideas into Politics. Aspects of European History 1880–1950, London etc., 147–163.

Marx, Karl 1962: Das Kapital. Kritik der politischen Ökonomie, Bd. 1, Berlin.

Matter, Sonja 2011: Der Armut auf den Leib rücken. Die Professionalisierung der sozialen Arbeit in der Schweiz (1900–1960), Zürich.

Meienberg, Niklaus 1983: Gedenkblatt für Familie Sulzer, in: ders.: Vorspiegelung wahrer Tatsachen, Zürich, 25–35.

Meier, Bruno 2001: Wettingen boomt. Auf dem Weg zur grössten Gemeinde im Kanton Aargau, in: ders. et al. (Hg.): Wettingen. Vom Klosterdorf zur Gartenstadt, Wettingen, 109–155.

– 1996: Der BBC-Wohnungsbau 1895 bis 1975, in: Badener Neujahrsblätter 71, 66–80.

318

Messerli, Jakob 1996: Psychotechnische Rationalisierung. Zur Verwissenschaftlichung von Arbeit in der Schweiz im frühen 20. Jahrhunderts, in: Pfister, Ulrich/Studer, Brigitte/Tanner, Jakob (Hg.): Arbeit im Wandel. Deutung, Organisation und Herrschaft vom Mittelalter bis zur Gegenwart, Zürich, 233–258.

Mews, Stuart 1994: Moralische Aufrüstung, in: Müller, Gerhard (Hg.): Theologische Realenzyklopädie, Bd. 23, Berlin etc., 291–294.

Mülli, Michael 2016: Kontingentierung von Migration. Zur Soziologie einer Regierungstechnik, in: Criblez, Lucien/Rothen, Christina/Ruoss, Thomas (Hg.): Staatlichkeit in der Schweiz. Regierung und Verwalten vor der neoliberalen Wende, Zürich, 171–192.

Münzel, Uli 1994: Wandlungen des Badener Stadtbildes, Baden.

Niggli, Peter/Frischknecht, Jürg 1998: Rechte Seilschaften. Wie die «unheimlichen Patrioten» den Zusammenbruch des Kommmunismus meisterten, Zürich.

Noble, David 1977: America by Design. Science, Technology, and the Rise of Corporate Capitalism, New York.

O'Connor, Ellen 1999: The Politics of Management Thought. A Case Study of the Harvard Business School and the Human Relations School, in: The Academy of Management Review 24/1, 117–131.

Panzieri, Ranierio 1961: Sull'uso capitalistico delle macchine nel neocapitalismo, in: Quaderni rossi 1, 53–72.

Pechlaner Gut, Heidi 2006: Fabrikarbeiterinnen zwischen Beschirmung, Ausgrenzung und «gesunder Arbeitskraft», in: Badener Neujahrsblätter 81, 10–26.

Perdrisat, Michel 2011: Le directoire de la Ligue du Gotthard, 1940–1945. Entre résistance et rénovation, Neuchâtel.

Rabinbach, Anson 1990: The Human Motor. Energy, Fatigue, and the Origins of Modernity, Berkeley etc.

Raehlmann, Irene 2005: Arbeitswissenschaft im Nationalsozialismus. Eine wissenschaftssoziologische Analyse, Wiesbaden.

Ritzer, Nadine 2015: Der Kalte Krieg in den Schweizer Schulen. Eine kulturgeschichtliche Analyse, Bern.

Romano, Gaetano 1999: Vom Sonderfall zur Überfremdung. Zur Erfolgsgeschichte gemeinschaftsideologischen Denkens im öffentlichen politischen Diskurs der späten fünfziger und der sechziger Jahre, in: Imhof, Kurt/Kleger, Heinz/ders. (Hg.): Vom Kalten Krieg zur Kulturrevolution. Analyse von Medienereignissen in der Schweiz der 50er und 60er Jahre, Zürich, 55–93.

Rosenberger, Ruth 2008: Experten für Humankapital. Die Entdeckung des Personalmanagements in der Bundesrepublik Deutschland, München.

Rothenbühler, Verena 2014: Siedlungsentwicklung und Städtebau, in: Eugster, Erwin (Hg.): Winterthurer Stadtgeschichte, Bd. 2: Von 1850 bis zur Gegenwart. Zwischen Dampf und Bytes – Technik, Kultur und Innovation, Zürich, 11–82.

Sachse, Carola 1990: Siemens, der Nationalsozialismus und die moderne Familie. Eine Untersuchung zur sozialen Rationalisierung in Deutschland im 20. Jahrhundert, Hamburg.

Sarasin, Philipp 2003: Die Rationalisierung des Körpers. Über «Scientific Management» und «biologische Rationalisierung», in: ders.: Geschichtswissenschaft und Diskursanalyse, Frankfurt am Main, 61–99.

Saunders, Frances 2013: The Cultural Cold War. The CIA and the World of Arts and Letters, Neuauflage, New York etc.

Scranton, Phil/Fridenson, Patrick 2013: Reimagining Business History, Baltimore.

Scheiben, Oskar 1987: Konrad Ilgs Weg nach rechts. Eine Fussnote, in: Arbeitsfrieden –

Realität eines Mythos. Gewerkschaftspolitik und Kampf um Arbeit – Geschichte, Krise, Perspektiven, Zürich, 31–36.

Schmid, Max 1976: Demokratie von Fall zu Fall. Repression in der Schweiz, Zürich.

Schmitz, Michael 2007: Die machtpolitische Logik des «Arbeitsfriedens». Zum strategischen Verhalten der SMUV-Führung 1917–1963, Lizenziatsarbeit Universität Zürich.

Schumacher, Beatrice 2009: Familien(denk)modelle. Familienpolitische Weichenstellungen in der Formationsphase des Sozialstaats (1930–1945), in: Leimgruber, Matthieu/ Lengwiler, Martin (Hg.): Umbruch an der «inneren Front». Krieg und Sozialpolitik in der Schweiz, 1938–1948, Zürich, 139–163.

Siegel, Tilla 1989: Leistung und Lohn in der nationalsozialistischen «Ordnung der Arbeit», Opladen.

Siegrist, Hannes 1985: Pioniere der Sozialpartnerschaft. Geschichte der Angestellten-Hausverbände in der schweizerischen Maschinenindustrie, Zürich.

Steiner, Suzanne 2008: Im Sauseschritt der Zeiten. 90 Jahre Angestellten-Vereinigung Sulzer-Winterthur, Winterthur.

Stettler, Niklaus 1997: Demoskopie und Demokratie in der Nachkriegsschweiz. Die «Volksumfrage 1946» der Neuen Helvetischen Gesellschaft als demokratische Herausforderung, in: Schweizerische Zeitschrift für Geschichte 47/4, 730–758.

Studer, Brigitte 2012: Ökonomien der sozialen Sicherheit, in: Halbeisen, Patrick/Müller, Margrit/Veyrassat, Béatrice (Hg.): Wirtschaftsgeschichte der Schweiz im 20. Jahrhundert, Basel, 923–974.

Sutter, Gaby 2005: Berufstätige Mütter. Subtiler Wandel der Geschlechterordnung in der Schweiz (1945–1970), Zürich.

Tanner, Jakob 2015: Geschichte der Schweiz im 20. Jahrhundert, München.

–   1999: Fabrikmahlzeit. Ernährungswissenschaft, Industriearbeit und Volksernährung in der Schweiz, 1890–1950, Zürich.

–   1994: Die Schweiz in den 1950er Jahren. Prozesse, Brüche, Widersprüche, Ungleichzeitigkeiten, in: Blanc, Jean-Daniel/Luchsinger, Christine (Hg.): Achtung: die 50er Jahre! Annäherungen an eine widersprüchliche Zeit, Zürich, 19–50.

–   1992: Zwischen «American Way of Life» und «Geistiger Landesverteidigung». Gesellschaftliche Widersprüche in der Schweiz der fünfziger Jahre, in: Unsere Kunstdenkmäler 43, 351–363.

Tanner, Jakob/Studer, Brigitte 2012: Konsum und Distribution, in: Halbeisen, Patrick/ Müller, Margrit/Veyrassat, Béatrice (Hg.): Wirtschaftsgeschichte der Schweiz im 20. Jahrhundert, Basel, 637–702.

Thompson, Edward 1967: Time, Work-Discipline, and Industrial Capitalism, in: Past and Present 38, 56–97.

Thürer, Andreas 2009: Der Schweizerische Vaterländische Verband (SVV): ein «anti-sozialistischer Schutzwall» (1919–1930/31), in: Caillat, Michael et al. (Hg.): Histoire(s) de l'anticommunisme en Suisse, Zürich, 133–146.

Trischler, Helmuth 1990: Führerideal und die Formierung faschistischer Bewegungen. Industrielle Vorgesetztenschulung in den USA, Grossbritannien, der Schweiz, Deutschland und Österreich im Vergleich, in: Historische Zeitschrift 251/1, 45–88.

Tronti, Mario 1962: La fabbrica e la società, in: Quaderni rossi 2, 1–31.

Uhl, Karsten 2014: Humane Rationalisierung? Die Raumordnung der Fabrik im fordistischen Jahrhundert, Bielefeld.

–   2012: «Schafft Lebensraum in der Fabrik!» Betriebliche Kantinen und Speiseräume im deutschen Rationalisierungsdiskurs 1880–1945, in: ders./Bluma, Lars (Hg.): Kontrollierte Arbeit – disziplinierte Körper? Zur Sozial- und Kulturgeschichte der Industriearbeit im 19. und 20. Jahrhundert, Bielefeld, 361–395.

Vogel, Kaspar 1997: 125 Jahre Gesellschaft für Erstellung billiger Wohnhäuser in Winterthur, Winterthur.

Vogel, Lise: Domestic labor revisited, in: Science & Society 64/2, 151–170.

Walter, Emil 2012: Business Organizations, Foundations, and the State as Promoters of Applied Social Sciences in the United States and Switzerland, 1890–1960, in: Brückweh, Kerstin et al. (Hg.): Engineering Society. The Role of the Human and Social Sciences in Modern Societies, 1880–1980, Basingstoke, 273–292.

– 2006: Faktor Mensch. Formen angewandter Sozialforschung der Wirtschaft in Europa und den USA 1890–1950, Konstanz.

– 1989: Das Auge der Firma. Mayos Hawthorne-Experimente und die Harvard Business School, 1900–1960, Stuttgart.

Walther, Nicolas 2002: Caux et le Réarmement moral 1937–1953. Le regard de Philippe Mottu, in: Jost, Hans Ulrich/Prezioso, Stéfanie (Hg.): Relations internationales, échanges culturels et réseaux intellectuels, Lausanne, 137–150.

Welter, Barbara 2004: «Unterkünfte für die Töchter und Söhne des Südens». Die Gastarbeitersiedlungen der BBC in Baden und Riehen, in: Badener Neujahrsblätter 79, 10–17.

Werner, Christian 2000: Für Wirtschaft und Vaterland. Erneuerungsbewegungen und bürgerliche Interessensgruppen in der Deutschschweiz 1928–1947, Zürich.

Wompel, Mag 2018: Klassenkampf als soziale Bewegung. Das Konzept des Social Movement Unionism, in: Friedrich, Sebastian/Redaktion Analyse & Kritik (Hg.): Neue Klassenpolitik. Linke Strategien gegen Rechtsruck und Neoliberalismus, Berlin, 157–165.

Wood, Stephen 1987: The deskilling debate, new technology and work organization, in: Acta Sociologica 30/1, 3–24.

Wrege, Charles/Perroni, Amedeo 1974: Taylor's pig-tale. A historical analysis of Frederick W. Taylor's pig-iron experiments, in: The Academy of Management Journal 17/1, 6–27.

Zimmermann, Adrian 2009: «Tätigkeit … nicht müssige Stempelei». Arbeitsbeschaffung, kollektives Arbeitsrecht und Lohnpolitik, in: Leimgruber, Matthieu/Lengwiler, Martin (Hg.): Umbruch an der «inneren Front». Krieg und Sozialpolitik in der Schweiz, 1938–1948, Zürich, 47–73.

Zimmermann, Dorothe 2019: Antikommunisten als Staatsschützer. Der Schweizerische Vaterländische Verband, 1930–1948, Zürich.

Zimmermann, Yvonne 2011: Industriefilme, in: dies. (Hg.): Schaufenster Schweiz. Dokumentarische Gebrauchsfilme 1896–1964, Zürich, 241–381.

Zollinger, Konrad 1991: Frischer Wind oder faschistische Reaktion? Die Haltung der Schweizer Presse zum Frontismus 1933, Zürich.

Zuppinger, Urs 1987: Die zerbrochene Solidarität. Zur gewerkschaftlichen Ausländerpolitik der Nachkriegsjahre, in: Arbeitsfrieden – Realität eines Mythos. Gewerkschaftspolitik und Kampf um Arbeit – Geschichte, Krise, Perspektiven, Zürich, 71–81.

Zürcher Denkmalpflege 1982: 9. Bericht 1977/78, 1. Teil (Kanton Zürich, Stadt Winterthur und Stadt Zürich, staatseigene Objekte), Zürich.